国家建筑标准设计图集　FG01～05

防空地下室结构设计

（2007年合订本）

批准部门：　中华人民共和国建设部
　　　　　　国家人民防空办公室
组织编制：　中国建筑标准设计研究院

中国计划出版社

图书在版编目（CIP）数据

国家建筑标准设计图集. 防空地下室结构设计. 2007年合订本. FG01~05/中国建筑标准设计研究院组织编制. —北京：中国计划出版社，2007.4
ISBN 978-7-80177-803-1

Ⅰ. 国... Ⅱ. 中... Ⅲ. ①建筑设计—中国—图集②人防工程—地下室—结构设计—中国—图集 Ⅳ.
TU206 TU927-64

中国版本图书馆CIP数据核字（2007）第040133号

郑重声明：本图集已授权"全国律师知识产权保护协作网"对著作权（包括专有出版权）在全国范围予以保护，盗版必究。
举报盗版电话：010-63906404
010-68318822

国 家 建 筑 标 准 设 计 图 集
防空地下室结构设计
（2007年合订本）
FG01~05
中国建筑标准设计研究院　组织编制
（邮政编码：100048　电话：010-68799100）
广告发布登记号：京西市监广登字20170256号
☆
中国计划出版社出版
（地址：北京市西城区木樨地北里甲11号国宏大厦C座3层）
北京强华印刷厂印刷
───────────────
787mm×1092mm　1/16　28印张　104千字
2007年4月第1版　2024年2月第17次印刷
☆
ISBN 978-7-80177-803-1
定价：127.00元

关于批准《防空地下室建筑设计》等
十四项国家建筑标准设计的通知

建质[2007]50号

各省、自治区、直辖市建设厅（建委）、人民防空办公室：

　　经审查，批准由上海市地下建筑设计研究院等五个单位编制的《防空地下室建筑设计》等十四项国家建筑标准设计，自2007年5月1日起实行。原《防空地下室建筑设计》[FJ01～04(2004年合订本)]、《防空地下室结构设计》[FG01～03(2004年合订本)]、《防空地下室给排水设计》[FS01～02(2004年合订本)]、《防空地下室通风设计》[FK01～02(2004年合订本)]、《防空地下室电气设计》[FD01～02(2004年合订本)]标准设计同时废止。

附件：国家建筑标准设计名称及编号表

中华人民共和国建设部
国家人民防空办公室
二〇〇七年一月二十五日

"建质[2007]50号"文批准的十四项国家建筑标准设计图集号

序号	图集号	序号	图集号	序号	图集号	序号	图集号	序号	图集号	序号	图集号
1～3	FJ01～03 (2007年合订本)	4	07FJ05	5～9	FG01～05 (2007年合订本)	10	07FS02	11～12	FK01～02 (2007年合订本)	13～14	FD01～02 (2007年合订本)

总 目 录

07FG01	防空地下室设计荷载及结构构造 ·································	1－87
07FG02	钢筋混凝土防倒塌棚架 ·································	89－155
07FG03	防空地下室板式钢筋混凝土楼梯 ·································	157－253
07FG04	钢筋混凝土门框墙 ·································	255－332
07FG05	钢筋混凝土通风采光窗井 ·································	333－443

国家建筑标准设计图集 07FG01

防空地下室设计荷载及结构构造

中国建筑标准设计研究院

防空地下室设计荷载及结构构造

批准部门	中华人民共和国建设部 国家人民防空办公室	批准文号	建质[2007]50号
主编单位	上海市地下建筑设计研究院 中国建筑标准设计研究院	统一编号	GJBT-994
实行日期	二○○七年五月一日	图集号	07FG01

主编单位负责人

主编单位技术负责人

技术审定人

设计负责人

目 录

- 目录 ··· 1
- 编制说明 ··· 4
- **1. 乙类防空地下室设计荷载**
- 乙类防空地下室主体结构等效静荷载示意图 ············ 7
- 乙类防空地下室主体结构顶板等效静荷载标准值 ······ 9
- 乙类防空地下室主体结构外墙等效静荷载标准值 ····· 10
- 室外出入口至防护密闭门的距离示意图 ··················· 11
- 乙类防空地下室临空墙、门框墙等效静荷载标准值 ···· 12
- 乙类防空地下室相邻防护单元间隔墙、
　门框墙的墙厚要求 ·· 13
- 乙类防空地下室室外出入口通道等效静荷载标准值 ···· 14
- 乙类防空地下室楼梯等效静荷载标准值 ··················· 15
- 乙类防空地下室通风采光窗井等效静荷载标准值示意图 ······· 16
- 乙类防空地下室封堵构件等效静荷载标准值 ············ 17
- 乙类防空地下室土中竖井结构等效静荷载标准值
　及等效静荷载与静荷载同时作用的荷载组合 ·········· 18
- **2. 甲类防空地下室设计荷载**
- 甲类防空地下室主体结构设计采用的
　等效静荷载标准值示意图 ···································· 19
- 甲类防空地下室主体结构顶板设计采用的等效静荷载标准值 ··· 21
- 核武器爆炸动荷载作用下主体结构外墙等效静荷载标准值 ····· 22
- 甲类防空地下室主体结构底板设计采用的等效静荷载标准值 ··· 23

	目录	图集号	07FG01
审核 于晓音	校对 萧蘖	设计 郭莉	页 1

甲类多层防空地下室主体结构设计采用的等效静荷载标准值示意图	24
甲类防空地下室临空墙设计采用的等效静荷载标准值	26
甲类防空地下室设计采用的直接作用在门框墙上的等效静荷载标准值	27
甲类防空地下室相邻防护单元间隔墙、门框墙的水平等效静荷载示意图	28
甲类防空地下室相邻防护单元间隔墙、门框墙的水平等效静荷载标准值	30
甲类防空地下室室外出入口通道等效静荷载标准值	31
甲类防空地下室楼梯等效静荷载标准值	33
甲类防空地下室开敞式防倒塌棚架等效静荷载标准值	34
甲类防空地下室防倒塌挑檐及土中竖井结构等效静荷载标准值	35
甲类防空地下室通风采光窗井等效静荷载标准值示意图	36
甲类防空地下室封堵构件等效静荷载标准值示意图	37
甲类防空地下室出入口通道内封堵构件设计采用的等效静荷载标准值	38
甲类防空地下室等效静荷载与静荷载同时作用的荷载组合	39

3. 工程口部等效静荷载示例

常6级乙类二等人员掩蔽所	40
核5级常5级甲类防空专业队队员掩蔽部	43
核5级常5级甲类一等人员掩蔽所	46
核6级常6级甲类二等人员掩蔽所	49

4. 材料及构造规定

动荷载作用下材料强度综合调整系数及钢筋、混凝土强度设计值	53
防空地下室结构材料最低强度等级及结构构件最小厚度	54
受力钢筋最小保护层厚度及防水混凝土的设计抗渗等级	55
钢筋混凝土结构构件纵向受力钢筋的最小配筋率和受拉钢筋的最大配筋率	56
防空地下室纵向受拉钢筋最小锚固及搭接长度	57
内、外墙与顶板、底板、楼板的连接构造	58
钢筋混凝土墙体连接构造及板中拉结筋布置	59
防空地下室内墙留孔构造	60
临空墙配筋构造	61
相邻防护单元间隔墙配筋构造	62

梁柱纵向钢筋连接构造	63
梁柱箍筋构造	64
反梁及梁钢筋、附加箍筋、吊筋构造	65
梁或柱支座两边变截面时纵向钢筋构造	66
柱中纵向受力钢筋及箍筋构造	67
无梁楼盖构造	69
非承重墙连接构造	71

5. 部分构件配筋选用

洗消污水集水坑配筋图	72
连通口配筋图	74
自行车坡道出入口配筋图	75
独立式竖井配筋图	76
内附壁式竖井配筋图	77
外附壁式竖井配筋图	78
垂直运输口配筋图	79
防倒塌挑檐配筋图	80
外附壁式电缆井配筋图	81
内附壁式电缆井配筋图	82
顶部式电缆井配筋图	84

目录　　图集号 07FG01　　页 3

编制说明

1. **编制依据**

   建设部建质函[2006]71号《2006年国家建筑标准设计编制工作计划》

   《人民防空地下室设计规范》(GB50038-2005)

   《混凝土结构设计规范》(GB50010-2002)

   《钢结构设计规范》(GB50017-2003)

   《地下工程防水技术规范》(GB50108-2001)

2. **适用范围**

   本图集适用于核5级常5级、核6级常6级、核6B级常6级甲类防空地下室及常5级、常6级乙类防空地下室，且战时功能为防空专业队队员掩蔽部、一等及二等人员掩蔽所、人防汽车库、人防物资库。

3. **图集内容**

   3.1 本图集用图示及表格的形式，表示了作用于甲类及乙类防空地下室不同部位设计采用的等效静荷载标准值。

   3.2 结合建筑图集的防空地下室示例，表达了防空地下室主体结构及口部的临空墙、门框墙战时等效静荷载的取值方法。

   3.3 用图示及表格的形式表达了防空地下室结构的构造规定。

4. **战时荷载的作用**

   4.1 甲类防空地下室结构应能承受常规武器爆炸动荷载和核武器爆炸动荷载的分别作用，乙类防空地下室结构应能承受常规武器爆炸动荷载的作用。对常规武器爆炸动荷载和核武器爆炸动荷载，设计时均按一次作用。

   4.2 战时设计荷载有动荷载和静荷载两类，动荷载是指核爆炸或常规武器爆炸空气冲击波超压形成的荷载和土中压缩波形成的荷载；静荷载是指土压力、水压力、结构自重及上部建筑传来的荷载、地面堆载等荷载。

   4.3 本图集提供的荷载是甲类防空地下室及乙类防空地下室设计采用的等效静荷载标准值。对于甲类工程，为核武器爆炸动荷载作用下的等效静荷载标准值与常规武器爆炸动荷载作用下的等效静荷载标准值两者中的较大值；对于乙类工程，为常规武器爆炸动荷载作用下的等效静荷载标准值。应注意，设计采用的等效静荷载标准值仅供设计时采用，不是荷载的作用方式。

5. 防空地下室的设计原则

5.1 防空地下室结构的设计使用年限为50年。当上部建筑结构的设计使用年限大于50年时，按上部建筑结构确定设计使用年限。

5.2 防空地下室结构在常规武器爆炸动荷载或核武器爆炸动荷载作用下，其动力分析均可采用等效静荷载法。

5.3 防空地下室结构在常规武器爆炸动荷载或核武器爆炸动荷载作用下，应验算结构承载力；对结构变形、裂缝宽度及地基承载力与地基变形可不进行验算。

5.4 防空地下室结构采用的混凝土强度等级不应低于C25，受力钢筋宜采用HRB335级钢筋或HRB400级钢筋。

6. 查阅本图集等效静荷载标准值图表的要求

6.1 在核武器爆炸动荷载作用下，顶板的允许延性比$[\beta]=3.0$；临空墙、内墙、外墙$[\beta]=2.0$；防护密闭门门框墙$[\beta]=1.0$。在常规武器爆炸动荷载作用下，顶板的允许延性比$[\beta]=4.0$；临空墙、内墙、外墙$[\beta]=3.0$；防护密闭门门框墙$[\beta]=2.0$。

6.2 防空地下室的顶板为钢筋混凝土梁板、无梁板或密肋板等楼盖结构；底板为整体梁板式或板式基础。

6.3 在确定常规武器爆炸动荷载作用下及核武器爆炸动荷载作用下结构外墙的等效静荷载标准值时，应按照工程所在地的土的类别及工程抗力级别查阅相应表格，且外墙计算高度应≤5m。

6.4 在查阅常规武器爆炸动荷载作用下及核武器爆炸动荷载作用下结构顶板、底板、外墙上的等效静荷载标准值时，应注意表中"考虑上部建筑影响"和"不考虑上部建筑影响"的条件。

7. 防空地下室结构的设计步骤

7.1 根据防空地下室的类别（甲类或乙类）、抗力等级查表或计算确定顶板、底板、外墙及口部构件的等效静荷载标准值及静荷载标准值。

7.2 甲类防空地下室按第39页表2-18、乙类防空地下室按第18页表1-8进行荷载组合，按《人民防空地下室设计规范》（GB50038-2005）第4.10.2条的承载力极限状态设计表达式进行承载力设计。其中，结构重要性系数γ_0取1.0；静荷载分项系数当其效应对结构不利时取1.2，有利时取1.0；等效静荷载分项系数取1.0。

编制说明 图集号 07FG01 页 5

7.3 防空地下室结构各构件战时设计荷载确定后，可按静力设计方法进行内力分析。

7.4 在战时荷载作用下进行截面设计时，材料动力强度设计值取静荷载作用下材料强度设计值乘以材料强度综合调整系数γ_d，其值按本图集第53页表4-1采用。

7.5 防空地下室除进行战时荷载设计外，还应根据其上部建筑在平时使用条件下对防空地下室结构的要求进行设计，并取其中的控制条件作为防空地下室结构设计的依据。

8. 其他

8.1 当不符合本说明第6条的规定时，应按《人民防空地下室设计规范》（GB50038-2005）有关条文，计算确定在核武器或常规武器爆炸动荷载作用下相应结构构件的等效静荷载标准值。

8.2 防空地下室结构构件的构造，尚应符合《人民防空地下室设计规范》（GB50038-2005）第4.11节的要求。当结构构件的抗震等级高于三级时，还应满足相应的抗震要求。

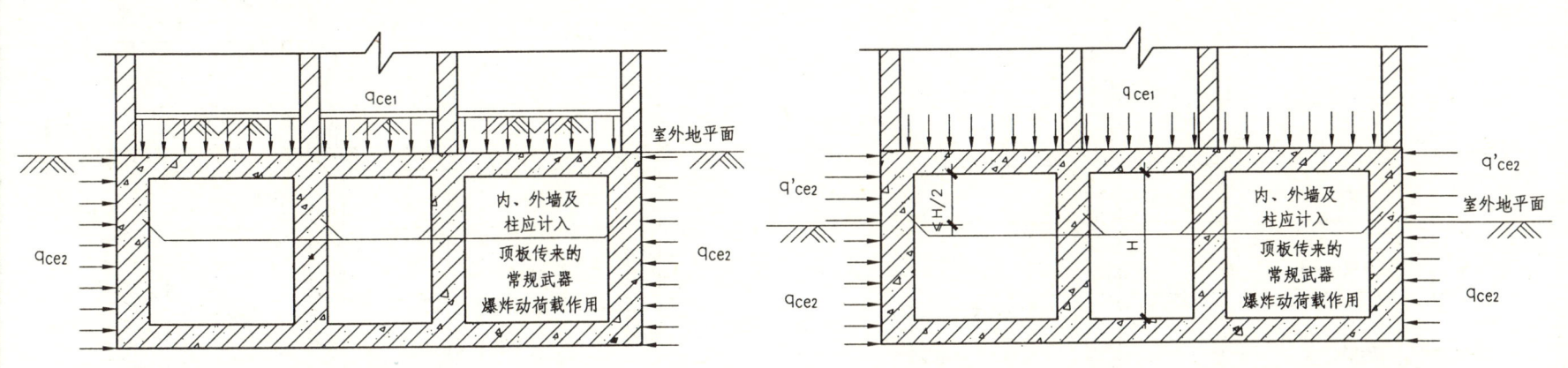

全埋式防空地下室

顶板底面高于室外地平面的防空地下室

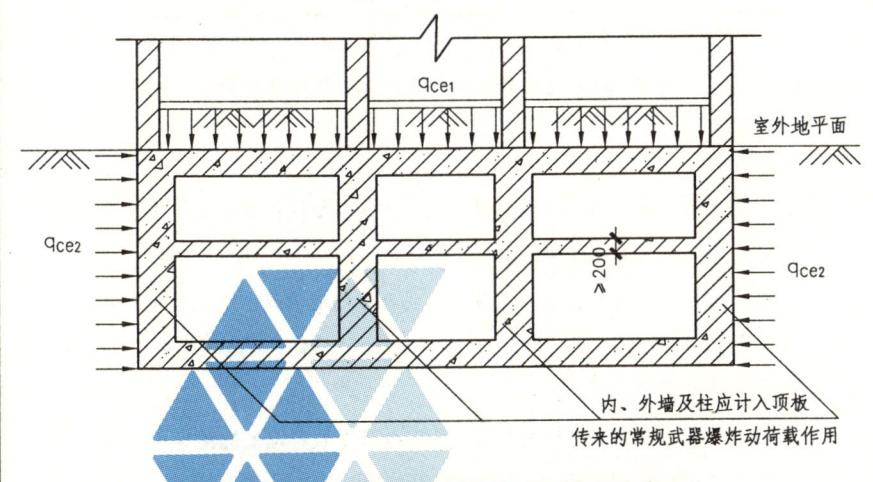

上、下层均为防空地下室

无论上、下层是否为同一防护单元，中间楼板及底板均不计入常规武器地面爆炸产生的等效静荷载

说明：

1. 本图为乙类防空地下室设计时主体结构的等效静荷载取值示意图，不表示战时常规武器爆炸动荷载的作用方式。
2. 本图仅表示乙类防空地下室在常规武器爆炸荷载作用下主体结构的等效静荷载标准值。设计时还应计入相应的静荷载，按本图集第18页进行结构荷载组合。
3. 乙类防空地下室顶板、外墙上的等效静荷载标准值应按其相应的抗力级别和土质条件取值，详见本图集第9页、第10页。
4. 直接承受空气冲击波作用的钢筋混凝土外墙按弹塑性工作阶段设计时，其等效静荷载标准值 q'_{ce2} 对常5级防空地下室取400kN/m²，对常6级防空地下室取180kN/m²。

乙类防空地下室主体结构等效静荷载示意图	图集号	07FG01
审核 于晓音　校对 萧蓁　设计 郭莉	页	7

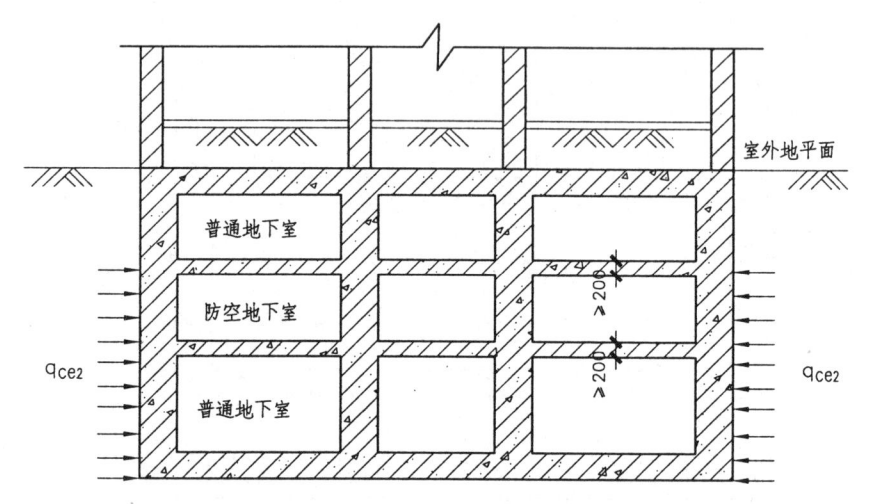

防空地下室设在地下中间层

防空地下室顶板和底板均不计入常规武器地面爆炸产生的等效静荷载

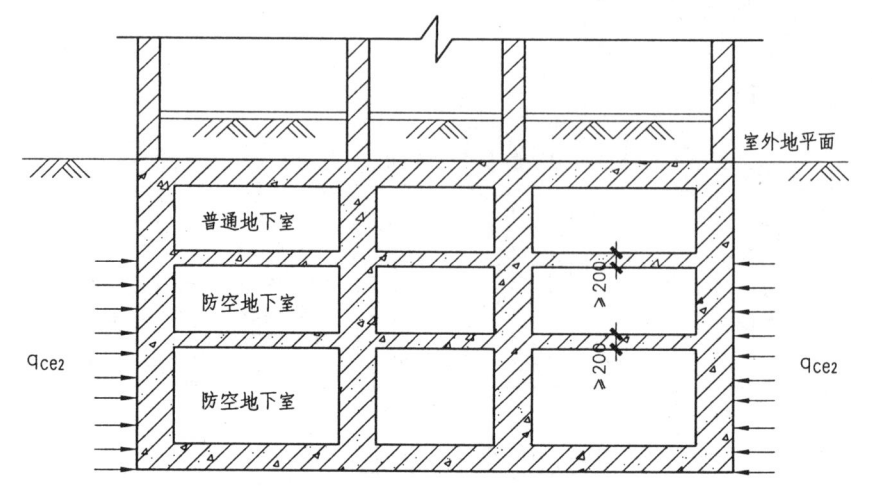

防空地下室设在地下二层及以下各层

防空地下室顶板、上下两个防护单元之间楼板和底板均不计入常规武器地面爆炸产生的等效静荷载

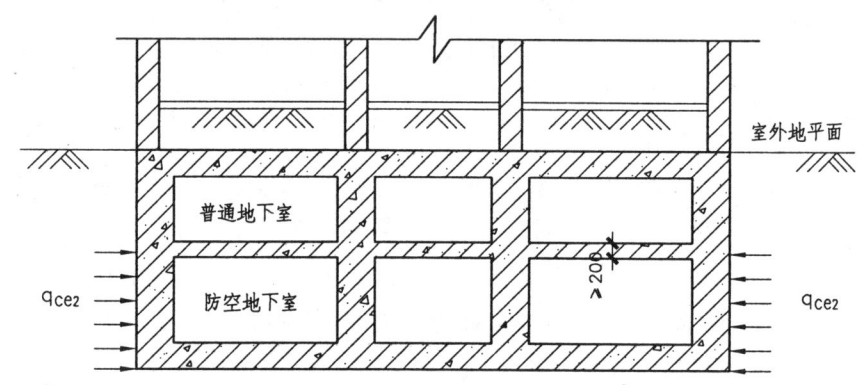

防空地下室设在最下层

防空地下室顶板和底板均不计入常规武器地面爆炸产生的等效静荷载

说 明：

1. 本图为乙类防空地下室设计时主体结构的等效静荷载取值示意图，不表示战时常规武器爆炸动荷载的作用方式。
2. 本图仅表示乙类防空地下室在常规武器爆炸动荷载作用下主体结构的等效静荷载标准值。设计时还应计入相应的静荷载，按本图集第18页进行结构荷载组合。
3. 乙类防空地下室主体结构外墙上的等效静荷载标准值应按其相应的抗力级别和土的类别取值，详见本图集第10页。

乙类防空地下室主体结构等效静荷载示意图

表1-1 乙类防空地下室顶板等效静荷载标准值 q_{ce1} （kN/m²）

顶板覆土厚度 h（m）	考虑上部建筑影响		不考虑上部建筑影响	
	抗力级别		抗力级别	
	常6级	常5级	常6级	常5级
0 ≤ h ≤ 0.5	40～32	88～72	50～40	110～90
0.5 < h ≤ 1.0	32～24	72～56	40～30	90～70
1.0 < h ≤ 1.5	24～12	56～40	30～15	70～50
1.5 < h ≤ 2.0	不计入	40～24	不计入	50～30
2.0 < h ≤ 2.5	不计入	24～12	不计入	30～15
2.5 < h	不计入	不计入	不计入	不计入

注：1. 顶板覆土厚度h为小值时，q_{ce1}取大值。
2. 当防空地下室设在地下二层及以下各层时，顶板可不计入常规武器地面爆炸产生的等效静荷载。
3. 当不计入常规武器地面爆炸产生的等效静荷载时，应满足《人民防空地下室设计规范》（GB50038-2005）第4.11节规定的构造要求。

说明：

1. 适用于乙类防空地下室顶板为钢筋混凝土梁板、无梁板、密肋板等楼盖结构，在常规武器爆炸动荷载作用下允许延性比$[\beta]=4$。

2. 考虑上部建筑影响：当上部建筑层数不少于二层，其底层外墙为钢筋混凝土或砌体承重墙，且任何一面外墙墙面开孔面积不大于该墙面面积的50％时；或当上部为单层建筑，其承重外墙使用的材料和开孔比例同上，且屋顶为钢筋混凝土结构时，顶板荷载取值时可考虑上部建筑对常规武器地面爆炸空气冲击波超压作用的影响。

3. 不符合上述第2条规定时，防空地下室顶板荷载取值均不考虑上部建筑的影响。

乙类防空地下室主体结构顶板等效静荷载标准值　　图集号 07FG01　　页 9

表1-2 常规武器爆炸动荷载作用下非饱和土中钢筋混凝土外墙等效静荷载标准值 q_{ce2} (kN/m²)

顶板顶面埋置深度 h(m)	土的类别	抗力级别 常6级	抗力级别 常5级
0 < h ≤ 1.5	碎石土、粗砂、中砂	30 ~ 20	70 ~ 40
	细砂、粉砂	25 ~ 15	55 ~ 35
	粉土	30 ~ 15	60 ~ 40
	粘性土、红粘土	20 ~ 15	55 ~ 35
	老粘性土	30 ~ 15	65 ~ 40
	湿陷性黄土	25 ~ 15	55 ~ 35
	淤泥质土	15 ~ 10	35 ~ 25
1.5 < h ≤ 3.0	碎石土、粗砂、中砂	20 ~ 15	40 ~ 30
	细砂、粉砂	15 ~ 10	35 ~ 25
	粉土	15 ~ 10	40 ~ 25
	粘性土、红粘土	15 ~ 10	35 ~ 25
	老粘性土	15 ~ 10	40 ~ 25
	湿陷性黄土	15 ~ 10	35 ~ 20
	淤泥质土	10 ~ 5	25 ~ 15

表1-3 常规武器爆炸动荷载作用下饱和土中钢筋混凝土外墙等效静荷载标准值 q_{ce2} (kN/m²)

顶板顶面埋置深度 h(m)	饱和土含气量 α_1 (%)	抗力级别 常6级	抗力级别 常5级
0 < h ≤ 1.5	1	50 ~ 30	100 ~ 80
	≤ 0.05	70 ~ 50	140 ~ 100
1.5 < h ≤ 3.0	1	30 ~ 25	80 ~ 60
	≤ 0.05	50 ~ 30	100 ~ 80

说明:

1. 适用于甲类和乙类防空地下室在常规武器爆炸动荷载作用下的钢筋混凝土外墙,按弹塑性工作阶段计算,允许延性比[β]=3,外墙计算高度≤5m。

2. 表1-2和表1-3中,顶板埋置深度h为小值时,外墙等效静荷载标准值取大值。

3. 表1-3中,当含气量α_1>1%时,按非饱和土取值;当0.05%<α_1<1%时,按线性内插法确定。

4. 甲类防空地下室应根据工程所在地土的类别,查取表1-2或1-3中的数值,与表2-3或表2-4中核武器作用下钢筋混凝土外墙等效静荷载标准值相比较,取较大值作为设计采用的等效静荷载标准值。

乙类防空地下室主体结构外墙等效静荷载标准值 图集号 07FG01

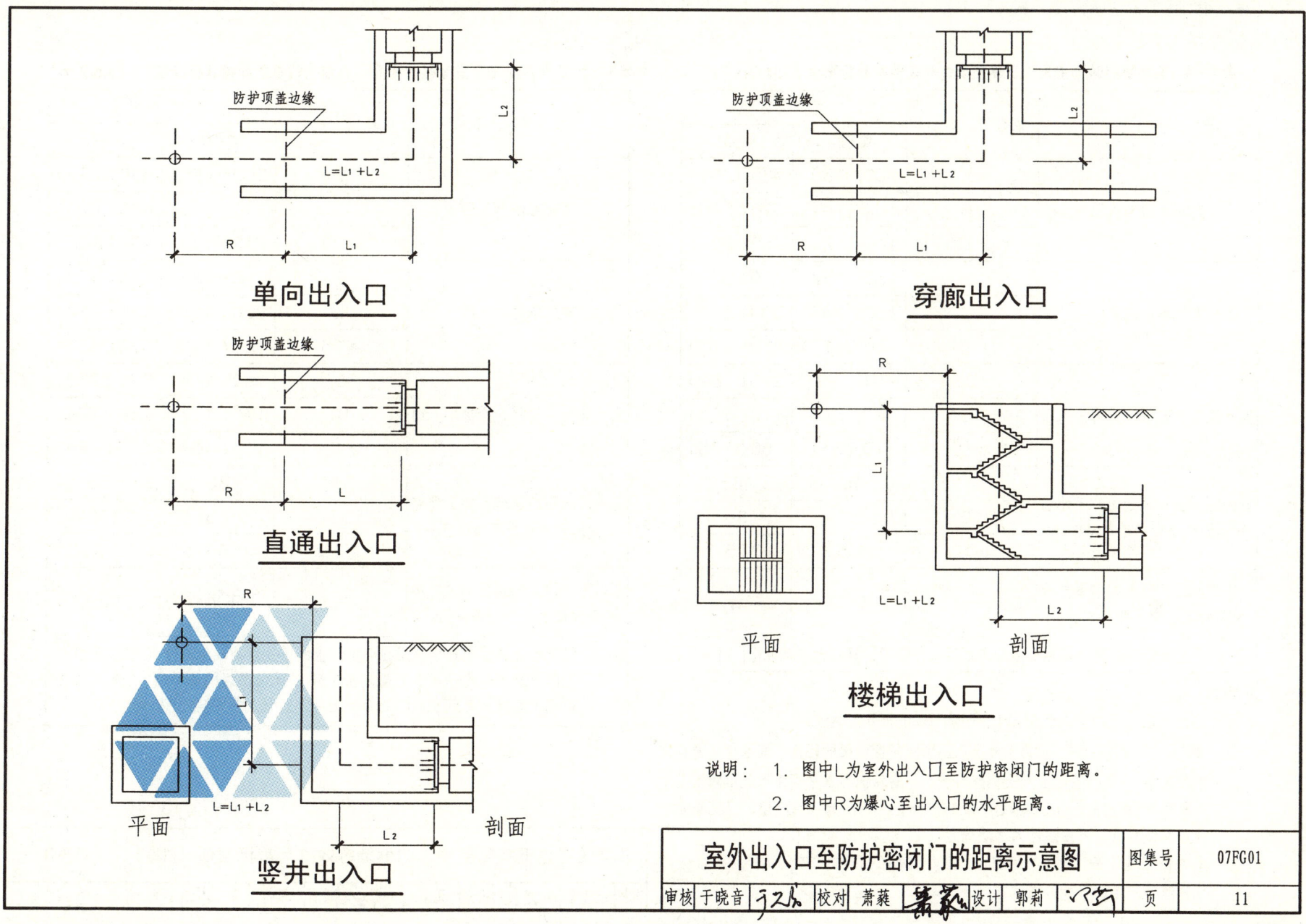

表1-4 乙类防空地下室出入口临空墙的等效静荷载标准值（kN/m²）

出入口部位及形式	距离 L（m）	抗力级别 常6级	抗力级别 常5级
室外直通出入口	5	200（180）	390（351）
	10	160（144）	320（288）
	≥15	140（126）	280（252）
室外单向出入口	5	180（162）	360（324）
	10	150（135）	300（270）
	≥15	130（117）	260（234）
室外竖井、楼梯、穿廊出入口	5	110（99）	210（189）
	10	90（81）	170（153）
	≥15	70（63）	150（135）
室内出入口（侧壁内侧至外墙外侧的最小水平距离≤5m）	5	55	105
	10	45	85
	≥15	35	75
室内出入口（侧壁内侧至外墙外侧的最小水平距离＞5m）	—	不计入	不计入

注：临空墙的等效静荷载标准值按弹塑性工作阶段计算，允许延性比[β]=3。

表1-5 乙类防空地下室直接作用在门框墙上的等效静荷载标准值q_e（kN/m²）

出入口部位及形式	距离 L（m）	抗力级别 常6级	抗力级别 常5级
室外直通出入口	5	290（261）	580（522）
	10	240（216）	470（423）
	≥15	210（189）	400（360）
室外单向出入口	5	270（243）	530（477）
	10	220（198）	430（387）
	≥15	190（171）	370（333）
室外竖井、楼梯、穿廊出入口	5	160（144）	320（288）
	10	130（117）	260（234）
	≥15	115（104）	220（198）
室内出入口（侧壁内侧至外墙外侧的最小水平距离≤5m）	5	80	160
	10	65	130
	≥15	58	110
室内出入口（侧壁内侧至外墙外侧的最小水平距离＞5m）	—	不计入	不计入

注：门框墙设计时除直接作用在门框墙上的等效静荷载标准值q_e外，还应加上由门扇传来的等效静荷载标准值q_i，此值根据门扇形式，按《人民防空地下室设计规范》（GB50038-2005）中第4.7.5条确定。

说明：
1. 当室外出入口净宽大于3m时，可采用表中括号内数值。
2. 表1-4、表1-5中，L为室外出入口至防护密闭门的距离，其取值示意图见本图集第11页；室内出入口侧壁内侧至外墙外侧的水平距离取值示意图见本图集第15页；当5m<L<10m及10m<L<15m时，临空墙、门框墙的等效静荷载标准值可按线性内插法确定。
3. 乙类防空地下室扩散室与防空地下室内部房间相邻的临空墙可不计入常规武器爆炸产生的等效静荷载。

乙类防空地下室临空墙、门框墙等效静荷载标准值	图集号 07FG01

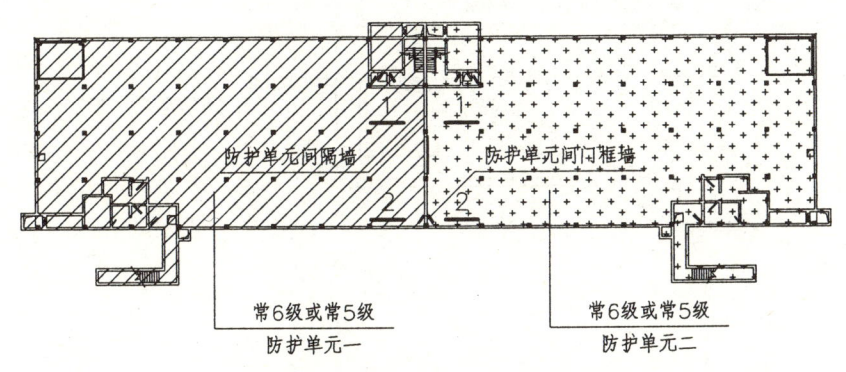

乙类防空地下室平面示意图（一）

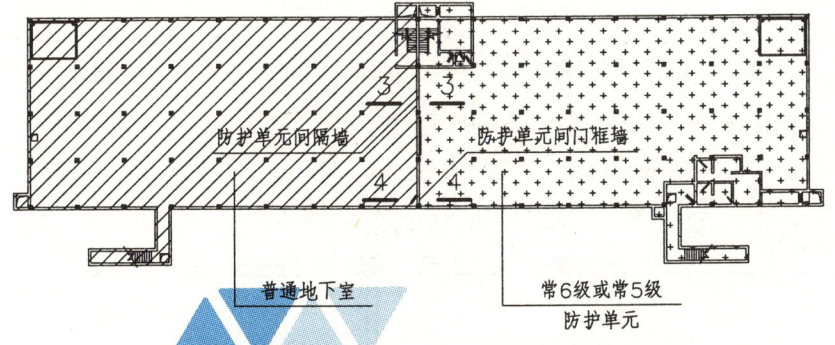

乙类防空地下室平面示意图（二）

说明：乙类防空地下室，相邻两个防护单元之间的隔墙、门框墙以及防空地下室与普通地下室相邻的隔墙、门框墙可不计入常规武器地面爆炸产生的等效静荷载，但其隔墙厚度对于常5级、常6级应分别不小于250mm、200mm。

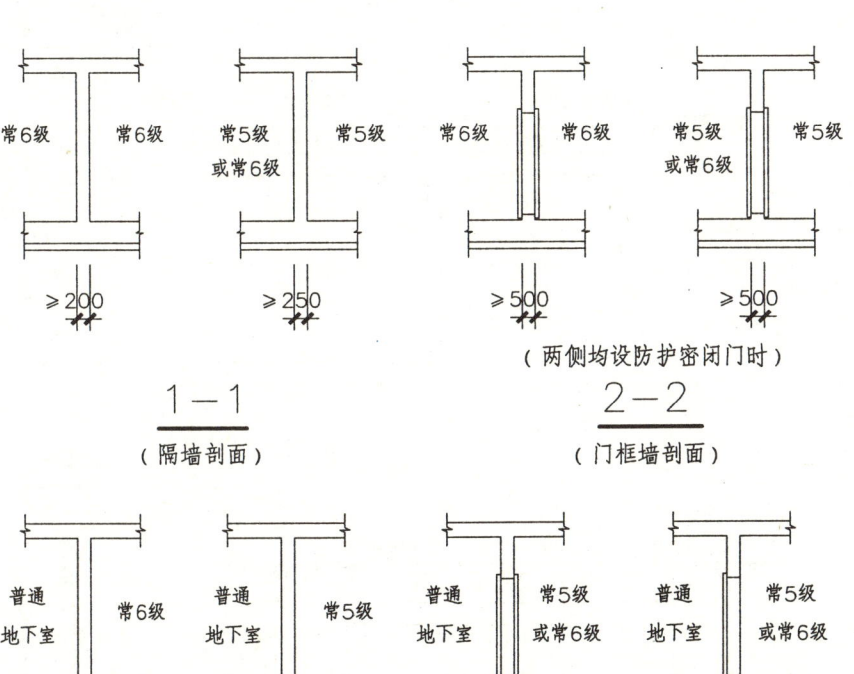

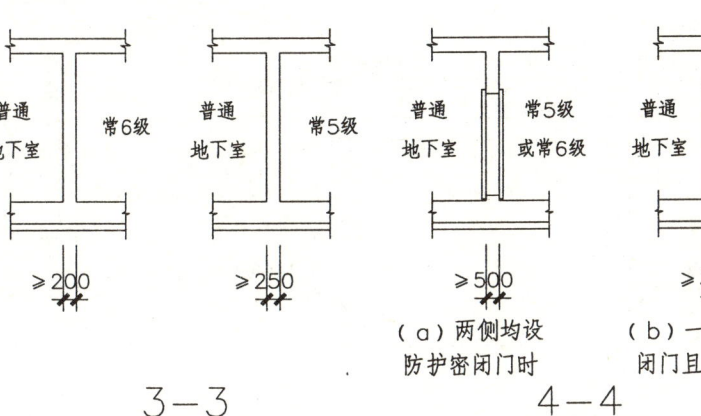

乙类防空地下室相邻防护单元间隔墙、门框墙的墙厚要求	图集号 07FG01
	页 13

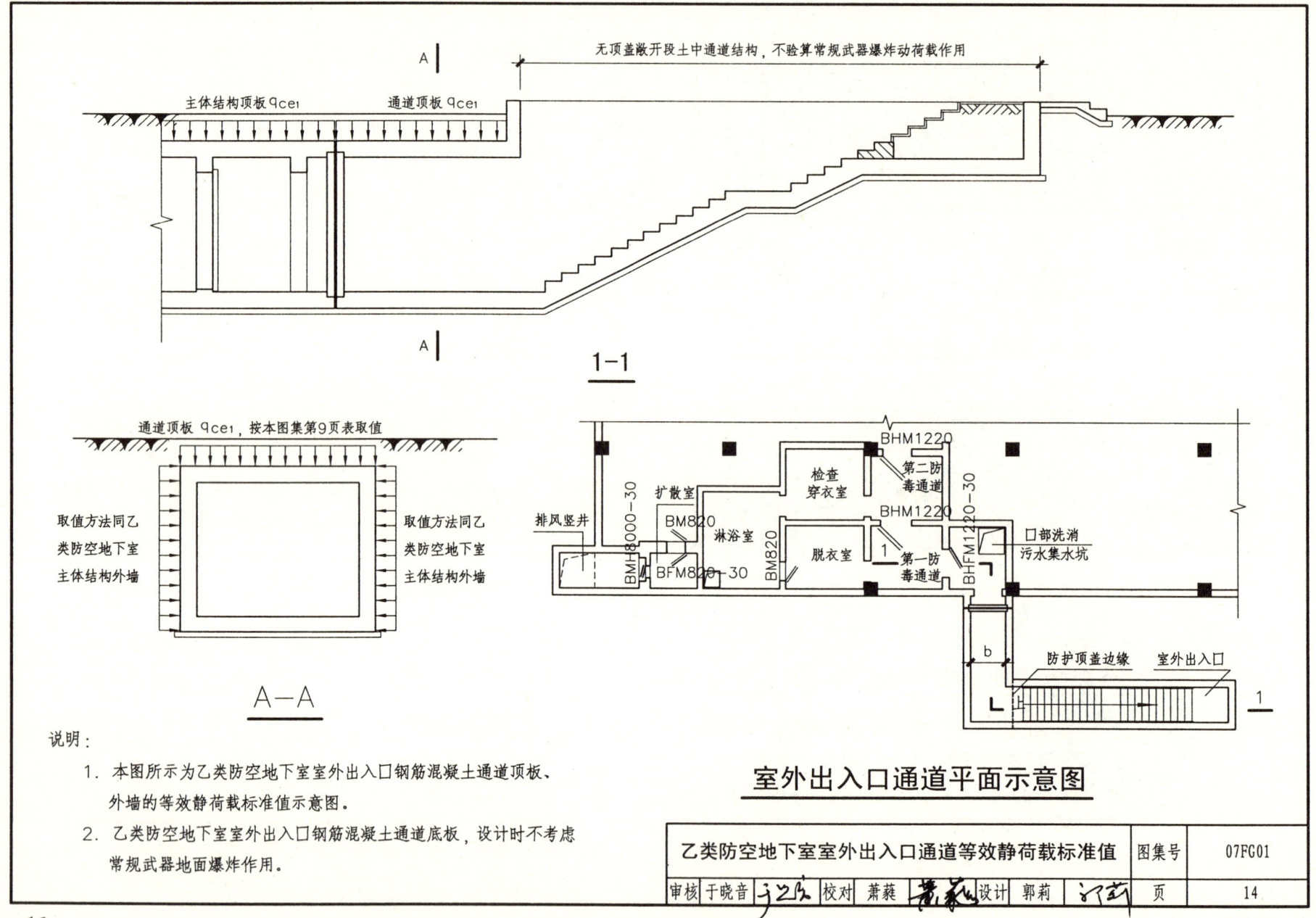

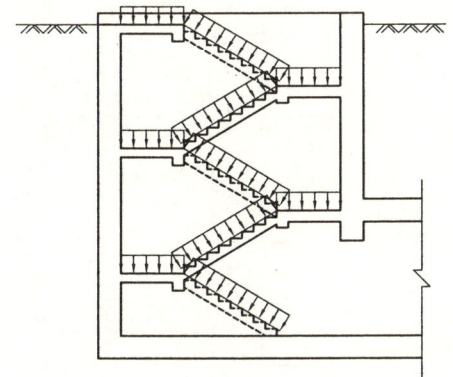

表1-6 乙类防空地下室楼梯踏步与休息平台等效静荷载标准值（kN/m²）

主要出入口部位	抗力级别	
	常6级	常5级
室外出入口	50	110
室内出入口（侧壁内侧至外墙外侧的最小水平距离L≤5m）	40	90

注：1. 计算时，仅考虑等效静荷载标准值正面作用，且作用方向与构件表面垂直。
2. 室内出入口侧壁内侧至外墙外侧的最小水平距离L>5m时，楼梯踏步与休息平台不计入等效静荷载的作用。

乙类防空地下室楼梯等效静荷载作用方式示意图

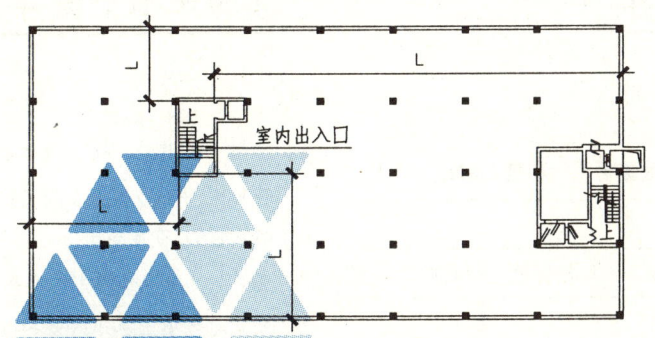

说明：乙类防空地下室，当其主要出入口采用楼梯式室外出入口或采用楼梯式室内出入口，且其侧壁内侧至外墙外侧的最小水平距离L≤5m时，楼梯踏步与休息平台应按表1-6计入等效静荷载的作用。

室内出入口侧壁内侧至外墙外侧的水平距离示意图

乙类防空地下室楼梯等效静荷载标准值　　图集号 07FG01　　页 15

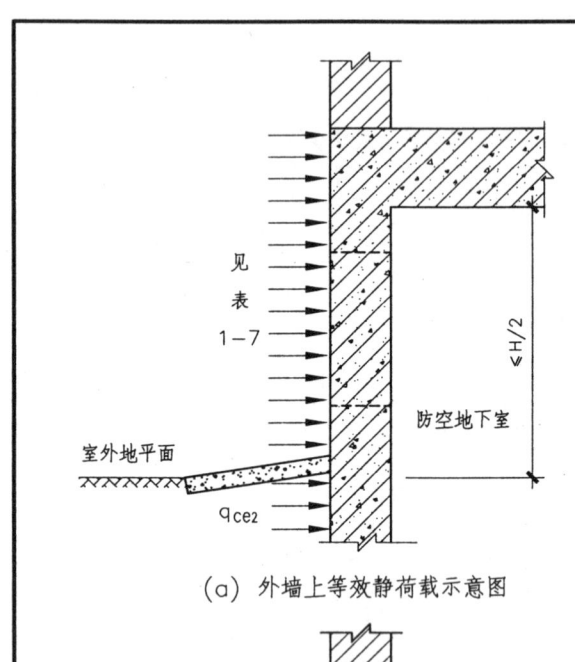

(a) 外墙上等效静荷载示意图

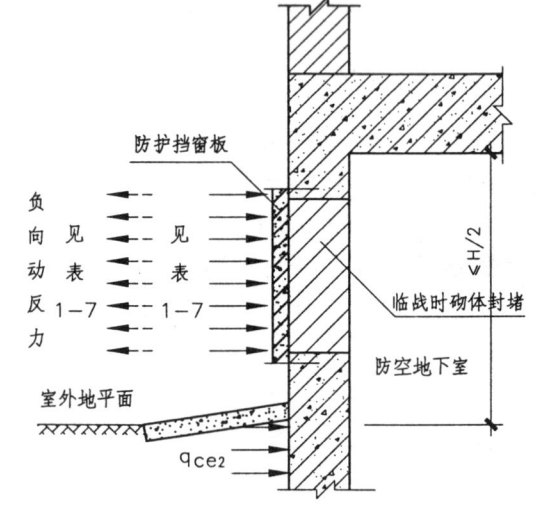

(b) 挡窗板上等效静荷载示意图

高出地平面的采光窗

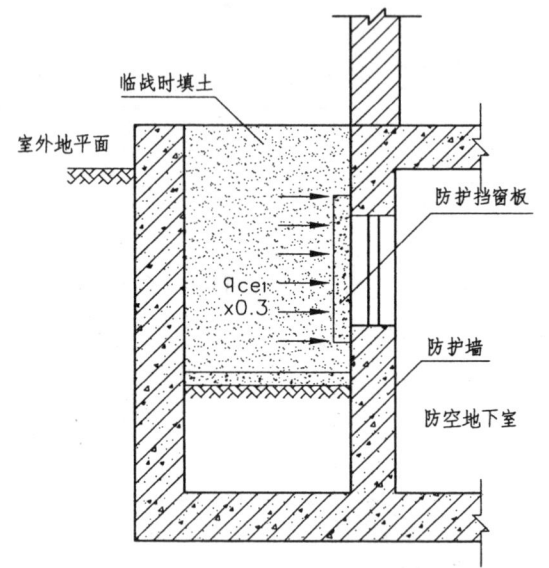

战时全填土窗井

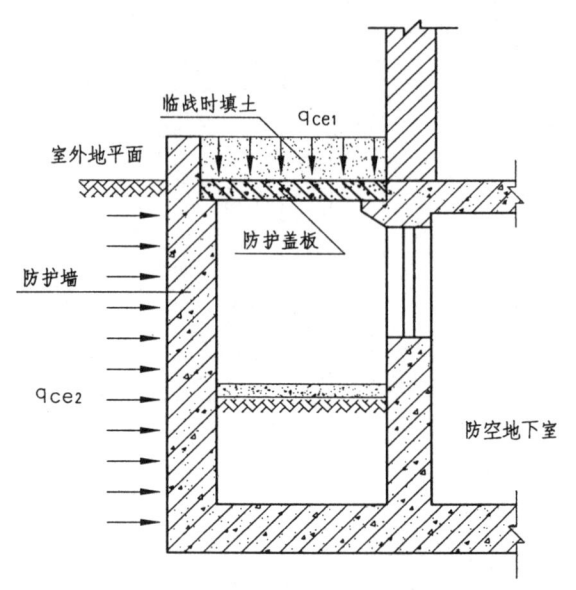

战时半填土窗井

表1-7 高出地平面的采光窗水平等效静荷载标准值（kN/m²）

抗力级别	荷载部位		
	外墙	挡窗板	挡窗板上的负向动反力
常6级	180	180	60
常5级	400	400	130

说明：

1. 除图中注明外，q_{ce1} 按本图集第9页表采用，q_{ce2} 根据工程实际情况按本图集第10页表采用。
2. 图中H为防空地下室的净高。
3. <战时全填土窗井>中 q_{ce1} 按本图集第9页表1-1中数值采用，此时表1-1中h取挡窗板中心处填土深度。

乙类防空地下室通风采光窗井等效静荷载标准值示意图	图集号	07FG01
审核 于晓音 校对 萧蕤 设计 郭莉	页	16

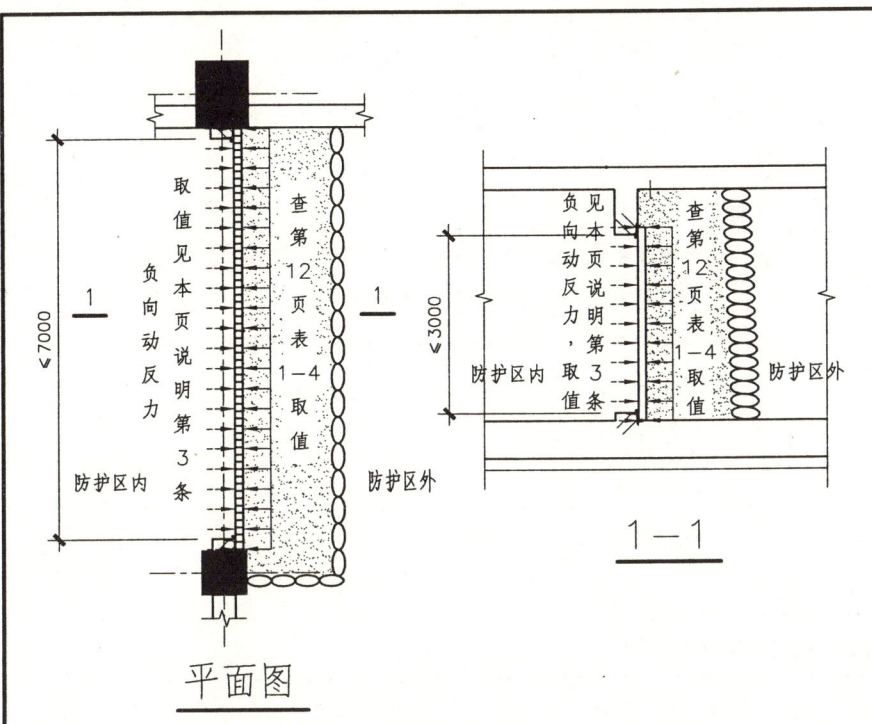

出入口通道内封堵构件等效静荷载标准值示意图

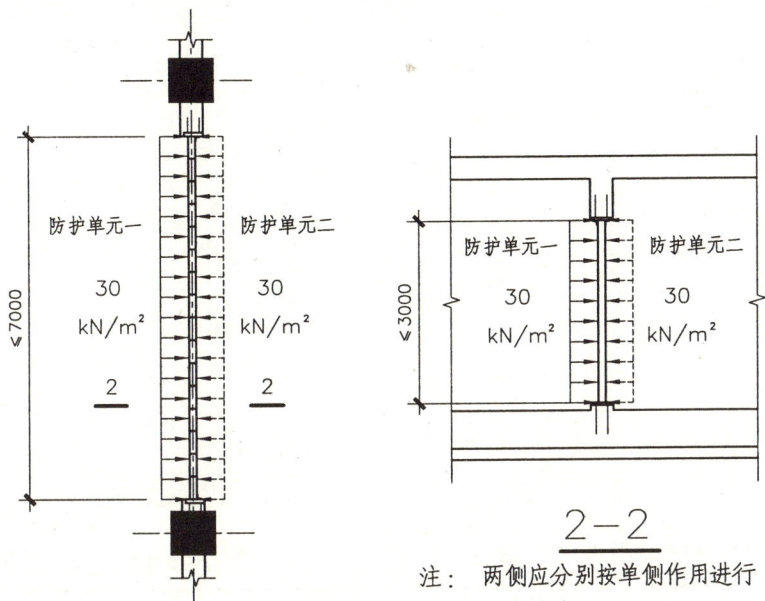

相邻防护单元间隔墙上封堵构件等效静荷载标准值示意图

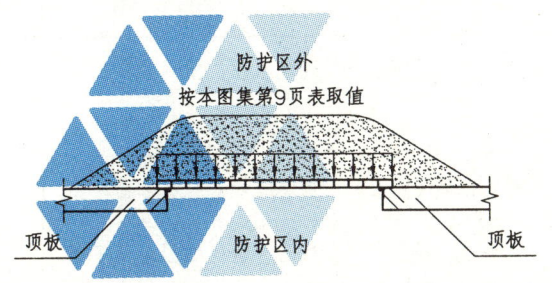

顶板封堵构件等效静荷载标准值示意图

注：顶板封堵的洞口平面尺寸不得大于3m×6m。

说明：
1. 适用于乙类防空地下室。
2. 图中所注均为常规武器爆炸动荷载作用下，乙类防空地下室钢筋混凝土及钢材封堵构件的等效静荷载标准值。
3. 对于室外出入口通道内封堵构件及其支座和联结件，应验算常规武器爆炸作用在其上的负向动反力（反弹力），负向动反力的水平等效静荷载标准值对常5级可取130kN/m²，对常6级可取60kN/m²。

乙类防空地下室封堵构件等效静荷载标准值	图集号	07FG01
	页	17

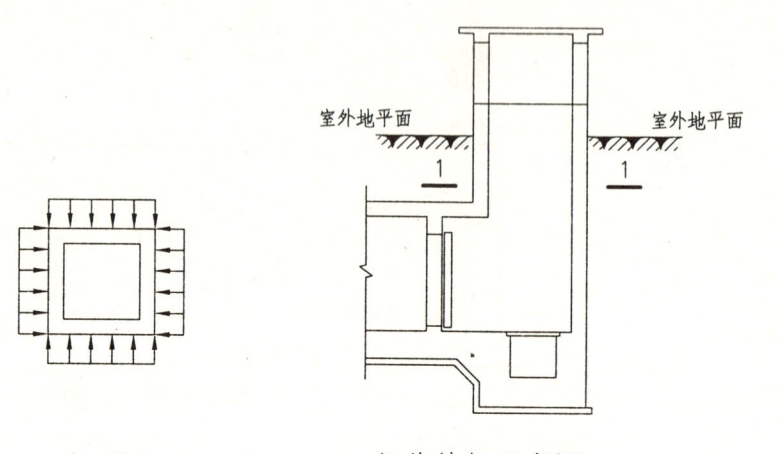

1-1

竖井结构示意图

说明：

乙类防空地下室土中竖井结构，无论有无顶盖，其外墙等效静荷载标准值按本图集第10页表采用。对于直接承受空气冲击波单向作用的钢筋混凝土外墙按弹塑性工作阶段设计时，其等效静荷载标准值对常5级取400kN/m²，对常6级取180kN/m²。

乙类防空地下室土中竖井结构等效静荷载标准值示意图

表1-8 乙类防空地下室等效静荷载与静荷载同时作用的荷载组合

结构部位	抗力级别	荷 载 组 合
顶板	常6级、常5级	顶板常规武器爆炸等效静荷载、顶板静荷载（包括覆土、战时不拆迁的固定设备、顶板自重及其他静荷载）
外墙	常6级、常5级	顶板传来的常规武器爆炸等效静荷载、静荷载，上部建筑自重，外墙自重；常规武器爆炸产生的水平等效静荷载，土压力、水压力
内承重墙（柱）	常6级、常5级	顶板传来的常规武器爆炸等效静荷载、静荷载，上部建筑自重，内承重墙（柱）自重

注：上部建筑自重，系指防空地下室上部建筑的墙体（柱）和楼板传来的静荷载，即墙体（柱）、屋盖、楼盖自重及战时不拆迁的固定设备等。

乙类防空地下室土中竖井结构等效静荷载标准值及等效静荷载与静荷载同时作用的荷载组合	图集号	07FG01
审核 于晓音 校对 萧蕤 设计 郭莉	页	18

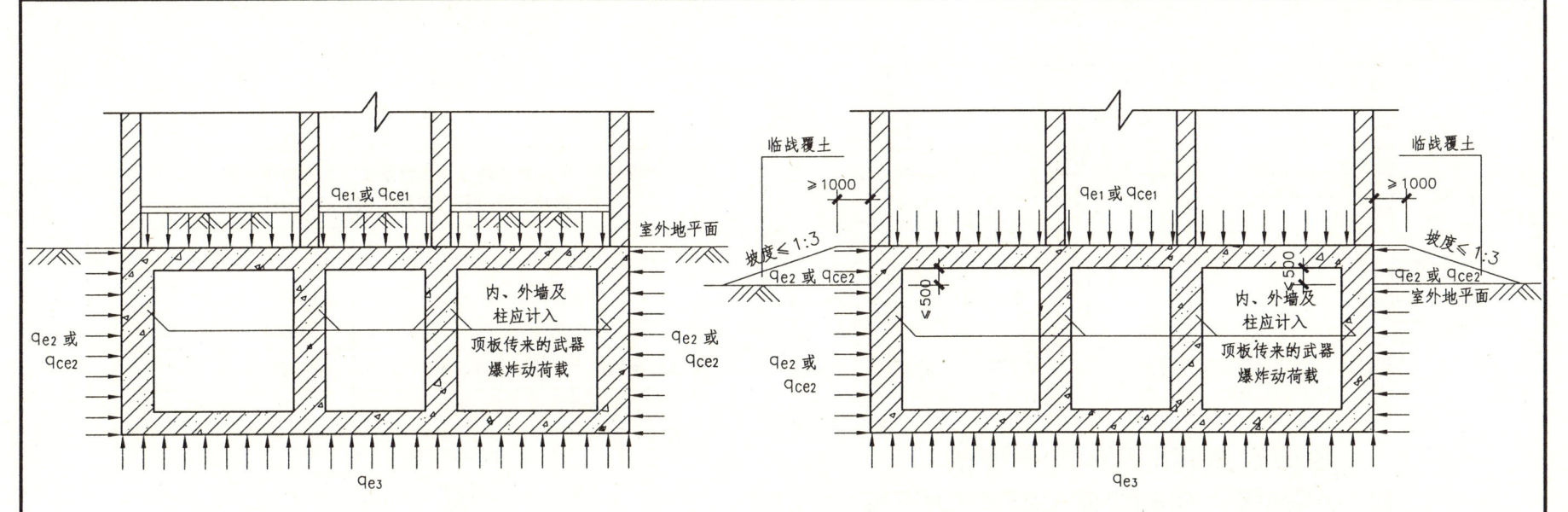

全埋式防空地下室　　　**顶板底面高出室外地平面的核5级常5级防空地下室**

(仅适用于上部建筑为砌体结构,且有取土条件)

说明:

1. 本图为甲类防空地下室主体结构设计采用的等效静荷载标准值示意图,不表示战时核武器及常规武器爆炸动荷载的作用方式,后面各图纸均同,不再另行说明。
2. 本图仅表示甲类防空地下室主体结构设计采用的等效静荷载标准值。设计时还应计入相应的静荷载,按本图集第39页表2-18进行荷载组合。
3. 本图所示甲类防空地下室主体结构顶板、底板采用的等效静荷载标准值可根据相应的抗力级别分别按本图集第21页、第23页取值。外墙采用的等效静荷载标准值应根据不同的土质及抗力级别,按本图集第22页和第10页,并取两者较大的等效静荷载标准值。
4. 本图所注 q_{e3} 仅表示防空地下室无桩基的情况,当防空地下室有桩基时,详见本图集第25页(g)图所示。

甲类防空地下室主体结构设计采用的等效静荷载标准值示意图	图集号	07FG01
	页	19

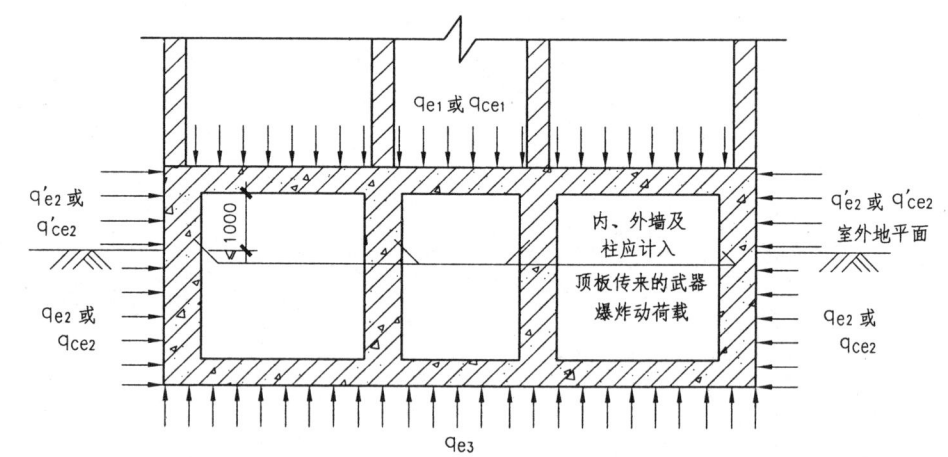

表2-1 甲类防空地下室直接承受空气冲击波作用
的外墙等效静荷载标准值（kN/m²）

动荷载类别	抗力级别	
	核6B级 常6级	核6级 常6级
核武器爆炸产生的等效静荷载 q'_{e2}	80	130
常规武器爆炸产生的等效静荷载 q'_{ce2}	180	180

顶板底面高出室外地平面的
核6级常6级、核6B级常6级防空地下室

（仅适用于上部建筑为砌体结构）

说明：

1. 顶板底面高出室外地平面的防空地下室必须符合《人民防空地下室设计规范》（GB50038-2005）中第3.2.15条的规定。
2. 顶板底面高出室外地平面的甲类防空地下室，主体结构顶板、底板设计采用的等效静荷载标准值应根据相应的抗力级别分别按本图集第21页、第23页取值。
3. 核6级常6级、核6B级常6级防空地下室，高出室外地平面直接承受空气冲击波单向作用的钢筋混凝土外墙，其等效静荷载标准值可按本页表2-1取值；位于室外地平面以下的土中钢筋混凝土外墙的等效静荷载标准值，同全埋式的防空地下室。
4. 顶板底面高出室外地平面的核6级常6级、核6B级常6级防空地下室外墙设计采用的等效静荷载标准值的确定方法：当位于室外地平面以上及以下的外墙在常规武器爆炸动荷载作用下的等效静荷载标准值均大于核武器爆炸动荷载作用下的等效静荷载标准值时，整个外墙取前者的等效静荷载标准值；
当位于室外地平面以下的土中钢筋混凝土外墙在常规武器爆炸动荷载作用下的等效静荷载标准值小于核武器爆炸动荷载作用下的等效静荷载标准值时，外墙应分别按常规武器和核武器爆炸动荷载作用进行内力分析，并取较大的内力进行截面设计。
5. 本图所注 q_{e3} 仅表示防空地下室底板下无桩基的情况，当防空地下室底板下有桩基时，详见本图集第25页（g）图所示。

甲类防空地下室主体结构设计采用的等效静荷载标准值示意图	图集号	07FG01
	页	20

表2-2 甲类防空地下室设计采用的顶板等效静荷载标准值（kN/m²）

顶板覆土厚度 h(m)	顶板区格最大短边净跨 Lo(m)	考虑上部建筑影响 抗力级别 核6B级 常6级	考虑上部建筑影响 抗力级别 核6级 常6级	考虑上部建筑影响 抗力级别 核5级 常5级	不考虑上部建筑影响 抗力级别 核6B级 常6级	不考虑上部建筑影响 抗力级别 核6级 常6级	不考虑上部建筑影响 抗力级别 核5级 常5级
0≤ h ≤0.5	3.0 ≤ Lo ≤ 9.0	40～35*	55	100	50～40*	60	120
0.5 < h ≤ 1.0	3.0 ≤ Lo ≤ 4.5	40	65	120	45	70	140
0.5 < h ≤ 1.0	4.5 < Lo ≤ 6.0	40	60	115	45	70	135
0.5 < h ≤ 1.0	6.0 < Lo ≤ 7.5	40	60	110	45	65	130
0.5 < h ≤ 1.0	7.5 < Lo ≤ 9.0	40	60	110	45	65	130
1.0 < h ≤ 1.5	3.0 ≤ Lo ≤ 4.5	45	70	135	50	75	145
1.0 < h ≤ 1.5	4.5 < Lo ≤ 6.0	40	65	120	45	70	135
1.0 < h ≤ 1.5	6.0 < Lo ≤ 7.5	35	60	115	40	70	135
1.0 < h ≤ 1.5	7.5 < Lo ≤ 9.0	35	60	115	40	70	130

注：顶板覆土厚度h为小值时，顶板等效静荷载标准值取大值。

说明：

1. 表中打*号的为常规武器爆炸动荷载作用下顶板等效静荷载标准值 q_{ce1}，其余为核武器爆炸动荷载作用下顶板等效静荷载标准值 q_{e1}。

2. 适用于甲类防空地下室顶板为钢筋混凝土梁板、无梁板、密肋板等楼盖结构，在核武器爆炸动荷载作用下允许延性比[β]=3，在常规武器爆炸动荷载作用下允许延性比[β]=4。

3. 考虑上部建筑影响：当上部建筑层数不少于二层，其底层外墙为钢筋混凝土或砌体承重墙，且任何一面外墙墙面开孔面积不大于该墙面面积的50%时；或当上部为单层建筑，其承重外墙使用的材料和开孔比例同上，且屋顶为钢筋混凝土结构时，顶板结构计算时可考虑上部建筑对地面空气冲击波超压作用的影响。

4. 不符合第3条规定的防空地下室顶板荷载取值时不考虑上部建筑的影响。

甲类防空地下室主体结构顶板设计采用的等效静荷载标准值	图集号 07FG01

表2-3 核武器爆炸动荷载作用下非饱和土中钢筋混凝土外墙等效静荷载标准值 q_{e2}（kN/m²）

土的类别		考虑上部建筑影响			不考虑上部建筑影响		
		抗力级别			抗力级别		
		核6B级	核6级	核5级	核6B级	核6级	核5级
碎石土		6～11	11～17	24～42	5～10	10～15	20～35
砂土	粗砂、中砂	11～17	17～28	42～54	10～15	15～25	35～45
	细砂、粉砂	11～17	17～22	36～48	10～15	15～20	30～40
粉土		11～17	22～28	42～60	10～15	20～25	35～50
粘性土	坚硬、硬塑	6～17	11～28	30～54	5～15	10～25	25～45
	可塑	17～28	28～44	54～90	15～25	25～40	45～75
	软塑、流塑	28～33	44～50	90～102	25～30	40～45	75～85
老粘性土		11～17	17～28	30～60	10～15	15～25	25～50
红粘土		11～22	17～33	42～60	10～20	15～30	35～50
湿陷性黄土		11～17	11～28	30～54	10～15	10～25	25～45
淤泥质土		28～33	44～50	84～96	25～30	40～45	70～80

表2-4 核武器爆炸动荷载作用下饱和土中钢筋混凝土外墙等效静荷载标准值 q_{e2}（kN/m²）

土的类别	考虑上部建筑影响			不考虑上部建筑影响		
	抗力级别			抗力级别		
	核6B级	核6级	核5级	核6B级	核6级	核5级
碎石土、砂土	33～39	50～61	96～126	30～35	45～55	80～105
粉土、粘性土、老粘性土、红粘土、淤泥质土	33～39	50～66	96～138	30～35	45～60	80～115

说明：

1. 适用于甲类防空地下室钢筋混凝土外墙在核武器爆炸动荷载作用下，按弹塑性工作阶段计算，允许延性比 $[\beta]=2$，外墙构件计算高度≤5m。

2. 考虑上部建筑影响：对核5级的防空地下室，当上部建筑的外墙为钢筋混凝土承重墙；对核6级和核6B级防空地下室，当上部建筑外墙为钢筋混凝土承重墙，或抗震设防的砌体结构或框架结构时，均应考虑上部建筑对地面空气冲击波超压值的影响。

   凡不符合上述条件的防空地下室，则不考虑上部建筑的影响。

3. 表2-3中，外墙等效静荷载标准值对于碎石土及砂土，密实、颗粒粗的取小值；对于粘性土，液性指数低的取小值。

4. 表2-4中，含气量 $\alpha_1 \leq 0.1\%$ 时取大值。

核武器爆炸动荷载作用下主体结构外墙等效静荷载标准值 | 图集号 07FG01

表2-5 甲类防空地下室无桩基的钢筋混凝土底板等效静荷载标准值 q_{e3}（kN/m²）

顶板覆土厚度 h(m)	顶板短边净跨 Lo(m)	考虑或不考虑上部建筑影响 抗力级别 核6B级 地下水位以上	考虑或不考虑上部建筑影响 抗力级别 核6B级 地下水位以下	考虑或不考虑上部建筑影响 抗力级别 核6级 地下水位以上	考虑或不考虑上部建筑影响 抗力级别 核6级 地下水位以下	考虑上部建筑影响 抗力级别 核5级 地下水位以上	考虑上部建筑影响 抗力级别 核5级 地下水位以下	不考虑上部建筑影响 抗力级别 核5级 地下水位以上	不考虑上部建筑影响 抗力级别 核5级 地下水位以下
h ≤ 0.5	3.0 ≤ Lo ≤ 9.0	30	30～35	40	40～50	75	75～95	79	79～100
0.5< h ≤1.0	3.0 ≤ Lo ≤ 4.5	30	35～40	50	50～60	90	90～115	95	95～122
0.5< h ≤1.0	4.5 ≤ Lo ≤ 6.0	30	30～35	45	45～55	85	85～110	90	90～116
0.5< h ≤1.0	6.0 < Lo ≤ 7.5	30	30～35	45	45～55	85	85～105	90	90～111
0.5< h ≤1.0	7.5 < Lo ≤ 9.0	30	30～35	45	45～55	80	80～100	85	85～106
1.0< h ≤1.5	3.0 ≤ Lo ≤ 4.5	35	35～45	55	55～70	105	105～130	111	111～137
1.0< h ≤1.5	4.5 ≤ Lo ≤ 6.0	30	30～40	50	50～60	90	90～115	95	95～122
1.0< h ≤1.5	6.0 < Lo ≤ 7.5	30	30～35	45	45～60	90	90～110	95	95～116
1.0< h ≤1.5	7.5 < Lo ≤ 9.0	30	30～35	45	45～55	85	85～105	90	90～111

表2-6 甲类防空地下室有桩基的钢筋混凝土底板等效静荷载标准值 q_{e3}'（kN/m²）

底板下土的类型	抗力级别 核6B级 端承桩	核6B级 非端承桩	核6级 端承桩	核6级 非端承桩	核5级 端承桩	核5级 非端承桩
非饱和土	—	7	—	12	—	25
饱和土	15	15	25	25	50	50

说明：
1. 表中所注均为核武器爆炸动荷载作用下底板等效静荷载标准值。
2. 适用于甲类防空地下室整体式基础。
3. 本页中桩基础，是指按单桩承载力特征值设计的桩基础。当甲类防空地下室基础采用桩基时，除验算底板强度外，桩本身应按计入上部墙、柱传来的核武器爆炸动荷载的荷载组合验算承载力。
4. 当甲类防空地下室基础采用条形基础或独立柱基加防水底板时，底板上的等效静荷载标准值，对核6B级可取15kN/m²，对核6级可取25kN/m²，对核5级可取50kN/m²。
5. 表2-5位于地下水位以下的底板，含气量 $\alpha_1 \leq 0.1\%$ 时取大值。

甲类防空地下室主体结构底板设计采用的等效静荷载标准值	图集号 07FG01
审核 于晓音 校对 萧葵 设计 郭莉	页 23

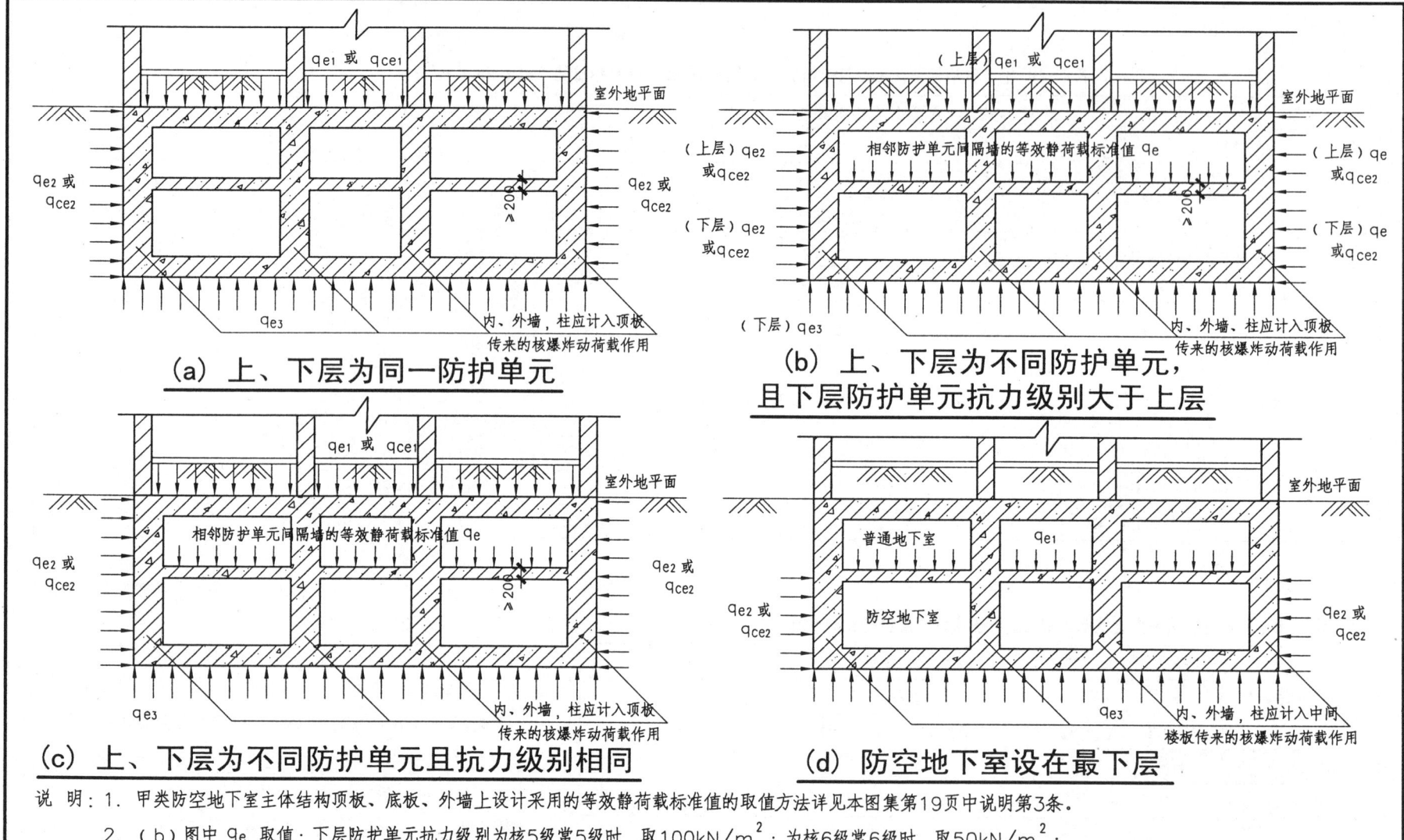

说　明：1. 甲类防空地下室主体结构顶板、底板、外墙上设计采用的等效静荷载标准值的取值方法详见本图集第19页中说明第3条。
2.（b）图中 q_e 取值：下层防护单元抗力级别为核5级常5级时，取100kN/m²；为核6级常6级时，取50kN/m²；
（c）图中 q_e 取值：抗力级别为核5级常5级时，取100kN/m²，为核6级常6级时，取50kN/m²；为核6B级常6级时，取30kN/m²。
3. 本图所注 q_{e3} 仅表示防空地下室底板下无桩基的情况，当防空地下室底板下有桩基时，详见第25页（g）图所示。

甲类多层防空地下室主体结构设计采用的等效静荷载标准值示意图

图集号 07FG01

页 24

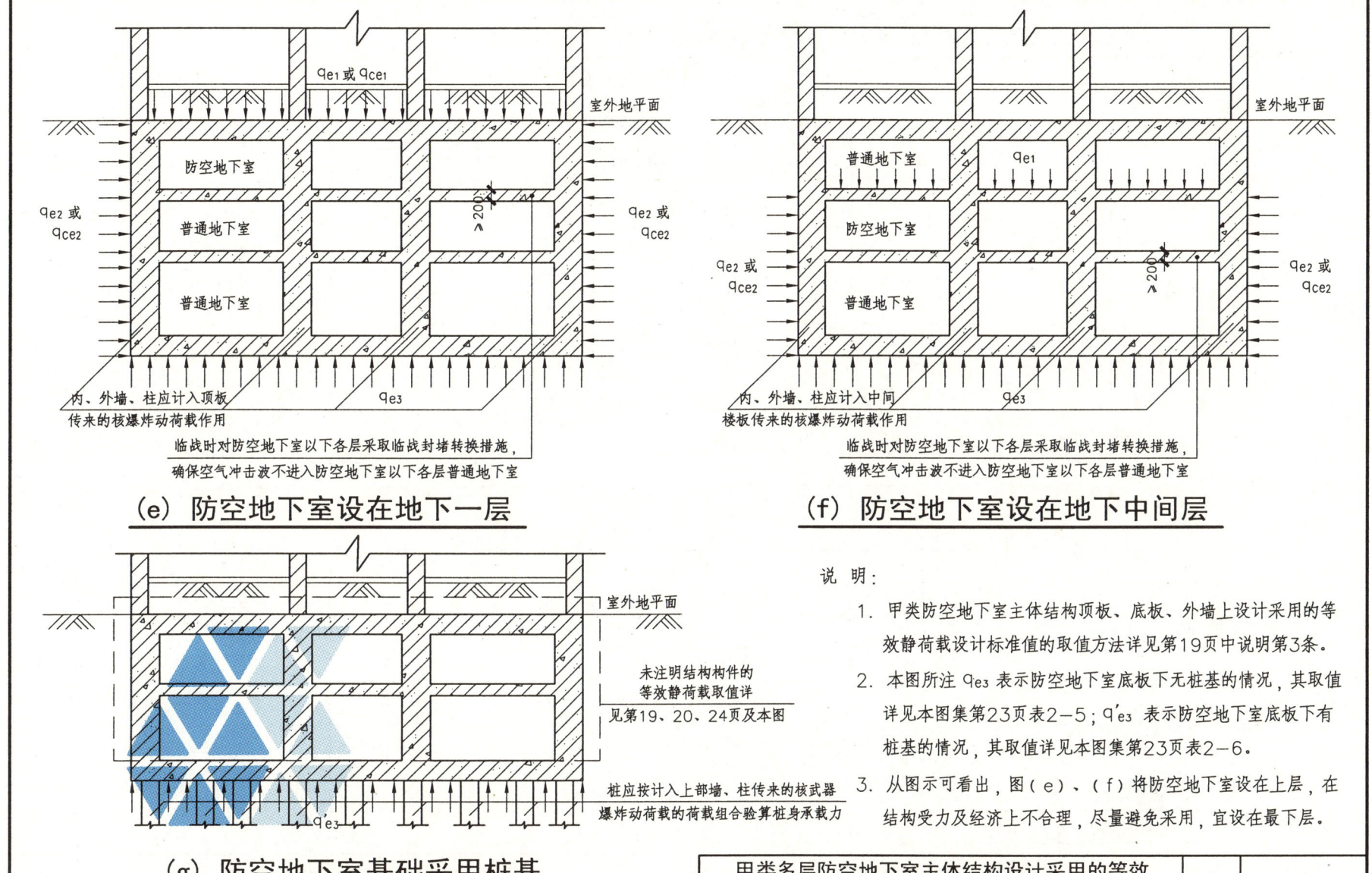

表2-7 甲类防空地下室临空墙设计采用的等效静荷载标准值（kN/m²）

出入口部位及形式		距离 L（m）	抗力级别					
			核6B级常6级		核6级常6级		核5级常5级	
			室外出入口净宽≤3m	室外出入口净宽>3m	室外出入口净宽≤3m	室外出入口净宽>3m	室外出入口净宽≤3m	室外出入口净宽>3m
室外直通出入口	ζ<30°	5	200*	180*	200*	180*	390*	370
		10	160*	144*	160	160	370	370
		≥15	140*	126*	160	160	370	370
	ζ≥30°	5	200*	180*	200*	180*	390*	351*
		10	160*	144*	160	144*	320	320
		≥15	140*	126*	140	130	320	320
室外单向出入口	ζ<30°	5	180*	162*	180*	162*	370	370
		10	150*	135*	160	160	370	370
		≥15	130*	117*	160	160	370	370
	ζ≥30°	5	180*	162*	180*	162*	360*	324*
		10	150*	135*	150	135*	320	320
		≥15	130*	117*	130	130	320	320
室外竖井、楼梯、穿廊出入口		5	110*	99*	130	130	270	270
		10	90*	81*	130	130	270	270
		≥15	80	80	130	130	270	270
大于等于二层的室外楼梯出入口		5	110*	99*	117	117	243	243
		10	90*	81*	117	117	243	243
		≥15	72	72	117	117	243	243
顶板荷载考虑上部建筑影响的室内出入口			—		65		110	210
顶板荷载不考虑上部建筑影响的室内出入口			80		130		270	

说明：

1. 表中带*的为常规武器爆炸动荷载作用下临空墙上的等效静荷载标准值，其余为核武器爆炸动荷载作用下临空墙上的等效静荷载标准值。
2. 本表适用于甲类防空地下室出入口钢筋混凝土临空墙，在核武器爆炸动荷载作用下允许延性比[β]=2，在常规武器爆炸动荷载作用下允许延性比[β]=3。
4. 表中L为室外出入口至防护密闭门的距离，其取值示意图见本图集第11页。ζ为室外直通、单向出入口坡道的坡度角。

甲类防空地下室临空墙设计采用的等效静荷载标准值　图集号 07FG01　页 26

表2-8 甲类防空地下室设计采用的直接作用在门框墙上的等效静荷载标准值 q_e（kN/m²）

出入口部位及形式		距离 L (m)	抗力级别					
			核6B级常6级		核6级常6级		核5级常5级	
			室外出入口净宽≤3m	室外出入口净宽>3m	室外出入口净宽≤3m	室外出入口净宽>3m	室外出入口净宽≤3m	室外出入口净宽>3m
室外直通出入口	ζ<30°	5	290*	261*	290*	261*	580*	550
		10	240*	216*	240	240	550	550
		≥15	210*	189*	240	240	550	550
	ζ≥30°	5	290*	261*	290*	261*	580*	522*
		10	240*	216*	240	216	480	480
		≥15	210*	189*	210	200	480	480
室外单向出入口	ζ<30°	5	270*	243*	270*	243*	550	550
		10	220*	198*	240	240	550	550
		≥15	190*	171*	240	240	550	550
	ζ≥30°	5	270*	243*	270*	243*	530*	480
		10	220*	198*	220	200	480	480
		≥15	190*	171*	200	200	480	480
室外竖井、楼梯、穿廊出入口		5	160*	144*	200	200	400	400
		10	130*	120*	200	200	400	400
		≥15	120*	120*	200	200	400	400
大于等于二层的室外楼梯出入口		5	160*	144*	180	180	360	360
		10	130*	117*	180	180	360	360
		≥15	115*	108*	180	180	360	360
顶板荷载考虑上部建筑影响的室内出入口		—	120		200		380	
顶板荷载不考虑上部建筑影响的室内出入口			120		200		400	

说明：

1. 表中带*的为常规武器爆炸动荷载作用下直接作用在门框墙上的等效静荷载标准值，其余为核武器爆炸动荷载作用下直接作用在门框墙上的等效静荷载标准值。

2. 表中L为室外出入口至防护密闭门的距离，其取值示意图见本图集第11页。ζ为室外直通、单向出入口坡道的坡度角。

3. 计算门框墙时除直接作用在门框墙上的等效静荷载标准值q_e值外，还应加上由门扇传来的等效静荷载标准值q_1，此值根据门扇形式，按《人民防空地下室设计规范》（GB50038-2005）中第4.7.5条和第4.8.7条确定。

甲类防空地下室设计采用的直接作用在门框墙上的等效静荷载标准值	图集号 07FG01
	页 27

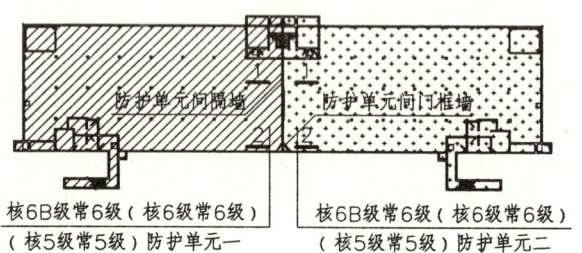

防护单元间隔墙
防护单元间门框墙
1
2
核6B级常6级（核6级常6级）
（核5级常5级）防护单元一
核6B级常6级（核6级常6级）
（核5级常5级）防护单元二

甲类防空地下室平面图（一）

防护单元间隔墙
防护单元间门框墙
3
4
普通地下室
核6B级常6级或核6级常6级
或核5级常5级防护单元

甲类防空地下室平面图（二）

核6B级 常6级 30kN/m²
核6B级 常6级 30kN/m²
核6级 常6级 50kN/m²
核6级 常6级 50kN/m²
核5级 常5级 100kN/m²
核5级 常5级 100kN/m²

1—1

（隔墙剖面）

核6B级 常6级 30kN/m²
核6B级 常6级 30kN/m²
核6级 常6级 50kN/m²
核6级 常6级 50kN/m²
核5级 常5级 100kN/m²
核5级 常5级 100kN/m²

2—2

（门框墙剖面）

普通地下室 55kN/m² (70kN/m²)
核6B级 常6级
普通地下室 90kN/m² (110kN/m²)
核6级 常6级
普通地下室 180kN/m² (230kN/m²)
核5级 常5级

3—3

（隔墙剖面）

普通地下室 100kN/m²
核6B级 常6级
普通地下室 170kN/m²
核6级 常6级
普通地下室 320kN/m² (340kN/m²)
核5级 常5级

4—4

（门框墙剖面）

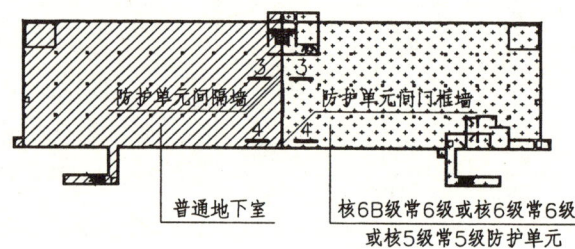

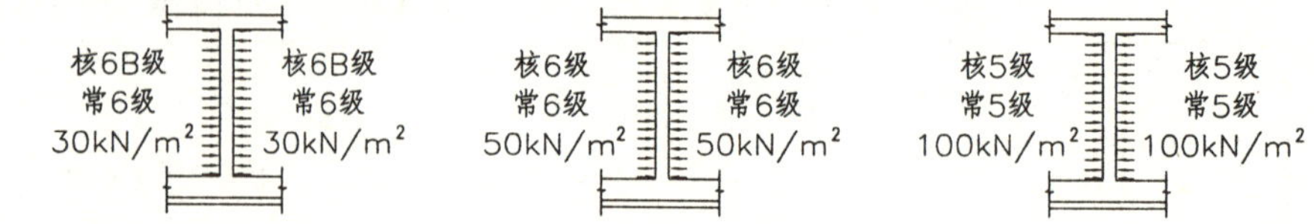

说明：

1. 当两侧均为防空地下室时，隔墙与门框墙按单侧受力分别计算配筋，同时考虑顶板传来的垂直荷载。
2. 括号内数值为甲类防空地下室顶板荷载不考虑上部建筑影响时，普通地下室一侧等效静荷载标准值。
3. 甲类防空地下室相邻两个防护单元之间隔墙最小厚度的要求详见本图集第30页说明第3条。
4. 甲类防空地下室相邻两个防护单元之间门框墙最小厚度：当墙两侧都设有防护密闭门时不宜小于500mm；当防空地下室战时为汽车库，仅一侧设有防护密闭门时不应小于300mm。

甲类防空地下室相邻防护单元间隔墙、门框墙的水平等效静荷载示意图							图集号	07FG01
审核	于晓音	于晓音	校对	萧蕤	萧蕤	设计	郭莉	郭莉	页	28

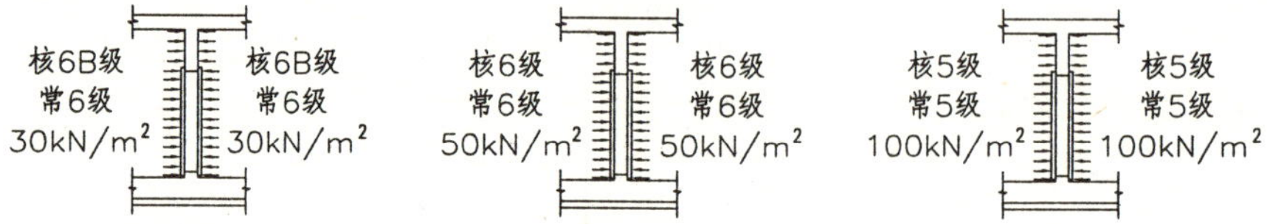

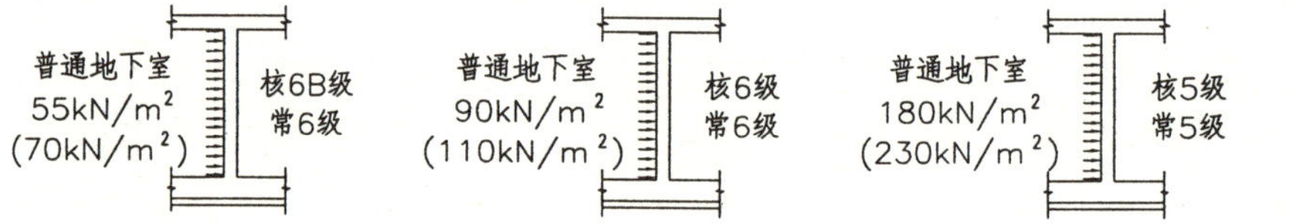

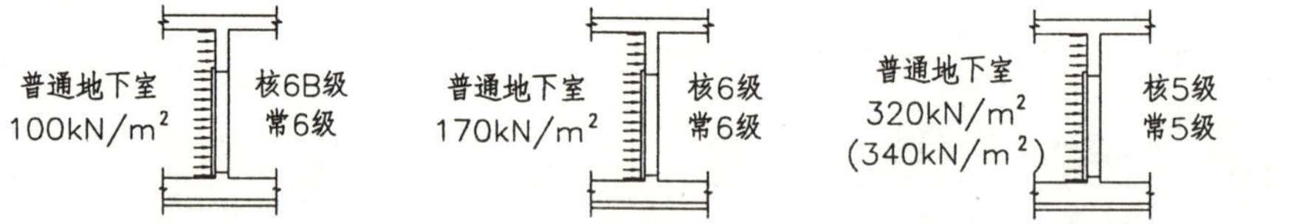

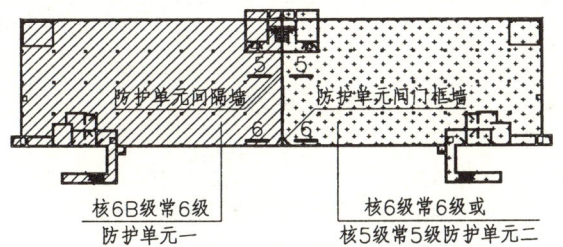

甲类防空地下室平面图（三）

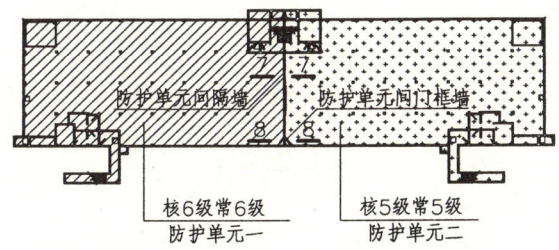

甲类防空地下室平面图（四）

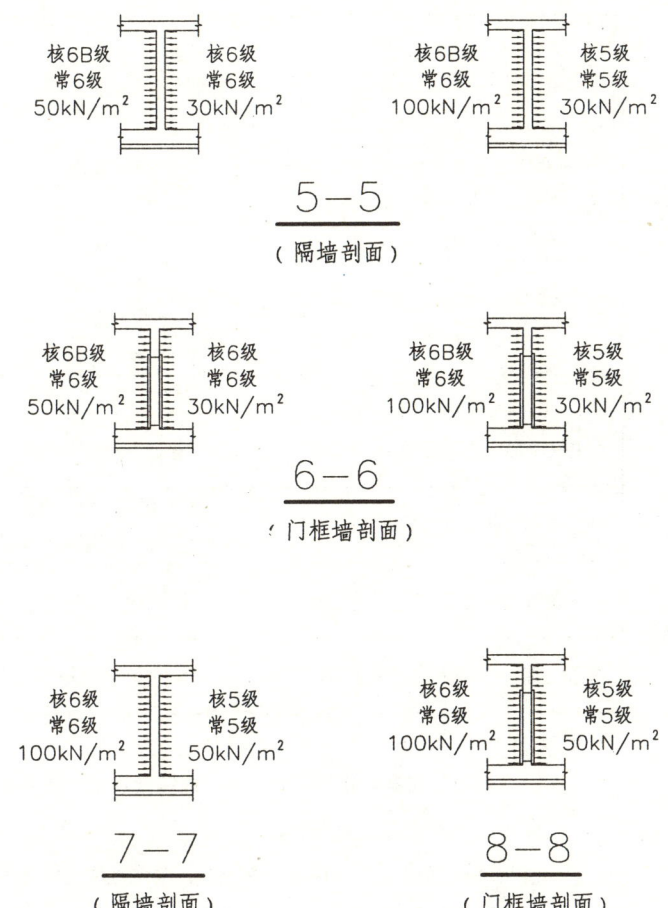

说明：
1. 当两侧均为防空地下室时，隔墙与门框墙按单侧受力分别计算配筋，同时考虑顶板传来的垂直荷载。
2. 甲类防空地下室相邻两个防护单元之间隔墙最小厚度的要求详见本图集第30页说明第3条。
3. 甲类防空地下室相邻两个防护单元之间门框墙最小厚度：当墙两侧都设有防护密闭门时不宜小于500mm；一侧设有防护密闭门时不应小于300mm。

甲类防空地下室相邻防护单元间隔墙、门框墙的水平等效静荷载示意图	图集号 07FG01
	页 29

表2-9 甲类防空地下室相邻防护单元间隔墙、门框墙的水平等效静荷载标准值

相邻防护单元抗力级别	荷载部位	隔墙水平等效静荷载标准值（kN/m²）	门框墙水平等效静荷载标准值（kN/m²）
核6B级常6级与核6B级常6级相邻	相邻每侧	30	30
核6级常6级与核6级常6级相邻	相邻每侧	50	50
核5级常5级与核5级常5级相邻	相邻每侧	100	100
核6B级常6级与核6级常6级相邻	核6B级常6级一侧	50	50
	核6级常6级一侧	30	30
核6B级常6级与核5级常5级相邻	核6B级常6级一侧	100	100
	核5级常5级一侧	30	30
核6B级常6级与普通地下室相邻	普通地下室一侧	55 (70)	100
核6级常6级与核5级常5级相邻	核6级常6级一侧	100	100
	核5级常5级一侧	50	50
核6级常6级与普通地下室相邻	普通地下室一侧	90 (110)	170
核5级常5级与普通地下室相邻	普通地下室一侧	180 (230)	320 (340)

说明：

1. 本表为核武器爆炸动荷载作用下的等效静荷载标准值。

2. 适用于甲类防空地下室。

3. 甲类防空地下室，其相邻两个防护单元之间的隔墙厚度对核6B级常6级和核6级常6级应不小于200mm，对核5级常5级应不小于250mm。

4. 当顶板荷载不考虑上部建筑影响时，普通地下室一侧荷载应取括号内数值。

甲类防空地下室相邻防护单元间隔墙、门框墙的水平等效静荷载标准值	图集号	07FG01
审核 于晓音 校对 萧蕤 设计 郭莉	页	30

表2-10 甲类防空地下室室外出入口通道顶板设计采用的等效静荷载标准值（kN/m²）

顶板覆土厚度 h(m)	抗力级别		
	核6B级 常6级	核6级 常6级	核5级 常5级
h ≤ 0.5	50～40*	65	135
0.5 < h ≤ 1.5	45	75	150
1.5 < h ≤ 2.0	40	70	145
2.0 < h ≤ 3.5	40	70	140
3.5 < h ≤ 5.0	40	65	135

表2-11 甲类防空地下室室外出入口通道底板设计采用的等效静荷载标准值 q_{e3}（kN/m²）

顶板覆土厚度 h(m)	抗力级别					
	核6B级		核6级		核5级	
	地下水位以上	地下水位以下	地下水位以上	地下水位以下	地下水位以上	地下水位以下
h ≤ 0.5	30	30～35	50	50～60	100	100～125
0.5 < h ≤ 1.5	35	35～40	60	60～75	115	115～145
1.5 < h ≤ 2.0	35	35～40	55	55～65	110	110～140
2.0 < h ≤ 3.5	30	30～35	55	55～65	105	105～135
3.5 < h ≤ 5.0	30	30～35	50	50～60	100	100～125

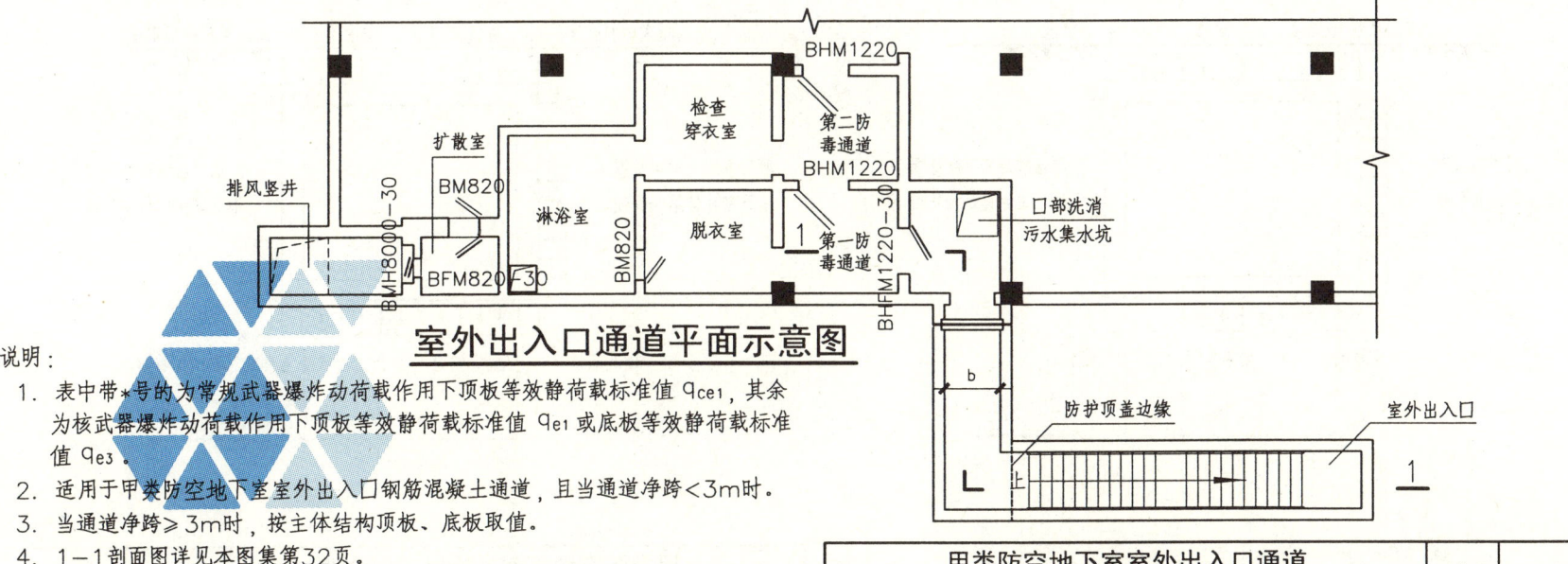

室外出入口通道平面示意图

说明：
1. 表中带*号的为常规武器爆炸动荷载作用下顶板等效静荷载标准值 q_{ce1}，其余为核武器爆炸动荷载作用下顶板等效静荷载标准值 q_{e1} 或底板等效静荷载标准值 q_{e3}。
2. 适用于甲类防空地下室室外出入口钢筋混凝土通道，且当通道净跨<3m时。
3. 当通道净跨≥3m时，按主体结构顶板、底板取值。
4. 1-1剖面图详见本图集第32页。
5. 表2-10中顶板覆土厚度h为小值时，顶板等效静荷载取大值。表2-11位于地下水位以下的底板，含气量 $α_1 ≤ 0.1\%$ 时等效静荷载取大值。

甲类防空地下室室外出入口通道等效静荷载标准值	图集号	07FG01
审核 于晓音　校对 萧葵　设计 郭莉	页	31

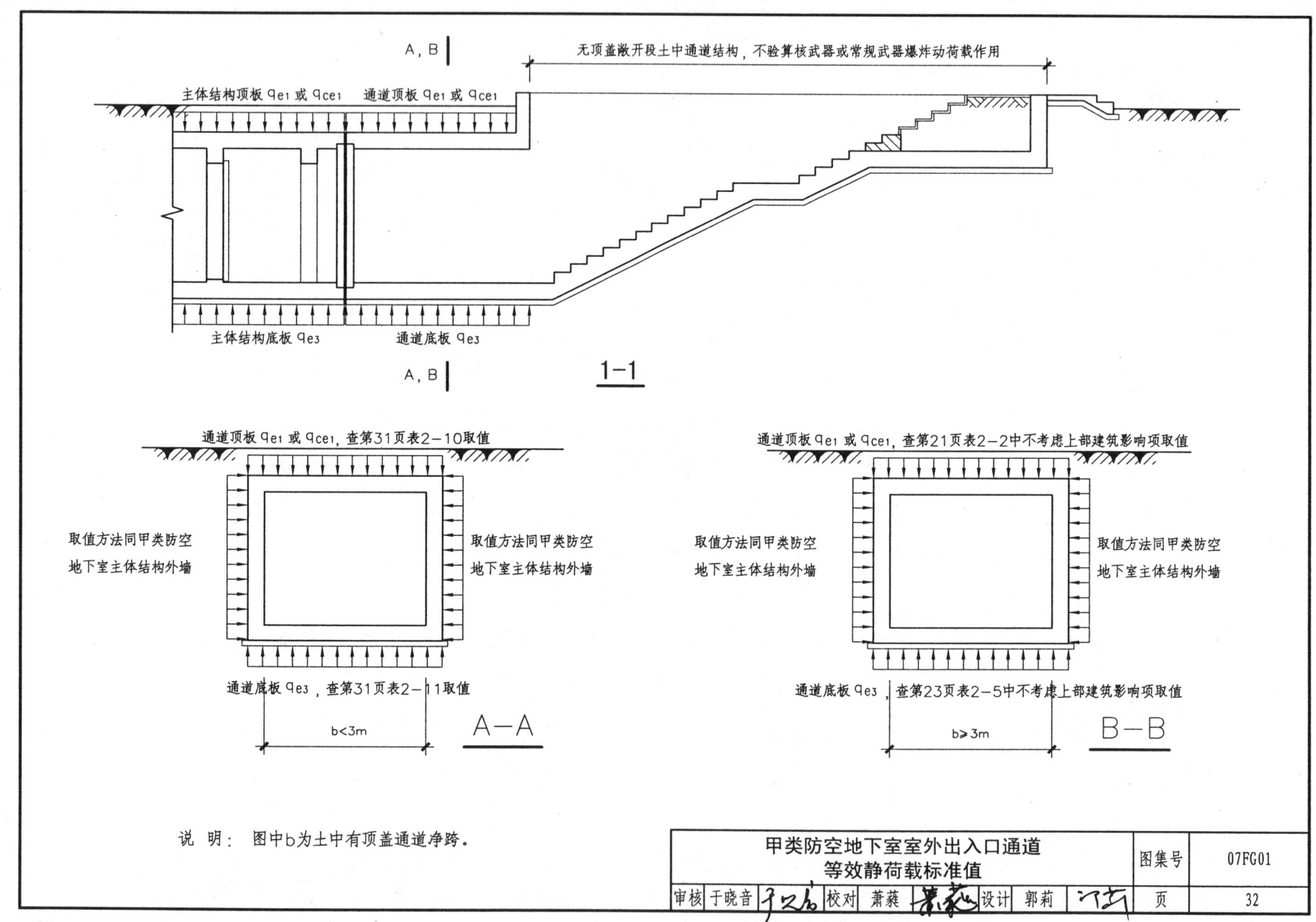

表2-12 甲类防空地下室楼梯踏步与休息平台设计采用的等效静荷载标准值（kN/m²）

主要出入口部位	荷载部位	抗力级别		
		核6B级	核6级	核5级
		常6级	常6级	常5级
室外出入口	正面荷载	50*	60	120
	反面荷载	20	30	60
室内出入口	正面荷载	40	60	—
	反面荷载	20	30	—

注：设计计算时，考虑正面与反面等效静荷载标准值分别作用，且作用方向与构件表面垂直。

表2-13 甲类防空地下室扩散室与防空地下室内部房间相邻的临空墙上的等效静荷载标准值

扩散室允许余压值(N/mm²)	等效静荷载(kN/m²)
0.03	39
0.05	65
0.10	130

注：
1. 进风口、排风口的消波系统允许余压值，当有掩蔽人员时，可取0.03N/mm²；当无掩蔽人员时，可取0.05N/mm²；柴油发电机排烟口消波系统的允许余压值可取0.10N/mm²。
2. 扩散室与防空地下室内部房间相邻的临空墙动力系数可取1.3，临空墙的等效静荷载标准值为允许余压值与动力系数的乘积。

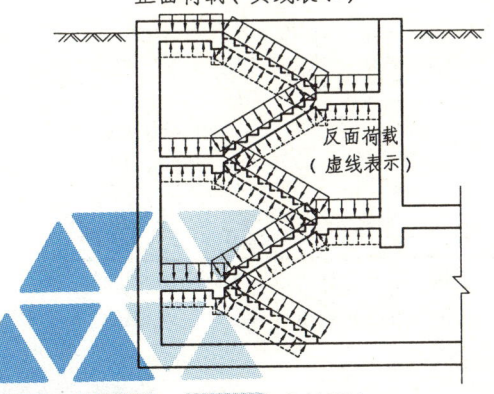

楼梯踏步与休息平台等效静荷载标准值示意图

说明：1. 适用于甲类防空地下室采用室外楼梯出入口作为主要出入口，或按《人民防空地下室设计规范》（GB50038-2005）中第3.3.2条的规定，将核6B级常6级及核6级常6级防空地下室楼梯式室内出入口用作主要出入口。

2. 表2-12中带*的为常规武器爆炸动荷载作用下等效静荷载标准值，其余为核武器爆炸动荷载作用下的等效静荷载标准值。

甲类防空地下室楼梯等效静荷载标准值　　图集号 07FG01

表2-14 甲类防空地下室开敞式防倒塌棚架等效静荷载标准值（kN/m²）

荷载部位	抗力级别		
	核6B级	核6级	核5级
水平等效静荷载标准值q_e	6	15	55
房屋倒塌产生的垂直等效静荷载标准值	30	50	50

注：设计计算时，考虑水平和垂直等效静荷载不同时作用，且考虑X向与Y向、正向与反向水平等效静荷载不同时作用。

说明：防倒塌棚架的顶板应采用水平板，顶板上不应设置钢筋混凝土女儿墙；棚架柱宜采用正方形且截面尺寸不宜过大，棚架柱与围护墙不应采用钢筋拉接。

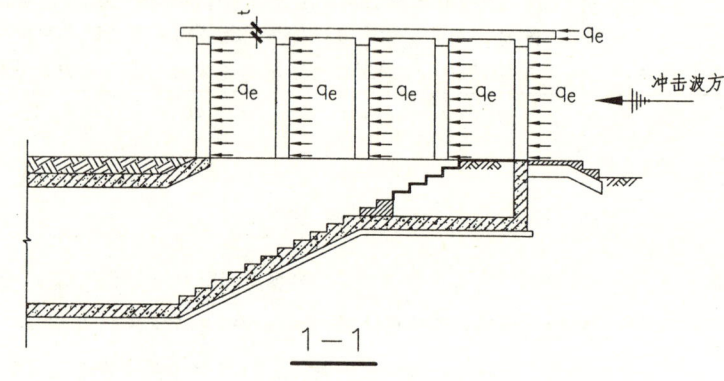

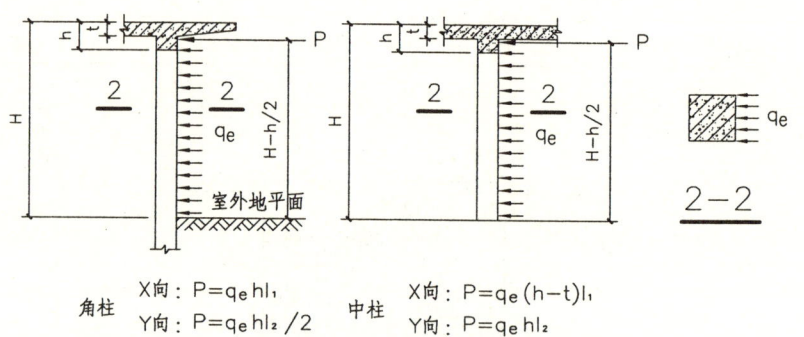

角柱 X向：$P=q_e hl_1$
　　　Y向：$P=q_e hl_2/2$

中柱 X向：$P=q_e(h-t)l_1$
　　　Y向：$P=q_e hl_2$

棚架柱的水平等效静荷载示意图

注：1. H为室外地平面至棚架顶板顶面的高度。
　　2. P为水平等效静荷载通过檐口、边梁传给柱的集中荷载。

开敞式防倒塌棚架水平等效静荷载作用方式示意图

平面图

甲类防空地下室开敞式防倒塌棚架等效静荷载标准值　　图集号 07FG01　　页 34

表2-15 甲类防空地下室防倒塌挑檐等效静荷载标准值（kN/m²）

荷载部位	抗力级别	
	核6B级	核6级
防倒塌挑檐上表面	30	50
防倒塌挑檐下表面	6	15

注：防倒塌挑檐上表面和下表面应按等效静荷载不同时作用分别计算。

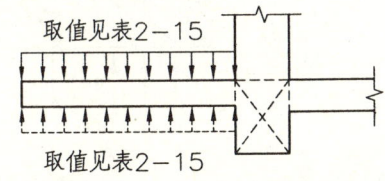

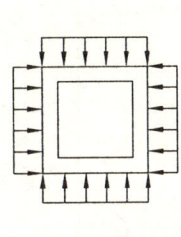

注：外墙的等效静荷载取值方法均同主体结构外墙

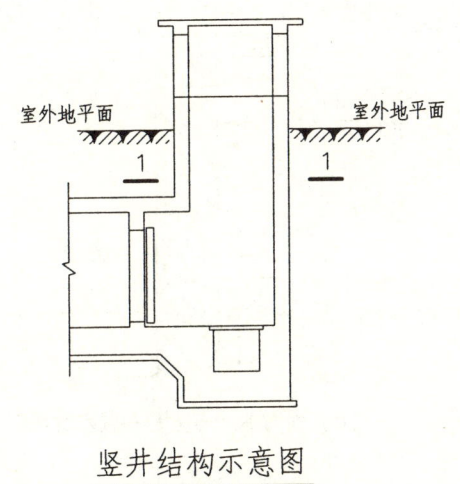

竖井结构示意图

防倒塌挑檐等效静荷载标准值示意图   甲类防空地下室土中竖井结构等效静荷载标准值示意图

说明：1. 表2-15适用于按《人民防空地下室设计规范》（GB50038-2005）中第3.3.2条的规定，将核6B级常6级及核6级常6级甲类防空地下室楼梯式室内出入口用作主要出入口时，其首层楼梯间直通室外的门洞外侧上方设置的防倒塌挑檐。

2. 防倒塌挑檐梁应按单项工程实际情况进行抗弯、抗扭验算。

3. 甲类防空地下室土中竖井结构，无论有无顶盖，其外墙等效静荷载标准值，在核武器爆炸动荷载作用下，按本图集第22页表2-3、表2-4采用；在常规武器爆炸动荷载作用下，按本图集第10页表1-2、表1-3采用。对于直接承受空气冲击波单向作用的钢筋混凝土外墙按弹塑性工作阶段设计时，其等效静荷载标准值对核6B级常6级及核6级常6级均取180kN/m²，对核5级常5级取400kN/m²。

甲类防空地下室防倒塌挑檐及土中竖井结构等效静荷载标准值	图集号	07FG01
	页	35

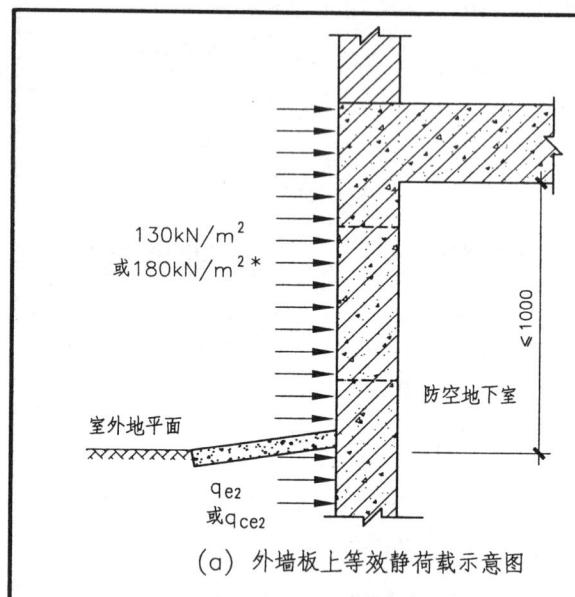

(a) 外墙板上等效静荷载示意图

(b) 挡窗板上等效静荷载示意图

高出地平面的采光窗

(仅适用于核6B级常6级及核6级常6级防空地下室,且上部建筑为砌体结构)
带*为常规武器爆炸作用下的等效静荷载标准值

注：图中 q_{e2} 按 本图集第22页表2-3采用。q_{ce1} 按本图集第9页表1-1中数值采用,此时表1-1中h取挡窗板中心处填土深度。

战时全填土窗井

战时半填土窗井

表2-16 通风采光窗井盖板的垂直等效静荷载标准值（kN/m²）

抗力级别		外墙计算中考虑上部建筑影响	外墙计算中不考虑上部建筑影响
核6B级	常6级	66	60
核6级	常6级	66	60
核5级	常5级	144	120

注：本表适用于盖板上覆土厚度≤500mm时。

说明：

1. 除图中注明外,q_{e2} 根据工程实际情况按本图集第22页表2-3、表2-4采用,q_{ce2} 根据工程实际情况按本图集第10页表1-2、表1-3采用,q_{e3} 根据工程实际情况按本图集第23页表2-5、表2-6采用。
2. 图中带*为常规武器爆炸作用下的等效静荷载标准值。

甲类防空地下室通风采光窗井等效静荷载标准值示意图

图集号 07FG01

页 36

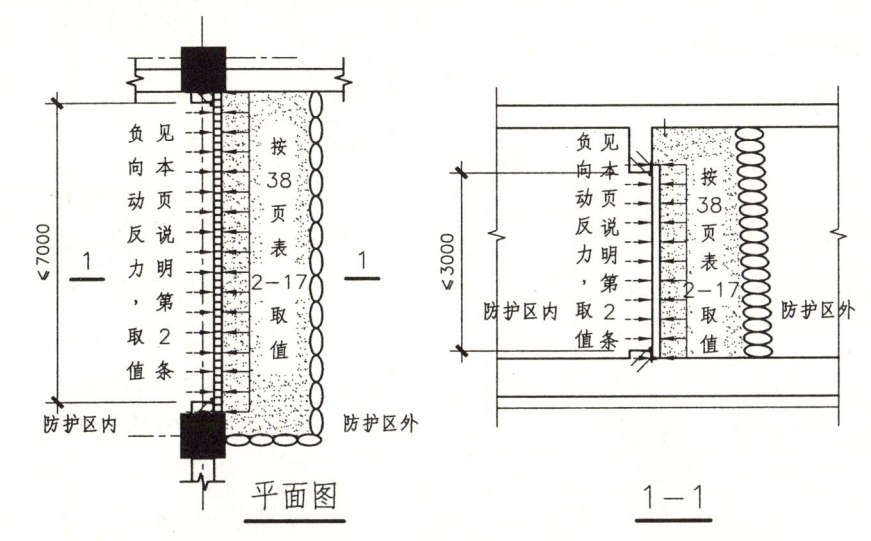

出入口通道内封堵构件等效静荷载标准值示意图

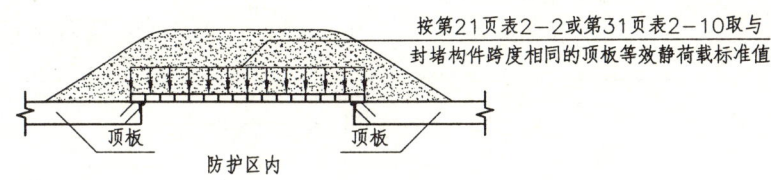

顶板封堵构件等效静荷载标准值示意图（剖面）

注：顶板封堵的洞口平面尺寸不得大于3m×6m。

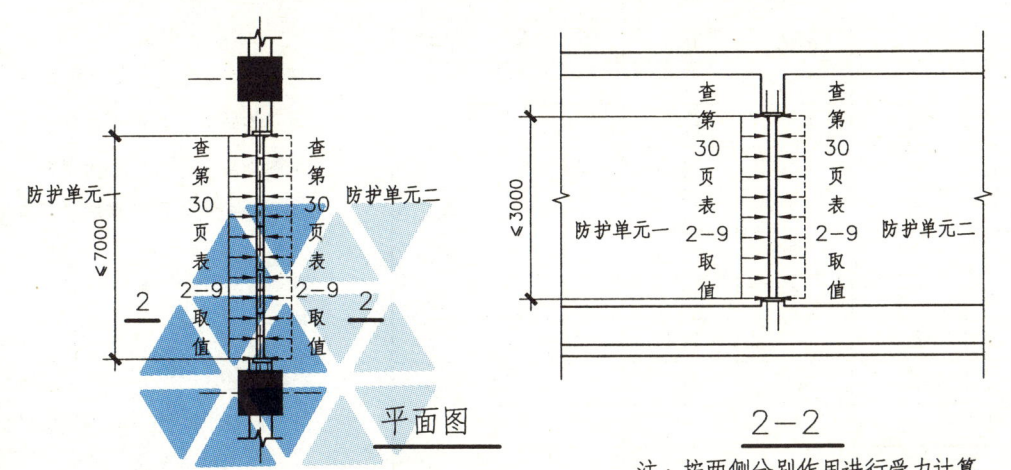

相邻防护单元间隔墙上封堵构件等效静荷载标准值示意图

说　明：

1. 适用于甲类防空地下室钢筋混凝土及钢材封堵构件的等效静荷载标准值。
2. 对于室外出入口通道内封堵构件及其支座和联结件，应验算常规武器爆炸作用在其上的负向动反力（反弹力），负向动反力的水平等效静荷载标准值对常5级可取130kN/m²，对常6级可取60kN/m²。

甲类防空地下室封堵构件等效静荷载标准值示意图	图集号	07FG01
审核 于晓音 校对 萧蕤 设计 郭莉	页	37

表2-17 甲类防空地下室出入口通道内封堵构件设计采用的等效静荷载标准值（kN/m²）

出入口部位及形式		距离 L (m)	抗力级别					
			核6B级常6级		核6级常6级		核5级常5级	
			室外出入口 净宽≤3m	室外出入口 净宽>3m	室外出入口 净宽≤3m	室外出入口 净宽>3m	室外出入口 净宽≤3m	室外出入口 净宽>3m
室外直通出入口	ζ<30°	5	200*	180*	200*	180*	390*	351*
		10	160*	144*	160*	144*	330	330
		≥15	140*	126*	140	140	330	330
	ζ≥30°	5	200*	180*	200*	180*	390*	351*
		10	160*	144*	160*	144*	320	290
		≥15	140*	126*	140	126	290	290
室外单向出入口	ζ<30°	5	180*	162*	180*	162*	360*	330
		10	150*	135*	150*	140	330	330
		≥15	130*	117*	140	140	330	330
	ζ≥30°	5	180*	162*	180*	162*	360*	324*
		10	150*	135*	150*	135*	300	290
		≥15	130*	117*	130*	120	290	290
室外竖井、楼梯、穿廊出入口		5	110*	99*	120	120	240	240
		10	90*	81*	120	120	240	240
		≥15	70	70	120	120	240	240
大于等于二层的室外楼梯出入口		5	110*	99*	110*	108	216	216
		10	90*	81*	108	108	216	216
		≥15	70*	63*	108	108	216	216
顶板荷载考虑上部建筑影响的室内出入口		—	65		110		210	
顶板荷载不考虑上部建筑影响的室内出入口		—	70		120		240	

说明：

1. 表中带*的为常规武器爆炸动荷载作用下出入口通道内封堵构件上的等效静荷载标准值，其余为核武器爆炸动荷载作用下出入口通道内封堵构件上的等效静荷载标准值。

2. 适用于甲类防空地下室出入口通道内钢筋混凝土及钢材封堵构件的等效静荷载标准值。

3. 表中L为室外出入口至防护密闭门的距离，其取值示意图见本图集第11页。ζ为室外直通、单向出入口坡道的坡度角。

甲类防空地下室出入口通道内封堵构件设计采用的等效静荷载标准值

图集号 07FG01

页 38

表2-18 甲类防空地下室等效静荷载与静荷载同时作用的荷载组合

结构部位	抗力级别	荷载组合
顶板	核6B级常6级、核6级常6级、核5级常5级	顶板核武器或常规武器爆炸等效静荷载；顶板静荷载（包括覆土、战时不拆迁的固定设备、顶板自重及其他静荷载）
外墙	核6B级常6级、核6级常6级	顶板传来的核武器或常规武器爆炸等效静荷载、静荷载；上部建筑自重、外墙自重；核武器或常规武器爆炸产生的水平等效静荷载，土压力、水压力
外墙	核5级常5级	顶板传来的核武器或常规武器爆炸等效静荷载、静荷载；核武器爆炸作用下，当上部建筑外墙为钢筋混凝土承重墙时，上部建筑自重取全部标准值；其他结构形式，上部建筑自重取标准值之半；常规武器爆炸作用下，对于所有的结构形式，上部建筑自重均取全部标准值；外墙自重；核武器或常规武器爆炸产生的水平等效静荷载，土压力、水压力
内承重墙（柱）	核6B级常6级、核6级常6级	顶板传来的核武器或常规武器爆炸等效静荷载、静荷载；上部建筑自重、内承重墙（柱）自重
内承重墙（柱）	核5级常5级	顶板传来的核武器或常规武器爆炸等效静荷载、静荷载；内承重墙（柱）自重；核武器爆炸作用下，当上部建筑为砌体结构时，上部建筑自重取标准值之半；其他结构形式，上部建筑自重取全部标准值；常规武器爆炸作用下，对于所有的结构形式，上部建筑自重均取全部标准值；内承重墙（柱）自重
基础	核6B级常6级、核6级常6级	底板核武器爆炸等效静荷载（条、柱、桩基为墙柱传来的核武器爆炸等效静荷载）；上部建筑物自重，顶板传来静荷载，防空地下室墙体（柱）自重
基础	核5级常5级	底板核武器爆炸等效静荷载（条、柱、桩基为墙柱传来的核武器爆炸等效静荷载）；当上部建筑为砌体结构时，上部建筑自重取标准值之半；其他结构形式，上部建筑自重取全部标准值；顶板传来静荷载；防空地下室墙体（柱）自重

说明：

1. 上部建筑自重，系指防空地下室上部建筑的墙体（柱）和楼板传来的静荷载，即墙体（柱）、屋盖、楼盖自重及战时不拆迁的固定设备等。

2. 当地下水位以下无桩基防空地下室基础采用箱基或筏基，且按本表规定的建筑物自重大于水的浮力，则地基反力按不计入浮力计算时，底板荷载组合中可不计入水压力；若地基反力按计入浮力计算时，底板荷载组合中应计入水压力。对地下水位以下带桩基的防空地下室，底板荷载组合中应计入水压力。

3. 上部建筑为砌体结构的核5级常5级防空地下室，当顶板由核武器爆炸等效静荷载控制，外墙由常规武器爆炸等效静荷载控制，荷载组合时，出于安全考虑，计算外墙内力组合时，上部建筑自重取标准值之半，对于内墙，上部建筑自重取全部标准值。

甲类防空地下室等效静荷载与静荷载同时作用的荷载组合	图集号	07FG01
	页	39

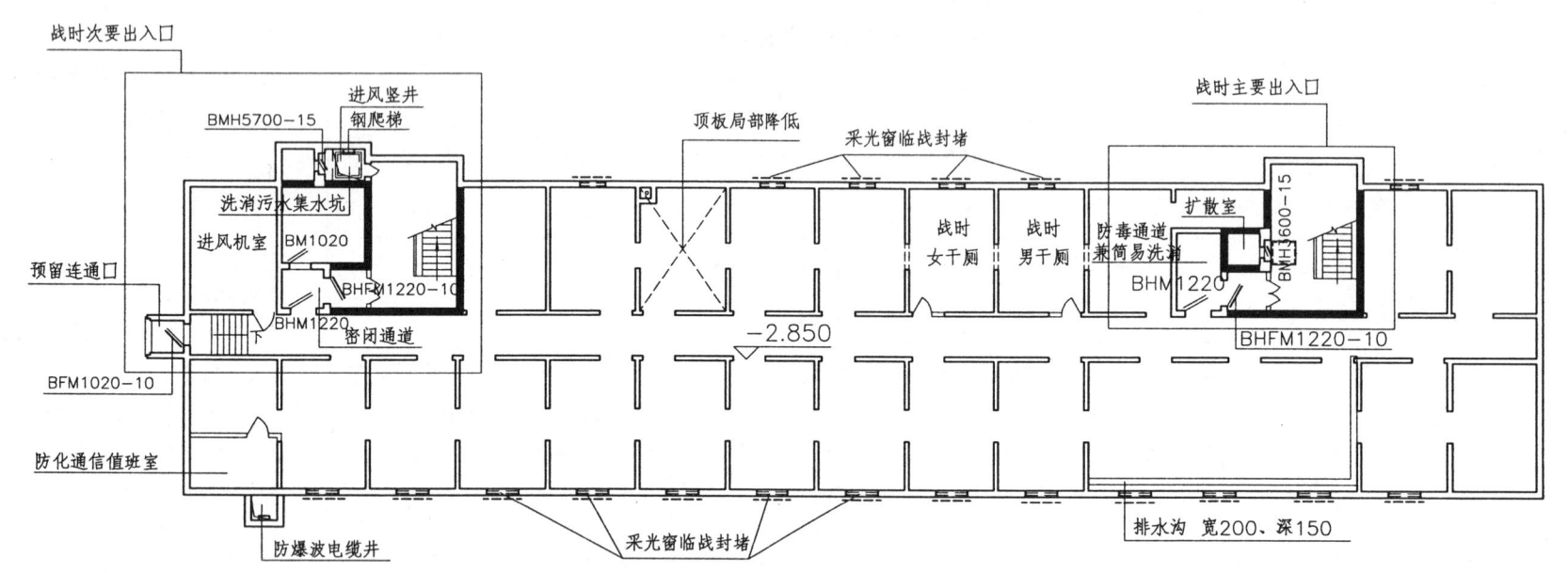

常6级乙类二等人员掩蔽所地下室平面示意图

说明：

1. 本防空地下室为附建式人防工程，平时为自行车库，战时为常6级乙类二等人员掩蔽所，设一个防护单元，其建筑要求和平立面布置详见建筑图集07FJ01。
2. 根据本工程地面建筑为钢筋混凝土剪力墙结构的特点，防空地下室结构体系亦采用钢筋混凝土剪力墙结构。
3. 本工程为常6级乙类防空地下室，地面建筑为钢筋混凝土剪力墙结构，顶板上无覆土，考虑上部建筑影响，结构净高2.6m，顶板底面高出室外地平面0.95m，外墙位于非饱和粘性土中，查本图集第9页表1-1得顶板等效静荷载标准值为40kN/m²，查本图集第10页表1-2得土中外墙等效静荷载标准值为20kN/m²，查第7页说明第4条得高出室外地平面的外墙等效静荷载标准值为180kN/m²，乙类防空地下室的底板设计不考虑常规武器地面爆炸作用。
4. 乙类防空地下室应满足"能够承受常规武器爆炸动荷载作用"的战时防护功能要求，对常规武器爆炸动荷载，设计时只考虑一次作用。
5. 乙类防空地下室结构应分别按平时使用状态的结构设计荷载、战时常规武器爆炸等效静荷载与静荷载同时作用的荷载（效应）组合进行设计，并取其最不利的效应组合作为设计依据。其中平时使用状态的荷载（效应）组合应按国家现行有关标准执行。

常6级乙类二等人员掩蔽所	图集号	07FG01
审核 于晓音　校对 萧蕤　设计 郭莉	页	40

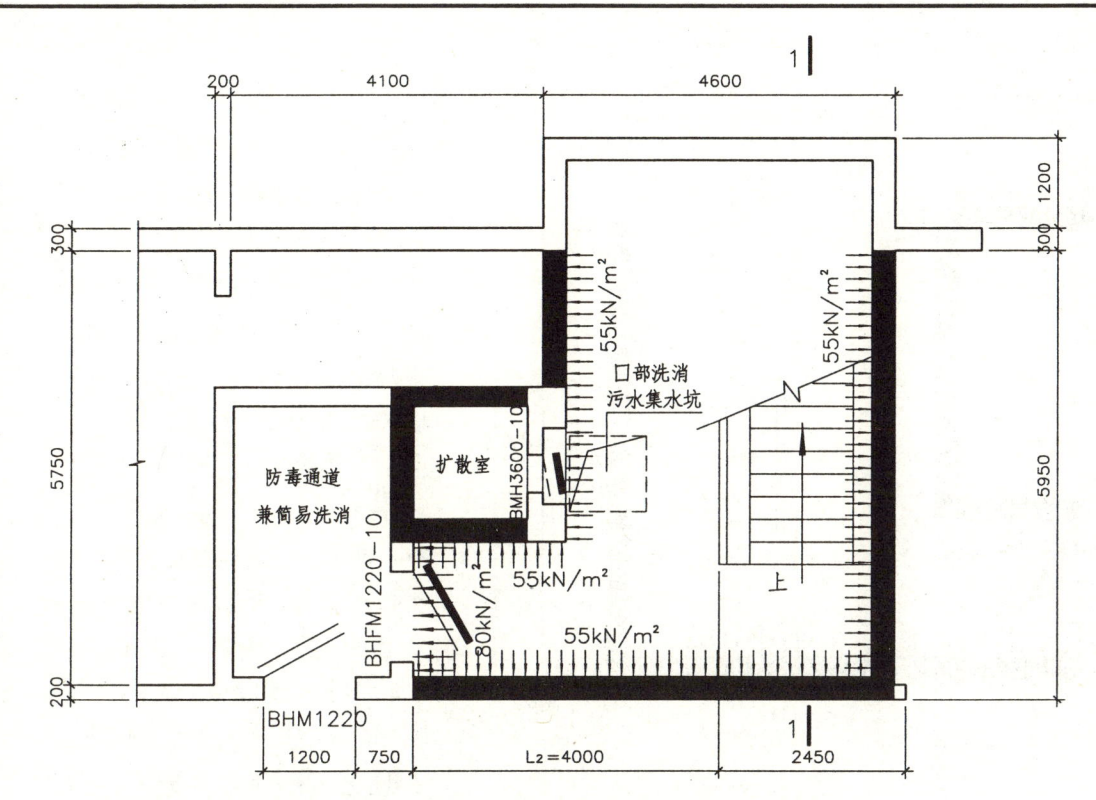

战时主要出入口部等效静荷载标准值示意图

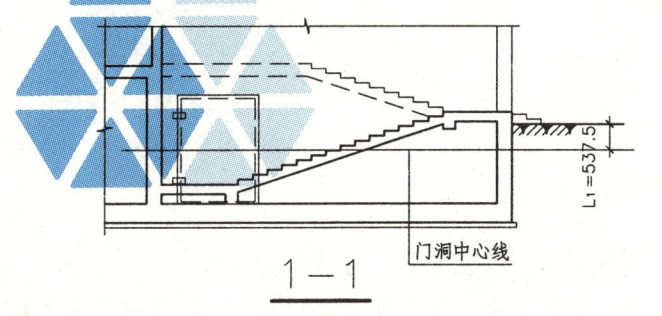

1—1

说明：

1. 图中涂黑的墙体为临空墙，是指一侧直接受空气冲击波作用，另一侧为防空地下室内部的墙体。

2. 图中编号为BHFM*的门为平板防护密闭门，其四周的支承墙体为门框墙。

3. 本工程室内出入口处（侧壁内侧至外墙外侧的最小水平距离≤5m）L=L₁+L₂=0.5375m+4m=4.5375m，L按5m计，查本图集第12页表1-4得临空墙上的等效静荷载标准值为55kN/m²，查本图集第12页表1-5得直接作用在门框墙上的等效静荷载标准值为80kN/m²。

4. 乙类防空地下室扩散室与防空地下室内部房间相邻的临空墙可不计入常规武器爆炸产生的等效静荷载。

5. 图中L为室外出入口至防护密闭门的距离，其取值示意图见本图集第11页。

	常6级乙类二等人员掩蔽所	图集号	07FG01
审核 于晓音 校对 萧蕤 设计 郭莉		页	41

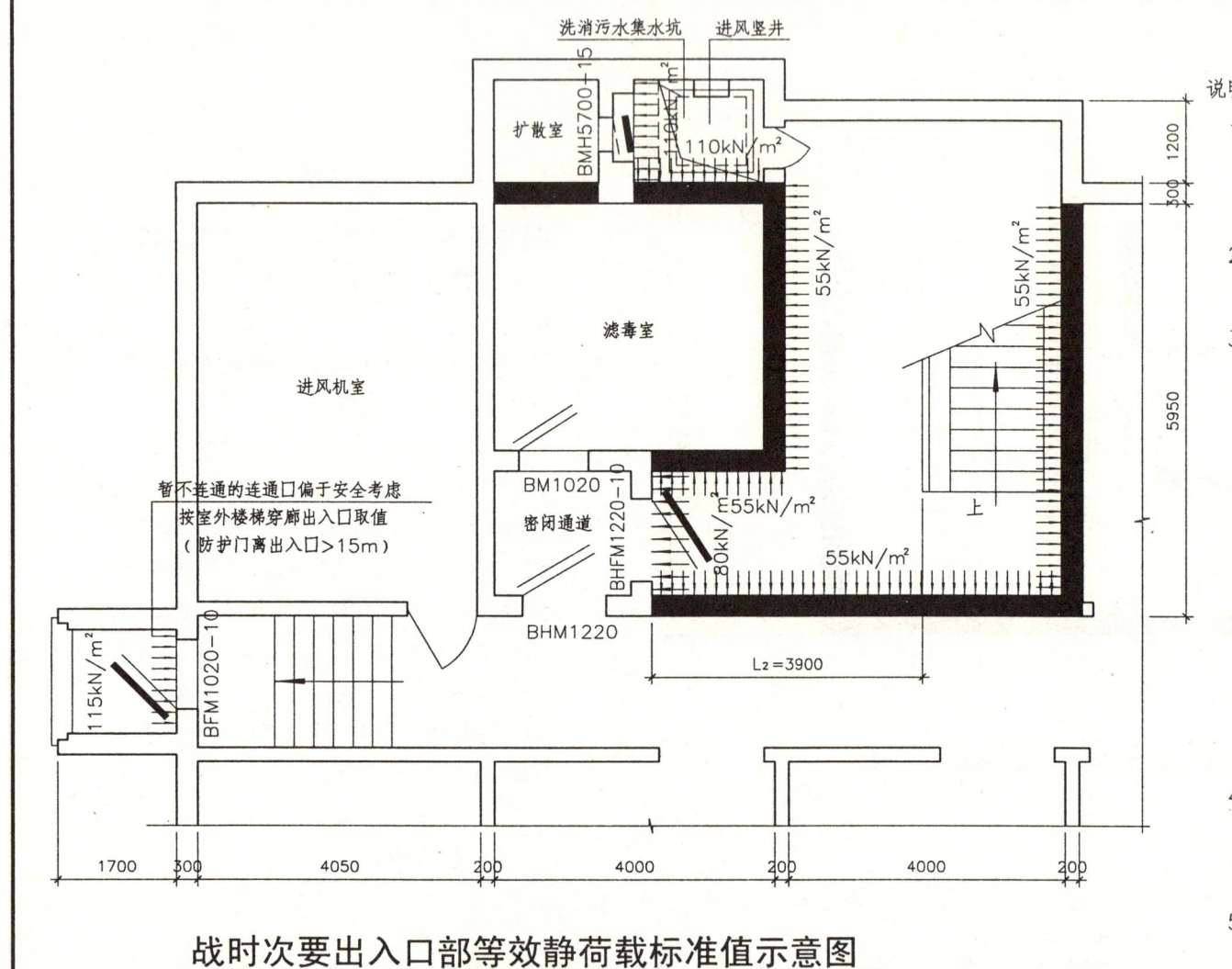

战时次要出入口部等效静荷载标准值示意图

说明：
1. 图中涂黑的墙体为临空墙，是指一侧直接受空气冲击波作用，另一侧为防空地下室内部的墙体。
2. 图中编号为BHFM*的门为平板防护密闭门，其四周的支承墙体为门框墙。
3. 本工程室内出入口（侧壁内侧至外墙外侧的最小水平距离≤5m）L=L₁+L₂=0.5375m+3.9m=4.4375m，按5m取值，其中L₁取值见第41页1—1剖面。查本图集第12页表1—4得临空墙上的等效静荷载标准值为55kN/m²，查本图集第12页表1—5得直接作用在门框墙上的等效静荷载标准值为80kN/m²；室外竖井出入口处L按5m计，查本图集第12页表1—4得临空墙上的等效静荷载标准值为110kN/m²。
4. 乙类防空地下室扩散室与防空地下室内部房间相邻的临空墙可不计入常规武器爆炸产生的等效静荷载。
5. 图中L为室外出入口至防护密闭门的距离，其取值示意图见本图集第11页。

常6级乙类二等人员掩蔽所　图集号 07FG01

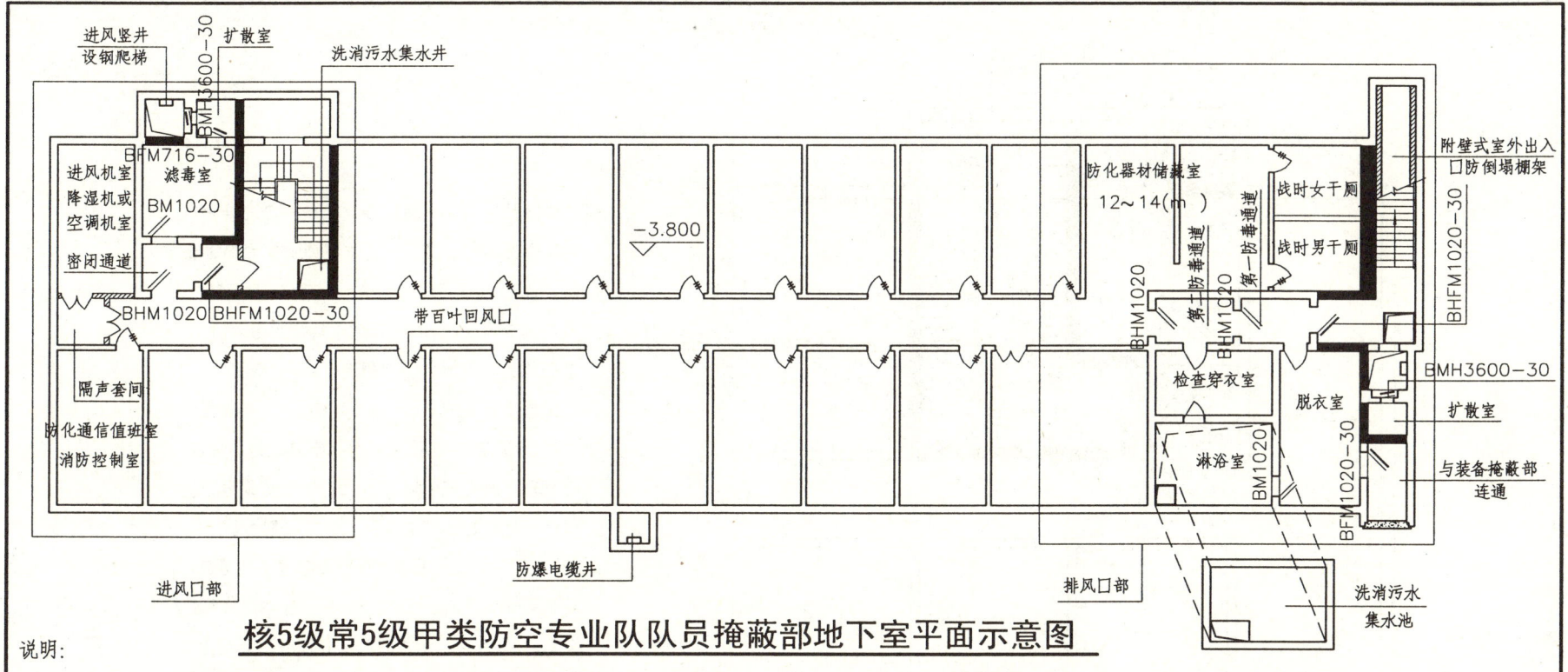

核5级常5级甲类防空专业队队员掩蔽部地下室平面示意图

说明：

1. 本防空地下室为附建式人防工程，战时为核5级常5级甲类防空专业队队员掩蔽部，设一个防护单元，其建筑要求和平立面布置详见建筑图集07FJ01。
2. 根据本工程地面建筑为多层砌体结构的特点，防空地下室结构体系可采用钢筋混凝土梁板墙结构。
3. 本工程为核5级常5级甲类防空地下室，地面建筑为砌体结构，顶板上覆土0.5m，顶板区格最大短边净跨3.4m，考虑上部建筑影响，结构净高3.05m，外墙位于饱和粘性土中，饱和土含气量 $α_1=1\%$，底板位于地下水位以下，查本图集第21页表2-2得顶板等效静荷载标准值为100kN/m²，查本图集第23页表2-5得底板等效静荷载标准值为95kN/m²，外墙不考虑上部建筑影响，查本图集第22页表2-4得核武器爆炸动荷载作用下外墙等效静荷载标准值为96kN/m²，查本图集第10页表1-3得常规武器爆炸动荷载作用下外墙等效静荷载标准值为100kN/m²，故设计采用100kN/m²作为外墙等效静荷载标准值。
4. 甲类防空地下室应满足"承受常规武器爆炸动荷载和核武器爆炸动荷载的分别作用"的战时防护功能要求，对常规武器和核武器爆炸动荷载，设计时均只考虑一次作用。
5. 甲类防空地下室结构应分别按平时使用状态的结构设计荷载、战时武器爆炸等效静荷载与静荷载同时作用的荷载(效应)组合进行设计，并取其最不利的效应组合作为设计依据。其中平时使用状态的荷载(效应)组合应按国家现行有关标准执行。

核5级常5级甲类防空专业队队员掩蔽部	图集号	07FG01
	页	43

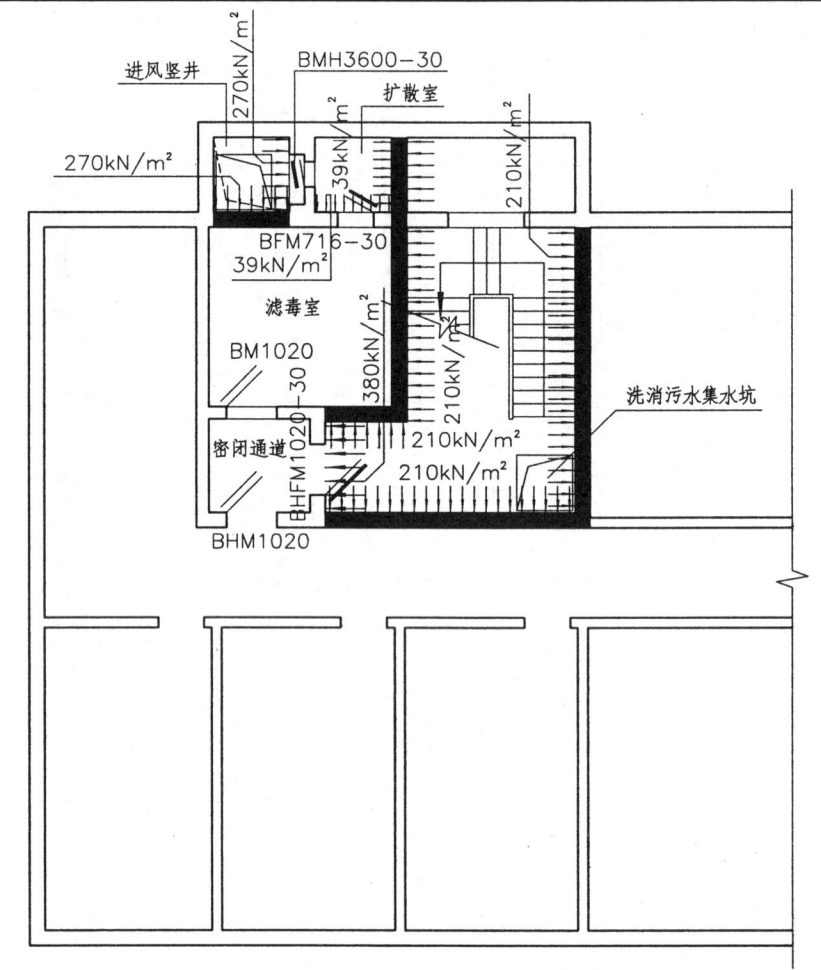

进风口部设计采用的等效静荷载标准值示意图

说明：

1. 图中涂黑的墙体为临空墙，是指一侧直接受空气冲击波作用，另一侧为防空地下室内部的墙体。
2. 图中编号为BHFM*的门为平板防护密闭门，其四周的支承墙体为门框墙。
3. 本工程室外竖井出入口处L按5m计，查本图集第26页表2-7得采用的临空墙上的等效静荷载设计值为270kN/m²；顶板荷载考虑上部建筑影响的室内出入口，查本图集第26页表2-7得设计采用的出入口临空墙上的等效静荷载标准值为210kN/m²，查本图集第27页表2-8得设计采用的直接作用在门框墙上的等效静荷载标准值为380kN/m²。
4. 扩散室等效静荷载标准值按允许余压0.03N/mm²查本图集第33页表2-13取值为39KN/m²。

核5级常5级甲类防空专业队队员掩蔽部	图集号	07FG01
审核 于晓音　　校对 萧蕤　　设计 郭莉	页	44

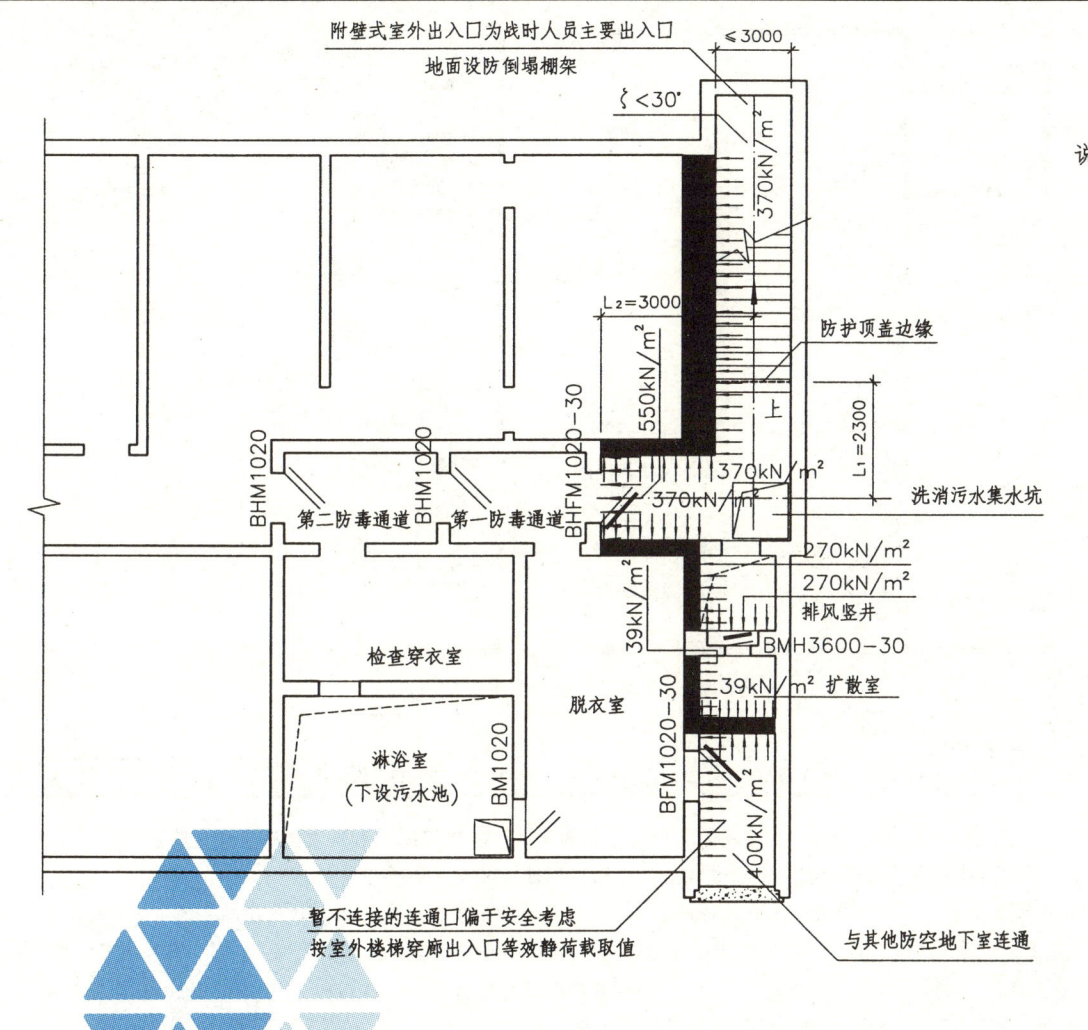

排风口部设计采用的等效静荷载标准值示意图

说明：

1. 图中涂黑的墙体为临空墙，是指一侧直接受空气冲击波作用，另一侧为防空地下室内部的墙体。
2. 图中编号为BHFM*、BFM*的门为平板防护密闭门，其四周的支承墙体为门框墙。
3. 本工程室外单向出入口坡道的坡度角ζ按小于30°考虑，且第一道防护密闭门至防护顶盖边缘的距离L按5m取值，查本图集第26页表2-7得设计采用的临空墙上的等效静荷载标准值为370 kN/m²室外单向出入口处：$L=L_1+L_2=2.3m+3m=5.3m$，L按5m计，查本图集第26页表2-7得设计采用的临空墙上的等效静荷载标准值为270kN/m²；查本图集第27页表2-8得设计采用的直接作用在门框墙上的等效静荷载标准值为550kN/m²。
4. 扩散室等效静荷载标准值按允许余压0.03N/mm²查本图集第33页表2-13取值为39KN/m²。
5. 图中L为室外出入口至防护密闭门的距离，其取值示意图见本图集第11页。

核5级常5级甲类防空专业队队员掩蔽部	图集号	07FG01
审核 于晓音　校对 萧蓁　设计 郭莉	页	45

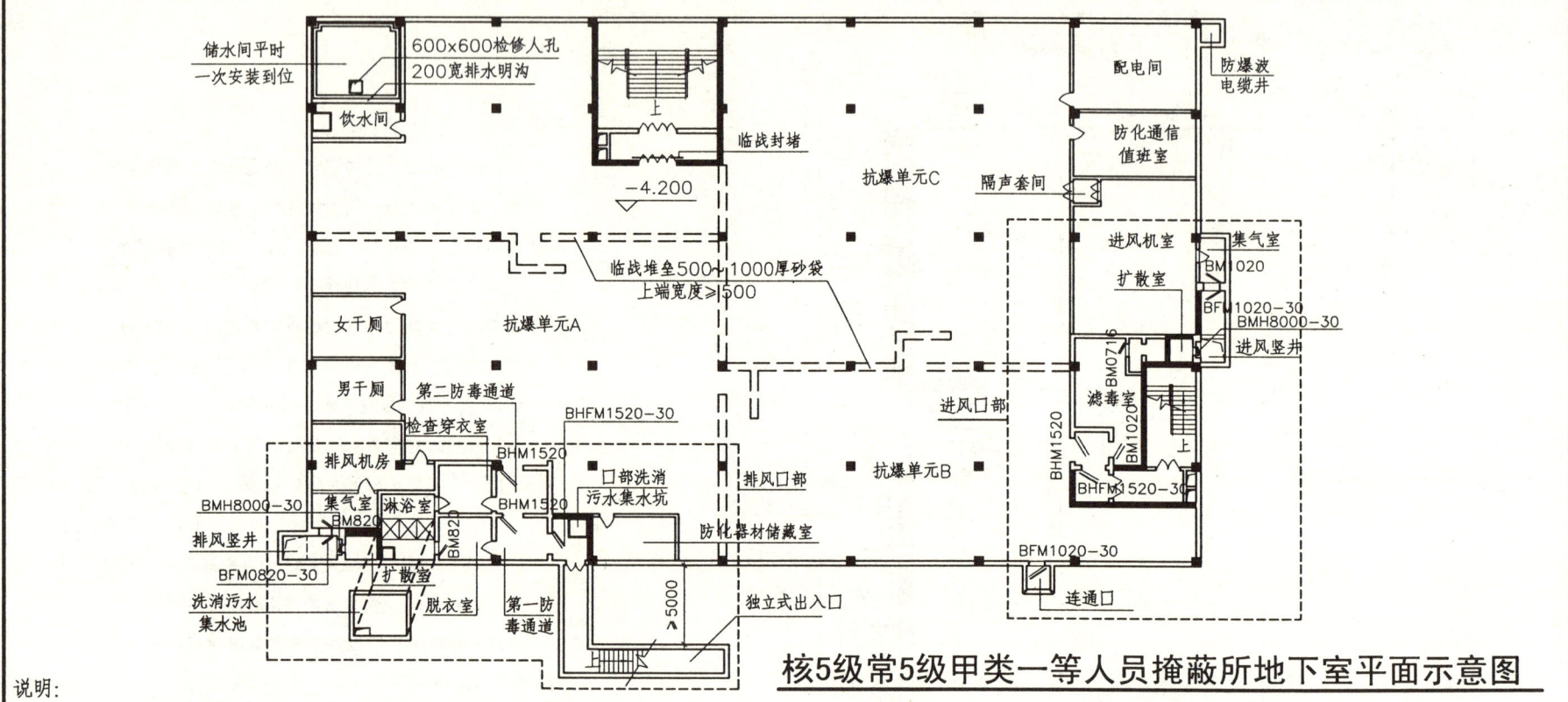

核5级常5级甲类一等人员掩蔽所地下室平面示意图

说明：
1. 本防空地下室为附建式人防工程，平时为商场、活动室等，战时为核5级常5级甲类一等人员掩蔽所，设一个防护单元，其建筑要求和平立面布置详见建筑图集07FJ01。
2. 根据本工程地面建筑为框架结构及柱网尺寸基本为正方形的特点，结构体系采用钢筋混凝土梁板结构，也可采用钢筋混凝土无梁楼盖结构。
3. 本工程为核5级常5级甲类防空地下室，地面建筑为框架结构，顶板上覆土0.6m，顶板区格最大短边净跨8.1m，不考虑上部建筑影响，结构净高3.3m，外墙位于饱和砂土中，饱和土含气量$\alpha_1=1\%$，底板位于地下水位以下，查本图集第21页表2-2得顶板等效静荷载标准值为130kN/m²，查本图集第23页表2-5得底板等效静荷载标准值为85kN/m²，外墙不考虑上部建筑物影响，查本图集第22页表2-4得核武器爆炸动荷载作用下外墙等效静荷载标准值为96kN/m²，查本图集第10页表1-3得常规武器爆炸动荷载作用下外墙等效静荷载标准值为80kN/m²，故设计采用96kN/m²作为外墙等效静荷载标准值。
4. 甲类防空地下室应满足"能够承受常规武器爆炸动荷载和核武器爆炸动荷载的分别作用"的战时防护功能要求，对常规武器和核武器爆炸动荷载，设计时均只考虑一次作用。
5. 甲类防空地下室结构应分别按平时使用状态的结构设计荷载、战时武器爆炸等效静荷载与静荷载同时作用的荷载（效应）组合进行设计，并取其最不利的组合作为设计依据。其中平时使用状态的荷载（效应）组合应按国家现行有关标准执行。

核5级常5级甲类一等人员掩蔽所	图集号	07FG01
审核 于晓音 校对 萧葵 设计 郭莉	页	46

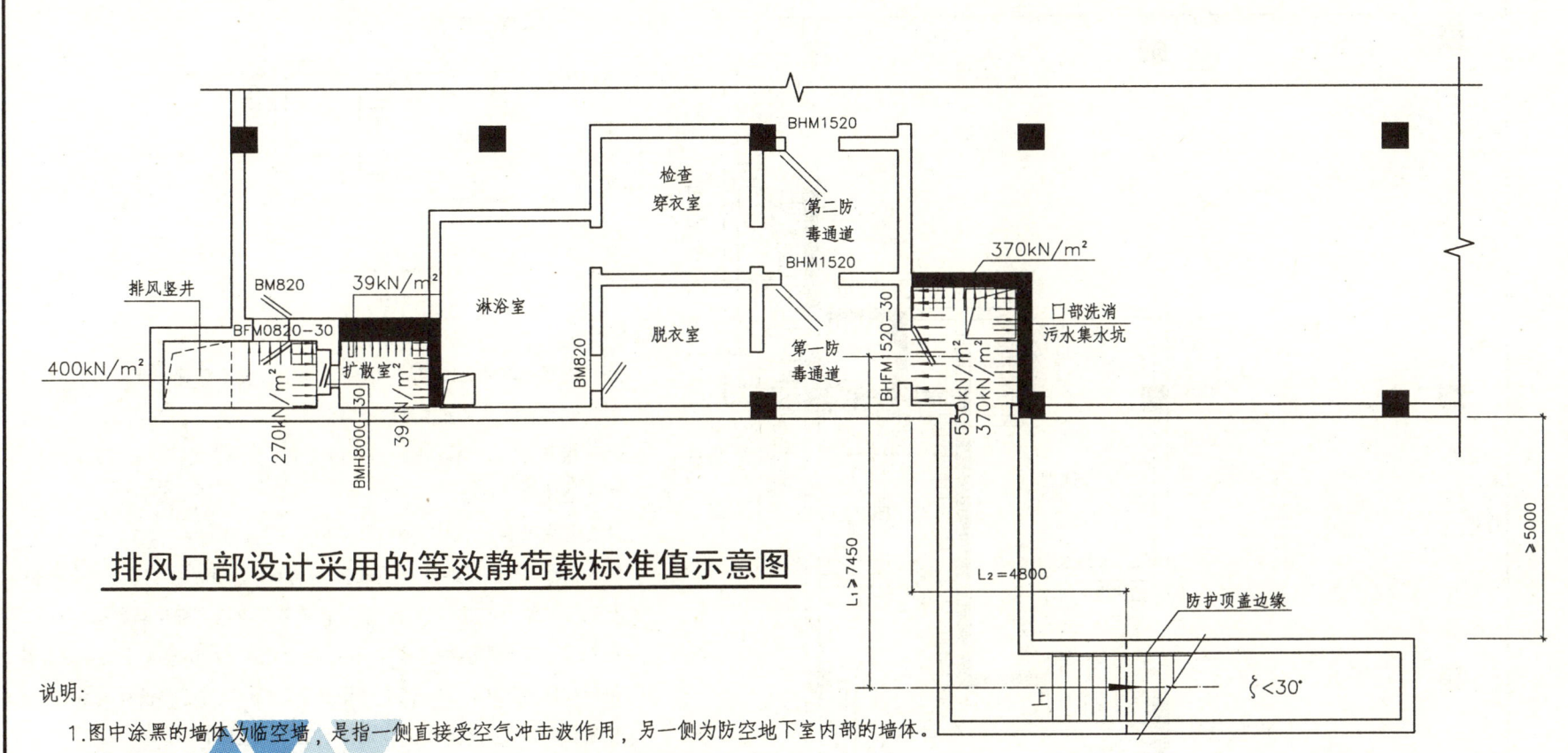

排风口部设计采用的等效静荷载标准值示意图

说明：
1. 图中涂黑的墙体为临空墙，是指一侧直接受空气冲击波作用，另一侧为防空地下室内部的墙体。
2. 图中编号为BHFM*、BFM*的门为平板防护密闭门，其四周的支承墙体为门框墙。
3. 本工程室外单向出入口坡道的坡度角 ζ 按小于30°考虑，且第一道防护密闭门至防护顶盖边缘的距离 $L=L_1+L_2 \geq 7.45m+4.8m=12.25m$，按10m取值，查本图集第26页表2-7得设计采用的临空墙上的等效静荷载标准值为370kN/m²，查本图集第27页表2-8得设计采用的直接作用在门框墙上的等效静荷载标准值为550kN/m²；室外竖井出入口处L按5m计，查本图集第26页表2-7得设计采用的临空墙上的等效静荷载标准值为270kN/m²，查本图集第27页表2-8得设计采用的直接作用在门框墙上的等效静荷载标准值为400kN/m²；图中L为室外出入口至防护密闭门的距离，其取值示意图见本图集第11页。
4. 扩散室等效静荷载标准值按允许余压0.03N/mm²，查本图集第33页表2-13取值为39KN/m²。

核5级常5级甲类一等人员掩蔽所	图集号	07FG01
审核 于晓音 校对 萧蕤 设计 郭莉	页	47

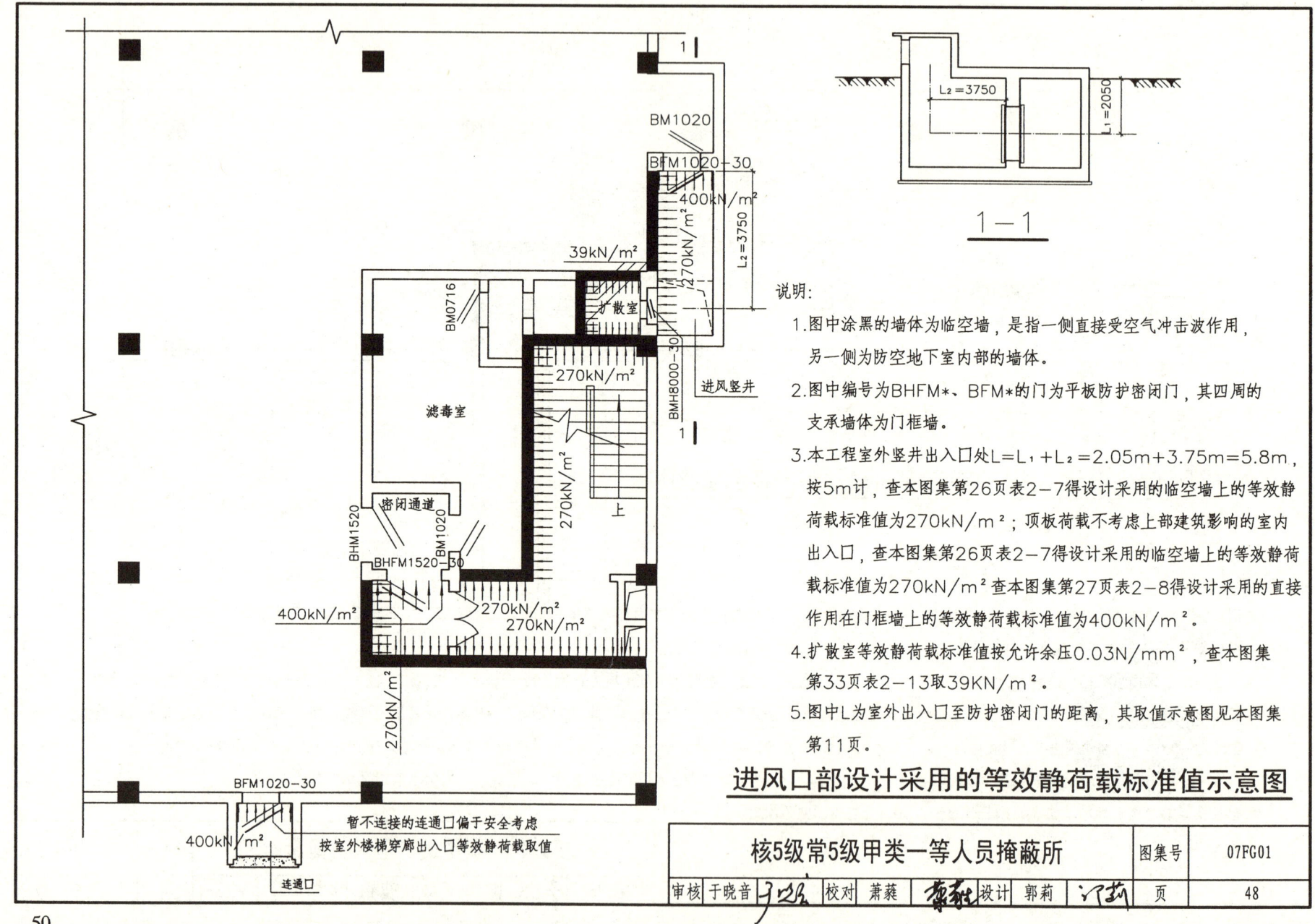

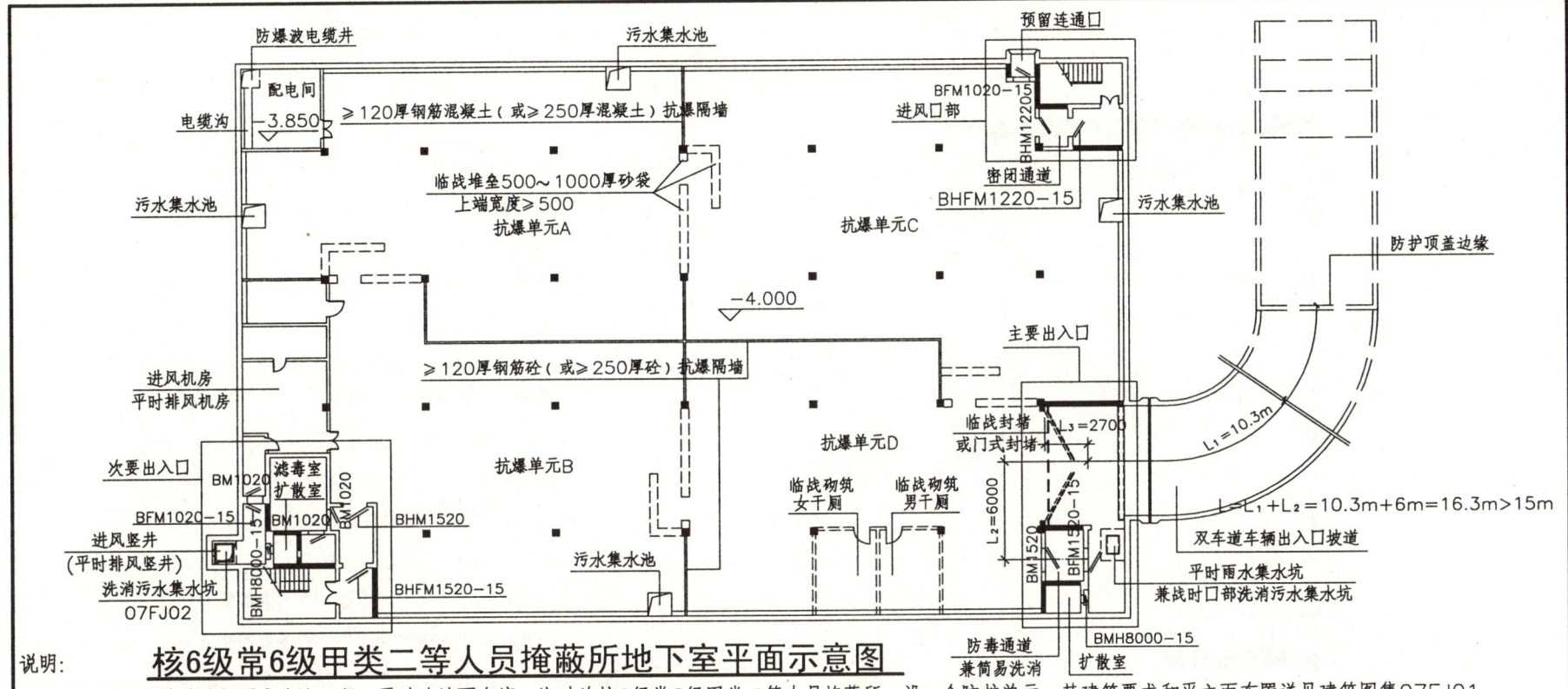

核6级常6级甲类二等人员掩蔽所地下室平面示意图

说明：
1. 本防空地下室为单建掘开式人防工程，平时为地下车库，战时为核6级常6级甲类二等人员掩蔽所，设一个防护单元，其建筑要求和平立面布置详见建筑图集07FJ01。
2. 根据本工程柱网尺寸基本为正方形的特点，结构体系可采用钢筋混凝土梁板结构，也可采用钢筋混凝土无梁楼盖结构。
3. 本工程为核6级常6级甲类防空地下室，顶板上覆土1.0m，顶板区格最大短边净跨8.1m，不考虑上部建筑影响，结构净高3.85m，外墙位于非饱和粉土中，底板位于地下水位以下，查本图集第21页表2-2得顶板等效静荷载标准值为65kN/m²，查本图集第23页表2-5得底板等效静荷载标准值为50kN/m²，查本图集第22页表2-3得核武器爆炸动荷载作用下外墙等效静荷载标准值为23kN/m²，查本图集第10页表1-2得常规武器爆炸动荷载作用下外墙等效静荷载标准值为20kN/m²，故取23kN/m²作为外墙等效静荷载设计采用值。
4. 甲类防空地下室应满足"能够承受常规武器爆炸动荷载和核武器爆炸动荷载的分别作用"的战时防护功能要求，对常规武器和核武器爆炸动荷载，设计时均只考虑一次作用。
5. 甲类防空地下室结构应分别按平时使用状态的结构设计荷载、战时武器爆炸等效静荷载与静荷载同时作用的荷载（效应）组合进行设计，并取其最不利的效应组合作为设计依据。其中平时使用状态的荷载（效应）组合应按国家现行有关标准执行。
6. 图中L为室外出入口至防护密闭门的距离，其取值示意图见本图集第11页。

核6级常6级甲类二等人员掩蔽所	图集号	07FG01
审核 于晓音　校对 萧蕤　设计 郭莉	页	49

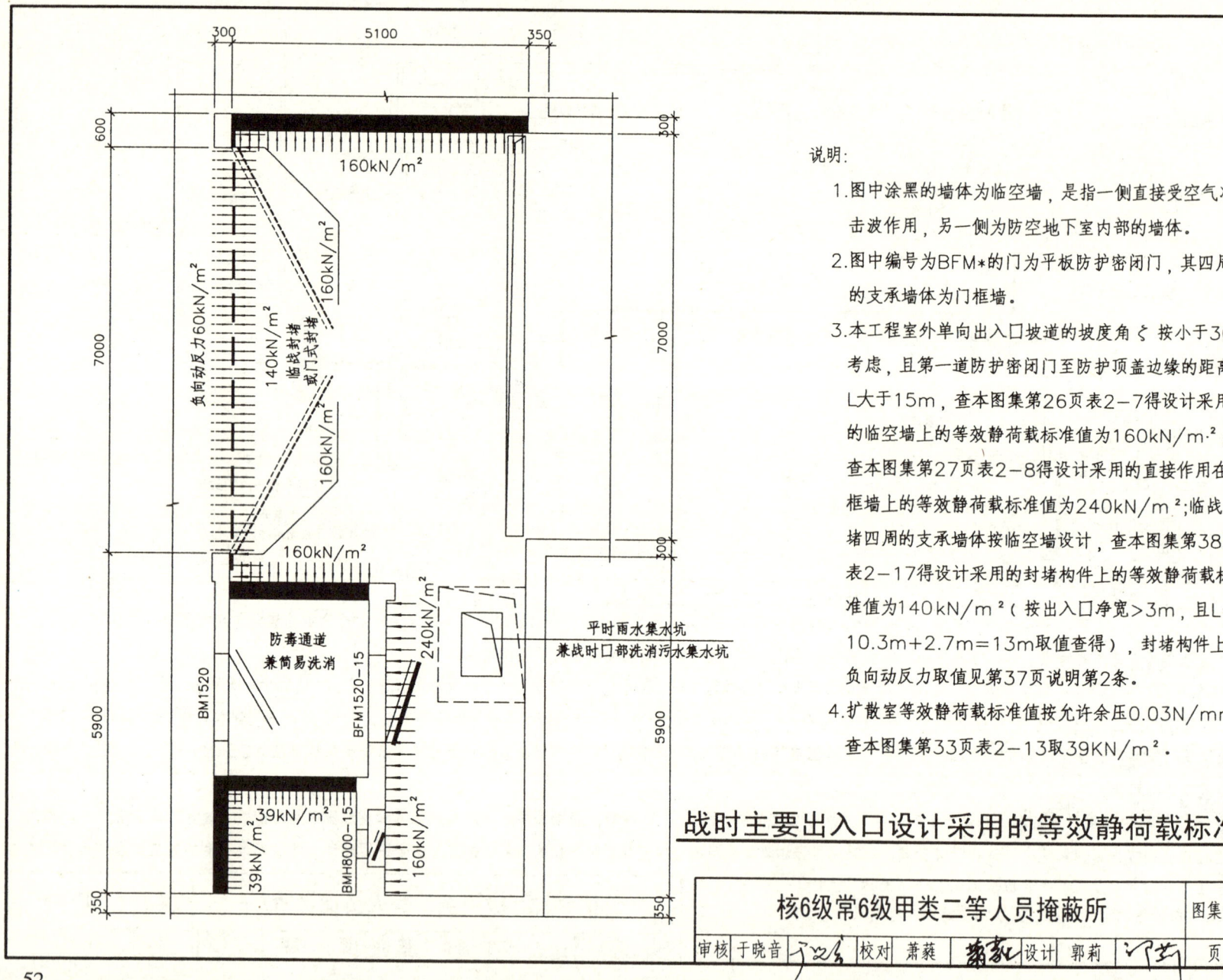

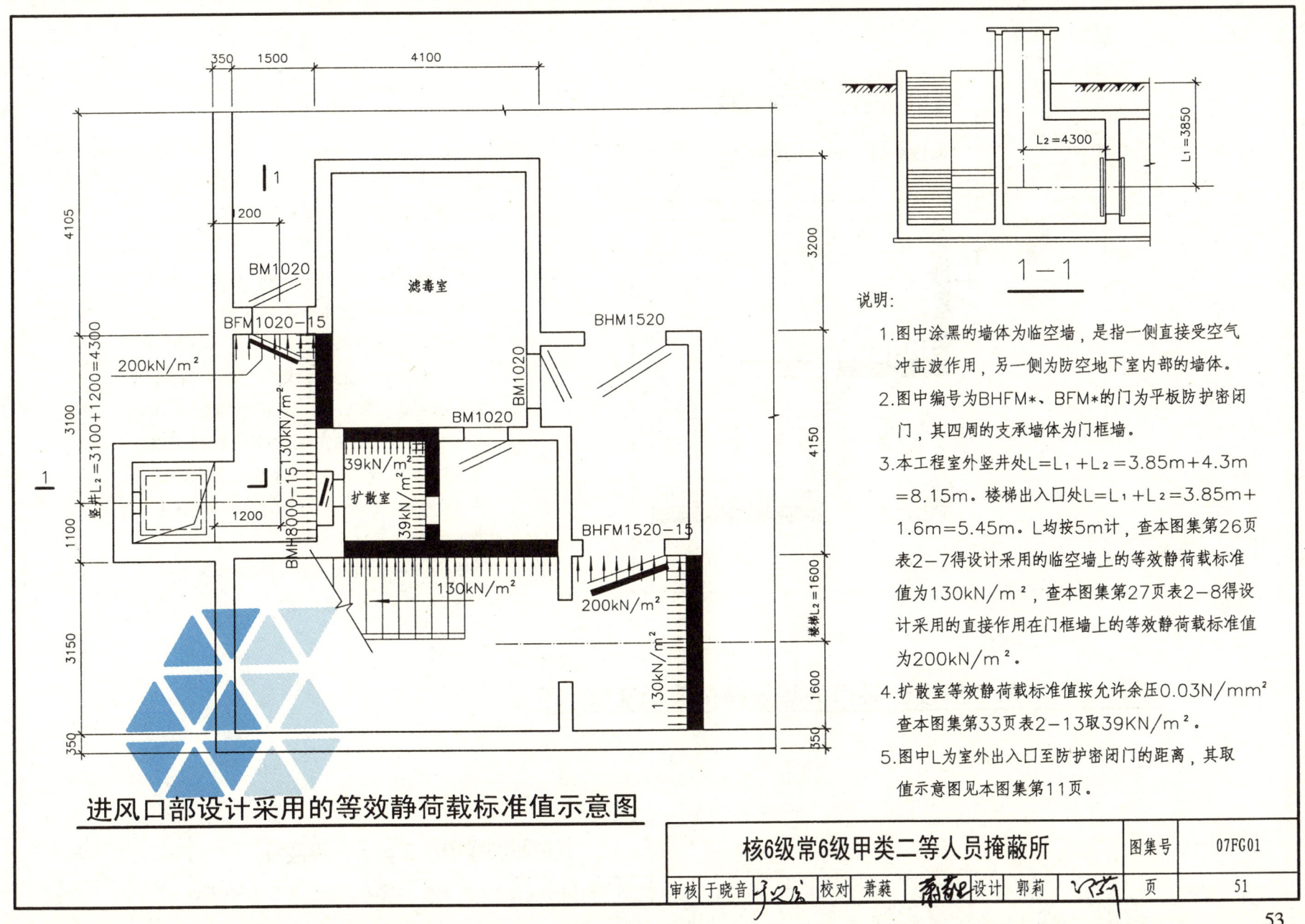

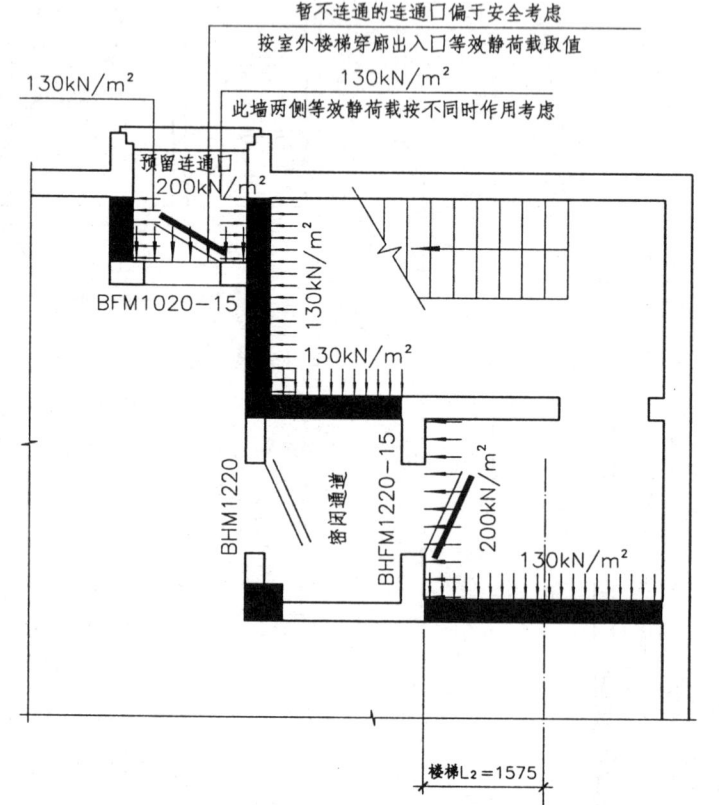

战时次要出入口部设计采用的等效静荷载标准值示意图

说明：

1. 图中涂黑的墙体为临空墙，是指一侧直接受空气冲击波作用，另一侧为防空地下室内部的墙体。
2. 图中编号为BHFM*、BFM*的门为平板防护密闭门，其四周的支承墙体为门框墙。
3. 本工程室外楼梯出入口处L=L_1+L_2=3.85m+1.575m=5.425m。其中L_1取值见第51页1-1剖面。L按5m计，查本图集第26页表2-7得设计采用的临空墙上的等效荷载标准值为130kN/m²，查本图集第27页表2-8得设计采用的直接作用在门框墙上的等效静荷载标准值为200kN/m²。
4. 图中L为室外出入口至防护密闭门的距离，其取值示意图见本图集第11页。

核6级常6级甲类二等人员掩蔽所	图集号	07FG01
	页	52

表4-2 动荷载作用下混凝土强度设计值和弹性模量（N/mm²）

强度种类	混凝土强度等级												
	C20	C25	C30	C35	C40	C45	C50	C55	C60	C65	C70	C75	C80
轴心抗压 f_{cd}	14.40	17.85	21.45	25.05	28.65	31.65	34.65	37.95	38.50	41.58	44.52	47.32	50.26
轴心抗拉 f_{td}	1.650	1.905	2.145	2.355	2.565	2.700	2.835	2.940	2.856	2.926	2.996	3.052	3.108
弹性模量 E_{cd}	3.06×10^4	3.36×10^4	3.6×10^4	3.78×10^4	3.90×10^4	4.02×10^4	4.14×10^4	4.26×10^4	4.32×10^4	4.38×10^4	4.44×10^4	4.50×10^4	4.56×10^4

表4-1 动荷载作用下材料强度综合调整系数 γ_d

材料种类		综合调整系数 γ_d
热轧钢筋（钢材）	HPB235级（Q235钢）	1.50
	HRB335级（Q345钢）	1.35
	HRB400级（Q390钢）	1.20（1.25）
	RRB400级（Q420钢）	1.20
混凝土	C55及以下	1.50
	C60～C80	1.40
砌体	料石	1.20
	混凝土砌块	1.30
	普通粘土砖	1.20

注：1. 表中同一种材料或砌体的强度综合调整系数，可适用于受拉、受压、受剪和受扭等不同受力状态。

2. 对于采用蒸气养护或掺入早强剂的混凝土，其强度综合调整系数应乘以0.9折减系数。

表4-3 动荷载作用下钢筋强度设计值和弹性模量（N/mm²）

钢筋种类	动力抗拉、动力抗压强度设计值	弹性模量
HPB235级	315	2.1×10^5
HRB335级	405	2.0×10^5
HRB400级	432	
RRB400级	432	2.0×10^5

说明：1. 表4-2，4-3中的材料动力强度设计值，取静荷载作用下材料强度设计值乘以表4-1中材料强度综合调整系数。

2. 在动荷载与静荷载同时作用或动荷载单独作用下，混凝土和砌体的弹性模量取静荷载作用时的1.2倍；钢材的弹性模量可取静荷载作用时的数值。

3. 当按等效静荷载法分析得出的内力，进行梁、柱斜截面承载力验算时以及对于墙、柱受压构件进行正截面承载力验算时，其混凝土的动力强度设计值均应乘以折减系数0.8。

动荷载作用下材料强度综合调整系数及钢筋、混凝土强度设计值	图集号	07FG01
	页	53

表4-4 防空地下室结构最低材料强度等级

构件类别	混凝土		砌体			
	现浇	预制	砖	料石	混凝土砌块	砂浆
基础	C25	—	—	—	—	—
梁、楼板	C25	C25	—	—	—	—
柱	C30	C30	—	—	—	—
内墙	C25	C25	MU10	MU30	MU15	MU5
外墙	C25	C25	MU15	MU30	MU15	MU7.5

注：
1. 防空地下室结构不得采用硅酸盐砖和硅酸盐砌块；
2. 严寒地区，饱和土中砖的强度等级不应低于MU20；
3. 装配填缝砂浆的强度等级不应低于M10；
4. 防水混凝土基础底板的混凝土垫层，其强度等级不应低于C15。

表4-5 防空地下室结构构件最小厚度

构件类别	材料种类			
	钢筋混凝土	砖砌体	料石砌体	混凝土砌块
顶板，中间楼板	200	—	—	—
承重外墙	250	490(370)	300	250
承重内墙	200	370(240)	300	250
临空墙	250	—	—	—
防护密闭门门框墙	300	—	—	—
密闭门门框墙	250	—	—	—

注：
1. 表中最小厚度不包括甲类防空地下室防早期核辐射对结构厚度的要求；
2. 表中顶板、中间楼板最小厚度系指实心截面。如为密肋板，其实心截面厚度不宜小于100mm；如为现浇空心板其板顶厚度不宜小于100mm，且其折合厚度均不应小于200mm；
3. 砖砌体项括号内最小厚度仅适用于乙类防空地下室和核6级、核6B级甲类防空地下室；
4. 砖砌体包括烧结普通砖、烧结多孔砖以及非粘土砖砌体。

防空地下室结构材料最低强度等级及结构构件最小厚度	图集号	07FG01
	页	54

表4-6 纵向受力钢筋的混凝土保护层最小厚度（mm）

外墙外侧		外墙内侧、内墙	板	梁	柱
直接防水	设防水层				
40	30	20	20	30	30

注：1. 板、墙、壳中分布钢筋的保护层厚度不应小于上表相应数值减10mm，且不应小于10mm。
2. 梁、柱中的箍筋和构造钢筋保护层厚度不应小于15mm。
3. 钢筋保护层厚度不应小于受力钢筋的公称直径。
4. 当梁、柱中纵向受力钢筋的保护层厚度大于40mm时，应对保护层采取有效的防裂构造措施。
5. 对有防火要求的建筑物，其混凝土保护层厚度尚应符合国家现行有关标准的要求。
6. 基础中纵向受力钢筋的混凝土保护层厚度不应小于40mm，当基础板无垫层时不应小于70mm。
7. 在严寒地区与无侵蚀性的水或土壤直接接触的环境中，且混凝土强度等级不大于C45时，梁、板、柱（不含外墙）保护层厚度应比上表增加5mm；其他情况，应符合《混凝土结构设计规范》（GB50010-2002）有关条文的要求。
8. 悬臂板上表面应采取有效的保护措施。
9. 此保护层厚度只适用于设计使用年限为50年的防空地下室。

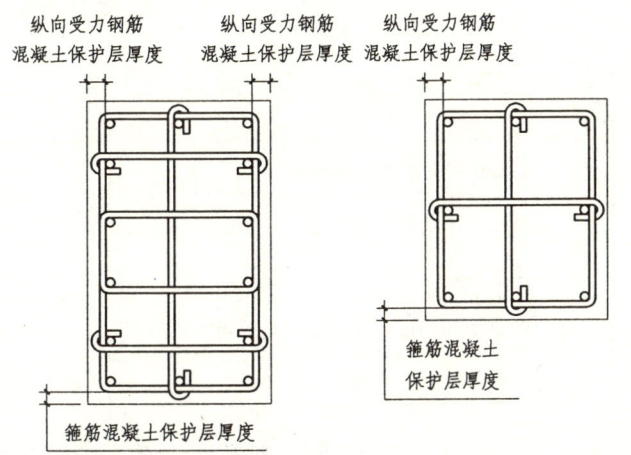

梁钢筋保护层　　柱钢筋保护层

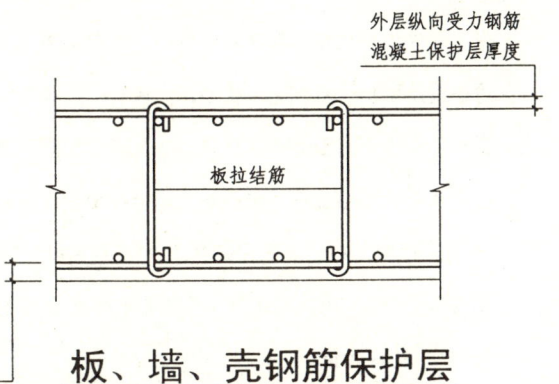

板、墙、壳钢筋保护层

表4-7 防水混凝土的设计抗渗等级

工程埋置深度（m）	设计抗渗等级
<10	P6
10～20	P8
20～30	P10
30～40	P12

受力钢筋最小保护层厚度及防水混凝土的设计抗渗等级

图集号 07FG01

表4-8 在动荷载作用下钢筋混凝土结构构件纵向受力钢筋的最小配筋率（%）

分类	混凝土强度等级		
	C25~C35	C40~C55	C60~C80
受压构件的全部纵向钢筋	0.60(0.40)	0.60(0.40)	0.70(0.40)
偏心受压及偏心受拉构件一侧的受压钢筋	0.20	0.20	0.20
受弯构件、偏心受压及偏心受拉构件一侧的受拉钢筋	0.25	0.30	0.35

注：1. 受压构件全部纵向钢筋最小配筋率，当采用HRB400级、RRB400级钢筋时，应按表中规定减小0.1；

2. 当为墙体时，受压构件的全部纵向钢筋最小配筋率采用括号内数值；

3. 受压构件的受压钢筋以及偏心受压，小偏心受拉构件的受拉钢筋的最小配筋按构件的全截面面积计算，受弯构件、大偏心受拉构件的受拉钢筋的最小配筋率按全截面面积扣除位于受压边或受拉较小边翼缘面积后的截面面积计算；

4. 受弯构件、偏心受压及偏心受拉构件一侧的受拉钢筋的最小配筋率不适用于HPB235级钢筋，当采用HPB235级钢筋时，应符合《混凝土结构设计规范》(GB50010-2002)中第9.5.1条的规定，最小配筋率应满足$0.45f_{td}/f_{yd}$和0.2%中的较大值。

5. 对卧置于地基上的核5级、核6级和核6B级甲类防空地下室结构底板，当其内力系由平时设计荷载控制时，板中受拉钢筋最小配筋率可适当降低，但不应小于0.15%。

表4-9 受拉钢筋的最大配筋率（%）

混凝土强度等级	C25	≥C30
HRB335级钢筋	2.2	2.5
HRB400级钢筋	2.0	2.4
RRB400级钢筋		

注：在动荷载作用下，钢筋混凝土受弯构件和大偏心受拉构件的受拉钢筋的最大配筋率宜符合本表要求。

表4-10 纵向受拉钢筋最小锚固长度 laF

钢筋种类	混凝土强度等级									
	C20		C25		C30		C35		≥C40	
	d≤25	d>25	d≤25	d>25	d≤25	d>25	d≤25	d>25	d≤25	d>25
HPB235	33d	33d	28d	28d	25d	25d	23d	23d	21d	21d
HRB335	41d	45d	35d	39d	31d	34d	29d	31d	26d	29d
HRB400	49d	53d	42d	46d	37d	41d	34d	38d	31d	34d

表4-11 纵向受拉钢筋最小搭接长度 lIF (搭接接头面积不大于25%)

钢筋种类	混凝土强度等级									
	C20		C25		C30		C35		≥C40	
	d≤25	d>25	d≤25	d>25	d≤25	d>25	d≤25	d>25	d≤25	d>25
HPB235	39d	39d	34d	34d	30d	30d	27d	27d	25d	25d
HRB335	48d	53d	42d	47d	37d	41d	34d	38d	31d	35d
HRB400	58d	64d	50d	55d	45d	50d	41d	46d	37d	41d

表4-12 纵向受拉钢筋最小搭接长度 lIF (搭接接头面积不大于50%)

钢筋种类	混凝土强度等级									
	C20		C25		C30		C35		≥C40	
	d≤25	d>25	d≤25	d>25	d≤25	d>25	d≤25	d>25	d≤25	d>25
HPB235	45d	45d	39d	39d	35d	35d	32d	32d	29d	29d
HRB335	56d	62d	49d	54d	43d	48d	40d	44d	36d	40d
HRB400	68d	75d	59d	65d	52d	58d	48d	52d	44d	48d

说明：

1. 当受拉钢筋d>28mm,受压钢筋d>32mm，不宜采用绑扎搭接接头。
2. 在任何情况下，锚固长度不得小于250mm，纵向受拉钢筋绑扎搭接接头的搭接长度不应小于300mm,受压搭接长度不应小于200mm。
3. 当不同直径钢筋搭接时，搭接长度按较小直径计算。
4. 当抗震等级为三级及以下时，钢筋的锚固及搭接长度应满足表4-10～表4-12的要求；当抗震等级为一、二级时，还应满足相应抗震等级的要求。

防空地下室纵向受拉钢筋最小锚固及搭接长度

图集号 07FG01

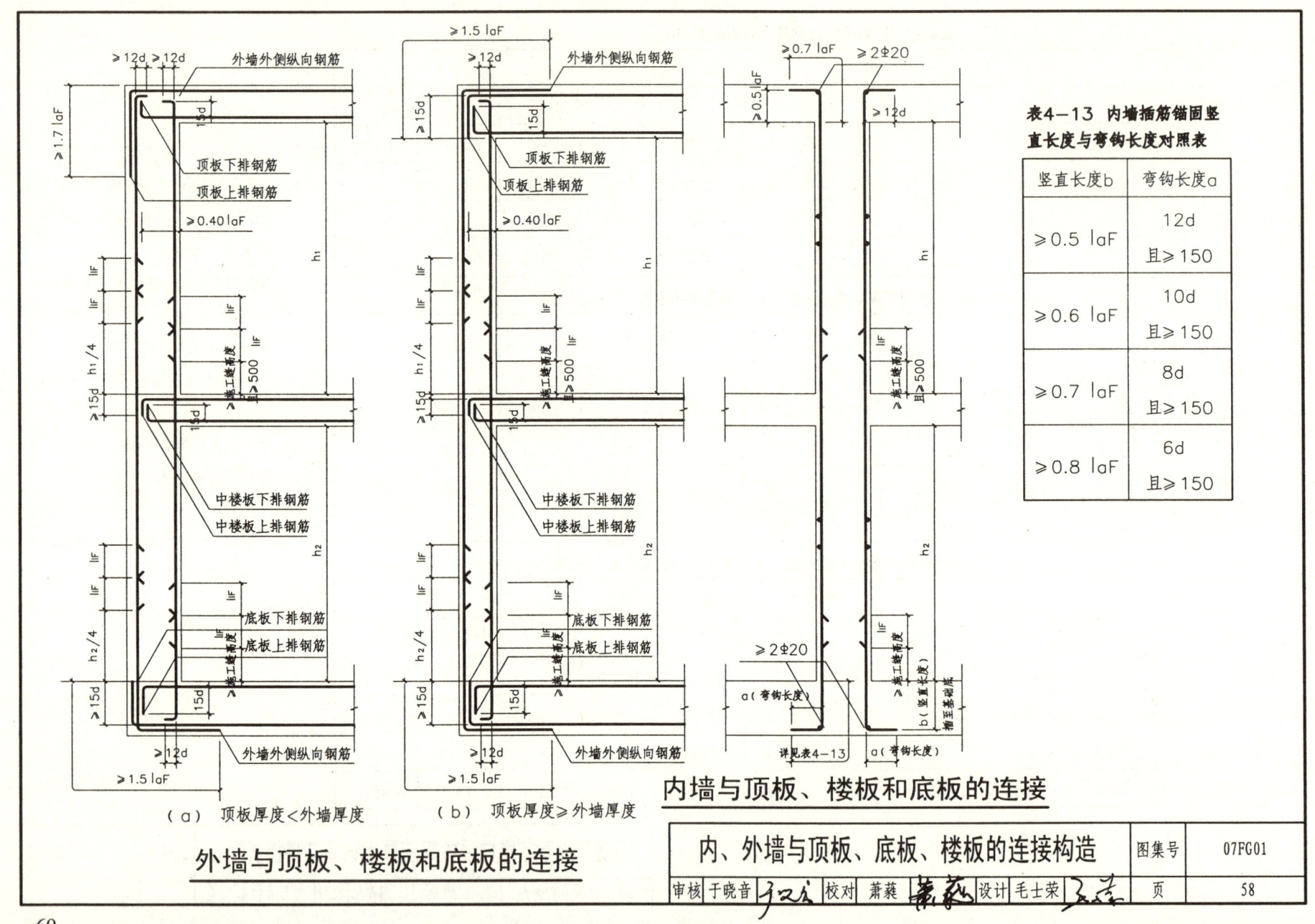

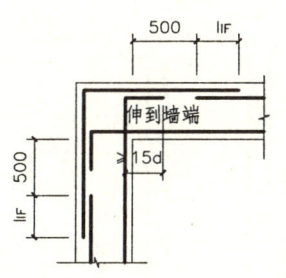
（a）拐角节点

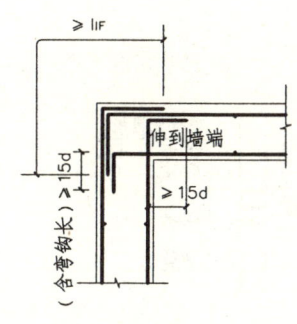
（b）丁字节点

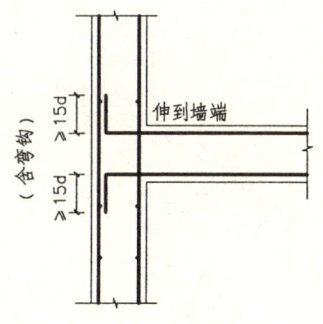
（c）十字节点

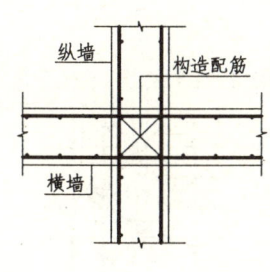

钢筋混凝土墙体连接构造

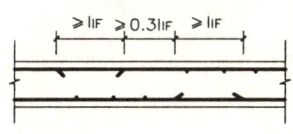

墙体水平分布筋的搭接
沿高度每隔一根错开搭接

注：若外墙为双向板时，外层水平筋的搭接位置宜在跨中，内层搭接位置宜在支座附近。

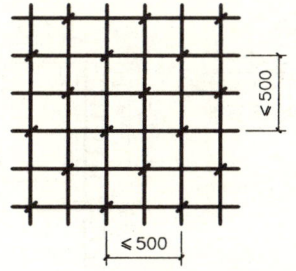

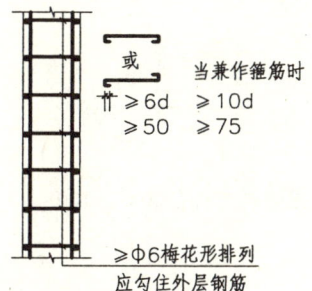

钢筋混凝土板中拉结筋布置示意图

注：当拉结筋兼作受力箍筋时，其直径及间距应符合箍筋的计算和构造要求。

| 钢筋混凝土墙体连接构造及板中拉结筋布置 | 图集号 07FG01 |

防空地下室内墙开孔的一般要求：

当上部墙体为剪力墙时,墙体洞口配筋图：

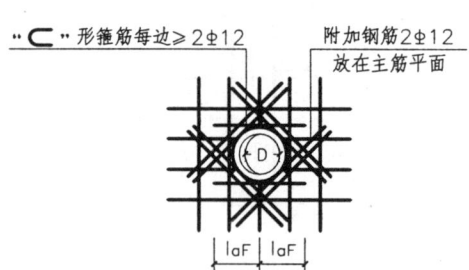
（a）墙体开圆孔(300≤D<1000)

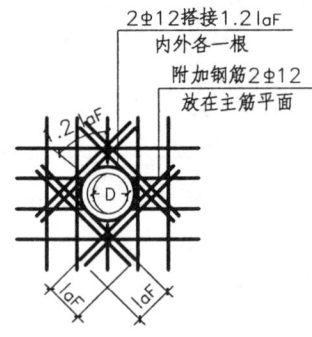
(b) 墙体开圆孔(300≤D<1000)

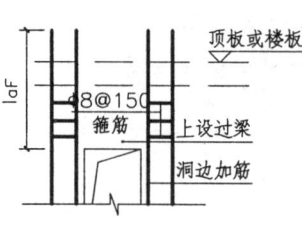
（g）防空地下室有门窗洞
上部剪力墙无洞

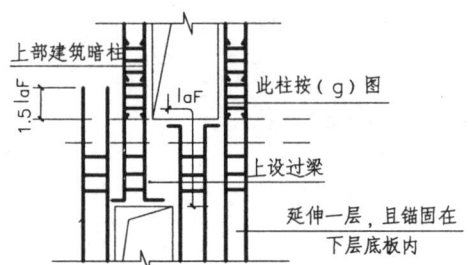
（j）防空地下室与上部建筑
剪力墙门窗洞口错开时

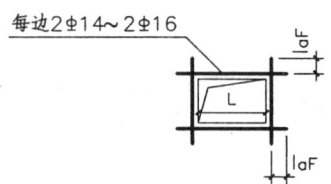
（c）墙体开方孔(300≤L<700)

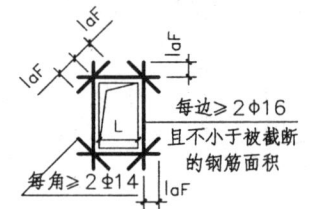
（d）墙体开方孔(700≤L<1000)

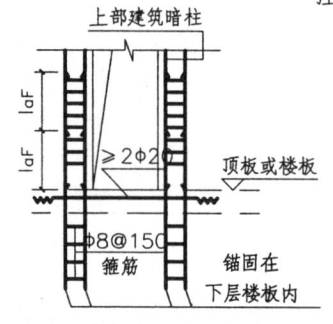
（h）防空地下室无门窗洞
上部建筑剪力墙有门窗洞

注：1. 当圆形洞口孔径D或矩形洞口长边尺寸L小于300mm时,可将板中受力筋绕过孔边,不必另设加强筋.

2. 当300≤D(L)<1000时,应在洞口配ф12～ф16的加强筋,见图(a)、(b)、(c).

3. 当上部建筑门窗洞与防空地下室门窗洞上下对齐时,剪力墙的暗柱应伸入防空地下室底板,并满足锚固要求.

4. 当700≤L<1000时(L指矩形孔洞短边尺寸),应在洞口四角设不小于2ф14的斜筋,见图(d).

5. 当门窗顶离顶板或门洞底离底板距离小于1/2水平边长时,须设过梁,见图(e)、(f). 过梁伸入墙身,≥laF 且≥600.

（e）洞口上过梁

（f）洞口下过梁

防空地下室内墙留孔构造

图集号 07FG01

页 60

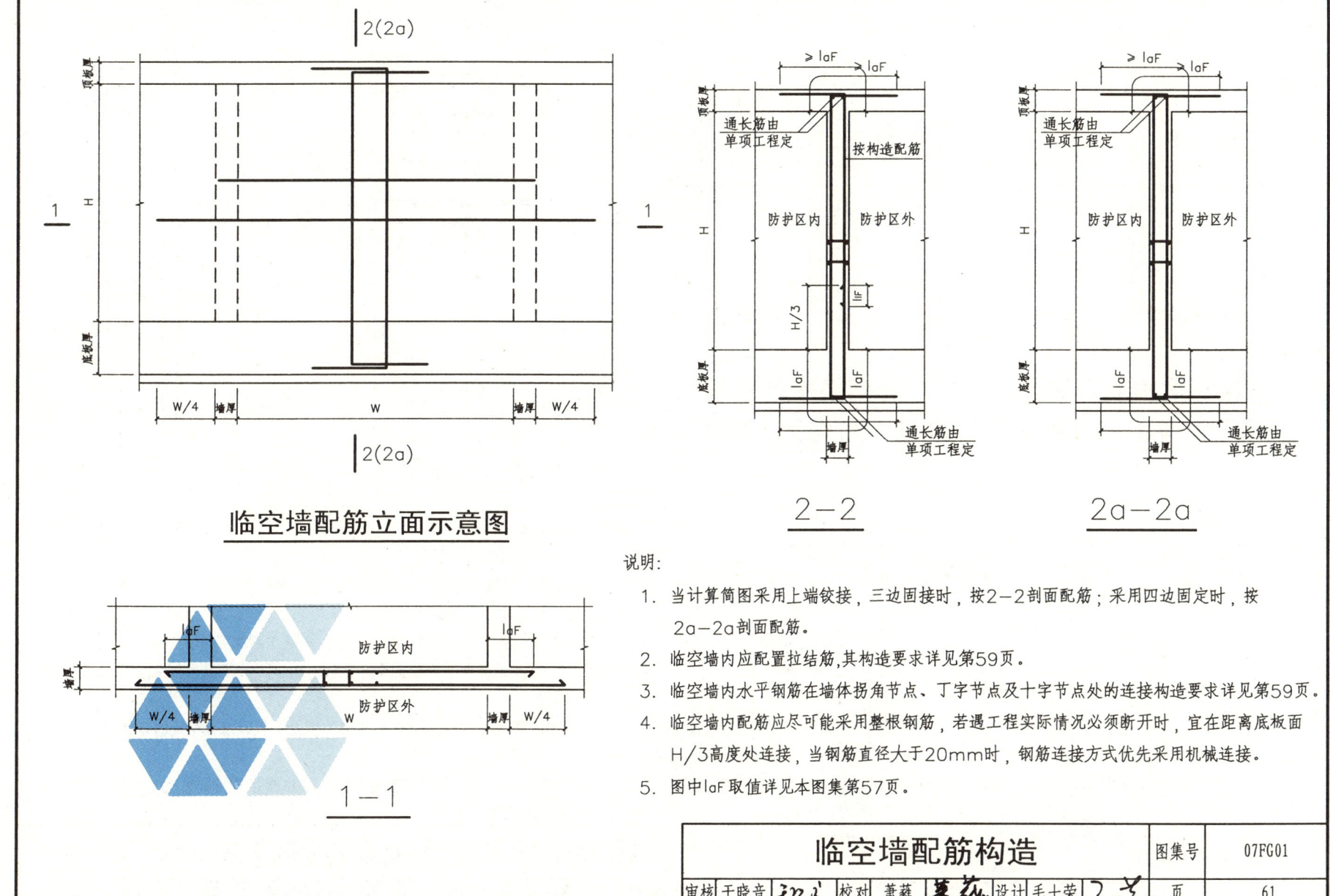

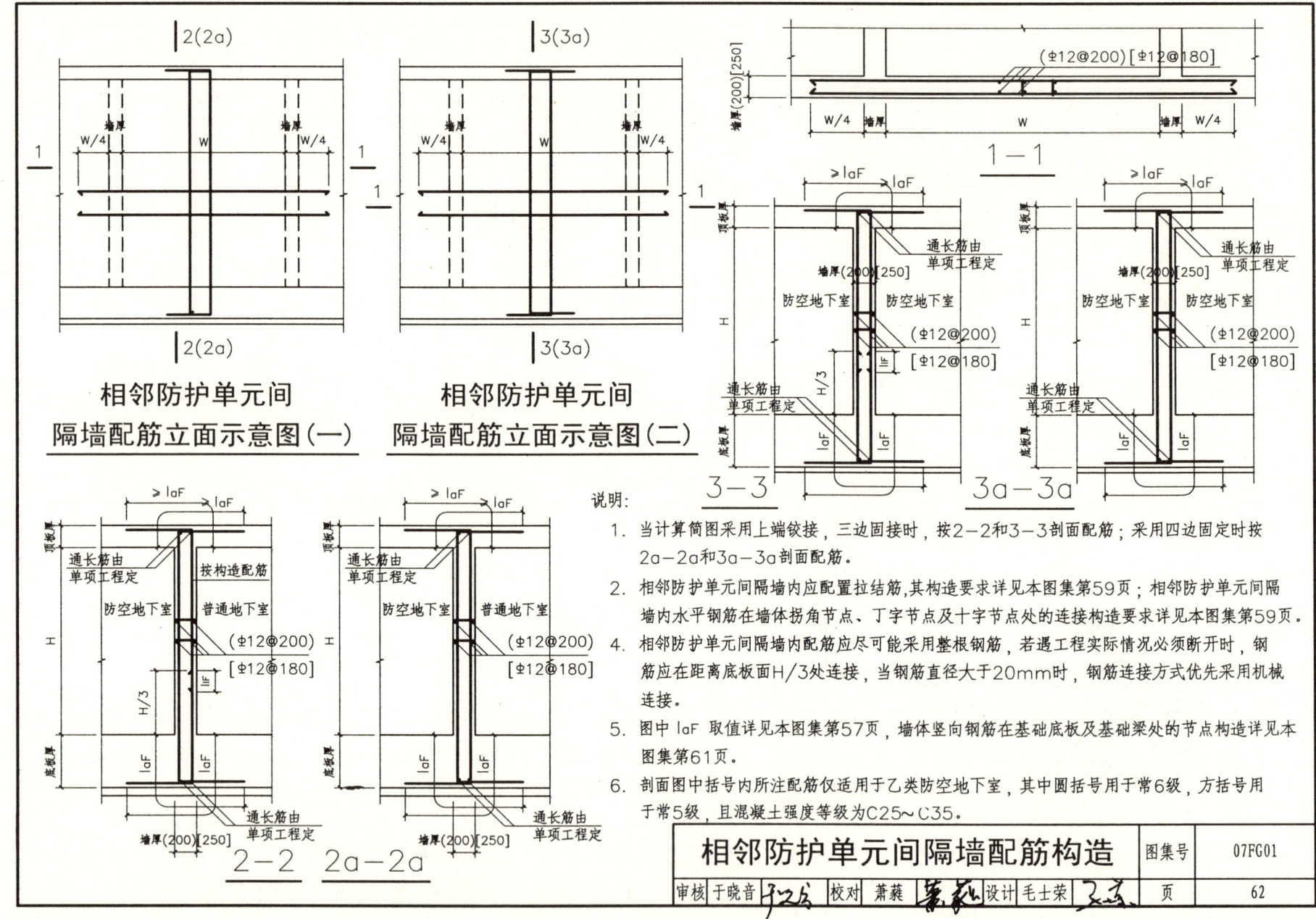

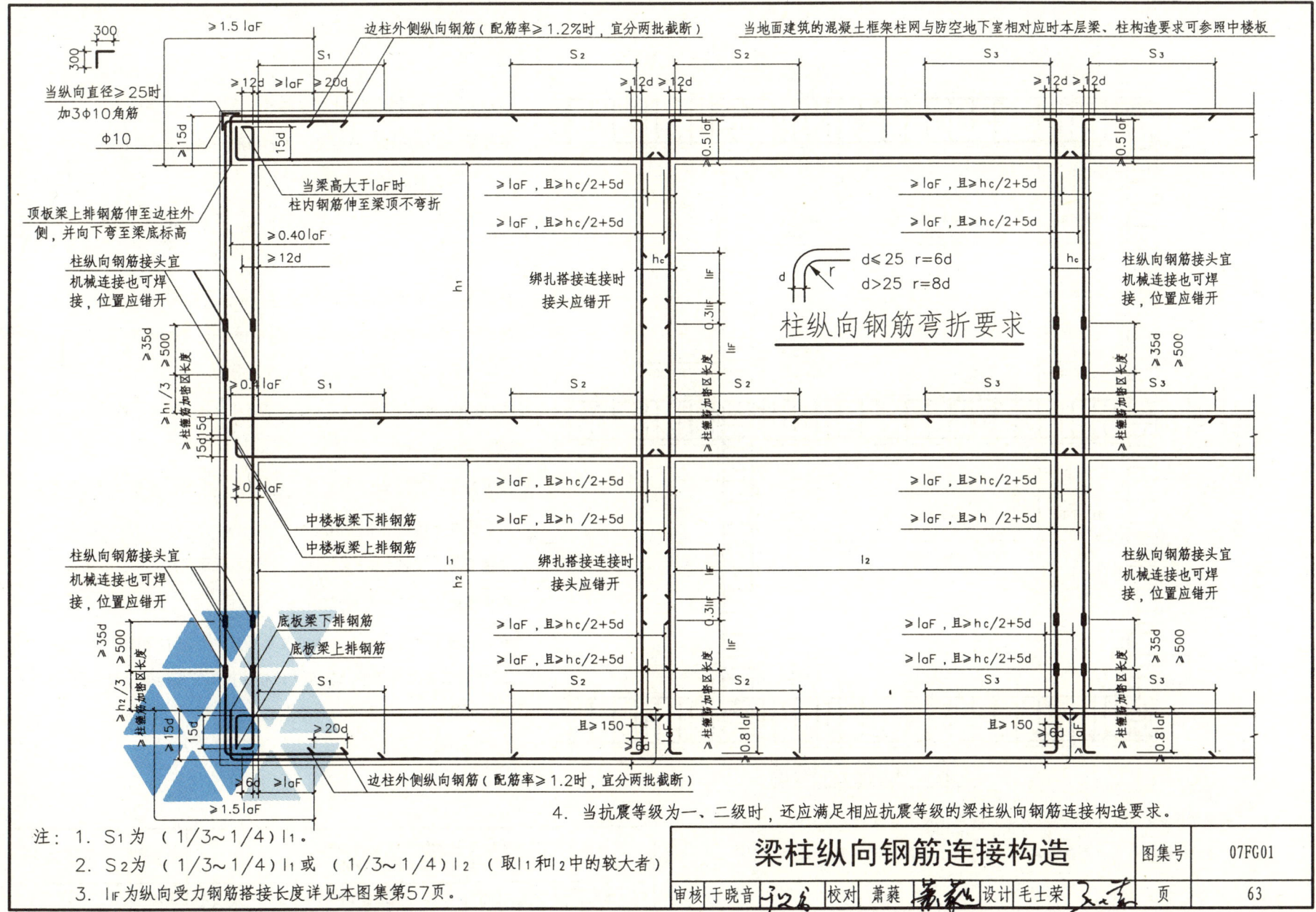

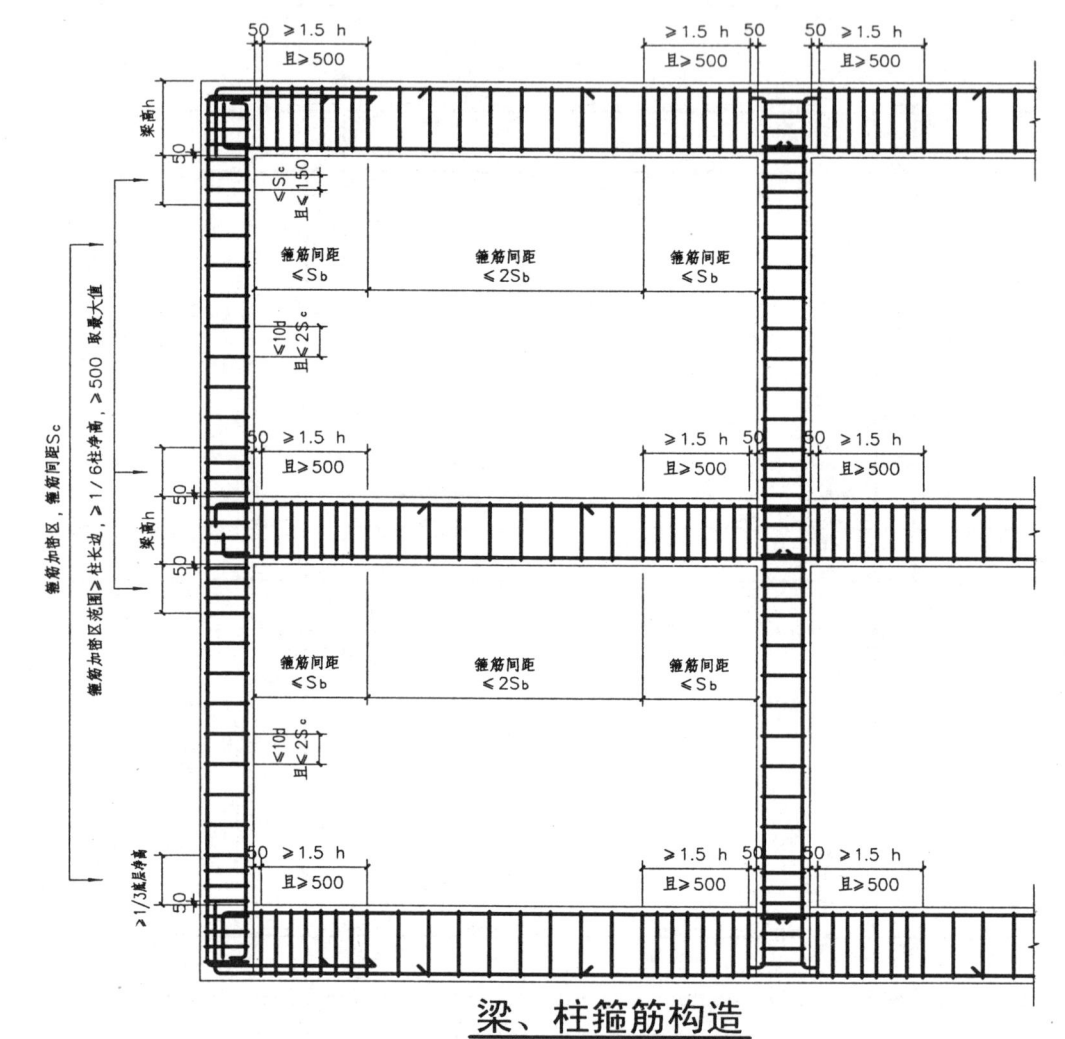

说明：

1. 当防空地下室顶板作为上部结构嵌固部位，且上部结构抗震等级大于三级时，防空地下室的箍筋构造除满足本图要求外，尚应满足相应的抗震要求。

2. 当上部结构抗震等级为三级及以下时，各层防空地下室箍筋构造均应满足本图要求。

3. 框架梁端箍筋加密区箍筋最大间距S_b，取梁纵向钢筋直径的8倍、梁截面高度的1/4和150mm三者中的最小值。加密区箍筋配筋百分率不应低于0.15%。

4. S_c取柱纵向钢筋的8倍及150mm（柱根为100mm）两者中的较小值。

5. 梁箍筋最小直径为φ8且$\geq \frac{d}{4}$；且当梁端纵向配筋率>2%时，梁箍筋加密区的箍筋直径应≥10mm。

6. 柱箍筋最小直径为φ8且$\geq \frac{d}{4}$；且当柱截面尺寸≤400mm时，柱箍筋最小直径允许采用6mm。

7. 梁、柱箍筋加密区长度内箍筋肢距不宜大于250mm和20倍箍筋直径两者中的较大值。在受拉钢筋搭接处，宜采用封闭箍筋，箍筋间距不应大于主筋直径的5倍，且不应大于100mm。

8. 柱箍筋加密区的体积配筋率应满足《建筑抗震设计规范》GB50011-2001中6.3.12条的要求，即≥0.4%。沿梁全长箍筋的配筋率 $\rho_{sv} \geq 0.26 \frac{f_t}{f_{yv}}$。

梁、柱箍筋构造

梁柱箍筋构造　　图集号 07FG01

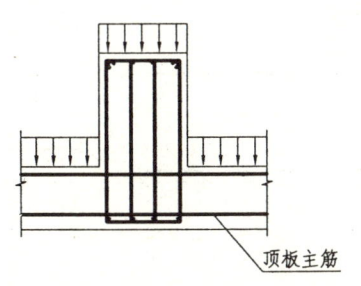
顶板反梁配筋构造图

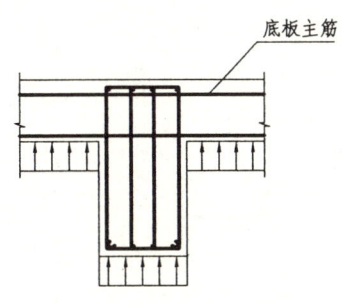
底板反梁配筋构造图

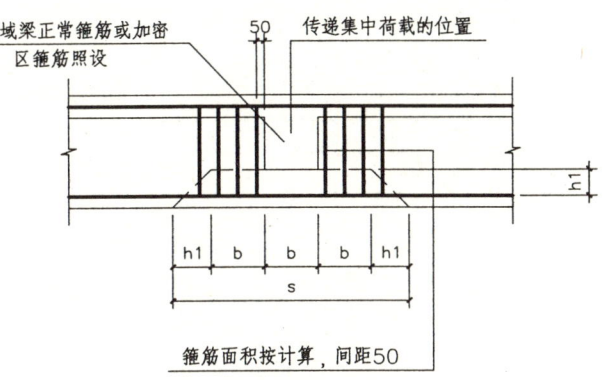
附加箍筋构造

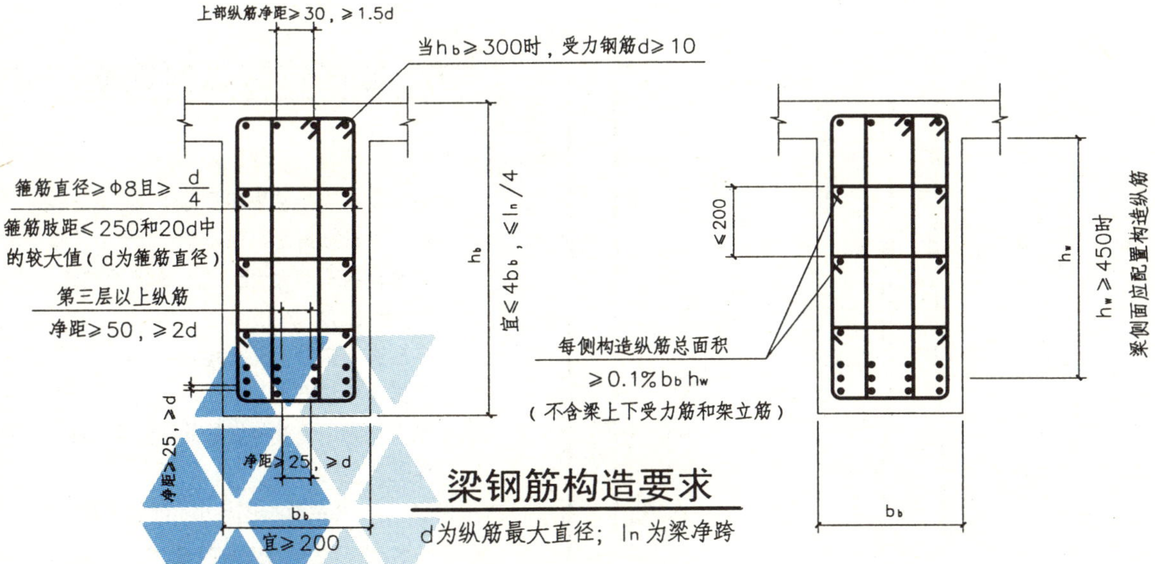

梁钢筋构造要求
d为纵筋最大直径；ln为梁净跨

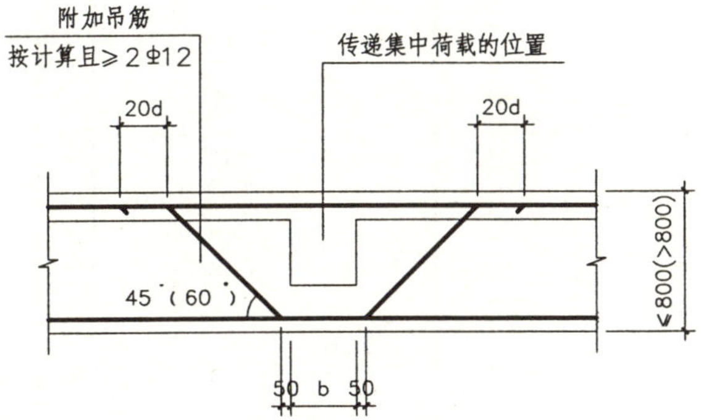

附加吊筋构造

说明：当梁宽≤350时，拉筋直径为6mm；梁宽>350时，拉筋直径为8mm。拉筋间距为非加密区箍筋间距的2倍。当设有多排拉筋时，上下两排拉筋竖向错开设置。

反梁及梁钢筋、附加箍筋、吊筋构造	图集号	07FG01
	页	65

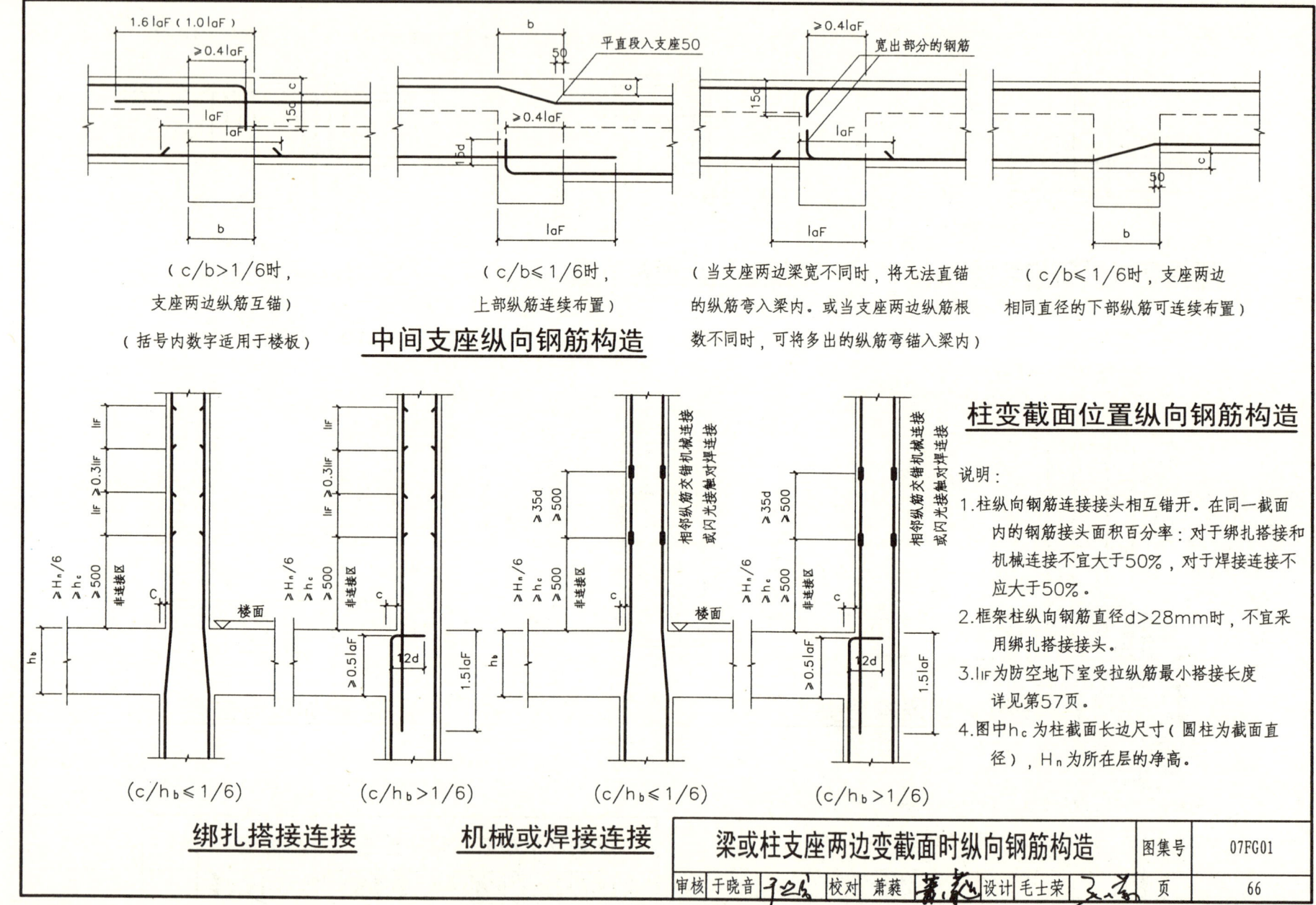

说明: 1. 纵向筋及箍筋构造

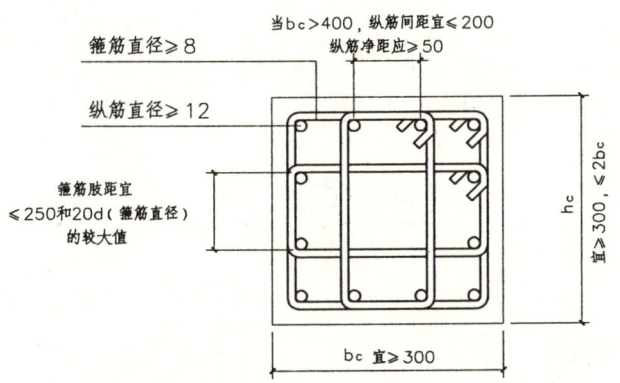
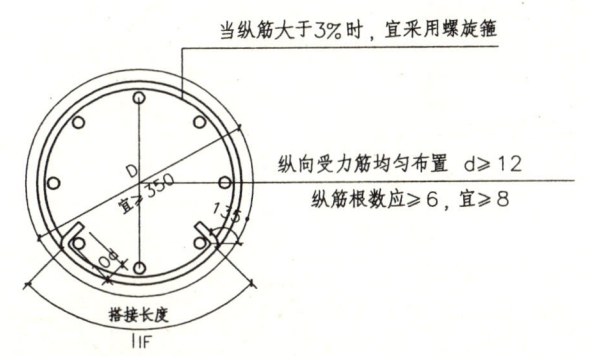

2. 受力钢筋的最小配筋百分率应符合本图集第56页表4-8的规定，全部纵向钢筋配筋率不宜超过 5%。

3. 当柱中全部纵向受力钢筋的配筋率大于3%时，箍筋直径应≥8mm，间距不应大于纵向受力钢筋最小直径的10倍，且不宜大于200mm。

4. 纵向钢筋的最小净距，现浇柱不应小于50mm。

5. 偏心受压柱中，配置在垂直于弯矩作用平面的纵向受力钢筋及轴心受压柱中各边的纵向受力钢筋，其间距不宜大于300mm。

6. 当偏心受压柱的截面高度 h≥600mm时，在柱侧面应设置直径为10～16mm的纵向构造钢筋，并相应地设置复合箍筋或拉筋。

7. 至少每隔一根纵向钢筋宜在两个方向有箍筋或拉筋约束，采用拉筋复合箍时，拉筋宜紧靠纵向钢筋并钩住箍筋。

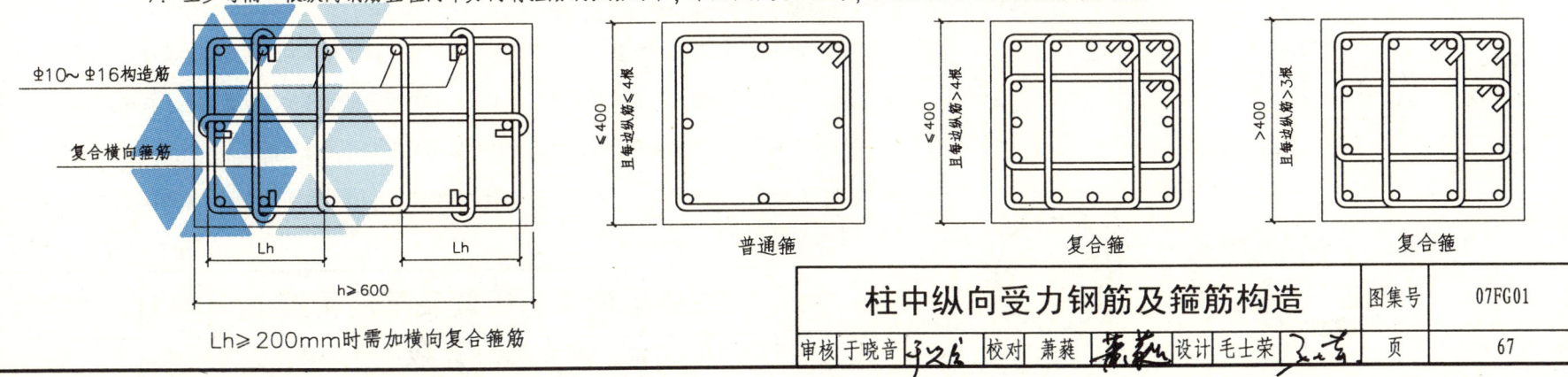

Lh≥200mm时需加横向复合箍筋

柱中纵向受力钢筋及箍筋构造

图集号 07FG01

页 67

常用的箍筋形式：

普通箍

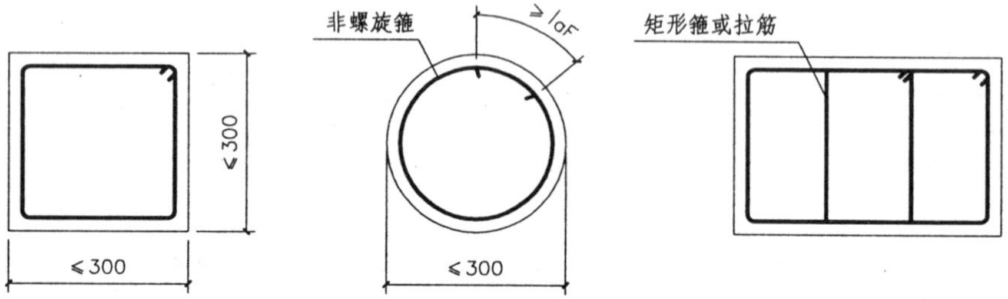

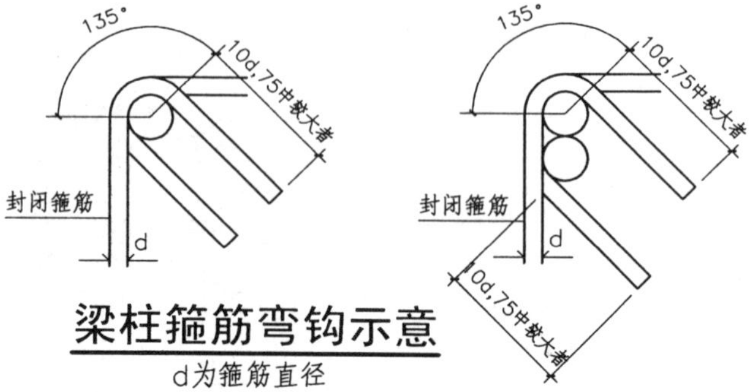

非螺旋箍

矩形箍或拉筋

梁柱箍筋弯钩示意
d为箍筋直径

复合箍

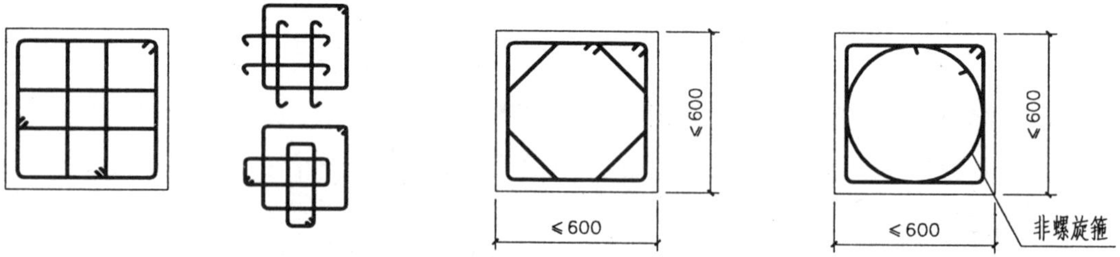

井字形复合箍　　**多边形复合箍**　　**方、圆形复合箍**

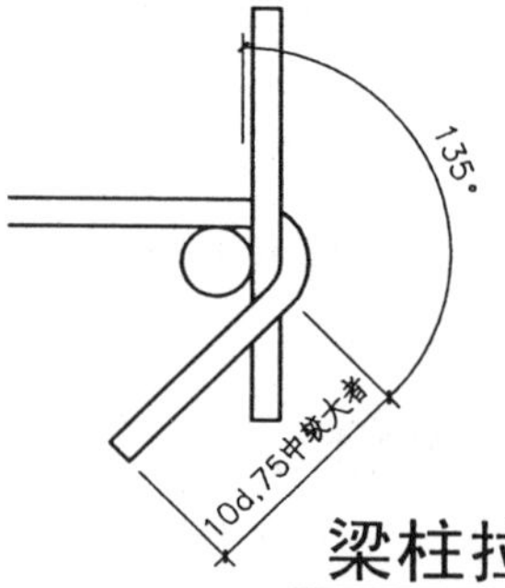

梁柱拉筋弯钩示意
拉筋靠纵向钢筋并勾住封闭箍筋

螺旋箍
d≤12

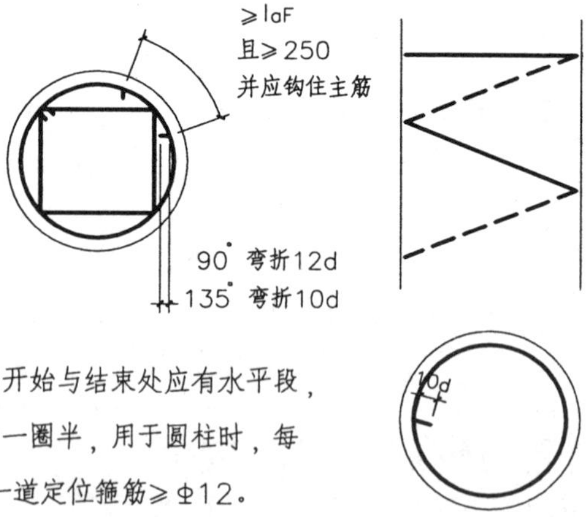

90° 弯折12d
135° 弯折10d

注：螺旋箍开始与结束处应有水平段，长度不小于一圈半，用于圆柱时，每1~2m加一道定位箍筋≥Φ12。

说明：矩形复合箍筋的基本复合方式可为：

1. 沿复合箍周边，箍筋局部重叠不宜多于两层。以复合箍筋最外围的封闭箍筋为基准，柱内的横向箍筋紧靠其设置在下（或在上），柱内的纵向箍筋紧接其设置在上（或在下）。

2. 柱内复合箍可全部采用拉筋，拉筋须同时钩住纵向钢筋和外围封闭箍筋。

3. 为使箍筋外围局部重叠不多于两层，当拉筋设在旁边时，可沿竖向将相邻两道箍筋按其各自平面位置交错放置。

柱中纵向受力钢筋及箍筋构造

图集号 07FG01

页 68

说明：无梁楼盖的柱网宜采用矩形，任一区格的长、短边之比不宜大于1.5。无梁楼盖通常以纵横两个方向划分为柱上板带和跨中板带进行配筋，板带的宽度取垂直于计算方向柱距的一半，划分区格如图所示。

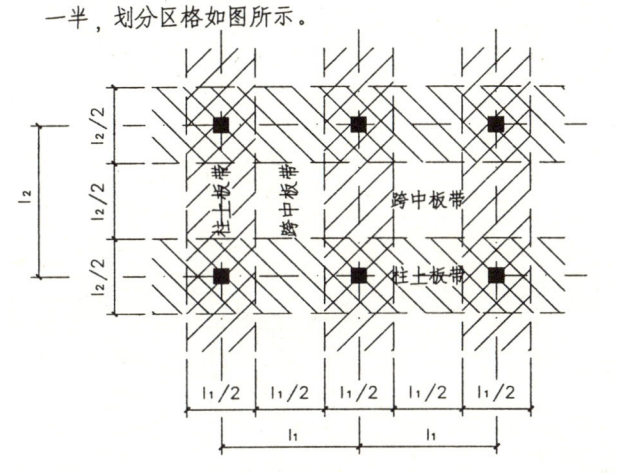

板带的划分

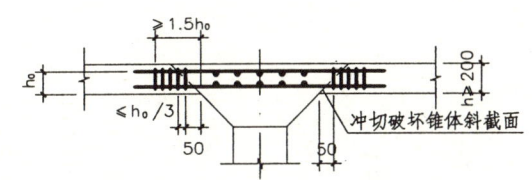

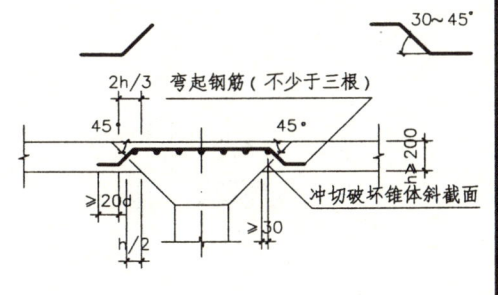

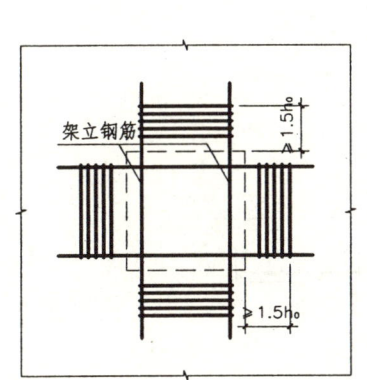

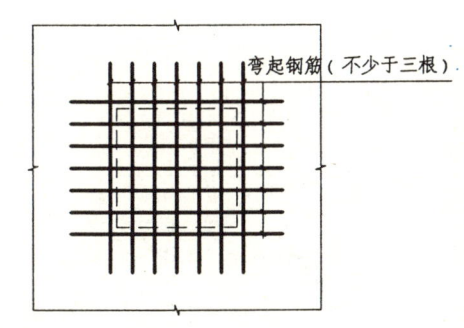

板中抗冲切钢筋的布置

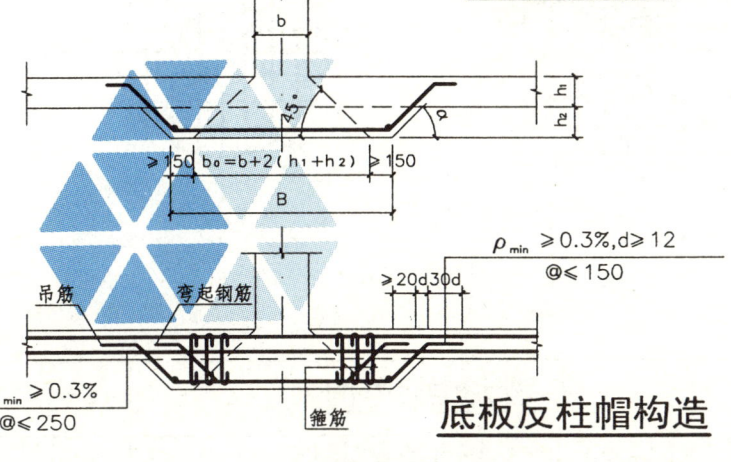

底板反柱帽构造

说明：1. 无梁楼盖板纵向受力钢筋宜上、下通长布置，间距不应大于250mm。

2. 无梁楼盖板纵向受力钢筋配筋率不应小于0.3%和$0.45f_{td}/f_{yd}$中较大值。

3. 上、下两层钢筋网之间设梅花形布置的拉结筋，直径不应小于6mm，间距不应大于500mm，弯钩直线段长度不应小于6倍拉结筋直径且不应小于50mm。

4. 底板反柱帽的底层钢筋最小配筋率不应小于0.3%，间距不应大于150mm，直径不应小于12mm。

无梁楼盖构造	图集号	07FG01
	页	69

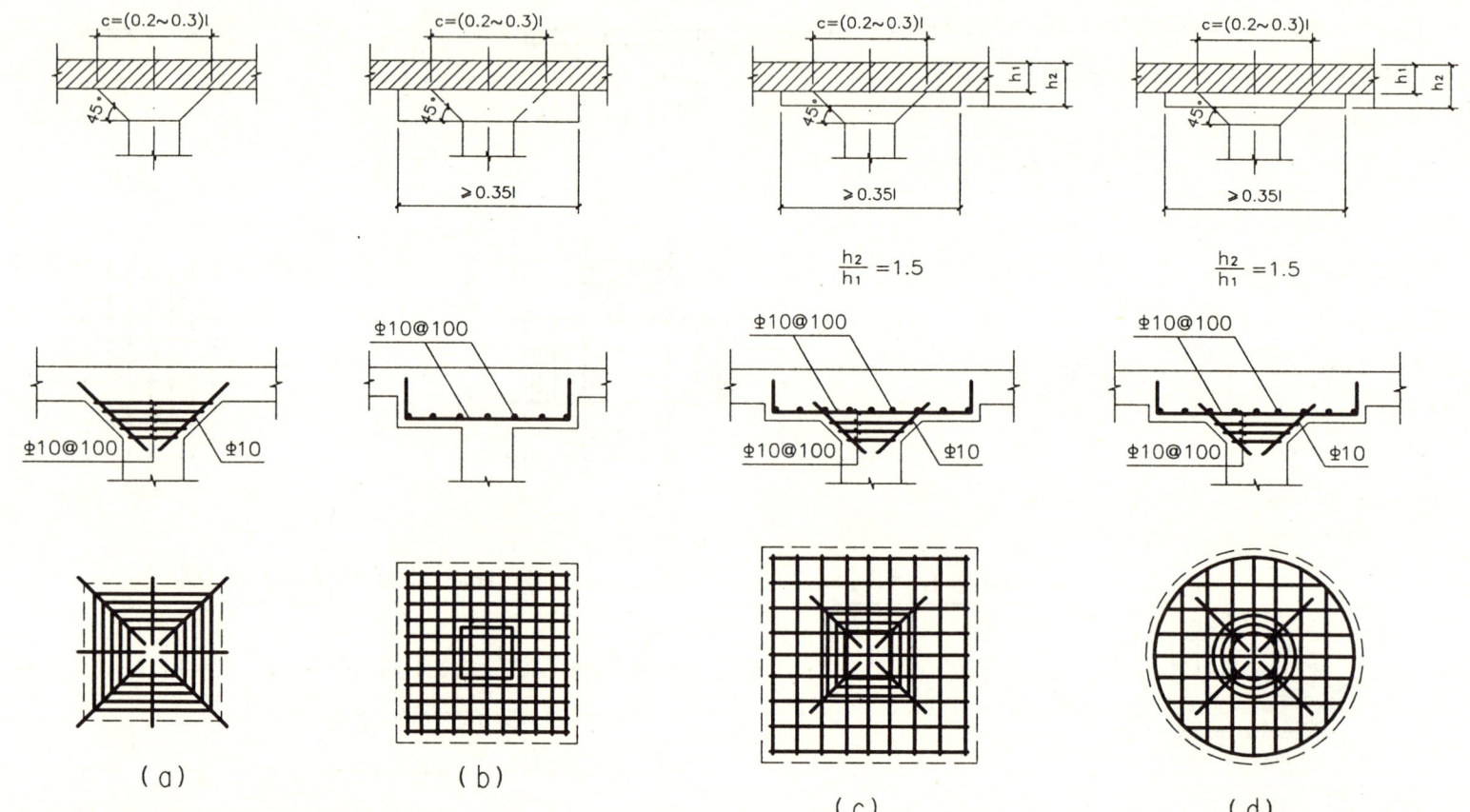

顶板及楼板的柱帽构造

说明：图(a)、(b)用于轻荷载，图(c)、(d)用于重荷载，当按图(a)、(b)抗冲切计算不满足时，可采用图(c)、(d)或在板中另加抗冲切钢筋。

无梁楼盖构造	图集号	07FG01
	页	70

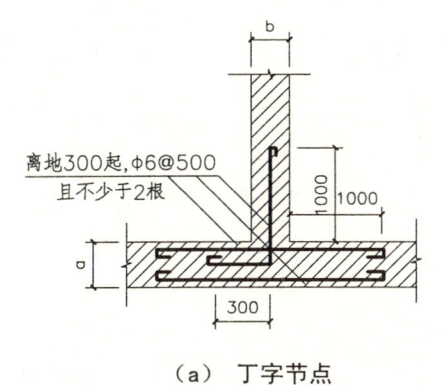
（a）丁字节点

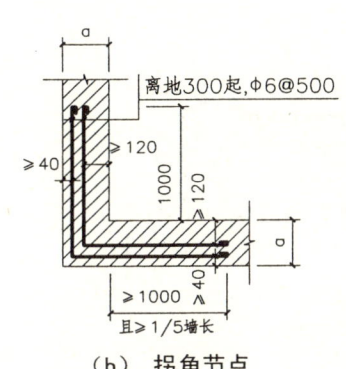
（b）拐角节点

（c）十字节点

非承重墙节点构造

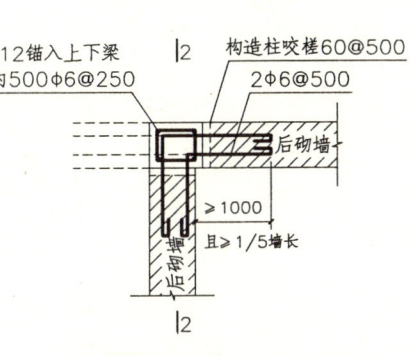

后砌墙构造柱大样
构造柱截面不小于墙厚×240

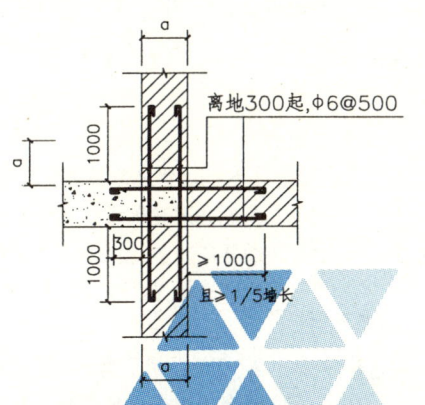

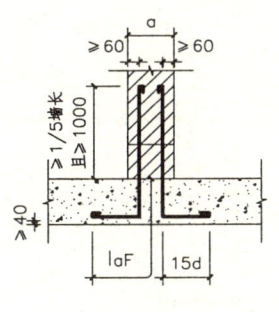

非承重墙与素混凝土或钢筋混凝土墙连接构造

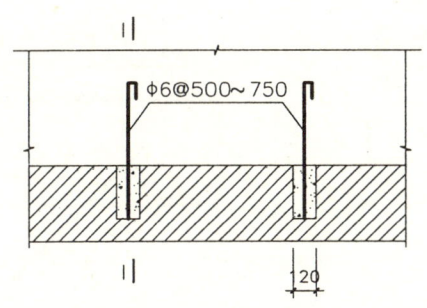

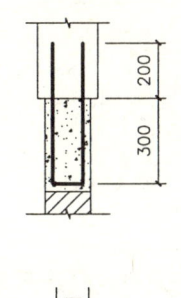
1-1

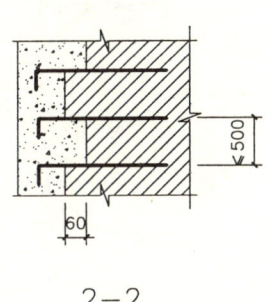
2-2

墙顶与梁或板底拉接

说明：1. 图中斜线表示的填充墙宜用轻质砌块或多孔砖砌块。
2. 填充墙不应作为承重结构。
3. 图中a为一砖墙，b为半砖墙。通常每个水平面上宽度每增加100mm，应增设拉结筋一道。
4. 墙长大于5m时，墙顶与梁（板）宜有钢筋拉接。墙长大于层高的2倍时，宜设构造柱。

非承重墙连接构造

图集号 07FG01
页 71

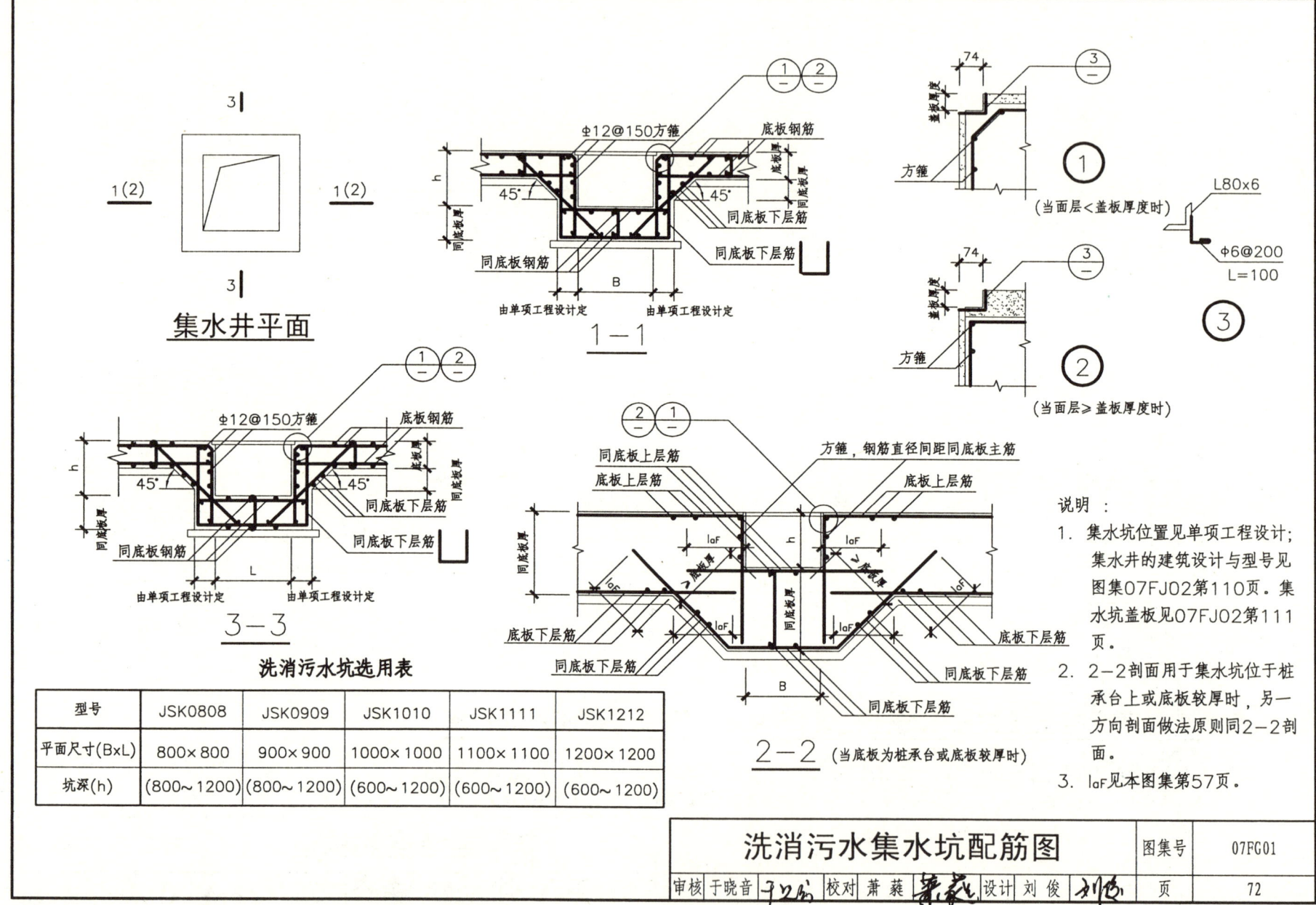

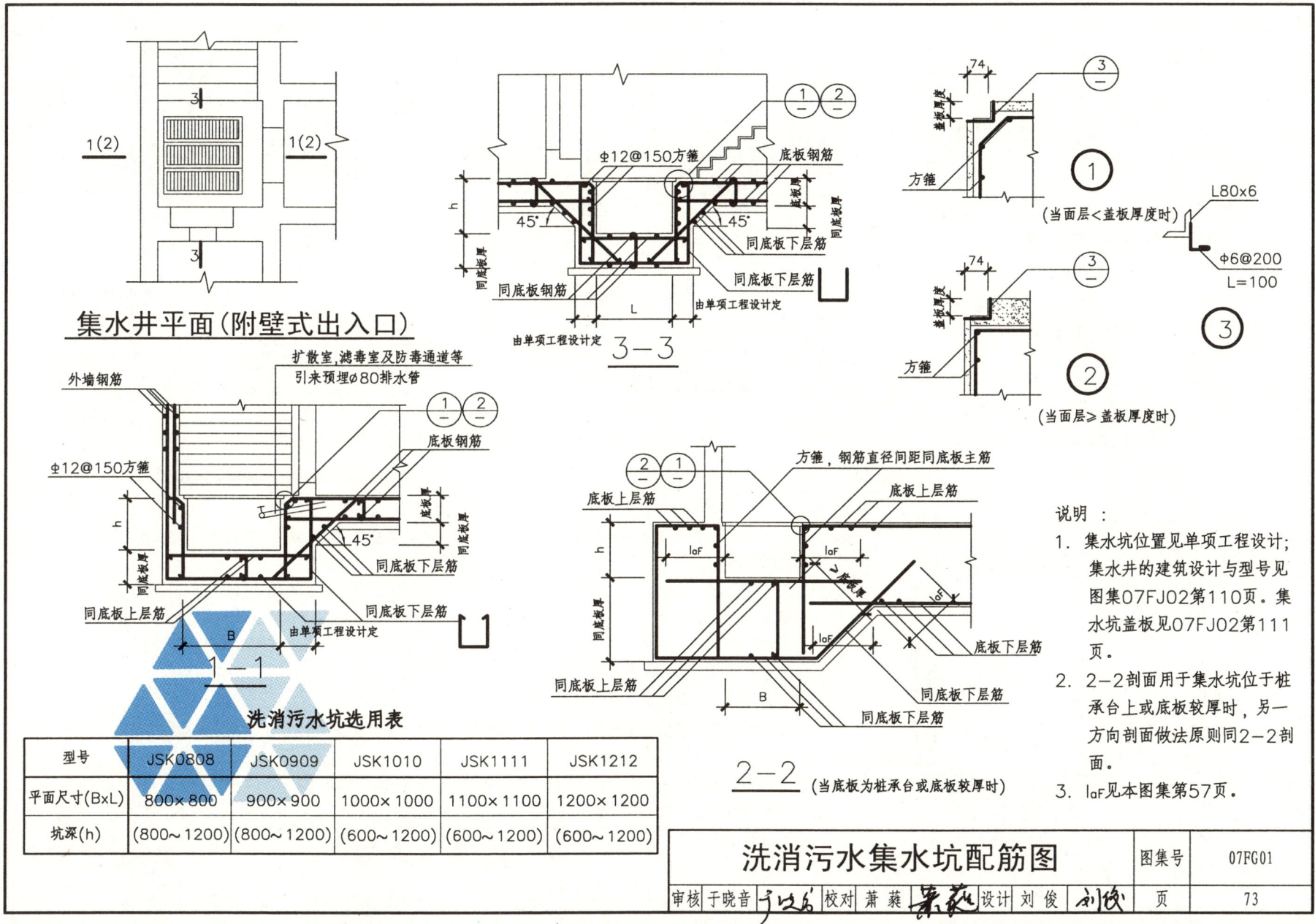

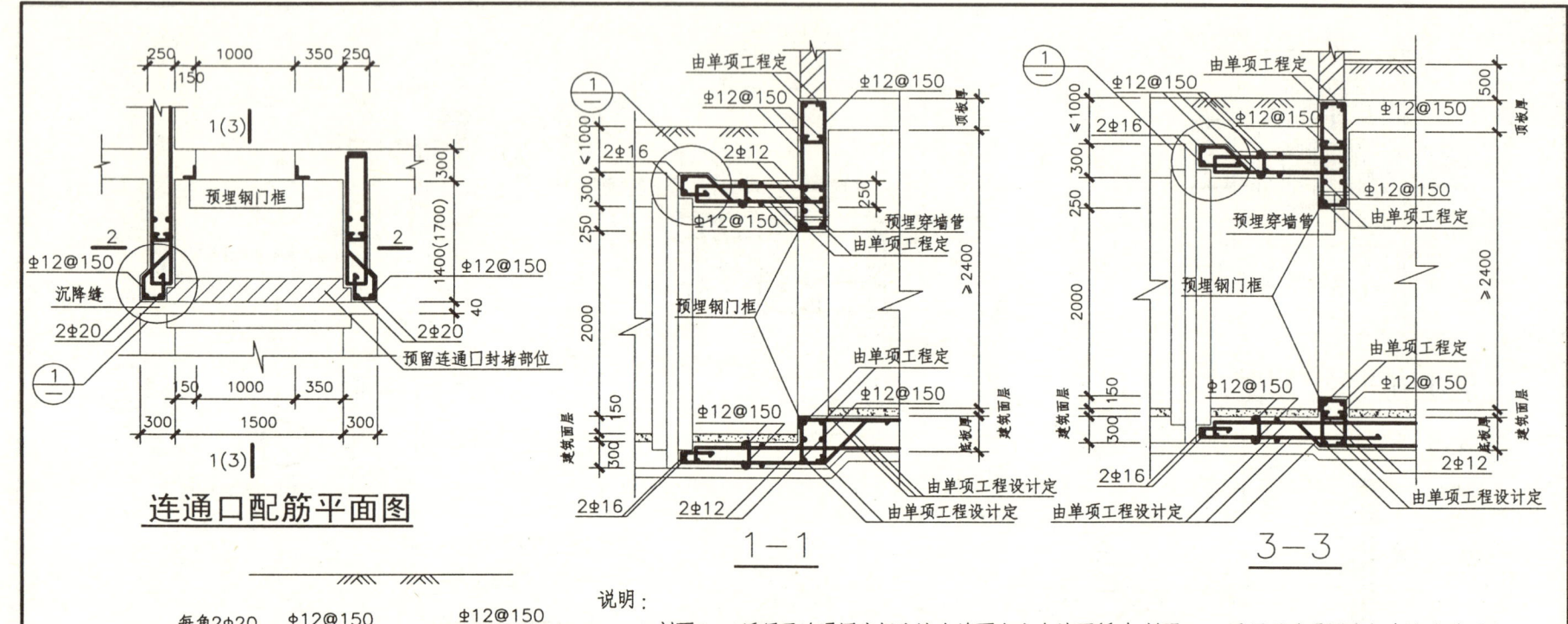

说明：
1. 剖面1-1适用于连通口底板比防空地下室室内地面低时，剖面3-3适用于连通口底板与防空地下室室内地面相平时。
2. 图中门洞尺寸适用于BFM1020-30和BFM1020-15，采用其他型号门应相应改变尺寸。
3. 连通口钢筋混凝土必须与主体一次浇筑完成，浇筑前必须保证预埋铁件放置到位，防水做法详见07FJ02第131页。暂不连通的预留连通口应在端部根据各单项工程具体情况用砖墙或混凝土墙、钢筋混凝土墙封堵，做好防水处理，门前通道长度应采用括号内尺寸。
4. 本连通口仅适用于抗力相同的甲乙类人防工程相连的连通口。
5. 顶板、底板和墙体拉结筋见本图集第59页。混凝土强度等级C30，墙、板保护层厚度迎土面为40mm，其余为20mm。
6. 图中括号内数字用于甲类核5级常5级工程或乙类常5级工程。
7. 墙与墙或板与墙相交节点配筋构造详见本图集第58~59页。

连通口配筋图

图集号 07FG01

页 74

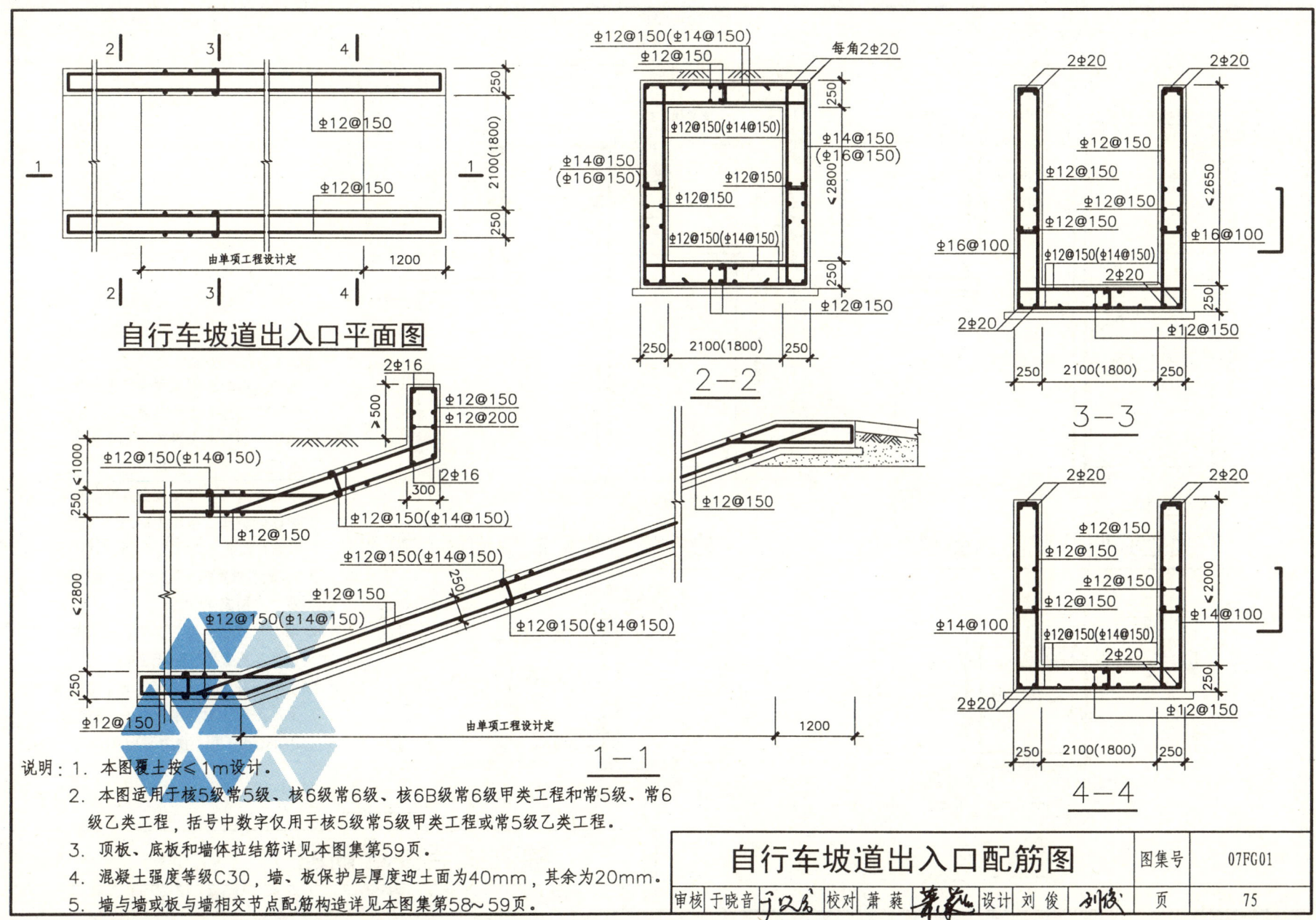

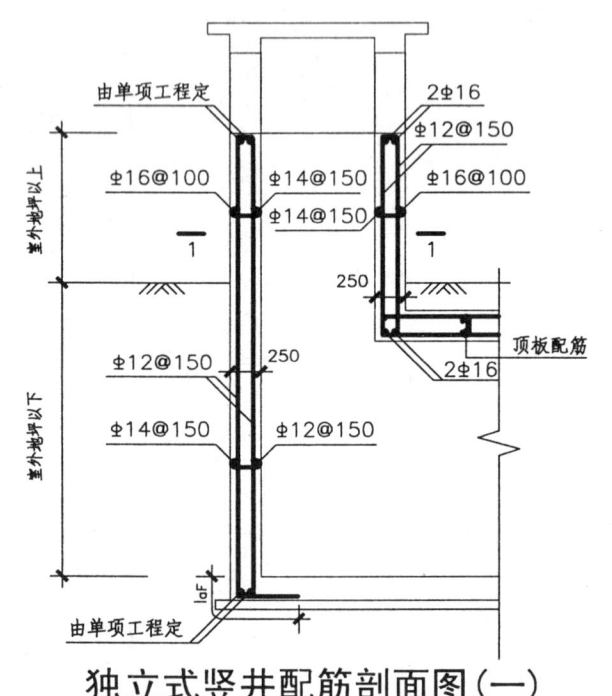
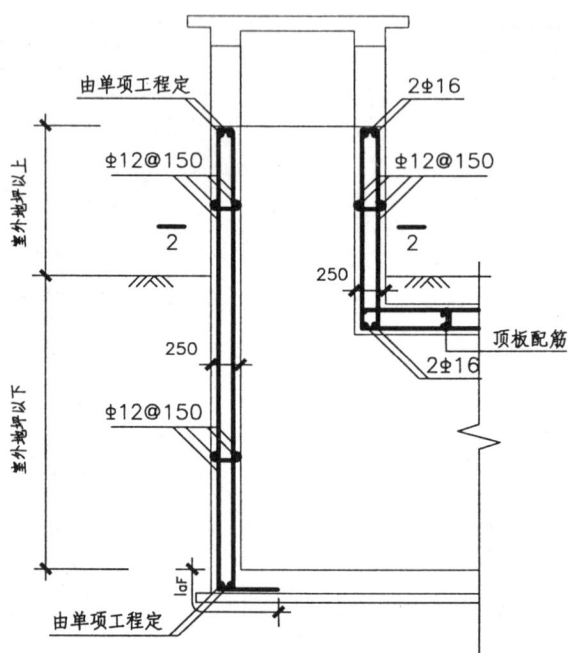

独立式竖井配筋剖面图（一）

独立式竖井配筋剖面图（二）

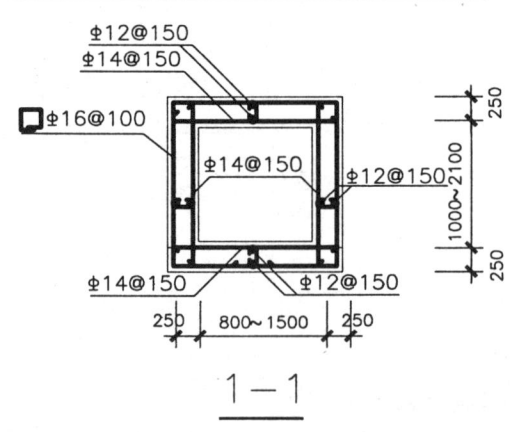

1—1

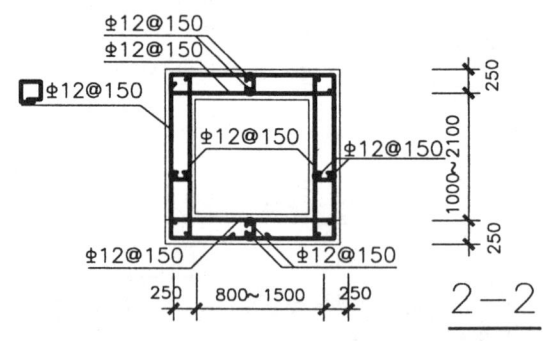

2—2

说明：
1. 竖井上部的防倒塌棚架详见图集 07FG02第60、61页。
2. 本图中独立式竖井配筋剖面图（一）适用于甲类核5级常5级工程及常5级乙类工程；独立式竖井配筋剖面图（二）适用于核6级常6级、核6B级常6级甲类工程及常6级乙类工程。
3. l_{aF}见本图集第57页，墙、板拉结筋见本图集第59页。
4. 墙与墙或板与墙相交节点配筋构造详见本图集第58～59页。
5. 混凝土强度等级C30，墙、板保护层厚度迎土面为40mm，其余为20mm，梁、柱为30mm。

独立式竖井配筋图

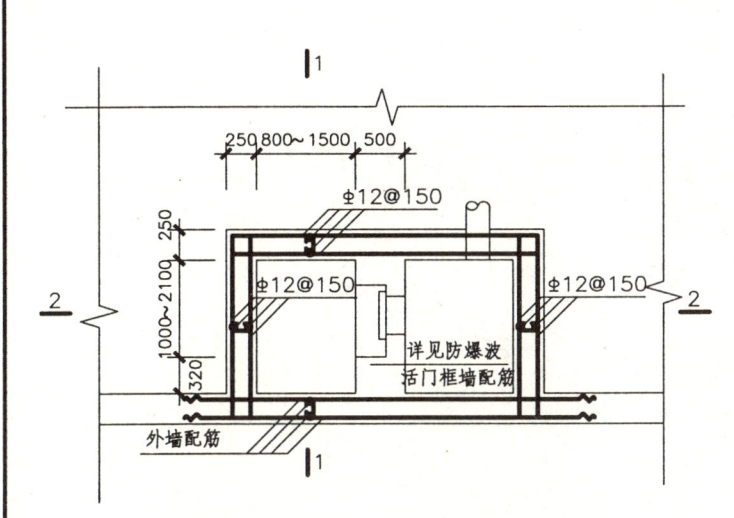

内附壁式竖井地下层平面图

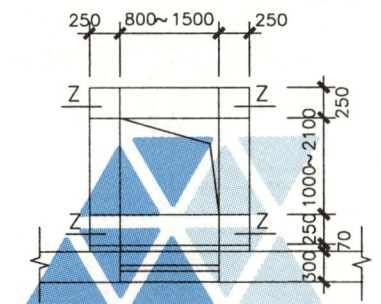

内附壁式竖井地面层平面图

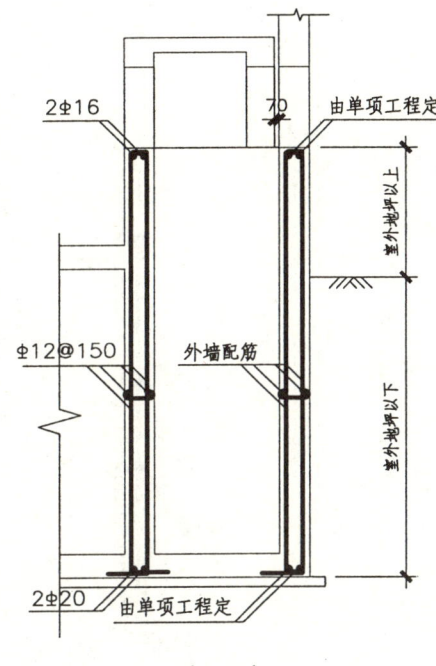

1—1

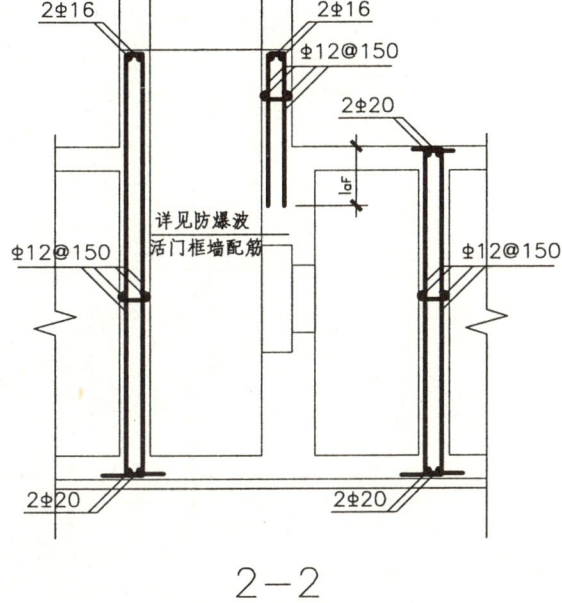

2—2

说明：
1. 竖井上部的棚架详见图集07FG02第60、61页。
2. 内墙墙体钢筋连接构造同临空墙构造，详见本图集第61页。
3. l_{aF}见本图集第57页，墙、板拉结筋见本图集第59页。
4. 墙与墙或板与墙相交节点配筋构造详见本图集第58～59页。
5. 混凝土强度等级C30，墙、板保护层厚度迎土面为40mm，其余为20mm。
6. 本图适用于核5级常5级、核6B级常6级甲类工程及常5级、常6级乙类工程。

内附壁式竖井配筋图

图集号	07FG01
页	77

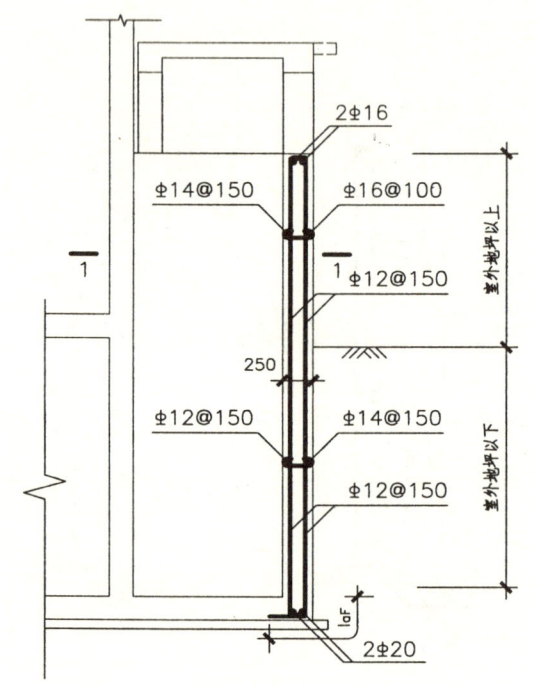
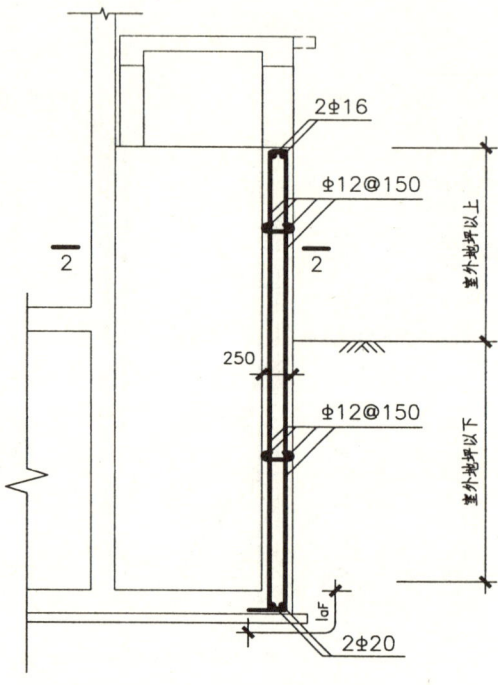
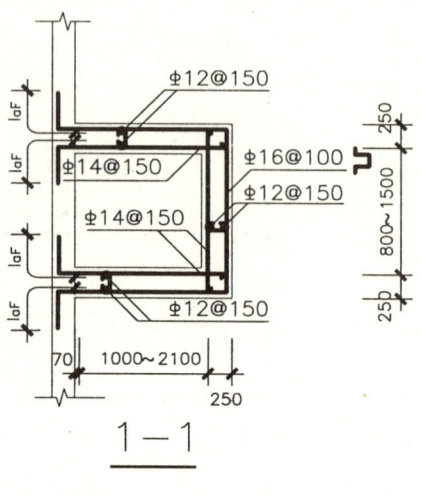
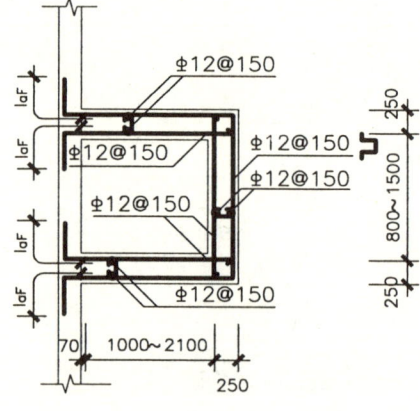

外附壁式竖井配筋剖面图（一）　　外附壁式竖井配筋剖面图（二）

说明：
1. 竖井上部的棚架详见图集07FG02第62、63页。
2. 本图中外附壁式竖井配筋剖面图（一）适用于核5级常5级甲类工程及常5级乙类工程；外附壁式竖井配筋剖面图（二）适用于核6级常6级、核6B级常6级甲类工程及常6级乙类工程。
3. l_{aF}见本图集第57页，墙、板拉结筋见本图集第59页。
4. 墙与墙或板与墙相交节点配筋构造详见本图集第58～59页。
5. 混凝土强度等级C30，墙、板保护层厚度迎土面为40mm，其余为20mm，梁、柱为30mm。

外附壁式竖井配筋图

图集号 07FG01
页 78

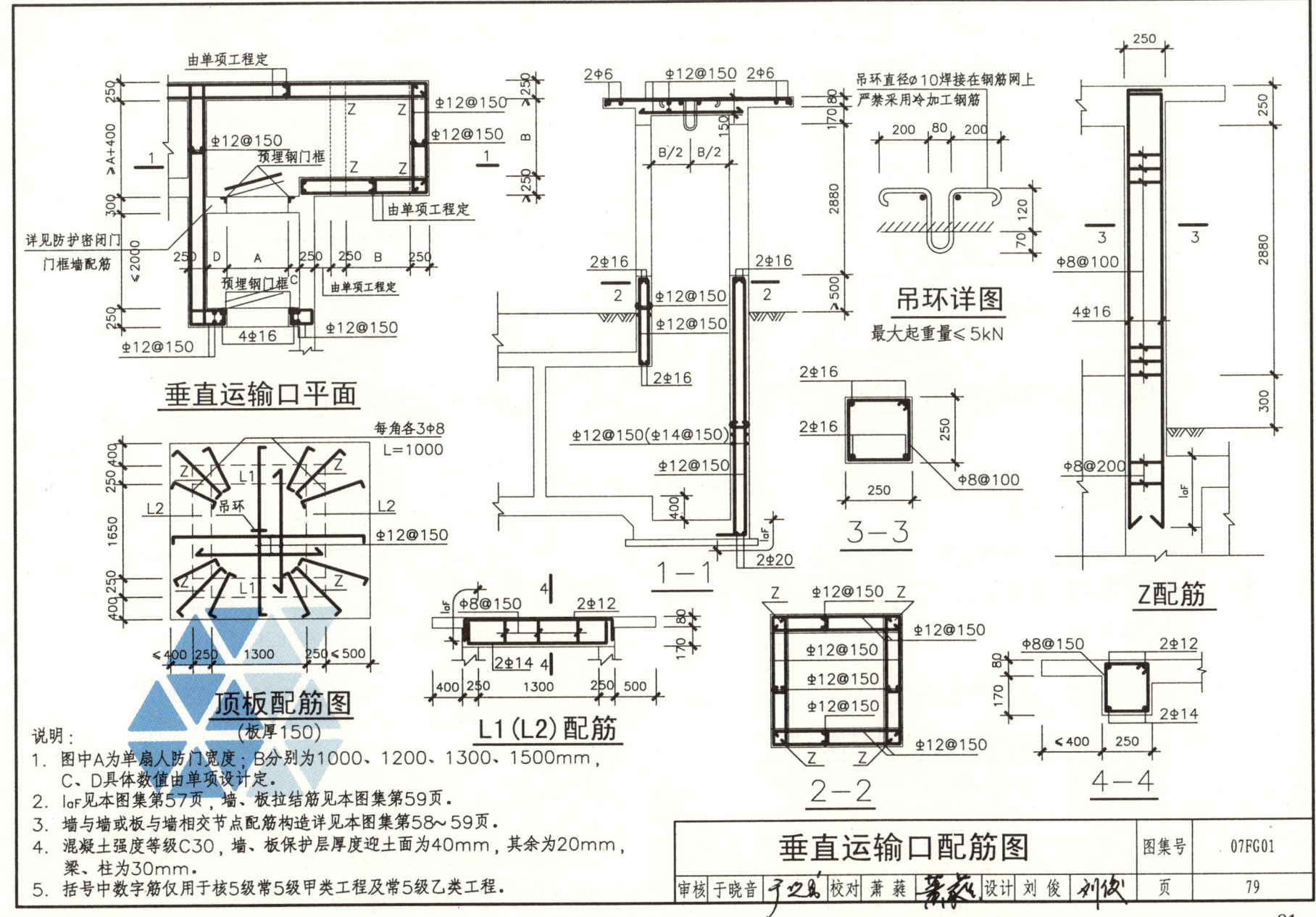

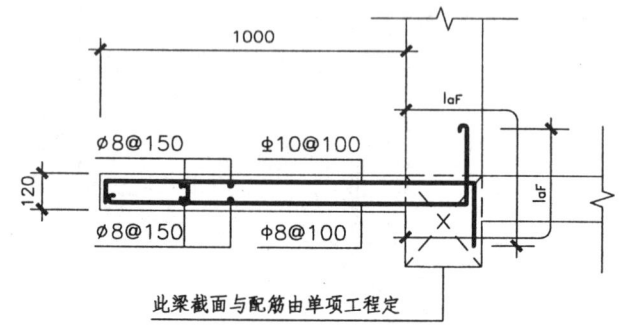

核6级、核6B级防倒塌挑檐配筋图（一）

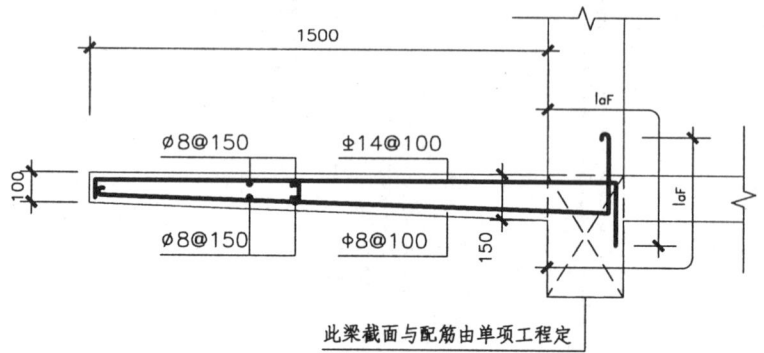

核6级防倒塌挑檐配筋图（二）

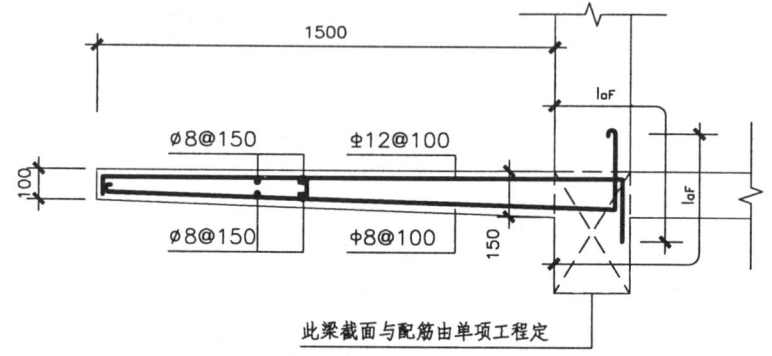

核6B级防倒塌挑檐配筋图（二）

说明：
1. 本图适用于当符合《人民防空地下室设计规范》GB50038-2005第3.3.2条的规定，核6级常6级和核6B级常6级甲类防空地下室将室内出入口用做主要出入口时，在直通室外的门洞外侧上方设置的防倒塌挑檐。
2. 防倒塌挑檐梁应按单项工程实际情况进行抗弯、抗剪及抗拉验算。
3. laF详见本图集第57页，挑檐中拉结筋见本图集第59页。
4. 混凝土强度等级C30，保护层厚度取20mm。

防倒塌挑檐配筋图

图集号 07FG01

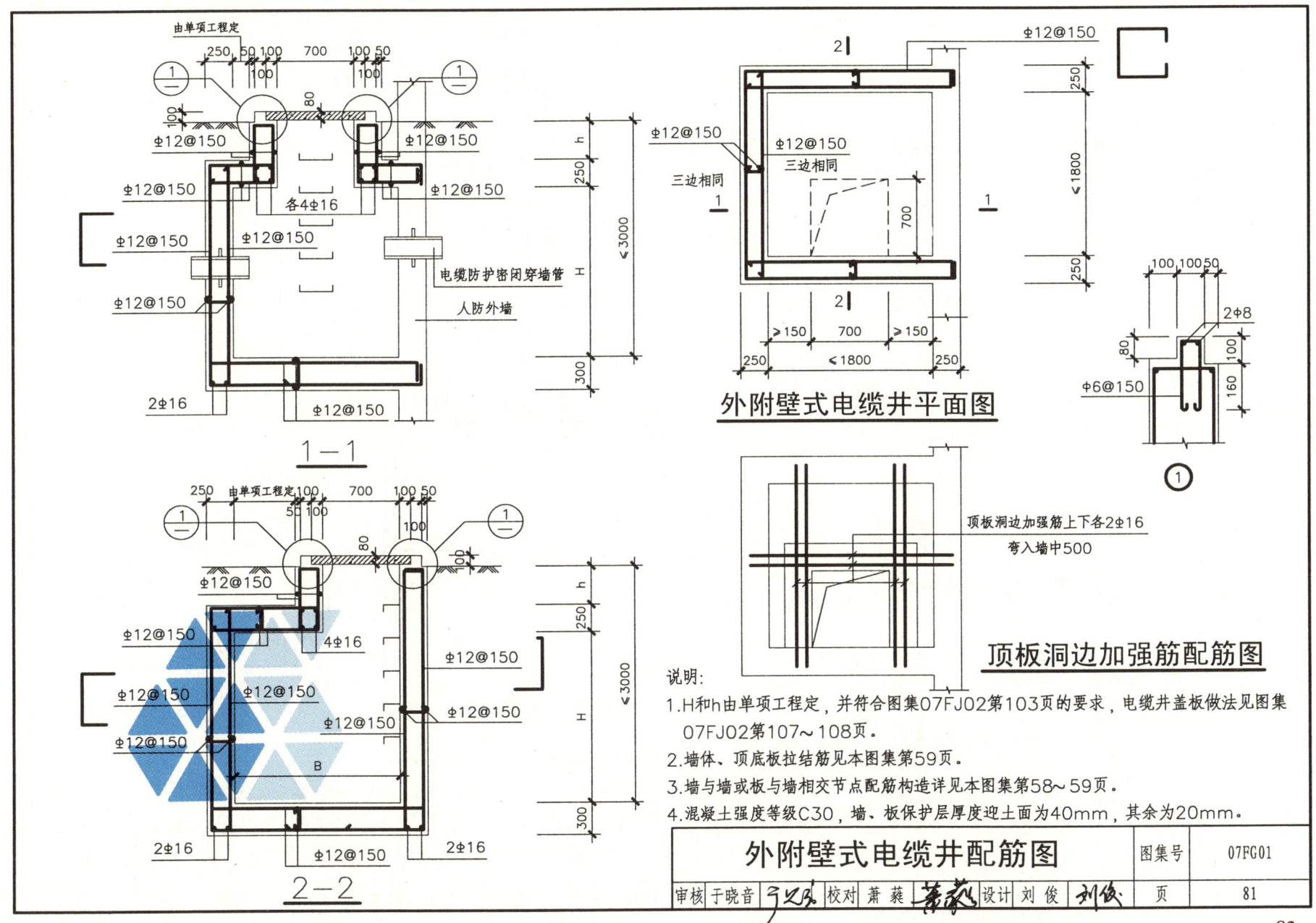

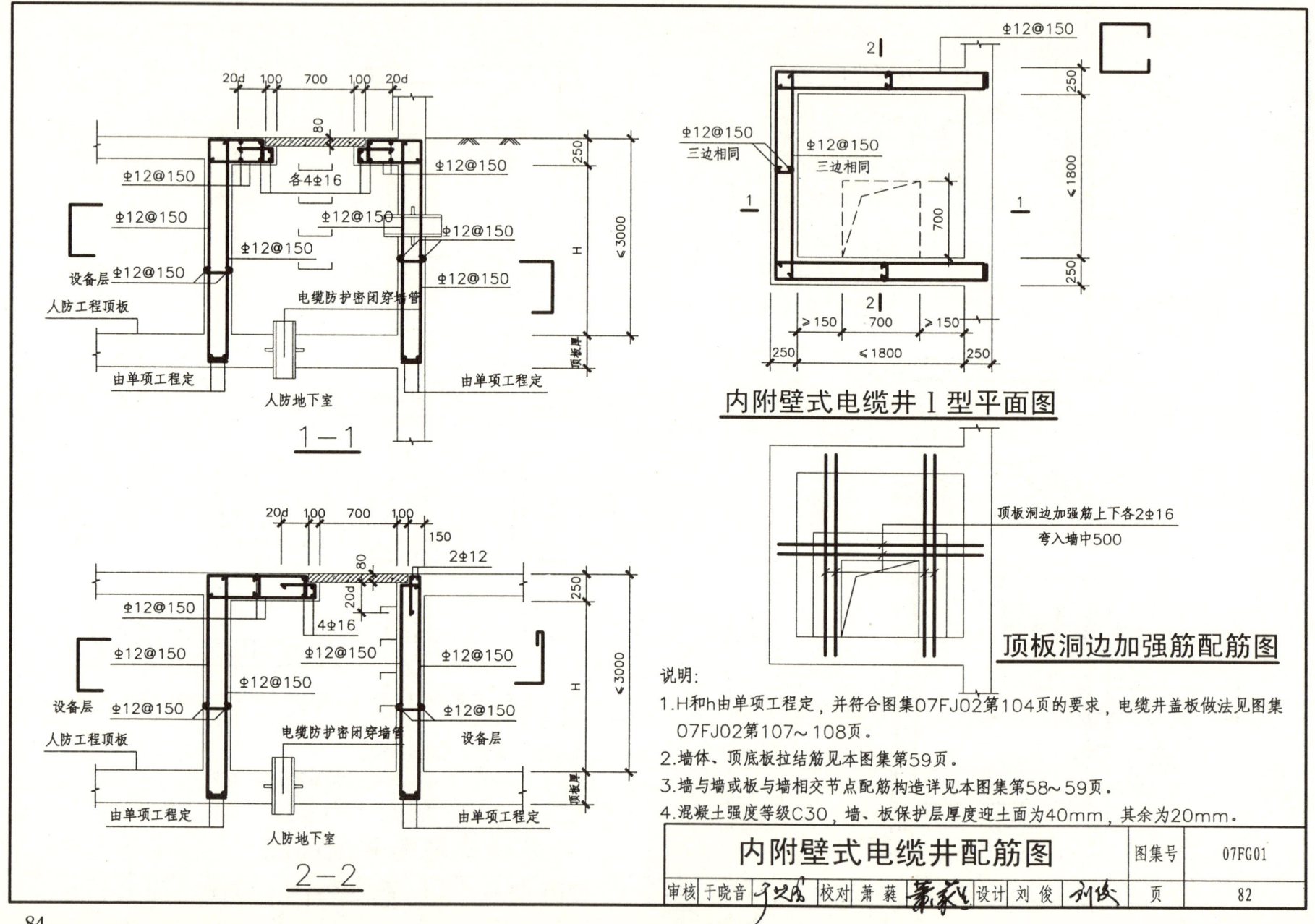

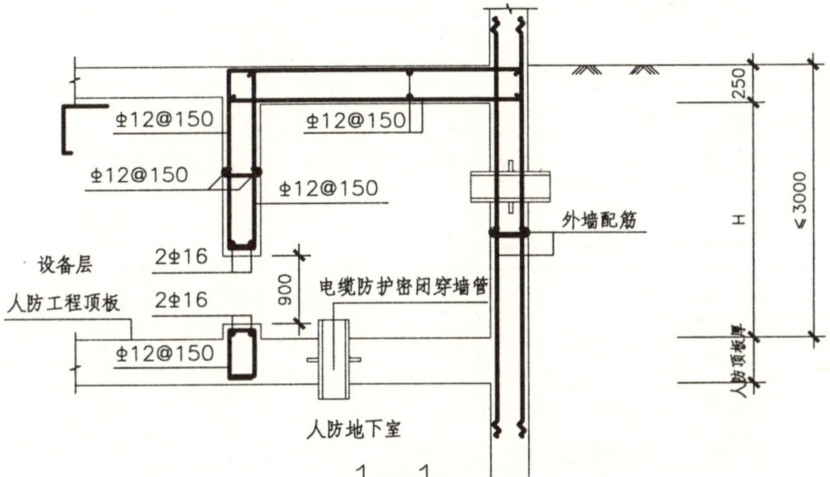

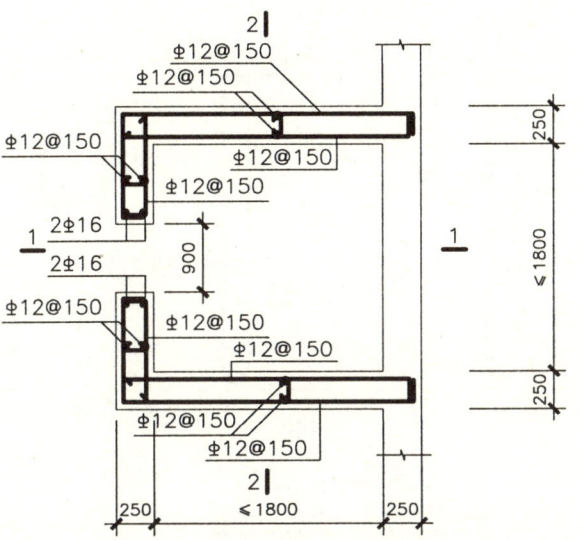

内附壁式电缆井Ⅱ型平面图

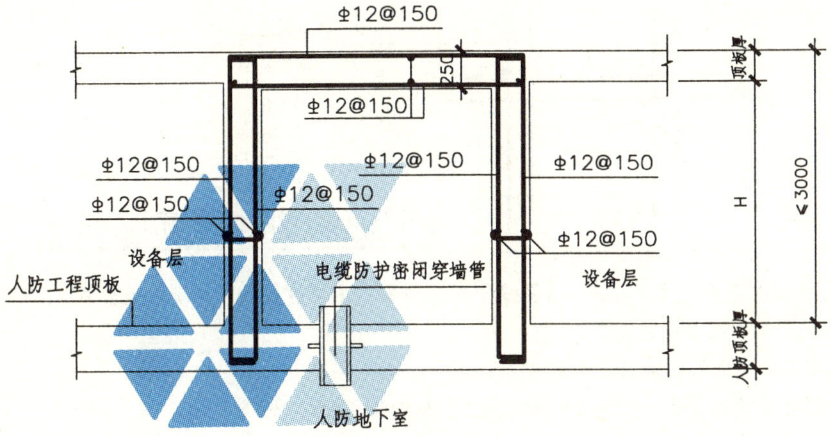

说明：
1. H和h由单项工程定，并符合图集07FJ02第105页的要求，电缆井盖板做法见图集07FJ02第107～108页。
2. 墙体、顶底板拉结筋见本图集第59页。
3. 墙与墙或板与墙相交节点配筋构造详见本图集第58～59页。
4. 混凝土强度等级C30，墙、板保护层厚度迎土面为40mm，其余为20mm。

内附壁式电缆井配筋图	图集号	07FG01
审核 于晓音 校对 萧蒅 设计 刘俊	页	83

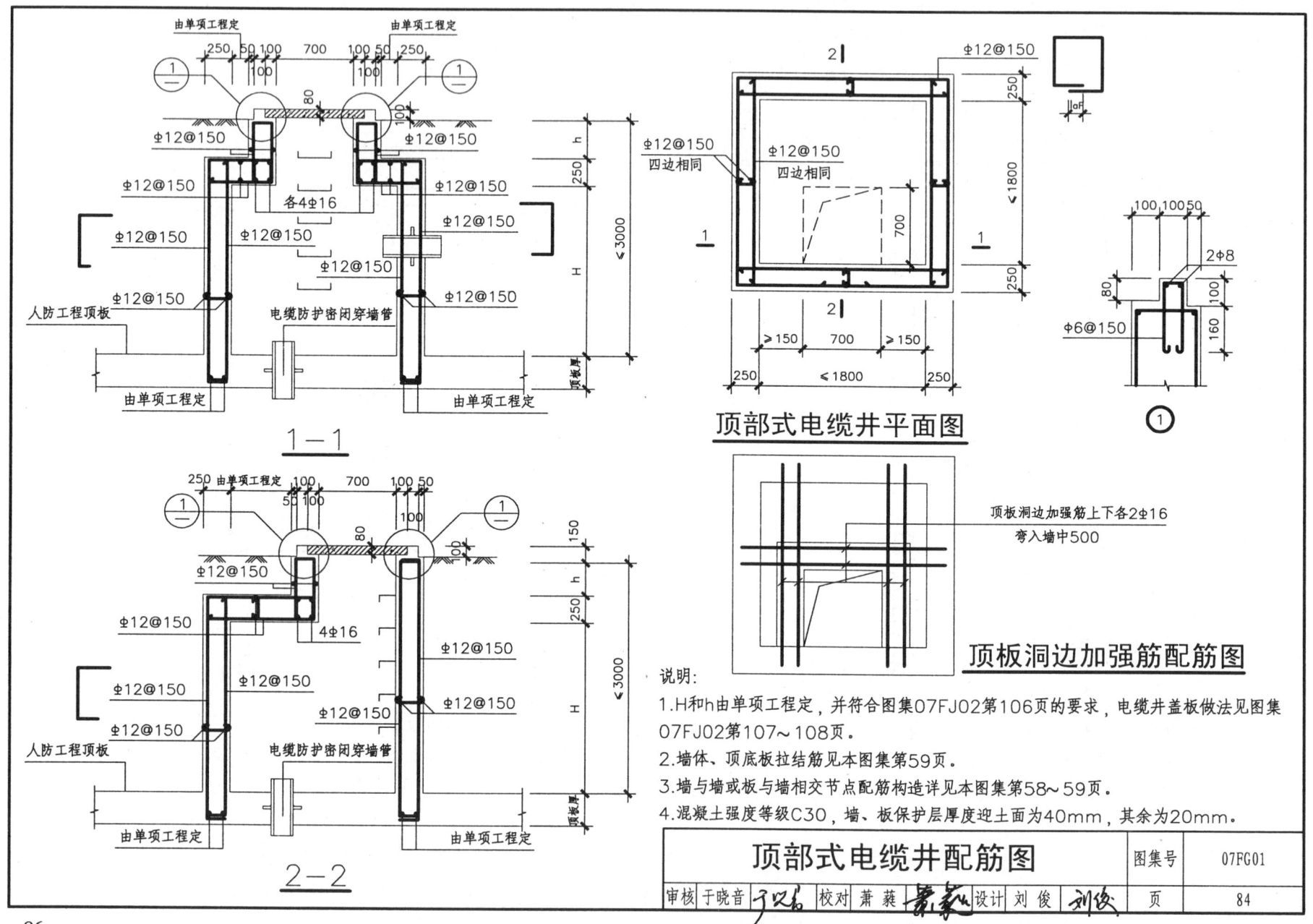

主编单位、联系人电话

主编单位	上海市地下建筑设计研究院	郭莉	021-24028300-7681
	中国建筑标准设计研究院	张瑞龙	010-88361155-800

主管单位、联系人及电话

    中国建筑标准设计研究院　　　　　梁敏芬　　　010-88361155-800

国家建筑标准设计图集 **07FG02**

钢筋混凝土防倒塌棚架

中国建筑标准设计研究院

钢筋混凝土防倒塌棚架

批准部门	中华人民共和国建设部 国家人民防空办公室	批准文号	建质[2007]50号
主编单位	上海市地下建筑设计研究院 中国建筑标准设计研究院	统一编号	GJBT-995
实行日期	二〇〇七年五月一日	图集号	07FG02

目 录

- 目录 ········· 1
- 编制说明 ········· 3
- 独立式室外出入口防倒塌棚架平面布置图 ········· 6
- 附壁式室外出入口防倒塌棚架平面布置图 ········· 8
- 核5级单跑楼梯出入口防倒塌棚架选用表 ········· 10
- 核6级单跑楼梯出入口防倒塌棚架选用表 ········· 11
- 核6B级单跑楼梯出入口防倒塌棚架选用表 ········· 12
- 核5级双跑楼梯出入口防倒塌棚架选用表 ········· 13
- 核6级双跑楼梯出入口防倒塌棚架选用表 ········· 14
- 核6B级双跑楼梯出入口防倒塌棚架选用表 ········· 15
- 单车道汽车出入口防倒塌棚架选用表 ········· 16
- 核5级单跑楼梯出入口防倒塌棚架梁、柱详图(柱高2.1m) ········· 17
- 核5级单跑楼梯出入口防倒塌棚架梁、柱详图(柱高2.4m) ········· 18
- 核5级单跑楼梯出入口防倒塌棚架梁、柱详图(柱高2.7m) ········· 19
- 核6级单跑楼梯出入口防倒塌棚架梁、柱详图(开间1.5m) ········· 20
- 核6级单跑楼梯出入口防倒塌棚架梁、柱详图(开间1.8m) ········· 21
- 核6级单跑楼梯出入口防倒塌棚架梁、柱详图(开间2.1m) ········· 22
- 核6B级单跑楼梯出入口防倒塌棚架梁、柱详图 ········· 23
- 核5级双跑楼梯出入口防倒塌棚架梁、柱详图(柱高2.1m) ········· 24
- 核5级双跑楼梯出入口防倒塌棚架梁、柱详图(柱高2.4m) ········· 27
- 核5级双跑楼梯出入口防倒塌棚架梁、柱详图(柱高2.7m) ········· 30

核6级双跑楼梯出入口防倒塌棚架梁、柱详图

(开间2.6、2.8、3.0m) ················ 33

核6级双跑楼梯出入口防倒塌棚架梁、柱详图

(开间3.2、3.4、3.6m) ················ 34

核6级双跑楼梯出入口防倒塌棚架梁、柱详图

(开间3.8、4.0m) ···················· 35

核6B级双跑楼梯出入口防倒塌棚架梁、柱详图

(开间2.6、2.8、3.0m) ················ 36

核6B级双跑楼梯出入口防倒塌棚架梁、柱详图

(开间3.2、3.4、3.6m) ················ 37

核6B级双跑楼梯出入口防倒塌棚架梁、柱详图

(开间3.8、4.0m) ···················· 38

核5级单车道汽车出入口防倒塌棚架梁、柱详图

(柱高2.2m) ························· 39

核5级单车道汽车出入口防倒塌棚架梁、柱详图

(柱高3.0m) ························· 42

核6级单车道汽车出入口防倒塌棚架梁、柱详图 ···· 45

核6B级单车道汽车出入口防倒塌棚架梁、柱详图 ··· 48

核5、6级独立式楼梯出入口防倒塌棚架顶板配筋图 ···· 50

核5、6级附壁式楼梯出入口防倒塌棚架顶板配筋图 ···· 51

核6B级独立式楼梯出入口防倒塌棚架顶板配筋图 ···· 52

核6B级附壁式楼梯出入口防倒塌棚架顶板配筋图 ···· 53

核5、6级独立式单车道汽车出入口防倒塌棚架顶板配筋图 ···· 54

核5、6级附壁式单车道汽车出入口防倒塌棚架顶板配筋图 ···· 55

核6B级独立式单车道汽车出入口防倒塌棚架顶板配筋图 ···· 56

核6B级附壁式单车道汽车出入口防倒塌棚架顶板配筋图 ···· 57

独立式、内附壁式竖井平面布置图 ···················· 58

外附壁式竖井平面布置图 ···························· 59

独立式、内附壁式竖井防倒塌棚架配筋图(倒塌范围内) ···· 60

独立式、内附壁式竖井防倒塌棚架配筋图(倒塌范围外) ···· 61

外附壁式竖井防倒塌棚架配筋图(倒塌范围内) ············ 62

外附壁式竖井防倒塌棚架配筋图(倒塌范围外) ············ 63

防倒塌棚架梁柱纵向钢筋连接构造 ···················· 64

	目录	图集号	07FG02
审核 于晓音 校对 郭莉 设计 刘俊		页	2

编制说明

1. 编制依据
1.1 本图集按建设部建质函[2006]71号《2006年国家建筑标准设计编制工作计划》要求进行编制。
1.2 本图集遵循国家现行的下述标准规范
　《人民防空地下室设计规范》 GB50038-2005
　《混凝土结构设计规范》 GB50010-2002

2. 适用范围
2.1 本图集适用于核5、核6、核6B级甲类防空地下室主要出入口钢筋混凝土防倒塌棚架。
2.2 适用于核5、核6、核6B级甲类防空地下室竖井出入口及通风竖井的顶部棚架。
2.3 选用本图集时，防倒塌棚架的开间、柱距、柱高及构件截面应符合本图集尺寸要求。

3. 编制内容
3.1 本图集提供了常用的核5、核6、核6B级甲类防空地下室楼梯式、坡道式室外出入口钢筋混凝土防倒塌棚架的平面布置图、结构构件详图及构造做法。
3.2 对竖井出入口及通风竖井顶部棚架，提供了倒塌范围内和倒塌范围外两种情况的设计详图。
3.3 本图集与07FJ02建筑图集配合使用。

4. 结构计算的一般规定
4.1 在核爆动荷载作用下，结构内力分析采用等效静荷载法。
4.2 在核爆动荷载作用下，只验算结构承载力。
4.3 对核爆动荷载，设计时只考虑对结构的一次作用。

5. 设计荷载及内力计算
5.1 防倒塌棚架的水平等效静荷载标准值和房屋倒塌产生的垂直等效静荷载标准值详见下表：

开敞式防倒塌棚架等效静荷载标准值(kN/m^2)

抗力级别	核5	核6	核6B
水平等效静荷载标准值	55	15	6
垂直等效静荷载标准值	50	50	30

5.2 设计时，对整个棚架进行整体计算，并考虑水平和垂直等效静荷载不同时作用。进行水平等效静荷载作用计算时，荷载沿X、Y向分别作用，取最不利值对柱进行对称配筋。

6. 材料选用
本图集采用混凝土强度等级C30，钢筋HPB235(Φ)、HRB335(Φ)，并根据《人民防空地下室设计规范》GB50038-2005第4.2.3条考虑了相应的材料强度综合调整系数。

7. 构造要求

7.1 本图集按环境类别二a类考虑，板保护层厚度为20mm，梁、柱保护层厚度为30mm。若为其他环境类别，应按《混凝土设计规范》GB50010-2002的有关规定调整。

7.2 本图集中所注的纵向受拉钢筋的最小锚固长度l_{aF}，对于HPB235级钢筋为25d，HRB335级钢筋为31d。当改变混凝土强度等级或钢筋等级时，应按《防空地下室设计荷载及结构构造》07FG01第57页选用。

7.3 钢筋的弯钩形式见《防空地下室设计荷载及结构构造》07FG01第68页。

7.4 砌体或轻质围护墙与柱不应采用钢筋拉结。

8. 防倒塌棚架型号

8.1 出入口防倒塌棚架型号与图集《防空地下室建筑构造》07FJ02中型号一致，其含义如下：

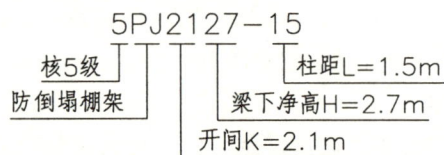

8.2 根据建筑的型号分类，竖井出入口及通风口分为独立式、外附壁式和内附壁式，其中独立式和外附壁式根据顶板挑檐方式不同分为Ⅰ型、Ⅱ型和Ⅲ型，分类方法与图集07FJ02中一致。

9. 其他

9.1 当符合《人民防空地下室设计规范》GB50038-2005第3.3.2条第2款的条件，将主要出入口放在室内而设置与地面建筑结构脱开的防倒塌棚架，其高度、宽度及构件截面尺寸符合本图集时，也可套用，并在《防空地下室设计荷载及结构构造》07FG01图集第80页中按建筑要求选用相应的防倒塌挑檐。

9.2 当采用混凝土强度等级高于C30时，可偏于安全地按图集配筋，但应注意满足最小配筋率的要求；当采用混凝土强度等级低于C30时，应重新进行配筋计算。

9.3 当防倒塌棚架建筑尺寸与本图集不一致时，可按尺寸大一档的套用。例如：建筑图集07FJ02中单跑楼梯开间取K=1.4～2.1m，当K≤1.5m时，采用本图集中K=1.5m时配筋；当1.5<K≤1.8m时，采用本图集中K=1.8m时配筋，当1.8<K≤2.1m时，采用本图集中K=2.1m时配筋。

10. 选用方法

10.1 室外出入口防倒塌棚架选用步骤：

10.1.1 按防倒塌棚架的型式(独立式或附壁式)及有无挑檐查本图集第6～9页。

10.1.2 在以上相应的页次中，按该页的说明及K、L、h值并根据防倒塌棚架的防核武器抗力级别确定防倒塌棚架的型号。

编制说明	图集号	07FG02
	页	4

10.1.3 根据防倒塌棚架的型号,查目录中该防倒塌棚架的相应选用表(本图集第10~16页)。

10.1.4 在该选用表中查出防倒塌棚架梁、板、柱详图所在页次及板配筋编号,配合梁柱节点详图,就组成该防倒塌棚架的施工图。

10.2 竖井出入口及通风口选用步骤:按竖井出入口及通风口的型式(独立式、外附壁式、内附壁式)根据目录查相应平面布置图,并依照平面位置与倒塌范围的关系根据该页说明查相应的配筋图。

10.3 独立式室外出入口防倒塌棚架选用示例

例:某防空地下室室外出入口为独立式双跑楼梯出入口,梁跨3.9m、柱高2.6m、柱距1.5m,有挑檐,抗力级别为核5级。按以下步骤选用:

1) 独立式室外出入口,顶板有挑檐双跑楼梯的防倒塌棚架,查本图集目录其平面布置图在第6页。

2) 按第6页,开间K为3.9m,柱高H为2.6m,柱距L为1.5m。抗力级别为核5级,防倒塌棚架型号定为5PJ3926-15;根据说明第9.3条,本棚架的配筋参照5PJ4027-15。

3) 查本图集目录,核5级防倒塌棚架(双跑楼梯)选用表在第13页。

4) 查本图集第13页,防倒塌棚架5PJ4027-15的梁、柱详图见第32页,板B1配筋图在第50页(独立式)。则第32页所示该型号梁柱配筋及第50页的B1配筋就是该防倒塌棚架的梁、板、柱配筋,配合平面布置图、节点详图即组成该棚架施工图。

10.4 竖井出入口及通风口防倒塌棚架选用示例

例:某防空地下室采用独立式通风竖井,顶板有挑檐,平面尺寸为1500mm×1800mm,按《人民防空地下室设计规范》GB50038-2005第3.3.3条,其位置在上部建筑倒塌范围之内,抗力级别为核6级常6级。按以下步骤选用:

1) 独立式竖井平面布置图,查目录在第58页,根据顶板挑檐型式确定为Ⅲ型。

2) 查第60页独立式竖井防倒塌棚架配筋图(倒塌范围内),根据相应尺寸和抗力级别选择配筋。

编制说明

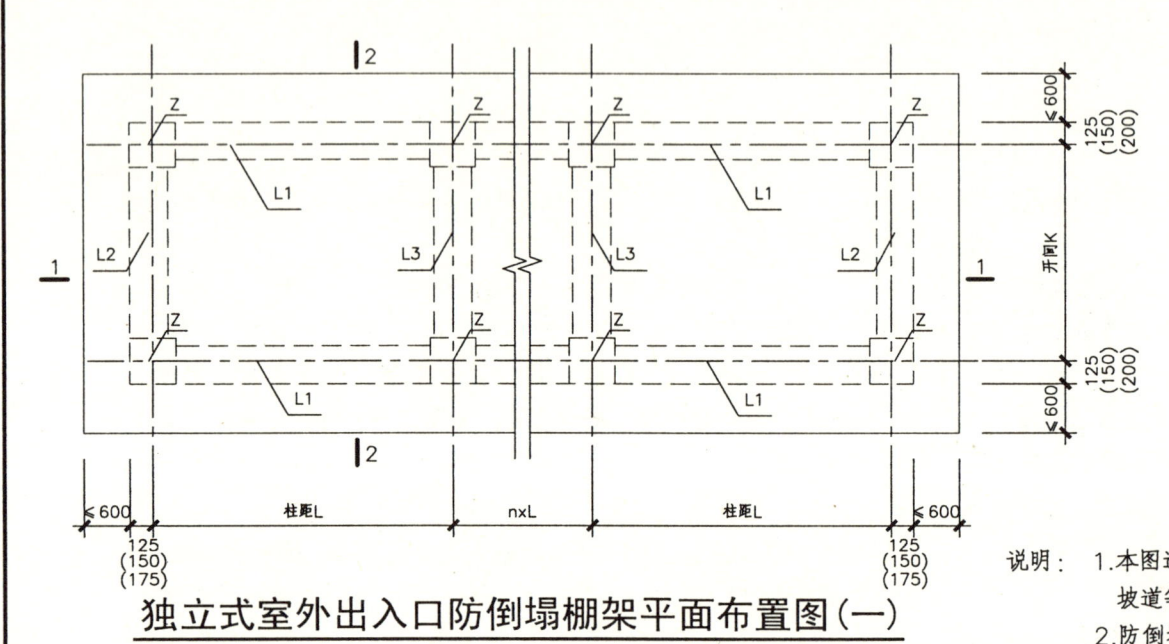

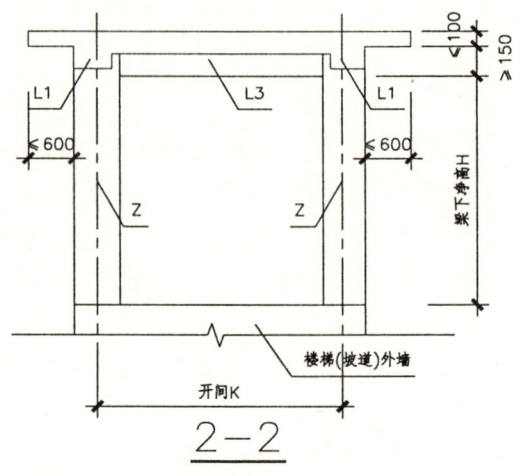

2-2

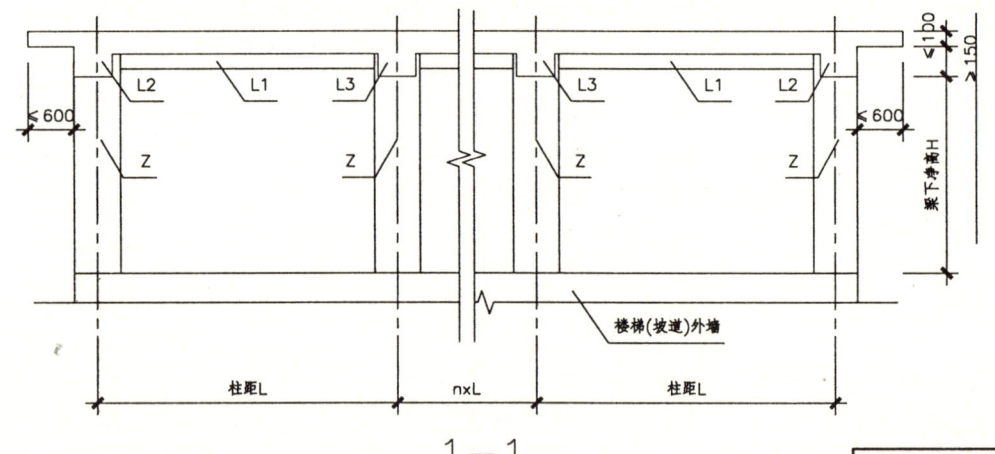

1-1

独立式室外出入口防倒塌棚架平面布置图（一）

说明：
1. 本图适用于单跑楼梯、双跑楼梯、单车道汽车坡道及自行车坡道等独立式室外出入口顶板有挑檐的防倒塌棚架。
2. 防倒塌棚架的K、H、L尺寸如下：
   单跑楼梯(自行车坡道)：K分别为1.5m、1.8m、2.1m；
   　　　　　　　　　　H分别为2.1m、2.4m、2.7m；
   　　　　　　　　　　L分别为1.2m、1.5m、1.8m、2.1m、2.4m。
   双跑楼梯：K分别为2.6m、2.8m、3.0m、3.2m、3.4m、3.6m、3.8m、4.0m；
   　　　　　H分别为2.1m、2.4m、2.7m；
   　　　　　L分别为1.2m、1.5m、1.8m、2.1m、2.4m。
   单车道汽车坡道：K为4.3m；
   　　　　　　　H分别为2.2m、3.0m；
   　　　　　　　L分别为为2.2m、2.4m、2.6m、2.8m、3.0m、3.2m、3.4m、3.6m、3.8m、4.0m、4.2m。
   以上尺寸分别进行K、H、L的排列组合。

独立式室外出入口防倒塌棚架平面布置图　　图集号　07FG02　　页　6

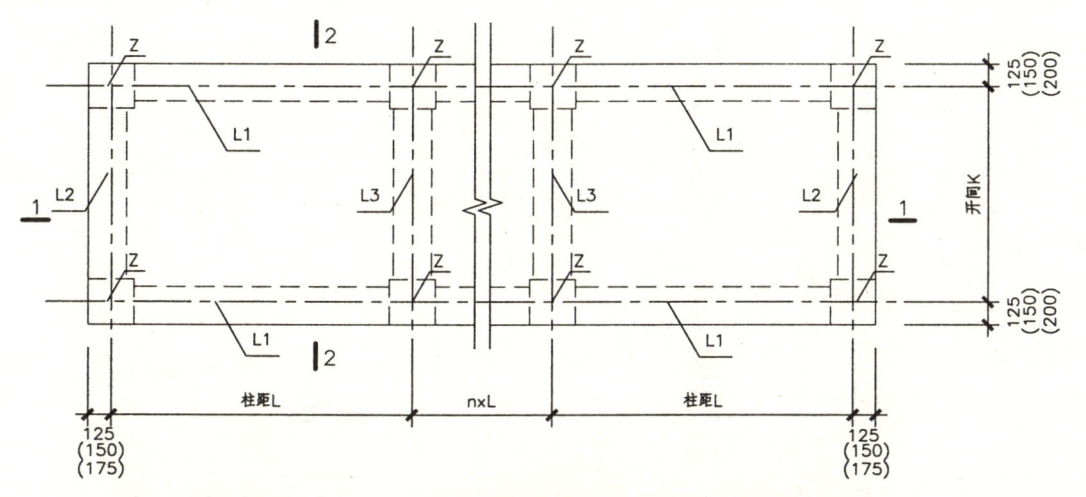

独立式室外出入口防倒塌棚架平面布置图（二）

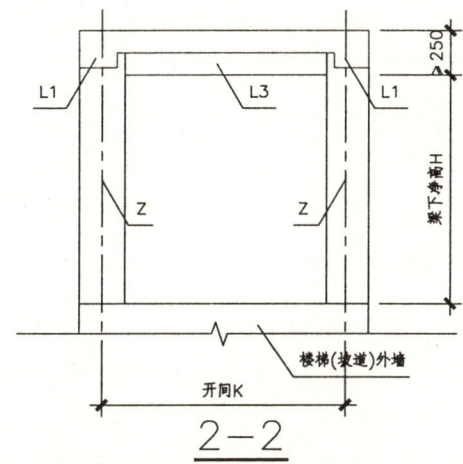

2-2

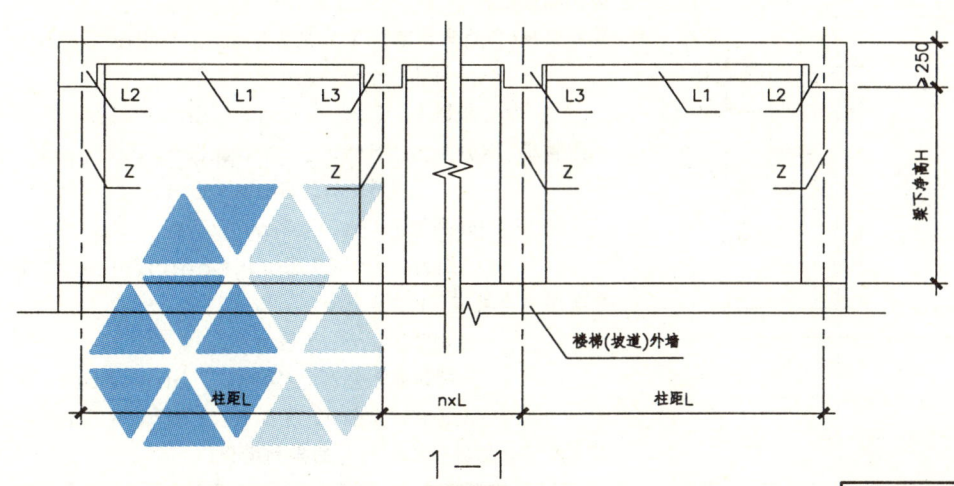

1-1

说明：1. 本图适用于单跑楼梯、双跑楼梯、单车道汽车坡道及自行车坡道等独立式室外出入口顶板无挑檐的防倒塌棚架。

2. 防倒塌棚架的K、H、L尺寸如下：

单跑楼梯（自行车坡道）：K分别为1.5m、1.8m、2.1m；
　　　　　　　　　　　H分别为2.1m、2.4m、2.7m；
　　　　　　　　　　　L分别为1.2m、1.5m、1.8m、2.1m、2.4m。

双跑楼梯：K分别为2.6m、2.8m、3.0m、3.2m、3.4m、
　　　　　3.6m、3.8m、4.0m；
　　　　　H分别为2.1m、2.4m、2.7m；
　　　　　L分别为1.2m、1.5m、1.8m、2.1m、2.4m。

单车道汽车坡道：K为4.3m；
　　　　　　　　H分别为2.2m、3.0m；
　　　　　　　　L分别为为2.2m、2.4m、2.6m、2.8m、3.0m、
　　　　　　　　　　　　3.2m、3.4m、3.6m、3.8m、4.0m、4.2m。

以上尺寸分别进行K、H、L的排列组合。

独立式室外出入口防倒塌棚架平面布置图	图集号	07FG02
审核 于晓音　校对 郭莉　设计 刘俊	页	7

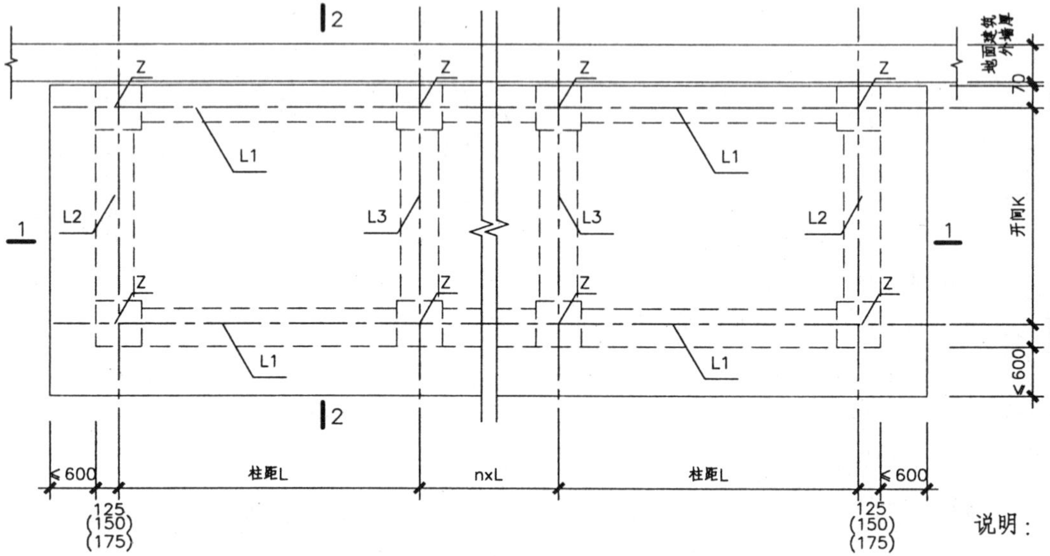

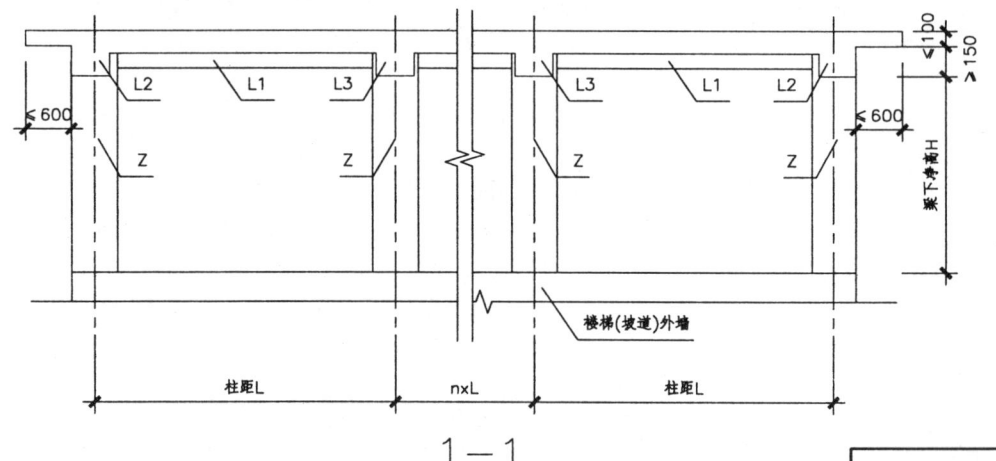

附壁式室外出入口防倒塌棚架平面布置图（一）

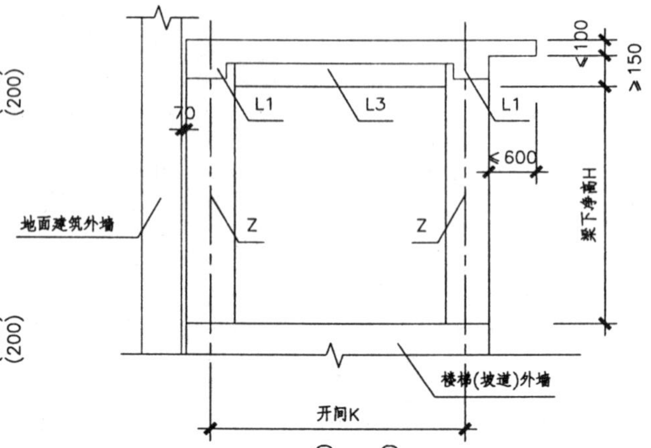

说明：
1. 本图适用于单跑楼梯、双跑楼梯、单车道汽车坡道及自行车坡道等附壁式室外出入口顶板有挑檐的防倒塌棚架。

2. 防倒塌棚架的K、H、L尺寸如下：
   单跑楼梯(自行车坡道)：K分别为1.5m、1.8m、2.1m；
   H分别为2.1m、2.4m、2.7m；
   L分别为1.2m、1.5m、1.8m、2.1m、2.4m。
   双跑楼梯：K分别为2.6m、2.8m、3.0m、3.2m、3.4m、3.6m、3.8m、4.0m；
   H分别为2.1m、2.4m、2.7m；
   L分别为1.2m、1.5m、1.8m、2.1m、2.4m。
   单车道汽车坡道：K为4.3m；
   H分别为2.2m、3.0m；
   L分别为为2.2m、2.4m、2.6m、2.8m、3.0m、3.2m、3.4m、3.6m、3.8m、4.0m、4.2m。
   以上尺寸分别进行K、H、L的排列组合。

附壁式室外出入口防倒塌棚架平面布置图	图集号	07FG02
审核 于晓音 校对 郭莉 设计 刘俊	页	8

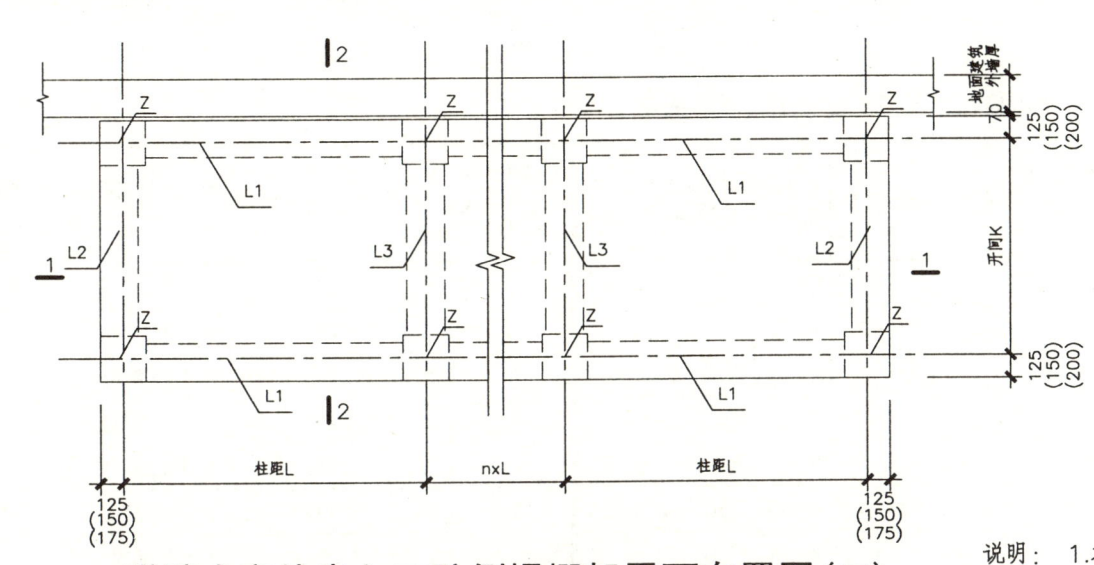
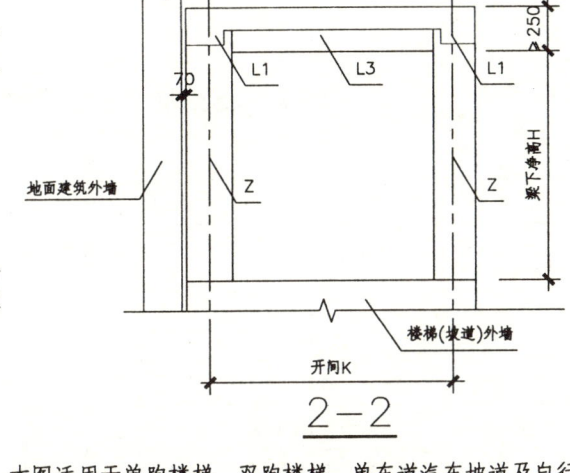
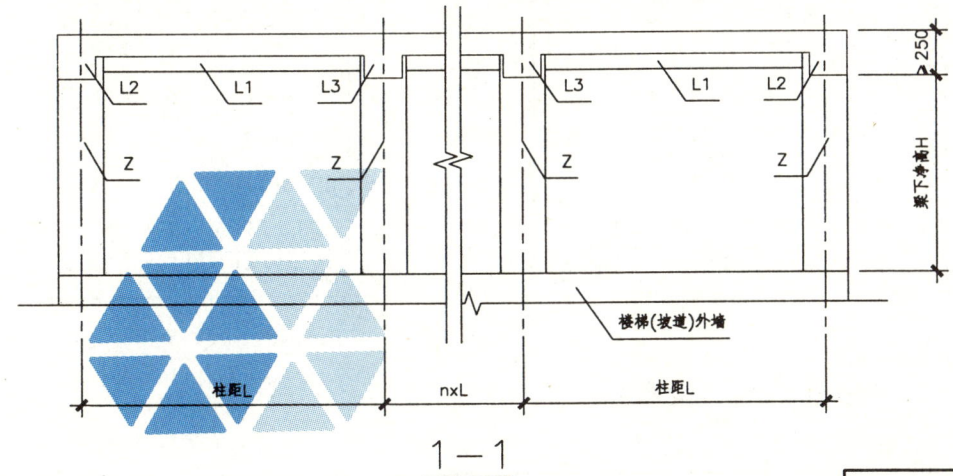

附壁式室外出入口防倒塌棚架平面布置图(二)

2-2

1-1

说明：1. 本图适用于单跑楼梯、双跑楼梯、单车道汽车坡道及自行车坡道等附壁式室外出入口顶板无挑檐的防倒塌棚架。

2. 防倒塌棚架的K、H、L尺寸如下：

单跑楼梯(自行车坡道)：K分别为1.5m、1.8m、2.1m；

　　H分别为2.1m、2.4m、2.7m；

　　L分别为1.2m、1.5m、1.8m、2.1m、2.4m。

双跑楼梯：K分别为2.6m、2.8m、3.0m、3.2m、3.4m、

　　3.6m、3.8m、4.0m；

　　H分别为2.1m、2.4m、2.7m；

　　L分别为1.2m、1.5m、1.8m、2.1m、2.4m。

单车道汽车坡道：K为4.3m；

　　H分别为2.2m、3.0m；

　　L分别为2.2m、2.4m、2.6m、2.8m、3.0m、

　　3.2m、3.4m、3.6m、3.8m、4.0m、4.2m。

以上尺寸分别进行K、H、L的排列组合。

附壁式室外出入口防倒塌棚架平面布置图	图集号	07FG02
审核 于晓音　校对 郭莉　设计 刘俊	页	9

核5级单跑楼梯出入口防倒塌棚架型号选用表

选用数据(m)			防倒塌棚架型号	梁柱详图页号	顶板配筋图页号	板配筋号	选用数据(m)			防倒塌棚架型号	梁柱详图页号	顶板配筋图页号	板配筋号	选用数据(m)			防倒塌棚架型号	梁柱详图页号	顶板配筋图页号	板配筋号
开间K	柱高H	柱距L					开间K	柱高H	柱距L					开间K	柱高H	柱距L				
1.5	2.1	1.2	5PJ1521-12	第17页	第50、51页	B1	1.8	2.1	1.2	5PJ1821-12	第17页	第50、51页	B1	2.1	2.1	1.2	5PJ2121-12	第17页	第50、51页	B1
		1.5	5PJ1521-15	第17页	第50、51页	B1			1.5	5PJ1821-15	第17页	第50、51页	B1			1.5	5PJ2121-15	第17页	第50、51页	B1
		1.8	5PJ1521-18	第17页	第50、51页	B1			1.8	5PJ1821-18	第17页	第50、51页	B1			1.8	5PJ2121-18	第17页	第50、51页	B1
		2.1	5PJ1521-21	第17页	第50、51页	B1			2.1	5PJ1821-21	第17页	第50、51页	B1			2.1	5PJ2121-21	第17页	第50、51页	B1
		2.4	5PJ1521-24	第17页	第50、51页	B1			2.4	5PJ1821-24	第17页	第50、51页	B1			2.4	5PJ2121-24	第17页	第50、51页	B1
	2.4	1.2	5PJ1524-12	第18页	第50、51页	B1		2.4	1.2	5PJ1824-12	第18页	第50、51页	B1		2.4	1.2	5PJ2124-12	第18页	第50、51页	B1
		1.5	5PJ1524-15	第18页	第50、51页	B1			1.5	5PJ1824-15	第18页	第50、51页	B1			1.5	5PJ2124-15	第18页	第50、51页	B1
		1.8	5PJ1524-18	第18页	第50、51页	B1			1.8	5PJ1824-18	第18页	第50、51页	B1			1.8	5PJ2124-18	第18页	第50、51页	B1
		2.1	5PJ1524-21	第18页	第50、51页	B1			2.1	5PJ1824-21	第18页	第50、51页	B1			2.1	5PJ2124-21	第18页	第50、51页	B1
		2.4	5PJ1524-24	第18页	第50、51页	B1			2.4	5PJ1824-24	第18页	第50、51页	B1			2.4	5PJ2124-24	第18页	第50、51页	B1
	2.7	1.2	5PJ1527-12	第19页	第50、51页	B1		2.7	1.2	5PJ1827-12	第19页	第50、51页	B1		2.7	1.2	5PJ2127-12	第19页	第50、51页	B1
		1.5	5PJ1527-15	第19页	第50、51页	B1			1.5	5PJ1827-15	第19页	第50、51页	B1			1.5	5PJ2127-15	第19页	第50、51页	B1
		1.8	5PJ1527-18	第19页	第50、51页	B1			1.8	5PJ1827-18	第19页	第50、51页	B1			1.8	5PJ2127-18	第19页	第50、51页	B1
		2.1	5PJ1527-21	第19页	第50、51页	B1			2.1	5PJ1827-21	第19页	第50、51页	B1			2.1	5PJ2127-21	第19页	第50、51页	B1
		2.4	5PJ1527-24	第19页	第50、51页	B1			2.4	5PJ1827-24	第19页	第50、51页	B1			2.4	5PJ2127-24	第19页	第50、51页	B1

说明：
1. 型号选用表数据栏中开间K、柱高H、柱距L的含义见本图集第6～9页。
2. 板配筋图中，第50页为独立式楼梯出入口的配筋图，第51页为附壁式楼梯出入口的配筋图。

核5级单跑楼梯出入口防倒塌棚架选用表　图集号 07FG02

核6级单跑楼梯出入口防倒塌棚架型号选用表

选用数据(m)			防倒塌棚架型号	梁柱详图页号	顶板配筋图页号	板配筋号	选用数据(m)			防倒塌棚架型号	梁柱详图页号	顶板配筋图页号	板配筋号	选用数据(m)			防倒塌棚架型号	梁柱详图页号	顶板配筋图页号	板配筋号
开间K	柱高H	柱距L					开间K	柱高H	柱距L					开间K	柱高H	柱距L				
1.5	2.1	1.2	6PJ1521-12	第20页	第50、51页	B1	1.8	2.1	1.2	6PJ1821-12	第21页	第50、51页	B1	2.1	2.1	1.2	6PJ2121-12	第22页	第50、51页	B1
		1.5	6PJ1521-15	第20页	第50、51页	B1			1.5	6PJ1821-15	第21页	第50、51页	B1			1.5	6PJ2121-15	第22页	第50、51页	B1
		1.8	6PJ1521-18	第20页	第50、51页	B1			1.8	6PJ1821-18	第21页	第50、51页	B1			1.8	6PJ2121-18	第22页	第50、51页	B1
		2.1	6PJ1521-21	第20页	第50、51页	B1			2.1	6PJ1821-21	第21页	第50、51页	B1			2.1	6PJ2121-21	第22页	第50、51页	B1
		2.4	6PJ1521-24	第20页	第50、51页	B1			2.4	6PJ1821-24	第21页	第50、51页	B1			2.4	6PJ2121-24	第22页	第50、51页	B1
	2.4	1.2	6PJ1524-12	第20页	第50、51页	B1		2.4	1.2	6PJ1824-12	第21页	第50、51页	B1		2.4	1.2	6PJ2124-12	第22页	第50、51页	B1
		1.5	6PJ1524-15	第20页	第50、51页	B1			1.5	6PJ1824-15	第21页	第50、51页	B1			1.5	6PJ2124-15	第22页	第50、51页	B1
		1.8	6PJ1524-18	第20页	第50、51页	B1			1.8	6PJ1824-18	第21页	第50、51页	B1			1.8	6PJ2124-18	第22页	第50、51页	B1
		2.1	6PJ1524-21	第20页	第50、51页	B1			2.1	6PJ1824-21	第21页	第50、51页	B1			2.1	6PJ2124-21	第22页	第50、51页	B1
		2.4	6PJ1524-24	第20页	第50、51页	B1			2.4	6PJ1824-24	第21页	第50、51页	B1			2.4	6PJ2124-24	第22页	第50、51页	B1
	2.7	1.2	6PJ1527-12	第20页	第50、51页	B1		2.7	1.2	6PJ1827-12	第21页	第50、51页	B1		2.7	1.2	6PJ2127-12	第22页	第50、51页	B1
		1.5	6PJ1527-15	第20页	第50、51页	B1			1.5	6PJ1827-15	第21页	第50、51页	B1			1.5	6PJ2127-15	第22页	第50、51页	B1
		1.8	6PJ1527-18	第20页	第50、51页	B1			1.8	6PJ1827-18	第21页	第50、51页	B1			1.8	6PJ2127-18	第22页	第50、51页	B1
		2.1	6PJ1527-21	第20页	第50、51页	B1			2.1	6PJ1827-21	第21页	第50、51页	B1			2.1	6PJ2127-21	第22页	第50、51页	B1
		2.4	6PJ1527-24	第20页	第50、51页	B1			2.4	6PJ1827-24	第21页	第50、51页	B1			2.4	6PJ2127-24	第22页	第50、51页	B1

说明：1. 型号选用表数据栏中开间K、柱高H、柱距L的含义见本图集第6~9页。
2. 板配筋图中，第50页为独立式楼梯出入口的配筋图，第51页为附壁式楼梯出入口的配筋图。

核6B级单跑楼梯出入口防倒塌棚架型号选用表

选用数据(m)			防倒塌棚架型号	梁柱详图页号	顶板配筋图页号	板配筋号	选用数据(m)			防倒塌棚架型号	梁柱详图页号	顶板配筋图页号	板配筋号	选用数据(m)			防倒塌棚架型号	梁柱详图页号	顶板配筋图页号	板配筋号
开间K	柱高H	柱距L					开间K	柱高H	柱距L					开间K	柱高H	柱距L				
1.5	2.1	1.2	6BPJ1521-12	第23页	第52、53页	B1	1.8	2.1	1.2	6BPJ1821-12	第23页	第52、53页	B1	2.1	2.1	1.2	6BPJ2121-12	第23页	第52、53页	B1
		1.5	6BPJ1521-15	第23页	第52、53页	B1			1.5	6BPJ1821-15	第23页	第52、53页	B1			1.5	6BPJ2121-15	第23页	第52、53页	B1
		1.8	6BPJ1521-18	第23页	第52、53页	B1			1.8	6BPJ1821-18	第23页	第52、53页	B1			1.8	6BPJ2121-18	第23页	第52、53页	B1
		2.1	6BPJ1521-21	第23页	第52、53页	B1			2.1	6BPJ1821-21	第23页	第52、53页	B1			2.1	6BPJ2121-21	第23页	第52、53页	B1
		2.4	6BPJ1521-24	第23页	第52、53页	B1			2.4	6BPJ1821-24	第23页	第52、53页	B1			2.4	6BPJ2121-24	第23页	第52、53页	B1
	2.4	1.2	6BPJ1524-12	第23页	第52、53页	B1		2.4	1.2	6BPJ1824-12	第23页	第52、53页	B1		2.4	1.2	6BPJ2124-12	第23页	第52、53页	B1
		1.5	6BPJ1524-15	第23页	第52、53页	B1			1.5	6BPJ1824-15	第23页	第52、53页	B1			1.5	6BPJ2124-15	第23页	第52、53页	B1
		1.8	6BPJ1524-18	第23页	第52、53页	B1			1.8	6BPJ1824-18	第23页	第52、53页	B1			1.8	6BPJ2124-18	第23页	第52、53页	B1
		2.1	6BPJ1524-21	第23页	第52、53页	B1			2.1	6BPJ1824-21	第23页	第52、53页	B1			2.1	6BPJ2124-21	第23页	第52、53页	B1
		2.4	6BPJ1524-24	第23页	第52、53页	B1			2.4	6BPJ1824-24	第23页	第52、53页	B1			2.4	6BPJ2124-24	第23页	第52、53页	B1
	2.7	1.2	6BPJ1527-12	第23页	第52、53页	B1		2.7	1.2	6BPJ1827-12	第23页	第52、53页	B1		2.7	1.2	6BPJ2127-12	第23页	第52、53页	B1
		1.5	6BPJ1527-15	第23页	第52、53页	B1			1.5	6BPJ1827-15	第23页	第52、53页	B1			1.5	6BPJ2127-15	第23页	第52、53页	B1
		1.8	6BPJ1527-18	第23页	第52、53页	B1			1.8	6BPJ1827-18	第23页	第52、53页	B1			1.8	6BPJ2127-18	第23页	第52、53页	B1
		2.1	6BPJ1527-21	第23页	第52、53页	B1			2.1	6BPJ1827-21	第23页	第52、53页	B1			2.1	6BPJ2127-21	第23页	第52、53页	B1
		2.4	6BPJ1527-24	第23页	第52、53页	B1			2.4	6BPJ1827-24	第23页	第52、53页	B1			2.4	6BPJ2127-24	第23页	第52、53页	B1

说明： 1. 型号选用表数据栏中开间K、柱高H、柱距L的含义见本图集第6～9页。
2. 板配筋图中，第52页为独立式楼梯出入口的配筋图，第53页为附壁式楼梯出入口的配筋图。

核6B级单跑楼梯出入口防倒塌棚架选用表

核5级双跑楼梯出入口防倒塌棚架型号选用表

选用数据(m)			防倒塌棚架型号	梁柱详图页号	顶板配筋图页号	板配筋号	选用数据(m)			防倒塌棚架型号	梁柱详图页号	顶板配筋图页号	板配筋号	选用数据(m)			防倒塌棚架型号	梁柱详图页号	顶板配筋图页号	板配筋号
开间K	柱高H	柱距L					开间K	柱高H	柱距L					开间K	柱高H	柱距L				
2.6 2.8 3.0	2.1	1.2	5PJ2621-12 5PJ2821-12 5PJ3021-12	第24页	第50、51页	B1	3.2 3.4 3.6	2.1	1.2	5PJ2621-12 5PJ2821-12 5PJ3021-12	第25页	第50、51页	B1	3.8 4.0	2.1	1.2	5PJ3821-12 5PJ4021-12	第26页	第50、51页	B1
		1.5	5PJ2621-15 5PJ2821-15 5PJ3021-15	第24页	第50、51页	B1			1.5	5PJ2621-15 5PJ2821-15 5PJ3021-15	第25页	第50、51页	B1			1.5	5PJ3821-15 5PJ4021-15	第26页	第50、51页	B1
		1.8	5PJ2621-18 5PJ2821-18 5PJ3021-18	第24页	第50、51页	B1			1.8	5PJ2621-18 5PJ2821-18 5PJ3021-18	第25页	第50、51页	B1			1.8	5PJ3821-18 5PJ4021-18	第26页	第50、51页	B1
		2.1	5PJ2621-21 5PJ2821-21 5PJ3021-21	第24页	第50、51页	B1			2.1	5PJ2621-21 5PJ2821-21 5PJ3021-21	第25页	第50、51页	B1			2.1	5PJ3821-21 5PJ4021-21	第26页	第50、51页	B1
		2.4	5PJ2621-24 5PJ2821-24 5PJ3021-24	第24页	第50、51页	B1			2.4	5PJ2621-24 5PJ2821-24 5PJ3021-24	第25页	第50、51页	B2			2.4	5PJ3821-24 5PJ4021-24	第26页	第50、51页	B2
	2.4	1.2	5PJ2624-12 5PJ2824-12 5PJ3024-12	第27页	第50、51页	B1		2.4	1.2	5PJ2624-12 5PJ2824-12 5PJ3024-12	第28页	第50、51页	B1		2.4	1.2	5PJ3824-12 5PJ4024-12	第29页	第50、51页	B1
		1.5	5PJ2624-15 5PJ2824-15 5PJ3024-15	第27页	第50、51页	B1			1.5	5PJ2624-15 5PJ2824-15 5PJ3024-15	第28页	第50、51页	B1			1.5	5PJ3824-15 5PJ4024-15	第29页	第50、51页	B1
		1.8	5PJ2624-18 5PJ2824-18 5PJ3024-18	第27页	第50、51页	B1			1.8	5PJ2624-18 5PJ2824-18 5PJ3024-18	第28页	第50、51页	B1			1.8	5PJ3824-18 5PJ4024-18	第29页	第50、51页	B1
		2.1	5PJ2624-21 5PJ2824-21 5PJ3024-21	第27页	第50、51页	B1			2.1	5PJ2624-21 5PJ2824-21 5PJ3024-21	第28页	第50、51页	B1			2.1	5PJ3824-21 5PJ4024-21	第29页	第50、51页	B1
		2.4	5PJ2624-24 5PJ2824-24 5PJ3024-24	第27页	第50、51页	B1			2.4	5PJ2624-24 5PJ2824-24 5PJ3024-24	第28页	第50、51页	B2			2.4	5PJ3824-24 5PJ4024-24	第29页	第50、51页	B2
	2.7	1.2	5PJ2627-12 5PJ2827-12 5PJ3027-12	第30页	第50、51页	B1		2.7	1.2	5PJ2627-12 5PJ2827-12 5PJ3027-12	第31页	第50、51页	B1		2.7	1.2	5PJ3827-12 5PJ4027-12	第32页	第50、51页	B1
		1.5	5PJ2627-15 5PJ2827-15 5PJ3027-15	第30页	第50、51页	B1			1.5	5PJ2627-15 5PJ2827-15 5PJ3027-15	第31页	第50、51页	B1			1.5	5PJ3827-15 5PJ4027-15	第32页	第50、51页	B1
		1.8	5PJ2627-18 5PJ2827-18 5PJ3027-18	第30页	第50、51页	B1			1.8	5PJ2627-18 5PJ2827-18 5PJ3027-18	第31页	第50、51页	B1			1.8	5PJ3827-18 5PJ4027-18	第32页	第50、51页	B1
		2.1	5PJ2627-21 5PJ2827-21 5PJ3027-21	第30页	第50、51页	B1			2.1	5PJ2627-21 5PJ2827-21 5PJ3027-21	第31页	第50、51页	B1			2.1	5PJ3827-21 5PJ4027-21	第32页	第50、51页	B1
		2.4	5PJ2627-24 5PJ2827-24 5PJ3027-24	第30页	第50、51页	B1			2.4	5PJ2627-24 5PJ2827-24 5PJ3027-24	第31页	第50、51页	B2			2.4	5PJ3827-24 5PJ4027-24	第32页	第50、51页	B2

说明：1. 型号选用表数据栏中开间K、柱高H、柱距L的含义见本图集第6～9页。
2. 板配筋图中，第50页为独立式楼梯出入口的配筋图，第51页为附壁式楼梯出入口的配筋图。

核6级双跑楼梯出入口防倒塌棚架型号选用表

选用数据(m)			防倒塌棚架型号	梁柱详图页号	顶板配筋图页号	板配筋号	选用数据(m)			防倒塌棚架型号	梁柱详图页号	顶板配筋图页号	板配筋号	选用数据(m)			防倒塌棚架型号	梁柱详图页号	顶板配筋图页号	板配筋号
开间K	柱高H	柱距L					开间K	柱高H	柱距L					开间K	柱高H	柱距L				
2.6 2.8 3.0	2.1	1.2	6PJ2621-12 6PJ2821-12 6PJ3021-12	第33页	第50、51页	B1	3.2 3.4 3.6	2.1	1.2	6PJ3221-12 6PJ3421-12 6PJ3621-12	第34页	第50、51页	B1	3.8 4.0	2.1	1.2	6PJ3821-12 6PJ4021-12	第35页	第50、51页	B1
		1.5	6PJ2621-15 6PJ2821-15 6PJ3021-15	第33页	第50、51页	B1			1.5	6PJ3221-15 6PJ3421-15 6PJ3621-15	第34页	第50、51页	B1			1.5	6PJ3821-15 6PJ4021-15	第35页	第50、51页	B1
		1.8	6PJ2621-18 6PJ2821-18 6PJ3021-18	第33页	第50、51页	B1			1.8	6PJ3221-18 6PJ3421-18 6PJ3621-18	第34页	第50、51页	B1			1.8	6PJ3821-18 6PJ4021-18	第35页	第50、51页	B1
		2.1	6PJ2621-21 6PJ2821-21 6PJ3021-21	第33页	第50、51页	B1			2.1	6PJ3221-21 6PJ3421-21 6PJ3621-21	第34页	第50、51页	B1			2.1	6PJ3821-21 6PJ4021-21	第35页	第50、51页	B1
		2.4	6PJ2621-24 6PJ2821-24 6PJ3021-24	第33页	第50、51页	B1			2.4	6PJ3221-24 6PJ3421-24 6PJ3621-24	第34页	第50、51页	B2			2.4	6PJ3821-24 6PJ4021-24	第35页	第50、51页	B2
	2.4	1.2	6PJ2624-12 6PJ2824-12 6PJ3024-12	第33页	第50、51页	B1		2.4	1.2	6PJ3224-12 6PJ3424-12 6PJ3624-12	第34页	第50、51页	B1		2.4	1.2	6PJ3824-12 6PJ4024-12	第35页	第50、51页	B1
		1.5	6PJ2624-15 6PJ2824-15 6PJ3024-15	第33页	第50、51页	B1			1.5	6PJ3224-15 6PJ3424-15 6PJ3624-15	第34页	第50、51页	B1			1.5	6PJ3824-15 6PJ4024-15	第35页	第50、51页	B1
		1.8	6PJ2624-18 6PJ2824-18 6PJ3024-18	第33页	第50、51页	B1			1.8	6PJ3224-18 6PJ3424-18 6PJ3624-18	第34页	第50、51页	B1			1.8	6PJ3824-18 6PJ4024-18	第35页	第50、51页	B1
		2.1	6PJ2624-21 6PJ2824-21 6PJ3024-21	第33页	第50、51页	B1			2.1	6PJ3224-21 6PJ3424-21 6PJ3624-21	第34页	第50、51页	B1			2.1	6PJ3824-21 6PJ4024-21	第35页	第50、51页	B1
		2.4	6PJ2624-24 6PJ2824-24 6PJ3024-24	第33页	第50、51页	B1			2.4	6PJ3224-24 6PJ3424-24 6PJ3624-24	第34页	第50、51页	B2			2.4	6PJ3824-24 6PJ4024-24	第35页	第50、51页	B2
	2.7	1.2	6PJ2627-12 6PJ2827-12 6PJ3027-12	第33页	第50、51页	B1		2.7	1.2	6PJ3227-12 6PJ3427-12 6PJ3627-12	第34页	第50、51页	B1		2.7	1.2	6PJ3827-12 6PJ4027-12	第35页	第50、51页	B1
		1.5	6PJ2627-15 6PJ2827-15 6PJ3027-15	第33页	第50、51页	B1			1.5	6PJ3227-15 6PJ3427-15 6PJ3627-15	第34页	第50、51页	B1			1.5	6PJ3827-15 6PJ4027-15	第35页	第50、51页	B1
		1.8	6PJ2627-18 6PJ2827-18 6PJ3027-18	第33页	第50、51页	B1			1.8	6PJ3227-18 6PJ3427-18 6PJ3627-18	第34页	第50、51页	B1			1.8	6PJ3827-18 6PJ4027-18	第35页	第50、51页	B1
		2.1	6PJ2627-21 6PJ2827-21 6PJ3027-21	第33页	第50、51页	B1			2.1	6PJ3227-21 6PJ3427-21 6PJ3627-21	第34页	第50、51页	B1			2.1	6PJ3827-21 6PJ4027-21	第35页	第50、51页	B1
		2.4	6PJ2627-24 6PJ2827-24 6PJ3027-24	第33页	第50、51页	B1			2.4	6PJ3227-24 6PJ3427-24 6PJ3627-24	第34页	第50、51页	B2			2.4	6PJ3827-24 6PJ4027-24	第35页	第50、51页	B2

说明：1.型号选用表数据栏中开间K、柱高H、柱距L的含义见本图集第6～9页。
2.板配筋图中，第50页为独立式楼梯出入口的配筋图，第51页为附壁式楼梯入口的配筋图。

核6级双跑楼梯出入口防倒塌棚架选用表

图集号 07FG02
页 14

核6B级双跑楼梯出入口防倒塌棚架型号选用表

选用数据(m)			防倒塌棚架型号	梁柱详图页号	顶板配筋图页号	板配筋号	选用数据(m)			防倒塌棚架型号	梁柱详图页号	顶板配筋图页号	板配筋号	选用数据(m)			防倒塌棚架型号	梁柱详图页号	顶板配筋图页号	板配筋号
开间K	柱高H	柱距L					开间K	柱高H	柱距L					开间K	柱高H	柱距L				
2.6 2.8 3.0	2.1	1.2	6BPJ2621-12 6BPJ2821-12 6BPJ3021-12	第36页	第52、53页	B1	3.2 3.4 3.6	2.1	1.2	6BPJ3221-12 6BPJ3421-12 6BPJ3621-12	第37页	第52、53页	B1	3.8 4.0	2.1	1.2	6BPJ3821-12 6BPJ4021-12	第38页	第52、53页	B1
		1.5	6BPJ2621-15 6BPJ2821-15 6BPJ3021-15	第36页	第52、53页	B1			1.5	6BPJ3221-15 6BPJ3421-15 6BPJ3621-15	第37页	第52、53页	B1			1.5	6BPJ3821-15 6BPJ4021-15	第38页	第52、53页	B1
		1.8	6BPJ2621-18 6BPJ2821-18 6BPJ3021-18	第36页	第52、53页	B1			1.8	6BPJ3221-18 6BPJ3421-18 6BPJ3621-18	第37页	第52、53页	B1			1.8	6BPJ3821-18 6BPJ4021-18	第38页	第52、53页	B1
		2.1	6BPJ2621-21 6BPJ2821-21 6BPJ3021-21	第36页	第52、53页	B2			2.1	6BPJ3221-21 6BPJ3421-21 6BPJ3621-21	第37页	第52、53页	B2			2.1	6BPJ3821-21 6BPJ4021-21	第38页	第52、53页	B2
		2.4	6BPJ2621-24 6BPJ2821-24 6BPJ3021-24	第36页	第52、53页	B2			2.4	6BPJ3221-24 6BPJ3421-24 6BPJ3621-24	第37页	第52、53页	B2			2.4	6BPJ3821-24 6BPJ4021-24	第38页	第52、53页	B2
	2.4	1.2	6BPJ2624-12 6BPJ2824-12 6BPJ3024-12	第36页	第52、53页	B1		2.4	1.2	6BPJ3224-12 6BPJ3424-12 6BPJ3624-12	第37页	第52、53页	B1		2.4	1.2	6BPJ3824-12 6BPJ4024-12	第38页	第52、53页	B1
		1.5	6BPJ2624-15 6BPJ2824-15 6BPJ3024-15	第36页	第52、53页	B1			1.5	6BPJ3224-15 6BPJ3424-15 6BPJ3624-15	第37页	第52、53页	B1			1.5	6BPJ3824-15 6BPJ4024-15	第38页	第52、53页	B1
		1.8	6BPJ2624-18 6BPJ2824-18 6BPJ3024-18	第36页	第52、53页	B1			1.8	6BPJ3224-18 6BPJ3424-18 6BPJ3624-18	第37页	第52、53页	B1			1.8	6BPJ3824-18 6BPJ4024-18	第38页	第52、53页	B1
		2.1	6BPJ2624-21 6BPJ2824-21 6BPJ3024-21	第36页	第52、53页	B2			2.1	6BPJ3224-21 6BPJ3424-21 6BPJ3624-21	第37页	第52、53页	B2			2.1	6BPJ3824-21 6BPJ4024-21	第38页	第52、53页	B2
		2.4	6BPJ2624-24 6BPJ2824-24 6BPJ3024-24	第36页	第52、53页	B2			2.4	6BPJ3224-24 6BPJ3424-24 6BPJ3624-24	第37页	第52、53页	B2			2.4	6BPJ3824-24 6BPJ4024-24	第38页	第52、53页	B2
	2.7	1.2	6BPJ2627-12 6BPJ2827-12 6BPJ3027-12	第36页	第52、53页	B1		2.7	1.2	6BPJ3227-12 6BPJ3427-12 6BPJ3627-12	第37页	第52、53页	B1		2.7	1.2	6BPJ3827-12 6BPJ4027-12	第38页	第52、53页	B1
		1.5	6BPJ2627-15 6BPJ2827-15 6BPJ3027-15	第36页	第52、53页	B1			1.5	6BPJ3227-15 6BPJ3427-15 6BPJ3627-15	第37页	第52、53页	B1			1.5	6BPJ3827-15 6BPJ4027-15	第38页	第52、53页	B1
		1.8	6BPJ2627-18 6BPJ2827-18 6BPJ3027-18	第36页	第52、53页	B1			1.8	6BPJ3227-18 6BPJ3427-18 6BPJ3627-18	第37页	第52、53页	B1			1.8	6BPJ3827-18 6BPJ4027-18	第38页	第52、53页	B1
		2.1	6BPJ2627-21 6BPJ2827-21 6BPJ3027-21	第36页	第52、53页	B2			2.1	6BPJ3227-21 6BPJ3427-21 6BPJ3627-21	第37页	第52、53页	B2			2.1	6BPJ3827-21 6BPJ4027-21	第38页	第52、53页	B2
		2.4	6BPJ2627-24 6BPJ2827-24 6BPJ3027-24	第36页	第52、53页	B2			2.4	6BPJ3227-24 6BPJ3427-24 6BPJ3627-24	第37页	第52、53页	B2			2.4	6BPJ3827-24 6BPJ4027-24	第38页	第52、53页	B2

说明：1. 型号选用表数据栏中开间K、柱高H、柱距L的含义见本图集第6~9页。
2. 板配筋图中，第52页为独立式楼梯出入口的配筋图，第53页为附壁式楼梯出入口的配筋图。

核6B级双跑楼梯出入口防倒塌棚架选用表

图集号 07FG02
页 15

核5级单车道汽车出入口防倒塌棚架型号选用表

选用数据(m) 开间K	柱高H	柱距L	防倒塌棚架型号	梁柱详图页号	顶板配筋图页号	板配筋号
4.3	2.2	2.2	5PJ4322-22	第39页	第54、55页	B1
		2.4	5PJ4322-24	第39页	第54、55页	B1
		2.6	5PJ4322-26	第39页	第54、55页	B1
		2.8	5PJ4322-28	第39页	第54、55页	B2
		3.0	5PJ4322-30	第40页	第54、55页	B2
		3.2	5PJ4322-32	第40页	第54、55页	B3
		3.4	5PJ4322-34	第40页	第54、55页	B4
		3.6	5PJ4322-36	第41页	第54、55页	B4
		3.8	5PJ4322-38	第41页	第54、55页	B4
		4.0	5PJ4322-40	第41页	第54、55页	B5
		4.2	5PJ4322-42	第41页	第54、55页	B5
	3.0	2.2	5PJ4330-22	第42页	第54、55页	B1
		2.4	5PJ4330-24	第42页	第54、55页	B1
		2.6	5PJ4330-26	第42页	第54、55页	B1
		2.8	5PJ4330-28	第42页	第54、55页	B2
		3.0	5PJ4330-30	第43页	第54、55页	B2
		3.2	5PJ4330-32	第43页	第54、55页	B3
		3.4	5PJ4330-34	第43页	第54、55页	B4
		3.6	5PJ4330-36	第44页	第54、55页	B4
		3.8	5PJ4330-38	第44页	第54、55页	B4
		4.0	5PJ4330-40	第44页	第54、55页	B5
		4.2	5PJ4330-42	第44页	第54、55页	B5

核6级单车道汽车出入口防倒塌棚架型号选用表

选用数据(m) 开间K	柱高H	柱距L	防倒塌棚架型号	梁柱详图页号	顶板配筋图页号	板配筋号
4.3	2.2	2.2	6PJ4322-22	第45页	第54、55页	B1
		2.4	6PJ4322-24	第45页	第54、55页	B1
		2.6	6PJ4322-26	第45页	第54、55页	B1
		2.8	6PJ4322-28	第45页	第54、55页	B2
		3.0	6PJ4322-30	第46页	第54、55页	B2
		3.2	6PJ4322-32	第46页	第54、55页	B3
		3.4	6PJ4322-34	第46页	第54、55页	B4
		3.6	6PJ4322-36	第47页	第54、55页	B4
		3.8	6PJ4322-38	第47页	第54、55页	B4
		4.0	6PJ4322-40	第47页	第54、55页	B5
		4.2	6PJ4322-42	第47页	第54、55页	B5
	3.0	2.2	6PJ4330-22	第45页	第54、55页	B1
		2.4	6PJ4330-24	第45页	第54、55页	B1
		2.6	6PJ4330-26	第45页	第54、55页	B1
		2.8	6PJ4330-28	第45页	第54、55页	B2
		3.0	6PJ4330-30	第46页	第54、55页	B2
		3.2	6PJ4330-32	第46页	第54、55页	B3
		3.4	6PJ4330-34	第46页	第54、55页	B4
		3.6	6PJ4330-36	第47页	第54、55页	B4
		3.8	6PJ4330-38	第47页	第54、55页	B4
		4.0	6PJ4330-40	第47页	第54、55页	B5
		4.2	6PJ4330-42	第47页	第54、55页	B5

核6B级单车道汽车出入口防倒塌棚架型号选用表

选用数据(m) 开间K	柱高H	柱距L	防倒塌棚架型号	梁柱详图页号	顶板配筋图页号	板配筋号
4.3	2.2	2.2	6BPJ4322-22	第48页	第56、57页	B1
		2.4	6BPJ4322-24	第48页	第56、57页	B1
		2.6	6BPJ4322-26	第48页	第56、57页	B1
		2.8	6BPJ4322-28	第48页	第56、57页	B1
		3.0	6BPJ4322-30	第49页	第56、57页	B1
		3.2	6BPJ4322-32	第49页	第56、57页	B2
		3.4	6BPJ4322-34	第49页	第56、57页	B2
		3.6	6BPJ4322-36	第49页	第56、57页	B3
		3.8	6BPJ4322-38	第49页	第56、57页	B3
		4.0	6BPJ4322-40	第49页	第56、57页	B3
		4.2	6BPJ4322-42	第49页	第56、57页	B3
	3.0	2.2	6BPJ4330-22	第48页	第56、57页	B1
		2.4	6BPJ4330-24	第48页	第56、57页	B1
		2.6	6BPJ4330-26	第48页	第56、57页	B1
		2.8	6BPJ4330-28	第48页	第56、57页	B1
		3.0	6BPJ4330-30	第49页	第56、57页	B1
		3.2	6BPJ4330-32	第49页	第56、57页	B2
		3.4	6BPJ4330-34	第49页	第56、57页	B2
		3.6	6BPJ4330-36	第49页	第56、57页	B3
		3.8	6BPJ4330-38	第49页	第56、57页	B3
		4.0	6BPJ4330-40	第49页	第56、57页	B3
		4.2	6BPJ4330-42	第49页	第56、57页	B3

说明：
1. 型号选用表数据栏中开间K、柱高H、柱距L的含义见本图集第6～9页。
2. 板配筋图中，第54页及第56页分别为核5、6级及核6B级独立式单车道汽车出入口的配筋图，第55页及第57页分别为核5、6级及核6B级附壁式单车道汽车出入口的配筋图。

单车道汽车出入口防倒塌棚架选用表　图集号 07FG02

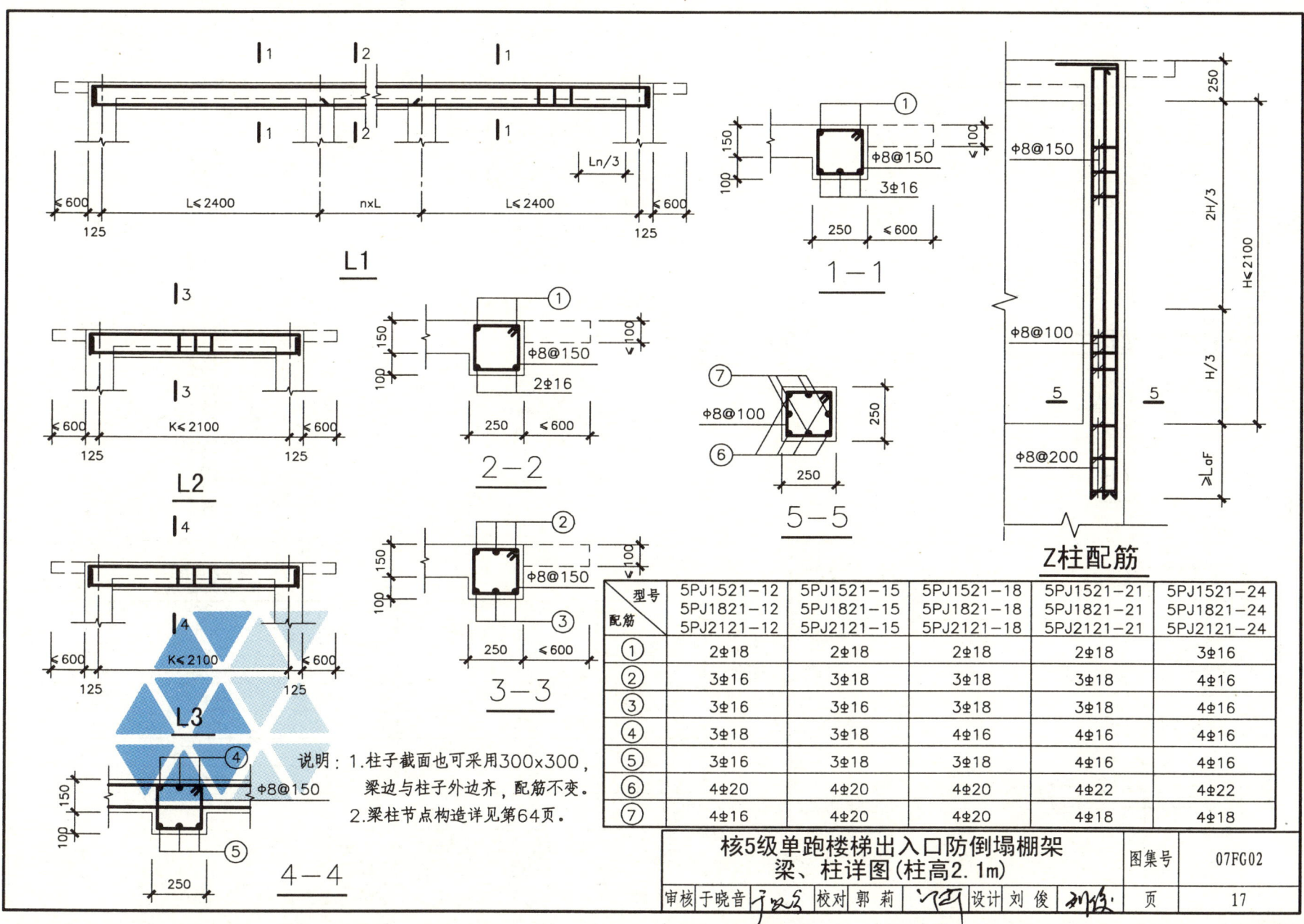

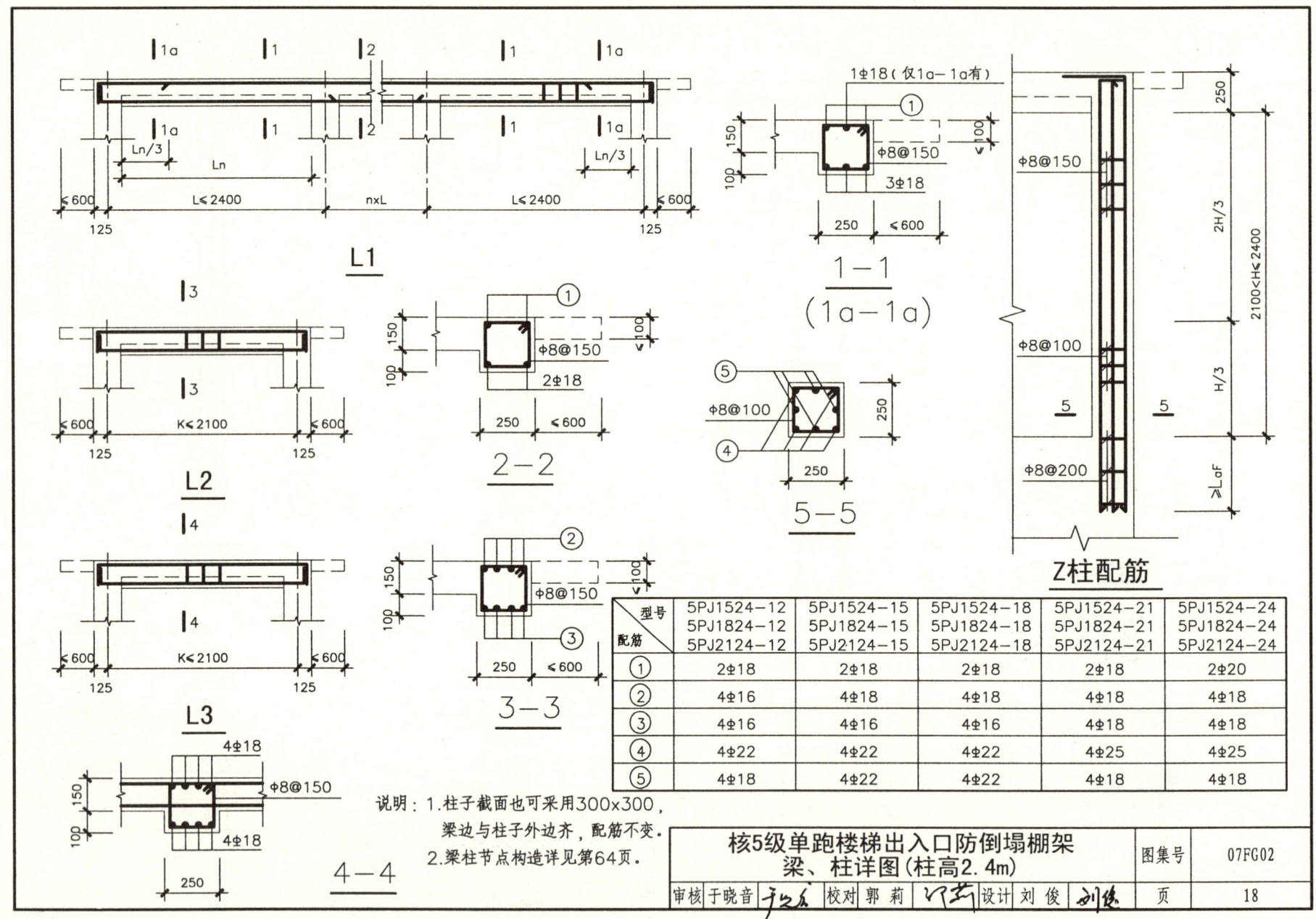

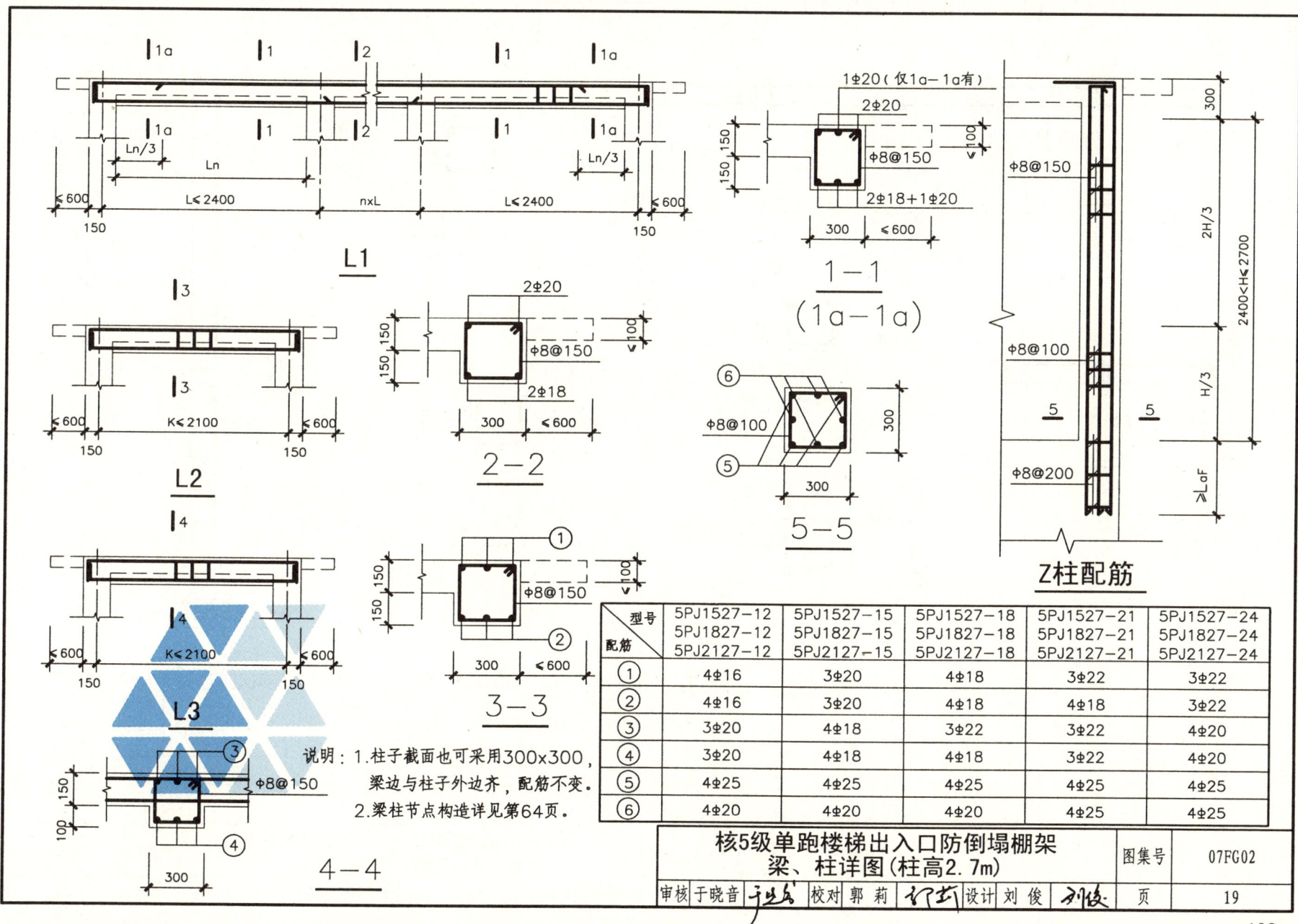

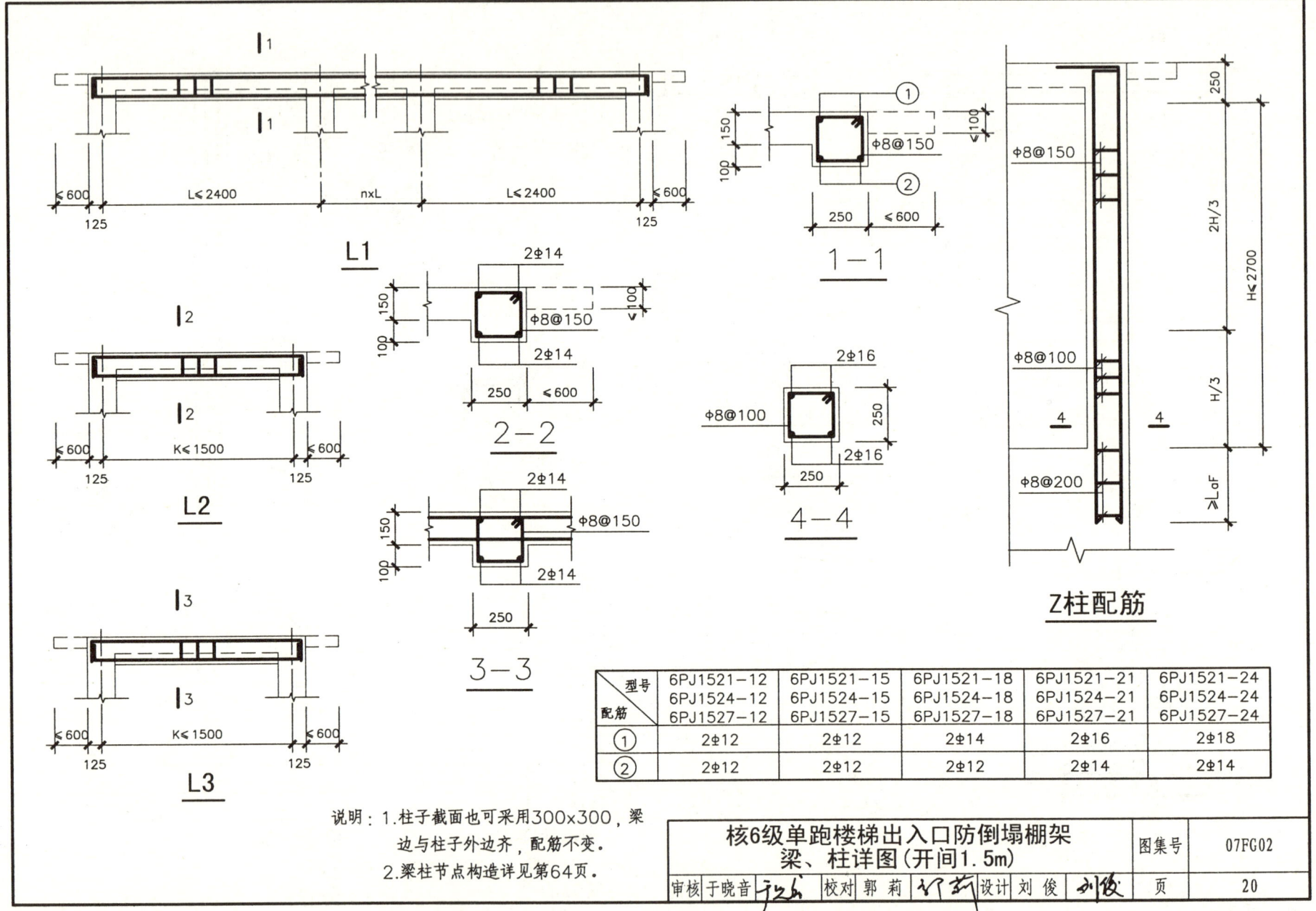

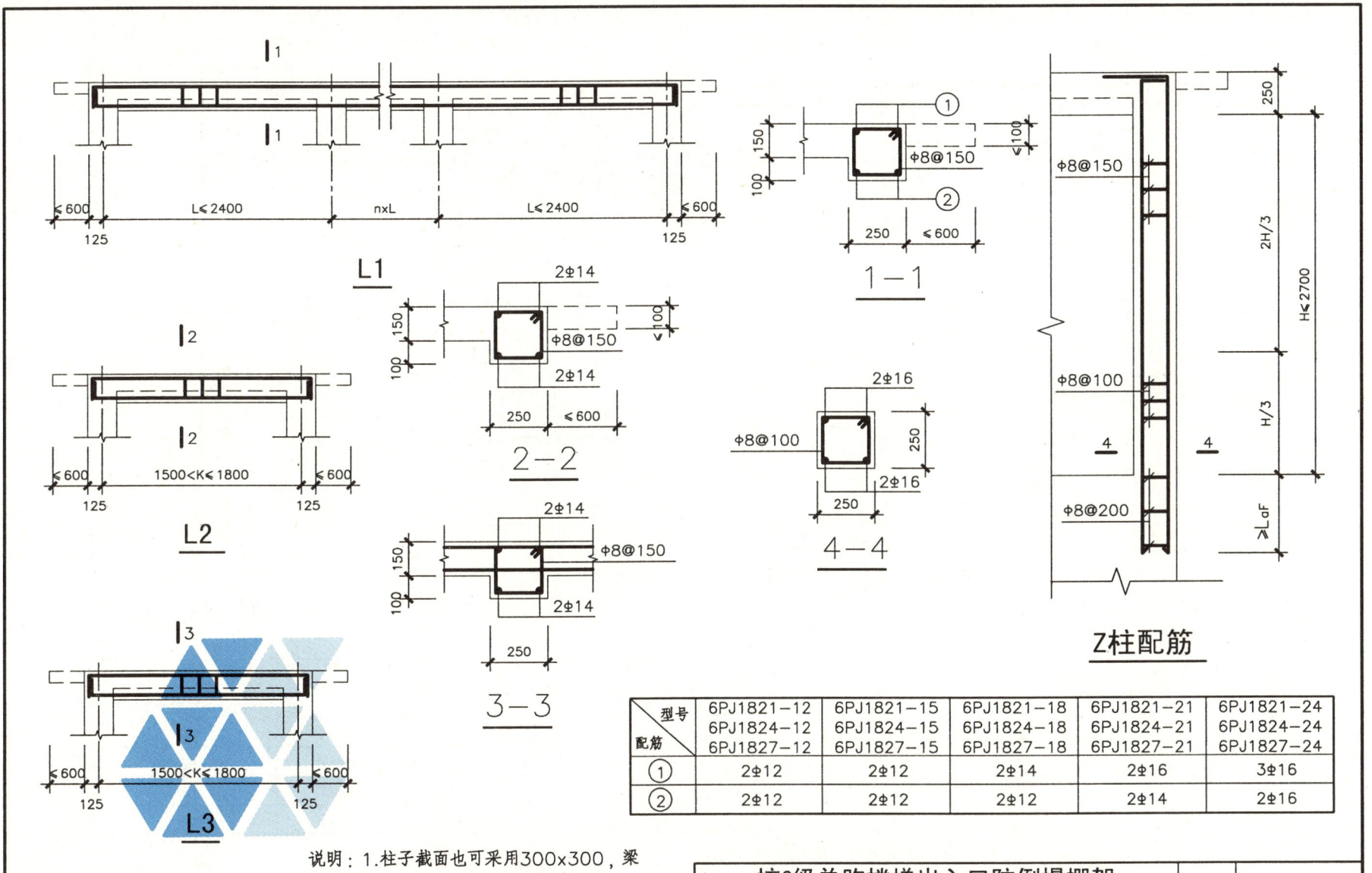

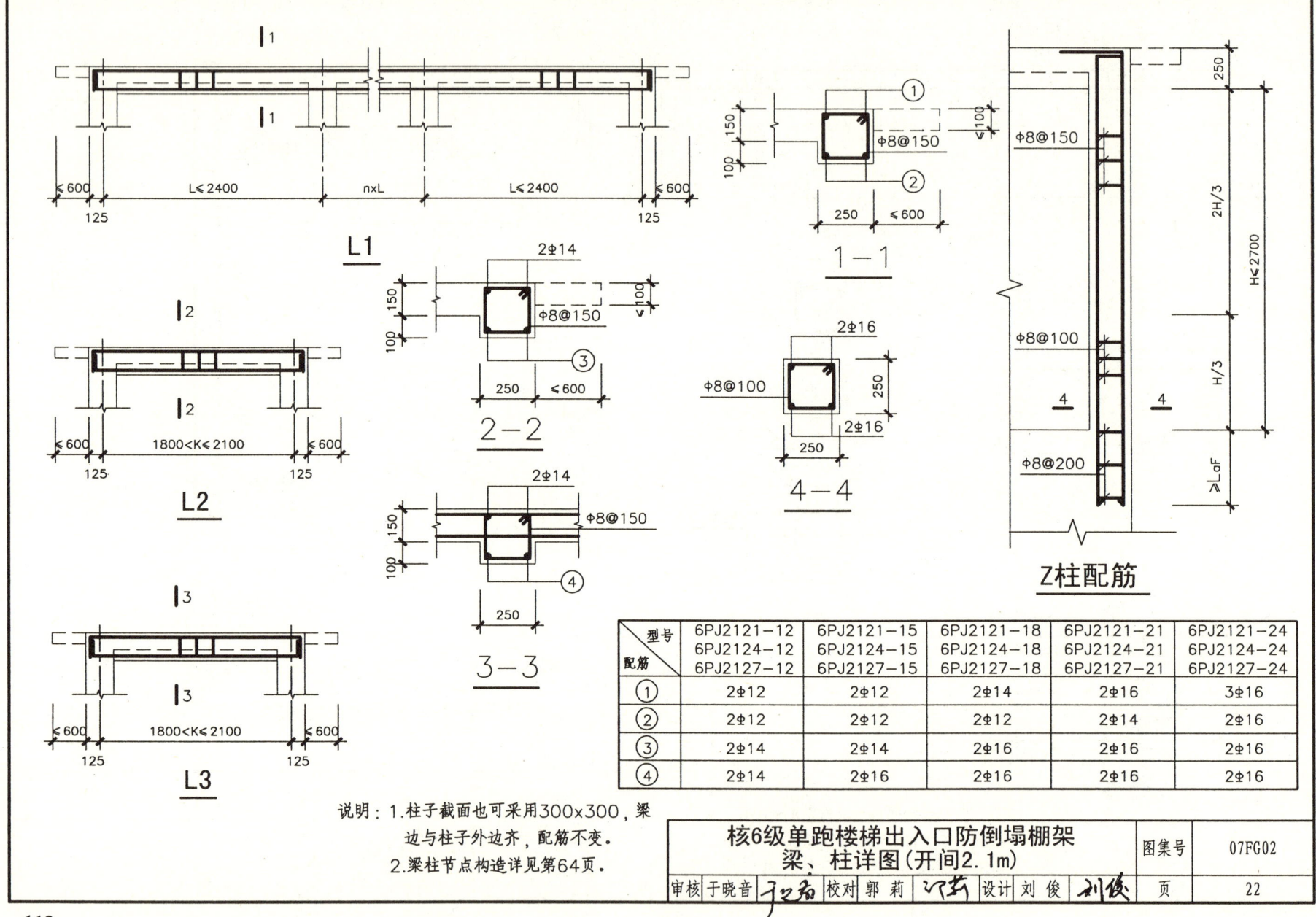

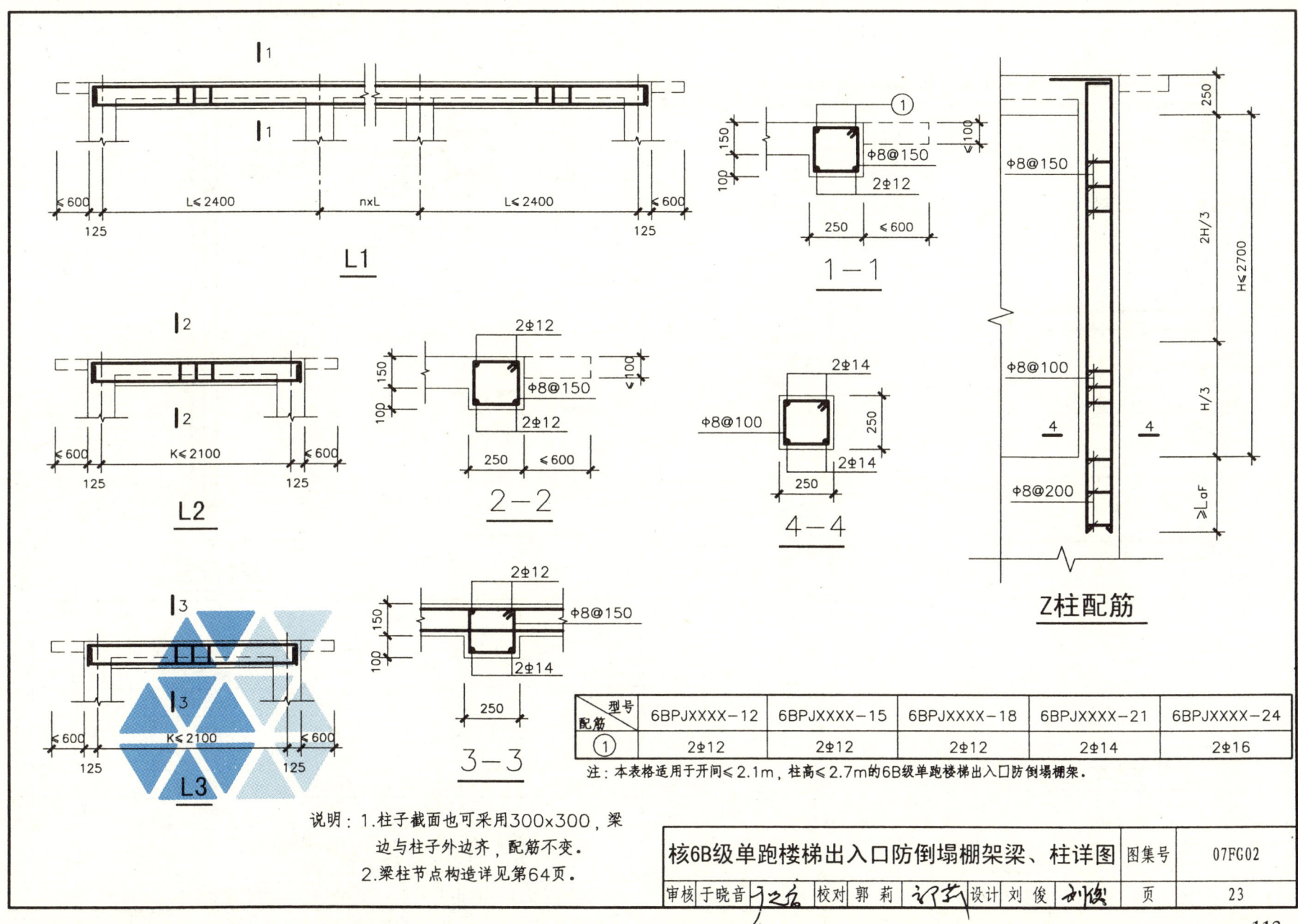

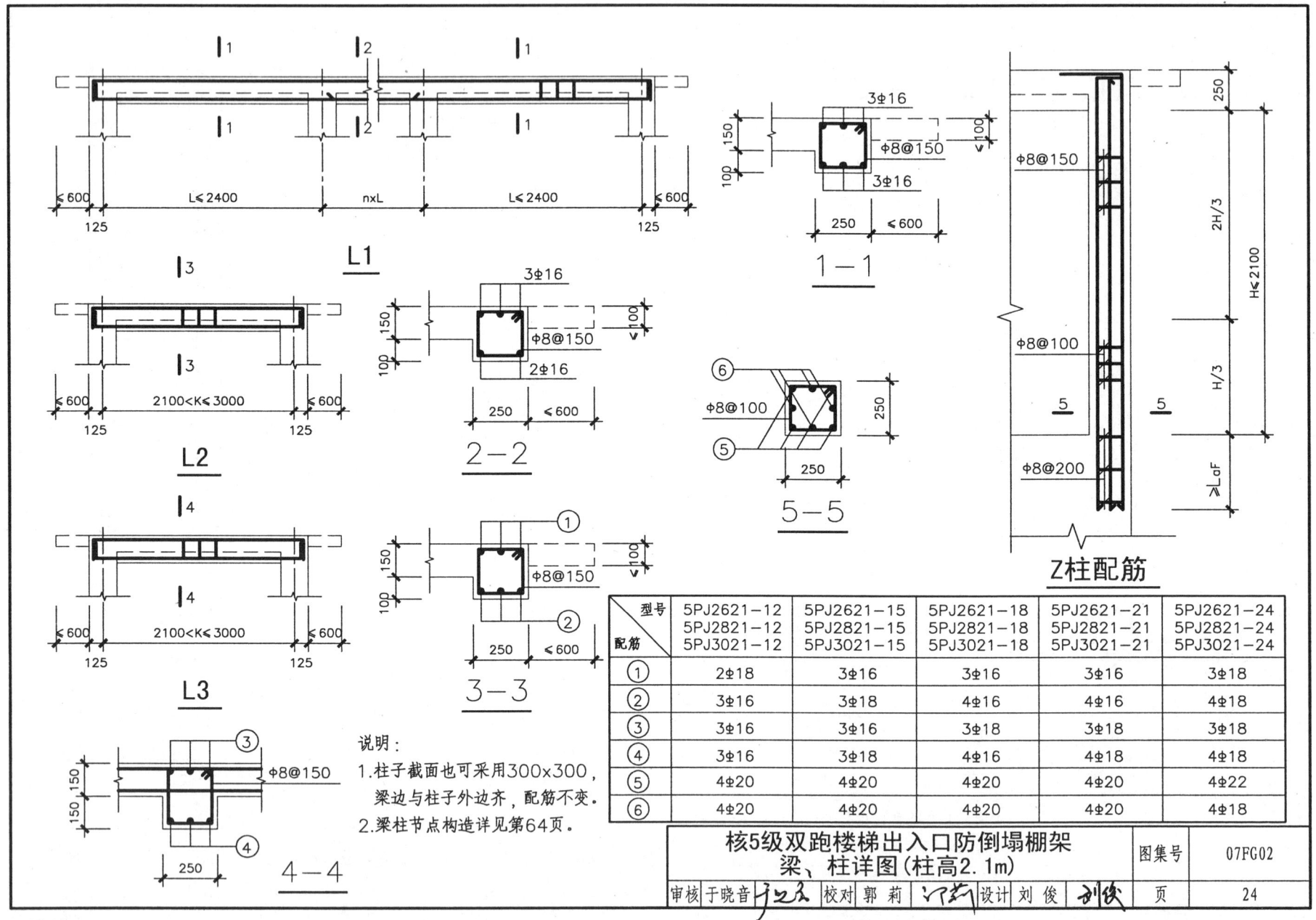

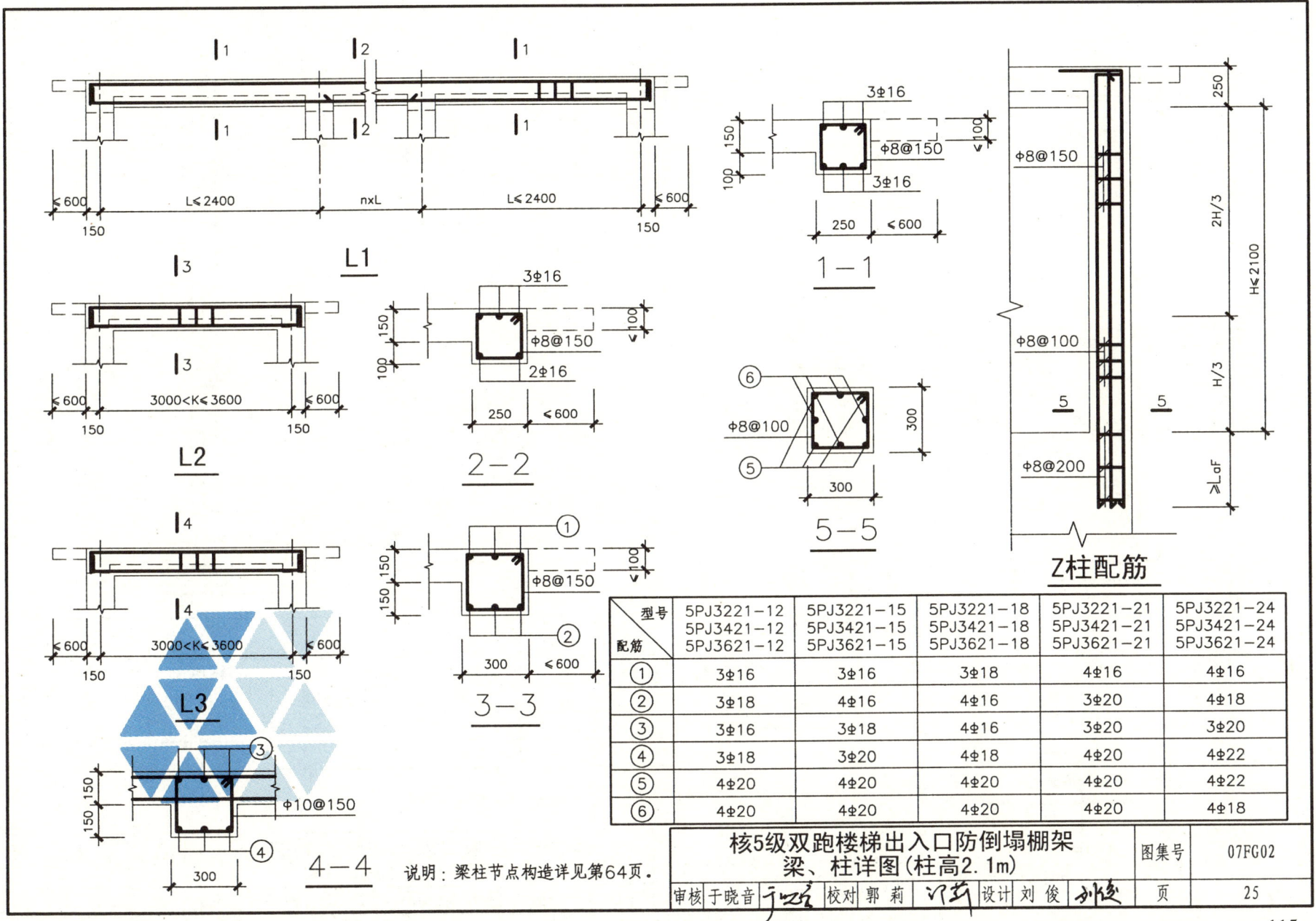

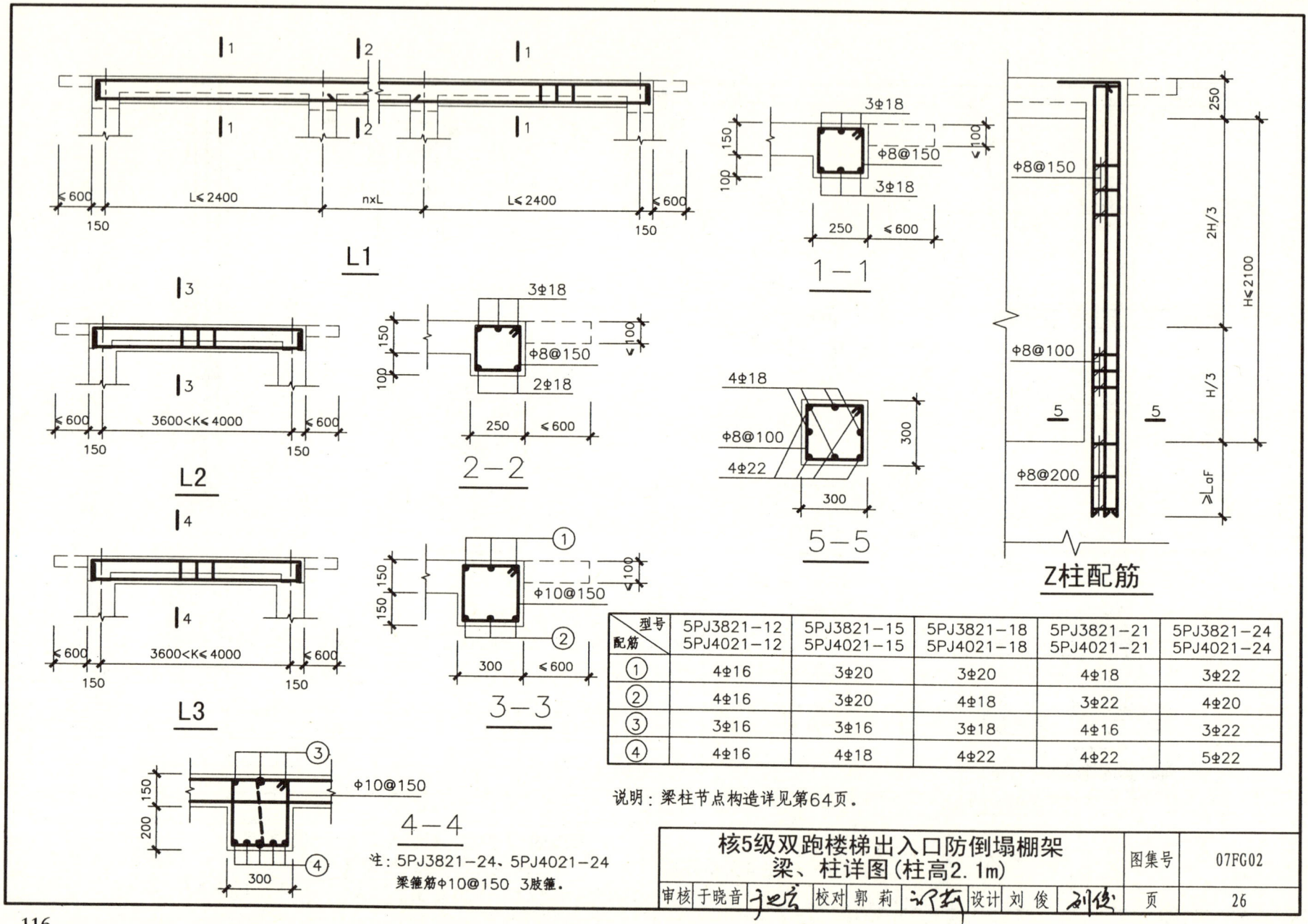

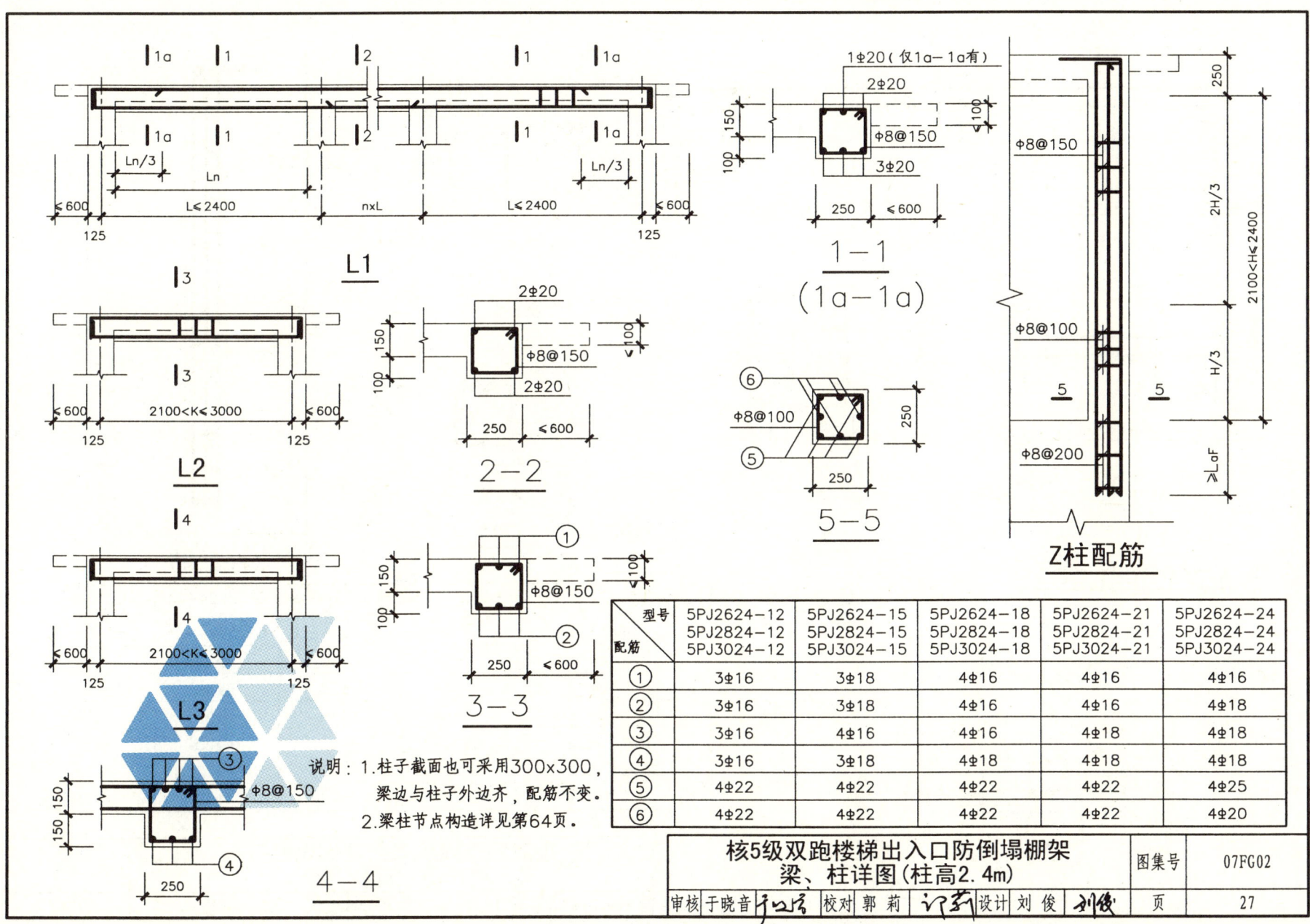

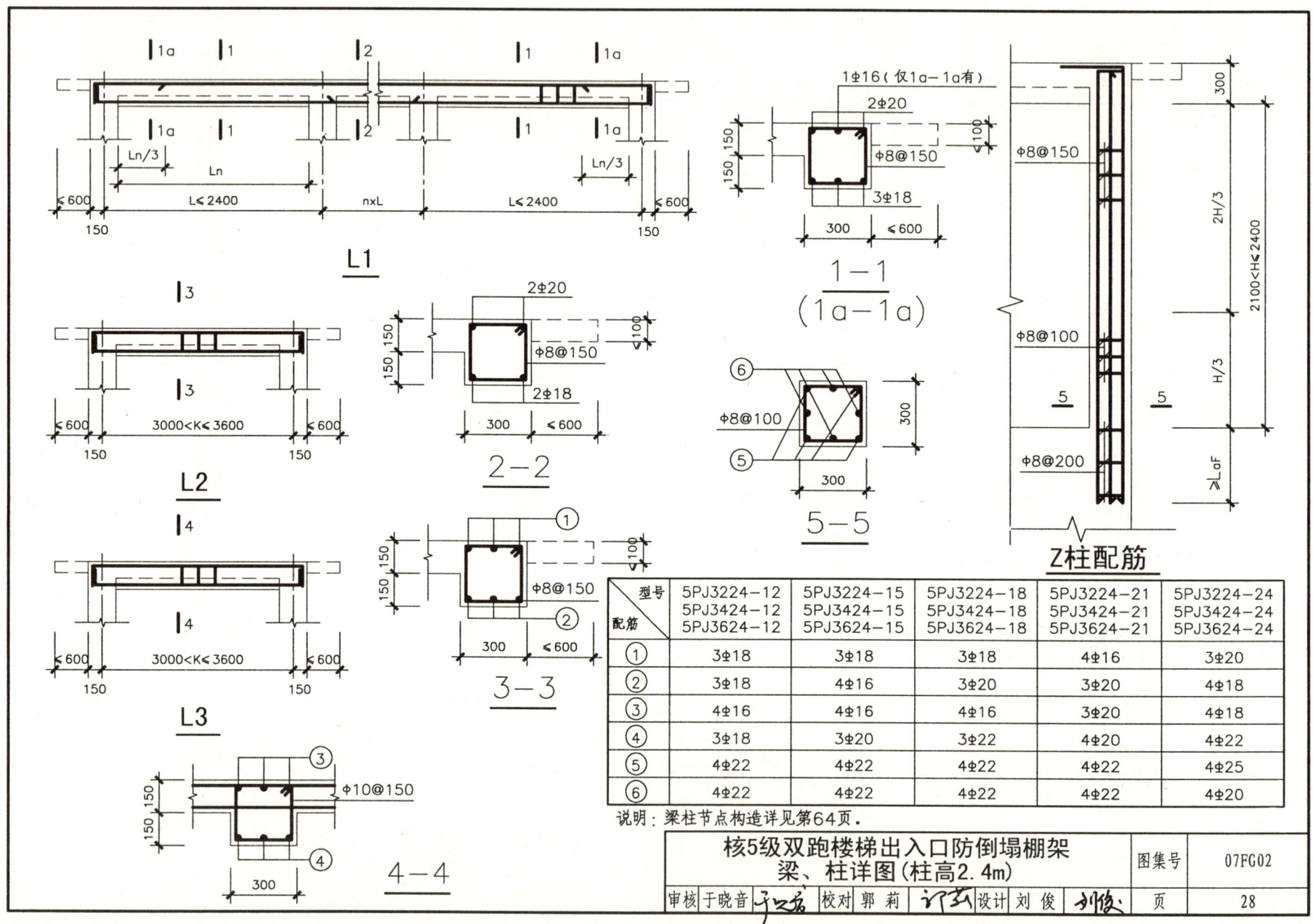

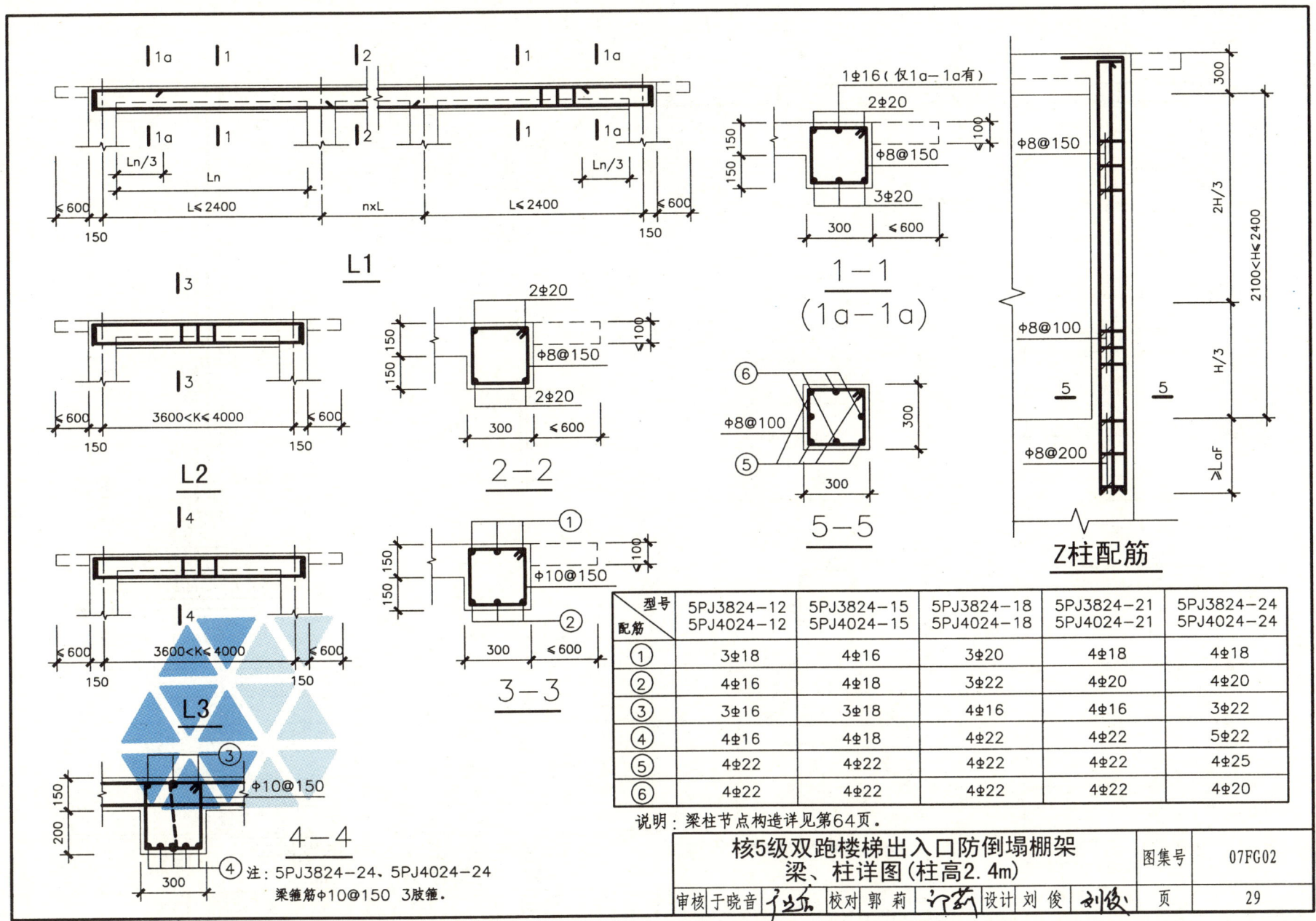

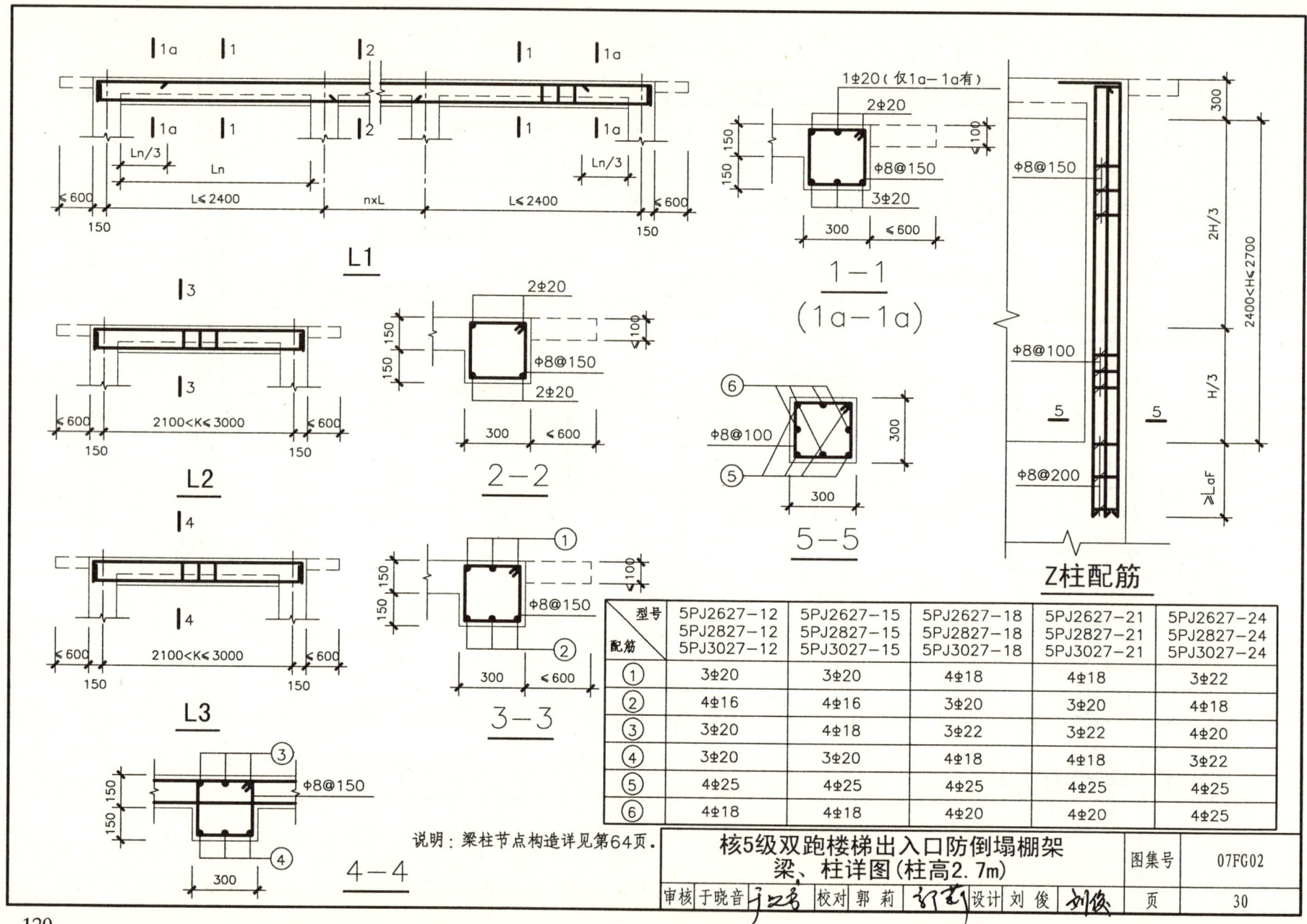

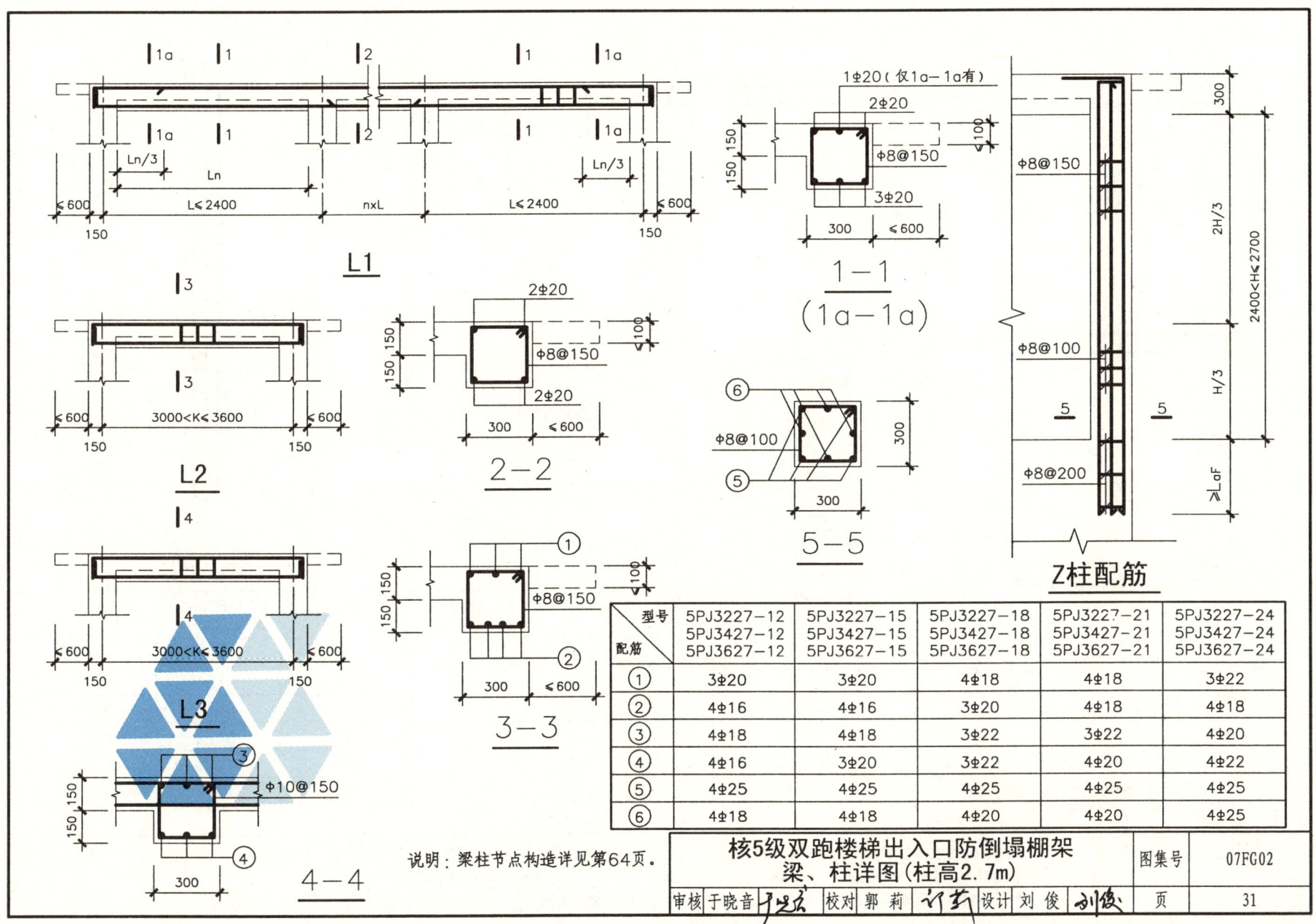

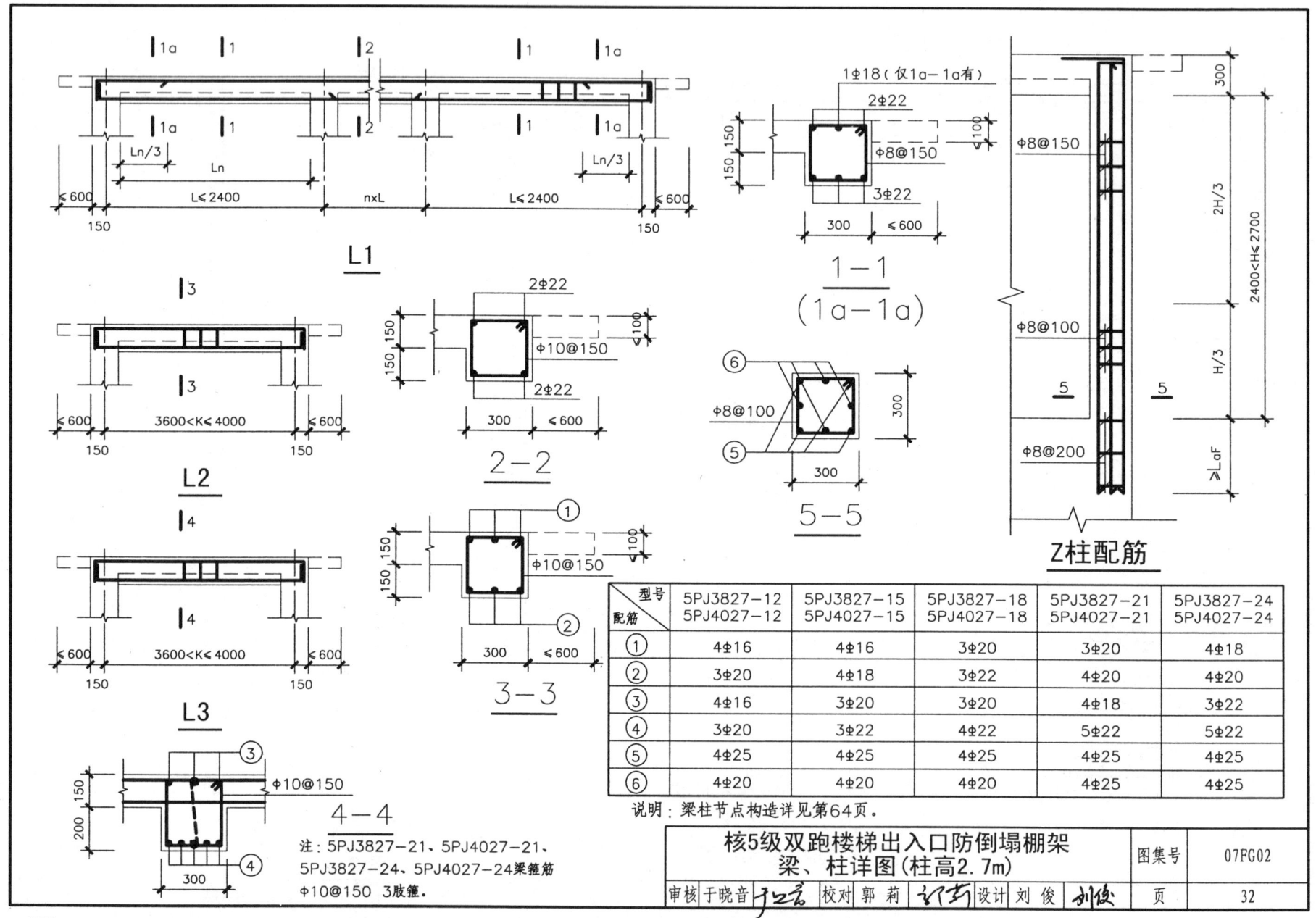

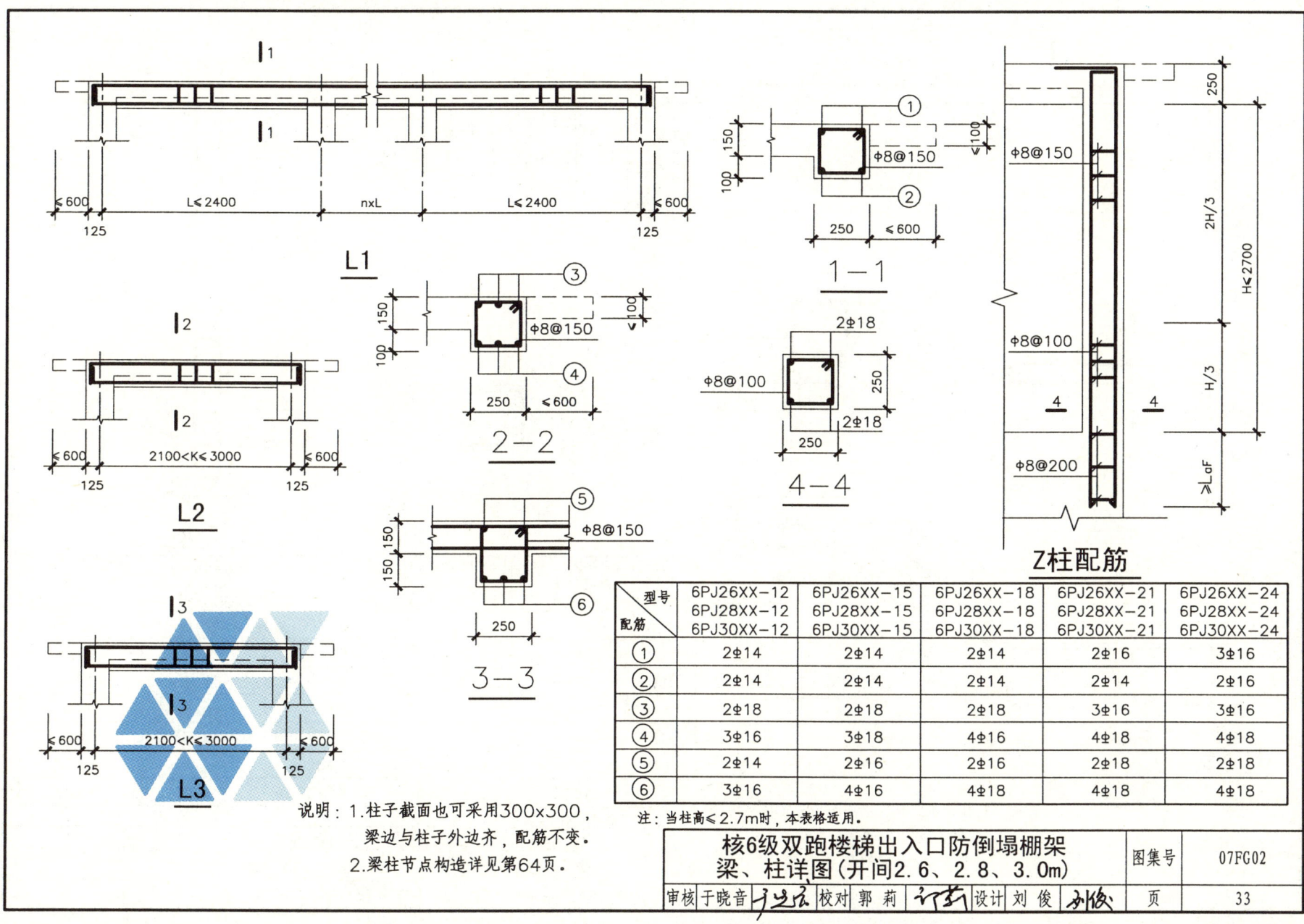

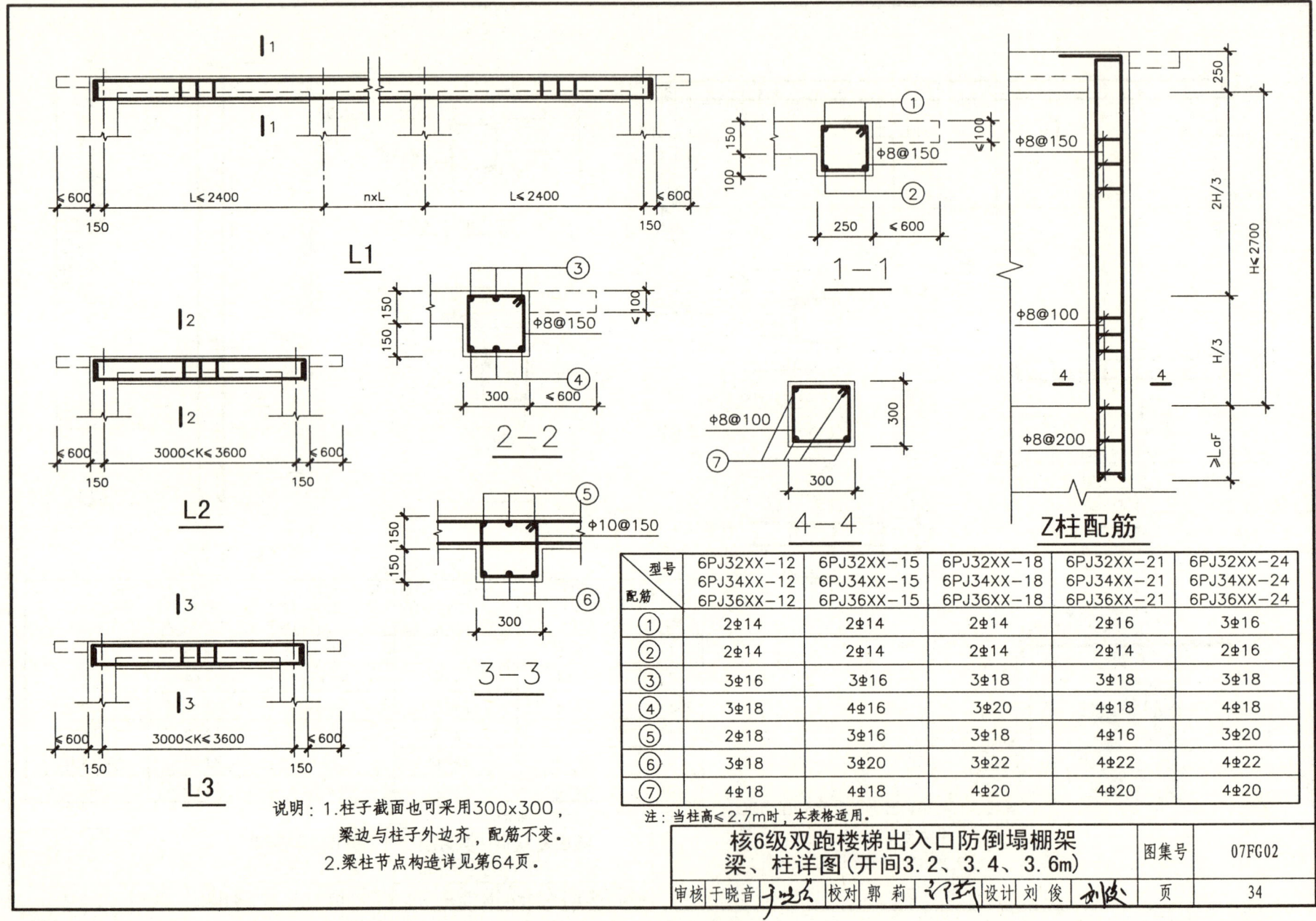

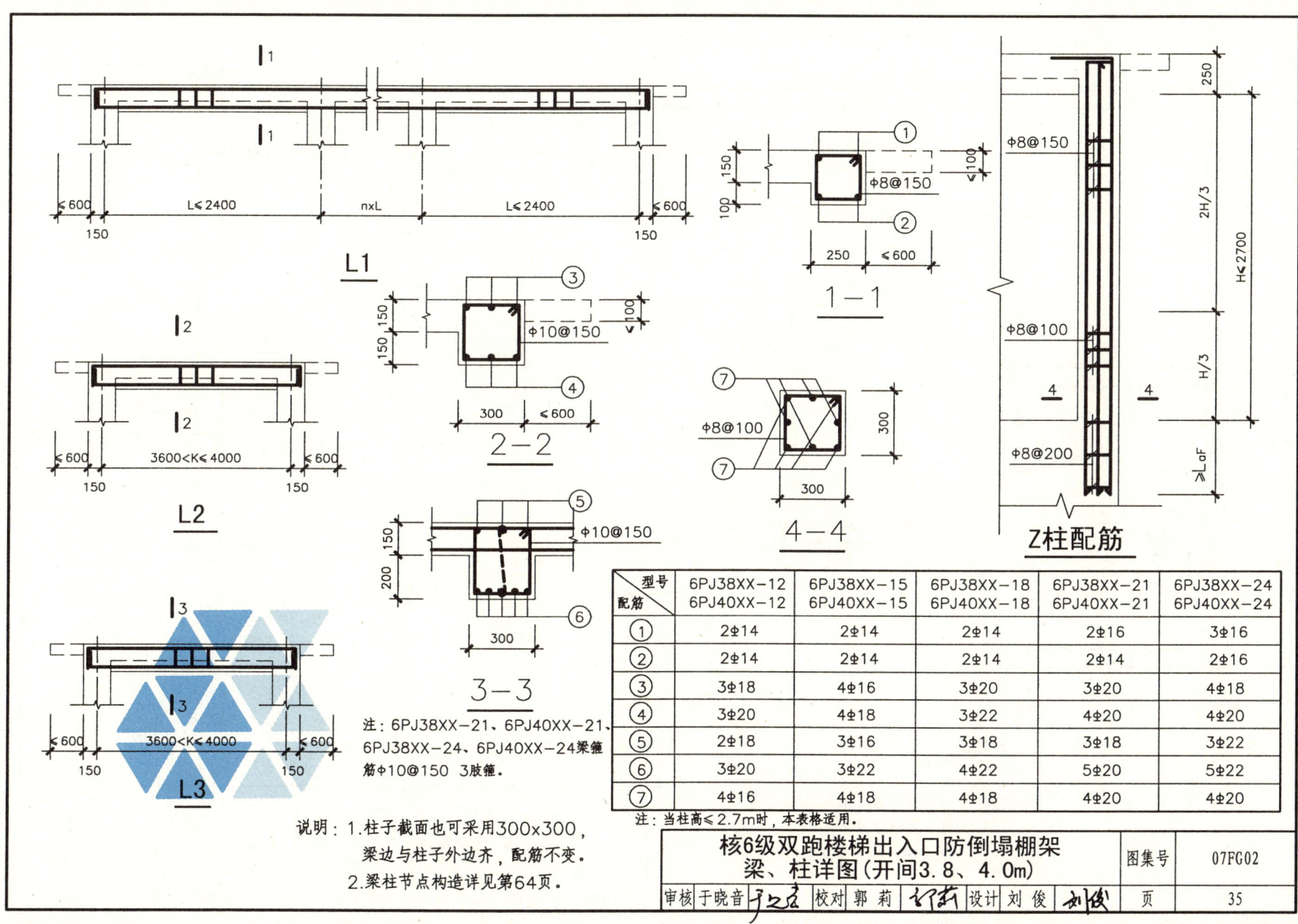

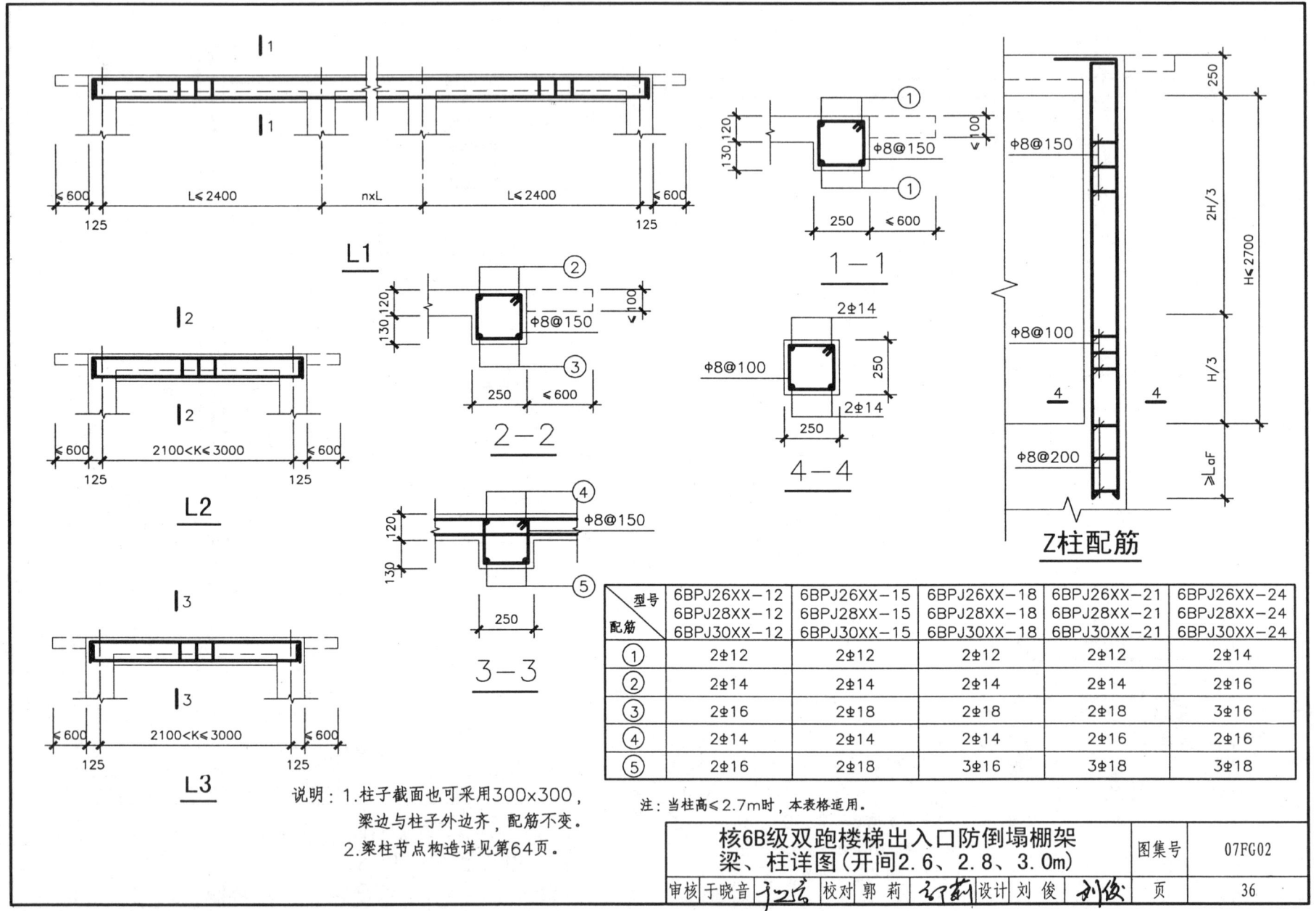

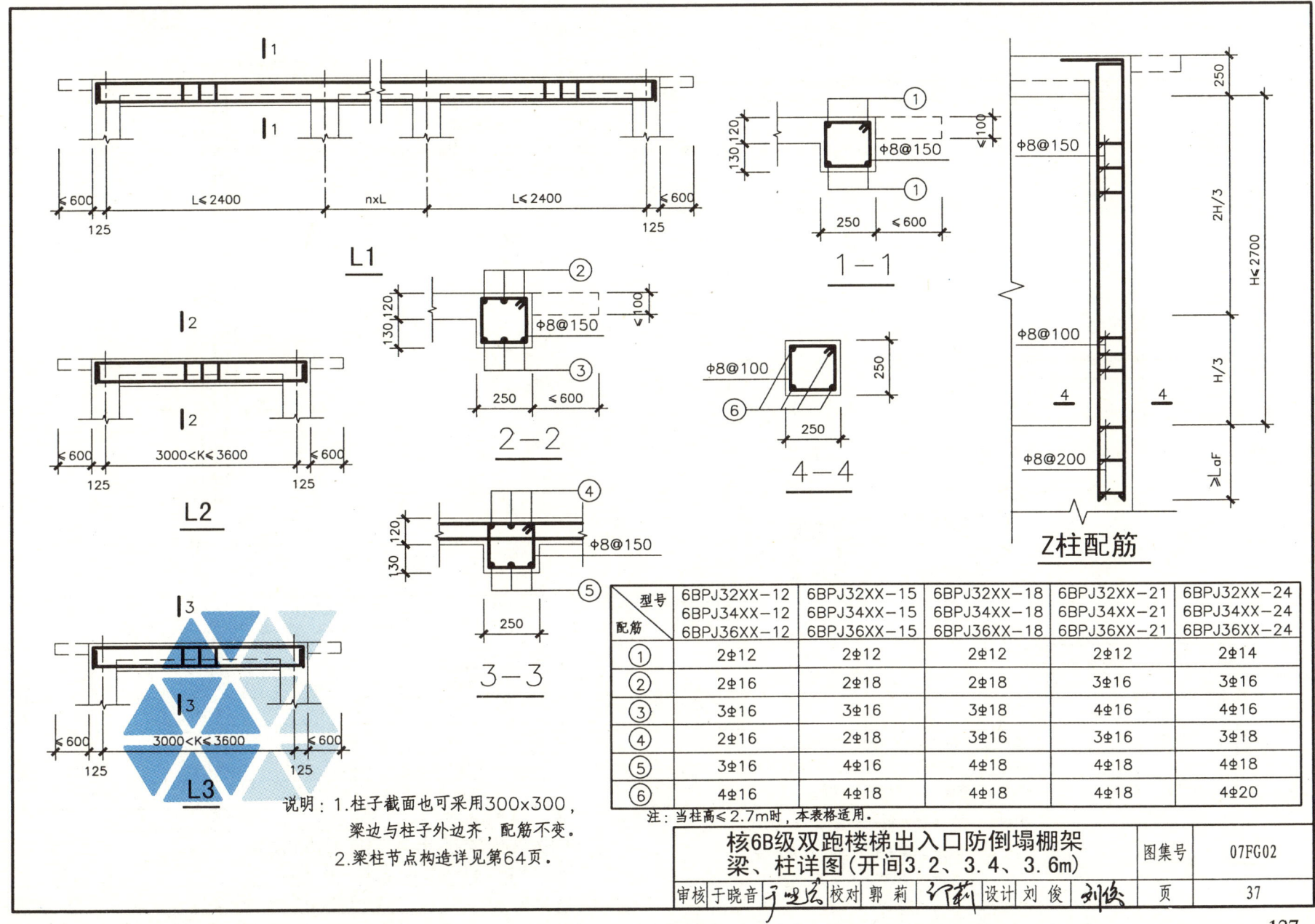

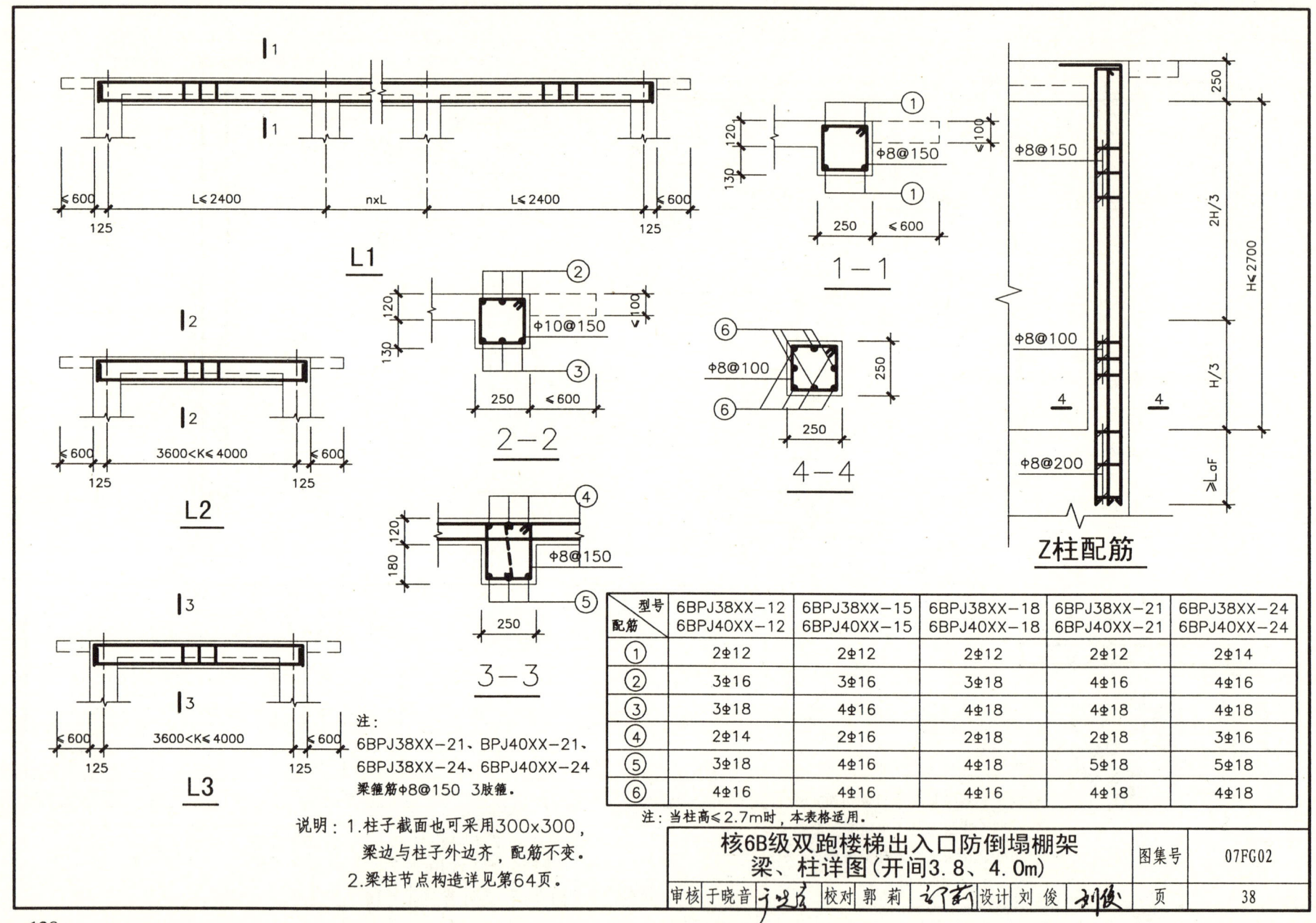

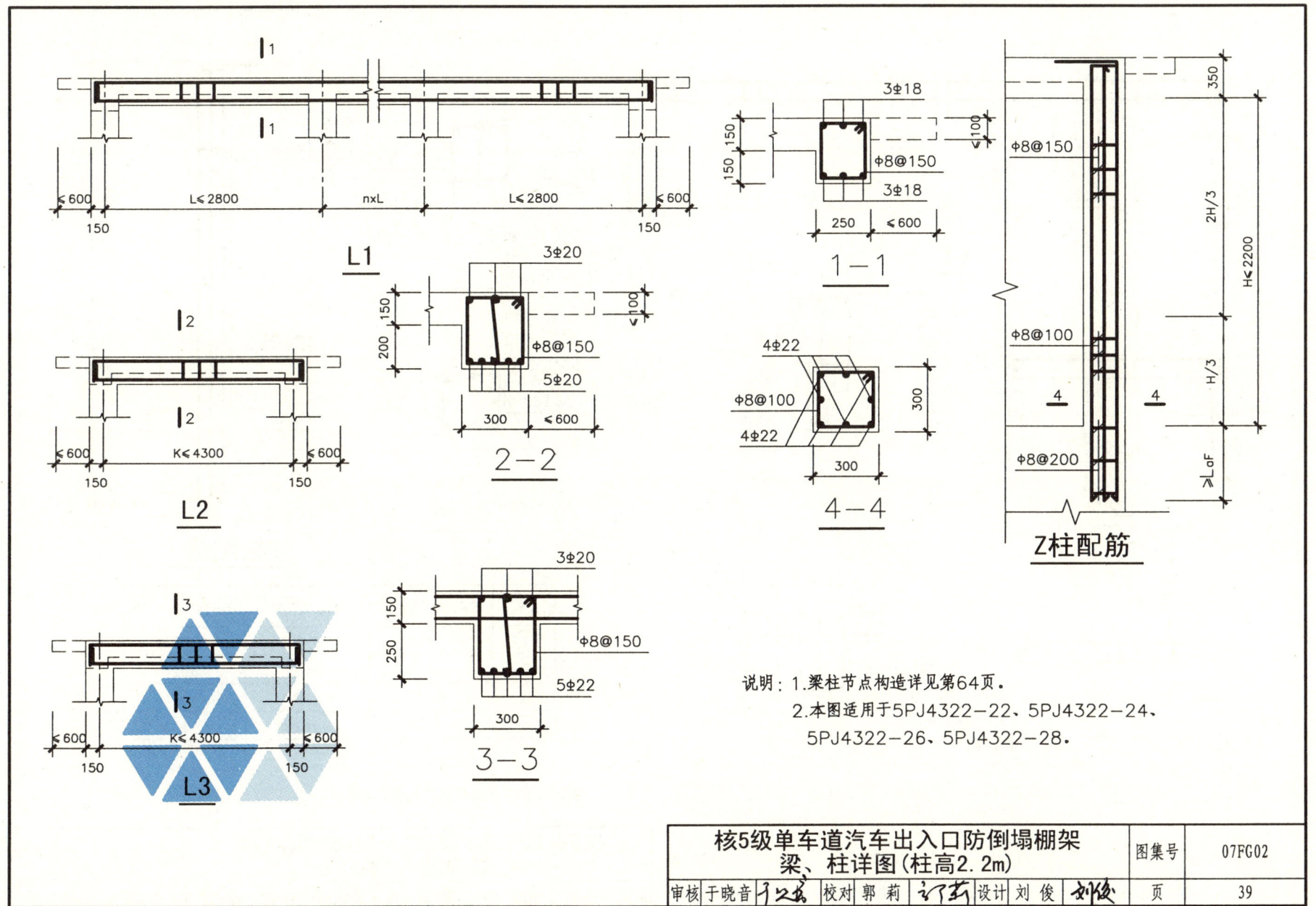

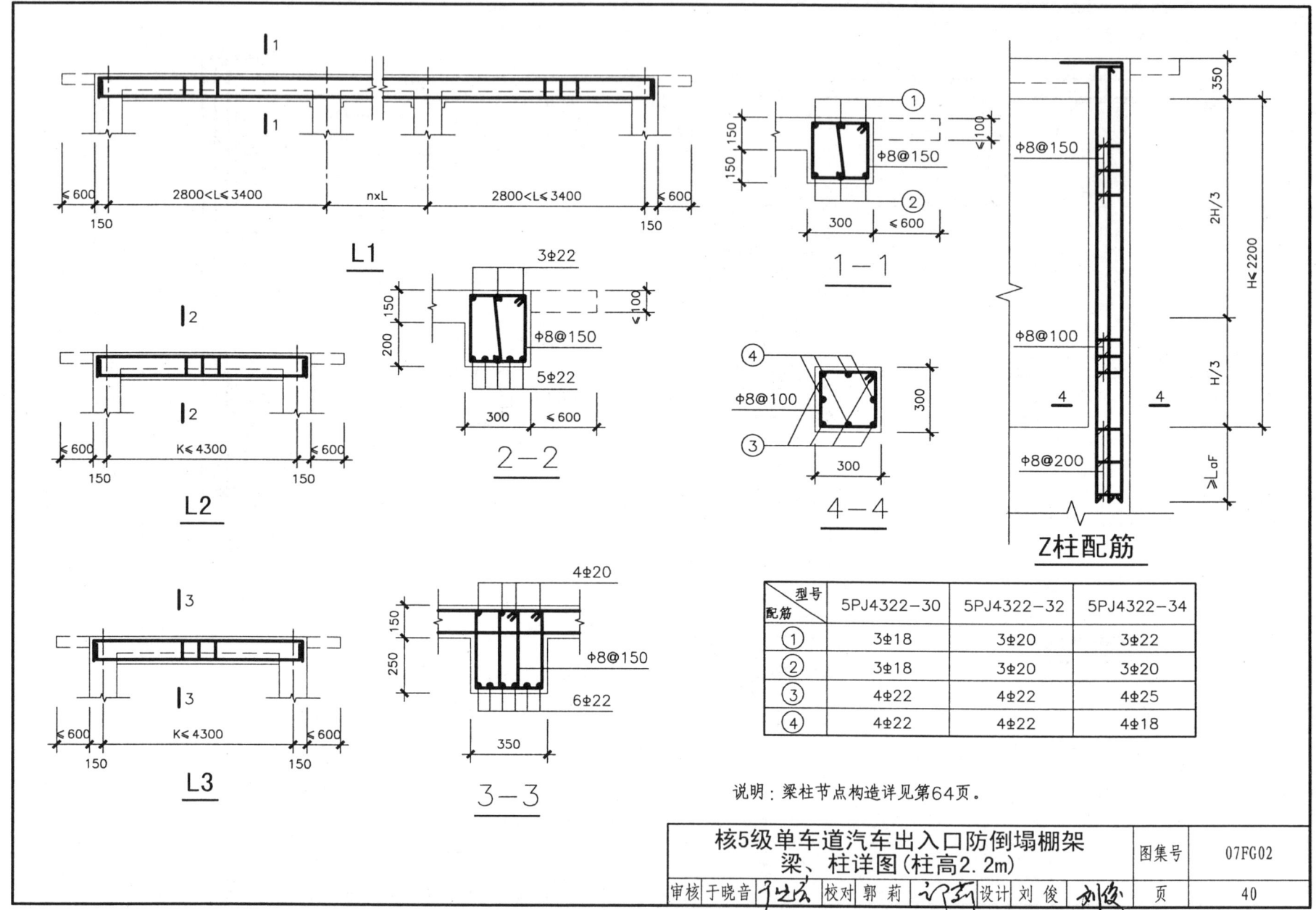

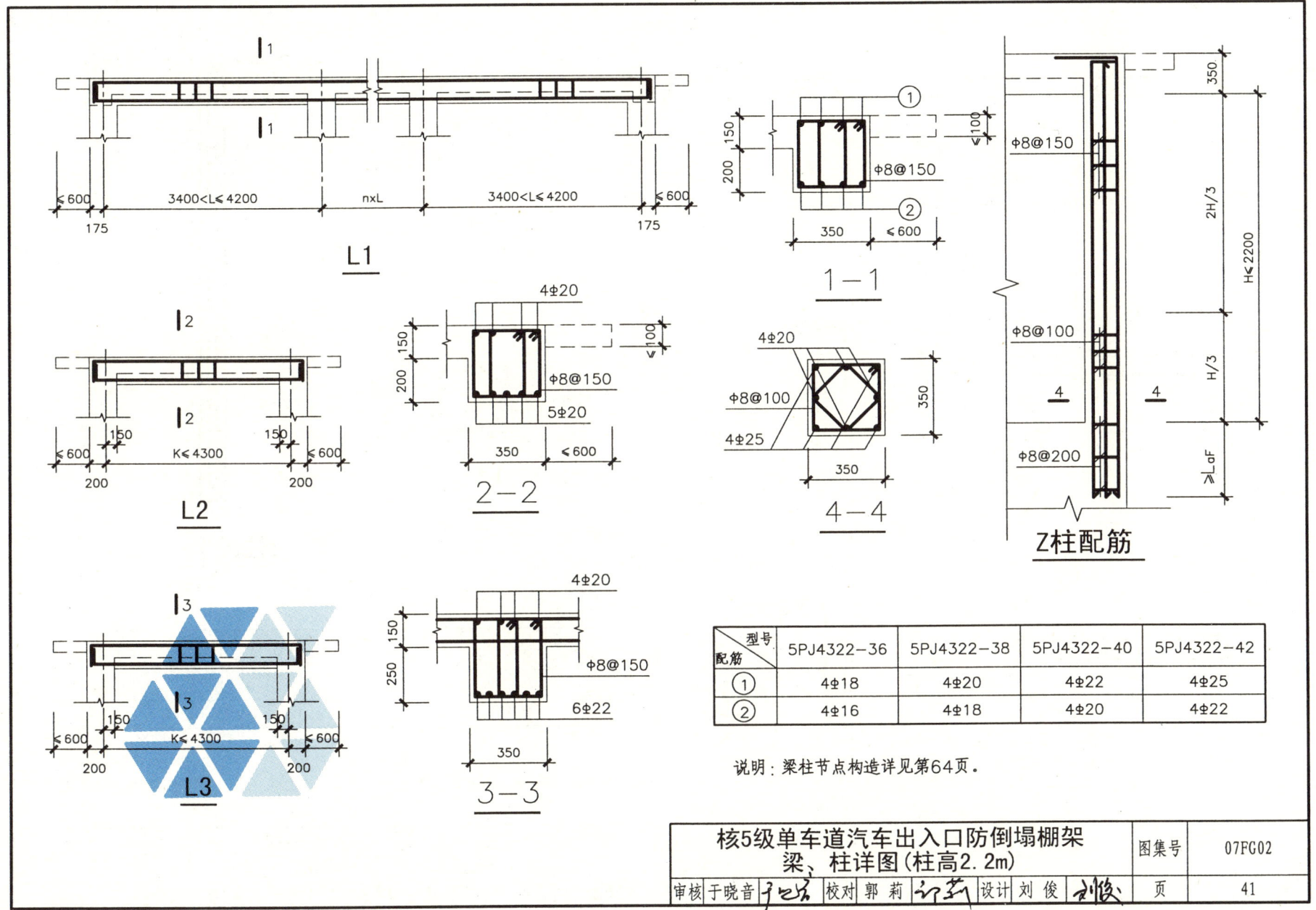

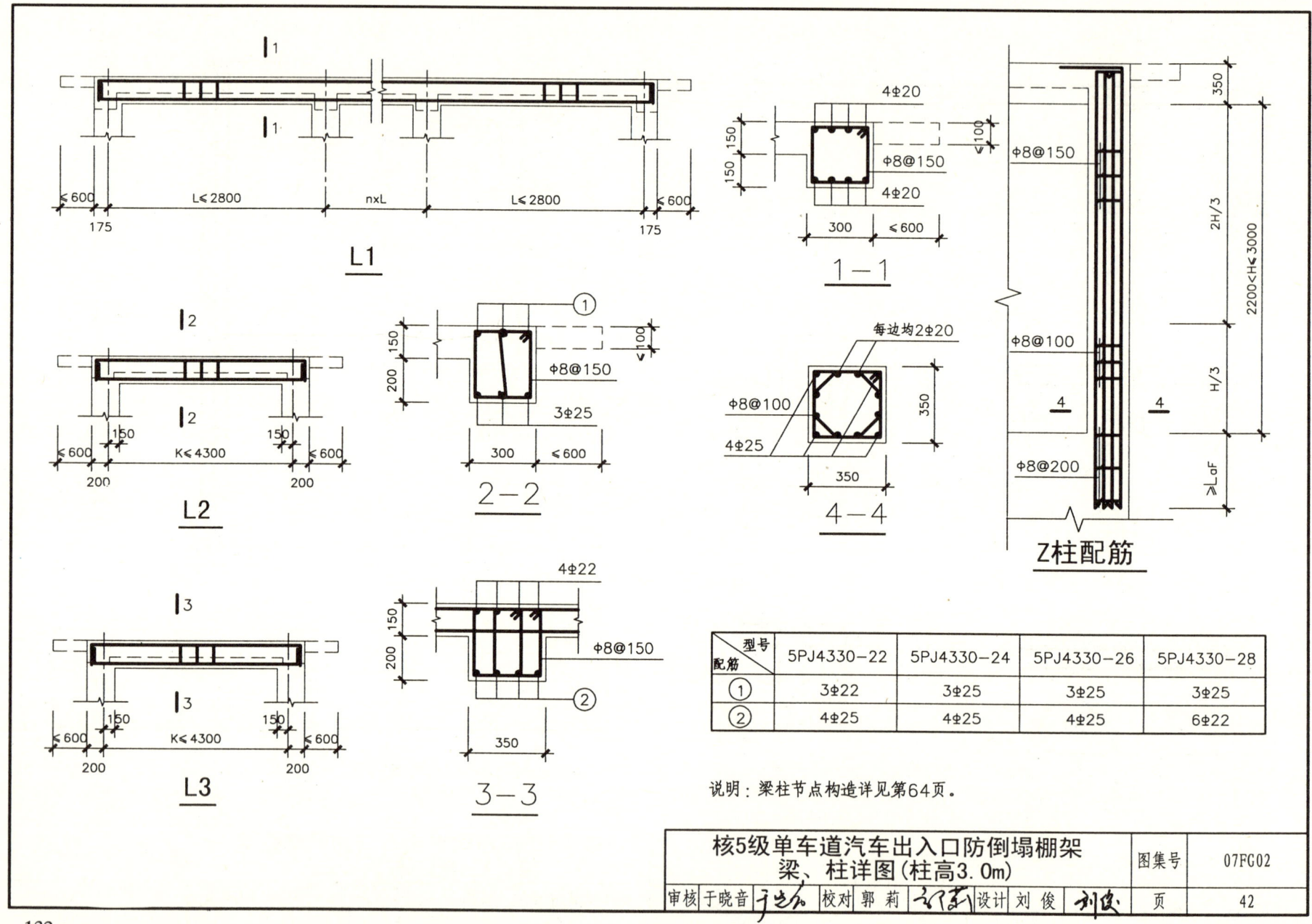

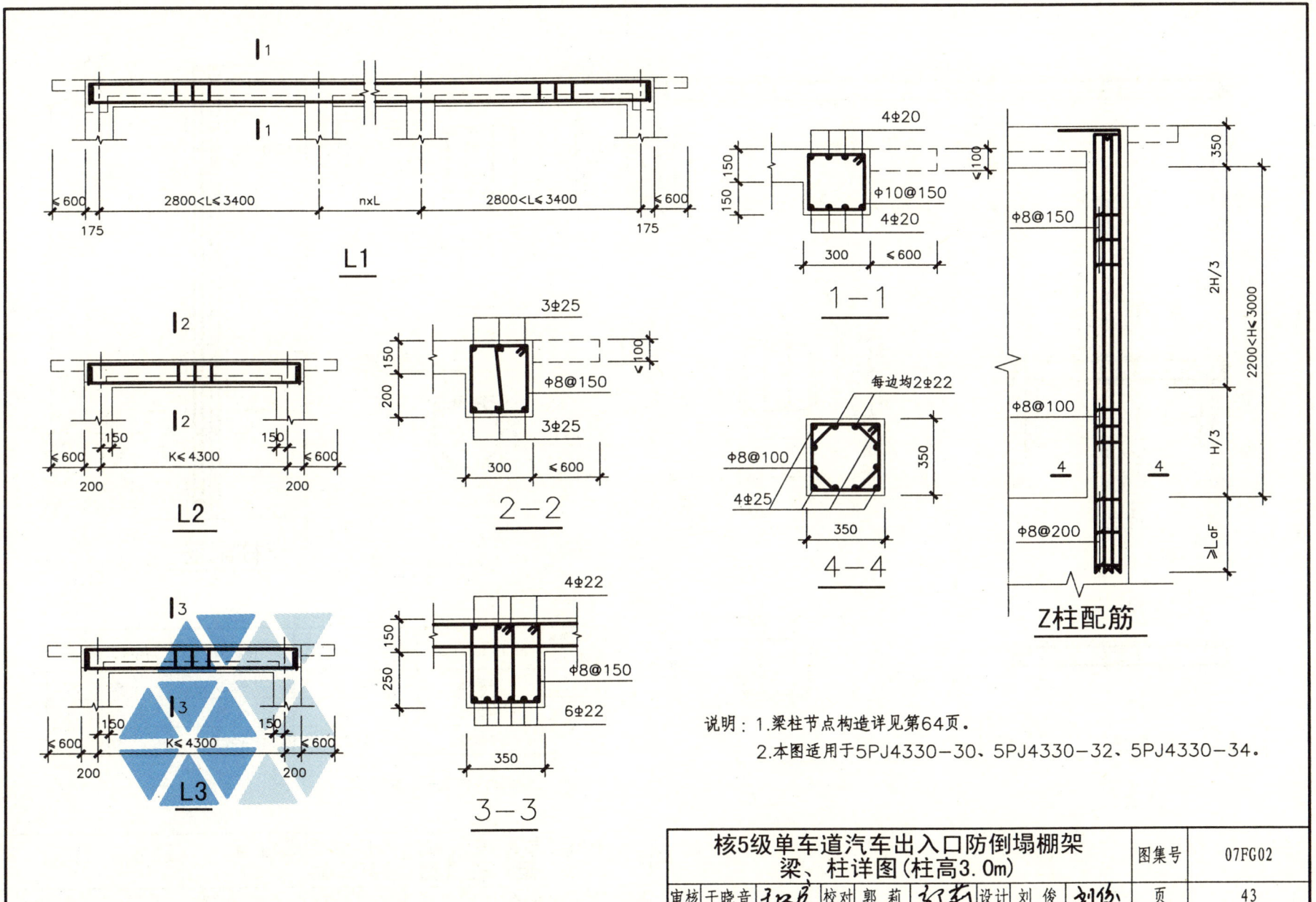

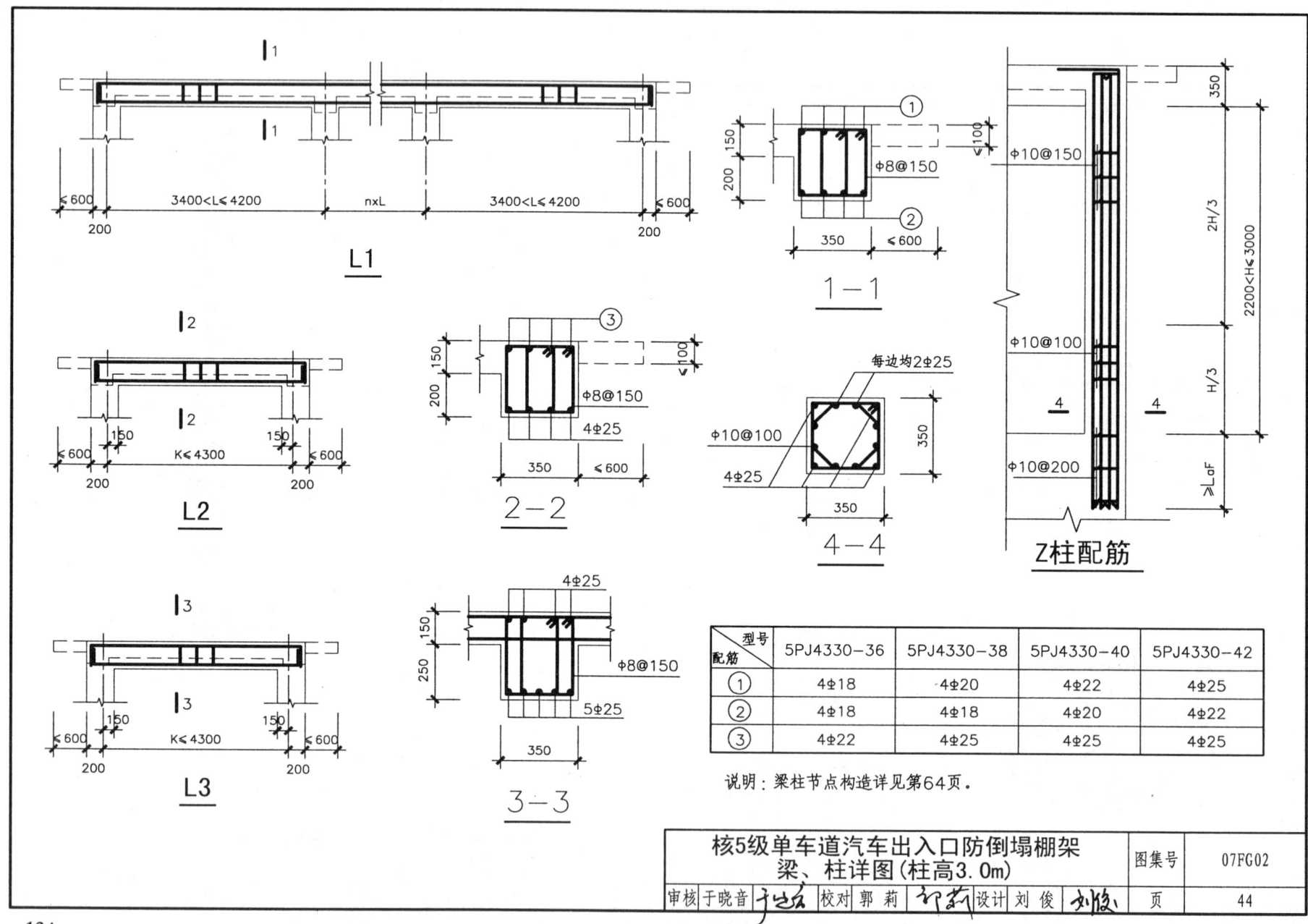

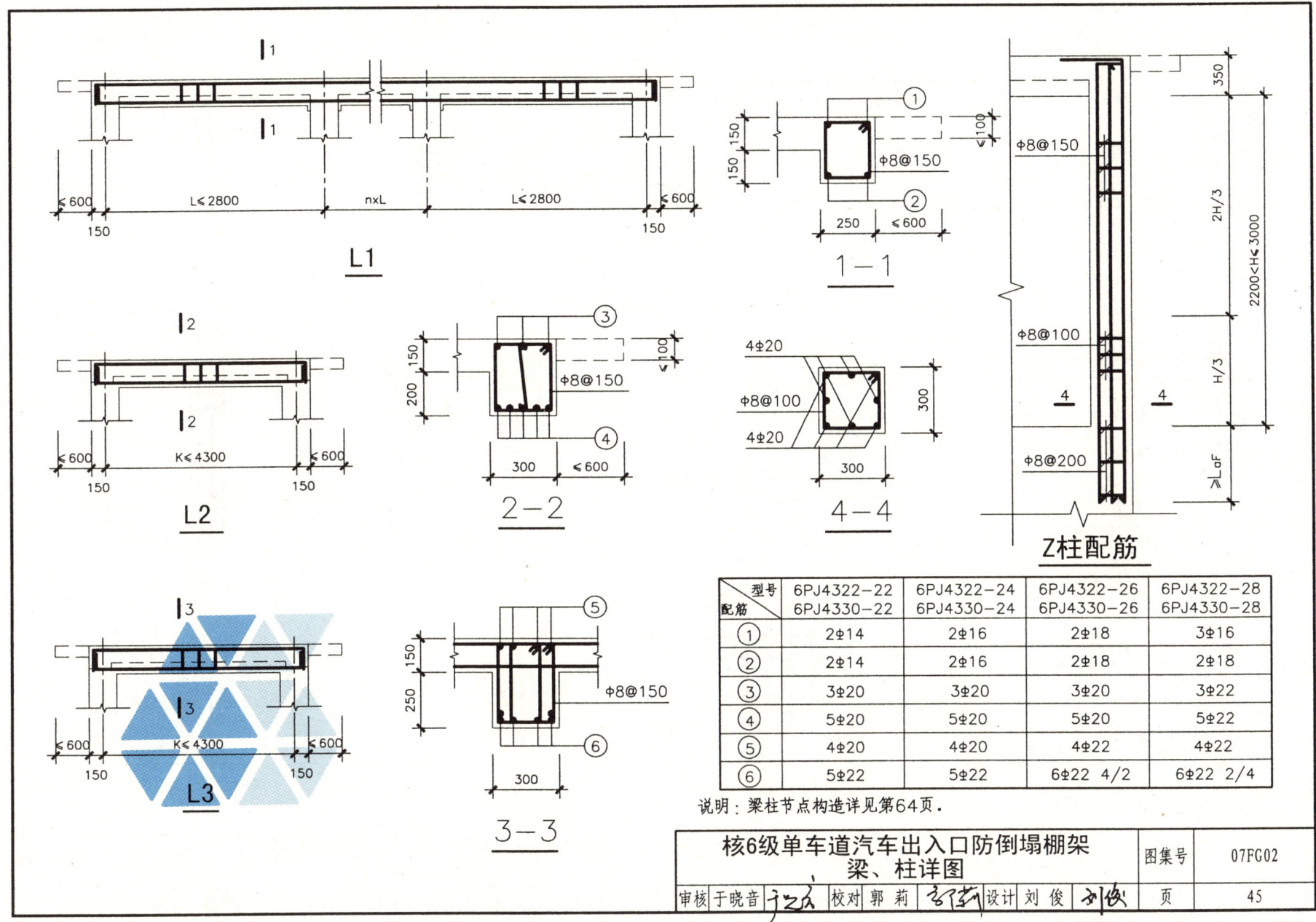

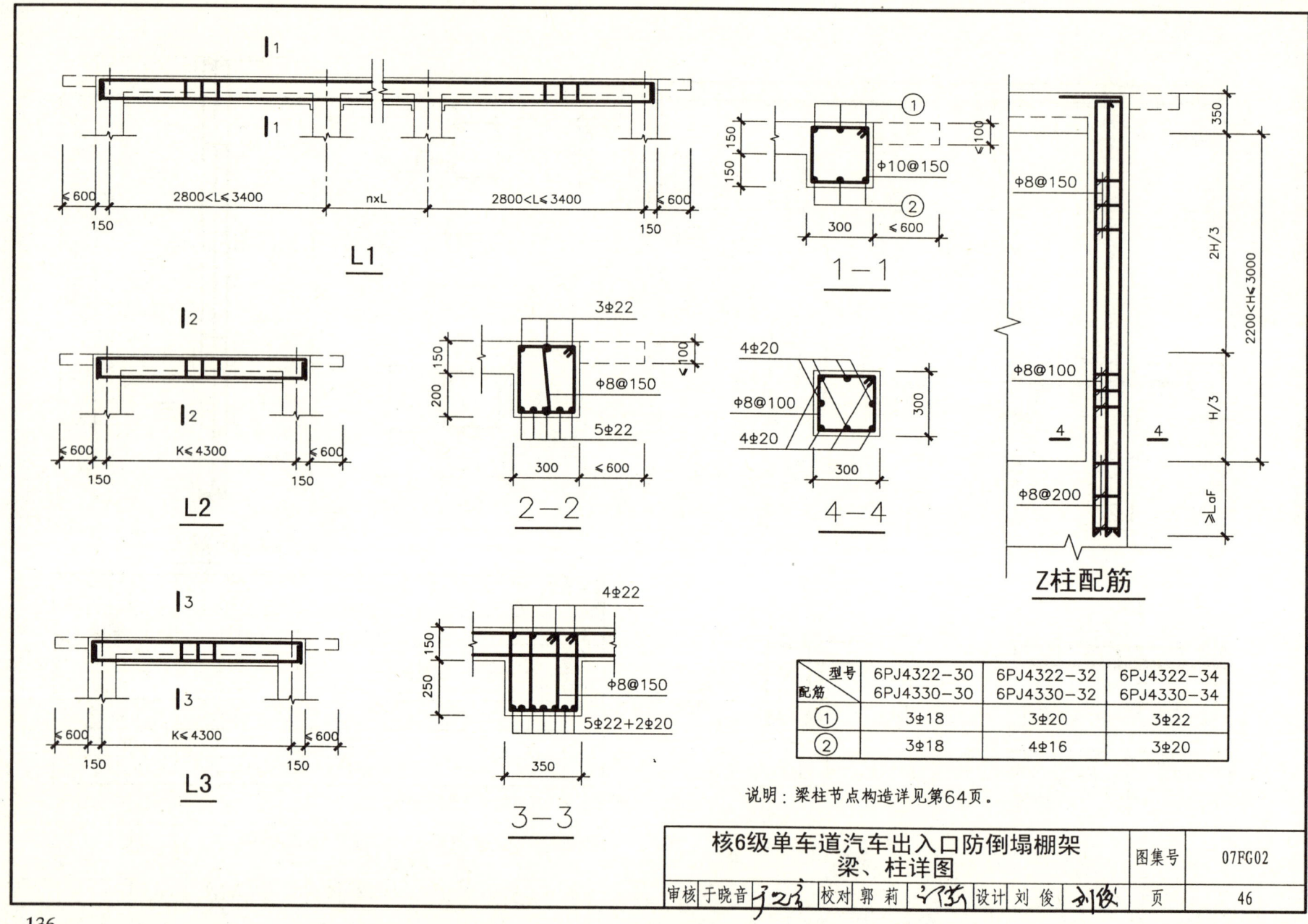

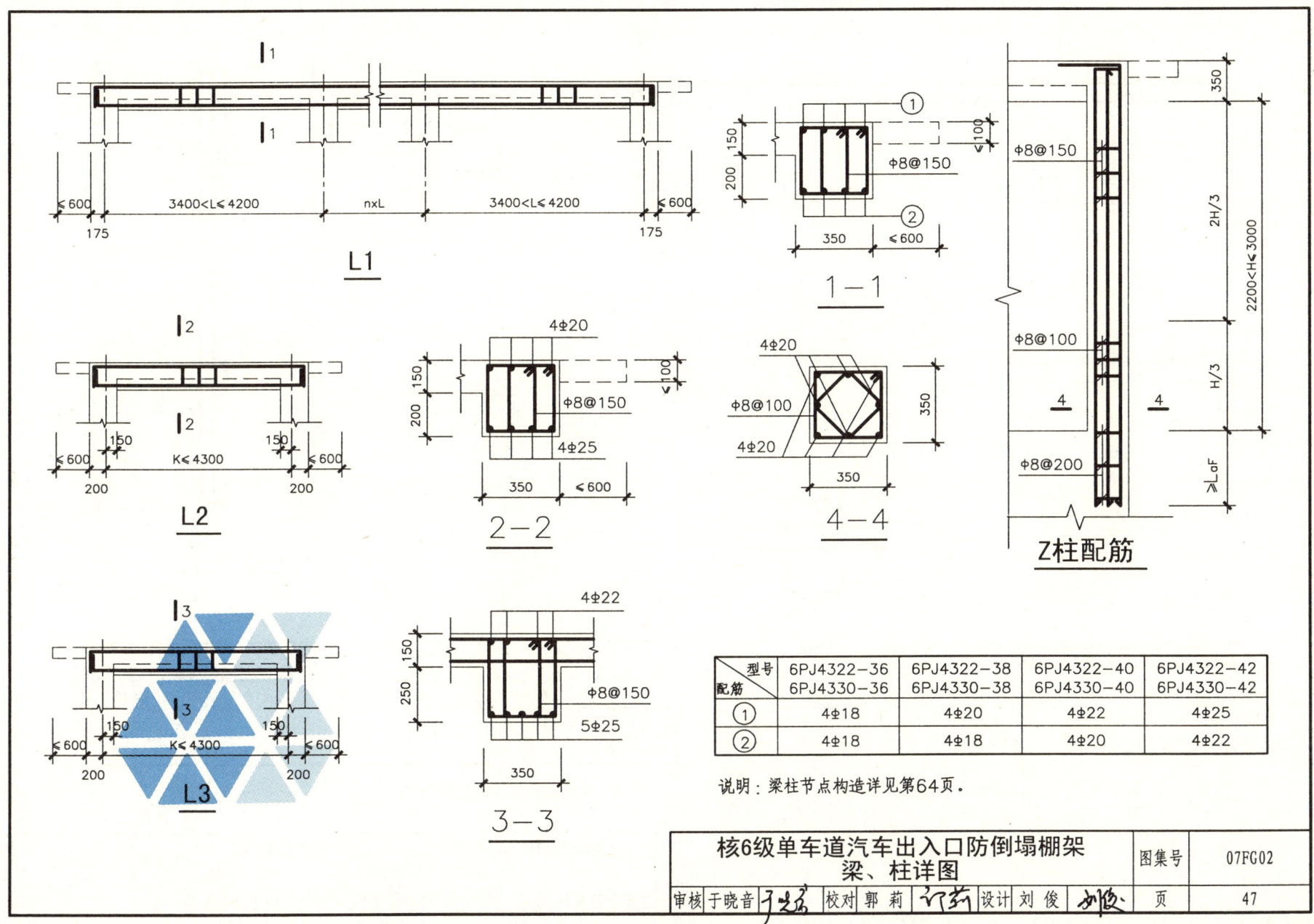

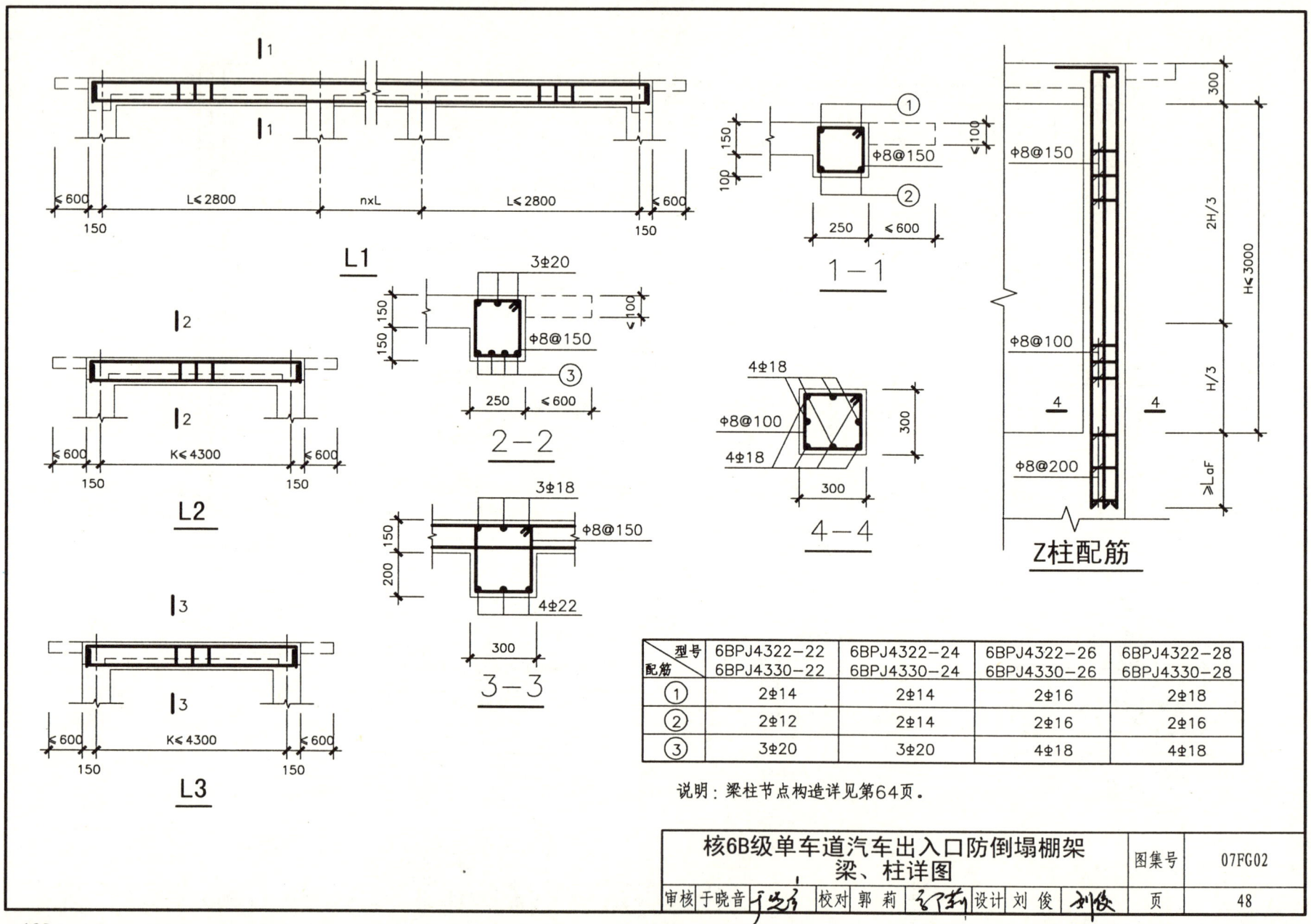

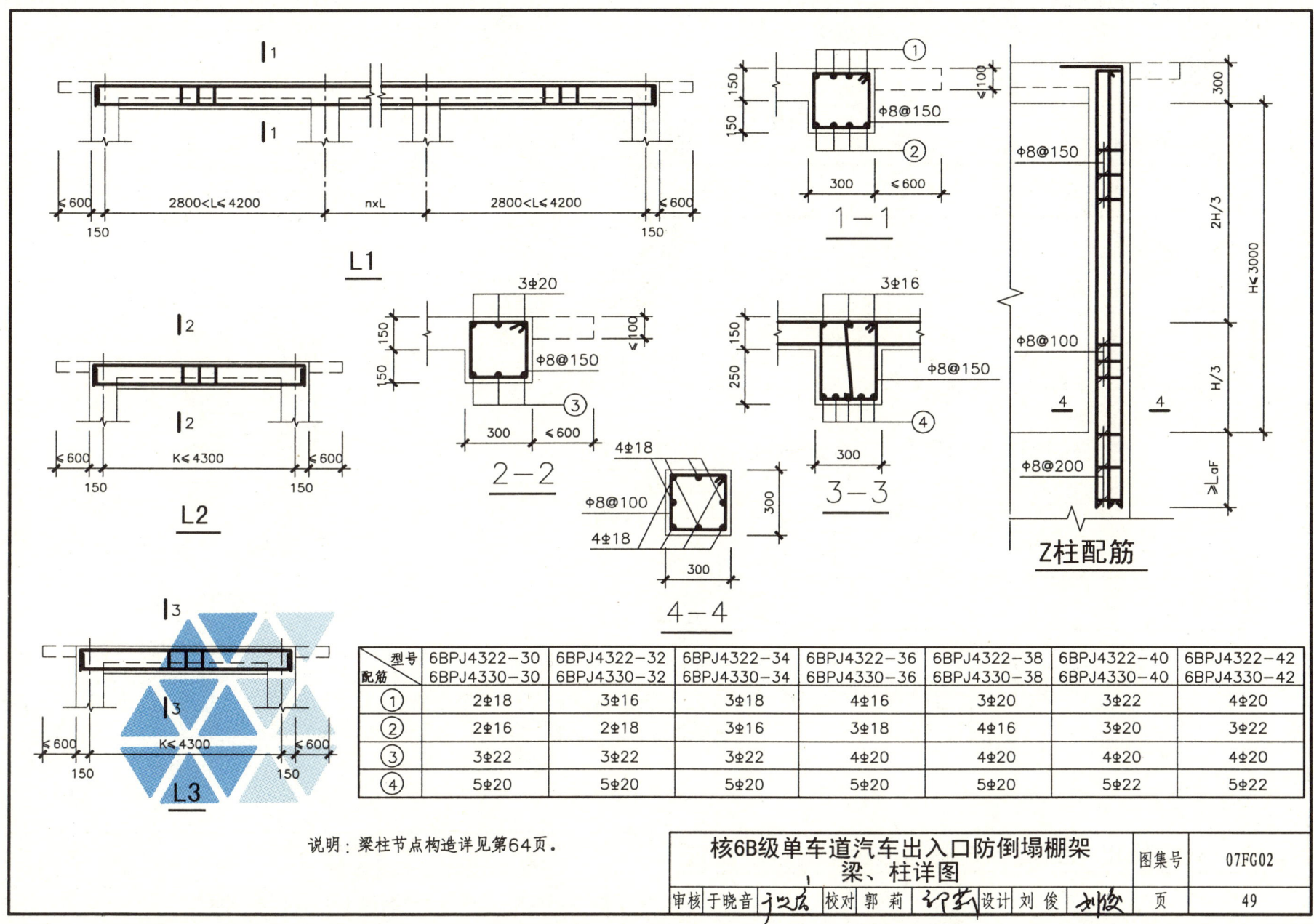

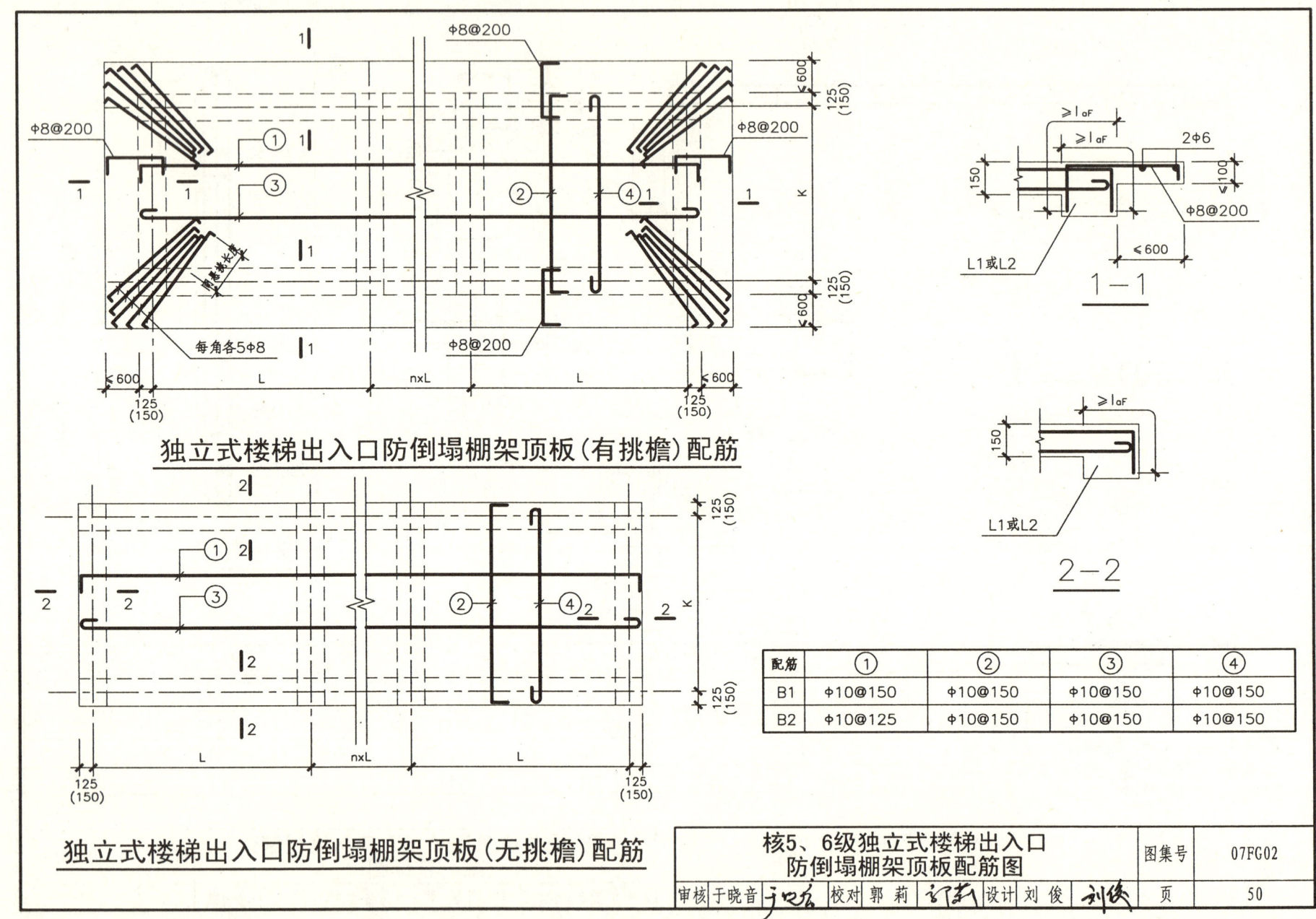

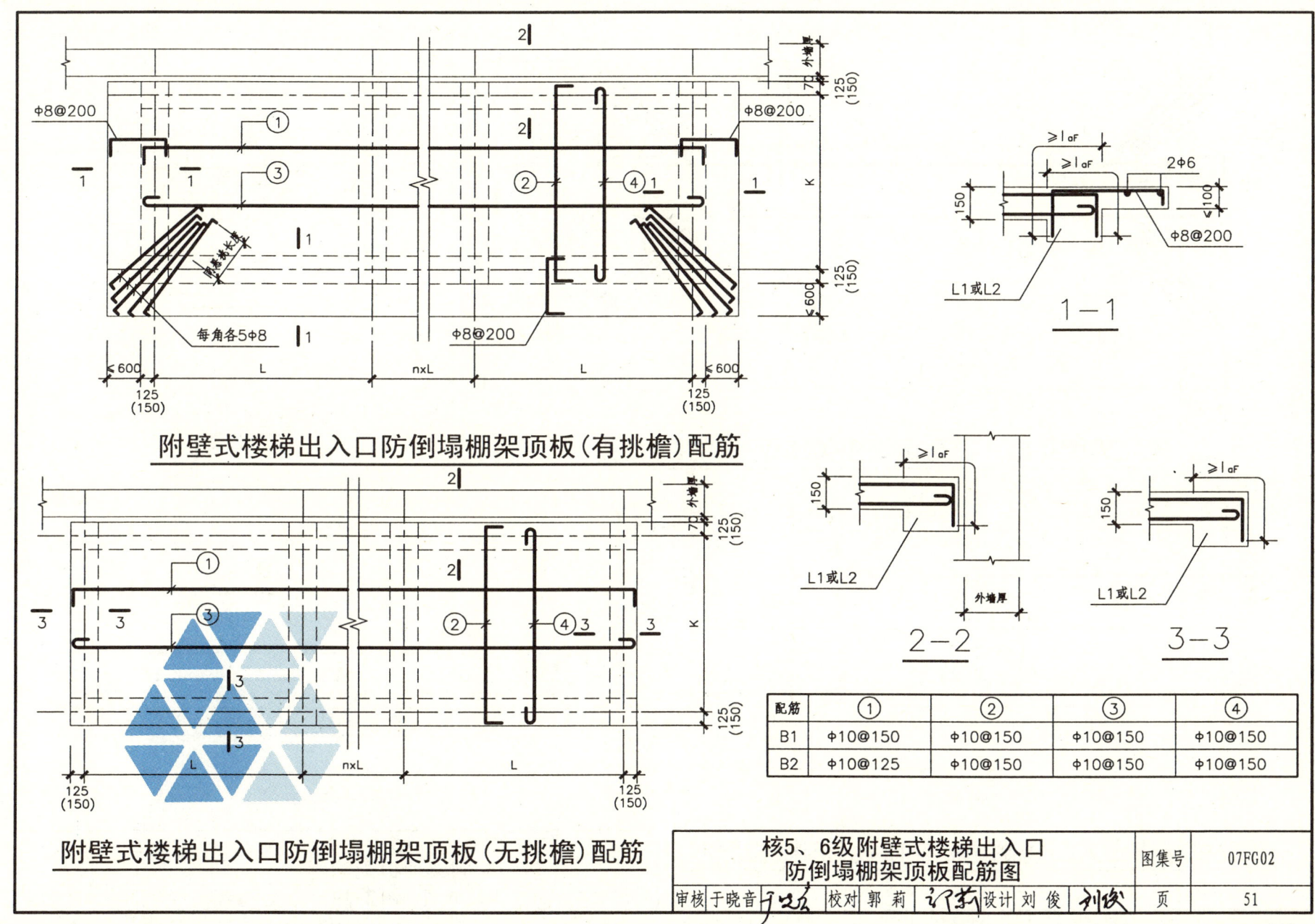

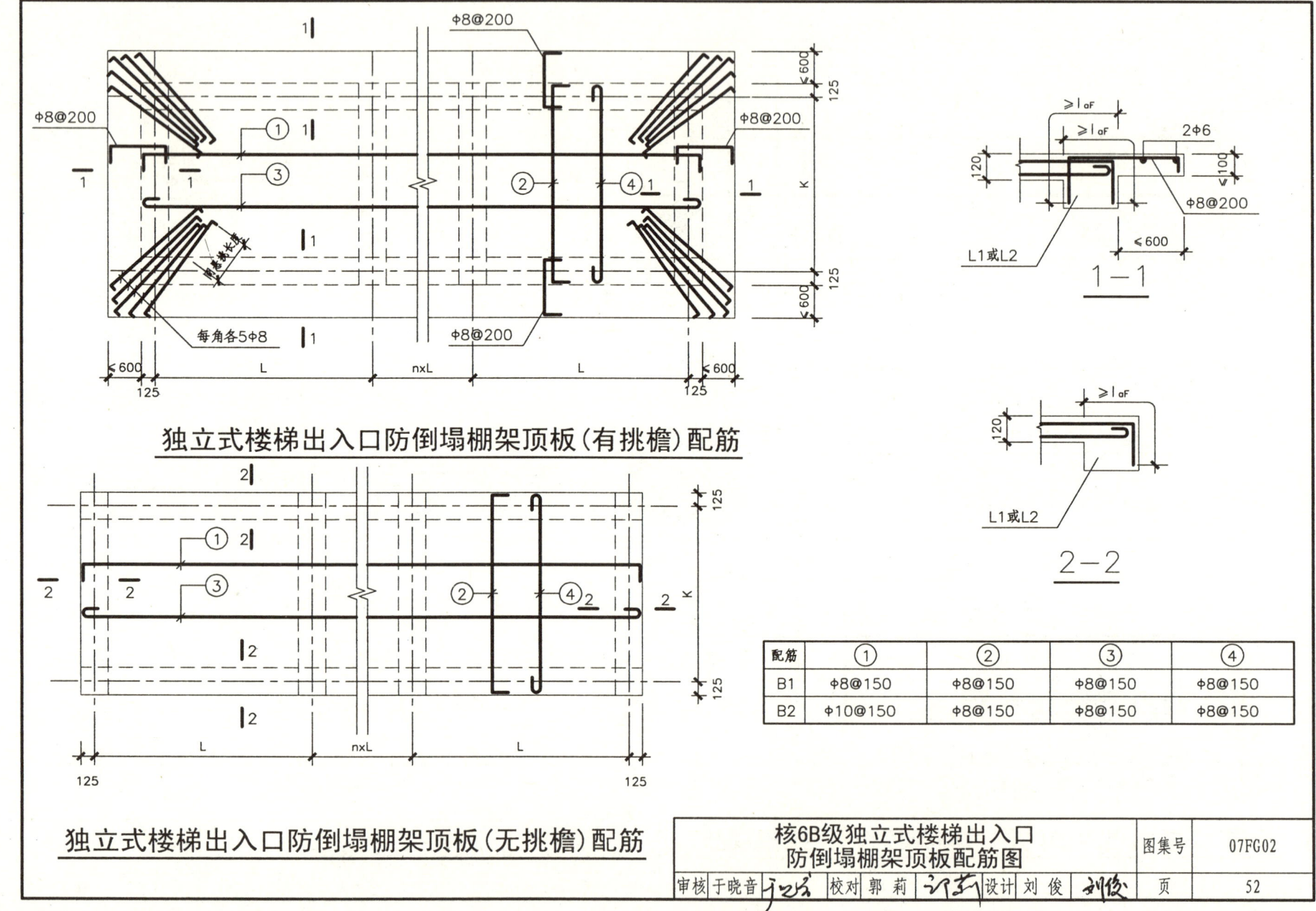

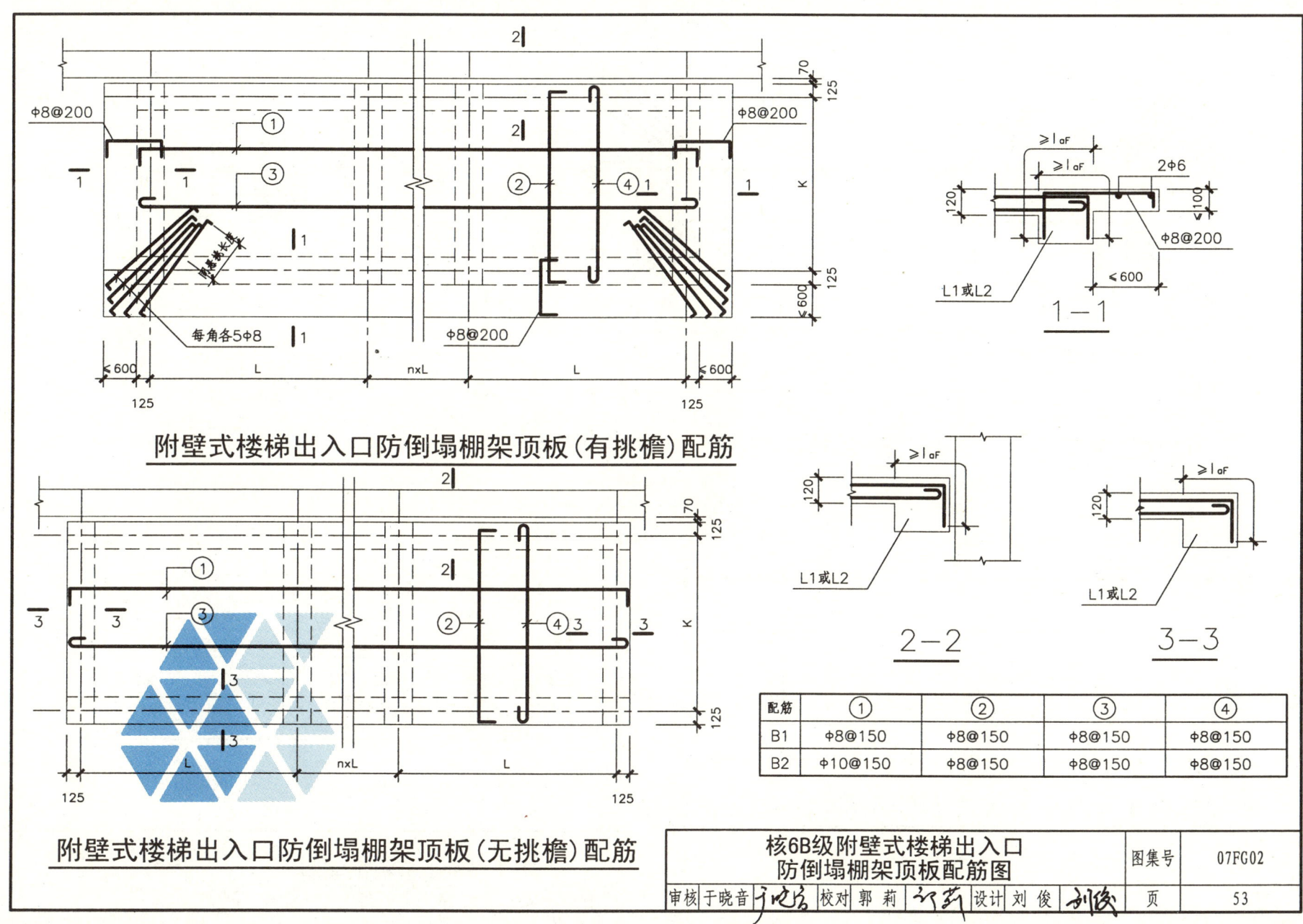

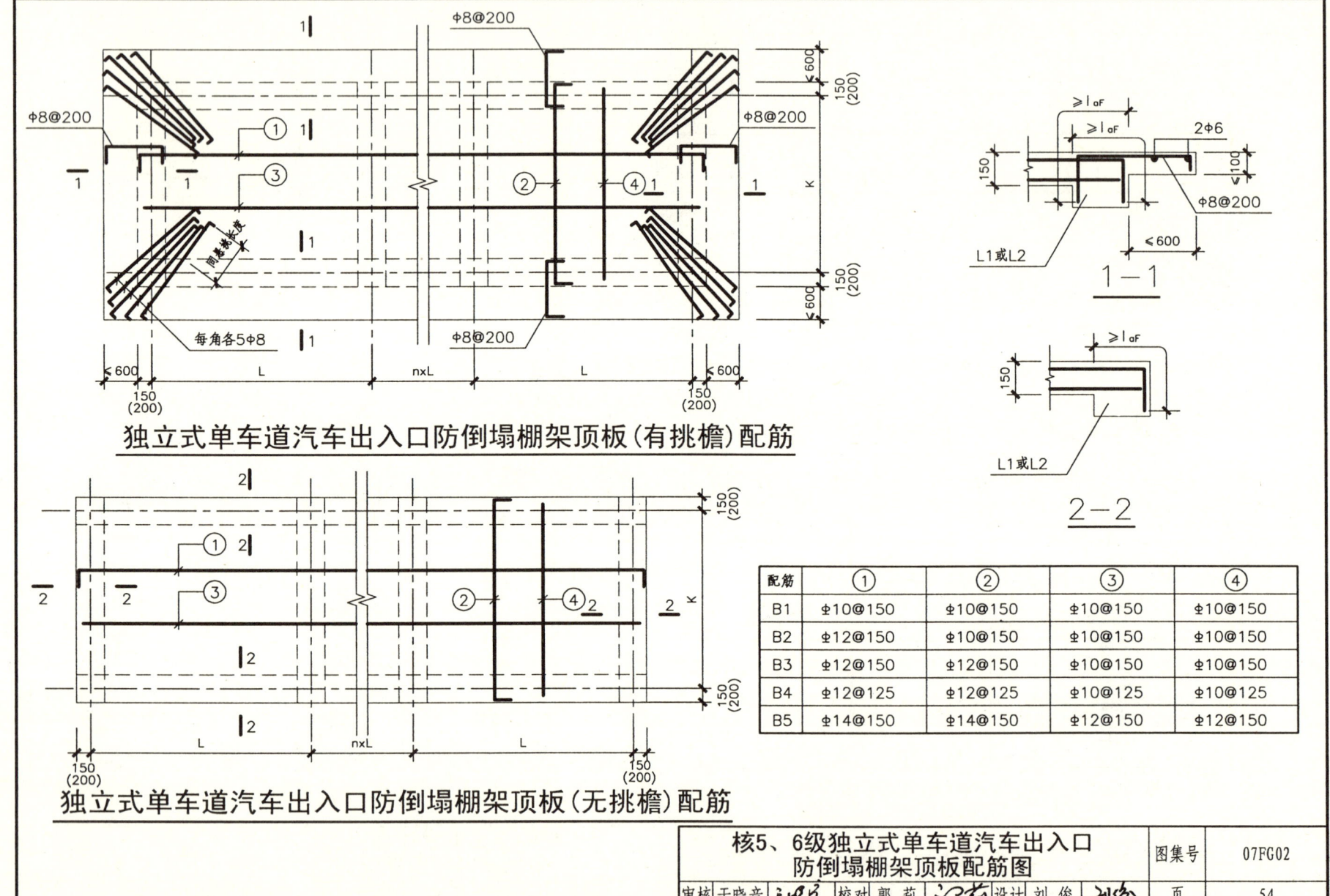

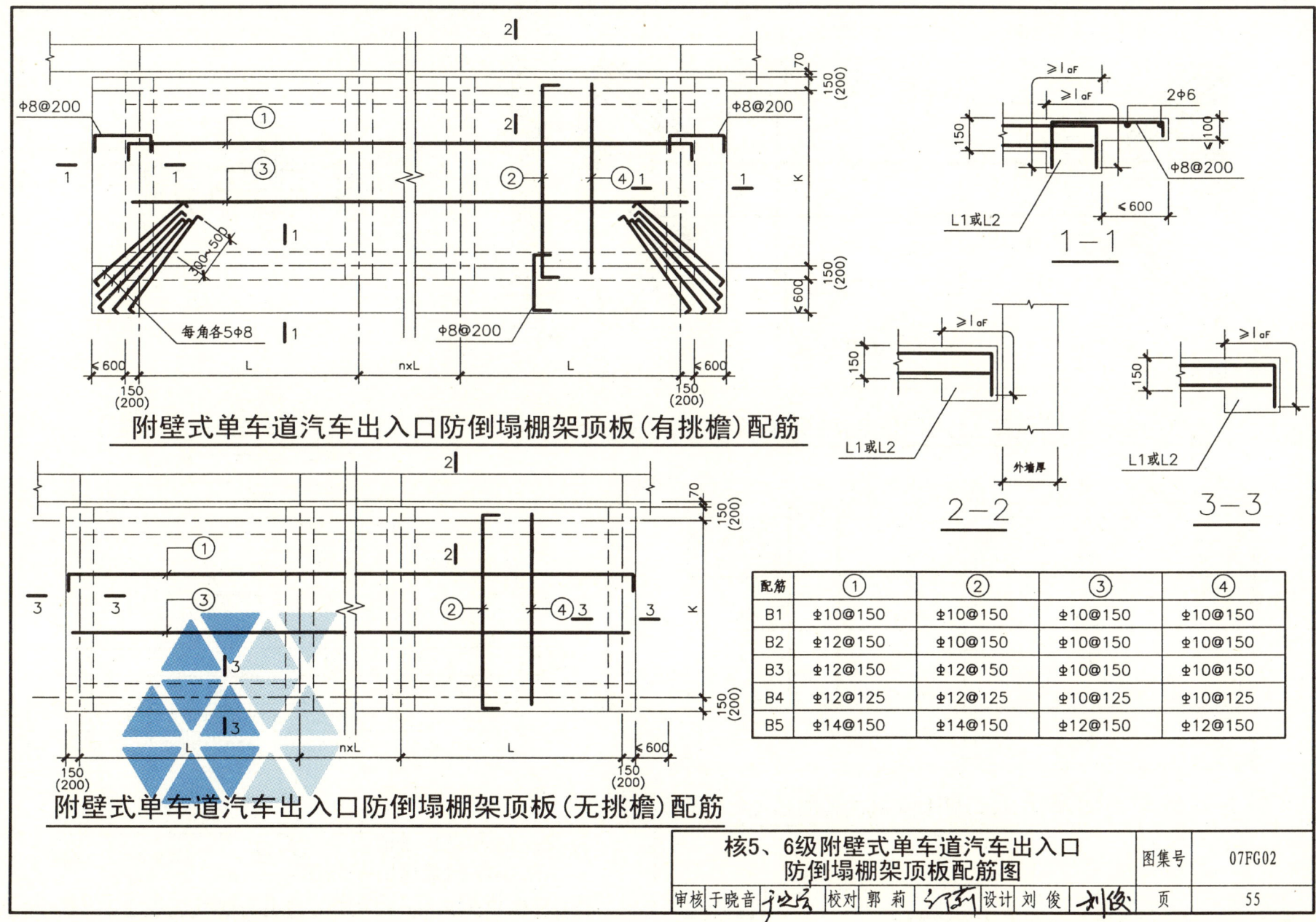

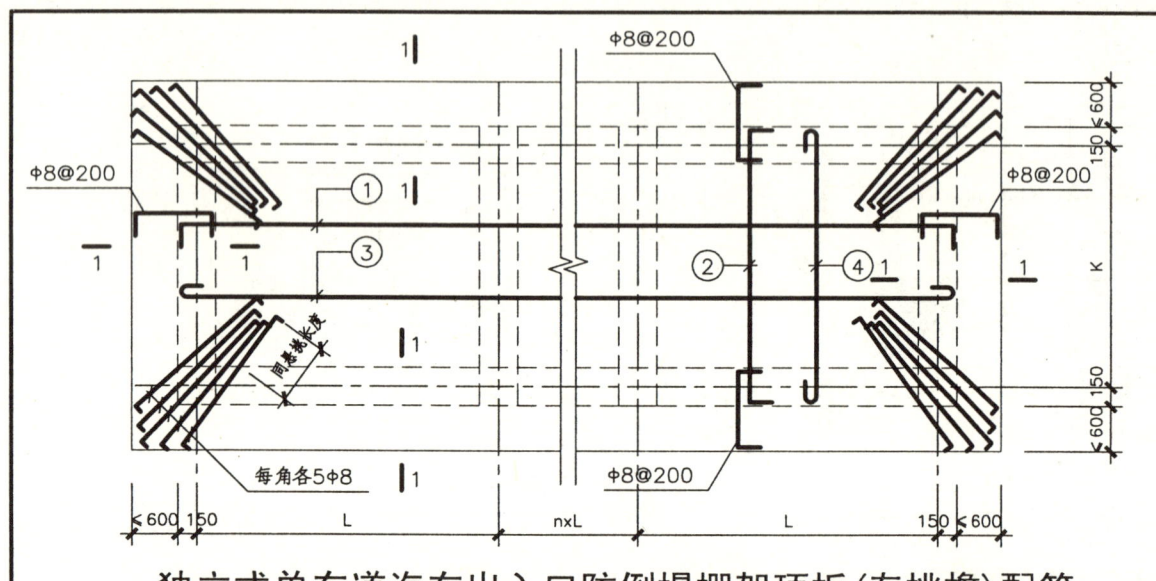
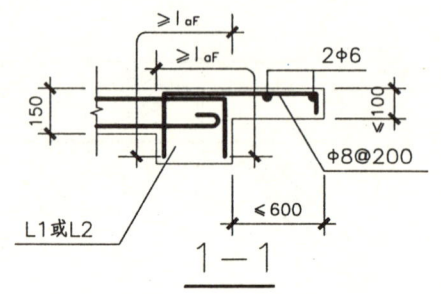

独立式单车道汽车出入口防倒塌棚架顶板（有挑檐）配筋

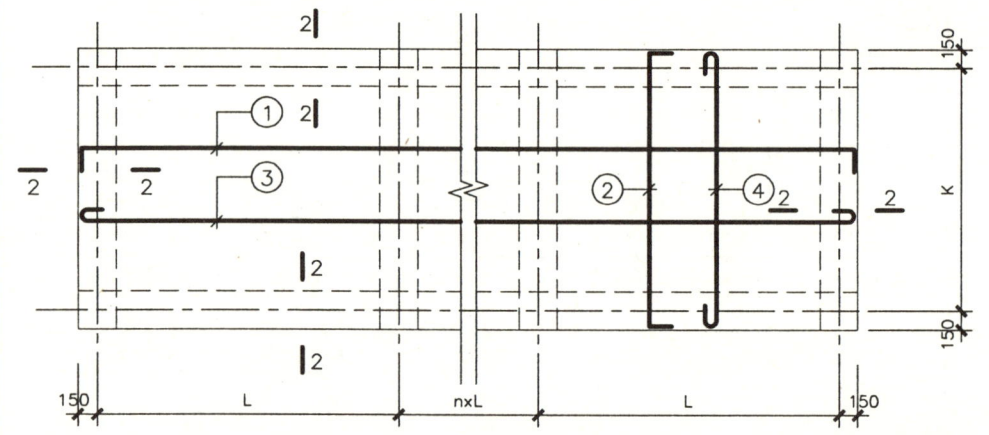
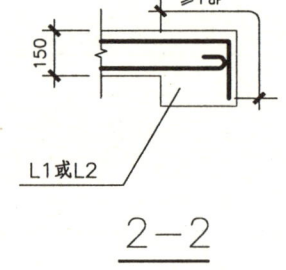

独立式单车道汽车出入口防倒塌棚架顶板（无挑檐）配筋

配筋	①	②	③	④
B1	φ10@150	φ10@150	φ10@150	φ10@150
B2	φ10@125	φ10@150	φ10@150	φ10@150
B3	φ12@150	φ12@150	φ10@150	φ10@150

核6B级独立式单车道汽车出入口防倒塌棚架顶板配筋图

图集号 07FG02

页 56

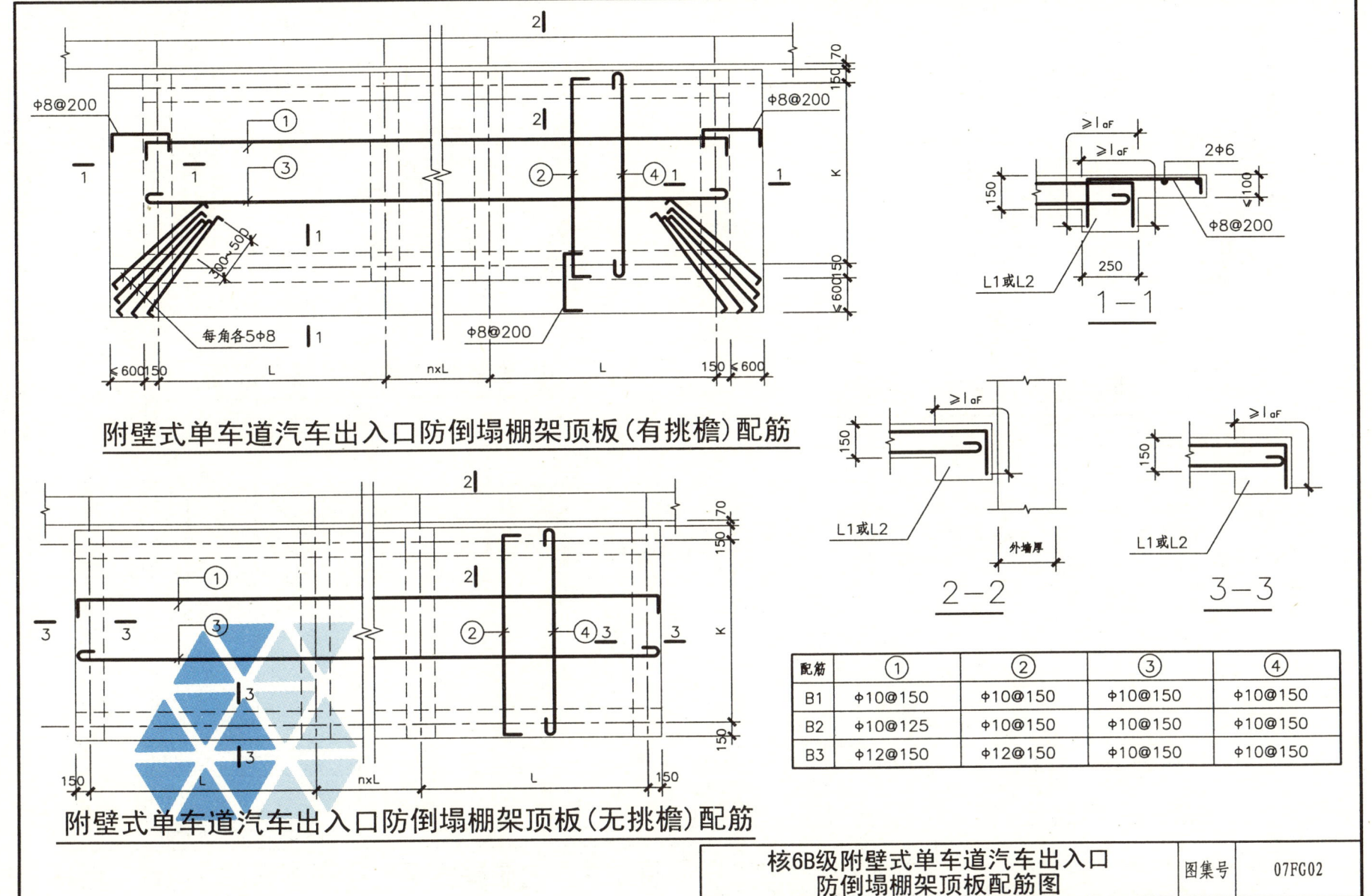

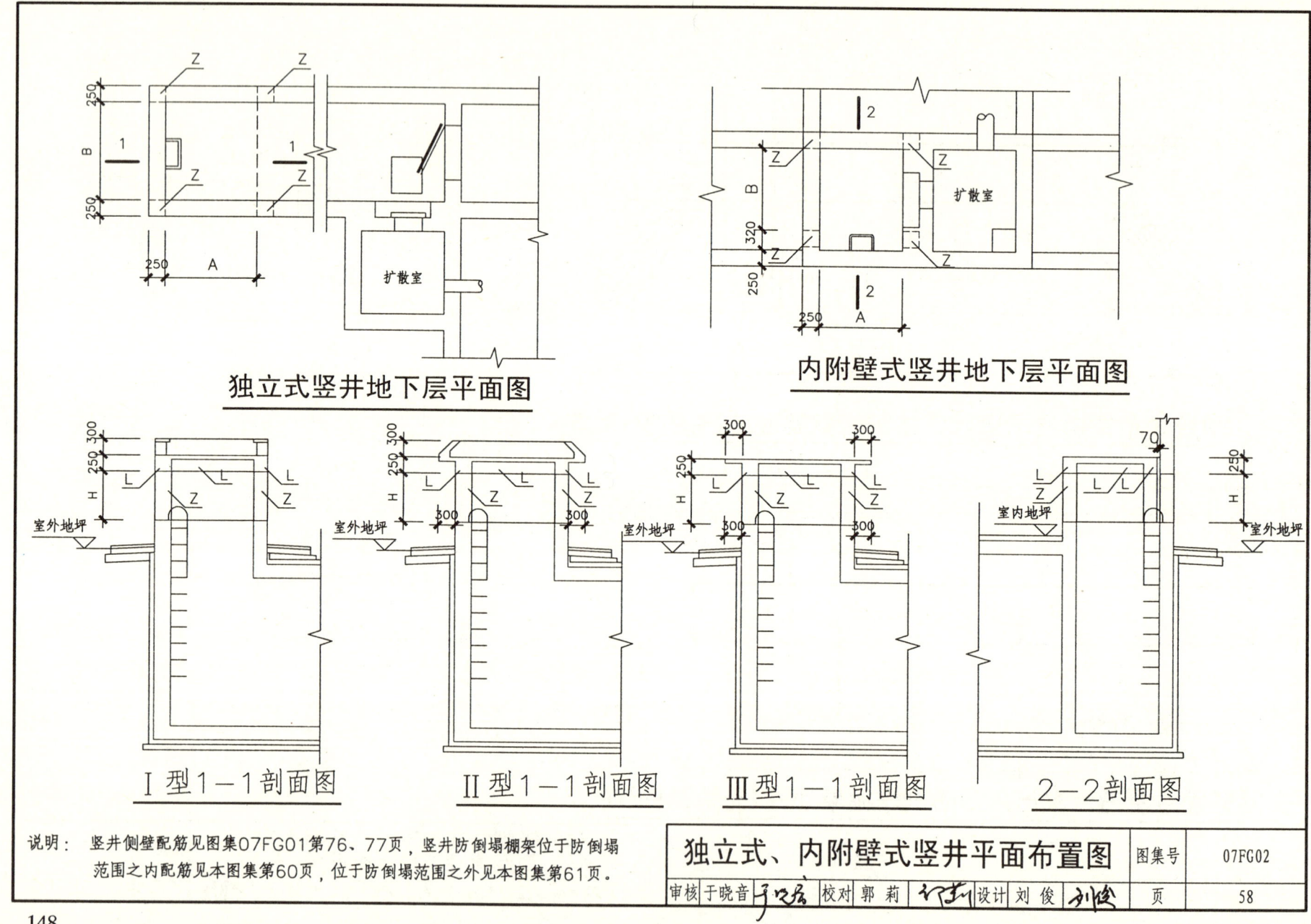

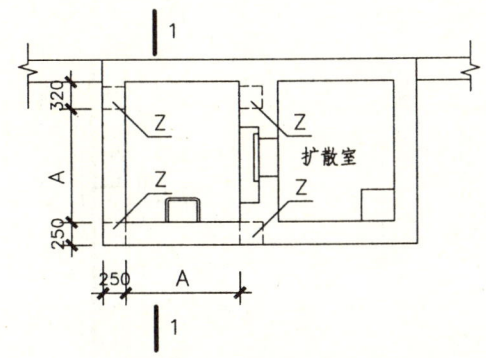

外附壁式竖井地下层平面图

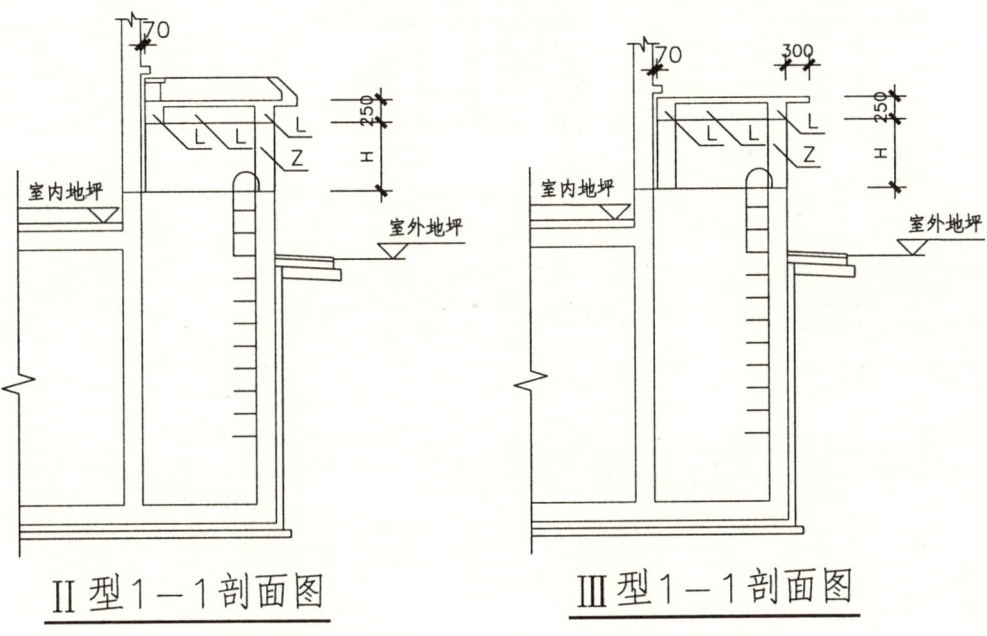

Ⅱ型1-1剖面图

Ⅲ型1-1剖面图

说明：竖井侧壁配筋见图集07FG01第78页，竖井防倒塌棚架位于防倒塌范围之内配筋见本图集第62页，位于防倒塌范围之外见本图集第63页。

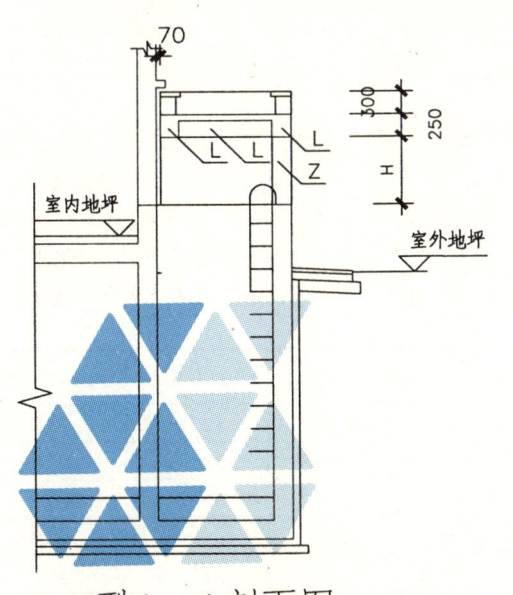

Ⅰ型1-1剖面图

	外附壁式竖井平面布置图	图集号	07FG02
审核 于晓音	校对 郭莉	设计 刘俊	页 59

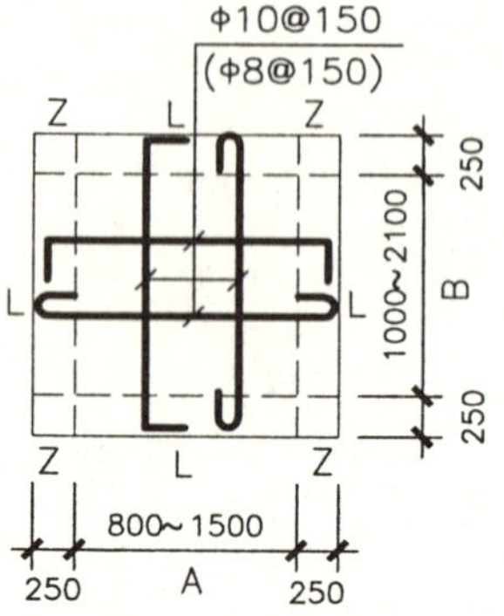

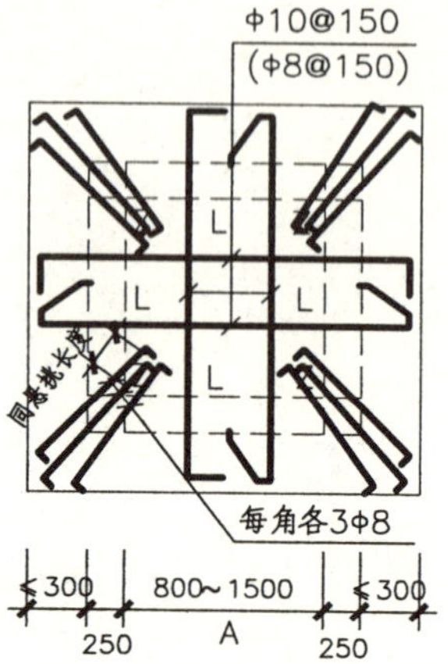

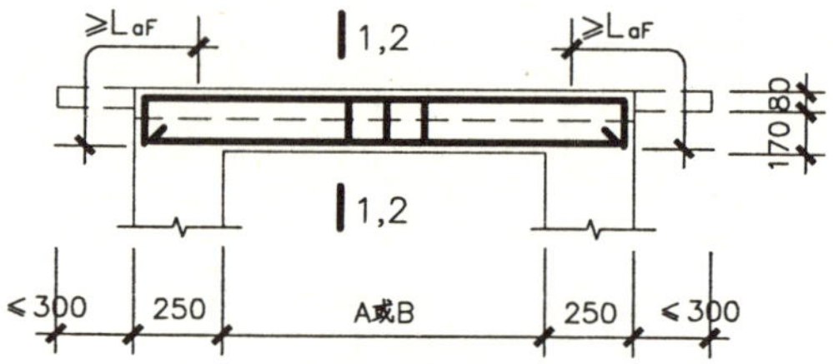

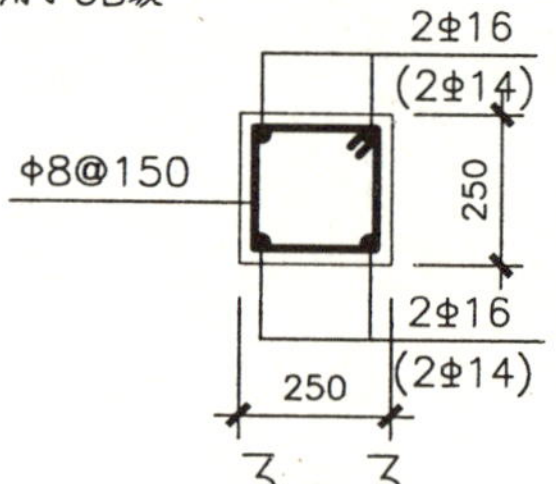

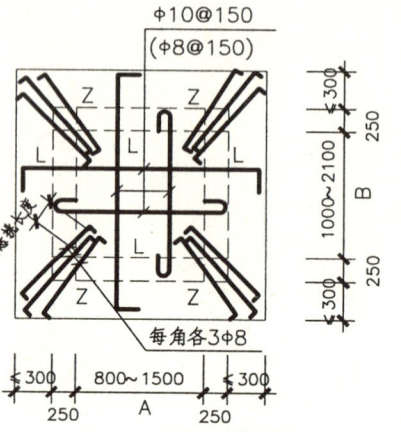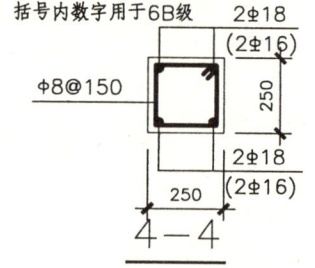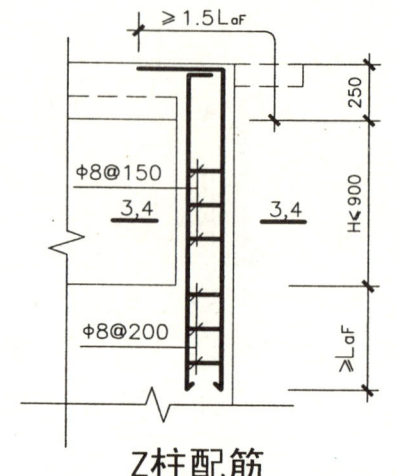

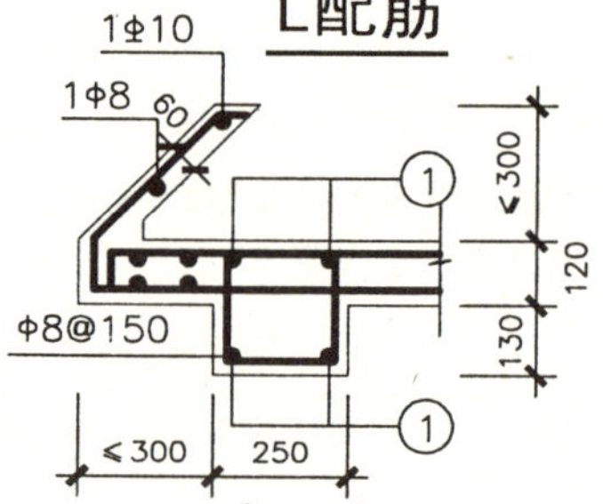

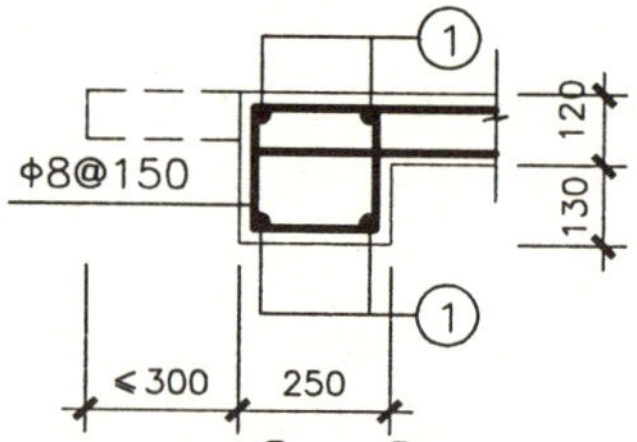

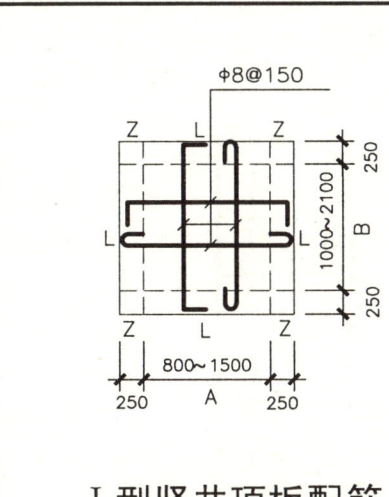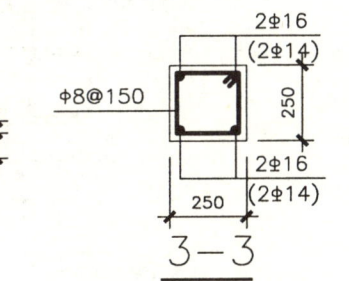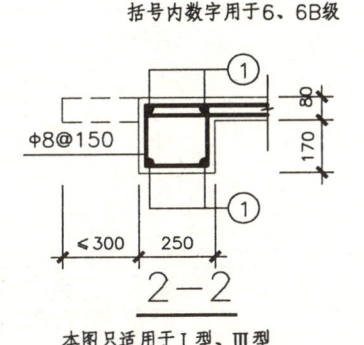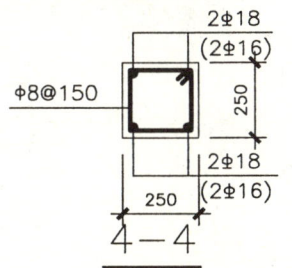

说明：
1. 内附壁式竖井防倒塌棚架同相同抗力等级的独立式竖井防倒塌棚架Ⅰ型。
2. 柱子截面也可采用300×300，梁边与柱子外边齐。

级别	①配筋
核5级(Ⅰ、Ⅲ型)	2Φ14
核5级(Ⅱ型)	2Φ16
核6级(Ⅰ、Ⅲ型)	2Φ12
核6级(Ⅱ型)	2Φ14
核6B级	2Φ12

独立式、内附壁式竖井防倒塌棚架配筋图（倒塌范围外）

图集号 07FG02

页 61

Ⅰ型竖井顶板配筋

括号内数字用于6B级

Ⅱ型竖井顶板配筋

括号内数字用于6B级

Ⅲ型竖井顶板配筋

括号内数字用于6B级

Z柱配筋

L配筋

3—3

本图只适用于Ⅰ型、Ⅲ型的柱配筋
括号内数字用于6、6B级

4—4

本图只适用于Ⅱ型的柱配筋
括号内数字用于6、6B级

说明：柱子截面也可采用300x300，梁边与柱子外边齐。

级别 \ ①配筋 \ 跨度	A或B=1200	A或B=1500	A或B=1800	A或B=2100
核5级(Ⅰ、Ⅲ型)	2Φ14	2Φ14	2Φ16	2Φ18
核5级(Ⅱ型)	2Φ16	2Φ16	2Φ16	2Φ18
核6级(Ⅰ、Ⅲ型)	2Φ12	2Φ14	2Φ16	2Φ18
核6级(Ⅱ型)	2Φ14	2Φ14	2Φ16	2Φ18
核6B级	2Φ12	2Φ12	2Φ12	2Φ14

1—1

本图只适用于Ⅱ型

2—2

本图只适用于Ⅰ型、Ⅲ型

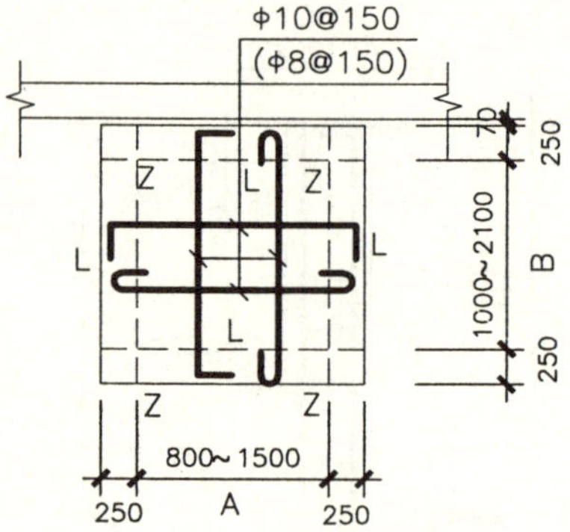

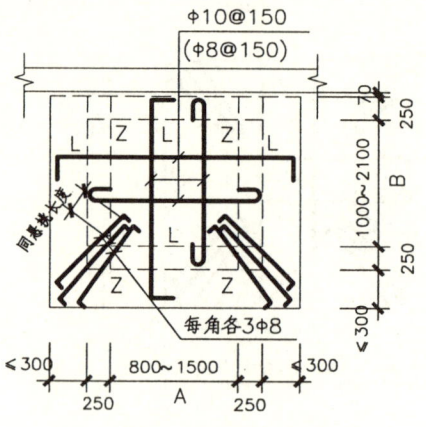

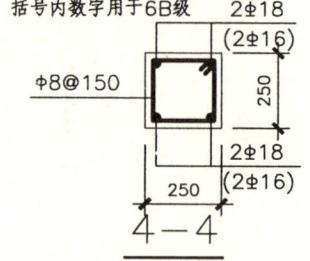

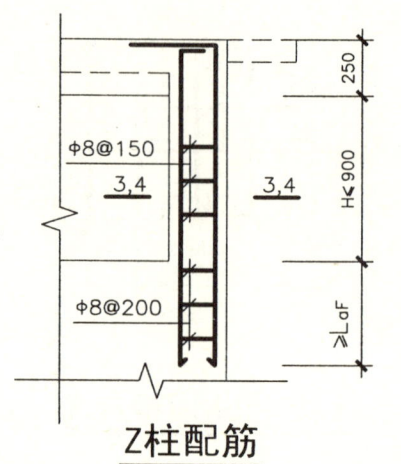

外附壁式竖井防倒塌棚架配筋图(倒塌范围内)		图集号	07FG02
审核 于晓音 校对 郭莉 设计 刘俊		页	62

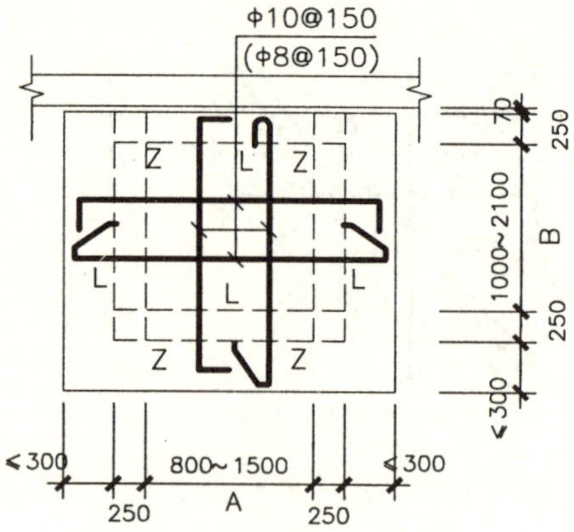

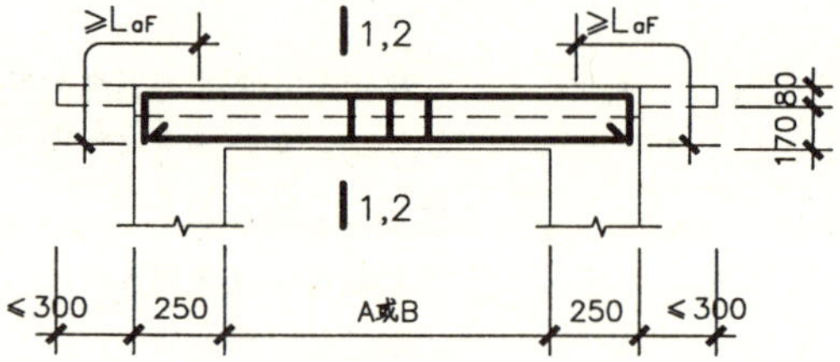

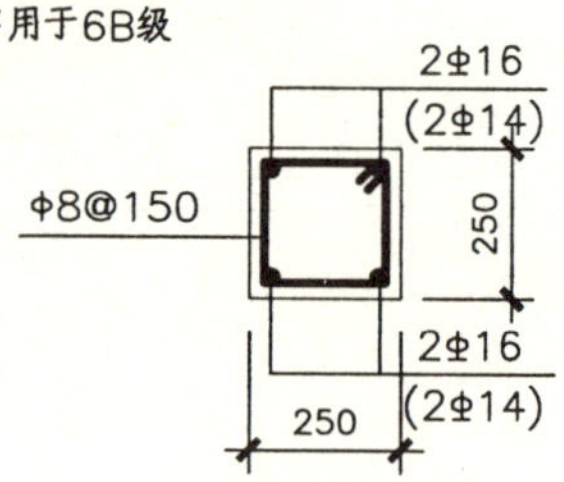

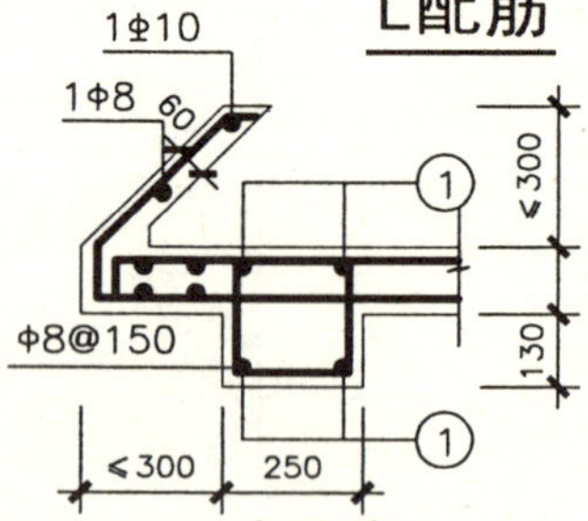

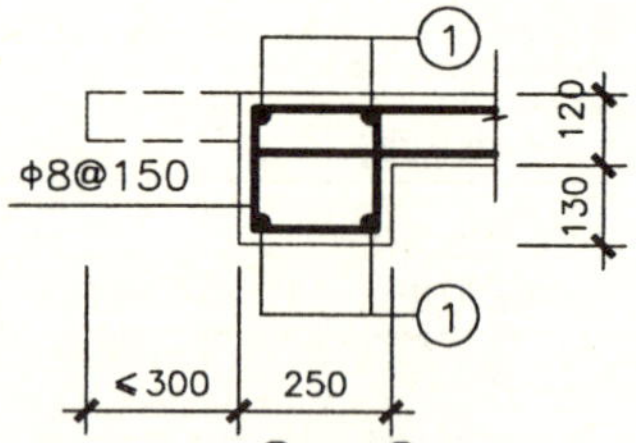

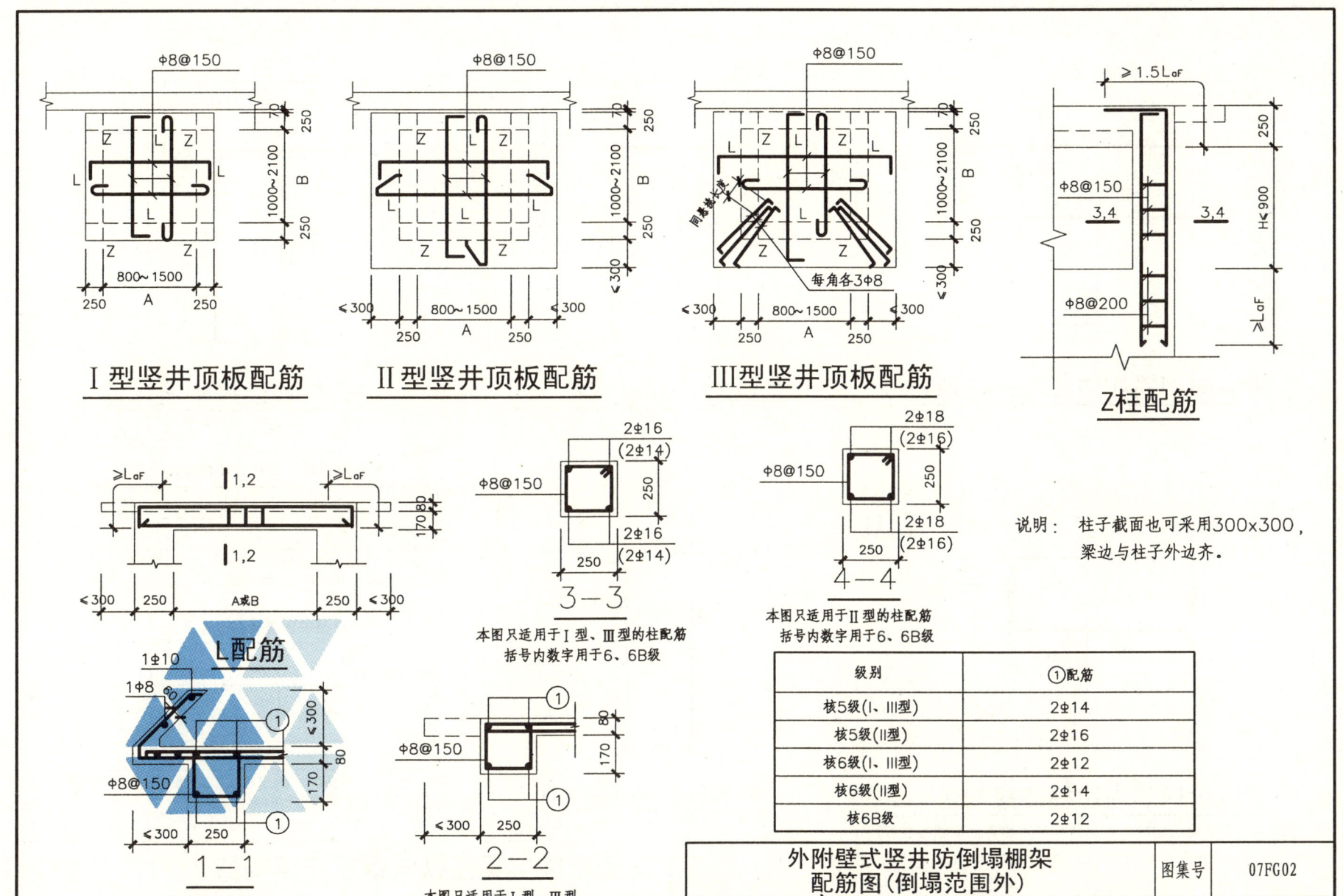

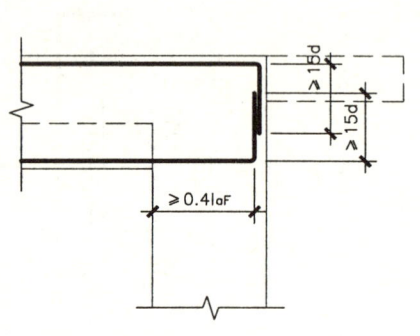
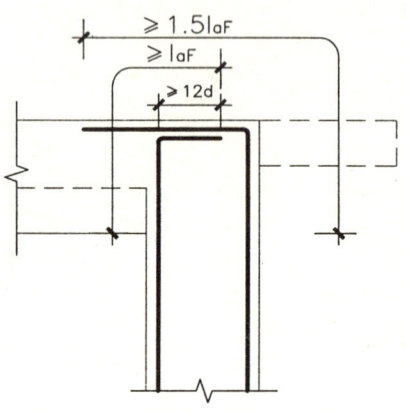
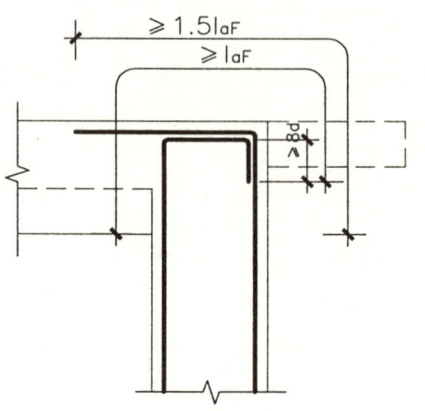

梁纵向钢筋在边柱连接构造（一）　　边柱柱顶连接构造（一）　　边柱柱顶连接构造（二）

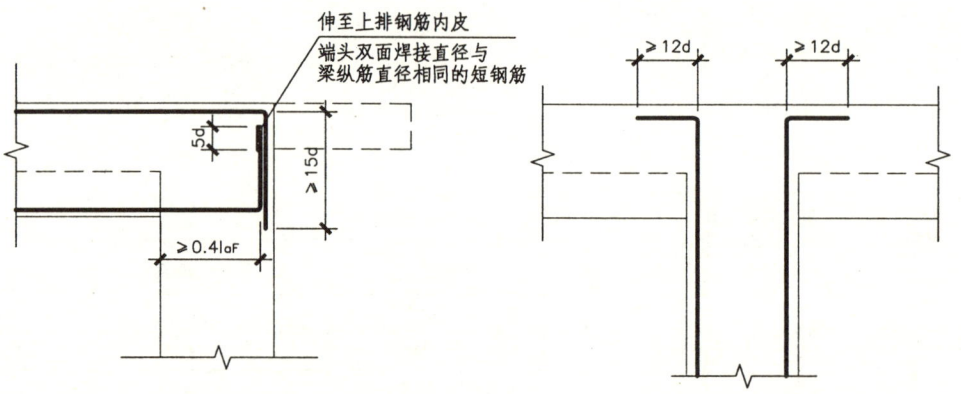

梁纵向钢筋在边柱连接构造（二）
也可采用《混凝土结构设计规范》规定的其他机械锚固方法

中柱柱顶连接构造

梁纵向钢筋在边柱连接构造选择表

梁高	250	300	350	400
钢筋直径	≤14	≤16	≤20	≤22

注：当梁高和钢筋直径满足表中要求时采用构造（一），不满足表中要求时采用构造（二）。

边柱柱顶连接构造选择表

柱宽＼钢筋直径＼梁高	250	300	350	400
250	≤14	≤16	—	—
300	—	≤16	≤18	—
350	—	≤18	≤20	≤22

注：当梁高、柱截面和钢筋直径满足表中要求时采用构造（一），不满足表中要求时采用构造（二）。

防倒塌棚架梁柱纵向钢筋连接构造

图集号 07FG02
页 64

主编单位、联系人电话

主编单位　　　上海市地下建筑设计研究院　　　　　　郭莉　　　　021-24028300-7681

　　　　　　　中国建筑标准设计研究院　　　　　　　　张瑞龙　　　010-88361155-800

主管单位、联系人及电话

　　　　　　　中国建筑标准设计研究院　　　　　　　　梁敏芬　　　010-88361155-800

国家建筑标准设计图集 07FG03

防空地下室板式钢筋混凝土楼梯

中国建筑标准设计研究院

防空地下室板式钢筋混凝土楼梯

批准部门	中华人民共和国建设部 国家人民防空办公室	批准文号	建质[2007]50号
主编单位	上海市地下建筑设计研究院 中国建筑标准设计研究院	统一编号	GJBT-996
实行日期	二〇〇七年五月一日	图集号	07FG03

主编单位负责人

主编单位技术负责人

技术审定人

设计负责人

目 录

目录 ………………………………………… 1	乙类防空地下室室内出入口楼梯选用表 …………… 28
编制说明 …………………………………… 2	楼梯平剖面图 ………………………………………… 30
选用示例 …………………………………… 5	梯段板配筋图 ………………………………………… 63
甲类防空地下室室外出入口楼梯选用表 ………… 7	平台板配筋图 ………………………………………… 75
乙类防空地下室室外出入口楼梯选用表 ………… 16	平台梁配筋图 ………………………………………… 87
甲类防空地下室室内出入口楼梯选用表 ………… 24	节点详图 ……………………………………………… 93

	目录	图集号	07FG03
审核 于晓音 校对 郭莉 设计 萧蕤		页	1

编制说明

1. 编制依据
1.1 本图集按建设部建质函[2006]71号《2006年国家建筑标准设计编制工作计划》要求进行编制。
1.2 本图集遵循国家现行的下述标准规范：

《人民防空地下室设计规范》　　　GB 50038-2005
《人民防空工程施工及验收规范》　GB 50134-2004
《混凝土结构设计规范》　　　　　GB 50010-2002
《钢筋焊接及验收规程》　　　　　JGJ 18-2003

2. 适用范围
2.1 本图集适用于甲类和乙类防空地下室采用多跑式楼梯的室外主要出入口。
2.2 当符合《人民防空地下室设计规范》GB 50038-2005 第3.3.2条的规定，将核6级常6级和核6B级常6级甲类防空地下室楼梯式室内出入口用作主要出入口时，可选用本图集。
2.3 当常6级乙类防空地下室主要出入口为楼梯式室内出入口，且其侧壁内侧至外墙外侧的最小水平距离小于等于5m时，也可选用本图集。
2.4 本图集甲类防空地下室的抗力级别为核5级常5级、核6级常6级、核6B级常6级，乙类防空地下室的抗力级别为常5级、常6级。
2.5 楼梯的层高为$3.0m \leqslant H \leqslant 4.4m$，开间$2.6m \leqslant K \leqslant 4.0m$，进深$5.1m \leqslant D \leqslant 7.5m$。
2.6 设计使用年限为50年。

3. 计算原则
3.1 在常规武器爆炸动荷载及核武器爆炸动荷载作用下，动力分析均采用等效静荷载法。
3.2 在常规武器爆炸动荷载或核武器爆炸动荷载作用下，只验算结构承载力，不验算结构变形及裂缝宽度。
3.3 按常规武器爆炸动荷载和核武器爆炸动荷载分别作用，并按一次作用设计。

4. 材料选用
4.1 混凝土强度等级：C30；钢筋：HPB235(?), HRB335(?)。
4.2 本图集已考虑了战时荷载作用下的材料强度综合调整系数。
4.3 焊条：HRB335采用E50XX型，HPB235采用E43XX型，焊条应符合国家标准《碳钢焊条》GB/T5117的要求。

5. 设计荷载及内力计算

5.1 作用在出入口内楼梯踏步与休息平台上的等效静荷载标准值详见下表。

楼梯踏步与休息平台等效静荷载标准值（kN/m²）

地下室类别 出入口类别	甲类防空地下室			乙类防空地下室	
	抗力级别	等效静荷载标准值		抗力级别	等效静荷载标准值
		正面荷载	反面荷载		
室外出入口	核6B级常6级	50	20	常6级	50
	核6级常6级	60	30	常5级	110
	核5级常5级	120	60		
室内出入口	核6B级常6级	40	20	常6级	40
	核6级常6级	60	30		

注：室内出入口乙类防空地下室的等效静荷载仅限于其侧壁内侧至外墙外侧的最小水平距离≤5m时。

5.2 对甲类防空地下室按等效静荷载正面与反面分别作用计算；对乙类防空地下室按等效静荷载正面作用计算。等效静荷载的作用方向均与构件表面垂直。

5.3 踏步及平台板建筑面层自重标准值按0.6kN/m²考虑，板底粉刷按0.4kN/m²考虑。

5.4 考虑支座对梯段板和平台梁的嵌固影响，梯段板和平台梁的跨中弯矩系数近似取1/10。

5.5 平台板按简支板计算。

5.6 计算简图如下：

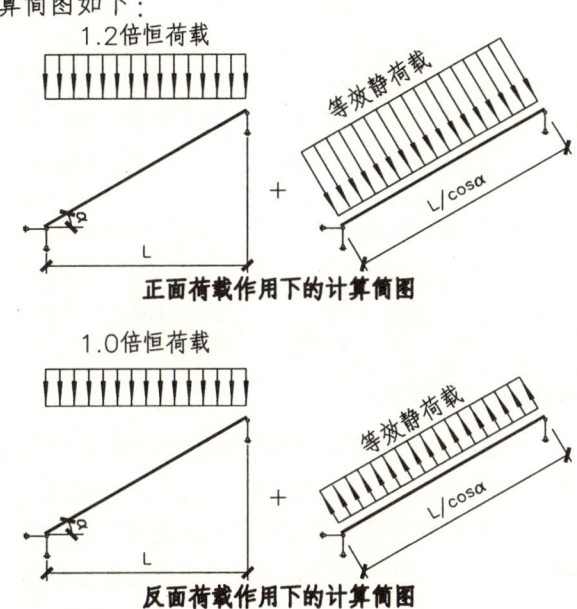

正面荷载作用下的计算简图

反面荷载作用下的计算简图

6. 楼梯代号及选用

6.1 具体工程可直接选用符合本图集中形式、跨度及抗力级别的楼梯。楼梯周围的混凝土墙应由具体工程设计确定。

6.2 本图集中墙厚均为300mm。如单体工程墙厚与本图集中的不同，则应在保证楼梯间内部净尺寸与本图集相同的条件下，选用相应的楼梯代号。

6.3 本图集楼梯代号示例如下：

编制说明

图集号 07FG03

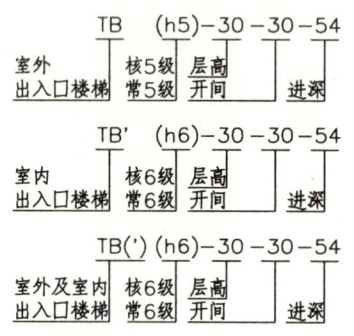
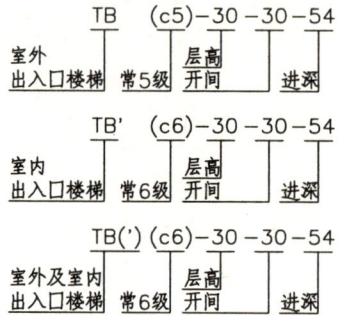

7. 构造措施

7.1 保护层厚度：本图集按楼梯所处的环境类别为二a类取值，梯段板和平台板为20mm，楼梯梁为30mm，且不应小于受力钢筋的直径。若楼梯所处的环境类别与本图集不同，应按《混凝土结构设计规范》GB50010-2002的有关规定调整。

7.2 梯段板和平台板的拉结筋做法详见相关图集的构造做法。

7.3 本图集纵向受拉钢筋锚固长度l_{aF},当采用HPB235钢筋时为25d，当采用HRB335钢筋时为31d，且不小于250mm。

8. 选用方法

8.1 根据防空地下室的类别，抗力级别及楼梯的层高、开间、进深，确定楼梯的代号，查楼梯选用表。

8.2 从相应的选用表中，查出该楼梯的平面图、剖面图、梯段板、平台板、平台梁及节点详图的页码。

8.3 将以上页码中的构件结合在一起就是楼梯的施工图。

8.4 当为多层防空地下室且上下抗力级别不同时，其共用主要出入口楼梯的抗力级别应按多层防空地下室中抗力较高的选用，并根据各层不同的层高按上述步骤分别选用楼梯。

8.5 若防空地下室主要出入口楼梯多于二跑，可先按最下面二跑的层高、抗力级别及建筑尺寸，确定楼梯代号，查出下面二跑楼梯的施工图；然后确定上面二跑（或一跑）的层高，再确定楼梯代号，查出上面楼梯的施工图，把这些施工图结合起来，拼装成该楼梯施工图（注意楼梯的踏步应先调整为上下一致）。

9. 其他

9.1 所有构件尺寸均以毫米为单位。

9.2 本图集仅考虑常用宽度及跨度的板式楼梯，对于梁式楼梯及横向支承的楼梯，不列入本图集范围。

9.3 与本图集跨度、形式或荷载情况不同的楼梯应按相关规范自行设计验算。

10. 选用示例

10.1 选用示例见本图集第5、6页。

选用示例（一）

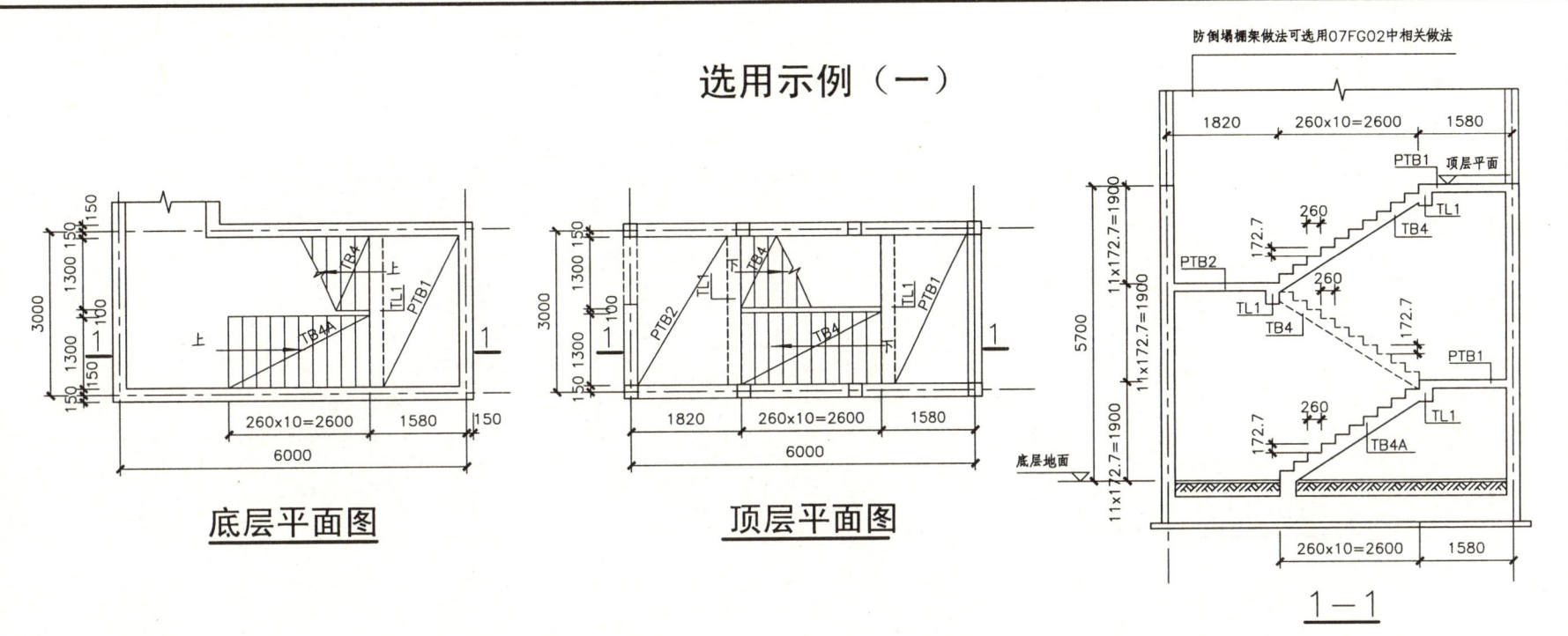

底层平面图 　　顶层平面图

1. 基本条件

某防空地下室室外楼梯式出入口作为主要出入口，抗力级别为核5级常5级。楼梯间几何尺寸为：开间3.0m，进深6.0m，层高5.7m。拟采用三跑楼梯，楼梯间建筑面层为30mm厚地砖楼面，板底做法详见建筑图集07FJ02。建筑平剖面如上图，选用该楼梯。

2. 楼梯的选用

此楼梯下面二跑层高为3.8m，开间3.0m，进深6m。按编制说明中第6条及第8条，确定楼梯代号为TB(h5)-38-30-60；按顺序查得楼梯选用表在本图集第11页，根据该代号，平、剖面图在第48页。按第48页所示，梯段板选TB4A和TB4，平台板选PTB1和PTB2，平台梁选TL1。再查第11页中相对应的页码中抗力级别为核5级常5级的室外出入口楼梯，就能得到相应的配筋。而最上面一跑楼梯和平台板与第二跑相同，把查得的配筋结合起来就是楼梯施工图。具体构件选用如上图所标识。

选用示例	图集号	07FG03
	页	5

选用示例（二）

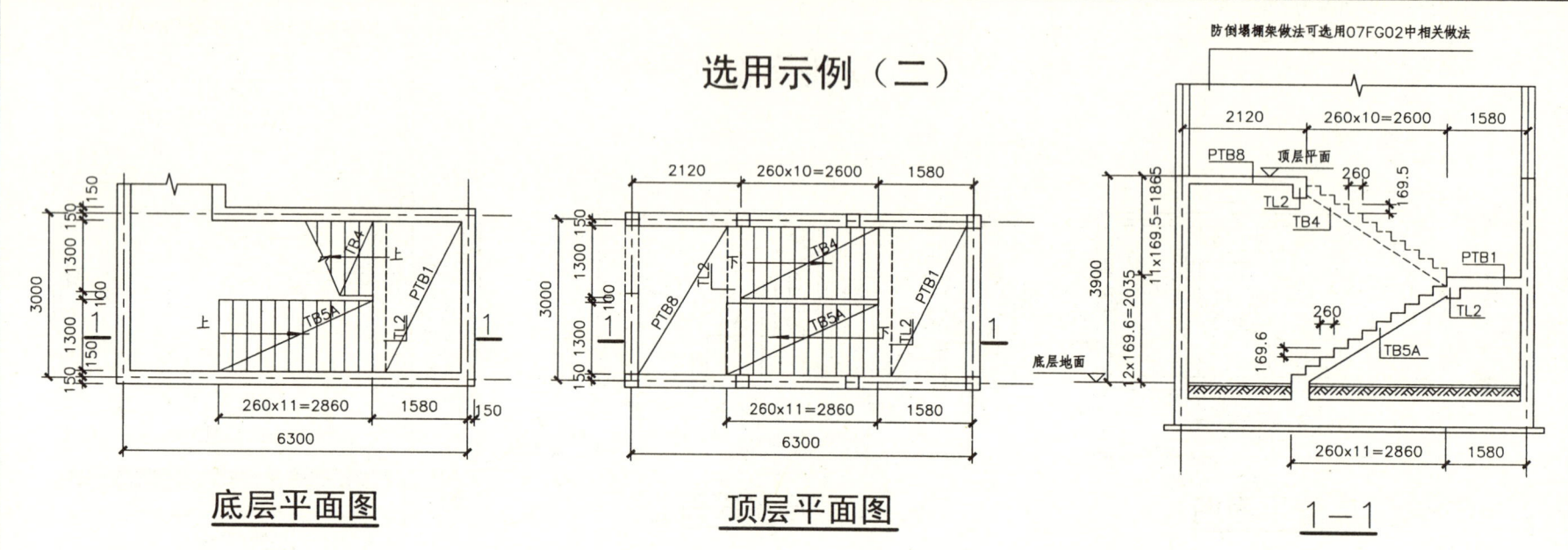

1.基本条件
某防空地下室室内楼梯式出入口作为主要出入口，抗力级别为常6级。楼梯间几何尺寸为：开间3.0m，进深6.3m，层高3.9m。拟采用双跑楼梯，楼梯间建筑面层为30mm厚地砖楼面，板底做法详见建筑图集07FJ02。建筑平剖面如上图，选用该楼梯。

2.楼梯的选用
此楼梯下面二跑层高为3.9m，开间3.0m，进深6.3m。按编制说明中第6条及第8条，确定楼梯代号为TB'(c6)-39-30-63；按顺序查得选用表在本图集第29页。根据该代号，平、剖面图在51页。按51页所示，下面二跑梯段板为TB5A和TB4，平台板为PTB1和PTB8，平台梁为TL2。具体构件选用如上图所标识。再查29页中楼梯代号相对应的页码中抗力级别为核6级常6级室内出入口的楼梯，查得各构件配筋。

	选用示例	图集号	07FG03
		页	6

甲类防空地下室室外出入口楼梯选用表

索引抗力级别	楼梯代号	平、剖面图页码	相关详图页码 梯段板	平台板	平台梁	节点详图页码	索引抗力级别	楼梯代号	平、剖面图页码	相关详图页码 梯段板	平台板	平台梁	节点详图页码
核5级 常5级	TB(h5)-30-26-54	33	64、65	75	87	93、94	核5级 常5级	TB(h5)-31-26-54	33	64、65	75	87	93、94
	TB(h5)-30-28-54	33	64、65	75	87	93、94		TB(h5)-31-28-54	33	64、65	75	87	93、94
	TB(h5)-30-30-54	33	64、65	75	87	93、94		TB(h5)-31-30-54	33	64、65	75	87	93、94
	TB(h5)-30-32-60	34	64、65	77、79	89	93、94		TB(h5)-31-32-60	34	64、65	77、79	89	93、94
	TB(h5)-30-34-60	34	64、65	77、78	89	93、94		TB(h5)-31-34-60	34	64、65	77、78	89	93、94
	TB(h5)-30-36-60	35	64、65	80	91	93、94		TB(h5)-31-36-60	35	64、65	80	91	93、94
	TB(h5)-30-38-63	35	64、65	80	91	93、94		TB(h5)-31-38-63	35	64、65	80	91	93、94
	TB(h5)-30-40-63	35	64、65	80	91	93、94		TB(h5)-31-40-63	35	64、65	80	91	93、94
核6级 常6级	TB(h6)-30-26-54	33	64、65	75	87	93、94	核6级 常6级	TB(h6)-31-26-54	30	63、64	75、76	87	93、94
	TB(h6)-30-28-54	33	64、65	75	87	93、94		TB(h6)-31-28-54	30	63、64	75、76	87	93、94
	TB(h6)-30-30-54	33	64、65	75	87	93、94		TB(h6)-31-30-54	31	63、64	75、76	87	93、94
	TB(h6)-30-32-60	34	64、65	77、79	89	93、94		TB(h6)-31-32-60	32	63、64	77、85	89	93、94
	TB(h6)-30-34-60	34	64、65	77、78	89	93、94		TB(h6)-31-34-60	32	63、64	77、79	89	93、94
	TB(h6)-30-36-60	35	64、65	80	91	93、94		TB(h6)-31-36-60	35	64、65	80	91	93、94
	TB(h6)-30-38-63	35	64、65	80	91	93、94		TB(h6)-31-38-63	35	64、65	80	91	93、94
	TB(h6)-30-40-63	35	64、65	80	91	93、94		TB(h6)-31-40-63	35	64、65	80	91	93、94
核6B级 常6级	TB(h6B)-30-26-54	33	64、65	75	87	93、94	核6B级 常6级	TB(h6B)-30-34-60	34	64、65	77、78	89	93、94
	TB(h6B)-30-28-54	33	64、65	75	87	93、94		TB(h6B)-30-36-60	35	64、65	80	91	93、94
	TB(h6B)-30-30-54	33	64、65	75	87	93、94		TB(h6B)-30-38-63	35	64、65	80	91	93、94
	TB(h6B)-30-32-60	34	64、65	77、79	89	93、94		TB(h6B)-30-40-63	35	64、65	80	91	93、94

甲类防空地下室室外出入口楼梯选用表 图集号 07FG03

甲类防空地下室室外出入口楼梯选用表

索引抗力级别	楼梯代号	平、剖面图页码	相关详图页码 梯段板	相关详图页码 平台板	相关详图页码 平台梁	节点详图页码	索引抗力级别	楼梯代号	平、剖面图页码	相关详图页码 梯段板	相关详图页码 平台板	相关详图页码 平台梁	节点详图页码
核6B级 常6级	TB(h6B)-31-26-54	30	63.64	75.76	87	93.94	核6B级 常6级	TB(h6B)-32-26-54	36	63.68	75.76	87	93.94
	TB(h6B)-31-28-54	30	63.64	75.76	87	93.94		TB(h6B)-32-28-54	36	63.68	75.76	87	93.94
	TB(h6B)-31-30-54	31	63.64	75.76	87	93.94		TB(h6B)-32-30-60	36	63.68	75.82	87	93.94
	TB(h6B)-31-32-60	32	63.64	77.85	89	93.94		TB(h6B)-32-32-60	40	65.68	77.79	89	93.94
	TB(h6B)-31-34-60	32	63.64	77.79	89	93.94		TB(h6B)-32-34-60	40	65.68	77.78	89	93.94
	TB(h6B)-31-36-60	35	64.65	80	91	93.94		TB(h6B)-32-36-63	41	65.68	80.81	91	93.94
	TB(h6B)-31-38-63	35	64.65	80	91	93.94		TB(h6B)-32-38-66	41	65.68	80.84	91	93.94
	TB(h6B)-31-40-63	35	64.65	80	91	93.94		TB(h6B)-32-40-66	41	65.68	80.81	91	93.94
核5级 常5级	TB(h5)-32-26-54	39	65.68	75	87	93.94	核5级 常5级	TB(h5)-33-26-54	42	67.68	75.76	87	93.94
	TB(h5)-32-28-54	39	65.68	75	87	93.94		TB(h5)-33-28-54	42	67.68	75	87	93.94
	TB(h5)-32-30-60	39	65.68	75.82	87	93.94		TB(h5)-33-30-60	42	67.68	75.82	87	93.94
	TB(h5)-32-32-60	40	65.68	77.79	89	93.94		TB(h5)-33-32-60	43	67.68	77.79	89	93.94
	TB(h5)-32-34-60	40	65.68	77.78	89	93.94		TB(h5)-33-34-60	43	67.68	77.79	89	93.94
	TB(h5)-32-36-63	38	66.68	80.81	91	93.94		TB(h5)-33-36-63	44	67.68	80.81	91	93.94
	TB(h5)-32-38-66	38	66.68	80.84	91	93.94		TB(h5)-33-38-66	44	67.68	80.84	91	93.94
	TB(h5)-32-40-66	38	66.68	80	91	93.94		TB(h5)-33-40-66	44	67.68	80.81	91	93.94
核6级 常6级	TB(h6)-32-26-54	36	63.68	75.76	87	93.94	核6级 常6级	TB(h6)-32-34-60	40	65.68	77.78	89	93.94
	TB(h6)-32-28-54	36	63.68	75.76	87	93.94		TB(h6)-32-36-63	41	65.68	80.81	91	93.94
	TB(h6)-32-30-60	36	63.68	75.82	87	93.94		TB(h6)-32-38-66	41	65.68	80.84	91	93.94
	TB(h6)-32-32-60	40	63.68	77.79	89	93.94		TB(h6)-32-40-66	41	65.68	80.81	91	93.94

甲类防空地下室室外出入口楼梯选用表 图集号 07FG03 页 8

甲类防空地下室室外出入口楼梯选用表

索引抗力级别	楼梯代号	平、剖面图页码	相关详图页码 梯段板	平台板	平台梁	节点详图页码	索引抗力级别	楼梯代号	平、剖面图页码	相关详图页码 梯段板	平台板	平台梁	节点详图页码
核6级 常6级	TB(h6)-33-26-54	42	67、68	75、76	87	93、94	核6级 常6级	TB(h6)-34-26-54	42	67、68	75、76	87	93、94
	TB(h6)-33-28-54	42	67、68	75	87	93、94		TB(h6)-34-28-54	42	67、68	75	87	93、94
	TB(h6)-33-30-60	42	67、68	75、82	87	93、94		TB(h6)-34-30-60	42	67、68	75、82	87	93、94
	TB(h6)-33-32-60	43	67、68	77、79	89	93、94		TB(h6)-34-32-60	43	67、68	77、79	89	93、94
	TB(h6)-33-34-60	43	67、68	77、79	89	93、94		TB(h6)-34-34-60	43	67、68	77、79	89	93、94
	TB(h6)-33-36-63	44	67、68	80、81	91	93、94		TB(h6)-34-36-63	44	67、68	80、81	91	93、94
	TB(h6)-33-38-66	44	67、68	80、84	91	93、94		TB(h6)-34-38-66	44	67、68	80、84	91	93、94
	TB(h6)-33-40-66	44	67、68	80、81	91	93、94		TB(h6)-34-40-66	44	67、68	80、81	91	93、94
核6B级 常6级	TB(h6B)-33-26-54	42	67、68	75、76	87	93、94	核6B级 常6级	TB(h6B)-34-26-54	42	67、68	75、76	87	93、94
	TB(h6B)-33-28-54	42	67、68	75	87	93、94		TB(h6B)-34-28-54	42	67、68	75	87	93、94
	TB(h6B)-33-30-60	42	67、68	75、82	87	93、94		TB(h6B)-34-30-60	42	67、68	75、82	87	93、94
	TB(h6B)-33-32-60	43	67、68	77、79	89	93、94		TB(h6B)-34-32-60	43	67、68	77、79	89	93、94
	TB(h6B)-33-34-60	43	67、68	77、79	89	93、94		TB(h6B)-34-34-60	43	67、68	77、79	89	93、94
	TB(h6B)-33-36-63	44	67、68	80、81	91	93、94		TB(h6B)-34-36-63	44	67、68	80、81	91	93、94
	TB(h6B)-33-38-66	44	67、68	80、84	91	93、94		TB(h6B)-34-38-66	44	67、68	80、84	91	93、94
	TB(h6B)-33-40-66	44	67、68	80、81	91	93、94		TB(h6B)-34-40-66	44	67、68	80、81	91	93、94
核5级 常5级	TB(h5)-34-26-54	42	67、68	75、76	87	93、94	核5级 常5级	TB(h5)-34-34-60	43	67、68	77、79	89	93、94
	TB(h5)-34-28-54	42	67、68	75	87	93、94		TB(h5)-34-36-63	44	67、68	80、81	91	93、94
	TB(h5)-34-30-60	42	67、68	75、82	87	93、94		TB(h5)-34-38-66	44	67、68	80、84	91	93、94
	TB(h5)-34-32-60	43	67、68	77、79	89	93、94		TB(h5)-34-40-66	44	67、68	80、81	91	93、94

甲类防空地下室室外出入口楼梯选用表

图集号 07FG03

甲类防空地下室室外出入口楼梯选用表

索引抗力级别	楼梯代号	平、剖面图页码	相关详图页码 梯段板	相关详图页码 平台板	相关详图页码 平台梁	节点详图页码	索引抗力级别	楼梯代号	平、剖面图页码	相关详图页码 梯段板	相关详图页码 平台板	相关详图页码 平台梁	节点详图页码
核5级 常5级	TB(h5)-35-26-60	45	67、70	75、82	87	93、94	核5级 常5级	TB(h5)-36-26-60	45	67、70	75、82	87	93、94
	TB(h5)-35-28-60	45	67、70	75、82	87	93、94		TB(h5)-36-28-60	45	67、70	75、82	87	93、94
	TB(h5)-35-30-60	45	67、70	75、82	87	93、94		TB(h5)-36-30-60	45	67、70	75、82	87	93、94
	TB(h5)-35-32-60	46	67、70	77、79	89	93、94		TB(h5)-36-32-60	46	67、70	77、79	89	93、94
	TB(h5)-35-34-63	46	67、70	77、79	89	93、94		TB(h5)-36-34-63	46	67、70	77、79	89	93、94
	TB(h5)-35-36-66	47	67、70	80、84	91	93、94		TB(h5)-36-36-66	47	67、70	80、84	91	93、94
	TB(h5)-35-38-66	47	67、70	80、84	91	93、94		TB(h5)-36-38-66	47	67、70	80、84	91	93、94
	TB(h5)-35-40-72	47	67、70	80、86	91	93、94		TB(h5)-36-40-72	47	67、70	80、86	91	93、94
核6级 常6级	TB(h6)-35-26-60	45	67、70	75、82	87	93、94	核6级 常6级	TB(h6)-36-26-60	45	67、70	75、82	87	93、94
	TB(h6)-35-28-60	45	67、70	75、82	87	93、94		TB(h6)-36-28-60	45	67、70	75、82	87	93、94
	TB(h6)-35-30-60	45	67、70	75、82	87	93、94		TB(h6)-36-30-60	45	67、70	75、82	87	93、94
	TB(h6)-35-32-60	46	67、70	77、79	89	93、94		TB(h6)-36-32-60	46	67、70	77、79	89	93、94
	TB(h6)-35-34-63	46	67、70	77、79	89	93、94		TB(h6)-36-34-63	46	67、70	77、79	89	93、94
	TB(h6)-35-36-66	47	67、70	80、84	91	93、94		TB(h6)-36-36-66	47	67、70	80、84	91	93、94
	TB(h6)-35-38-66	47	67、70	80、84	91	93、94		TB(h6)-36-38-66	47	67、70	80、84	91	93、94
	TB(h6)-35-40-72	47	67、70	80、86	91	93、94		TB(h6)-36-40-72	47	67、70	80、86	91	93、94
核6B级 常6级	TB(h6B)-35-26-60	45	67、70	75、82	87	93、94	核6B级 常6级	TB(h6B)-35-34-63	46	67、70	77、79	89	93、94
	TB(h6B)-35-28-60	45	67、70	75、82	87	93、94		TB(h6B)-35-36-66	47	67、70	80、84	91	93、94
	TB(h6B)-35-30-60	45	67、70	75、82	87	93、94		TB(h6B)-35-38-66	47	67、70	80、84	91	93、94
	TB(h6B)-35-32-60	46	67、70	77、79	89	93、94		TB(h6B)-35-40-72	47	67、70	80、86	91	93、94

甲类防空地下室室外出入口楼梯选用表

索引抗力级别	楼梯代号	平、剖面图页码	相关详图页码 梯段板	相关详图页码 平台板	相关详图页码 平台梁	节点详图页码	索引抗力级别	楼梯代号	平、剖面图页码	相关详图页码 梯段板	相关详图页码 平台板	相关详图页码 平台梁	节点详图页码
核6B级 常6级	TB(h6B)-36-26-60	45	67、70	75、82	87	93、94	核6B级 常6级	TB(h6B)-37-26-60	48	69、70	75、82	87	93、94
	TB(h6B)-36-28-60	45	67、70	75、82	87	93、94		TB(h6B)-37-28-60	48	69、70	75、76	87	93、94
	TB(h6B)-36-30-60	45	67、70	75、82	87	93、94		TB(h6B)-37-30-60	48	69、70	75、76	87	93、94
	TB(h6B)-36-32-60	46	67、70	77、79	89	93、94		TB(h6B)-37-32-60	49	69、70	77、78	89	93、94
	TB(h6B)-36-34-63	46	67、70	77、79	89	93、94		TB(h6B)-37-34-63	49	69、70	77、78	89	93、94
	TB(h6B)-36-36-66	47	67、70	80、84	91	93、94		TB(h6B)-37-36-66	50	69、70	80、81	91	93、94
	TB(h6B)-36-38-66	47	67、70	80、84	91	93、94		TB(h6B)-37-38-66	50	69、70	80、81	91	93、94
	TB(h6B)-36-40-72	47	67、70	80、86	91	93、94		TB(h6B)-37-40-72	50	69、70	80、84	91	93、94
核5级 常5级	TB(h5)-37-26-60	48	69、70	75、82	87	93、94	核5级 常5级	TB(h5)-38-26-60	48	69、70	75、82	87	93、94
	TB(h5)-37-28-60	48	69、70	75、76	87	93、94		TB(h5)-38-28-60	48	69、70	75、76	87	93、94
	TB(h5)-37-30-60	48	69、70	75、76	87	93、94		TB(h5)-38-30-60	48	69、70	75、76	87	93、94
	TB(h5)-37-32-60	49	69、70	77、78	89	93、94		TB(h5)-38-32-60	49	69、70	77、78	89	93、94
	TB(h5)-37-34-63	49	69、70	77、78	89	93、94		TB(h5)-38-34-63	49	69、70	77、78	89	93、94
	TB(h5)-37-36-66	50	69、70	80、81	91	93、94		TB(h5)-38-36-66	50	69、70	80、81	91	93、94
	TB(h5)-37-38-66	50	69、70	80、81	91	93、94		TB(h5)-38-38-66	50	69、70	80、81	91	93、94
	TB(h5)-37-40-72	50	69、70	80、84	91	93、94		TB(h5)-38-40-72	50	69、70	80、84	91	93、94
核6级 常6级	TB(h6)-37-26-60	48	69、70	75、82	87	93、94	核6级 常6级	TB(h6)-37-34-63	49	69、70	77、78	89	93、94
	TB(h6)-37-28-60	48	69、70	75、76	87	93、94		TB(h6)-37-36-66	50	69、70	80、81	91	93、94
	TB(h6)-37-30-60	48	69、70	75、76	87	93、94		TB(h6)-37-38-66	50	69、70	80、81	91	93、94
	TB(h6)-37-32-60	49	69、70	77、78	89	93、94		TB(h6)-37-40-72	50	69、70	80、84	91	93、94

甲类防空地下室室外出入口楼梯选用表

索引抗力级别	楼梯代号	平、剖面图页码	相关详图页码 梯段板	相关详图页码 平台板	相关详图页码 平台梁	节点详图页码	索引抗力级别	楼梯代号	平、剖面图页码	相关详图页码 梯段板	相关详图页码 平台板	相关详图页码 平台梁	节点详图页码
核6级 常6级	TB(h6)-38-26-60	48	69、70	75、82	87	93、94	核6级 常6级	TB(h6)-39-26-60	51	69、72	75、82	88	93、94
	TB(h6)-38-28-60	48	69、70	75、76	87	93、94		TB(h6)-39-28-60	51	69、72	75、76	88	93、94
	TB(h6)-38-30-60	48	69、70	75、76	87	93、94		TB(h6)-39-30-63	51	69、72	75、82	88	93、94
	TB(h6)-38-32-60	49	69、70	77、78	89	93、94		TB(h6)-39-32-63	52	69、72	77、79	90	93、94
	TB(h6)-38-34-63	49	69、70	77、78	89	93、94		TB(h6)-39-34-66	52	69、72	77、79	90	93、94
	TB(h6)-38-36-66	50	69、70	80、81	91	93、94		TB(h6)-39-36-72	53	69、72	80、83	92	93、94
	TB(h6)-38-38-66	50	69、70	80、81	91	93、94		TB(h6)-39-38-72	53	69、72	80、83	92	93、94
	TB(h6)-38-40-72	50	69、70	80、84	91	93、94		TB(h6)-39-40-72	53	69、72	80、84	92	93、94
核6B级 常6级	TB(h6B)-38-26-60	48	69、70	75、82	87	93、94	核6B级 常6级	TB(h6B)-39-26-60	51	69、72	75、82	88	93、94
	TB(h6B)-38-28-60	48	69、70	75、76	87	93、94		TB(h6B)-39-28-60	51	69、72	75、76	88	93、94
	TB(h6B)-38-30-60	48	69、70	75、76	87	93、94		TB(h6B)-39-30-63	51	69、72	75、82	88	93、94
	TB(h6B)-38-32-60	49	69、70	77、78	89	93、94		TB(h6B)-39-32-63	52	69、72	77、79	90	93、94
	TB(h6B)-38-34-63	49	69、70	77、78	89	93、94		TB(h6B)-39-34-66	52	69、72	77、79	90	93、94
	TB(h6B)-38-36-66	50	69、70	80、81	91	93、94		TB(h6B)-39-36-72	53	69、72	80、83	92	93、94
	TB(h6B)-38-38-66	50	69、70	80、81	91	93、94		TB(h6B)-39-38-72	53	69、72	80、83	92	93、94
	TB(h6B)-38-40-72	50	69、70	80、84	91	93、94		TB(h6B)-39-40-72	53	69、72	80、84	92	93、94
核5级 常5级	TB(h5)-39-26-60	51	69、72	75、82	88	93、94	核5级 常5级	TB(h5)-39-34-66	52	69、72	77、79	90	93、94
	TB(h5)-39-28-60	51	69、72	75、76	88	93、94		TB(h5)-39-36-72	53	69、72	80、83	92	93、94
	TB(h5)-39-30-63	51	69、72	75、82	88	93、94		TB(h5)-39-38-72	53	69、72	80、83	92	93、94
	TB(h5)-39-32-63	52	69、72	77、79	90	93、94		TB(h5)-39-40-72	53	69、72	80、84	92	93、94

甲类防空地下室室外出入口楼梯选用表

索引抗力级别	楼梯代号	平、剖面图页码	相关详图页码			节点详图页码	索引抗力级别	楼梯代号	平、剖面图页码	相关详图页码			节点详图页码
			梯段板	平台板	平台梁					梯段板	平台板	平台梁	
核5级 常5级	TB(h5)-40-26-60	54	71、72	75、76	88	93、94	核5级 常5级	TB(h5)-41-26-60	54	71、72	75、76	88	93、94
	TB(h5)-40-28-60	54	71、72	75、76	88	93、94		TB(h5)-41-28-60	54	71、72	75、76	88	93、94
	TB(h5)-40-30-63	54	71、72	75、76	88	93、94		TB(h5)-41-30-63	54	71、72	75、76	88	93、94
	TB(h5)-40-32-63	55	71、72	77、78	90	93、94		TB(h5)-41-32-63	55	71、72	77、78	90	93、94
	TB(h5)-40-34-66	55	71、72	77、78	90	93、94		TB(h5)-41-34-66	55	71、72	77、78	90	93、94
	TB(h5)-40-36-72	56	71、72	80、84	92	93、94		TB(h5)-41-36-72	56	71、72	80、84	92	93、94
	TB(h5)-40-38-72	56	71、72	80、84	92	93、94		TB(h5)-41-38-72	56	71、72	80、84	92	93、94
	TB(h5)-40-40-72	56	71、72	80、84	92	93、94		TB(h5)-41-40-72	56	71、72	80、84	92	93、94
核6级 常6级	TB(h6)-40-26-60	54	71、72	75、76	88	93、94	核6级 常6级	TB(h6)-41-26-60	54	71、72	75、76	88	93、94
	TB(h6)-40-28-60	54	71、72	75、76	88	93、94		TB(h6)-41-28-60	54	71、72	75、76	88	93、94
	TB(h6)-40-30-63	54	71、72	75、76	88	93、94		TB(h6)-41-30-63	54	71、72	75、76	88	93、94
	TB(h6)-40-32-63	55	71、72	77、78	90	93、94		TB(h6)-41-32-63	55	71、72	77、78	90	93、94
	TB(h6)-40-34-66	55	71、72	77、78	90	93、94		TB(h6)-41-34-66	55	71、72	77、78	90	93、94
	TB(h6)-40-36-72	56	71、72	80、84	92	93、94		TB(h6)-41-36-72	56	71、72	80、84	92	93、94
	TB(h6)-40-38-72	56	71、72	80、84	92	93、94		TB(h6)-41-38-72	56	71、72	80、84	92	93、94
	TB(h6)-40-40-72	56	71、72	80、84	92	93、94		TB(h6)-41-40-72	56	71、72	80、84	92	93、94
核6B级 常6级	TB(h6B)-40-26-60	54	71、72	75、76	88	93、94	核6B级 常6级	TB(h6B)-40-34-66	55	71、72	77、78	90	93、94
	TB(h6B)-40-28-60	54	71、72	75、76	88	93、94		TB(h6B)-40-36-72	56	71、72	80、84	92	93、94
	TB(h6B)-40-30-63	54	71、72	75、76	88	93、94		TB(h6B)-40-38-72	56	71、72	80、84	92	93、94
	TB(h6B)-40-32-63	55	71、72	77、78	90	93、94		TB(h6B)-40-40-72	56	71、72	80、84	92	93、94

甲类防空地下室室外出入口楼梯选用表

索引抗力级别	楼梯代号	平、剖面图页码	相关详图页码			节点详图页码	索引抗力级别	楼梯代号	平、剖面图页码	相关详图页码			节点详图页码
			梯段板	平台板	平台梁					梯段板	平台板	平台梁	
核6B级 常6级	TB(h6B)-41-26-60	54	71、72	75、76	88	93、94	核6B级 常6级	TB(h6B)-42-26-63	57	71、74	75、82	88	93、94
	TB(h6B)-41-28-60	54	71、72	75、76	88	93、94		TB(h6B)-42-28-63	57	71、74	75、82	88	93、94
	TB(h6B)-41-30-63	54	71、72	75、76	88	93、94		TB(h6B)-42-30-63	57	71、74	75、76	88	93、94
	TB(h6B)-41-32-63	55	71、72	77、78	90	93、94		TB(h6B)-42-32-66	58	71、74	77、79	90	93、94
	TB(h6B)-41-34-66	55	71、72	77、78	90	93、94		TB(h6B)-42-34-72	58	71、74	77、85	90	93、94
	TB(h6B)-41-36-72	56	71、72	80、84	92	93、94		TB(h6B)-42-36-72	59	71、74	80、84	92	93、94
	TB(h6B)-41-38-72	56	71、72	80、84	92	93、94		TB(h6B)-42-38-72	59	71、74	80、84	92	93、94
	TB(h6B)-41-40-72	56	71、72	80、84	92	93、94		TB(h6B)-42-40-75	59	71、74	80、84	92	93、94
核5级 常5级	TB(h5)-42-26-63	57	71、74	75、82	88	93、94	核5级 常5级	TB(h5)-43-26-63	60	73、74	75、76	88	93、94
	TB(h5)-42-28-63	57	71、74	75、82	88	93、94		TB(h5)-43-28-63	60	73、74	75、76	88	93、94
	TB(h5)-42-30-63	57	71、74	75、76	88	93、94		TB(h5)-43-30-63	60	73、74	75	88	93、94
	TB(h5)-42-32-66	58	71、74	77、79	90	93、94		TB(h5)-43-32-66	61	73、74	77、78	90	93、94
	TB(h5)-42-34-72	58	71、74	77、85	90	93、94		TB(h5)-43-34-72	61	73、74	77、79	90	93、94
	TB(h5)-42-36-72	59	71、74	80、84	92	93、94		TB(h5)-43-36-72	62	73、74	80、81	92	93、94
	TB(h5)-42-38-72	59	71、74	80、84	92	93、94		TB(h5)-43-38-72	62	73、74	80、81	92	93、94
	TB(h5)-42-40-75	59	71、74	80、84	92	93、94		TB(h5)-43-40-75	62	73、74	80、84	92	93、94
核6级 常6级	TB(h6)-42-26-63	57	71、74	75、82	88	93、94	核6级 常6级	TB(h6)-42-34-72	58	71、74	77、85	90	93、94
	TB(h6)-42-28-63	57	71、74	75、82	88	93、94		TB(h6)-42-36-72	59	71、74	80、84	92	93、94
	TB(h6)-42-30-63	57	71、74	75、76	88	93、94		TB(h6)-42-38-72	59	71、74	80、84	92	93、94
	TB(h6)-42-32-66	58	71、74	77、79	90	93、94		TB(h6)-42-40-75	59	71、74	80、84	92	93、94

甲类防空地下室室外出入口楼梯选用表

图集号 07FG03

甲类防空地下室室外出入口楼梯选用表

索引抗力级别	楼梯代号	平、剖面图页码	相关详图页码 梯段板	相关详图页码 平台板	相关详图页码 平台梁	节点详图页码	索引抗力级别	楼梯代号	平、剖面图页码	相关详图页码 梯段板	相关详图页码 平台板	相关详图页码 平台梁	节点详图页码
核6级 常6级	TB(h6)-43-26-63	60	73、74	75、76	88	93、94	核6级 常6级	TB(h6)-44-26-63	60	73、74	75、76	88	93、94
	TB(h6)-43-28-63	60	73、74	75、76	88	93、94		TB(h6)-44-28-63	60	73、74	75、76	88	93、94
	TB(h6)-43-30-63	60	73、74	75	88	93、94		TB(h6)-44-30-63	60	73、74	75	88	93、94
	TB(h6)-43-32-66	61	73、74	77、78	90	93、94		TB(h6)-44-32-66	61	73、74	77、78	90	93、94
	TB(h6)-43-34-72	61	73、74	77、79	90	93、94		TB(h6)-44-34-72	61	73、74	77、79	90	93、94
	TB(h6)-43-36-72	62	73、74	80、81	92	93、94		TB(h6)-44-36-72	62	73、74	80、81	92	93、94
	TB(h6)-43-38-72	62	73、74	80、81	92	93、94		TB(h6)-44-38-72	62	73、74	80、81	92	93、94
	TB(h6)-43-40-75	62	73、74	80、84	92	93、94		TB(h6)-44-40-75	62	73、74	80、84	92	93、94
核6B级 常6级	TB(h6B)-43-26-63	60	73、74	75、76	88	93、94	核6B级 常6级	TB(h6B)-44-26-63	60	73、74	75、76	88	93、94
	TB(h6B)-43-28-63	60	73、74	75、76	88	93、94		TB(h6B)-44-28-63	60	73、74	75、76	88	93、94
	TB(h6B)-43-30-63	60	73、74	75	88	93、94		TB(h6B)-44-30-63	60	73、74	75	88	93、94
	TB(h6B)-43-32-66	61	73、74	77、78	90	93、94		TB(h6B)-44-32-66	61	73、74	77、78	90	93、94
	TB(h6B)-43-34-72	61	73、74	77、79	90	93、94		TB(h6B)-44-34-72	61	73、74	77、79	90	93、94
	TB(h6B)-43-36-72	62	73、74	80、81	92	93、94		TB(h6B)-44-36-72	62	73、74	80、81	92	93、94
	TB(h6B)-43-38-72	62	73、74	80、81	92	93、94		TB(h6B)-44-38-72	62	73、74	80、81	92	93、94
	TB(h6B)-43-40-75	62	73、74	80、84	92	93、94		TB(h6B)-44-40-75	62	73、74	80、84	92	93、94
核5级 常5级	TB(h5)-44-26-63	60	73、74	75、76	88	93、94	核5级 常5级	TB(h5)-44-34-72	61	73、74	77、79	90	93、94
	TB(h5)-44-28-63	60	73、74	75、76	88	93、94		TB(h5)-44-36-72	62	73、74	80、81	92	93、94
	TB(h5)-44-30-63	60	73、74	75	88	93、94		TB(h5)-44-38-72	62	73、74	80、81	92	93、94
	TB(h5)-44-32-66	61	73、74	77、78	90	93、94		TB(h5)-44-40-75	62	73、74	80、84	92	93、94

甲类防空地下室室外出入口楼梯选用表	图集号	07FG03
审核 于晓音 校对 郭莉 设计 萧蕤	页	15

乙类防空地下室室外出入口楼梯选用表

索引抗力级别	楼梯代号	平、剖面图页码	相关详图页码			节点详图页码	索引抗力级别	楼梯代号	平、剖面图页码	相关详图页码			节点详图页码
			梯段板	平台板	平台梁					梯段板	平台板	平台梁	
常5级	TB(c5)-30-26-54	33	64,65	75	87	93,94	常5级	TB(c5)-31-26-54	33	64,65	75	87	93,94
	TB(c5)-30-28-54	33	64,65	75	87	93,94		TB(c5)-31-28-54	33	64,65	75	87	93,94
	TB(c5)-30-30-54	33	64,65	75	87	93,94		TB(c5)-31-30-54	33	64,65	75	87	93,94
	TB(c5)-30-32-60	34	64,65	77,79	89	93,94		TB(c5)-31-32-60	34	64,65	77,79	89	93,94
	TB(c5)-30-34-60	34	64,65	77,78	89	93,94		TB(c5)-31-34-60	34	64,65	77,78	89	93,94
	TB(c5)-30-36-60	35	64,65	80	91	93,94		TB(c5)-31-36-60	35	64,65	80	91	93,94
	TB(c5)-30-38-63	35	64,65	80	91	93,94		TB(c5)-31-38-63	35	64,65	80	91	93,94
	TB(c5)-30-40-63	35	64,65	80	91	93,94		TB(c5)-31-40-63	35	64,65	80	91	93,94
常6级	TB(c6)-30-26-54	33	64,65	75	87	93,94	常6级	TB(c6)-31-26-54	30	63,64	75,76	87	93,94
	TB(c6)-30-28-54	33	64,65	75	87	93,94		TB(c6)-31-28-54	30	63,64	75,76	87	93,94
	TB(c6)-30-30-54	33	64,65	75	87	93,94		TB(c6)-31-30-54	31	63,64	75,76	87	93,94
	TB(c6)-30-32-60	34	64,65	77,79	89	93,94		TB(c6)-31-32-60	32	63,64	77,85	89	93,94
	TB(c6)-30-34-60	34	64,65	77,78	89	93,94		TB(c6)-31-34-60	32	63,64	77,79	89	93,94
	TB(c6)-30-36-60	35	64,65	80	91	93,94		TB(c6)-31-36-60	35	64,65	80	91	93,94
	TB(c6)-30-38-63	35	64,65	80	91	93,94		TB(c6)-31-38-63	35	64,65	80	91	93,94
	TB(c6)-30-40-63	35	64,65	80	91	93,94		TB(c6)-31-40-63	35	64,65	80	91	93,94

乙类防空地下室室外出入口楼梯选用表

索引抗力级别	楼梯代号	平、剖面图页码	相关详图页码 梯段板	相关详图页码 平台板	相关详图页码 平台梁	节点详图页码	索引抗力级别	楼梯代号	平、剖面图页码	相关详图页码 梯段板	相关详图页码 平台板	相关详图页码 平台梁	节点详图页码
常5级	TB(c5)-32-26-54	39	65.68	75	87	93.94	常5级	TB(c5)-33-26-54	42	67.68	75.76	87	93.94
	TB(c5)-32-28-54	39	65.68	75	87	93.94		TB(c5)-33-28-54	42	67.68	75	87	93.94
	TB(c5)-32-30-60	39	65.68	75.82	87	93.94		TB(c5)-33-30-60	42	67.68	75.82	87	93.94
	TB(c5)-32-32-60	40	65.68	77.79	89	93.94		TB(c5)-33-32-60	43	67.68	77.79	89	93.94
	TB(c5)-32-34-60	40	65.68	77.78	89	93.94		TB(c5)-33-34-60	43	67.68	77.79	89	93.94
	TB(c5)-32-36-63	38	66.68	80.81	91	93.94		TB(c5)-33-36-63	44	67.68	80.81	91	93.94
	TB(c5)-32-38-66	38	66.68	80.84	91	93.94		TB(c5)-33-38-66	44	67.68	80.84	91	93.94
	TB(c5)-32-40-66	38	66.68	80	91	93.94		TB(c5)-33-40-66	44	67.68	80.81	91	93.94
常6级	TB(c6)-32-26-54	36	63.68	75.76	87	93.94	常6级	TB(c6)-33-26-54	42	67.68	75.76	87	93.94
	TB(c6)-32-28-54	36	63.68	75.76	87	93.94		TB(c6)-33-28-54	42	67.68	75	87	93.94
	TB(c6)-32-30-60	36	63.68	75.82	87	93.94		TB(c6)-33-30-60	42	67.68	75.82	87	93.94
	TB(c6)-32-32-60	40	65.68	77.79	89	93.94		TB(c6)-33-32-60	43	67.68	77.79	89	93.94
	TB(c6)-32-34-60	40	65.68	77.78	89	93.94		TB(c6)-33-34-60	43	67.68	77.79	89	93.94
	TB(c6)-32-36-63	41	65.68	80.81	91	93.94		TB(c6)-33-36-63	44	67.68	80.81	91	93.94
	TB(c6)-32-38-66	41	65.68	80.84	91	93.94		TB(c6)-33-38-66	44	67.68	80.84	91	93.94
	TB(c6)-32-40-66	41	65.68	80.81	91	93.94		TB(c6)-33-40-66	44	67.68	80.81	91	93.94

乙类防空地下室室外出入口楼梯选用表

索引抗力级别	楼梯代号	平、剖面图页码	相关详图页码			节点详图页码	索引抗力级别	楼梯代号	平、剖面图页码	相关详图页码			节点详图页码
			梯段板	平台板	平台梁					梯段板	平台板	平台梁	
常5级	TB(c5)-34-26-54	42	67、68	75、76	87	93、94	常5级	TB(c5)-35-26-60	45	67、70	75、82	87	93、94
	TB(c5)-34-28-54	42	67、68	75	87	93、94		TB(c5)-35-28-60	45	67、70	75、82	87	93、94
	TB(c5)-34-30-60	42	67、68	75、82	87	93、94		TB(c5)-35-30-60	45	67、70	75、82	87	93、94
	TB(c5)-34-32-60	43	67、68	77、79	89	93、94		TB(c5)-35-32-60	46	67、70	77、79	89	93、94
	TB(c5)-34-34-60	43	67、68	77、79	89	93、94		TB(c5)-35-34-63	46	67、70	77、79	89	93、94
	TB(c5)-34-36-63	44	67、68	80、81	91	93、94		TB(c5)-35-36-66	47	67、70	80、84	91	93、94
	TB(c5)-34-38-66	44	67、68	80、84	91	93、94		TB(c5)-35-38-66	47	67、70	80、84	91	93、94
	TB(c5)-34-40-66	44	67、68	80、81	91	93、94		TB(c5)-35-40-72	47	67、70	80、86	91	93、94
常6级	TB(c6)-34-26-54	42	67、68	75、76	87	93、94	常6级	TB(c6)-35-26-60	45	67、70	75、82	87	93、94
	TB(c6)-34-28-54	42	67、68	75	87	93、94		TB(c6)-35-28-60	45	67、70	75、82	87	93、94
	TB(c6)-34-30-60	42	67、68	75、82	87	93、94		TB(c6)-35-30-60	45	67、70	75、82	87	93、94
	TB(c6)-34-32-60	43	67、68	77、79	89	93、94		TB(c6)-35-32-60	46	67、70	77、79	89	93、94
	TB(c6)-34-34-60	43	67、68	77、79	89	93、94		TB(c6)-35-34-63	46	67、70	77、79	89	93、94
	TB(c6)-34-36-63	44	67、68	80、81	91	93、94		TB(c6)-35-36-66	47	67、70	80、84	91	93、94
	TB(c6)-34-38-66	44	67、68	80、84	91	93、94		TB(c6)-35-38-66	47	67、70	80、84	91	93、94
	TB(c6)-34-40-66	44	67、68	80、81	91	93、94		TB(c6)-35-40-72	47	67、70	80、86	91	93、94

乙类防空地下室室外出入口楼梯选用表

索引抗力级别	楼梯代号	平、剖面图页码	相关详图页码			节点详图页码	索引抗力级别	楼梯代号	平、剖面图页码	相关详图页码			节点详图页码
			梯段板	平台板	平台梁					梯段板	平台板	平台梁	
常5级	TB(c5)-36-26-60	45	67、70	75、82	87	93、94	常5级	TB(c5)-37-26-60	48	69、70	75、82	87	93、94
	TB(c5)-36-28-60	45	67、70	75、82	87	93、94		TB(c5)-37-28-60	48	69、70	75、76	87	93、94
	TB(c5)-36-30-60	45	67、70	75、82	87	93、94		TB(c5)-37-30-60	48	69、70	75、76	87	93、94
	TB(c5)-36-32-60	46	67、70	77、79	89	93、94		TB(c5)-37-32-60	49	69、70	77、78	89	93、94
	TB(c5)-36-34-63	46	67、70	77、79	89	93、94		TB(c5)-37-34-63	49	69、70	77、78	89	93、94
	TB(c5)-36-36-66	47	67、70	80、84	91	93、94		TB(c5)-37-36-66	50	69、70	80、81	91	93、94
	TB(c5)-36-38-66	47	67、70	80、84	91	93、94		TB(c5)-37-38-66	50	69、70	80、81	91	93、94
	TB(c5)-36-40-72	47	67、70	80、86	91	93、94		TB(c5)-37-40-72	50	69、70	80、84	91	93、94
常6级	TB(c6)-36-26-60	45	67、70	75、82	87	93、94	常6级	TB(c6)-37-26-60	48	69、70	75、82	87	93、94
	TB(c6)-36-28-60	45	67、70	75、82	87	93、94		TB(c6)-37-28-60	48	69、70	75、76	87	93、94
	TB(c6)-36-30-60	45	67、70	75、82	87	93、94		TB(c6)-37-30-60	48	69、70	75、76	87	93、94
	TB(c6)-36-32-60	46	67、70	77、79	89	93、94		TB(c6)-37-32-60	49	69、70	77、78	89	93、94
	TB(c6)-36-34-63	46	67、70	77、79	89	93、94		TB(c6)-37-34-63	49	69、70	77、78	89	93、94
	TB(c6)-36-36-66	47	67、70	80、84	91	93、94		TB(c6)-37-36-66	50	69、70	80、81	91	93、94
	TB(c6)-36-38-66	47	67、70	80、84	91	93、94		TB(c6)-37-38-66	50	69、70	80、81	91	93、94
	TB(c6)-36-40-72	47	67、70	80、86	91	93、94		TB(c6)-37-40-72	50	69、70	80、84	91	93、94

乙类防空地下室室外出入口楼梯选用表　图集号 07FG03

乙类防空地下室室外出入口楼梯选用表

索引抗力级别	楼梯代号	平、剖面图页码	相关详图页码			节点详图页码	索引抗力级别	楼梯代号	平、剖面图页码	相关详图页码			节点详图页码
			梯段板	平台板	平台梁					梯段板	平台板	平台梁	
常5级	TB(c5)-38-26-60	48	69,70	75,82	87	93,94	常5级	TB(c5)-39-26-60	51	69,72	75,82	88	93,94
	TB(c5)-38-28-60	48	69,70	75,76	87	93,94		TB(c5)-39-28-60	51	69,72	75,76	88	93,94
	TB(c5)-38-30-60	48	69,70	75,76	87	93,94		TB(c5)-39-30-63	51	69,72	75,82	88	93,94
	TB(c5)-38-32-60	49	69,70	77,78	89	93,94		TB(c5)-39-32-63	52	69,72	77,79	90	93,94
	TB(c5)-38-34-63	49	69,70	77,78	89	93,94		TB(c5)-39-34-66	52	69,72	77,79	90	93,94
	TB(c5)-38-36-66	50	69,70	80,81	91	93,94		TB(c5)-39-36-72	53	69,72	80,83	92	93,94
	TB(c5)-38-38-66	50	69,70	80,81	91	93,94		TB(c5)-39-38-72	53	69,72	80,83	92	93,94
	TB(c5)-38-40-72	50	69,70	80,84	91	93,94		TB(c5)-39-40-72	53	69,72	80,84	92	93,94
常6级	TB(c6)-38-26-60	48	69,70	75,82	87	93,94	常6级	TB(c6)-39-26-60	51	69,72	75,82	88	93,94
	TB(c6)-38-28-60	48	69,70	75,76	87	93,94		TB(c6)-39-28-60	51	69,72	75,76	88	93,94
	TB(c6)-38-30-60	48	69,70	75,76	87	93,94		TB(c6)-39-30-63	51	69,72	75,82	88	93,94
	TB(c6)-38-32-60	49	69,70	77,78	89	93,94		TB(c6)-39-32-63	52	69,72	77,79	90	93,94
	TB(c6)-38-34-63	49	69,70	77,78	89	93,94		TB(c6)-39-34-66	52	69,72	77,79	90	93,94
	TB(c6)-38-36-66	50	69,70	80,81	91	93,94		TB(c6)-39-36-72	53	69,72	80,83	92	93,94
	TB(c6)-38-38-66	50	69,70	80,81	91	93,94		TB(c6)-39-38-72	53	69,72	80,83	92	93,94
	TB(c6)-38-40-72	50	69,70	80,84	91	93,94		TB(c6)-39-40-72	53	69,72	80,84	92	93,94

乙类防空地下室室外出入口楼梯选用表

索引抗力级别	楼梯代号	平、剖面图页码	相关详图页码			节点详图页码	索引抗力级别	楼梯代号	平、剖面图页码	相关详图页码			节点详图页码
			梯段板	平台板	平台梁					梯段板	平台板	平台梁	
常5级	TB(c5)-40-26-60	54	71.72	75.76	88	93.94	常5级	TB(c5)-41-26-60	54	71.72	75.76	88	93.94
	TB(c5)-40-28-60	54	71.72	75.76	88	93.94		TB(c5)-41-28-60	54	71.72	75.76	88	93.94
	TB(c5)-40-30-63	54	71.72	75.76	88	93.94		TB(c5)-41-30-63	54	71.72	75.76	88	93.94
	TB(c5)-40-32-63	55	71.72	77.78	90	93.94		TB(c5)-41-32-63	55	71.72	77.78	90	93.94
	TB(c5)-40-34-66	55	71.72	77.78	90	93.94		TB(c5)-41-34-66	55	71.72	77.78	90	93.94
	TB(c5)-40-36-72	56	71.72	80.84	92	93.94		TB(c5)-41-36-72	56	71.72	80.84	92	93.94
	TB(c5)-40-38-72	56	71.72	80.84	92	93.94		TB(c5)-41-38-72	56	71.72	80.84	92	93.94
	TB(c5)-40-40-72	56	71.72	80.84	92	93.94		TB(c5)-41-40-72	56	71.72	80.84	92	93.94
常6级	TB(c6)-40-26-60	54	71.72	75.76	88	93.94	常6级	TB(c6)-41-26-60	54	71.72	75.76	88	93.94
	TB(c6)-40-28-60	54	71.72	75.76	88	93.94		TB(c6)-41-28-60	54	71.72	75.76	88	93.94
	TB(c6)-40-30-63	54	71.72	75.76	88	93.94		TB(c6)-41-30-63	54	71.72	75.76	88	93.94
	TB(c6)-40-32-63	55	71.72	77.78	90	93.94		TB(c6)-41-32-63	55	71.72	77.78	90	93.94
	TB(c6)-40-34-66	55	71.72	77.78	90	93.94		TB(c6)-41-34-66	55	71.72	77.78	90	93.94
	TB(c6)-40-36-72	56	71.72	80.84	92	93.94		TB(c6)-41-36-72	56	71.72	80.84	92	93.94
	TB(c6)-40-38-72	56	71.72	80.84	92	93.94		TB(c6)-41-38-72	56	71.72	80.84	92	93.94
	TB(c6)-40-40-72	56	71.72	80.84	92	93.94		TB(c6)-41-40-72	56	71.72	80.84	92	93.94

乙类防空地下室室外出入口楼梯选用表

索引抗力级别	楼梯代号	平、剖面图页码	相关详图页码			节点详图页码	索引抗力级别	楼梯代号	平、剖面图页码	相关详图页码			节点详图页码
			梯段板	平台板	平台梁					梯段板	平台板	平台梁	
常5级	TB(c5)-42-26-63	57	71、74	75、82	88	93、94	常5级	TB(c5)-43-26-63	60	73、74	75、76	88	93、94
	TB(c5)-42-28-63	57	71、74	75、82	88	93、94		TB(c5)-43-28-63	60	73、74	75、76	88	93、94
	TB(c5)-42-30-63	57	71、74	75、76	88	93、94		TB(c5)-43-30-63	60	73、74	75	88	93、94
	TB(c5)-42-32-66	58	71、74	77、79	90	93、94		TB(c5)-43-32-66	61	73、74	77、78	90	93、94
	TB(c5)-42-34-72	58	71、74	77、85	90	93、94		TB(c5)-43-34-72	61	73、74	77、79	90	93、94
	TB(c5)-42-36-72	59	71、74	80、84	92	93、94		TB(c5)-43-36-72	62	73、74	80、81	92	93、94
	TB(c5)-42-38-72	59	71、74	80、84	92	93、94		TB(c5)-43-38-72	62	73、74	80、81	92	93、94
	TB(c5)-42-40-75	59	71、74	80、84	92	93、94		TB(c5)-43-40-75	62	73、74	80、84	92	93、94
常6级	TB(c6)-42-26-63	57	71、74	75、82	88	93、94	常6级	TB(c6)-43-26-63	60	73、74	75、76	88	93、94
	TB(c6)-42-28-63	57	71、74	75、82	88	93、94		TB(c6)-43-28-63	60	73、74	75、76	88	93、94
	TB(c6)-42-30-63	57	71、74	75、76	88	93、94		TB(c6)-43-30-63	60	73、74	75	88	93、94
	TB(c6)-42-32-66	58	71、74	77、79	90	93、94		TB(c6)-43-32-66	61	73、74	77、78	90	93、94
	TB(c6)-42-34-72	58	71、74	77、85	90	93、94		TB(c6)-43-34-72	61	73、74	77、79	90	93、94
	TB(c6)-42-36-72	59	71、74	80、84	92	93、94		TB(c6)-43-36-72	62	73、74	80、81	92	93、94
	TB(c6)-42-38-72	59	71、74	80、84	92	93、94		TB(c6)-43-38-72	62	73、74	80、81	92	93、94
	TB(c6)-42-40-75	59	71、74	80、84	92	93、94		TB(c6)-43-40-75	62	73、74	80、84	92	93、94

乙类防空地下室室外出入口楼梯选用表

索引抗力级别	楼梯代号	平、剖面图页码	相关详图页码			节点详图页码
			梯段板	平台板	平台梁	
常5级	TB(c5)-44-26-63	60	73、74	75、76	88	93、94
	TB(c5)-44-28-63	60	73、74	75、76	88	93、94
	TB(c5)-44-30-63	60	73、74	75	88	93、94
	TB(c5)-44-32-66	61	73、74	77、78	90	93、94
	TB(c5)-44-34-72	61	73、74	77、79	90	93、94
	TB(c5)-44-36-72	62	73、74	80、81	92	93、94
	TB(c5)-44-38-72	62	73、74	80、81	92	93、94
	TB(c5)-44-40-75	62	73、74	80、84	92	93、94
常6级	TB(c6)-44-26-63	60	73、74	75、76	88	93、94
	TB(c6)-44-28-63	60	73、74	75、76	88	93、94
	TB(c6)-44-30-63	60	73、74	75	88	93、94
	TB(c6)-44-32-66	61	73、74	77、78	90	93、94
	TB(c6)-44-34-72	61	73、74	77、79	90	93、94
	TB(c6)-44-36-72	62	73、74	80、81	92	93、94
	TB(c6)-44-38-72	62	73、74	80、81	92	93、94
	TB(c6)-44-40-75	62	73、74	80、84	92	93、94

甲类防空地下室室内出入口楼梯选用表

索引抗力级别	楼梯代号	平、剖面图页码	相关详图页码			节点详图页码	索引抗力级别	楼梯代号	平、剖面图页码	相关详图页码			节点详图页码
			梯段板	平台板	平台梁					梯段板	平台板	平台梁	
核6级 常6级	TB'(h6)-30-26-51	33	64、65	75	87	93、94	核6级 常6级	TB'(h6)-32-26-51	36	63、68	75	87	93、94
	TB'(h6)-30-28-54	33	64、65	75	87	93、94		TB'(h6)-32-28-54	36	63、68	75、76	87	93、94
	TB'(h6)-30-30-54	33	64、65	75	87	93、94							
	TB'(h6)-30-32-56	34	64、65	77	89	93、94		TB'(h6)-32-30-55	36	63、68	75、76	87	93、94
	TB'(h6)-30-34-57	34	64、65	77	89	93、94							
核6B级 常6级	TB'(h6B)-30-26-51	30	63、64	75	87	93、94	核6B级 常6级	TB'(h6B)-32-26-51	36	63、68	75	87	93、94
	TB'(h6B)-30-28-54	30	63、64	75、76	87	93、94		TB'(h6B)-32-28-54	36	63、68	75、76	87	93、94
	TB'(h6B)-30-30-54	31	63、64	75、76	87	93、94							
	TB'(h6B)-30-32-56	34	64、65	77	89	93、94		TB'(h6B)-32-30-55	36	63、68	75、76	87	93、94
	TB'(h6B)-30-34-57	34	64、65	77	89	93、94							
核6级 常6级	TB'(h6)-31-26-51	30	63、64	75	87	93、94	核6级 常6级	TB'(h6)-33-26-54	42	67、68	75、76	87	93、94
	TB'(h6)-31-28-54	30	63、64	75、76	87	93、94		TB'(h6)-33-28-54	42	67、68	75	87	93、94
	TB'(h6)-31-30-54	31	63、64	75、76	87	93、94		TB'(h6)-33-30-57	42	67、68	75、76	87	93、94
	TB'(h6)-31-32-56	32	63、64	77、79	89	93、94		TB'(h6)-33-32-57	43	67、68	77	89	93、94
	TB'(h6)-31-34-57	32	63、64	77、78	89	93、94		TB'(h6)-33-34-59	43	67、68	77	89	93、94
核6B级 常6级	TB'(h6B)-31-26-51	30	63、64	75	87	93、94	核6B级 常6级	TB'(h6B)-33-26-54	42	67、68	75、76	87	93、94
	TB'(h6B)-31-28-54	30	63、64	75、76	87	93、94		TB'(h6B)-33-28-54	42	67、68	75	87	93、94
	TB'(h6B)-31-30-54	31	63、64	75、76	87	93、94		TB'(h6B)-33-30-57	42	67、68	75、76	87	93、94
	TB'(h6B)-31-32-56	32	63、64	77、79	89	93、94		TB'(h6B)-33-32-57	43	67、68	77	89	93、94
	TB'(h6B)-31-34-57	32	63、64	77、78	89	93、94		TB'(h6B)-33-34-59	43	67、68	77	89	93、94

甲类防空地下室室内出入口楼梯选用表

索引抗力级别	楼梯代号	平、剖面图页码	相关详图页码 — 梯段板	相关详图页码 — 平台板	相关详图页码 — 平台梁	节点详图页码	索引抗力级别	楼梯代号	平、剖面图页码	相关详图页码 — 梯段板	相关详图页码 — 平台板	相关详图页码 — 平台梁	节点详图页码
核6级 常6级	TB'(h6)-34-26-54	42	67、68	75、76	87	93、94	核6级 常6级	TB'(h6)-36-26-55	45	67、70	75、76	87	93、94
	TB'(h6)-34-28-54	42	67、68	75	87	93、94							
	TB'(h6)-34-30-57	42	67、68	75、76	87	93、94		TB'(h6)-36-28-56	45	67、70	75、76	87	93、94
	TB'(h6)-34-32-57	43	67、68	77	89	93、94							
	TB'(h6)-34-34-59	43	67、68	77	89	93、94							
核6B级 常6级	TB'(h6B)-34-26-54	42	67、68	75、76	87	93、94	核6B级 常6级	TB'(h6B)-36-26-55	45	67、70	75、76	87	93、94
	TB'(h6B)-34-28-54	42	67、68	75	87	93、94							
	TB'(h6B)-34-30-57	42	67、68	75、76	87	93、94		TB'(h6B)-36-28-56	45	67、70	75、76	87	93、94
	TB'(h6B)-34-32-57	43	67、68	77	89	93、94							
	TB'(h6B)-34-34-59	43	67、68	77	89	93、94							
核6级 常6级	TB'(h6)-35-26-55	45	67、70	75、76	87	93、94	核6级 常6级	TB'(h6)-37-26-57	48	69、70	75、76	87	93、94
								TB'(h6)-37-28-57	48	69、70	75	87	93、94
								TB'(h6)-37-30-60	48	69、70	75、76	87	93、94
	TB'(h6)-35-28-56	45	67、70	75、76	87	93、94		TB'(h6)-37-32-60	49	69、70	77、78	89	93、94
								TB'(h6)-37-34-62	49	69、70	77、78	89	93、94
核6B级 常6级	TB'(h6B)-35-26-55	45	67、70	75、76	87	93、94	核6B级 常6级	TB'(h6B)-37-26-57	48	69、70	75、76	87	93、94
								TB'(h6B)-37-28-57	48	69、70	75	87	93、94
								TB'(h6B)-37-30-60	48	69、70	75、76	87	93、94
	TB'(h6B)-35-28-56	45	67、70	75、76	87	93、94		TB'(h6B)-37-32-60	49	69、70	77、78	89	93、94
								TB'(h6B)-37-34-62	49	69、70	77、78	89	93、94

甲类防空地下室室内出入口楼梯选用表　图集号 07FG03

甲类防空地下室室内出入口楼梯选用表

索引抗力级别	楼梯代号	平、剖面图页码	相关详图页码			节点详图页码	索引抗力级别	楼梯代号	平、剖面图页码	相关详图页码			节点详图页码
			梯段板	平台板	平台梁					梯段板	平台板	平台梁	
核6级 常6级	TB'(h6)-38-26-57	48	69、70	75、76	87	93、94	核6级 常6级	TB'(h6)-40-26-60	54	71、72	75、76	88	93、94
	TB'(h6)-38-28-57	48	69、70	75	87	93、94		TB'(h6)-40-28-60	54	71、72	75、76	88	93、94
	TB'(h6)-38-30-60	48	69、70	75、76	87	93、94		TB'(h6)-40-30-62	54	71、72	75、76	88	93、94
	TB'(h6)-38-32-60	49	69、70	77、78	89	93、94		TB'(h6)-40-32-63	55	71、72	77、78	90	93、94
	TB'(h6)-38-34-62	49	69、70	77、78	89	93、94							
核6B级 常6级	TB'(h6B)-38-26-57	48	69、70	75、76	87	93、94	核6B级 常6级	TB'(h6B)-40-26-60	54	71、72	75、76	88	93、94
	TB'(h6B)-38-28-57	48	69、70	75	87	93、94		TB'(h6B)-40-28-60	54	71、72	75、76	88	93、94
	TB'(h6B)-38-30-60	48	69、70	75、76	87	93、94		TB'(h6B)-40-30-62	54	71、72	75、76	88	93、94
	TB'(h6B)-38-32-60	49	69、70	77、78	89	93、94		TB'(h6B)-40-32-63	55	71、72	77、78	90	93、94
	TB'(h6B)-38-34-62	49	69、70	77、78	89	93、94							
核6级 常6级	TB'(h6)-39-26-57	51	69、72	75、76	88	93、94	核6级 常6级	TB'(h6)-41-26-60	54	71、72	75、76	88	93、94
								TB'(h6)-41-28-60	54	71、72	75、76	88	93、94
								TB'(h6)-41-30-62	54	71、72	75、76	88	93、94
	TB'(h6)-39-28-59	51	69、72	75、76	88	93、94		TB'(h6)-41-32-63	55	71、72	77、78	90	93、94
核6B级 常6级	TB'(h6B)-39-26-57	51	69、72	75、76	88	93、94	核6B级 常6级	TB'(h6B)-41-26-60	54	71、72	75、76	88	93、94
								TB'(h6B)-41-28-60	54	71、72	75、76	88	93、94
								TB'(h6B)-41-30-62	54	71、72	75、76	88	93、94
	TB'(h6B)-39-28-59	51	69、72	75、76	88	93、94		TB'(h6B)-41-32-63	55	71、72	77、78	90	93、94

甲类防空地下室室内出入口楼梯选用表

索引抗力级别	楼梯代号	平、剖面图页码	相关详图页码			节点详图页码	索引抗力级别	楼梯代号	平、剖面图页码	相关详图页码			节点详图页码
			梯段板	平台板	平台梁					梯段板	平台板	平台梁	
核6级常6级	TB'(h6)-42-26-60	57	71、74	75、76	88	93、94	核6级常6级	TB'(h6)-44-26-63	60	73、74	75、76	88	93、94
								TB'(h6)-44-28-63	60	73、74	75、76	88	93、94
								TB'(h6)-44-30-63	60	73、74	75	88	93、94
	TB'(h6)-42-28-61	57	71、74	75、76	88	93、94		TB'(h6)-44-32-66	61	73、74	77、78	90	93、94
								TB'(h6)-44-34-67	61	73、74	77	90	93、94
核6B级常6级	TB'(h6B)-42-26-60	57	71、74	75、76	88	93、94	核6B级常6级	TB'(h6B)-44-26-63	60	73、74	75、76	88	93、94
								TB'(h6B)-44-28-63	60	73、74	75、76	88	93、94
								TB'(h6B)-44-30-63	60	73、74	75	88	93、94
	TB'(h6B)-42-28-61	57	71、74	75、76	88	93、94		TB'(h6B)-44-32-66	61	73、74	77、78	90	93、94
								TB'(h6B)-44-34-67	61	73、74	77	90	93、94
核6级常6级	TB'(h6)-43-26-63	60	73、74	75、76	88	93、94	核6B级常6级	TB'(h6B)-43-26-63	60	73、74	75、76	88	93、94
	TB'(h6)-43-28-63	60	73、74	75、76	88	93、94		TB'(h6B)-43-28-63	60	73、74	75、76	88	93、94
	TB'(h6)-43-30-63	60	73、74	75	88	93、94		TB'(h6B)-43-30-63	60	73、74	75	88	93、94
	TB'(h6)-43-32-66	61	73、74	77、78	90	93、94		TB'(h6B)-43-32-66	61	73、74	77、78	90	93、94
	TB'(h6)-43-34-67	61	73、74	77	90	93、94		TB'(h6B)-43-34-67	61	73、74	77	90	93、94

乙类防空地下室室内出入口楼梯选用表

索引抗力级别	楼梯代号	平、剖面图页码	相关详图页码 梯段板	相关详图页码 平台板	相关详图页码 平台梁	节点详图页码	索引抗力级别	楼梯代号	平、剖面图页码	相关详图页码 梯段板	相关详图页码 平台板	相关详图页码 平台梁	节点详图页码
常6级	TB'(c6)-30-26-51	30	63、64	75	87	93、94	常6级	TB'(c6)-34-26-54	42	67、68	75、76	87	93、94
	TB'(c6)-30-28-54	30	63、64	75、76	87	93、94		TB'(c6)-34-28-54	42	67、68	75	87	93、94
	TB'(c6)-30-30-54	31	63、64	75、76	87	93、94		TB'(c6)-34-30-57	42	67、68	75、76	87	93、94
	TB'(c6)-30-32-56	34	64、65	77	89	93、94		TB'(c6)-34-32-57	43	67、68	77	89	93、94
	TB'(c6)-30-34-57	34	64、65	77	89	93、94		TB'(c6)-34-34-59	43	67、68	77	89	93、94
	TB'(c6)-31-26-51	30	63、64	75	87	93、94		TB'(c6)-35-26-55	45	67、70	75、76	87	93、94
	TB'(c6)-31-28-54	30	63、64	75、76	87	93、94		TB'(c6)-35-28-56	45	67、70	75、76	87	93、94
	TB'(c6)-31-30-54	31	63、64	75、76	87	93、94		TB'(c6)-35-30-60	45	67、70	75、82	87	93、94
	TB'(c6)-31-32-56	32	63、64	77、79	89	93、94		TB'(c6)-35-32-60	46	67、70	77、79	89	93、94
	TB'(c6)-31-34-57	32	63、64	77、78	89	93、94		TB'(c6)-35-34-63	46	67、70	77、79	89	93、94
	TB'(c6)-32-26-51	36	63、68	75	87	93、94		TB'(c6)-36-26-55	45	67、70	75、76	87	93、94
	TB'(c6)-32-28-54	36	63、68	75、76	87	93、94		TB'(c6)-36-28-56	45	67、70	75、76	87	93、94
	TB'(c6)-32-30-55	36	63、68	75、76	87	93、94		TB'(c6)-36-30-60	45	67、70	75、82	87	93、94
	TB'(c6)-32-32-60	37	63、68	77、85	89	93、94		TB'(c6)-36-32-60	46	67、70	77、79	89	93、94
	TB'(c6)-32-34-60	37	63、68	77、79	89	93、94		TB'(c6)-36-34-63	46	67、70	77、79	89	93、94
	TB'(c6)-33-26-54	42	67、68	75、76	87	93、94		TB'(c6)-37-26-57	48	69、70	75、76	87	93、94
	TB'(c6)-33-28-54	42	67、68	75	87	93、94		TB'(c6)-37-28-57	48	69、70	75	87	93、94
	TB'(c6)-33-30-57	42	67、68	75、76	87	93、94		TB'(c6)-37-30-60	48	69、70	75、76	87	93、94
	TB'(c6)-33-32-57	43	67、68	77	89	93、94		TB'(c6)-37-32-60	49	69、70	77、78	89	93、94
	TB'(c6)-33-34-59	43	67、68	77	89	93、94		TB'(c6)-37-34-62	49	69、70	77、78	89	93、94

乙类防空地下室室内出入口楼梯选用表

索引抗力级别	楼梯代号	平、剖面图页码	相关详图页码 梯段板	相关详图页码 平台板	相关详图页码 平台梁	节点详图页码	索引抗力级别	楼梯代号	平、剖面图页码	相关详图页码 梯段板	相关详图页码 平台板	相关详图页码 平台梁	节点详图页码
常6级	TB'(c6)-38-26-57	48	69、70	75、76	87	93、94	常6级	TB'(c6)-42-26-60	57	71、74	75、76	88	93、94
	TB'(c6)-38-28-57	48	69、70	75	87	93、94		TB'(c6)-42-28-61	57	71、74	75、76	88	93、94
	TB'(c6)-38-30-60	48	69、70	75、76	87	93、94		TB'(c6)-42-30-63	57	71、74	75、76	88	93、94
	TB'(c6)-38-32-60	49	69、70	77、78	89	93、94		TB'(c6)-42-32-66	58	71、74	77、79	90	93、94
	TB'(c6)-38-34-62	49	69、70	77、78	89	93、94		TB'(c6)-42-34-72	58	71、74	77、85	90	93、94
	TB'(c6)-39-26-57	51	69、72	75、76	88	93、94		TB'(c6)-43-26-63	60	73、74	75、76	88	93、94
	TB'(c6)-39-28-59	51	69、72	75、76	88	93、94		TB'(c6)-43-28-63	60	73、74	75、76	88	93、94
	TB'(c6)-39-30-63	51	69、72	75、82	88	93、94		TB'(c6)-43-30-63	60	73、74	75	88	93、94
	TB'(c6)-39-32-63	52	69、72	77、79	90	93、94		TB'(c6)-43-32-66	61	73、74	77、78	90	93、94
	TB'(c6)-39-34-66	52	69、72	77、79	90	93、94		TB'(c6)-43-34-67	61	73、74	77	90	93、94
	TB'(c6)-40-26-60	54	71、72	75、76	88	93、94		TB'(c6)-44-26-63	60	73、74	75、76	88	93、94
	TB'(c6)-40-28-60	54	71、72	75、76	88	93、94		TB'(c6)-44-28-63	60	73、74	75、76	88	93、94
	TB'(c6)-40-30-62	54	71、72	75、76	88	93、94		TB'(c6)-44-30-63	60	73、74	75	88	93、94
	TB'(c6)-40-32-63	55	71、72	77、78	90	93、94		TB'(c6)-44-32-66	61	73、74	77、78	90	93、94
	TB'(c6)-40-34-66	55	71、72	77、78	90	93、94		TB'(c6)-44-34-67	61	73、74	77	90	93、94
	TB'(c6)-41-26-60	54	71、72	75、76	88	93、94							
	TB'(c6)-41-28-60	54	71、72	75、76	88	93、94							
	TB'(c6)-41-30-62	54	71、72	75、76	88	93、94							
	TB'(c6)-41-32-63	55	71、72	77、78	90	93、94							
	TB'(c6)-41-34-66	55	71、72	77、78	90	93、94							

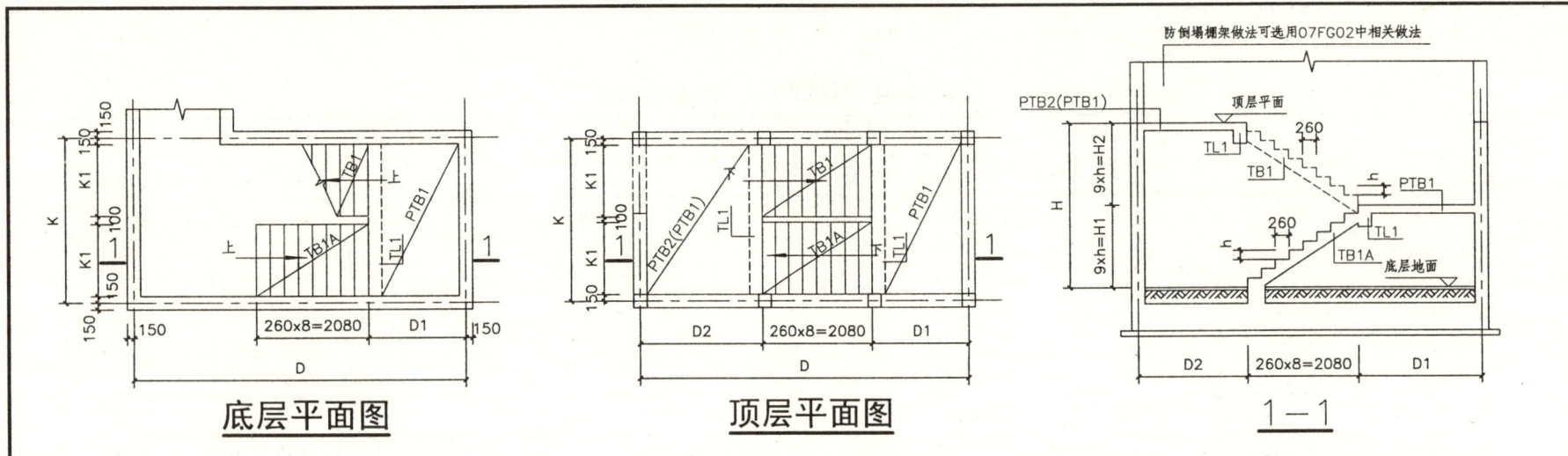

防空地下室楼梯平剖面尺寸表

	核6级常6级	核6B级常6级	K	D	H	K1	D1	D2	H1	H2	h
甲类防空地下室	—	TB'(h6B)-30-26-51*	2600	5100	3000	1100	1380	1640	1500	1500	166.7
	—	TB'(h6B)-30-28-54	2800	5400	3000	1200	1480	1840	1500	1500	166.7
	TB(h6)-31-26-54	TB(h6B)-31-26-54	2600	5400	3100	1100	1380	1940	1550	1550	172.2
	TB'(h6)-31-26-51*	TB'(h6B)-31-26-51*	2600	5100	3100	1100	1380	1640	1550	1550	172.2
	TB(')(h6)-31-28-54	TB(')(h6B)-31-28-54	2800	5400	3100	1200	1480	1840	1550	1550	172.2
		常6级	K	D	H	K1	D1	D2	H1	H2	h
乙类防空地下室		TB'(c6)-30-26-51*	2600	5100	3000	1100	1380	1640	1500	1500	166.7
		TB'(c6)-30-28-54	2800	5400	3000	1200	1480	1840	1500	1500	166.7
		TB(c6)-31-26-54	2600	5400	3100	1100	1380	1940	1550	1550	172.2
		TB'(c6)-31-26-51*	2600	5100	3100	1100	1380	1640	1550	1550	172.2
		TB(')(c6)-31-28-54	2800	5400	3100	1200	1480	1840	1550	1550	172.2

说明：表格中带有*的楼梯型号顶层平面处的平台采用圆括号内标识。

楼梯平剖面图

图集号 07FG03

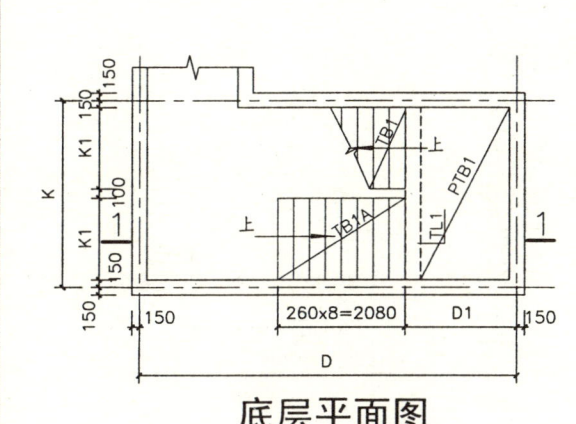

底层平面图

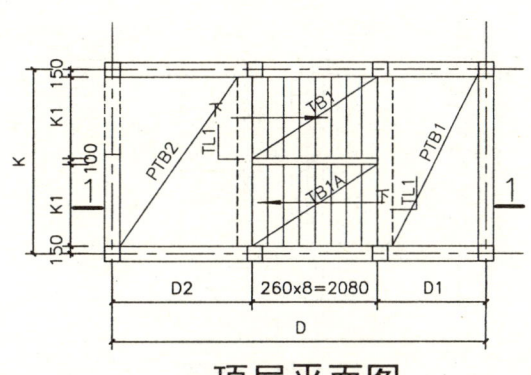

顶层平面图

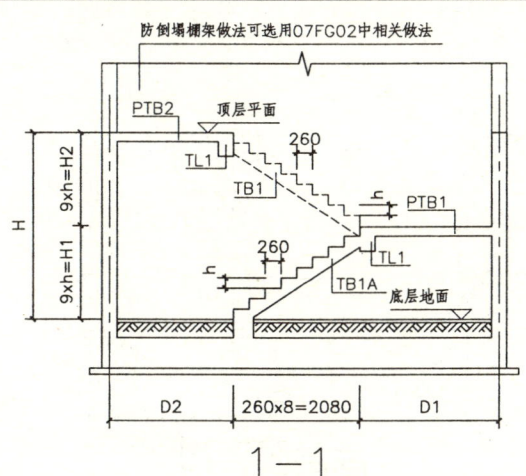

1－1

防空地下室楼梯平剖面尺寸表

甲类	核6级常6级	核6B级常6级	K	D	H	K1	D1	D2	H1	H2	h
防空	—	TB'(h6B)-30-30-54	3000	5400	3000	1300	1580	1740	1500	1500	166.7
地下室	TB(')(h6)-31-30-54	TB(')(h6B)-31-30-54	3000	5400	3100	1300	1580	1740	1550	1550	172.2
乙类	常6级		K	D	H	K1	D1	D2	H1	H2	h
防空	TB'(c6)-30-30-54		3000	5400	3000	1300	1580	1740	1500	1500	166.7
地下室	TB(')(c6)-31-30-54		3000	5400	3100	1300	1580	1740	1550	1550	172.2

楼梯平剖面图

图集号 07FG03

页 31

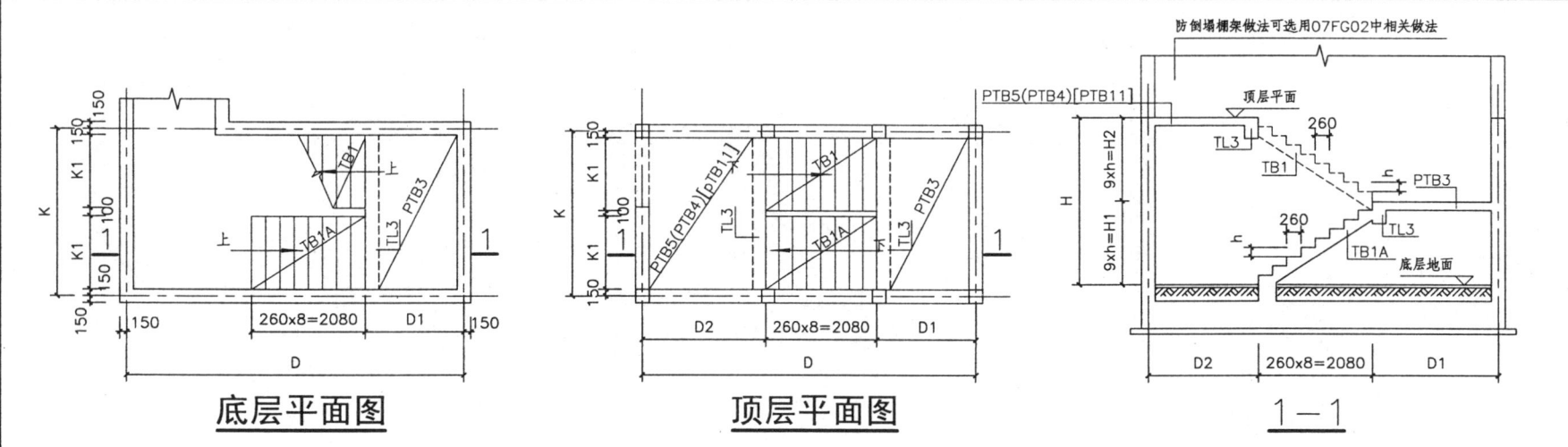

防空地下室楼梯平剖面尺寸表

	核6级常6级	核6B级常6级	K	D	H	K1	D1	D2	H1	H2	h
甲类防空地下室	TB(h6)-31-32-60#	TB(h6B)-31-32-60#	3200	6000	3100	1400	1680	2240	1550	1550	172.2
	TB'(h6)-31-32-56	TB'(h6B)-31-32-56	3200	5600	3100	1400	1680	1840	1550	1550	172.2
	TB(h6)-31-34-60	TB(h6B)-31-34-60	3400	6000	3100	1500	1780	2140	1550	1550	172.2
	TB'(h6)-31-34-57*	TB'(h6B)-31-34-57*	3400	5700	3100	1500	1780	1840	1550	1550	172.2
		常6级	K	D	H	K1	D1	D2	H1	H2	h
乙类防空地下室		TB(c6)-31-32-60#	3200	6000	3100	1400	1680	2240	1550	1550	172.2
		TB'(c6)-31-32-56	3200	5600	3100	1400	1680	1840	1550	1550	172.2
		TB(c6)-31-34-60	3400	6000	3100	1500	1780	2140	1550	1550	172.2
		TB'(c6)-31-34-57*	3400	5700	3100	1500	1780	1840	1550	1550	172.2

说明：1. 表格中带有*的楼梯型号顶层平面处的平台采用圆括号内标识，
2. 带有#的楼梯型号顶层平面处的平台采用方括号内标识。

楼梯平剖面图

图集号 07FG03

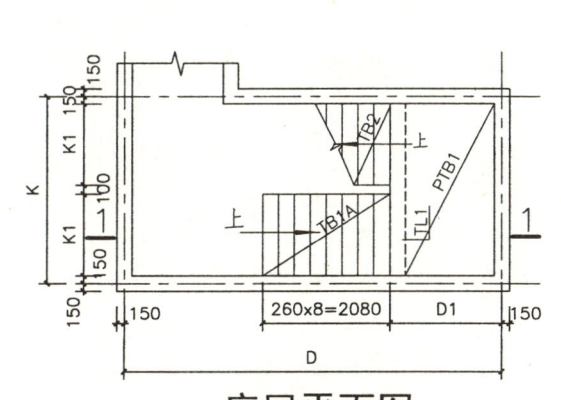

底层平面图

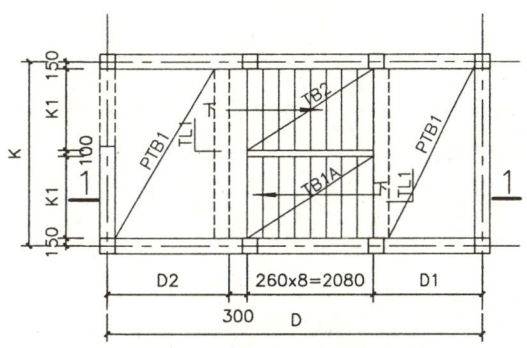

顶层平面图

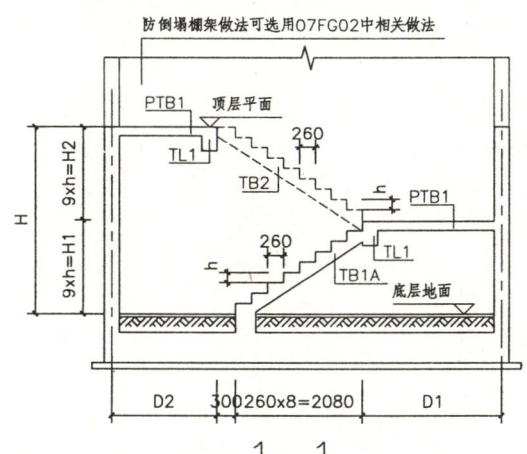

1—1

防空地下室楼梯平剖面尺寸表

	核5级常5级	核6级常6级	核6B级常6级	K	D	H	K1	D1	D2	H1	H2	h
甲类防空地下室	TB(h5)-30-26-54	TB(h6)-30-26-54	TB(h6B)-30-26-54	2600	5400	3000	1100	1380	1640	1500	1500	166.7
	—	TB'(h6)-30-26-51	—	2600	5100	3000	1100	1380	1340	1500	1500	166.7
	TB(h5)-30-28-54	TB(')(h6)-30-28-54	TB(h6B)-30-28-54	2800	5400	3000	1200	1480	1540	1500	1500	166.7
	TB(h5)-30-30-54	TB(')(h6)-30-30-54	TB(h6B)-30-30-54	3000	5400	3000	1300	1580	1440	1500	1500	166.7
	TB(h5)-31-26-54	—	—	2600	5400	3100	1100	1380	1640	1550	1550	172.2
	TB(h5)-31-28-54	—	—	2800	5400	3100	1200	1480	1540	1550	1550	172.2
	TB(h5)-31-30-54	—	—	3000	5400	3100	1300	1580	1440	1550	1550	172.2
	常5级	常6级		K	D	H	K1	D1	D2	H1	H2	h
乙类防空地下室	TB(c5)-30-26-54	TB(c6)-30-26-54		2600	5400	3000	1100	1380	1640	1500	1500	166.7
	TB(c5)-30-28-54	TB(c6)-30-28-54		2800	5400	3000	1200	1480	1540	1500	1500	166.7
	TB(c5)-30-30-54	TB(c6)-30-30-54		3000	5400	3000	1300	1580	1440	1500	1500	166.7
	TB(c5)-31-26-54	—		2600	5400	3100	1100	1380	1640	1550	1550	172.2
	TB(c5)-31-28-54	—		2800	5400	3100	1200	1480	1540	1550	1550	172.2
	TB(c5)-31-30-54	—		3000	5400	3100	1300	1580	1440	1550	1550	172.2

楼梯平剖面图

图集号 07FG03

页 33

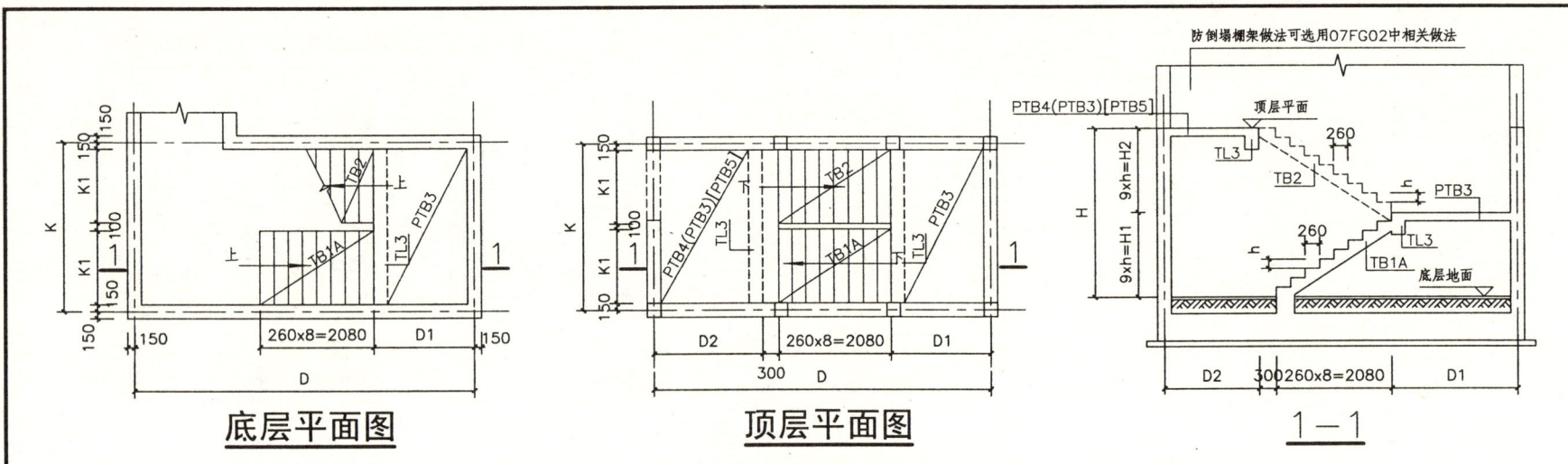

防空地下室楼梯平剖面尺寸表

	核5级常5级	核6级常6级	核6B级常6级	K	D	H	K1	D1	D2	H1	H2	h
甲类防空地下室	TB(h5)-30-32-60#	TB(h6)-30-32-60#	TB(h6B)-30-32-60#	3200	6000	3000	1400	1680	1940	1500	1500	166.7
	—	TB'(h6)-30-32-56*	TB'(h6B)-30-32-56*	3200	5600	3000	1400	1680	1540	1500	1500	166.7
	TB(h5)-30-34-60	TB(h6)-30-34-60	TB(h6B)-30-34-60	3400	6000	3000	1500	1780	1840	1500	1500	166.7
	—	TB'(h6)-30-34-57*	TB'(h6B)-30-34-57*	3400	5700	3000	1500	1780	1540	1500	1500	166.7
	TB(h5)-31-32-60#	—	—	3200	6000	3100	1400	1680	1940	1550	1550	172.2
	TB(h5)-31-34-60	—	—	3400	6000	3100	1500	1780	1840	1550	1550	172.2
	常5级	常6级		K	D	H	K1	D1	D2	H1	H2	h
乙类防空地下室	TB(c5)-30-32-60#	TB(c6)-30-32-60#		3200	6000	3000	1400	1680	1940	1500	1500	166.7
	—	TB'(c6)-30-32-56*		3200	5600	3000	1400	1680	1540	1500	1500	166.7
	TB(c5)-30-34-60	TB(c6)-30-34-60		3400	6000	3000	1500	1780	1840	1500	1500	166.7
	—	TB'(c6)-30-34-57*		3400	5700	3000	1500	1780	1540	1500	1500	166.7
	TB(c5)-31-32-60#	—		3200	6000	3100	1400	1680	1940	1550	1550	172.2
	TB(c5)-31-34-60	—		3400	6000	3100	1500	1780	1840	1550	1550	172.2

说明：1. 表格中带有*的楼梯型号顶层平面处的平台采用圆括号内标识。
2. 带有#的楼梯型号顶层平面处的平台采用方括号内标识。

楼梯平剖面图

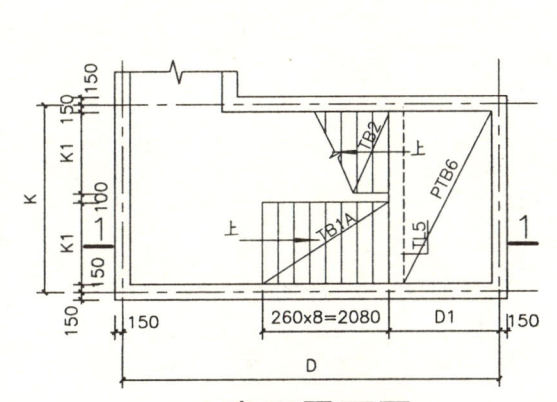

底层平面图

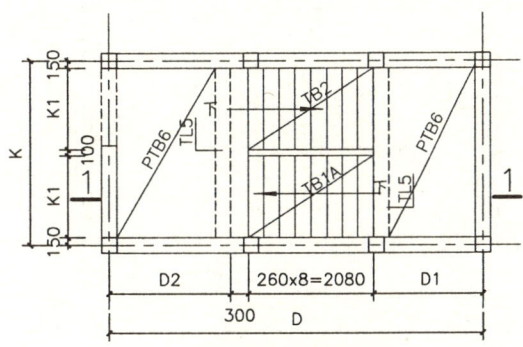

顶层平面图

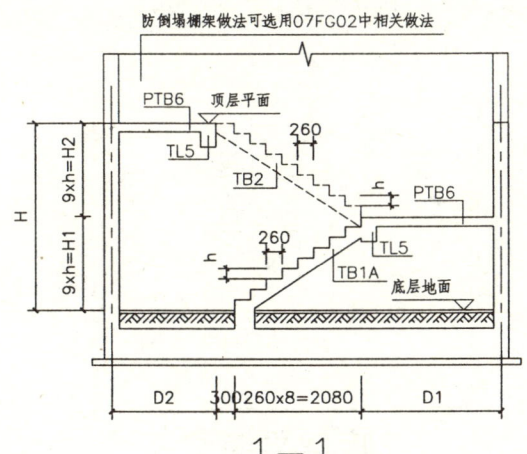

1-1

防空地下室楼梯平剖面尺寸表

	核5级常5级	核6级常6级	核6B级常6级	K	D	H	K1	D1	D2	H1	H2	h
甲类防空地下室	TB(h5)-30-36-60	TB(h6)-30-36-60	TB(h6B)-30-36-60	3600	6000	3000	1600	1880	1740	1500	1500	166.7
	TB(h5)-30-38-63	TB(h6)-30-38-63	TB(h6B)-30-38-63	3800	6300	3000	1700	1980	1940	1500	1500	166.7
	TB(h5)-30-40-63	TB(h6)-30-40-63	TB(h6B)-30-40-63	4000	6300	3000	1800	2080	1840	1500	1500	166.7
	TB(h5)-31-36-60	TB(h6)-31-36-60	TB(h6B)-31-36-60	3600	6000	3100	1600	1880	1740	1550	1550	172.2
	TB(h5)-31-38-63	TB(h6)-31-38-63	TB(h6B)-31-38-63	3800	6300	3100	1700	1980	1940	1550	1550	172.2
	TB(h5)-31-40-63	TB(h6)-31-40-63	TB(h6B)-31-40-63	4000	6300	3100	1800	2080	1840	1550	1550	172.2
	常5级	常6级		K	D	H	K1	D1	D2	H1	H2	h
乙类防空地下室	TB(c5)-30-36-60	TB(c6)-30-36-60		3600	6000	3000	1600	1880	1740	1500	1500	166.7
	TB(c5)-30-38-63	TB(c6)-30-38-63		3800	6300	3000	1700	1980	1940	1500	1500	166.7
	TB(c5)-30-40-63	TB(c6)-30-40-63		4000	6300	3000	1800	2080	1840	1500	1500	166.7
	TB(c5)-31-36-60	TB(c6)-31-36-60		3600	6000	3100	1600	1880	1740	1550	1550	172.2
	TB(c5)-31-38-63	TB(c6)-31-38-63		3800	6300	3100	1700	1980	1940	1550	1550	172.2
	TB(c5)-31-40-63	TB(c6)-31-40-63		4000	6300	3100	1800	2080	1840	1550	1550	172.2

楼梯平剖面图

图集号 07FG03

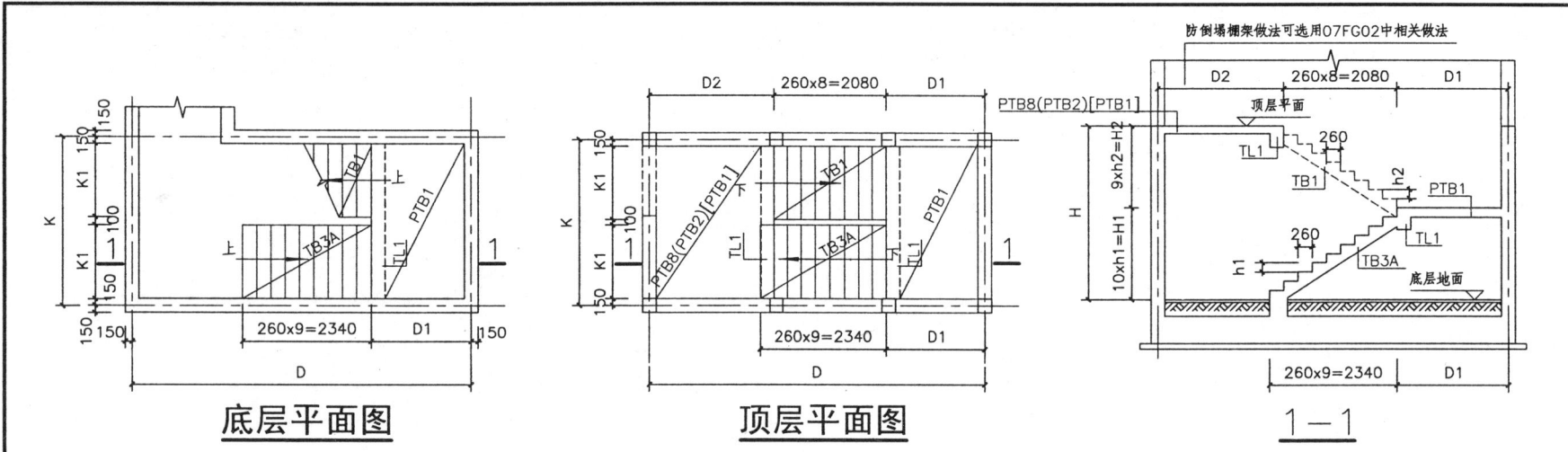

底层平面图   **顶层平面图**   **1—1**

防空地下室楼梯平剖面尺寸表

	核6级常6级	核6B级常6级	K	D	H	K1	D1	D2	H1	H2	h1	h2
甲类防空地下室	TB(h6)-32-26-54*	TB(h6B)-32-26-54*	2600	5400	3200	1100	1380	1940	1685	1515	168.5	168.3
	TB'(h6)-32-26-51#	TB'(h6B)-32-26-51#	2600	5100	3200	1100	1380	1640	1685	1515	168.5	168.3
	TB(')(h6)-32-28-54*	TB(')(h6B)-32-28-54*	2800	5400	3200	1200	1480	1840	1685	1515	168.5	168.3
	TB(h6)-32-30-60	TB(h6B)-32-30-60	3000	6000	3200	1300	1580	2340	1685	1515	168.5	168.3
	TB'(h6)-32-30-55*	TB'(h6B)-32-30-55*	3000	5500	3200	1300	1580	1840	1685	1515	168.5	168.3
	常6级		K	D	H	K1	D1	D2	H1	H2	h1	h2
乙类防空地下室	TB(c6)-32-26-54*		2600	5400	3200	1100	1380	1940	1685	1515	168.5	168.3
	TB'(c6)-32-26-51#		2600	5100	3200	1100	1380	1640	1685	1515	168.5	168.3
	TB(')(c6)-32-28-54*		2800	5400	3200	1200	1480	1840	1685	1515	168.5	168.3
	TB(c6)-32-30-60		3000	6000	3200	1300	1580	2340	1685	1515	168.5	168.3
	TB'(c6)-32-30-55*		3000	5500	3200	1300	1580	1840	1685	1515	168.5	168.3

说明：1. 表格中带有*的楼梯型号顶层平面处的平台采用圆括号内标识，
        2. 带有#的楼梯型号顶层平面处的平台采用方括号内标识．

楼梯平剖面图

图集号 07FG03

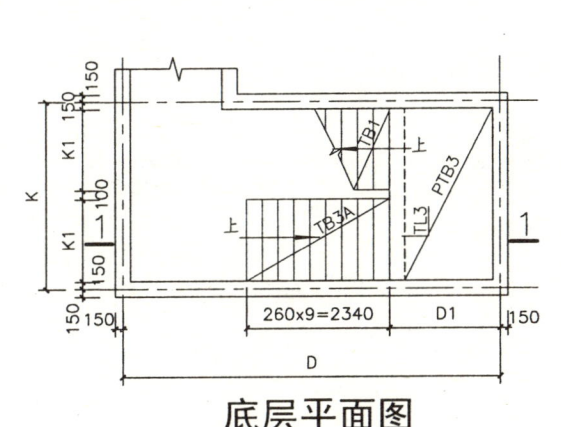

底层平面图

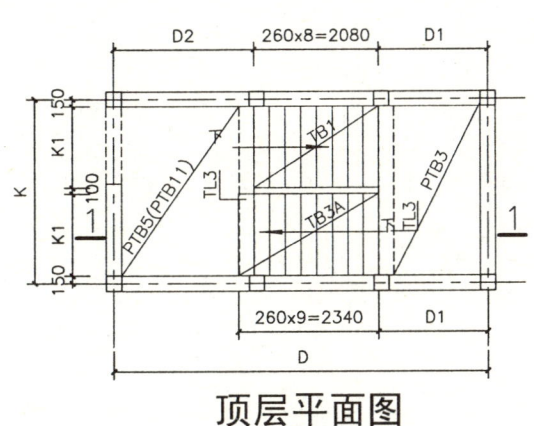

顶层平面图

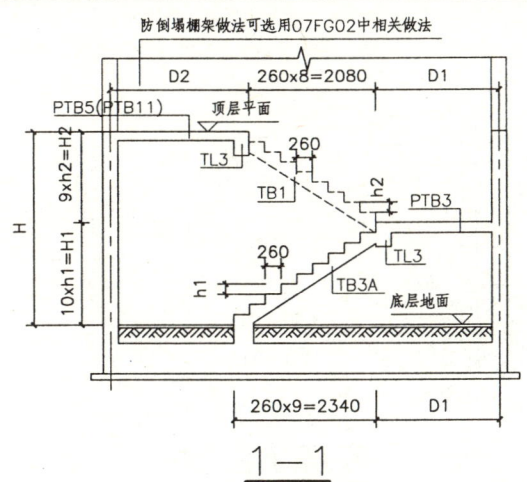

1—1

防空地下室楼梯平剖面尺寸表

	常6级	K	D	H	K1	D1	D2	H1	H2	h1	h2
乙类防空地下室	TB'(c6)-32-32-60*	3200	6000	3200	1400	1680	2240	1685	1515	168.5	168.3
	TB'(c6)-32-34-60	3400	6000	3200	1500	1780	2140	1685	1515	168.5	168.3

说明：表格中带有*的楼梯型号顶层平面处的平台采用圆括号内标识。

楼梯平剖面图

图集号 07FG03
页 37

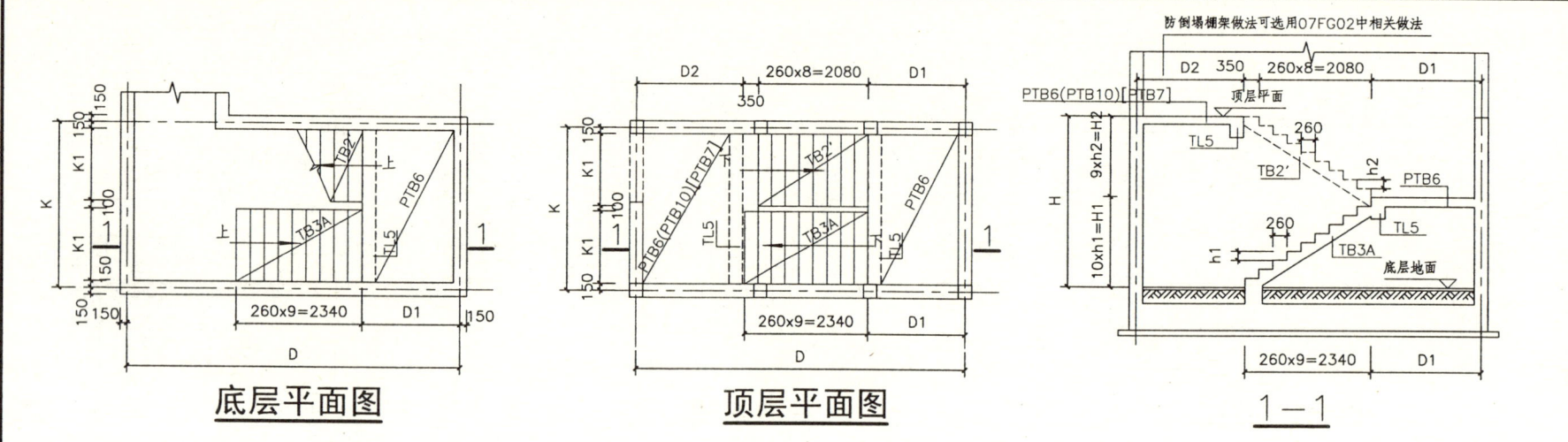

底层平面图　　　顶层平面图　　　1—1

防空地下室楼梯平剖面尺寸表

甲类防空地下室	核5级常5级	K	D	H	K1	D1	D2	H1	H2	h1	h2
	TB(h5)-32-36-63#	3600	6300	3200	1600	1880	1990	1685	1515	168.5	168.3
	TB(h5)-32-38-66*	3800	6600	3200	1700	1980	2190	1685	1515	168.5	168.3
	TB(h5)-32-40-66	4000	6600	3200	1800	2080	2090	1685	1515	168.5	168.3
乙类防空地下室	常5级	K	D	H	K1	D1	D2	H1	H2	h1	h2
	TB(c5)-32-36-63#	3600	6300	3200	1600	1880	1990	1685	1515	168.5	168.3
	TB(c5)-32-38-66*	3800	6600	3200	1700	1980	2190	1685	1515	168.5	168.3
	TB(c5)-32-40-66	4000	6600	3200	1800	2080	2090	1685	1515	168.5	168.3

说明：1. 表格中带有*的楼梯型号顶层平面处的平台采用圆括号内标识。
　　　2. 带有#的楼梯型号顶层平面处的平台采用方括号内标识。

楼梯平剖面图　　图集号 07FG03

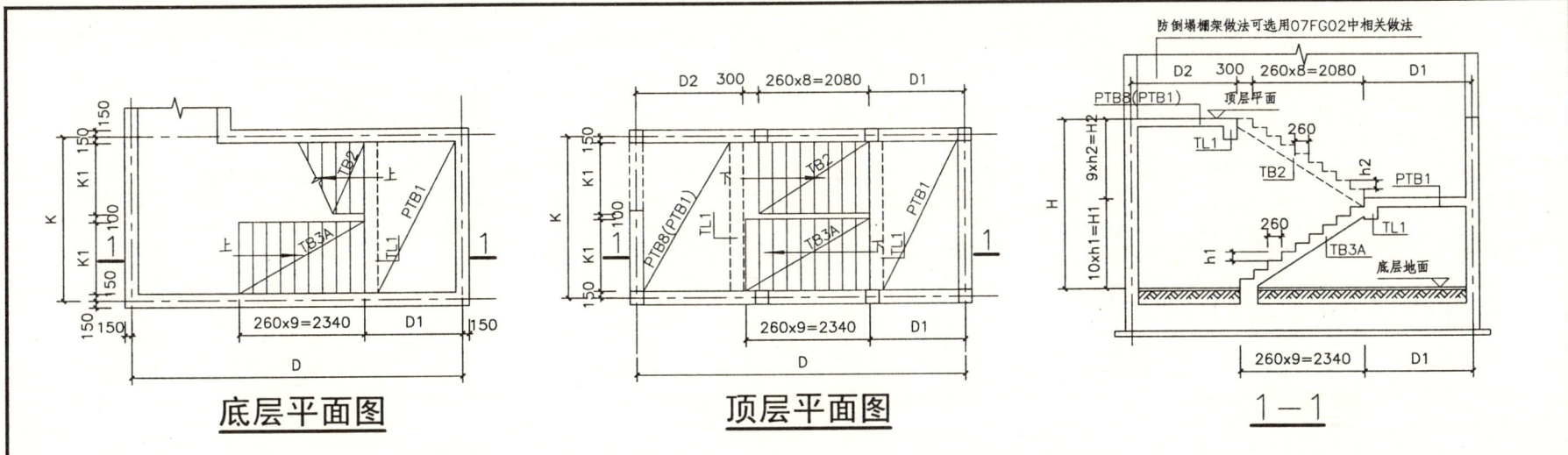

防空地下室楼梯平剖面尺寸表

		K	D	H	K1	D1	D2	H1	H2	h1	h2
甲类防空地下室	核5级常5级										
	TB(h5)-32-26-54*	2600	5400	3200	1100	1380	1640	1685	1515	168.5	168.3
	TB(h5)-32-28-54*	2800	5400	3200	1200	1480	1540	1685	1515	168.5	168.3
	TB(h5)-32-30-60	3000	6000	3200	1300	1580	2040	1685	1515	168.5	168.3
乙类防空地下室	常5级	K	D	H	K1	D1	D2	H1	H2	h1	h2
	TB(c5)-32-26-54*	2600	5400	3200	1100	1380	1640	1685	1515	168.5	168.3
	TB(c5)-32-28-54*	2800	5400	3200	1200	1480	1540	1685	1515	168.5	168.3
	TB(c5)-32-30-60	3000	6000	3200	1300	1580	2040	1685	1515	168.5	168.3

说明：表格中带有*的楼梯型号顶层平面处的平台采用圆括号内标识。

楼梯平剖面图 　　图集号 07FG03

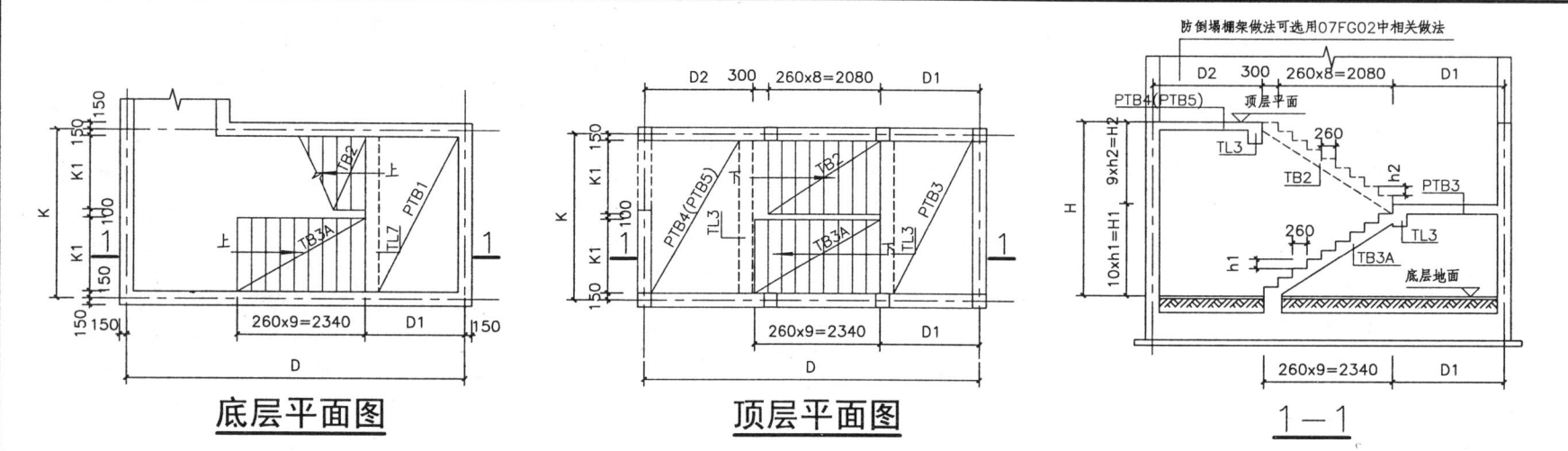

防空地下室楼梯平剖面尺寸表

甲类	核5级常5级	核6级常6级	核6B级常6级	K	D	H	K1	D1	D2	H1	H2	h1	h2
防空地下室	TB(h5)-32-32-60*	TB(h6)-32-32-60*	TB(h6B)-32-32-60*	3200	6000	3200	1400	1680	1940	1685	1515	168.5	168.3
	TB(h5)-32-34-60	TB(h6)-32-34-60	TB(h6B)-32-34-60	3400	6000	3200	1500	1780	1840	1685	1515	168.5	168.3
乙类	常5级	常6级		K	D	H	K1	D1	D2	H1	H2	h1	h2
防空地下室	TB(c5)-32-32-60*	TB(c6)-32-32-60*		3200	6000	3200	1400	1680	1940	1685	1515	168.5	168.3
	TB(c5)-32-34-60	TB(c6)-32-34-60		3400	6000	3200	1500	1780	1840	1685	1515	168.5	168.3

说明：表格中带有*的楼梯型号顶层平面处的平台采用圆括号内标识。

楼梯平剖面图

图集号 07FG03

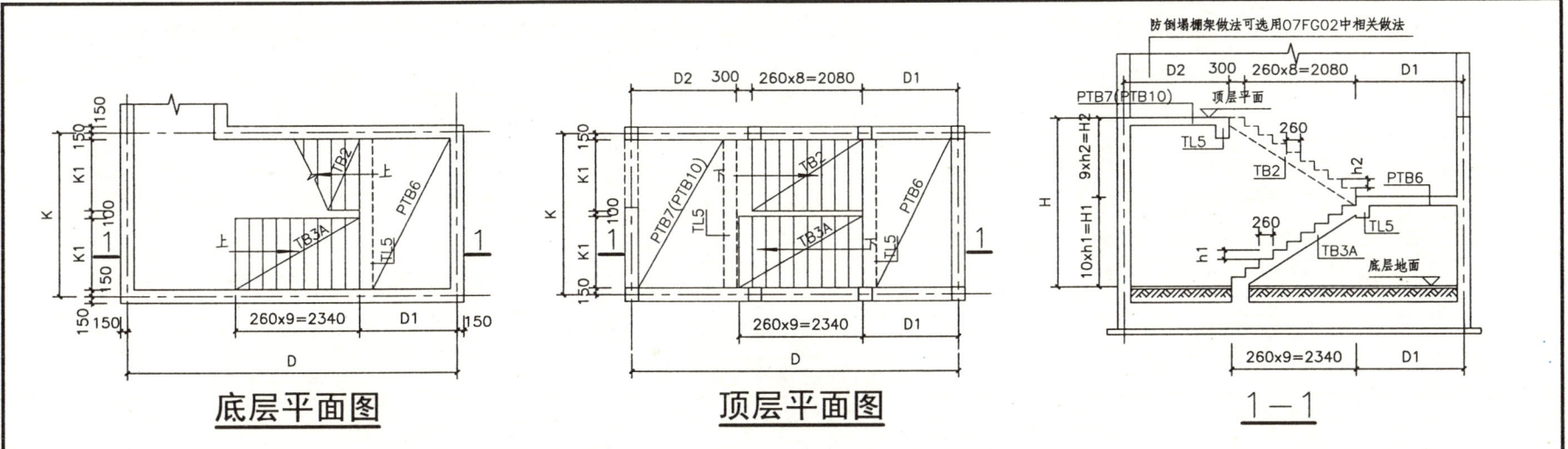

防空地下室楼梯平剖面尺寸表

甲类防空地下室	核6级常6级	核6B级常6级	K	D	H	K1	D1	D2	H1	H2	h1	h2
	TB(h6)-32-36-63	TB(h6B)-32-36-63	3600	6300	3200	1600	1880	2040	1685	1515	168.5	168.3
	TB(h6)-32-38-66*	TB(h6B)-32-38-66*	3800	6600	3200	1700	1980	2240	1685	1515	168.5	168.3
	TB(h6)-32-40-66	TB(h6B)-32-40-66	4000	6600	3200	1800	2080	2140	1685	1515	168.5	168.3
乙类防空地下室	常6级		K	D	H	K1	D1	D2	H1	H2	h1	h2
	TB(c6)-32-36-63		3600	6300	3200	1600	1880	2040	1685	1515	168.5	168.3
	TB(c6)-32-38-66*		3800	6600	3200	1700	1980	2240	1685	1515	168.5	168.3
	TB(c6)-32-40-66		4000	6600	3200	1800	2080	2140	1685	1515	168.5	168.3

说明：表格中带有*的楼梯型号顶层平面处的平台采用圆括号内标识。

楼梯平剖面图

图集号 07FG03
页 41

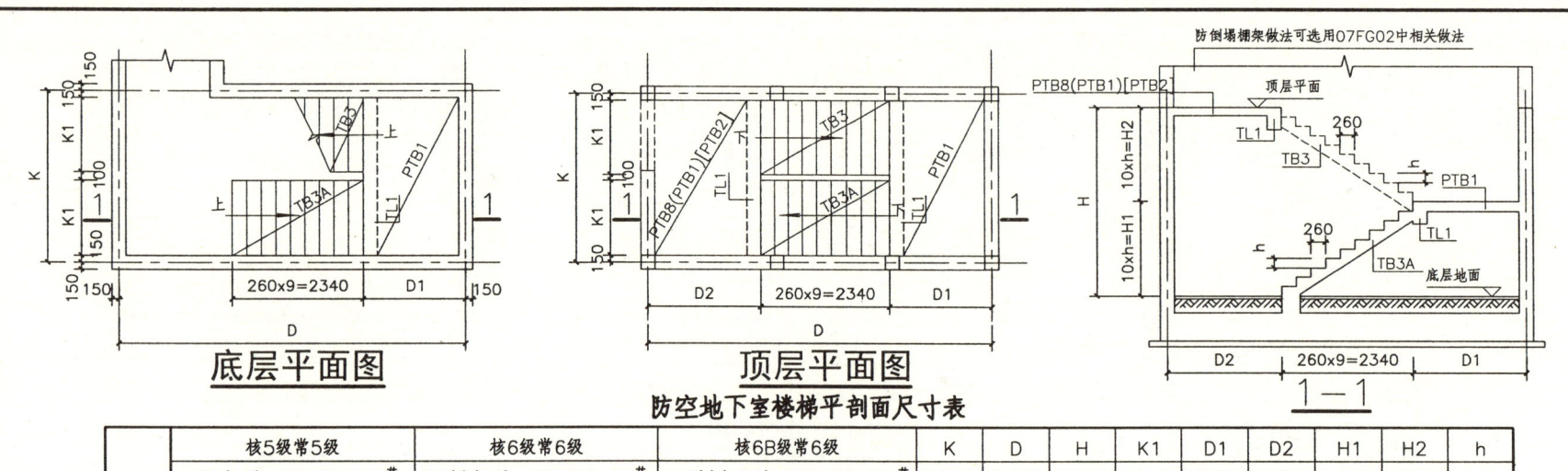

防空地下室楼梯平剖面尺寸表

	核5级常5级	核6级常6级	核6B级常6级	K	D	H	K1	D1	D2	H1	H2	h
甲类防空地下室	TB(h5)-33-26-54#	TB(')(h6)-33-26-54#	TB(')(h6B)-33-26-54#	2600	5400	3300	1100	1380	1680	1650	1650	165
	TB(h5)-33-28-54*	TB(')(h6)-33-28-54*	TB(')(h6B)-33-28-54*	2800	5400	3300	1200	1480	1580	1650	1650	165
	TB(h5)-33-30-60	TB(h6)-33-30-60	TB(h6B)-33-30-60	3000	6000	3300	1300	1580	2080	1650	1650	165
	—	TB'(h6)-33-30-57#	TB'(h6B)-33-30-57#	3000	5700	3300	1300	1580	1780	1650	1650	165
	TB(h5)-34-26-54#	TB(')(h6)-34-26-54#	TB(')(h6B)-34-26-54#	2600	5400	3400	1100	1380	1680	1700	1700	170
	TB(h5)-34-30-60*	TB(')(h6)-34-28-54*	TB(')(h6B)-34-28-54*	2800	5400	3400	1200	1480	1580	1700	1700	170
	TB(h5)-34-30-60	TB(h6)-34-30-60	TB(h6B)-34-30-60	3000	6000	3400	1300	1580	2080	1700	1700	170
	—	TB'(h6)-34-30-57#	TB'(h6B)-34-30-57#	3000	5700	3400	1300	1580	1780	1700	1700	170

	常5级	常6级	K	D	H	K1	D1	D2	H1	H2	h
乙类防空地下室	TB(c5)-33-26-54#	TB(')(c6)-33-26-54#	2600	5400	3300	1100	1380	1680	1650	1650	165
	TB(c5)-33-28-54*	TB(')(c6)-33-28-54*	2800	5400	3300	1200	1480	1580	1650	1650	165
	TB(c5)-33-30-60	TB(c6)-33-30-60	3000	6000	3300	1300	1580	2080	1650	1650	165
	—	TB'(c6)-33-30-57#	3000	5700	3300	1300	1580	1780	1650	1650	165
	TB(c5)-34-26-54#	TB(')(c6)-34-26-54#	2600	5400	3400	1100	1380	1680	1700	1700	170
	TB(c5)-34-28-54*	TB(')(c6)-34-28-54*	2800	5400	3400	1200	1480	1580	1700	1700	170
	TB(c5)-34-30-60	TB(c6)-34-30-60	3000	6000	3400	1300	1580	2080	1700	1700	170
	—	TB'(c6)-34-30-57#	3000	5700	3400	1300	1580	1780	1700	1700	170

说明：1. 表格中带有*的楼梯型号顶层平面处的平台采用圆括号内标识。
2. 带有#的楼梯型号顶层平面处的平台采用方括号内标识。

楼梯平剖面图

图集号 07FG03

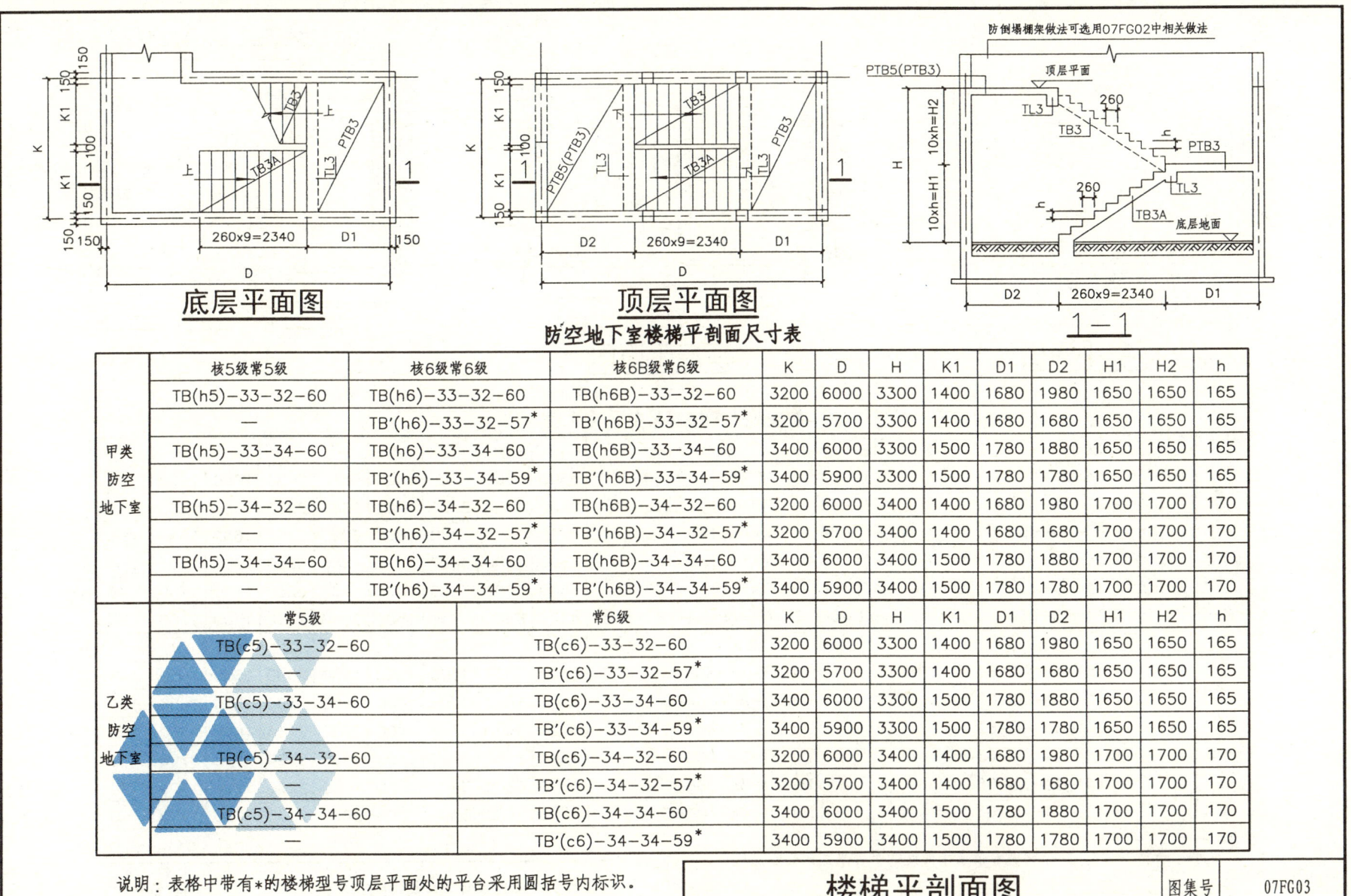

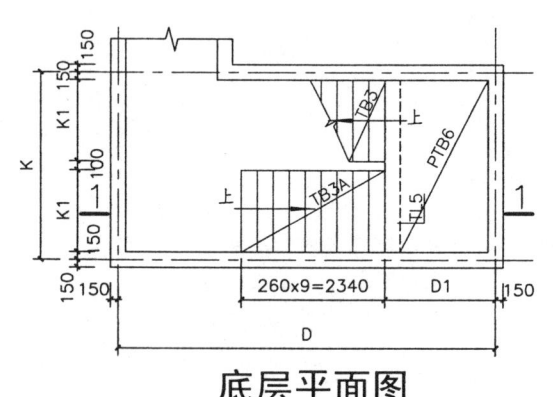
底层平面图

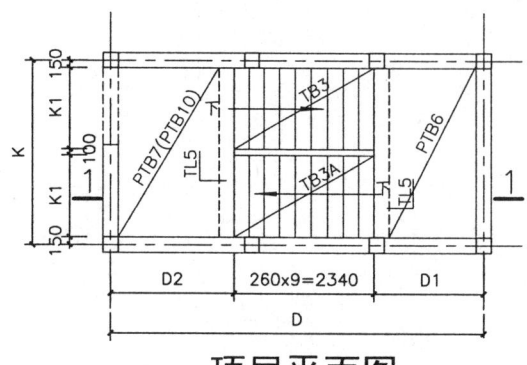
顶层平面图

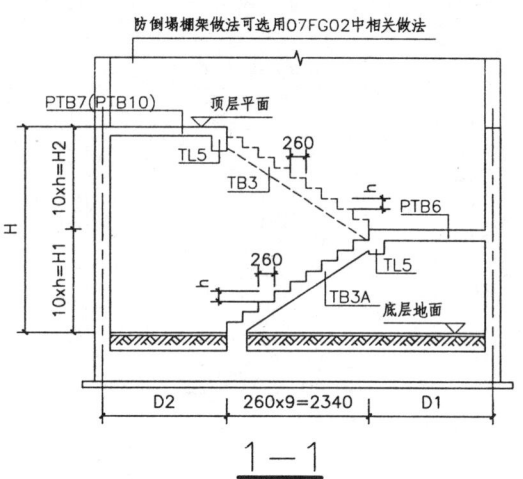
1—1

防空地下室楼梯平剖面尺寸表

	核5级常5级	核6级常6级	核6B级常6级	K	D	H	K1	D1	D2	H1	H2	h
甲类防空地下室	TB(h5)-33-36-63	TB(h6)-33-36-63	TB(h6B)-33-36-63	3600	6300	3300	1600	1880	2080	1650	1650	165
	TB(h5)-33-38-66*	TB(h6)-33-38-66*	TB(h6B)-33-38-66*	3800	6600	3300	1700	1980	2280	1650	1650	165
	TB(h5)-33-40-66	TB(h6)-33-40-66	TB(h6B)-33-40-66	4000	6600	3300	1800	2080	2180	1650	1650	165
	TB(h5)-34-36-63	TB(h6)-34-36-63	TB(h6B)-34-36-63	3600	6300	3400	1600	1880	2080	1700	1700	170
	TB(h5)-34-38-66*	TB(h6)-34-38-66*	TB(h6B)-34-38-66*	3800	6600	3400	1700	1980	2280	1700	1700	170
	TB(h5)-34-40-66	TB(h6)-34-40-66	TB(h6B)-34-40-66	4000	6600	3400	1800	2080	2180	1700	1700	170

	常5级	常6级	K	D	H	K1	D1	D2	H1	H2	h
乙类防空地下室	TB(c5)-33-36-63	TB(c6)-33-36-63	3600	6300	3300	1600	1880	2080	1650	1650	165
	TB(c5)-33-38-66*	TB(c6)-33-38-66*	3800	6600	3300	1700	1980	2280	1650	1650	165
	TB(c5)-33-40-66	TB(c6)-33-40-66	4000	6600	3300	1800	2080	2180	1650	1650	165
	TB(c5)-34-36-63	TB(c6)-34-36-63	3600	6300	3400	1600	1880	2080	1700	1700	170
	TB(c5)-34-38-66*	TB(c6)-34-38-66*	3800	6600	3400	1700	1980	2280	1700	1700	170
	TB(c5)-34-40-66	TB(c6)-34-40-66	4000	6600	3400	1800	2080	2180	1700	1700	170

说明：表格中带有*的楼梯型号顶层平面处的平台采用圆括号内标识。

楼梯平剖面图

图集号 07FG03

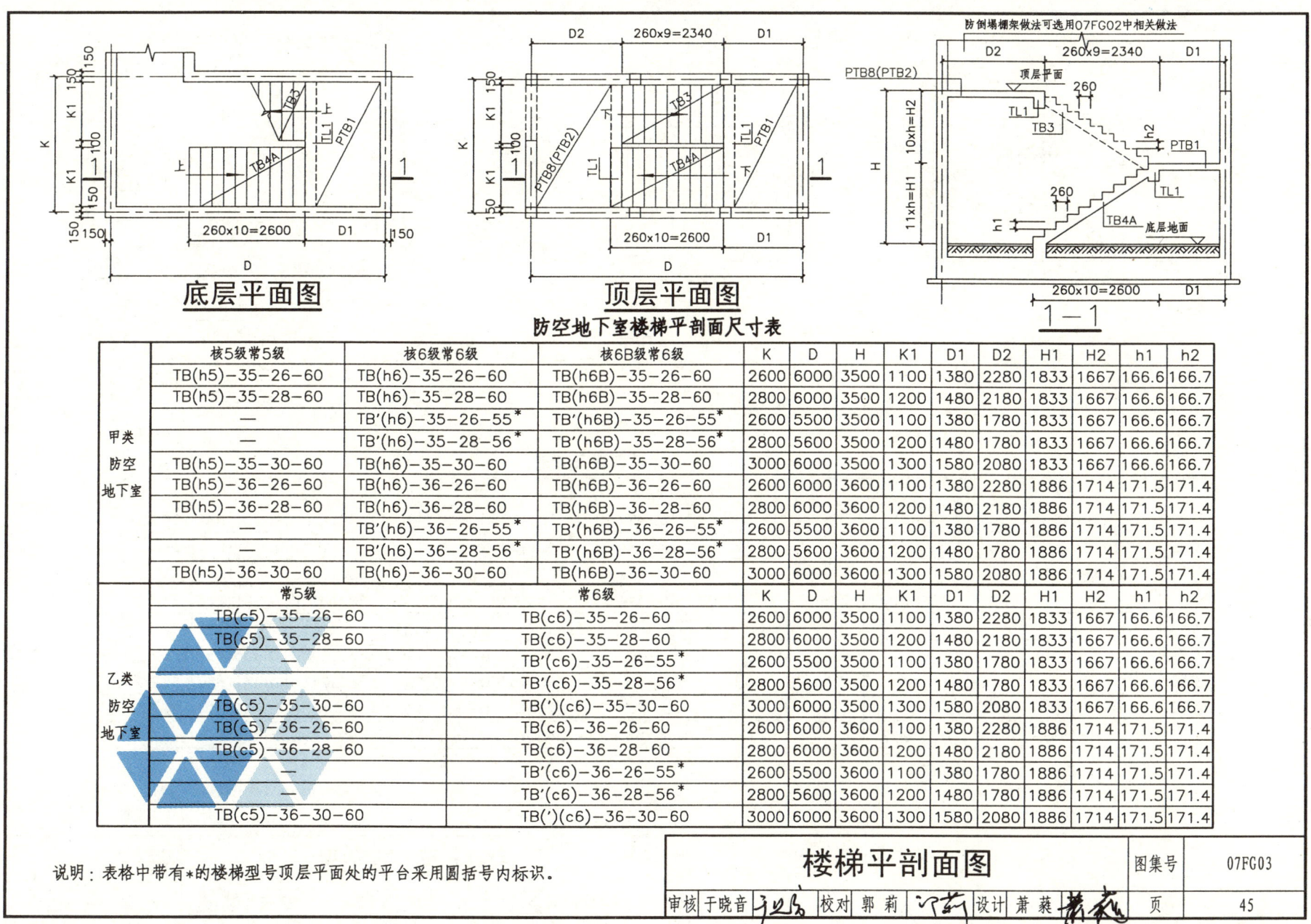

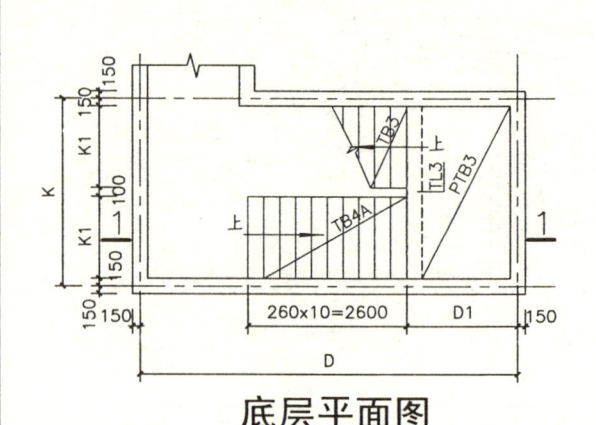

底层平面图

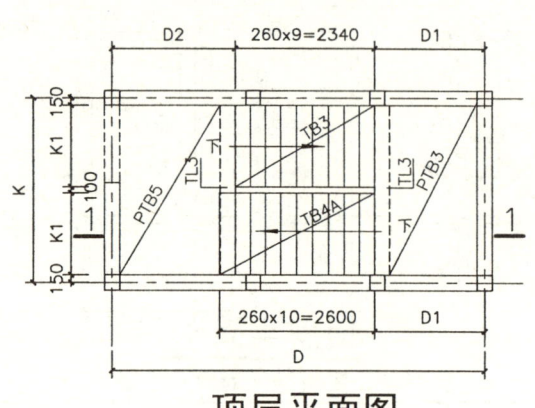

顶层平面图

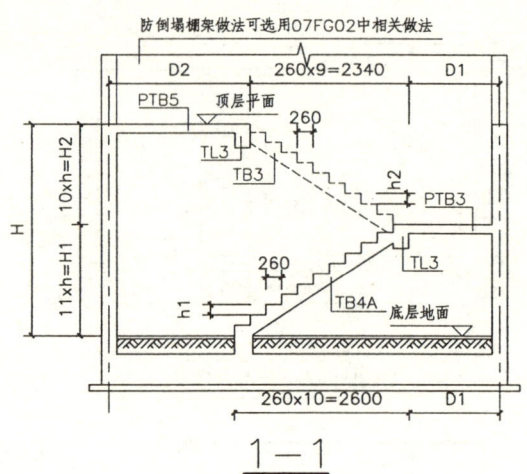

1—1

防空地下室楼梯平剖面尺寸表

	核5级常5级	核6级常6级	核6B级常6级	K	D	H	K1	D1	D2	H1	H2	h1	h2
甲类防空地下室	TB(h5)-35-32-60	TB(h6)-35-32-60	TB(h6B)-35-32-60	3200	6000	3500	1400	1680	1980	1833	1667	166.6	166.7
	TB(h5)-35-34-63	TB(h6)-35-34-63	TB(h6B)-35-34-63	3400	6300	3500	1500	1780	2180	1833	1667	166.6	166.7
	TB(h5)-36-32-60	TB(h6)-36-32-60	TB(h6B)-36-32-60	3200	6000	3600	1400	1680	1980	1886	1714	171.5	171.4
	TB(h5)-36-34-63	TB(h6)-36-34-63	TB(h6B)-36-34-63	3400	6300	3600	1500	1780	2180	1886	1714	171.5	171.4
	常5级	常6级		K	D	H	K1	D1	D2	H1	H2	h1	h2
乙类防空地下室	TB(c5)-35-32-60	TB(')(c6)-35-32-60		3200	6000	3500	1400	1680	1980	1833	1667	166.6	166.7
	TB(c5)-35-34-63	TB(')(c6)-35-34-63		3400	6300	3500	1500	1780	2180	1833	1667	166.6	166.7
	TB(c5)-36-32-60	TB(')(c6)-36-32-60		3200	6000	3600	1400	1680	1980	1886	1714	171.5	171.4
	TB(c5)-36-34-63	TB(')(c6)-36-34-63		3400	6300	3600	1500	1780	2180	1886	1714	171.5	171.4

楼梯平剖面图

图集号 07FG03

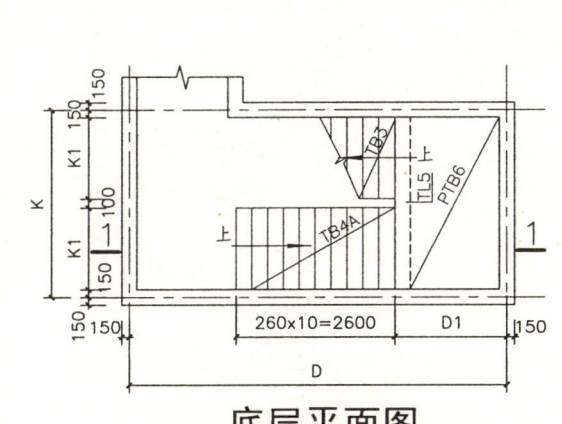
底层平面图

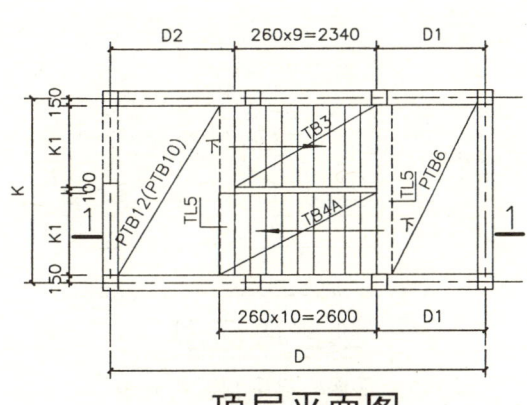
顶层平面图

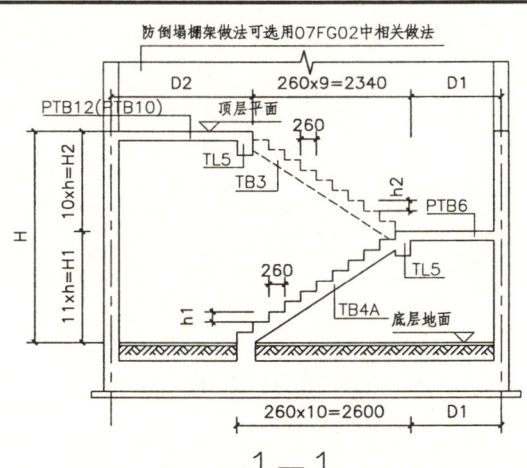
1—1

防空地下室楼梯平剖面尺寸表

	核5级常5级	核6级常6级	核6B级常6级	K	D	H	K1	D1	D2	H1	H2	h1	h2
甲类防空地下室	TB(h5)-35-36-66*	TB(h6)-35-36-66*	TB(h6B)-35-36-66*	3600	6600	3500	1600	1880	2380	1833	1667	166.6	166.7
	TB(h5)-35-38-66*	TB(h6)-35-38-66*	TB(h6B)-35-38-66*	3800	6600	3500	1700	1980	2280	1833	1667	166.6	166.7
	TB(h5)-35-40-72	TB(h6)-35-40-72	TB(h6B)-35-40-72	4000	7200	3500	1800	2080	2780	1833	1667	166.6	166.7
	TB(h5)-36-36-66*	TB(h6)-36-36-66*	TB(h6B)-36-36-66*	3600	6600	3600	1600	1880	2380	1886	1714	171.5	171.4
	TB(h5)-36-38-66*	TB(h6)-36-38-66*	TB(h6B)-36-38-66*	3800	6600	3600	1700	1980	2280	1886	1714	171.5	171.4
	TB(h5)-36-40-72	TB(h6)-36-40-72	TB(h6B)-36-40-72	4000	7200	3600	1800	2080	2780	1886	1714	171.5	171.4
	常5级	常6级		K	D	H	K1	D1	D2	H1	H2	h1	h2
乙类防空地下室	TB(c5)-35-36-66*	TB(c6)-35-36-66*		3600	6600	3500	1600	1880	2380	1833	1667	166.6	166.7
	TB(c5)-35-38-66*	TB(c6)-35-38-66*		3800	6600	3500	1700	1980	2280	1833	1667	166.6	166.7
	TB(c5)-35-40-72	TB(c6)-35-40-72		4000	7200	3500	1800	2080	2780	1833	1667	166.6	166.7
	TB(c5)-36-36-66*	TB(c6)-36-36-66*		3600	6600	3600	1600	1880	2380	1886	1714	171.5	171.4
	TB(c5)-36-38-66*	TB(c6)-36-38-66*		3800	6600	3600	1700	1980	2280	1886	1714	171.5	171.4
	TB(c5)-36-40-72	TB(c6)-36-40-72		4000	7200	3600	1800	2080	2780	1886	1714	171.5	171.4

说明：表格中带有*的楼梯型号顶层平面处的平台采用圆括号内标识。

楼梯平剖面图

图集号 07FG03

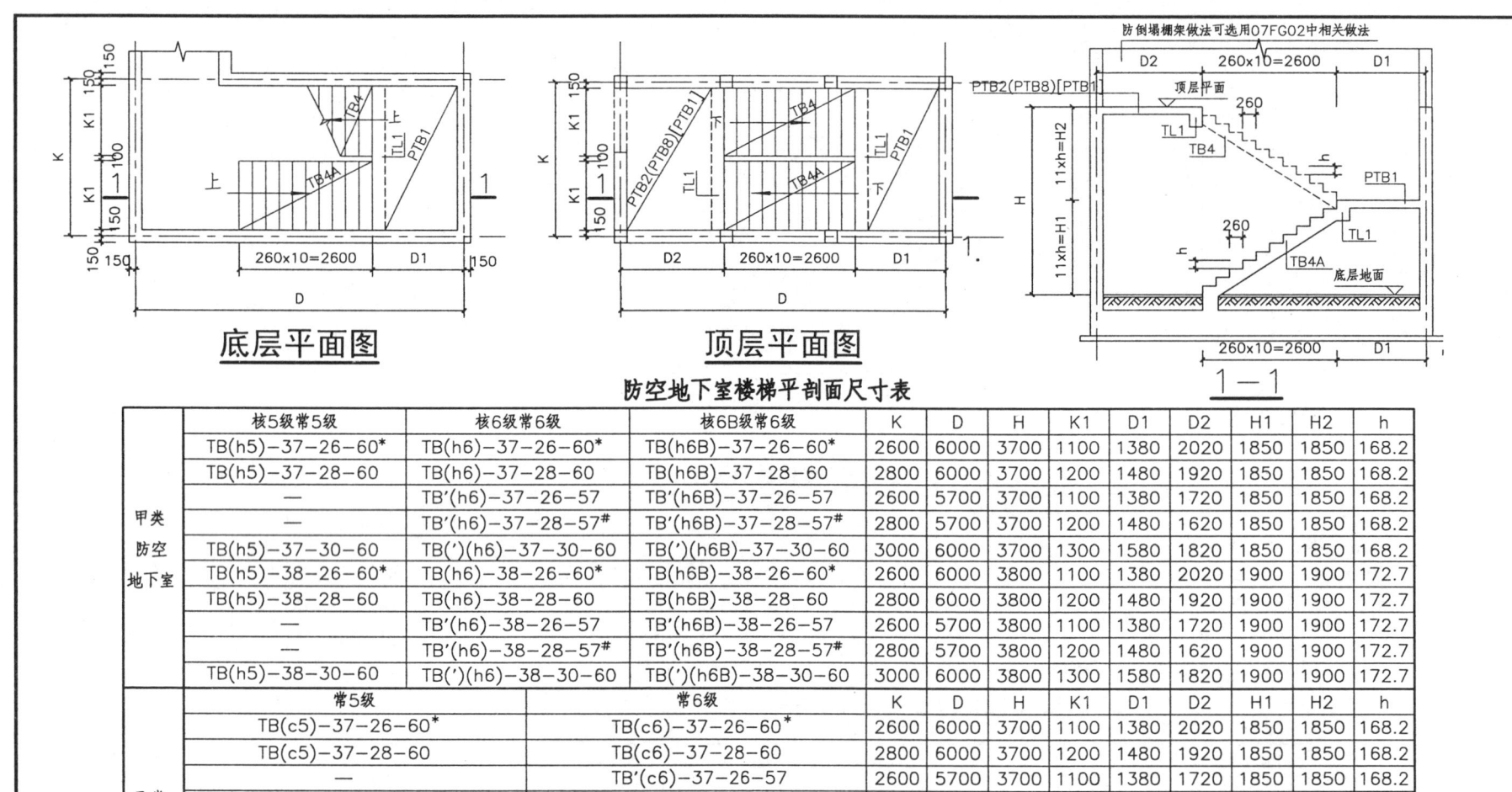

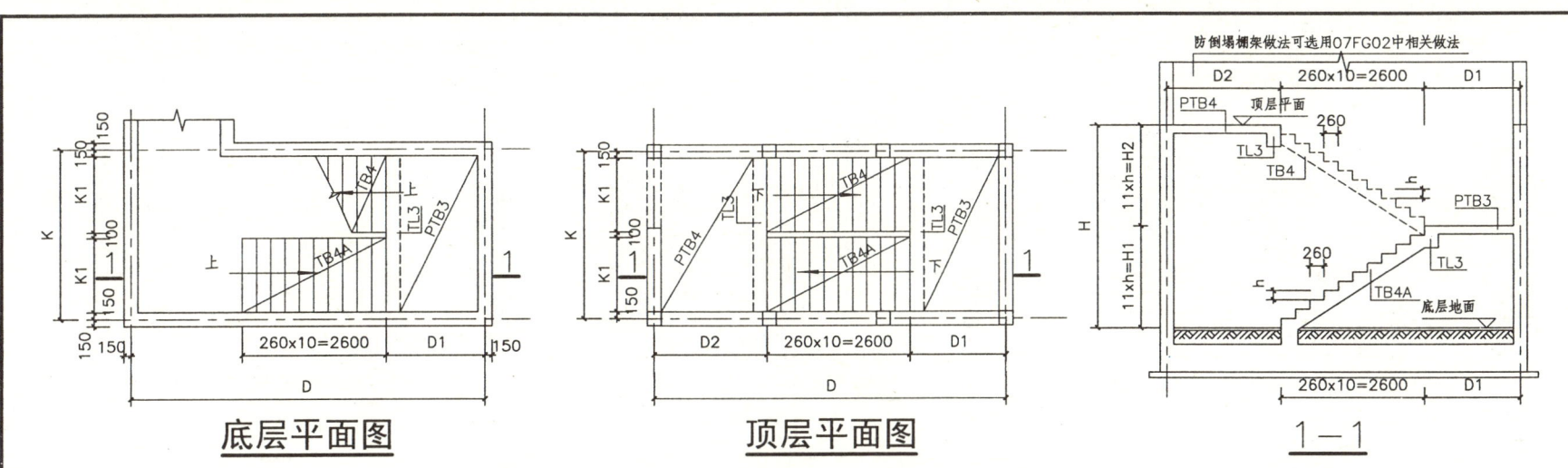

防空地下室楼梯平剖面尺寸表

	核5级常5级	核6级常6级	核6B级常6级	K	D	H	K1	D1	D2	H1	H2	h
甲类防空地下室	TB(h5)-37-32-60	TB(')(h6)-37-32-60	TB(')(h6B)-37-32-60	3200	6000	3700	1400	1680	1720	1850	1850	168.2
	TB(h5)-37-34-63	TB(h6)-37-34-63	TB(h6B)-37-34-63	3400	6300	3700	1500	1780	1920	1850	1850	168.2
	—	TB'(h6)-37-34-62	TB'(h6B)-37-34-62	3400	6200	3700	1500	1780	1820	1850	1850	168.2
	TB(h5)-38-32-60	TB(')(h6)-38-32-60	TB(')(h6B)-38-32-60	3200	6000	3800	1400	1680	1720	1900	1900	172.7
	TB(h5)-38-34-63	TB(h6)-38-34-63	TB(h6B)-38-34-63	3400	6300	3800	1500	1780	1920	1900	1900	172.7
	—	TB'(h6)-38-34-62	TB'(h6B)-38-34-62	3400	6200	3800	1500	1780	1820	1900	1900	172.7
	常5级	常6级		K	D	H	K1	D1	D2	H1	H2	h
乙类防空地下室	TB(c5)-37-32-60	TB(')(c6)-37-32-60		3200	6000	3700	1400	1680	1720	1850	1850	168.2
	TB(c5)-37-34-63	TB(c6)-37-34-63		3400	6300	3700	1500	1780	1920	1850	1850	168.2
	—	TB'(c6)-37-34-62		3400	6200	3700	1500	1780	1820	1850	1850	168.2
	TB(c5)-38-32-60	TB(')(c6)-38-32-60		3200	6000	3800	1400	1680	1720	1900	1900	172.7
	TB(c5)-38-34-63	TB(c6)-38-34-63		3400	6300	3800	1500	1780	1920	1900	1900	172.7
	—	TB'(c6)-38-34-62		3400	6200	3800	1500	1780	1820	1900	1900	172.7

楼梯平剖面图 图集号 07FG03

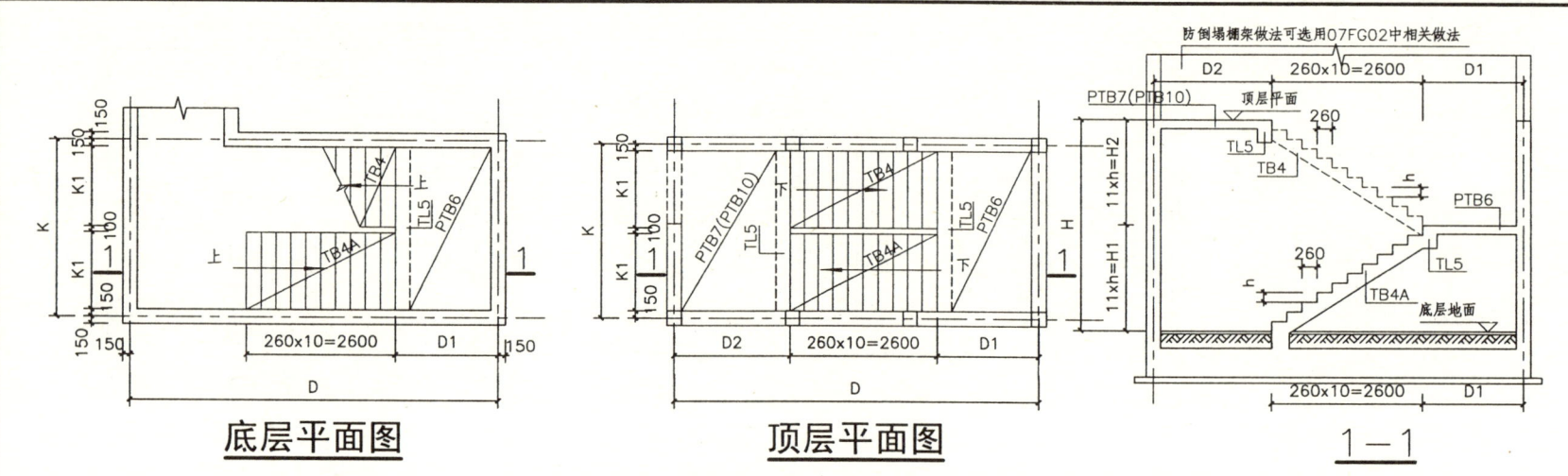

底层平面图　　顶层平面图　　1—1

防空地下室楼梯平剖面尺寸表

	核5级常5级	核6级常6级	核6B级常6级	K	D	H	K1	D1	D2	H1	H2	h
甲类防空地下室	TB(h5)-37-36-66	TB(h6)-37-36-66	TB(h6B)-37-36-66	3600	6600	3700	1600	1880	2120	1850	1850	168.2
	TB(h5)-37-38-66	TB(h6)-37-38-66	TB(h6B)-37-38-66	3800	6600	3700	1700	1980	2020	1850	1850	168.2
	TB(h5)-37-40-72*	TB(h6)-37-40-72*	TB(h6B)-37-40-72*	4000	7200	3700	1800	2080	2520	1850	1850	168.2
	TB(h5)-38-36-66	TB(h6)-38-36-66	TB(h6B)-38-36-66	3600	6600	3800	1600	1880	2120	1900	1900	172.7
	TB(h5)-38-38-66	TB(h6)-38-38-66	TB(h6B)-38-38-66	3800	6600	3800	1700	1980	2020	1900	1900	172.7
	TB(h5)-38-40-72*	TB(h6)-38-40-72*	TB(h6B)-38-40-72*	4000	7200	3800	1800	2080	2520	1900	1900	172.7
	常5级	常6级		K	D	H	K1	D1	D2	H1	H2	h
乙类防空地下室	TB(c5)-37-36-66	TB(c6)-37-36-66		3600	6600	3700	1600	1880	2120	1850	1850	168.2
	TB(c5)-37-38-66	TB(c6)-37-38-66		3800	6600	3700	1700	1980	2020	1850	1850	168.2
	TB(c5)-37-40-72*	TB(c6)-37-40-72*		4000	7200	3700	1800	2080	2520	1850	1850	168.2
	TB(c5)-38-36-66	TB(c6)-38-36-66		3600	6600	3800	1600	1880	2120	1900	1900	172.7
	TB(c5)-38-38-66	TB(c6)-38-38-66		3800	6600	3800	1700	1980	2020	1900	1900	172.7
	TB(c5)-38-40-72*	TB(c6)-38-40-72*		4000	7200	3800	1800	2080	2520	1900	1900	172.7

说明：表格中带有*的楼梯型号顶层平面处的平台采用圆括号内标识。

楼梯平剖面图

图集号 07FG03

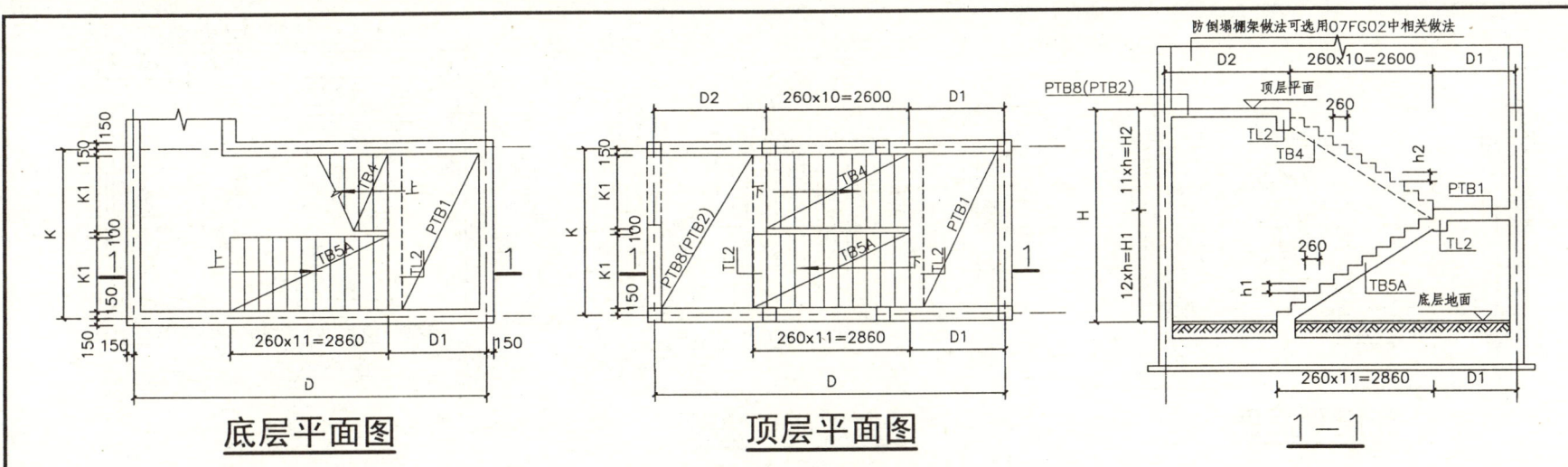

底层平面图 　　顶层平面图 　　1—1

防空地下室楼梯平剖面尺寸表

	核5级常5级	核6级常6级	核6B级常6级	K	D	H	K1	D1	D2	H1	H2	h1	h2
甲类防空地下室	TB(h5)-39-26-60	TB(h6)-39-26-60	TB(h6B)-39-26-60	2600	6000	3900	1100	1380	2020	2035	1865	169.6	169.5
	—	TB'(h6)-39-26-57*	TB'(h6B)-39-26-57*	2600	5700	3900	1100	1380	1720	2035	1865	169.6	169.5
	TB(h5)-39-28-60*	TB(h6)-39-28-60*	TB(h6B)-39-28-60*	2800	6000	3900	1200	1480	1920	2035	1865	169.6	169.5
	—	TB'(h6)-39-28-59*	TB'(h6B)-39-28-59*	2800	5900	3900	1200	1480	1820	2035	1865	169.6	169.5
	TB(h5)-39-30-63	TB(h6)-39-30-63	TB(h6B)-39-30-63	3000	6300	3900	1300	1580	2120	2035	1865	169.6	169.5
	常5级	常6级		K	D	H	K1	D1	D2	H1	H2	h1	h2
乙类防空地下室	TB(c5)-39-26-60	TB(c6)-39-26-60		2600	6000	3900	1100	1380	2020	2035	1865	169.6	169.5
	—	TB'(c6)-39-26-57*		2600	5700	3900	1100	1380	1720	2035	1865	169.6	169.5
	TB(c5)-39-28-60*	TB'(c6)-39-28-60*		2800	6000	3900	1200	1480	1920	2035	1865	169.6	169.5
	—	TB'(c6)-39-28-59*		2800	5900	3900	1200	1480	1820	2035	1865	169.6	169.5
	TB(c5)-39-30-63	TB(')(c6)-39-30-63		3000	6300	3900	1300	1580	2120	2035	1865	169.6	169.5

说明：表格中带有*的楼梯型号顶层平面处的平台采用圆括号内标识。

楼梯平剖面图

图集号 07FG03
页 51

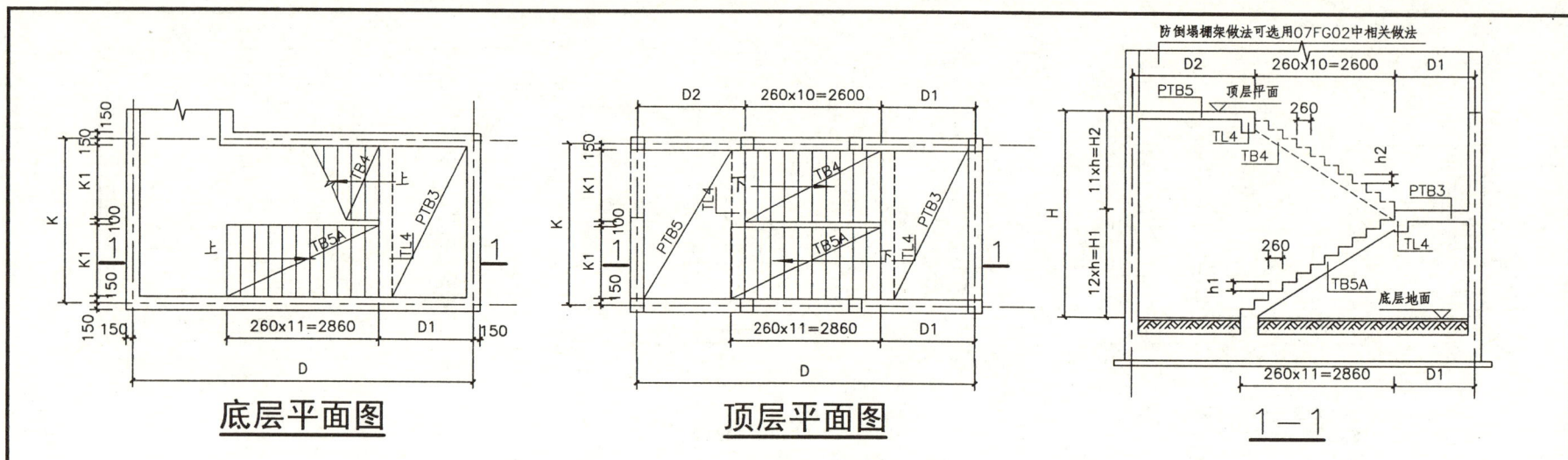

防空地下室楼梯平剖面尺寸表

甲类	核5级常5级	核6级常6级	核6B级常6级	K	D	H	K1	D1	D2	H1	H2	h1	h2
防空	TB(h5)-39-32-63	TB(h6)-39-32-63	TB(h6B)-39-32-63	3200	6300	3900	1400	1680	2020	2035	1865	169.6	169.5
地下室	TB(h5)-39-34-66	TB(h6)-39-34-66	TB(h6B)-39-34-66	3400	6600	3900	1500	1780	2220	2035	1865	169.6	169.5
乙类	常5级	常6级		K	D	H	K1	D1	D2	H1	H2	h1	h2
防空	TB(c5)-39-32-63	TB(')(c6)-39-32-63		3200	6300	3900	1400	1680	2020	2035	1865	169.6	169.5
地下室	TB(c5)-39-34-66	TB(')(c6)-39-34-66		3400	6600	3900	1500	1780	2220	2035	1865	169.6	169.5

楼梯平剖面图

图集号 07FG03

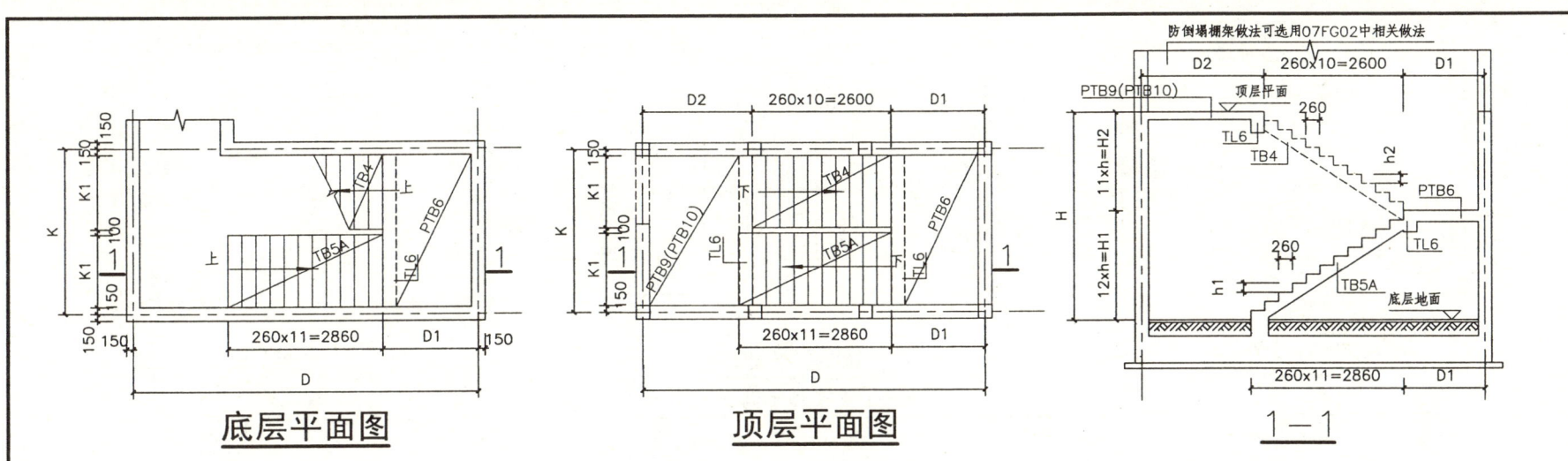

防空地下室楼梯平剖面尺寸表

甲类防空地下室			K	D	H	K1	D1	D2	H1	H2	h1	h2
核5级常5级	核6级常6级	核6B级常6级										
TB(h5)-39-36-72	TB(h6)-39-36-72	TB(h6B)-39-36-72	3600	7200	3900	1600	1880	2720	2035	1865	169.6	169.5
TB(h5)-39-38-72	TB(h6)-39-38-72	TB(h6B)-39-38-72	3800	7200	3900	1700	1980	2620	2035	1865	169.6	169.5
TB(h5)-39-40-72*	TB(h6)-39-40-72*	TB(h6B)-39-40-72*	4000	7200	3900	1800	2080	2520	2035	1865	169.6	169.5
乙类防空地下室			K	D	H	K1	D1	D2	H1	H2	h1	h2
常5级	常6级											
TB(c5)-39-36-72	TB(c6)-39-36-72		3600	7200	3900	1600	1880	2720	2035	1865	169.6	169.5
TB(c5)-39-38-72	TB(c6)-39-38-72		3800	7200	3900	1700	1980	2620	2035	1865	169.6	169.5
TB(c5)-39-40-72*	TB(c6)-39-40-72*		4000	7200	3900	1800	2080	2520	2035	1865	169.6	169.5

楼梯平剖面图　　图集号 07FG03

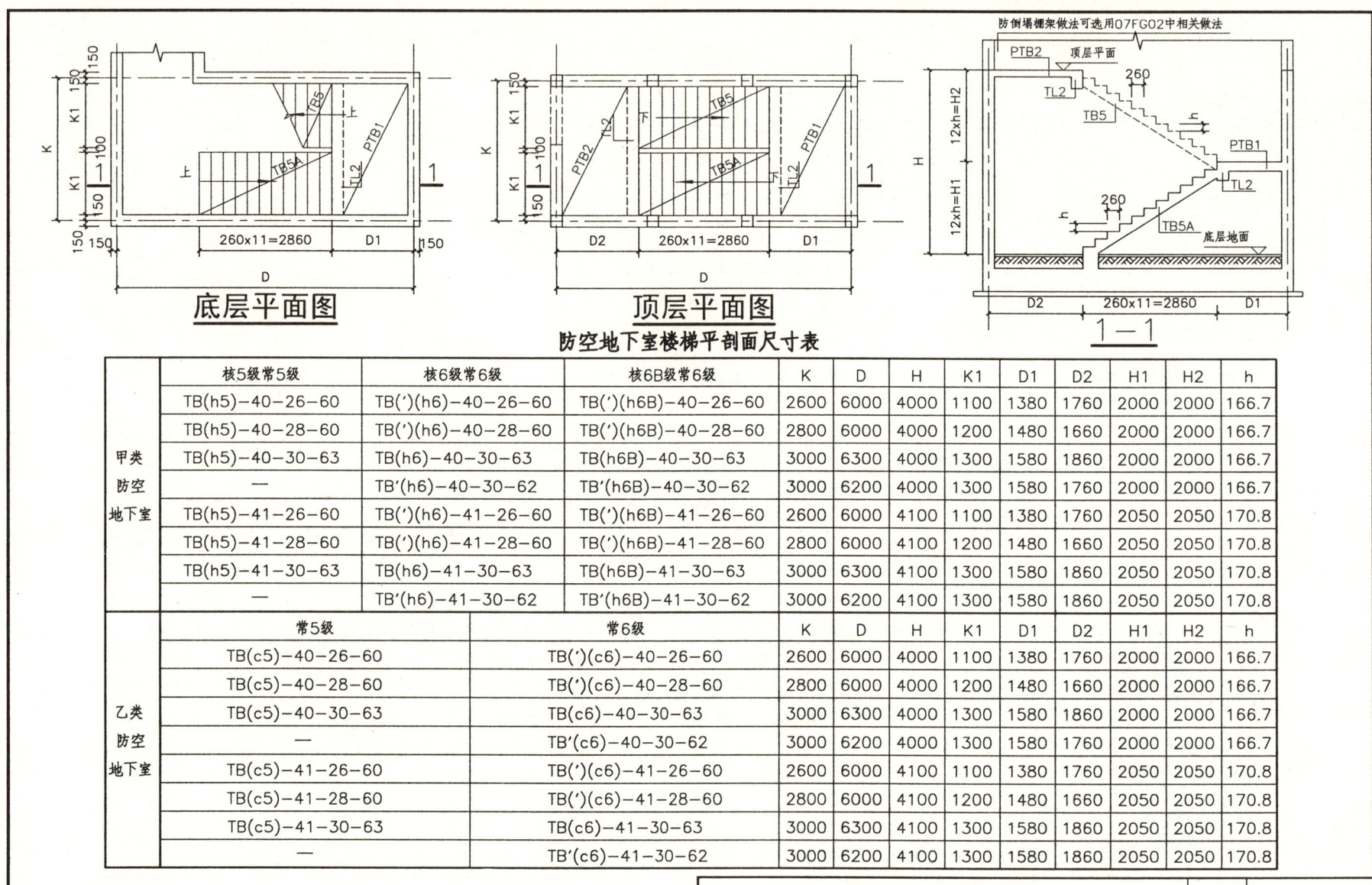

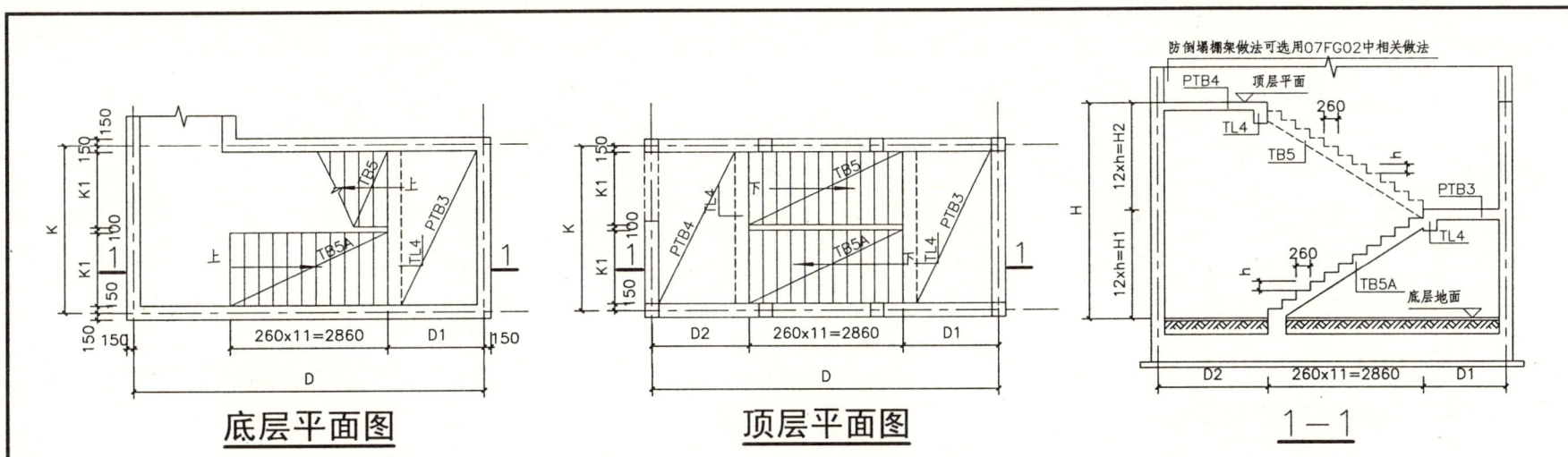

防空地下室楼梯平剖面尺寸表

	核5级常5级	核6级常6级	核6B级常6级	K	D	H	K1	D1	D2	H1	H2	h
甲类防空地下室	TB(h5)-40-32-63	TB(')(h6)-40-32-63	TB(')(h6B)-40-32-63	3200	6300	4000	1400	1680	1760	2000	2000	166.7
	TB(h5)-40-34-66	TB(h6)-40-34-66	TB(h6B)-40-34-66	3400	6600	4000	1500	1780	1960	2000	2000	166.7
	TB(h5)-41-32-63	TB(')(h6)-41-32-63	TB(')(h6B)-41-32-63	3200	6300	4100	1400	1680	1760	2050	2050	170.8
	TB(h5)-41-34-66	TB(h6)-41-34-66	TB(h6B)-41-34-66	3400	6600	4100	1500	1780	1960	2050	2050	170.8
	常5级	常6级		K	D	H	K1	D1	D2	H1	H2	h
乙类防空地下室	TB(c5)-40-32-63	TB(')(c6)-40-32-63		3200	6300	4000	1400	1680	1760	2000	2000	166.7
	TB(c5)-40-34-66	TB(')(c6)-40-34-66		3400	6600	4000	1500	1780	1960	2000	2000	166.7
	TB(c5)-41-32-63	TB(')(c6)-41-32-63		3200	6300	4100	1400	1680	1760	2050	2050	170.8
	TB(c5)-41-34-66	TB(')(c6)-41-34-66		3400	6600	4100	1500	1780	1960	2050	2050	170.8

楼梯平剖面图

图集号 07FG03

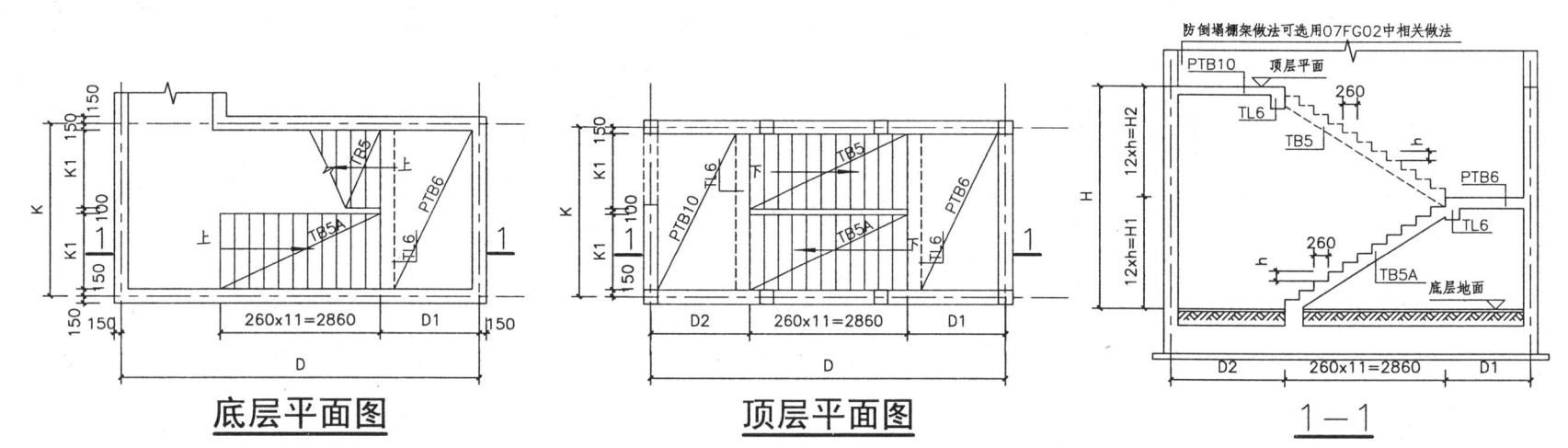

防空地下室楼梯平剖面尺寸表

	核5级常5级	核6级常6级	核6B级常6级	K	D	H	K1	D1	D2	H1	H2	h
甲类防空地下室	TB(h5)-40-36-72	TB(h6)-40-36-72	TB(h6B)-40-36-72	3600	7200	4000	1600	1880	2460	2000	2000	166.7
	TB(h5)-40-38-72	TB(h6)-40-38-72	TB(h6B)-40-38-72	3800	7200	4000	1700	1980	2360	2000	2000	166.7
	TB(h5)-40-40-72	TB(h6)-40-40-72	TB(h6B)-40-40-72	4000	7200	4000	1800	2080	2260	2000	2000	166.7
	TB(h5)-41-36-72	TB(h6)-41-36-72	TB(h6B)-41-36-72	3600	7200	4100	1600	1880	2460	2050	2050	170.8
	TB(h5)-41-38-72	TB(h6)-41-38-72	TB(h6B)-41-38-72	3800	7200	4100	1700	1980	2360	2050	2050	170.8
	TB(h5)-41-40-72	TB(h6)-41-40-72	TB(h6B)-41-40-72	4000	7200	4100	1800	2080	2260	2050	2050	170.8

	常5级	常6级	K	D	H	K1	D1	D2	H1	H2	h
乙类防空地下室	TB(c5)-40-36-72	TB(c6)-40-36-72	3600	7200	4000	1600	1880	2460	2000	2000	166.7
	TB(c5)-40-38-72	TB(c6)-40-38-72	3800	7200	4000	1700	1980	2360	2000	2000	166.7
	TB(c5)-40-40-72	TB(c6)-40-40-72	4000	7200	4000	1800	2080	2260	2000	2000	166.7
	TB(c5)-41-36-72	TB(c6)-41-36-72	3600	7200	4100	1600	1880	2460	2050	2050	170.8
	TB(c5)-41-38-72	TB(c6)-41-38-72	3800	7200	4100	1700	1980	2360	2050	2050	170.8
	TB(c5)-41-40-72	TB(c6)-41-40-72	4000	7200	4100	1800	2080	2260	2050	2050	170.8

楼梯平剖面图

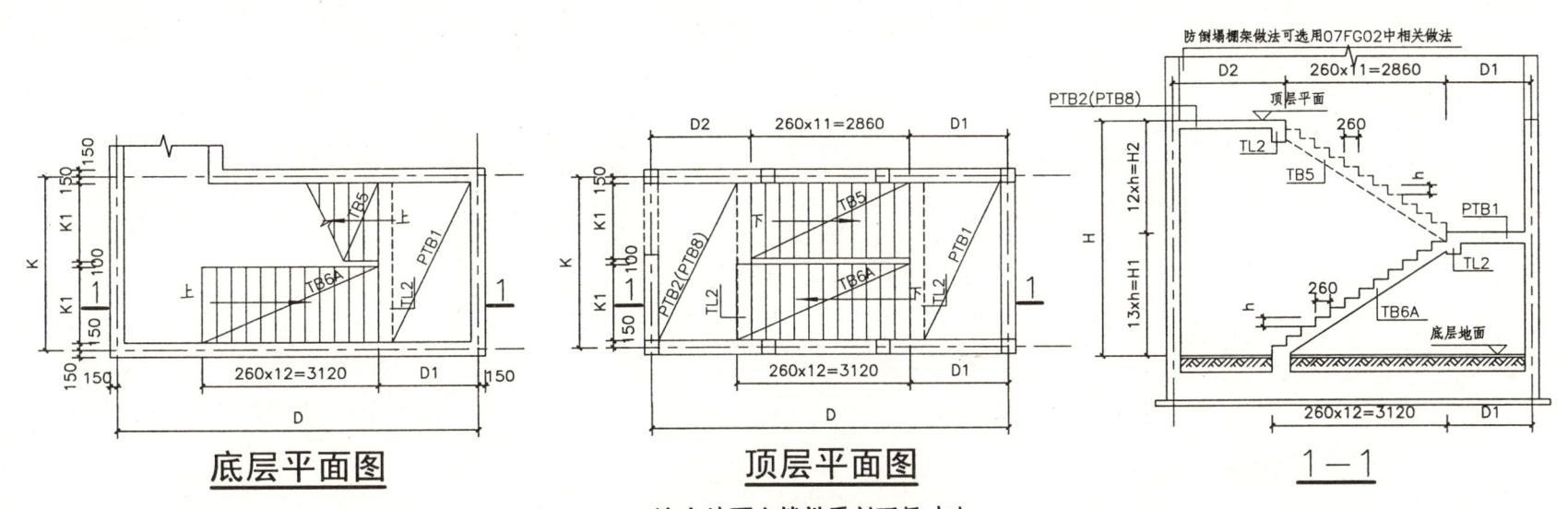

防空地下室楼梯平剖面尺寸表

	核5级常5级	核6级常6级	核6B级常6级	K	D	H	K1	D1	D2	H1	H2	h
甲类防空地下室	TB(h5)-42-26-63*	TB(h6)-42-26-63*	TB(h6B)-42-26-63*	2600	6300	4200	1100	1380	2060	2184	2016	168
	—	TB'(h6)-42-26-60	TB'(h6B)-42-26-60	2600	6000	4200	1100	1380	1760	2184	2016	168
	TB(h5)-42-28-63*	TB(h6)-42-28-63*	TB(h6B)-42-28-63*	2800	6300	4200	1200	1480	1960	2184	2016	168
	—	TB'(h6)-42-28-61	TB'(h6B)-42-28-61	2800	6100	4200	1300	1480	1760	2184	2016	168
	TB(h5)-42-30-63	TB(h6)-42-30-63	TB(h6B)-42-30-63	3000	6300	4200	1300	1580	1860	2184	2016	168

	常5级	常6级	K	D	H	K1	D1	D2	H1	H2	h
乙类防空地下室	TB(c5)-42-26-63*	TB(c6)-42-26-63*	2600	6300	4200	1100	1380	2060	2184	2016	168
	—	TB'(c6)-42-26-60	2600	6000	4200	1100	1380	1760	2184	2016	168
	TB(c5)-42-28-63*	TB(c6)-42-28-63*	2800	6300	4200	1200	1480	1960	2184	2016	168
	—	TB'(c6)-42-28-61	2800	6100	4200	1300	1480	1760	2184	2016	168
	TB(c5)-42-30-63	TB(')(c6)-42-30-63	3000	6300	4200	1300	1580	1860	2184	2016	168

说明：表格中带有*的楼梯型号顶层平面处的平台采用圆括号内标识。

楼梯平剖面图

图集号 07FG03

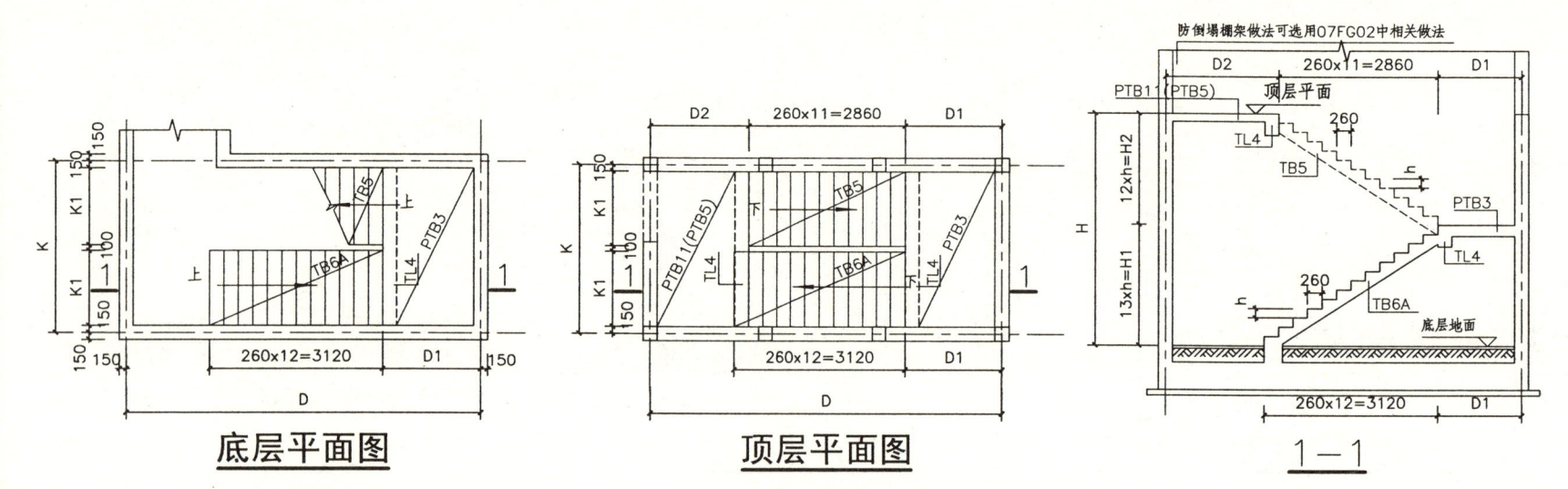

防空地下室楼梯平剖面尺寸表

甲类	核5级常5级	核6级常6级	核6B级常6级	K	D	H	K1	D1	D2	H1	H2	h
防空	TB(h5)-42-32-66*	TB(h6)-42-32-66*	TB(h6B)-42-32-66*	3200	6600	4200	1400	1680	2060	2184	2016	168
地下室	TB(h5)-42-34-72	TB(h6)-42-34-72	TB(h6B)-42-34-72	3400	7200	4200	1500	1780	2560	2184	2016	168
乙类	常5级	常6级		K	D	H	K1	D1	D2	H1	H2	h
防空	TB(c5)-42-32-66*	TB(')(c6)-42-32-66*		3200	6600	4200	1400	1680	2060	2184	2016	168
地下室	TB(c5)-42-34-72	TB(')(c6)-42-34-72		3400	7200	4200	1500	1780	2560	2184	2016	168

说明：表格中带有*的楼梯型号顶层平面处的平台采用圆括号内标识。

楼梯平剖面图

图集号 07FG03
页 58

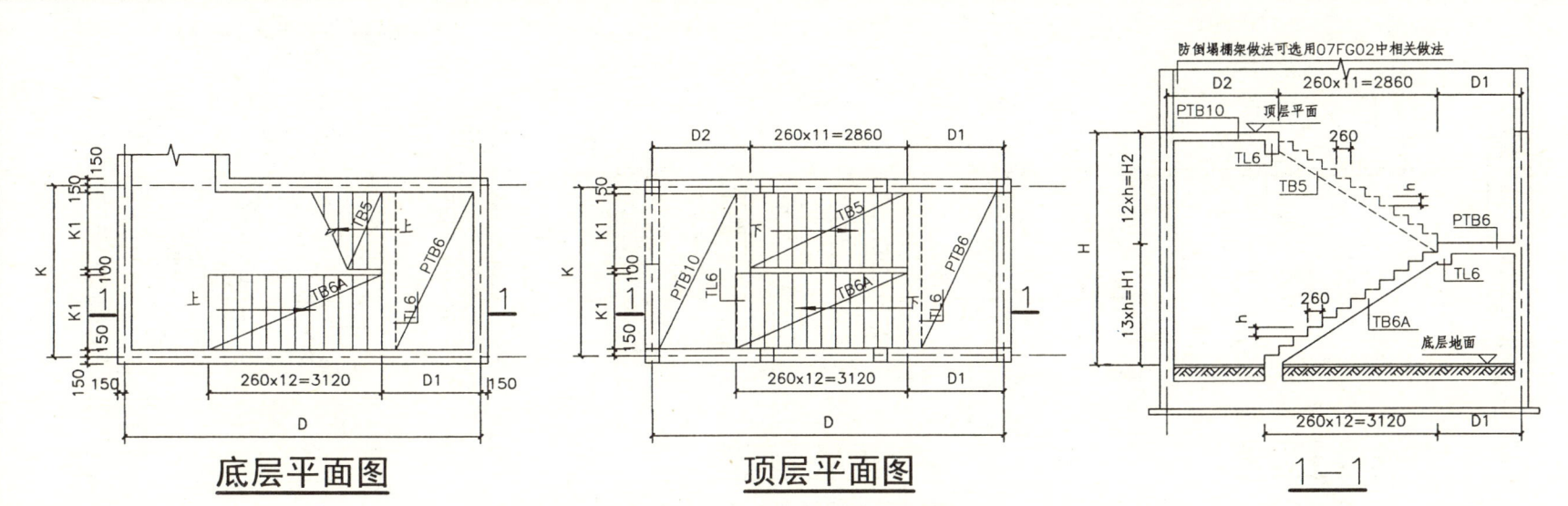

防空地下室楼梯平剖面尺寸表

甲类防空地下室			K	D	H	K1	D1	D2	H1	H2	h
核5级常5级	核6级常6级	核6B级常6级									
TB(h5)-42-36-72	TB(h6)-42-36-72	TB(h6B)-42-36-72	3600	7200	4200	1600	1880	2460	2184	2016	168
TB(h5)-42-38-72	TB(h6)-42-38-72	TB(h6B)-42-38-72	3800	7200	4200	1700	1980	2360	2184	2016	168
TB(h5)-42-40-75	TB(h6)-42-40-75	TB(h6B)-42-40-75	4000	7500	4200	1800	2080	2560	2184	2016	168
乙类防空地下室			K	D	H	K1	D1	D2	H1	H2	h
常5级		常6级									
TB(c5)-42-36-72		TB(c6)-42-36-72	3600	7200	4200	1600	1880	2460	2184	2016	168
TB(c5)-42-38-72		TB(c6)-42-38-72	3800	7200	4200	1700	1980	2360	2184	2016	168
TB(c5)-42-40-75		TB(c6)-42-40-75	4000	7500	4200	1800	2080	2560	2184	2016	168

楼梯平剖面图

图集号 07FG03

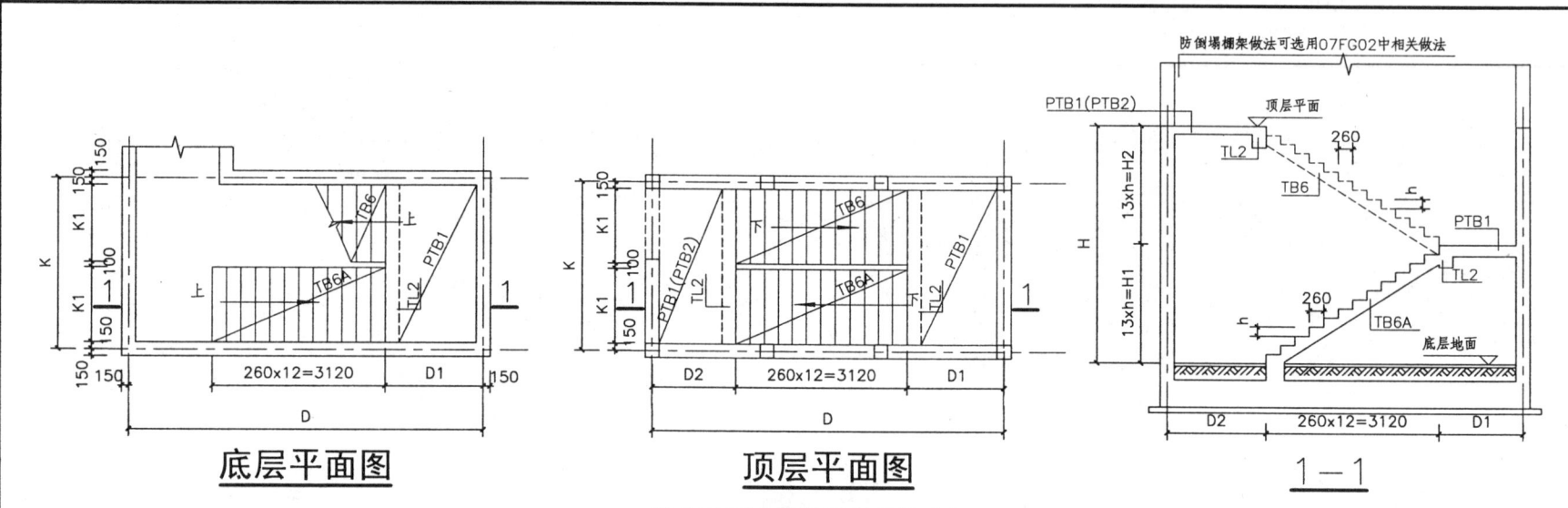

底层平面图   **顶层平面图**   **1—1**

防空地下室楼梯平剖面尺寸表

	核5级常5级	核6级常6级	核6B级常6级	K	D	H	K1	D1	D2	H1	H2	h
甲类防空地下室	TB(h5)-43-26-63*	TB(')(h6)-43-26-63*	TB(')(h6B)-43-26-63*	2600	6300	4300	1100	1380	1800	2150	2150	165.4
	TB(h5)-43-28-63*	TB(')(h6)-43-28-63*	TB(')(h6B)-43-28-63*	2800	6300	4300	1200	1480	1700	2150	2150	165.4
	TB(h5)-43-30-63	TB(')(h6)-43-30-63	TB(')(h6B)-43-30-63	3000	6300	4300	1300	1580	1600	2150	2150	165.4
	TB(h5)-44-26-63	TB(')(h6)-44-26-63	TB(')(h6B)-44-26-63	2600	6300	4400	1100	1380	1800	2200	2200	169.2
	TB(h5)-44-28-63*	TB(')(h6)-44-28-63*	TB(')(h6B)-44-28-63*	2800	6300	4400	1200	1480	1700	2200	2200	169.2
	TB(h5)-44-30-63	TB(')(h6)-44-30-63	TB(')(h6B)-44-30-63	3000	6300	4400	1300	1580	1600	2200	2200	169.2
	常5级	常6级		K	D	H	K1	D1	D2	H1	H2	h
乙类防空地下室	TB(c5)-43-26-63*	TB(')(c6)-43-26-63*		2600	6300	4300	1100	1380	1800	2150	2150	165.4
	TB(c5)-43-28-63*	TB(')(c6)-43-28-63*		2800	6300	4300	1200	1480	1700	2150	2150	165.4
	TB(c5)-43-30-63	TB(')(c6)-43-30-63		3000	6300	4300	1300	1580	1600	2150	2150	165.4
	TB(c5)-44-26-63*	TB(')(c6)-44-26-63*		2600	6300	4400	1100	1380	1800	2200	2200	169.2
	TB(c5)-44-28-63*	TB(')(c6)-44-28-63*		2800	6300	4400	1200	1480	1700	2200	2200	169.2
	TB(c5)-44-30-63	TB(')(c6)-44-30-63		3000	6300	4400	1300	1580	1600	2200	2200	169.2

说明：表格中带有*的楼梯型号顶层平面处的平台采用圆括号内标识。

楼梯平剖面图   图集号 07FG03

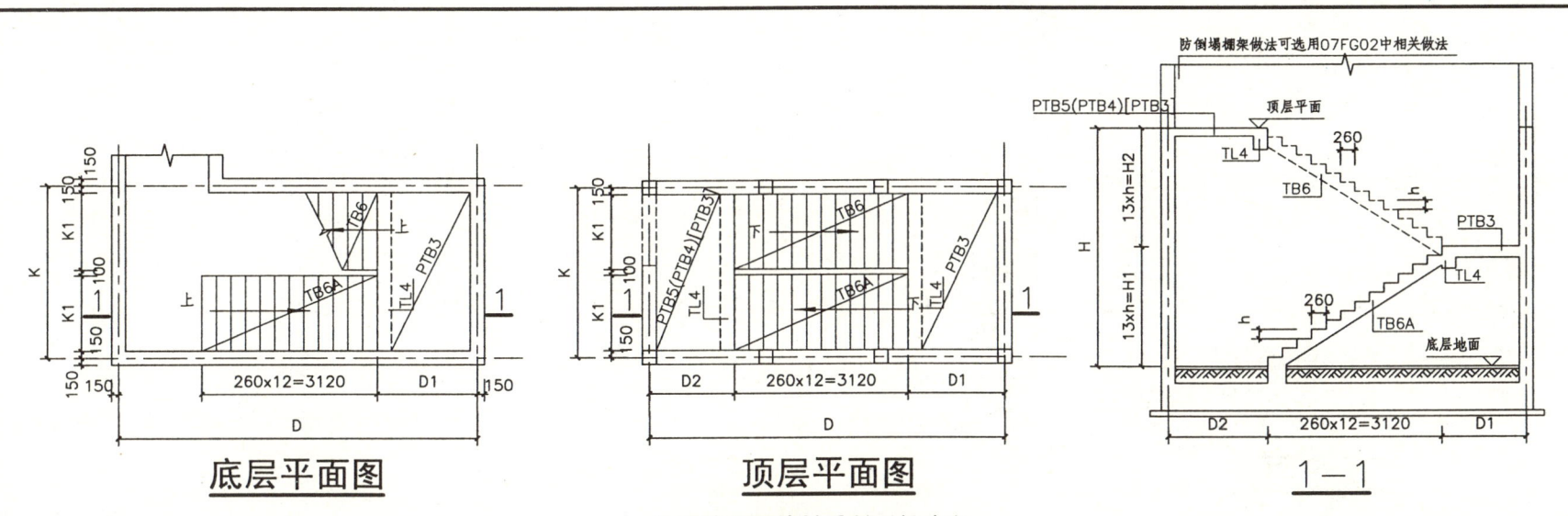

底层平面图   顶层平面图   1—1

防空地下室楼梯平剖面尺寸表

	核5级常5级	核6级常6级	核6B级常6级	K	D	H	K1	D1	D2	H1	H2	h
甲类防空地下室	TB(h5)-43-32-66*	TB(')(h6)-43-32-66*	TB(')(h6B)-43-32-66*	3200	6600	4300	1400	1680	1800	2150	2150	165.4
	TB(h5)-43-34-72	TB(h6)-43-34-72	TB(h6B)-43-34-72	3400	7200	4300	1500	1780	2300	2150	2150	165.4
	—	TB'(h6)-43-34-67#	TB'(h6B)-43-34-67#	3400	6700	4300	1500	1780	1800	2150	2150	165.4
	TB(h5)-44-32-66*	TB(')(h6)-44-32-66*	TB(')(h6B)-44-32-66*	3200	6600	4400	1400	1680	1800	2200	2200	169.2
	TB(h5)-44-34-72	TB(h6)-44-34-72	TB(h6B)-44-34-72	3400	7200	4400	1500	1780	2300	2200	2200	169.2
	—	TB'(h6)-44-34-67#	TB'(h6B)-44-34-67#	3400	6700	4400	1500	1780	1800	2200	2200	169.2
	常5级	常6级		K	D	H	K1	D1	D2	H1	H2	h
乙类防空地下室	TB(c5)-43-32-66*	TB(')(c6)-43-32-66*		3200	6600	4300	1400	1680	1800	2150	2150	165.4
	TB(c5)-43-34-72	TB(c6)-43-34-72		3400	7200	4300	1500	1780	2300	2150	2150	165.4
	—	TB'(c6)-43-34-67#		3400	6700	4300	1500	1780	1800	2150	2150	165.4
	TB(c5)-44-32-66*	TB(')(c6)-44-32-66*		3200	6600	4400	1400	1680	1800	2200	2200	169.2
	TB(c5)-44-34-72	TB(c6)-44-34-72		3400	7200	4400	1500	1780	2300	2200	2200	169.2
	—	TB'(c6)-44-34-67#		3400	6700	4400	1500	1780	1800	2200	2200	169.2

说明：1. 表格中带有*的楼梯型号顶层平面处的平台采用圆括号内标识，
2. 带有#的楼梯型号顶层平面处的平台采用方括号内标识。

楼梯平剖面图   图集号 07FG03   页 61

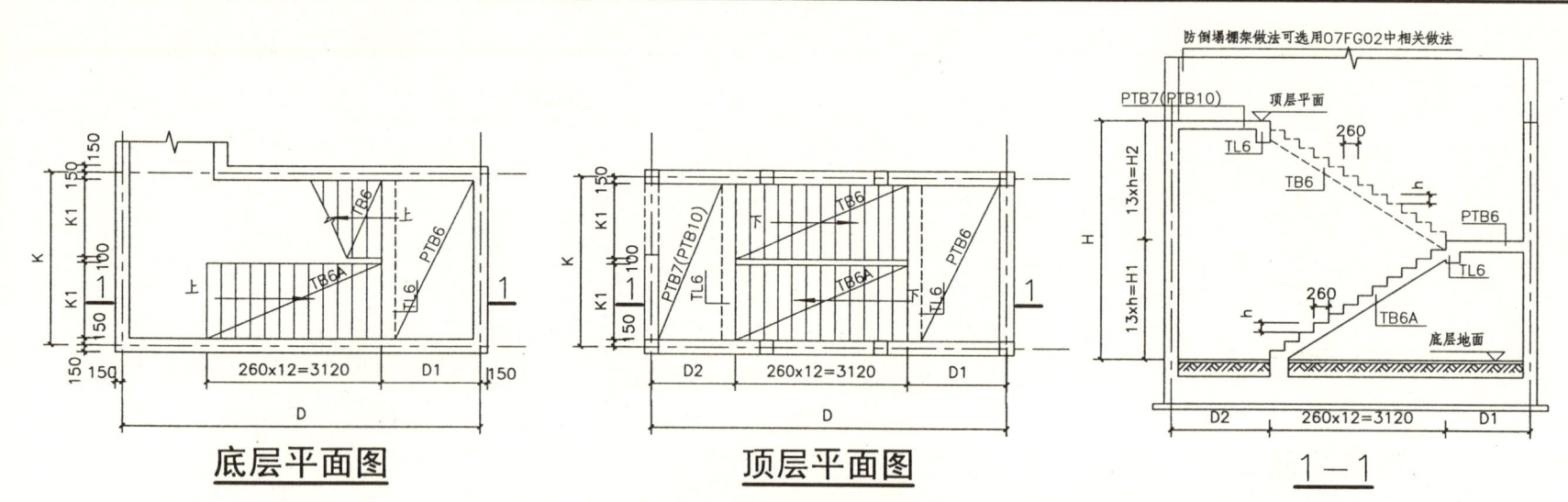

防空地下室楼梯平剖面尺寸表

	核5级常5级	核6级常6级	核6B级常6级	K	D	H	K1	D1	D2	H1	H2	h
甲类防空地下室	TB(h5)-43-36-72	TB(h6)-43-36-72	TB(h6B)-43-36-72	3600	7200	4300	1600	1880	2200	2150	2150	165.4
	TB(h5)-43-38-72	TB(h6)-43-38-72	TB(h6B)-43-38-72	3800	7200	4300	1700	1980	2100	2150	2150	165.4
	TB(h5)-43-40-75*	TB(h6)-43-40-75*	TB(h6B)-43-40-75*	4000	7500	4300	1800	2080	2300	2150	2150	165.4
	TB(h5)-44-36-72	TB(h6)-44-36-72	TB(h6B)-44-36-72	3600	7200	4400	1600	1880	2200	2200	2200	169.2
	TB(h5)-44-38-72	TB(h6)-44-38-72	TB(h6B)-44-38-72	3800	7200	4400	1700	1980	2100	2200	2200	169.2
	TB(h5)-44-40-75*	TB(h6)-44-40-75*	TB(h6B)-44-40-75*	4000	7500	4400	1800	2080	2300	2200	2200	169.2
	常5级	常6级		K	D	H	K1	D1	D2	H1	H2	h
乙类防空地下室	TB(c5)-43-36-72	TB(c6)-43-36-72		3600	7200	4300	1600	1880	2200	2150	2150	165.4
	TB(c5)-43-38-72	TB(c6)-43-38-72		3800	7200	4300	1700	1980	2100	2150	2150	165.4
	TB(c5)-43-40-75*	TB(c6)-43-40-75*		4000	7500	4300	1800	2080	2300	2150	2150	165.4
	TB(c5)-44-36-72	TB(c6)-44-36-72		3600	7200	4400	1600	1880	2200	2200	2200	169.2
	TB(c5)-44-38-72	TB(c6)-44-38-72		3800	7200	4400	1700	1980	2100	2200	2200	169.2
	TB(c5)-44-40-75*	TB(c6)-44-40-75*		4000	7500	4400	1800	2080	2300	2200	2200	169.2

说明：表格中带有*的楼梯型号顶层平面处的平台采用圆括号内标识。

楼梯平剖面图

图集号 07FG03
页 62

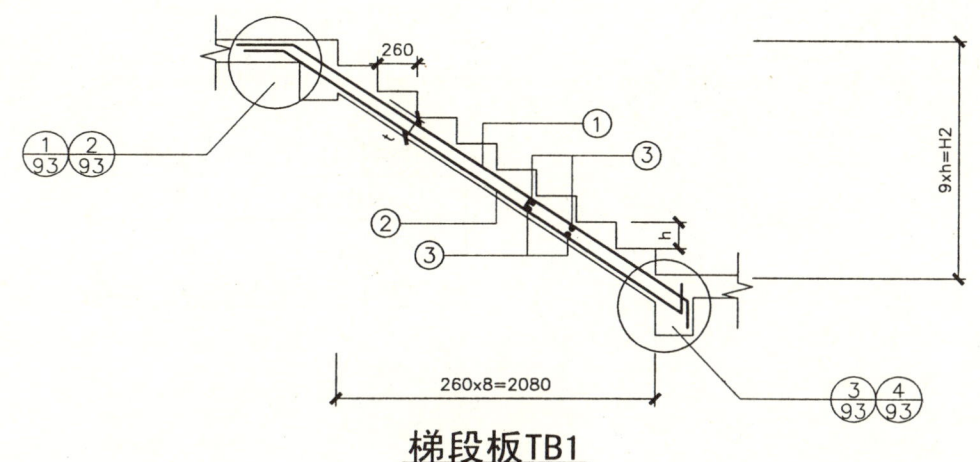

梯段板TB1

梯段板TB1几何尺寸表

楼梯编号	H2	h
TB(')(XX)-30-XX-XX	1500	166.7
TB(')(XX)-31-XX-XX	1550	172.2
TB(')(XX)-32-XX-XX	1515	168.3

梯段板TB1配筋表

	抗力级别	楼梯板厚t	①	②	③分布筋	节点详图	抗力级别	楼梯板厚t	①	②	③分布筋	节点详图
室外出入口	核6B级常6级	160	⊈10@150	⊈14@150	φ8@150	①③	常6级	160	⊈10@150	⊈14@150	φ8@150	②④
	核6级常6级	180	⊈12@150	⊈14@150	φ8@150	①③						
室内出入口	核6B级常6级	150	⊈10@125	⊈12@125	φ8@150	①③	常6级	150	⊈10@125	⊈12@125	φ8@150	②④
	核6级常6级	180	⊈12@150	⊈14@150	φ8@150	①③						

梯段板配筋图

图集号 07FG03

页 63

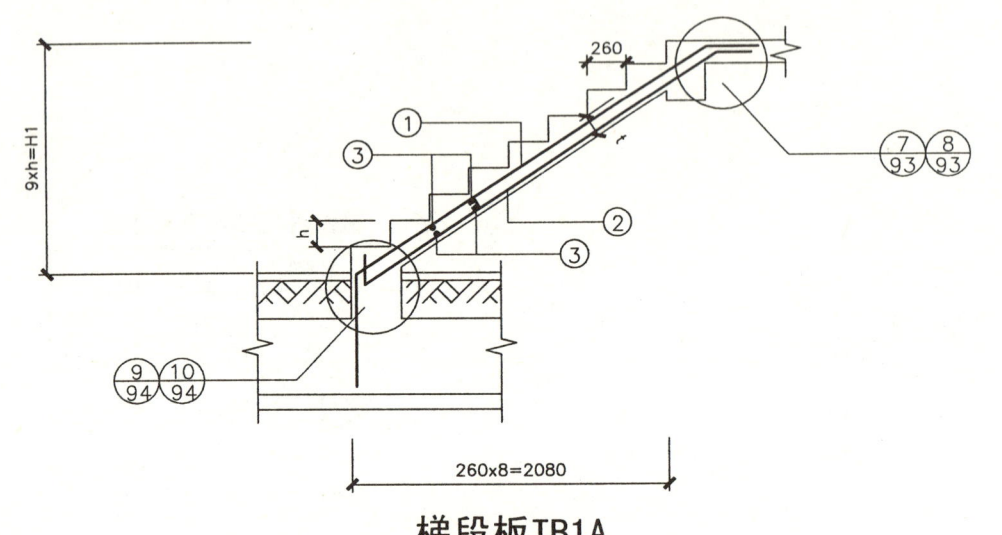

梯段板TB1A几何尺寸表

楼梯编号	H1	h
TB(')(XX)-30-XX-XX	1500	166.7
TB(')(XX)-31-XX-XX	1550	172.2

梯段板TB1A

梯段板TB1A配筋表

	抗力级别	楼梯板厚t	①	②	③分布筋	节点详图	抗力级别	楼梯板厚t	①	②	③分布筋	节点详图
室外出入口	核6B级常6级	160	⊕10@150	⊕14@150	Φ8@150	⑦⑨	常6级	160	⊕10@150	⊕14@150	Φ8@150	⑧⑩
	核6级常6级	180	⊕12@150	⊕14@150	Φ8@150	⑦⑨	常5级	200	⊕12@125	⊕16@125	Φ8@150	⑧⑩
	核5级常5级	220	⊕12@125	⊕16@125	Φ8@150	⑦⑨						
室内出入口	核6B级常6级	150	⊕10@125	⊕12@125	Φ8@150	⑦⑨	常6级	150	⊕10@125	⊕12@125	Φ8@150	⑧⑩
	核6级常6级	180	⊕12@150	⊕14@150	Φ8@150	⑦⑨						

梯段板配筋图　图集号 07FG03

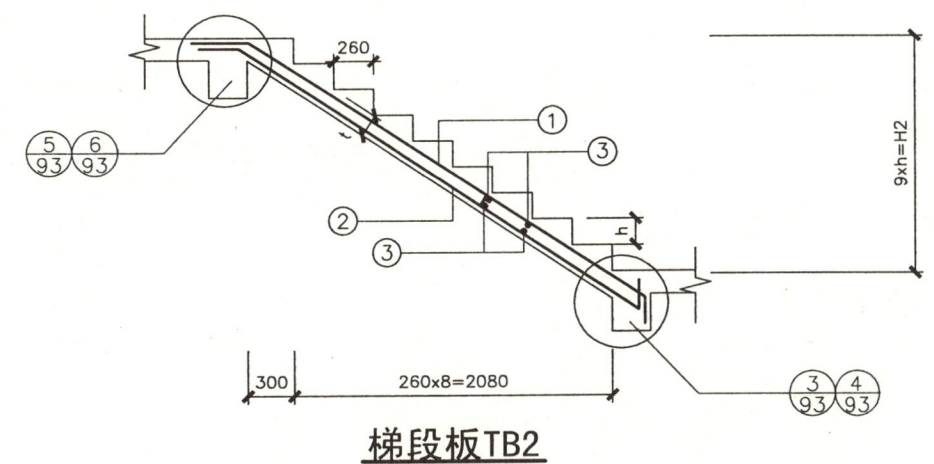

梯段板TB2

梯段板TB2几何尺寸表

楼梯编号	H2	h
TB(')(XX)-30-XX-XX	1500	166.7
TB(')(XX)-31-XX-XX	1550	172.2
TB(')(XX)-32-XX-XX	1515	168.3

梯段板TB2配筋表

	抗力级别	楼梯板厚t	①	②	③分布筋	节点详图	抗力级别	楼梯板厚t	①	②	③分布筋	节点详图
室外出入口	核6B级常6级	180	⊕10@100	⊕12@100	Φ8@150	③⑤	常6级	180	⊕10@100	⊕12@100	Φ8@150	④⑥
	核6级常6级	200	⊕10@100	⊕12@100	Φ8@150	③⑤	常5级	220	⊕12@100	⊕14/16@100	Φ8@150	④⑥
	核5级常5级	250	⊕14@150	⊕18@150	Φ10@150	③⑤						
室内出入口	核6级常6级	200	⊕10@100	⊕12@100	Φ8@150	③⑤	—					

梯段板配筋图

图集号 07FG03 页 65

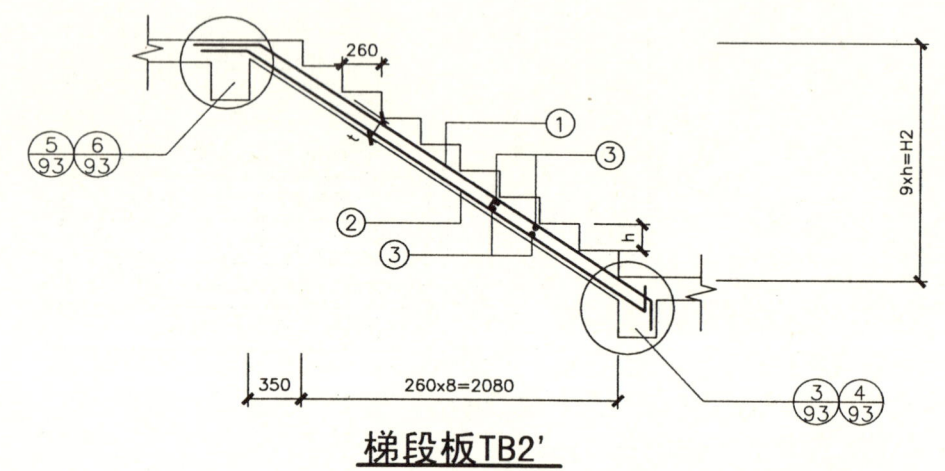

梯段板TB2'

梯段板TB2'几何尺寸表

楼梯编号	H2	h
TB(X5)-32-36-63	1515	168.3
TB(X5)-32-38-66	1515	168.3
TB(X5)-32-40-66	1515	168.3

梯段板TB2'配筋表

	抗力级别	楼梯板厚t	①	②	③ 分布筋	节点详图	抗力级别	楼梯板厚t	①	②	③ 分布筋	节点详图
室外出入口	核5级常5级	250	⊥16@150	⊥20@150	Φ10@150	③/⑤	常5级	250	⊥16@150	⊥20@150	Φ10@150	④/⑥

梯段板配筋图

图集号 07FG03

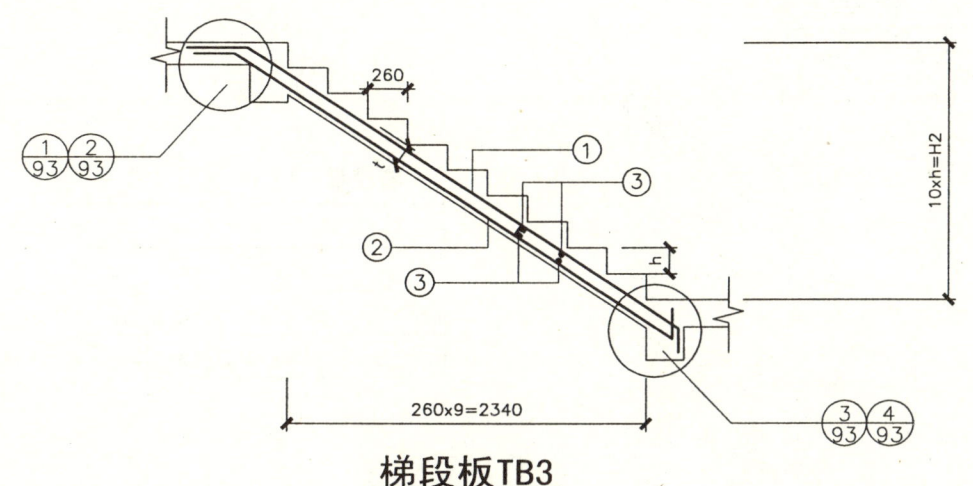

梯段板TB3

梯段板TB3几何尺寸表

楼梯编号	H2	h
TB(')(XX)-33-XX-XX	1650	165
TB(')(XX)-34-XX-XX	1700	170
TB(')(XX)-35-XX-XX	1667	166.7
TB(')(XX)-36-XX-XX	1714	171.4

梯段板TB3配筋表

	抗力级别	楼梯板厚t	①	②	③	分布筋节点详图	抗力级别	楼梯板厚t	①	②	③	分布筋节点详图
室外出入口	核6B级常6级	180	⊥10@100	⊥12@100	Φ8@150	①③	常6级	180	⊥10@100	⊥12@100	Φ8@150	②④
	核6级常6级	200	⊥10@100	⊥12@100	Φ8@150	①③	常5级	220	⊥12@100	⊥14/16@100	Φ8@150	②④
	核5级常5级	250	⊥14@150	⊥18@150	Φ10@150	①③						
室内出入口	核6B级常6级	160	⊥10@150	⊥14@150	Φ8@150	①③	常6级	160	⊥10@150	⊥14@150	Φ8@150	②④
	核6级常6级	200	⊥10@100	⊥12@100	Φ8@150	①③						

梯段板配筋图

图集号 07FG03

页 67

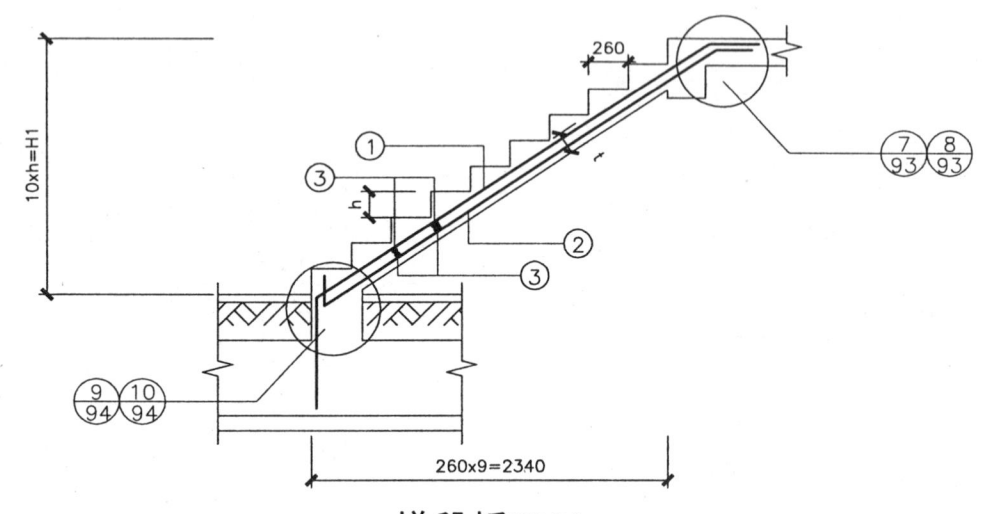

梯段板TB3A

梯段板TB3A几何尺寸表

楼梯编号	H1	h
TB(')(XX)-32-XX-XX	1685	168.5
TB(')(XX)-33-XX-XX	1650	165
TB(')(XX)-34-XX-XX	1700	170

梯段板TB3A配筋表

	抗力级别	楼梯板厚t	①	②	③分布筋	节点详图	抗力级别	楼梯板厚t	①	②	③分布筋	节点详图
室外出入口	核6B级常6级	180	⊥10@100	⊥12@100	Φ8@150	⑦⑨	常6级	180	⊥10@100	⊥12@100	Φ8@150	⑧⑩
	核6级常6级	200	⊥10@100	⊥12@100	Φ8@150	⑦⑨	常5级	220	⊥12@100	⊥14/16@100	Φ8@150	⑧⑩
	核5级常5级	250	⊥14@150	⊥18@150	Φ10@150	⑦⑨						
室内出入口	核6B级常6级	160	⊥10@150	⊥14@150	Φ8@150	⑦⑨	常6级	160	⊥10@150	⊥14@150	Φ8@150	⑧⑩
	核6级常6级	200	⊥10@100	⊥12@100	Φ8@150	⑦⑨						

梯段板配筋图

图集号 07FG03

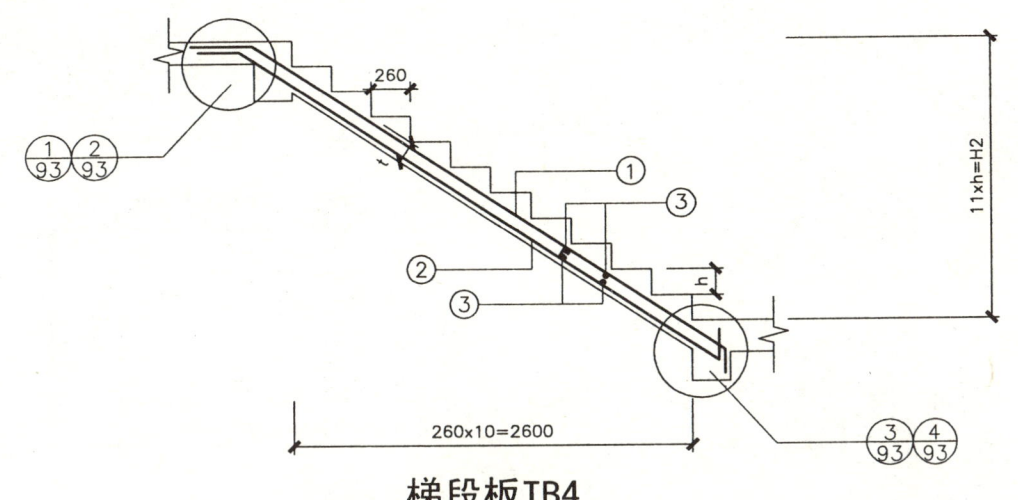

梯段板TB4

梯段板TB4几何尺寸表

楼梯编号	H2	h
TB(')(XX)-37-XX-XX	1850	168.2
TB(')(XX)-38-XX-XX	1900	172.7
TB(')(XX)-39-XX-XX	1865	169.5

梯段板TB4配筋表

	抗力级别	楼梯板厚t	①	②	③	分布筋节点详图	抗力级别	楼梯板厚t	①	②	③	分布筋节点详图
室外出入口	核6B级常6级	200	⊕12@150	⊕16@150	φ8@150	①③	常6级	200	⊕12@150	⊕16@150	φ8@150	②④
	核6级常6级	200	⊕10@100	⊕14@100	φ8@150	①③	常5级	250	⊕16@150	⊕20@150	φ10@150	②④
	核5级常5级	250	⊕16@150	⊕20@150	φ10@150	①③						
室内出入口	核6B级常6级	180	⊕10@125	⊕14@125	φ8@150	①③	常6级	180	⊕10@125	⊕14@125	φ8@150	②④
	核6级常6级	200	⊕10@100	⊕14@100	φ8@150	①③						

梯段板配筋图

图集号 07FG03

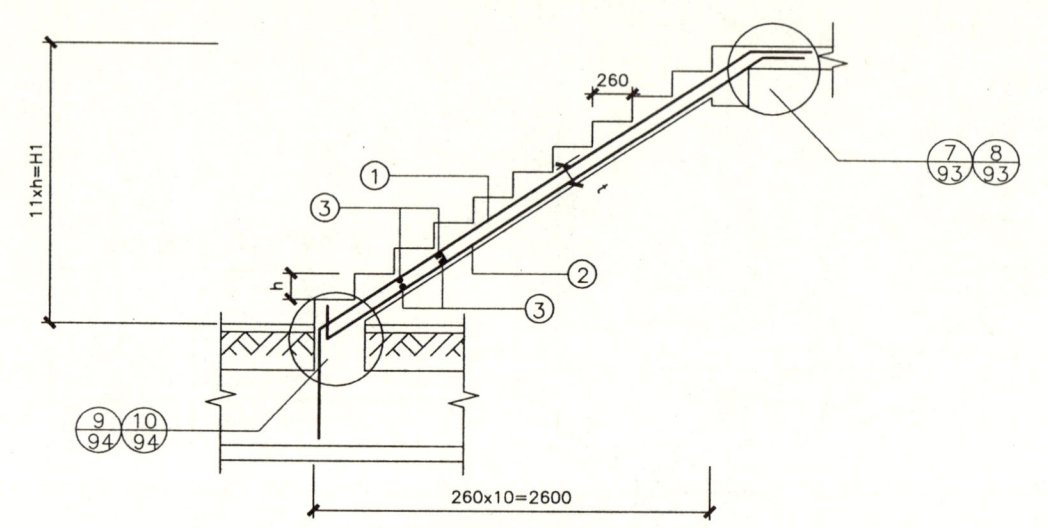

梯段板TB4A

梯段板TB4A几何尺寸表

楼梯编号	H1	h
TB(')(XX)-35-XX-XX	1685	166.6
TB(')(XX)-36-XX-XX	1650	171.5
TB(')(XX)-37-XX-XX	1850	168.2
TB(')(XX)-38-XX-XX	1900	172.7

梯段板TB4A配筋表

	抗力级别	楼梯板厚t	①	②	③分布筋	节点详图	抗力级别	楼梯板厚t	①	②	③分布筋	节点详图
室外出入口	核6B级常6级	200	⊕12@150	⊕16@150	Φ8@150	⑦⑨	常6级	200	⊕12@150	⊕16@150	Φ8@150	⑧⑩
	核6级常6级	200	⊕10@100	⊕14@100	Φ8@150	⑦⑨	常5级	250	⊕16@150	⊕20@150	Φ10@150	⑧⑩
	核5级常5级	250	⊕16@150	⊕20@150	Φ10@150	⑦⑨						
室内出入口	核6B级常6级	180	⊕10@125	⊕14@125	Φ8@150	⑦⑨	常6级	180	⊕10@125	⊕14@125	Φ8@150	⑧⑩
	核6级常6级	200	⊕10@100	⊕14@100	Φ8@150	⑦⑨						

梯段板配筋图 图集号 07FG03

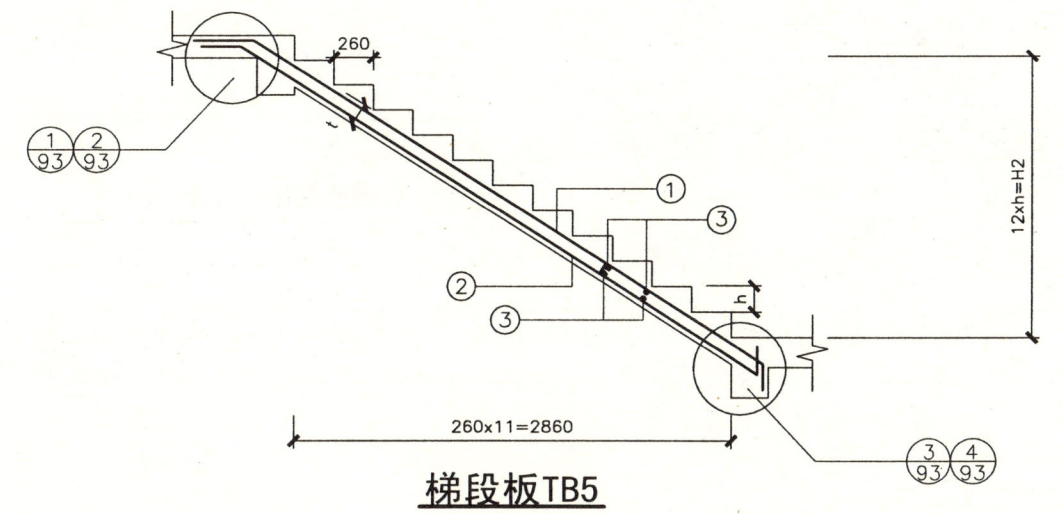

梯段板TB5

梯段板TB5几何尺寸表

楼梯编号	H2	h
TB(')(XX)-40-XX-XX	2000	166.7
TB(')(XX)-41-XX-XX	2050	170.8
TB(')(XX)-42-XX-XX	2016	168

梯段板TB5配筋表

	抗力级别	楼梯板厚t	①	②	③分布筋	节点详图	抗力级别	楼梯板厚t	①	②	③分布筋	节点详图
室外出入口	核6B级常6级	200	⊥12@150	⊥16@150	Φ8@150	①③	常6级	200	⊥12@150	⊥16@150	Φ8@150	②④
	核6级常6级	200	⊥12@125	⊥16@125	Φ8@150	①③	常5级	250	⊥14@100	⊥16/18@100	Φ10@150	②④
	核5级常5级	280	⊥16@150	⊥20@150	Φ10@150	①③						
室内出入口	核6B级常6级	180	⊥10@125	⊥14@125	Φ8@150	①③	常6级	180	⊥10@125	⊥14@125	Φ8@150	②④
	核6级常6级	200	⊥12@125	⊥16@125	Φ8@150	①③						

梯段板配筋图

图集号 07FG03

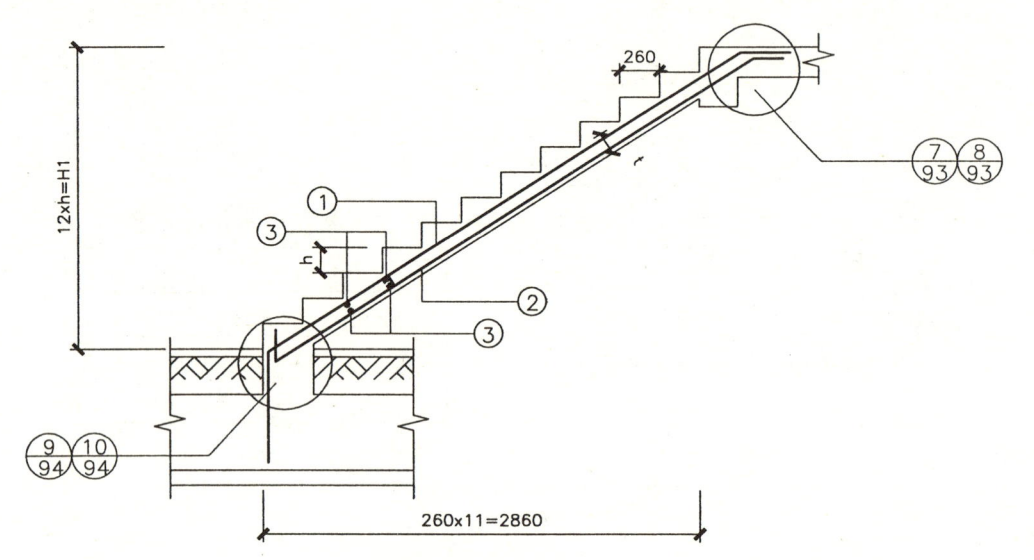

梯段板TB5A几何尺寸表

楼梯编号	H1	h
TB(')(XX)-39-XX-XX	2035	169.6
TB(')(XX)-40-XX-XX	2000	166.7
TB(')(XX)-41-XX-XX	2050	170.8

梯段板TB5A

梯段板TB5A配筋表

	抗力级别	楼梯板厚t	①	②	③分布筋	节点详图	抗力级别	楼梯板厚t	①	②	③分布筋	节点详图
室外出入口	核6B级常6级	200	⌀12@150	⌀16@150	Φ8@150	⑦⑨	常6级	200	⌀12@150	⌀16@150	Φ8@150	⑧⑩
	核6级常6级	200	⌀12@125	⌀16@125	Φ8@150	⑦⑨	常5级	250	⌀14@100	⌀16/18@100	Φ10@150	⑧⑩
	核5级常5级	280	⌀16@150	⌀20@150	Φ10@150	⑦⑨						
室内出入口	核6B级常6级	180	⌀10@125	⌀14@125	Φ8@150	⑦⑨	常6级	180	⌀10@125	⌀14@125	Φ8@150	⑧⑩
	核6级常6级	200	⌀12@125	⌀16@125	Φ8@150	⑦⑨						

梯段板配筋图

图集号 07FG03

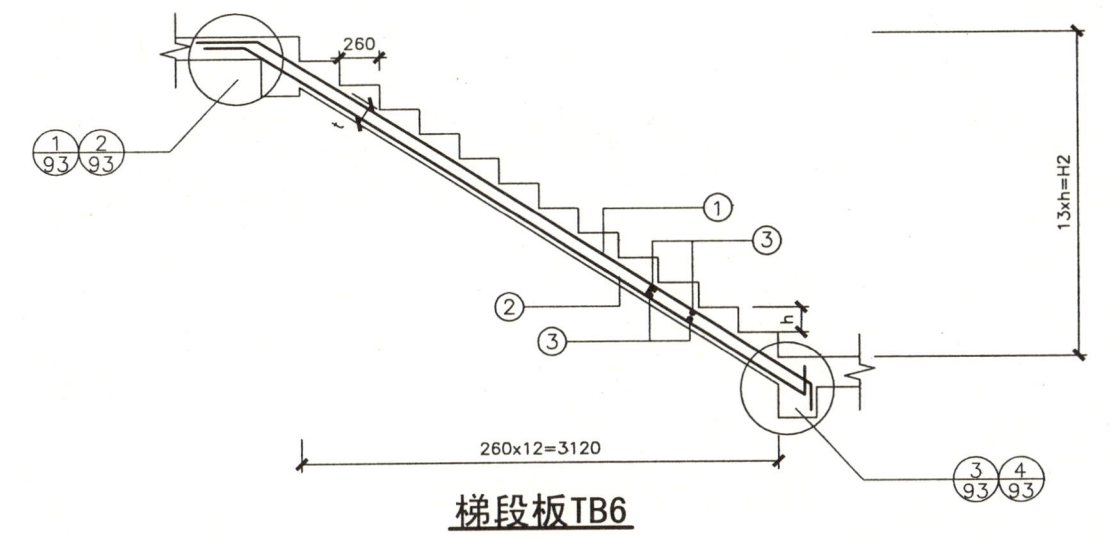

梯段板TB6几何尺寸表

楼梯编号	H2	h
TB(')(XX)-43-XX-XX	2150	165.4
TB(')(XX)-44-XX-XX	2200	169.2

梯段板TB6

梯段板TB6配筋表

	抗力级别	楼梯板厚t	①	②	③分布筋	节点详图	抗力级别	楼梯板厚t	①	②	③分布筋	节点详图
室外出入口	核6B级常6级	200	⊥14@150	⊥18@150	φ8@150	①③	常6级	200	⊥14@150	⊥18@150	φ8@150	②④
	核6级常6级	220	⊥12@100	⊥14/16@100	φ8@150	①③	常5级	280	⊥16@150	⊥22@150	φ10@150	②④
	核5级常5级	280	⊥16@150	⊥22@150	φ10@150	①③						
室内出入口	核6B级常6级	200	⊥12@150	⊥16@150	φ8@150	①③	常6级	200	⊥12@150	⊥16@150	φ8@150	②④
	核6级常6级	220	⊥12@100	⊥14/16@100	φ8@150	①③						

梯段板配筋图

图集号 07FG03

页 73

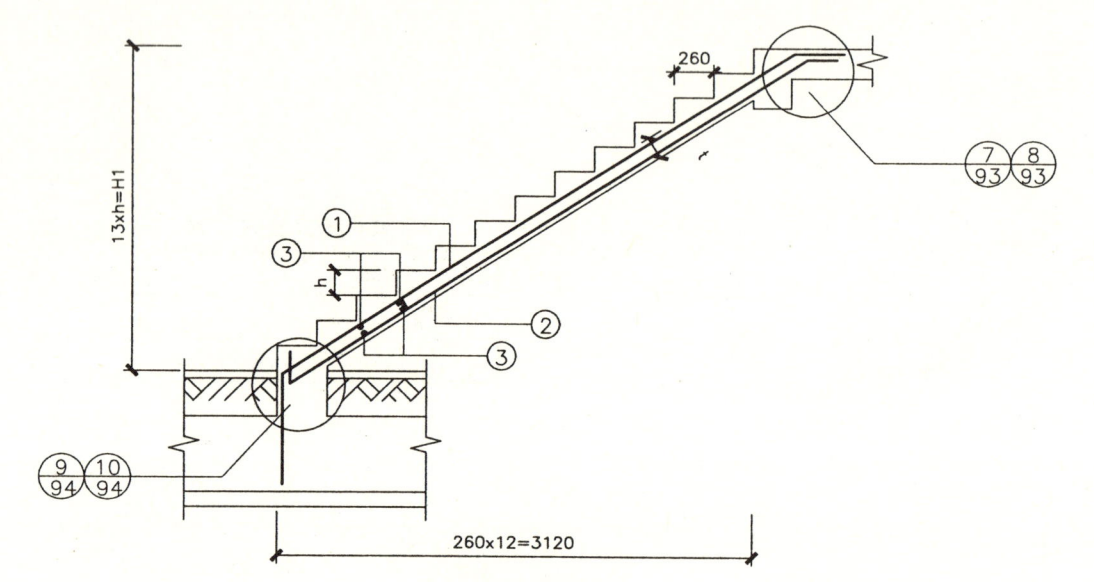

梯段板TB6A几何尺寸表

楼梯编号	H1	h
TB(')(XX)-42-XX-XX	2184	168
TB(')(XX)-43-XX-XX	2150	165.4
TB(')(XX)-44-XX-XX	2200	169.2

梯段板TB6A

梯段板TB6A配筋表

	抗力级别	楼梯板厚t	①	②	③分布筋	节点详图	抗力级别	楼梯板厚t	①	②	③分布筋	节点详图
室外出入口	核6B级 常6级	200	⊥14@150	⊥18@150	φ8@150	⑦⑨	常6级	200	⊥14@150	⊥18@150	φ8@150	⑧⑩
	核6级 常6级	220	⊥12@100	⊥14/16@100	φ8@150	⑦⑨	常5级	280	⊥16@150	⊥22@150	φ10@150	⑧⑩
	核5级 常5级	280	⊥16@150	⊥22@150	φ10@150	⑦⑨						
室内出入口	核6B级 常6级	200	⊥12@150	⊥16@150	φ8@150	⑦⑨	常6级	200	⊥12@150	⊥16@150	φ8@150	⑧⑩
	核6级 常6级	220	⊥12@100	⊥14/16@100	φ8@150	⑦⑨						

梯段板配筋图 图集号 07FG03

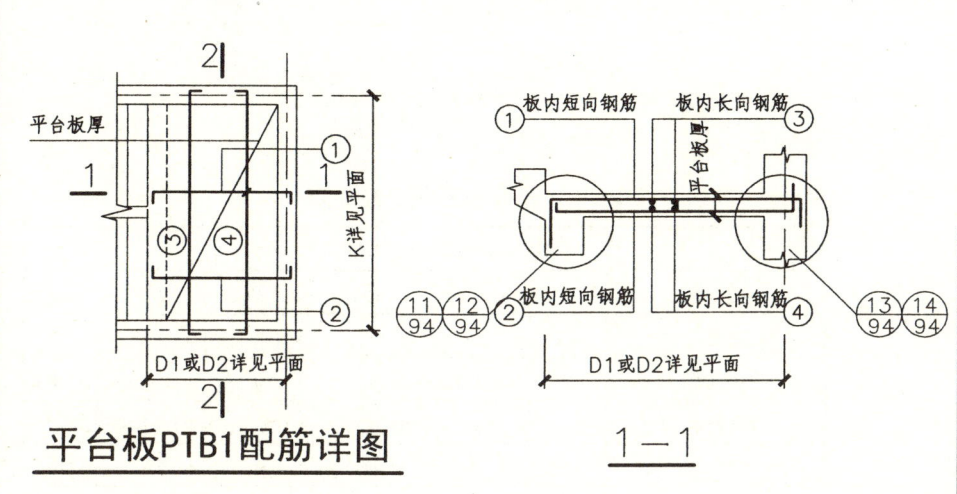

平台板PTB1配筋详图

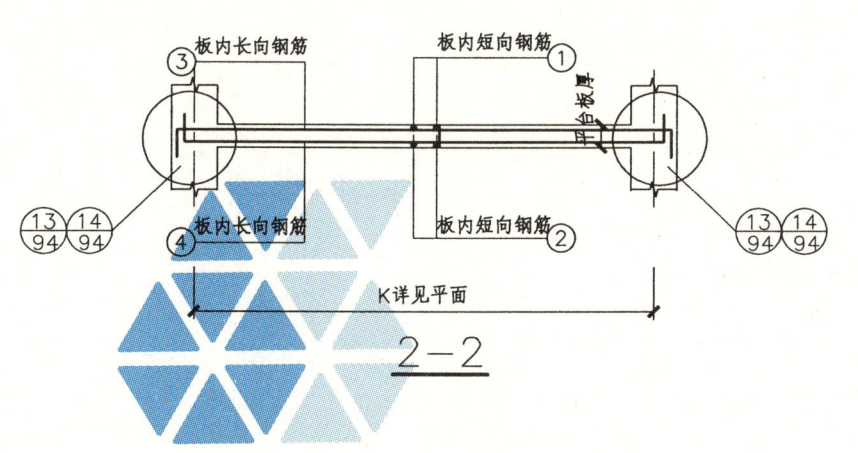

平台板PTB1配筋表

楼梯式室外出入口						
抗力级别	平台板厚	①	②	③	④	节点详图
核6B级常6级	100	⊈10@125	⊈10@125	⊈10@150	⊈10@150	⑪⑬
核6级常6级	120	⊈10@150	⊈10@150	⊈10@150	⊈10@150	⑪⑬
核5级常5级	150	⊈10@150	⊈12@150	⊈10@150	⊈10@150	⑪⑬
常6级	100	⊈10@125	⊈10@125	⊈10@150	⊈10@150	⑫⑭
常5级	150	⊈10@150	⊈12@150	⊈10@150	⊈10@150	⑫⑭
楼梯式室内出入口						
抗力级别	平台板厚	①	②	③	④	节点详图
核6B级常6级	100	⊈10@150	⊈10@150	⊈10@150	⊈10@150	⑪⑬
核6级常6级	120	⊈10@150	⊈10@150	⊈10@150	⊈10@150	⑪⑬
常6级	100	⊈10@150	⊈10@150	⊈10@150	⊈10@150	⑫⑭

平台板配筋图

图集号 07FG03

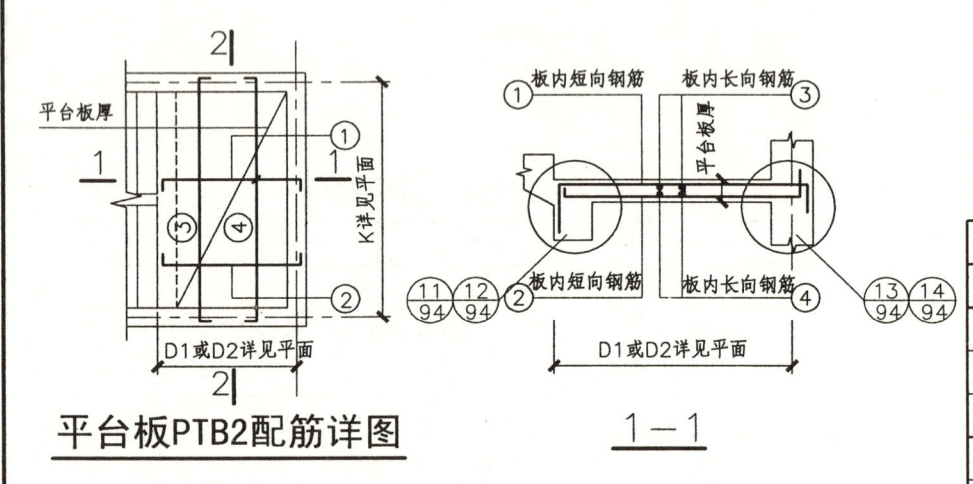

平台板PTB2配筋详图

1—1

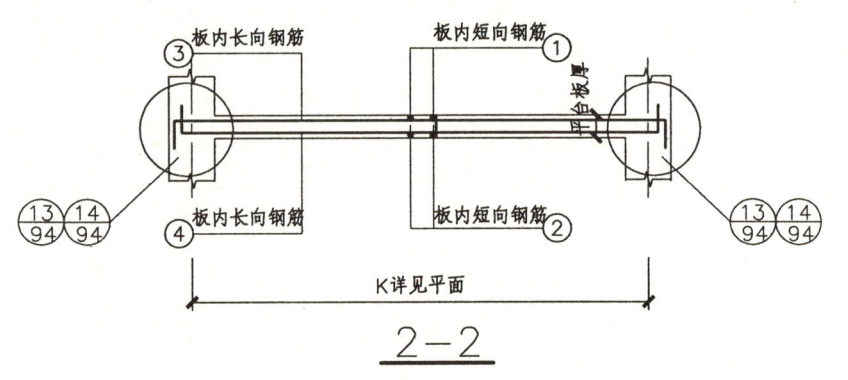

2—2

平台板PTB2配筋表

楼梯式室外出入口

抗力级别	平台板厚	①	②	③	④	节点详图
核6B级常6级	100	⊥10@150	⊥12@150	⊥10@150	⊥10@150	⑪⑬
核6级常6级	120	⊥10@125	⊥10@125	⊥10@150	⊥10@150	⑪⑬
核5级常5级	150	⊥10@125	⊥12@125	⊥10@150	⊥10@150	⑪⑬
常6级	100	⊥10@150	⊥12@150	⊥10@150	⊥10@150	⑫⑭
常5级	150	⊥10@125	⊥12@125	⊥10@150	⊥10@150	⑫⑭

楼梯式室内出入口

抗力级别	平台板厚	①	②	③	④	节点详图
核6B级常6级	100	⊥10@125	⊥10@125	⊥10@150	⊥10@150	⑪⑬
核6级常6级	120	⊥10@125	⊥10@125	⊥10@150	⊥10@150	⑪⑬
常6级	100	⊥10@125	⊥10@125	⊥10@150	⊥10@150	⑫⑭

平台板配筋图

图集号 07FG03

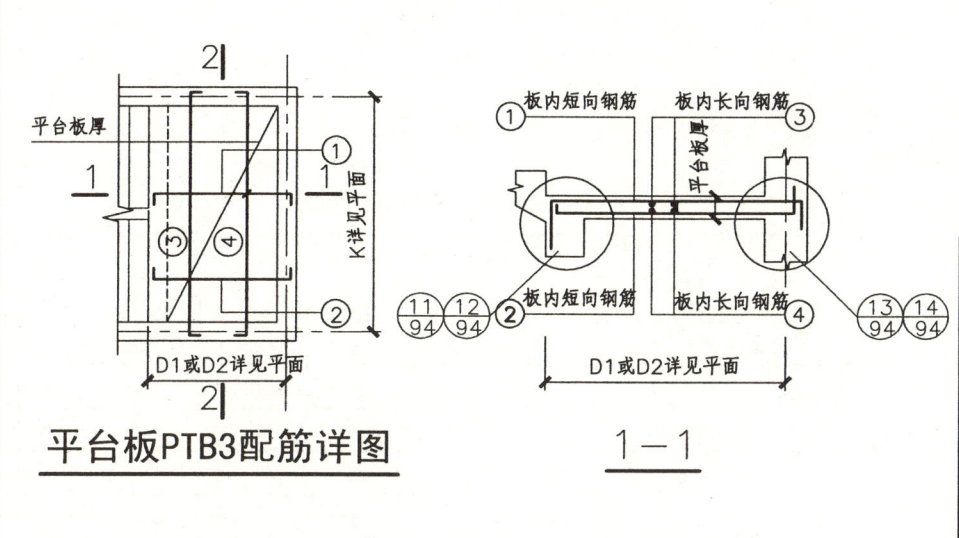

平台板PTB3配筋详图

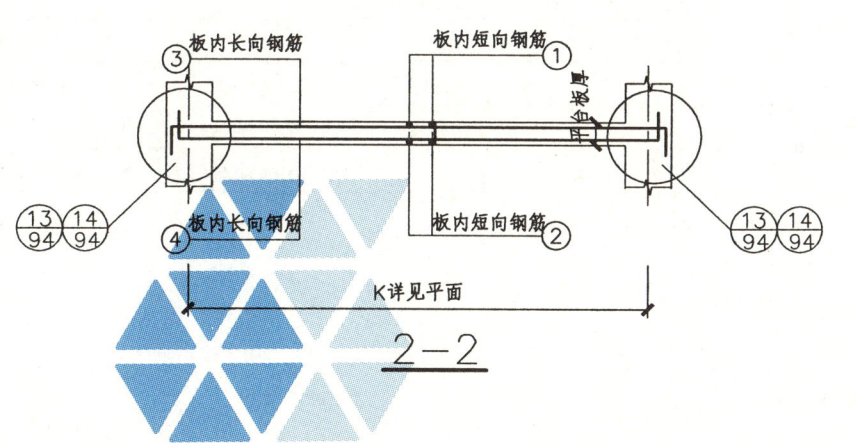

平台板PTB3配筋表

楼梯式室外出入口

抗力级别	平台板厚	①	②	③	④	节点详图
核6B级常6级	120	⊕10@125	⊕10@125	⊕10@150	⊕10@150	⑪⑬
核6级常6级	120	⊕10@150	⊕12@150	⊕10@150	⊕10@150	⑪⑬
核5级常5级	150	⊕10@150	⊕14@150	⊕10@150	⊕10@150	⑪⑬
常6级	120	⊕10@125	⊕10@125	⊕10@150	⊕10@150	⑫⑭
常5级	150	⊕10@125	⊕12@125	⊕10@150	⊕10@150	⑫⑭

楼梯式室内出入口

抗力级别	平台板厚	①	②	③	④	节点详图
核6B级常6级	100	⊕10@125	⊕10@125	⊕10@150	⊕10@150	⑪⑬
核6级常6级	120	⊕10@150	⊕12@150	⊕10@150	⊕10@150	⑪⑬
常6级	100	⊕10@125	⊕10@125	⊕10@150	⊕10@150	⑫⑭

平台板配筋图

图集号 07FG03 页 77

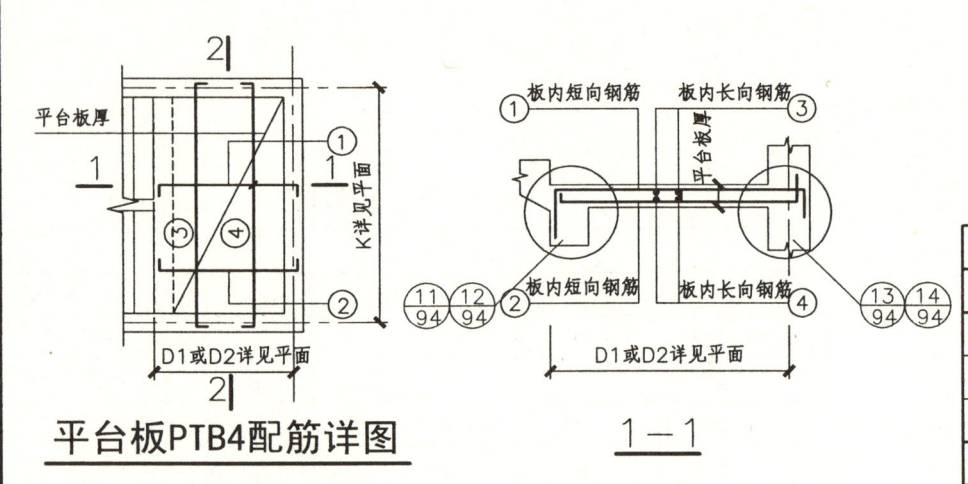

平台板PTB4配筋详图

1-1

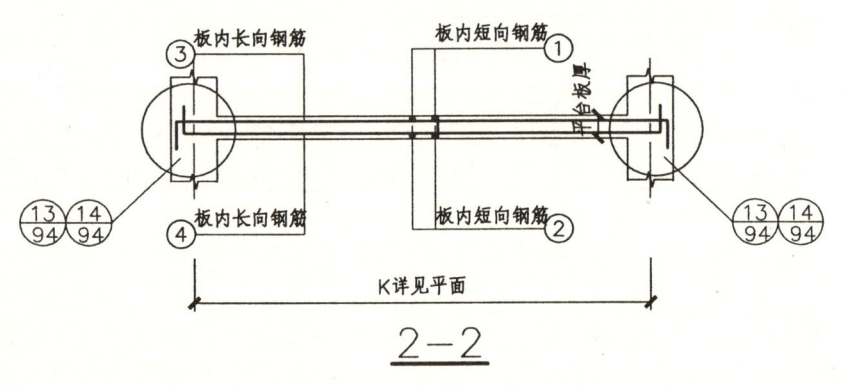

2-2

平台板PTB4配筋表

楼梯式室外出入口

抗力级别	平台板厚	①	②	③	④	节点详图
核6B级常6级	120	⊕10@150	⊕12@150	⊕10@150	⊕10@150	⑪⑬
核6级常6级	120	⊕10@150	⊕12@150	⊕10@150	⊕10@150	⑪⑬
核5级常5级	150	⊕12@150	⊕16@150	⊕10@150	⊕10@150	⑪⑬
常6级	120	⊕10@150	⊕12@150	⊕10@150	⊕10@150	⑫⑭
常5级	150	⊕10@150	⊕14@150	⊕10@150	⊕10@150	⑫⑭

楼梯式室内出入口

抗力级别	平台板厚	①	②	③	④	节点详图
核6B级常6级	100	⊕10@150	⊕12@150	⊕10@150	⊕10@150	⑪⑬
核6级常6级	120	⊕10@150	⊕12@150	⊕10@150	⊕10@150	⑪⑬
常6级	100	⊕10@150	⊕12@150	⊕10@150	⊕10@150	⑫⑭

平台板配筋图　图集号 07FG03　页 78

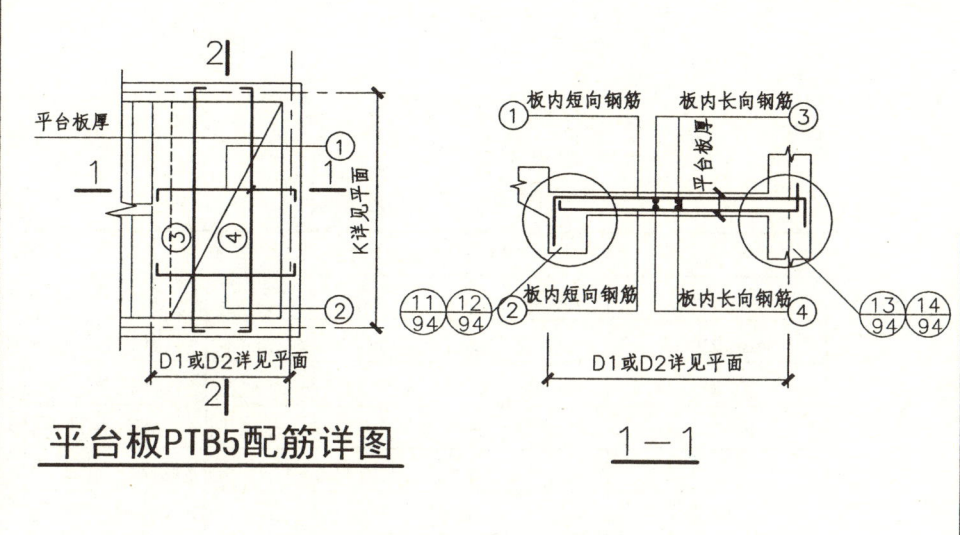

平台板PTB5配筋详图

1-1

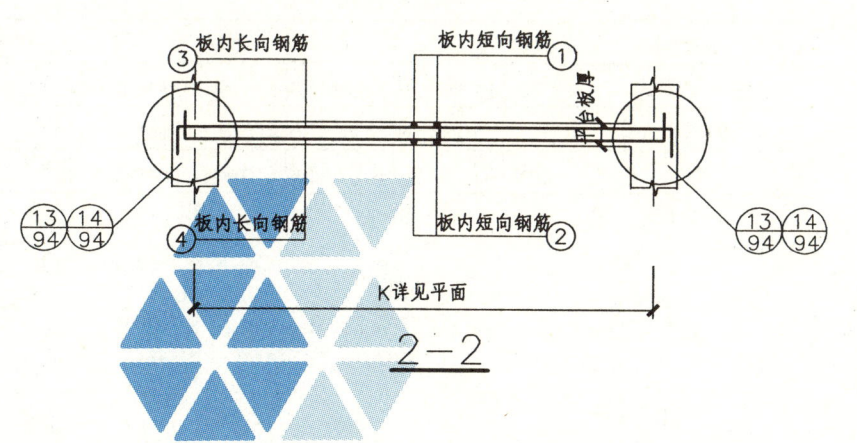

2-2

平台板PTB5配筋表

楼梯式室外出入口

抗力级别	平台板厚	①	②	③	④	节点详图
核6B级常6级	120	⊕10@150	⊕12@150	⊕10@150	⊕10@150	⑪⑬
核6级常6级	120	⊕10@125	⊕12@125	⊕10@150	⊕10@150	⑪⑬
核5级常5级	150	⊕12@150	⊕16@150	⊕10@150	⊕12@150	⑪⑬
常6级	120	⊕10@150	⊕12@150	⊕10@150	⊕10@150	⑫⑭
常5级	150	⊕12@150	⊕16@150	⊕10@150	⊕12@150	⑫⑭

楼梯式室内出入口

抗力级别	平台板厚	①	②	③	④	节点详图
核6B级常6级	120	⊕10@125	⊕10@125	⊕10@150	⊕10@150	⑪⑬
核6级常6级	120	⊕10@125	⊕12@125	⊕10@150	⊕10@150	⑪⑬
常6级	120	⊕10@125	⊕10@125	⊕10@150	⊕10@150	⑫⑭

平台板配筋图

图集号 07FG03

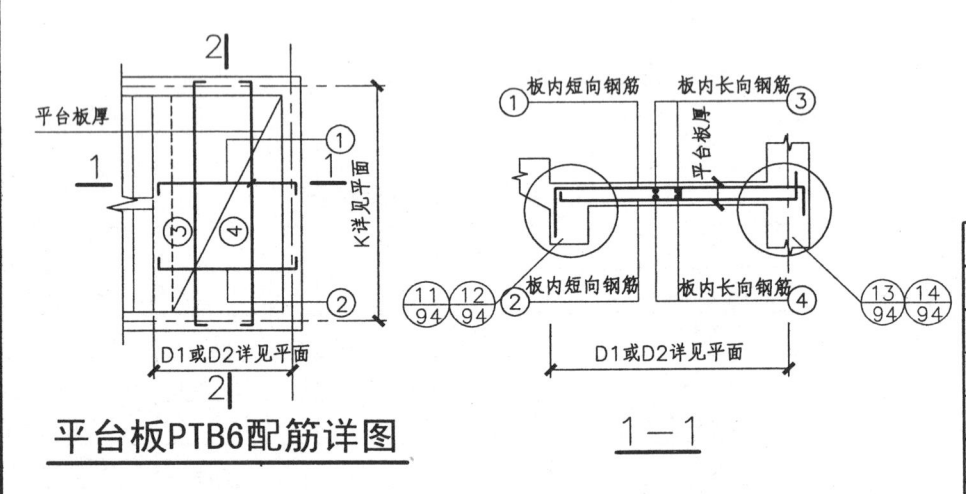

平台板PTB6配筋详图

1-1

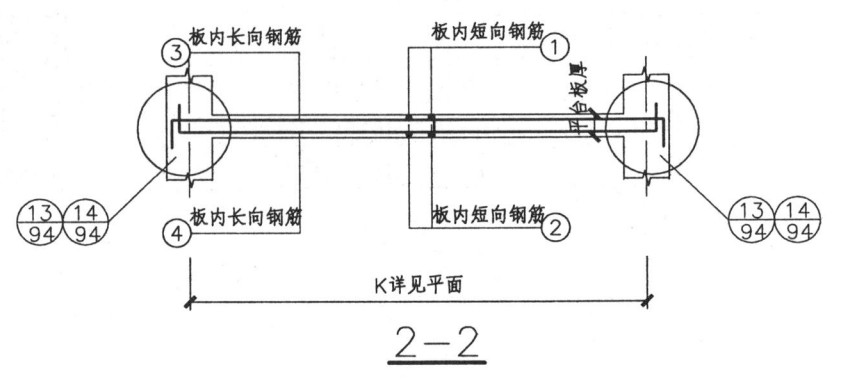

2-2

平台板PTB6配筋表

楼梯式室外出入口

抗力级别	平台板厚	①	②	③	④	节点详图
核6B级常6级	120	⊕10@150	⊕12@150	⊕10@150	⊕10@150	⑪⑬
核6级常6级	150	⊕10@150	⊕12@150	⊕10@150	⊕10@150	⑪⑬
核5级常5级	180	⊕10@150	⊕14@150	⊕10@150	⊕10@150	⑪⑬
常6级	120	⊕10@150	⊕12@150	⊕10@150	⊕10@150	⑫⑭
常5级	180	⊕10@125	⊕12@125	⊕10@150	⊕10@150	⑫⑭

楼梯式室内出入口

抗力级别	平台板厚	①	②	③	④	节点详图
核6B级常6级	120	⊕10@125	⊕10@125	⊕10@150	⊕10@150	⑪⑬
核6级常6级	150	⊕10@150	⊕12@150	⊕10@150	⊕10@150	⑪⑬
常6级	120	⊕10@125	⊕10@125	⊕10@150	⊕10@150	⑫⑭

平台板配筋图

图集号 07FG03

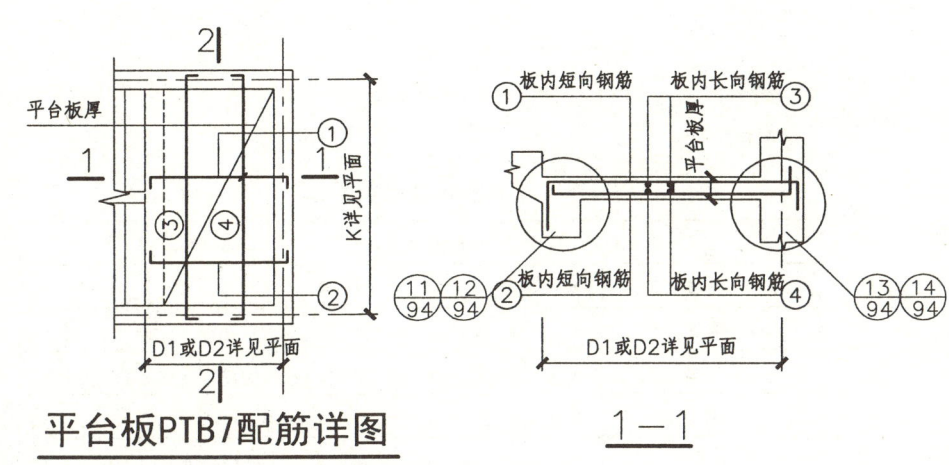

平台板PTB7配筋详图

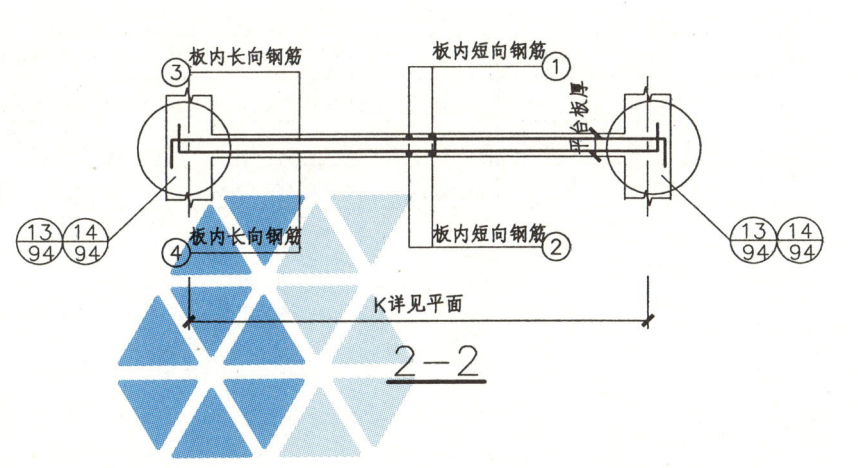

平台板PTB7配筋表

楼梯式室外出入口

抗力级别	平台板厚	①	②	③	④	节点详图
核6B级常6级	120	⊕10@125	⊕12@125	⊕10@150	⊕10@150	⑪⑬
核6级常6级	150	⊕10@150	⊕12@150	⊕10@150	⊕10@150	⑪⑬
核5级常5级	180	⊕10@100	⊕12@100	⊕10@150	⊕10@150	⑪⑬
常6级	120	⊕10@125	⊕12@125	⊕10@150	⊕10@150	⑫⑭
常5级	180	⊕10@150	⊕14@150	⊕10@150	⊕10@150	⑫⑭

楼梯式室内出入口

抗力级别	平台板厚	①	②	③	④	节点详图
核6B级常6级	120	⊕10@150	⊕12@150	⊕10@150	⊕10@150	⑪⑬
核6级常6级	150	⊕10@150	⊕12@150	⊕10@150	⊕10@150	⑪⑬
常6级	120	⊕10@150	⊕12@150	⊕10@150	⊕10@150	⑫⑭

平台板配筋图

图集号 07FG03

页 81

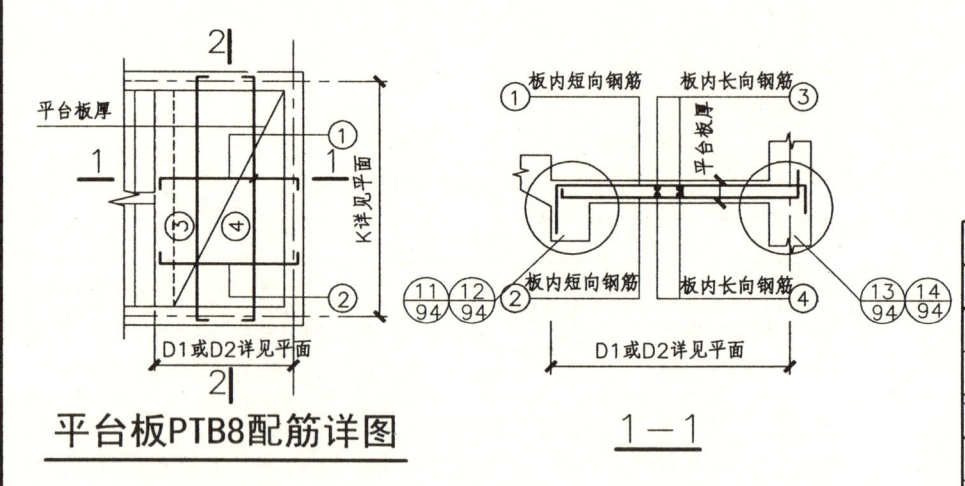

平台板PTB8配筋详图

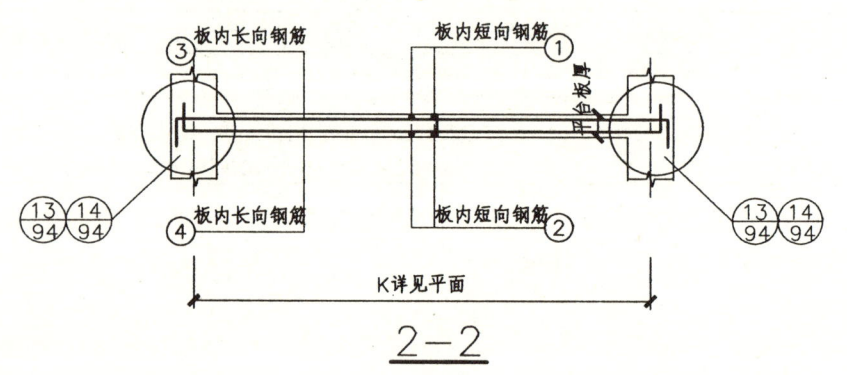

平台板PTB8配筋表

楼梯式室外出入口

抗力级别	平台板厚	①	②	③	④	节点详图
核6B级常6级	100	⊥10@150	⊥12@150	⊥10@150	⊥10@150	⑪⑬
核6级常6级	120	⊥10@150	⊥12@150	⊥10@150	⊥10@150	⑪⑬
核5级常5级	150	⊥12@150	⊥16@150	⊥10@150	⊥12@150	⑪⑬
常6级	100	⊥10@150	⊥12@150	⊥10@150	⊥10@150	⑫⑭
常5级	150	⊥10@150	⊥14@150	⊥10@150	⊥12@150	⑫⑭

楼梯式室内出入口

抗力级别	平台板厚	①	②	③	④	节点详图
核6B级常6级	100	⊥10@125	⊥10@125	⊥10@150	⊥10@150	⑪⑬
核6级常6级	120	⊥10@150	⊥12@150	⊥10@150	⊥10@150	⑪⑬
常6级	100	⊥10@125	⊥10@125	⊥10@150	⊥10@150	⑫⑭

平台板配筋图 图集号 07FG03 页 82

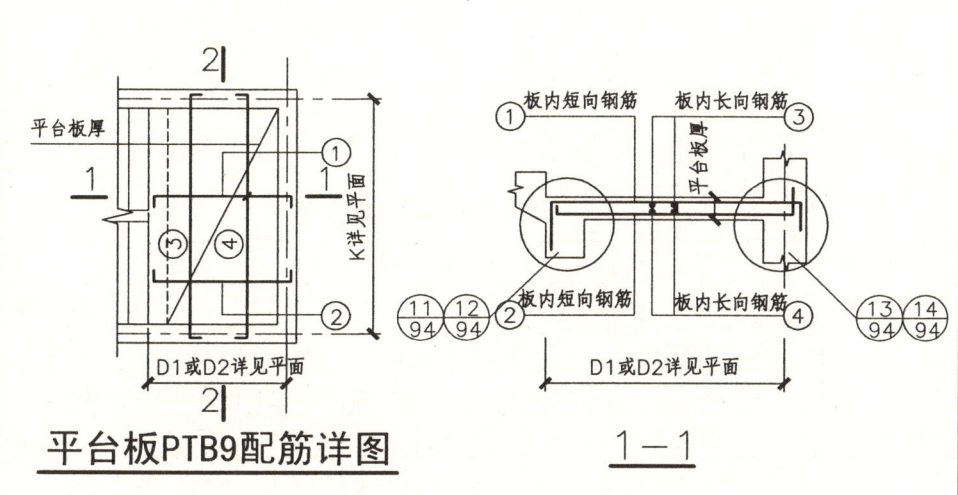

平台板PTB9配筋详图

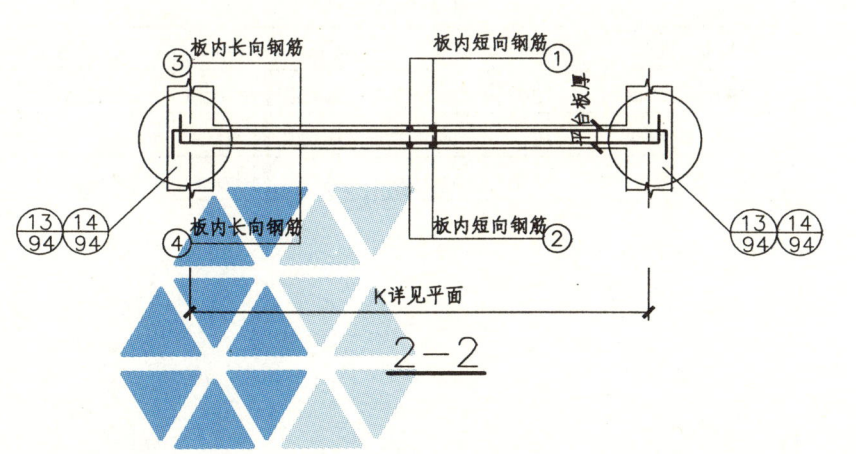

平台板PTB9配筋表

楼梯式室外出入口

抗力级别	平台板厚	①	②	③	④	节点详图
核6B级常6级	120	⊕10@125	⊕12@125	⊕10@125	⊕10@125	⑪⑬
核6级常6级	150	⊕10@125	⊕12@125	⊕10@150	⊕10@150	⑪⑬
核5级常5级	180	⊕12@150	⊕16@150	⊕12@125	⊕12@125	⑪⑬
常6级	120	⊕10@125	⊕12@125	⊕10@125	⊕10@125	⑫⑭
常5级	180	⊕12@150	⊕16@150	⊕12@150	⊕12@150	⑫⑭

楼梯式室内出入口

抗力级别	平台板厚	①	②	③	④	节点详图
核6B级常6级	120	⊕10@125	⊕12@125	⊕10@150	⊕10@150	⑪⑬
核6级常6级	150	⊕10@125	⊕12@125	⊕10@150	⊕10@150	⑪⑬
常6级	120	⊕10@125	⊕12@125	⊕10@150	⊕10@150	⑫⑭

平台板配筋图

图集号 07FG03
页 83

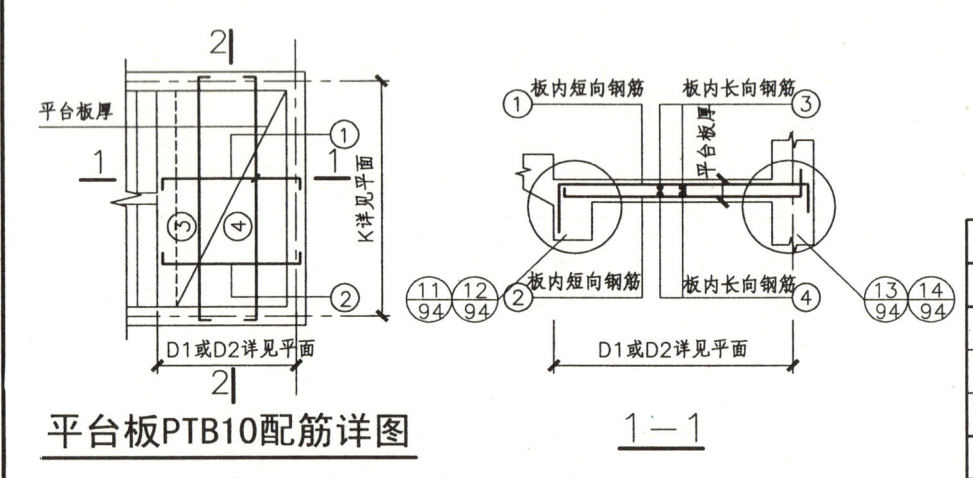

平台板PTB10配筋详图

1-1

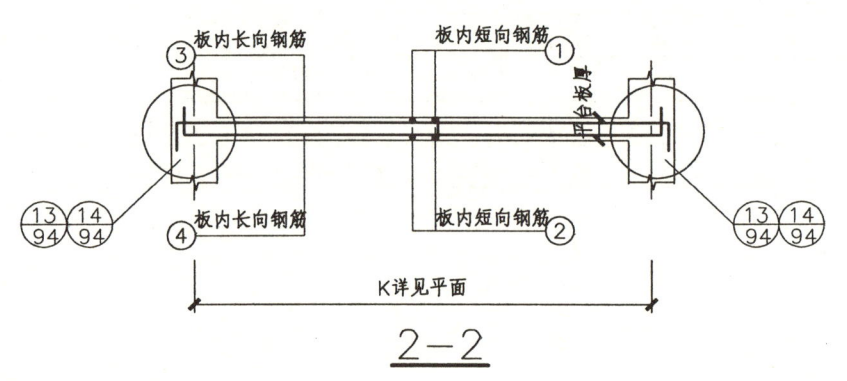

2-2

平台板PTB10配筋表

楼梯式室外出入口

抗力级别	平台板厚	①	②	③	④	节点详图
核6B级常6级	120	⊕10@125	⊕12@125	⊕10@150	⊕10@150	⑪⑬
核6级常6级	150	⊕10@125	⊕12@125	⊕10@150	⊕10@150	⑪⑬
核5级常5级	180	⊕12@150	⊕16@150	⊕10@150	⊕12@150	⑪⑬
常6级	120	⊕10@125	⊕12@125	⊕10@150	⊕10@150	⑫⑭
常5级	180	⊕12@150	⊕16@150	⊕10@150	⊕12@150	⑫⑭

楼梯式室内出入口

抗力级别	平台板厚	①	②	③	④	节点详图
核6B级常6级	120	⊕10@150	⊕12@150	⊕10@150	⊕10@150	⑪⑬
核6级常6级	150	⊕10@125	⊕12@125	⊕10@150	⊕10@150	⑪⑬
常6级	120	⊕10@125	⊕12@125	⊕10@150	⊕10@150	⑫⑭

平台板配筋图

图集号 07FG03

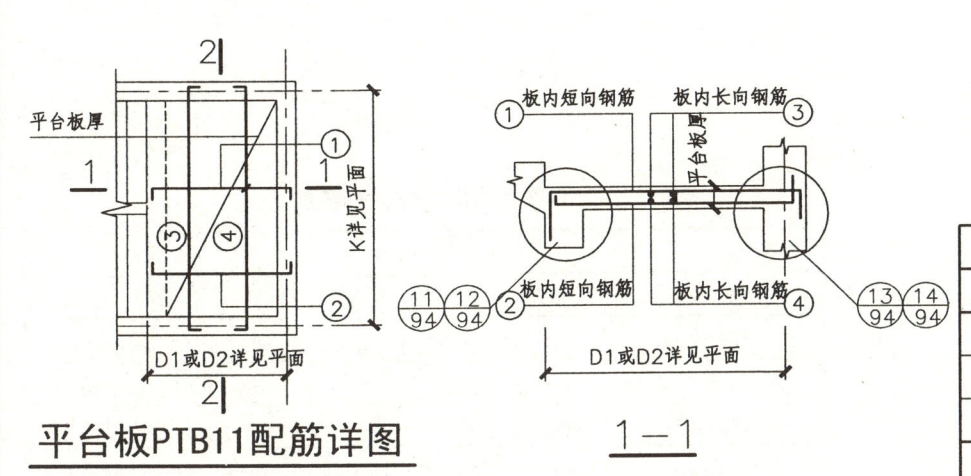

平台板PTB11配筋详图

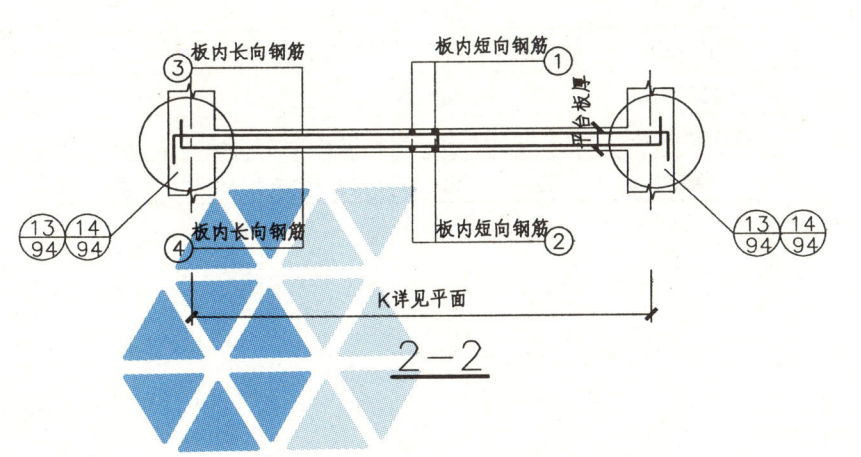

平台板PTB11配筋表

楼梯式室外出入口						
抗力级别	平台板厚	①	②	③	④	节点详图
核6B级常6级	120	⏀10@125	⏀12@125	⏀10@150	⏀10@150	⑪ ⑬
核6级常6级	120	⏀10@125	⏀12@125	⏀10@125	⏀10@125	⑪ ⑬
核5级常5级	150	⏀12@150	⏀16@150	⏀10@125	⏀12@125	⑪ ⑬
常6级	120	⏀10@125	⏀12@125	⏀10@150	⏀10@150	⑫ ⑭
常5级	150	⏀12@150	⏀16@150	⏀10@125	⏀12@125	⑫ ⑭
楼梯式室内出入口						
抗力级别	平台板厚	①	②	③	④	节点详图
核6B级常6级	120	⏀10@150	⏀12@150	⏀10@150	⏀10@150	⑪ ⑬
核6级常6级	120	⏀10@125	⏀12@125	⏀10@125	⏀10@125	⑪ ⑬
常6级	120	⏀10@150	⏀12@150	⏀10@150	⏀10@150	⑫ ⑭

平台板配筋图

图集号 07FG03

页 85

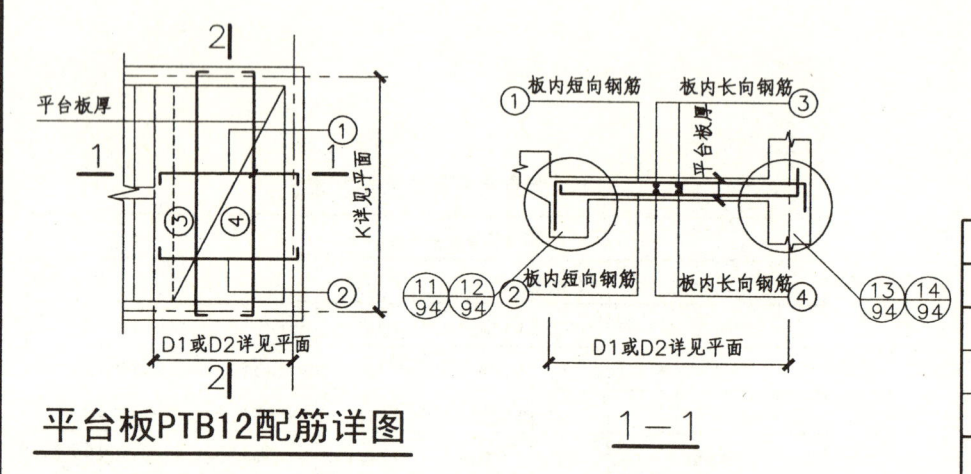

平台板PTB12配筋详图

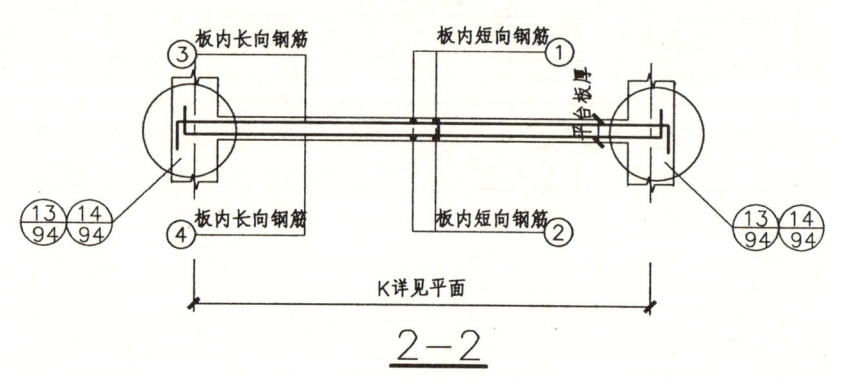

平台板PTB12配筋表

楼梯式室外出入口

抗力级别	平台板厚	①	②	③	④	节点详图
核6B级常6级	150	⊥10@150	⊥12@150	⊥10@150	⊥10@150	⑪⑬
核6级常6级	150	⊥10@125	⊥12@125	⊥10@150	⊥10@150	⑪⑬
核5级常5级	180	⊥12@150	⊥16@150	⊥12@125	⊥12@125	⑪⑬
常6级	150	⊥10@150	⊥12@150	⊥10@150	⊥10@150	⑫⑭
常5级	180	⊥12@150	⊥16@150	⊥12@150	⊥12@150	⑫⑭

楼梯式室内出入口

抗力级别	平台板厚	①	②	③	④	节点详图
核6B级常6级	120	⊥10@125	⊥12@125	⊥10@150	⊥10@150	⑪⑬
核6级常6级	150	⊥10@125	⊥12@125	⊥10@150	⊥10@150	⑪⑬
常6级	120	⊥10@125	⊥12@125	⊥10@150	⊥10@150	⑫⑭

平台板配筋图

图集号 07FG03

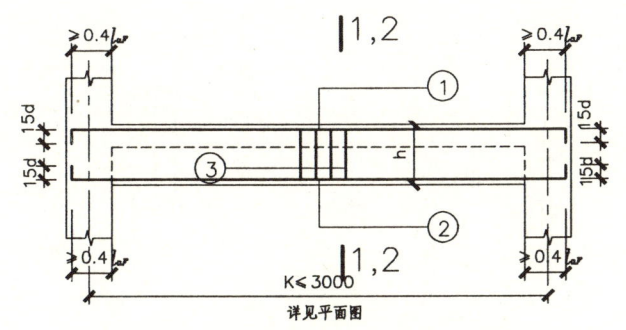

平台梁TL1配筋详图

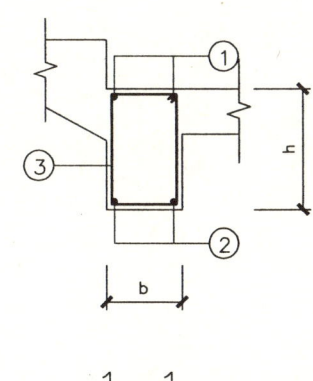

1-1

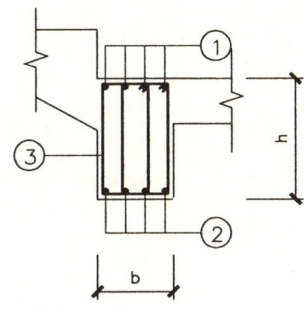

2-2

平台梁TL1配筋表

		甲类防空地下室							乙类防空地下室						
	抗力级别	b	h	①	②	③	剖面编号		抗力级别	b	h	①	②	③	剖面编号
室外出入口	核6B级常6级	300	450	2⊥20	4⊥20	φ10@150(2)	1-1		常6级	300	450	2⊥20	4⊥20	φ10@150(2)	1-1
	核6级常6级	300	450	3⊥18	4⊥22	φ12@150(2)	1-1		常5级	400	550	4⊥20	6⊥22	φ10@150(4)	2-2
	核5级常5级	400	550	4⊥20	6⊥22	φ10@150(4)	2-2								
室内出入口	核6B级常6级	250	400	3⊥16	3⊥22	φ10@150(2)	1-1		常6级	250	400	3⊥16	3⊥22	φ10@150(2)	1-1
	核6级常6级	300	450	3⊥18	4⊥22	φ12@150(2)	1-1								

说明：表中括号内数字表示箍筋肢数。

平台梁配筋图

图集号 07FG03

页 87

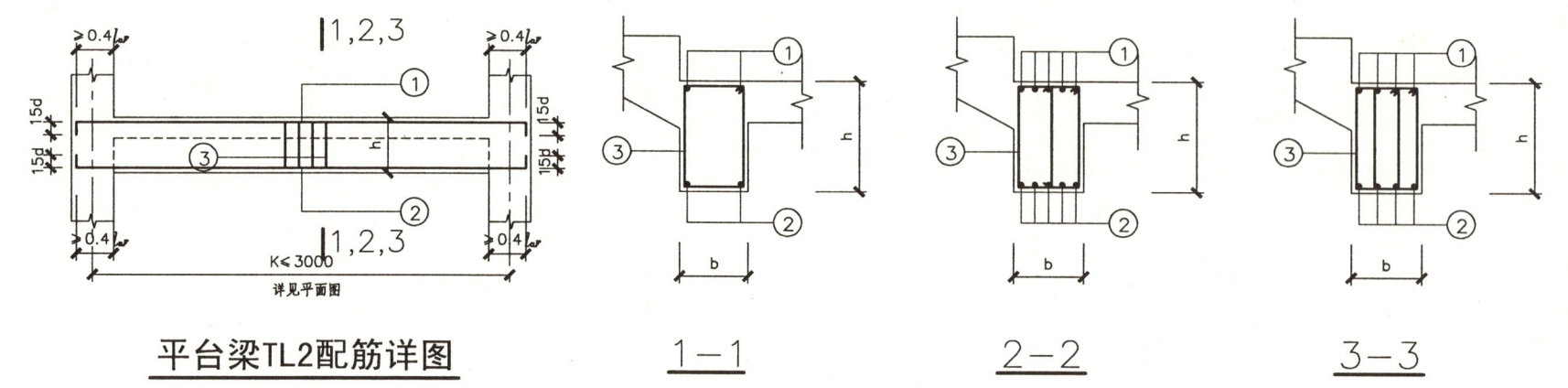

平台梁TL2配筋详图

1-1 2-2 3-3

平台梁TL2配筋表

		甲类防空地下室							乙类防空地下室						
	抗力级别	b	h	①	②	③	剖面编号		抗力级别	b	h	①	②	③	剖面编号
室外出入口	核6B级常6级	300	450	3⊥18	4⊥22	φ12@150(2)	1-1		常6级	300	450	3⊥18	4⊥22	φ12@150(2)	1-1
	核6级常6级	350	500	5⊥14	4⊥22	φ10@150(3)	2-2		常5级	400	550	4⊥20	6⊥22	φ12@150(4)	3-3
	核5级常5级	400	550	4⊥20	8⊥20	φ12@150(4)	3-3								
室内出入口	核6B级常6级	300	450	3⊥16	3⊥22	φ10@150(2)	1-1		常6级	300	450	3⊥16	3⊥22	φ10@150(2)	1-1
	核6级常6级	350	500	5⊥14	4⊥22	φ10@150(3)	2-2								

说明：表中括号内数字表示箍筋肢数。

平台梁配筋图

图集号 07FG03

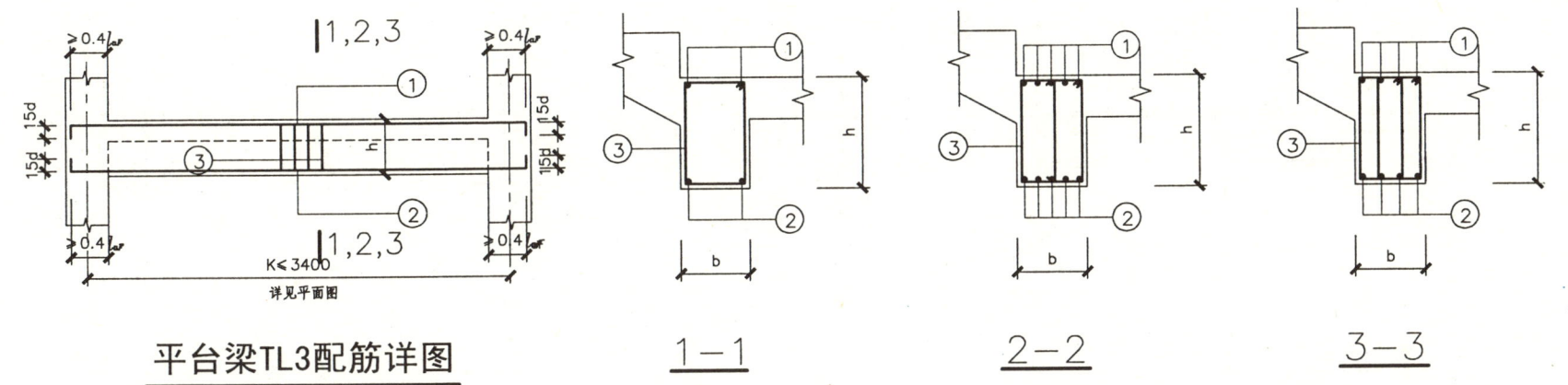

平台梁TL3配筋详图

1-1　　2-2　　3-3

平台梁TL3配筋表

	抗力级别	甲类防空地下室							乙类防空地下室						
		b	h	①	②	③	剖面编号		抗力级别	b	h	①	②	③	剖面编号
室外出入口	核6B级常6级	350	500	5⏀14	4⏀22	φ8@150(3)	2-2		常6级	350	500	5⏀14	4⏀22	φ8@150(3)	2-2
	核6级常6级	350	500	5⏀16	5⏀22	φ10@150(3)	2-2		常5级	450	600	4⏀20	8⏀20	φ10@150(4)	3-3
	核5级常5级	450	600	7⏀16	7⏀22	φ10@150(4)	3-3								
室内出入口	核6B级常6级	300	450	3⏀18	4⏀22	φ10@150(2)	1-1		常6级	300	450	3⏀18	4⏀22	φ10@150(2)	1-1
	核6级常6级	350	500	5⏀16	5⏀22	φ10@150(3)	2-2								

说明：表中括号内数字表示箍筋肢数。

平台梁配筋图

图集号 07FG03

页 89

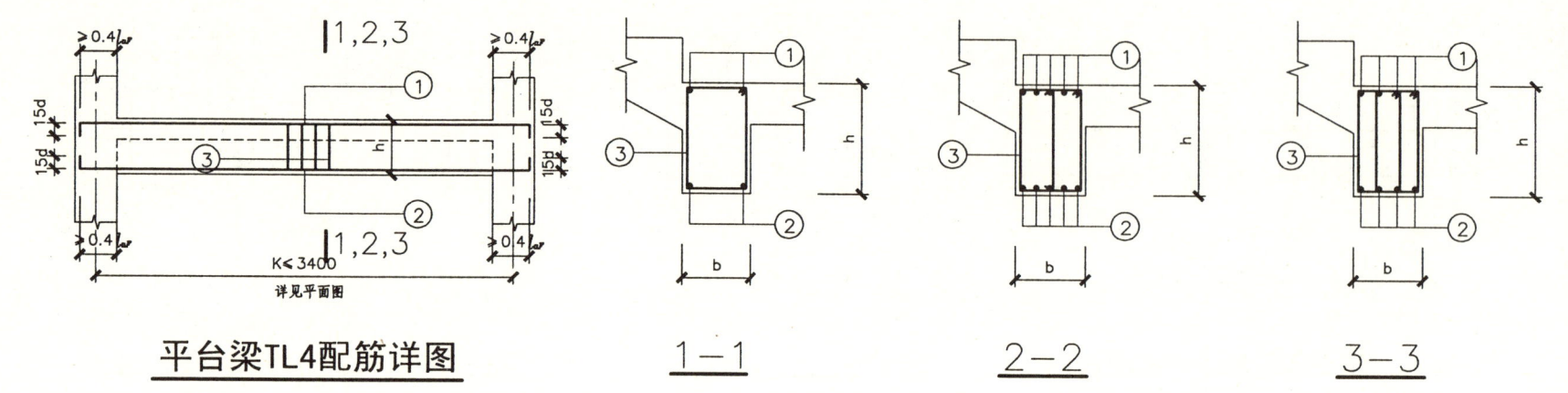

平台梁TL4配筋详图   1-1   2-2   3-3

平台梁TL4配筋表

		甲类防空地下室							乙类防空地下室						
	抗力级别	b	h	①	②	③	剖面编号		抗力级别	b	h	①	②	③	剖面编号
室外出入口	核6B级常6级	350	500	4⊥16	5⊥20	φ8@150(3)	2-2		常6级	350	500	4⊥16	5⊥20	φ8@150(3)	2-2
	核6级常6级	350	500	5⊥16	5⊥22	φ10@150(3)	2-2		常5级	450	600	7⊥16	7⊥22	φ12@150(4)	3-3
	核5级常5级	450	600	4⊥22	8⊥22	φ12@150(4)	3-3								
室内出入口	核6B级常6级	300	450	3⊥18	4⊥22	φ10@150(2)	1-1		常6级	300	450	3⊥18	4⊥22	φ10@150(2)	1-1
	核6级常6级	350	500	5⊥16	5⊥22	φ10@150(3)	2-2								

说明：表中括号内数字表示箍筋肢数。

平台梁配筋图 图集号 07FG03 页 90

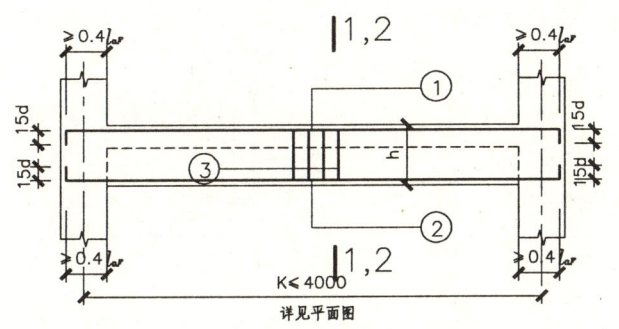

平台梁TL5配筋详图

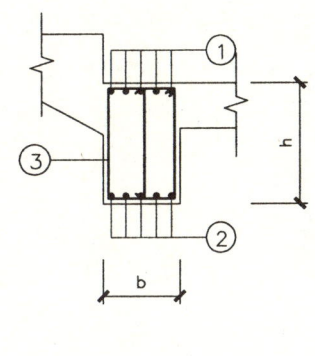

1—1

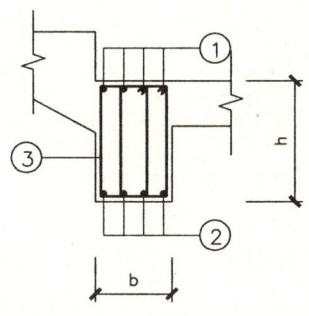

2—2

平台梁TL5配筋表

	甲类防空地下室							乙类防空地下室						
	抗力级别	b	h	①	②	③	剖面编号	抗力级别	b	h	①	②	③	剖面编号
室外出入口	核6B级常6级	400	550	5⊉16	5⊉22	φ8@150(4)	2—2	常6级	400	550	5⊉16	5⊉22	φ8@150(4)	2—2
	核6级常6级	400	550	4⊉20	6⊉22	φ8@150(4)	2—2	常5级	500	650	7⊉20	11⊉22 2/9	φ12@150(4)	2—2
	核5级常5级	500	650	7⊉20	11⊉22 2/9	φ12@150(4)	2—2							
室内出入口	核6B级常6级	350	500	5⊉16	5⊉22	φ8@150(3)	1—1	常6级	350	500	5⊉16	5⊉22	φ8@150(3)	1—1
	核6级常6级	400	550	4⊉20	6⊉22	φ8@150(4)	2—2							

说明：1.表中2/9表示钢筋分两排，上排为2根，下排为9根，共计11根。
2.表中括号内数字表示箍筋肢数。

平台梁配筋图

图集号 07FG03

页 91

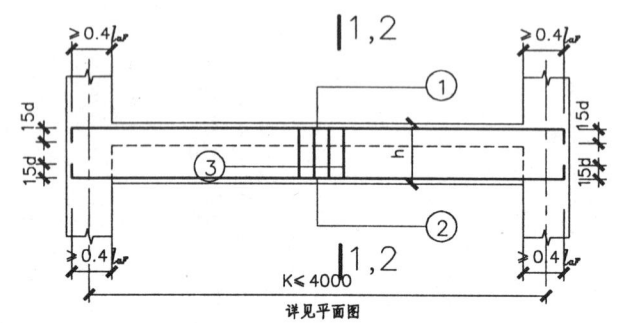

平台梁TL6配筋详图

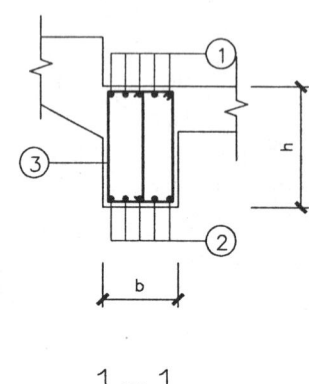

1-1

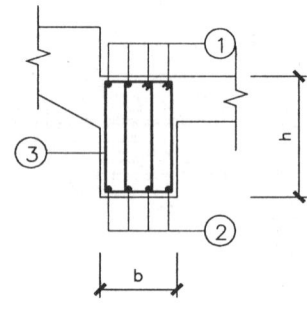

2-2

平台梁TL6配筋表

	抗力级别	甲类防空地下室						抗力级别	乙类防空地下室					
		b	h	①	②	③	剖面编号		b	h	①	②	③	剖面编号
室外出入口	核6B级常6级	400	550	4⊕20	6⊕22	φ8@150(4)	2-2	常6级	400	550	4⊕20	6⊕22	φ8@150(4)	2-2
	核6级常6级	400	550	4⊕20	8⊕20	φ10@150(4)	2-2	常5级	500	650	8⊕18	10⊕22 2/8	φ12@150(4)	2-2
	核5级常5级	500	650	7⊕20	13⊕20 3/10	φ12@150(4)	2-2							
室内出入口	核6B级常6级	350	500	5⊕16	5⊕22	φ8@150(3)	1-1	常6级	350	500	5⊕16	5⊕22	φ8@150(3)	1-1
	核6级常6级	400	550	4⊕20	8⊕20	φ10@150(4)	2-2							

说明：1.表中 3/10表示钢筋分两排，上排为3根，下排为10根，共计13根；表中 2/8表示钢筋分两排，上排为2根，下排为8根，共计10根。
2.表中括号内数字表示箍筋肢数。

平台梁配筋图

图集号 07FG03
页 92

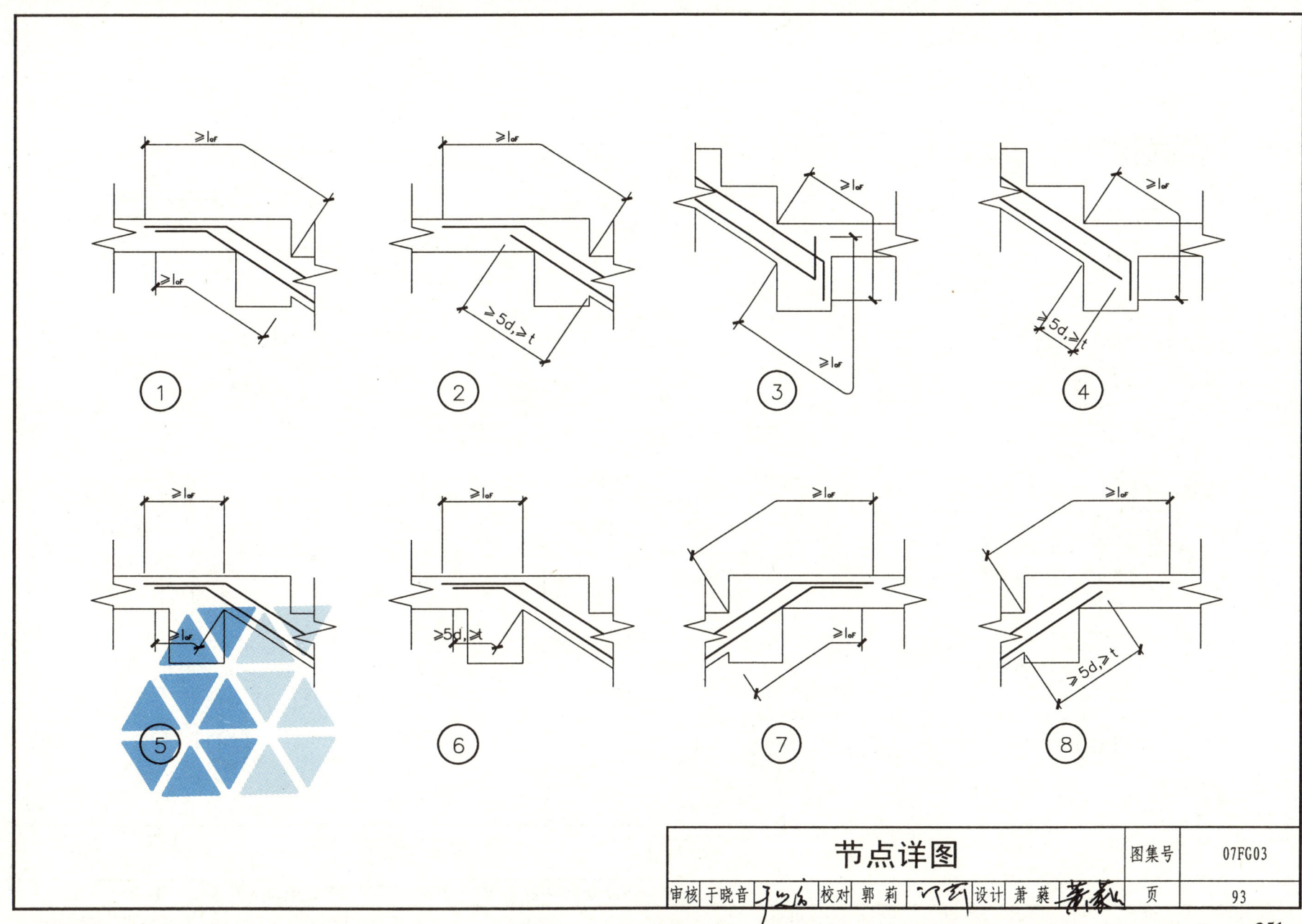

节点详图

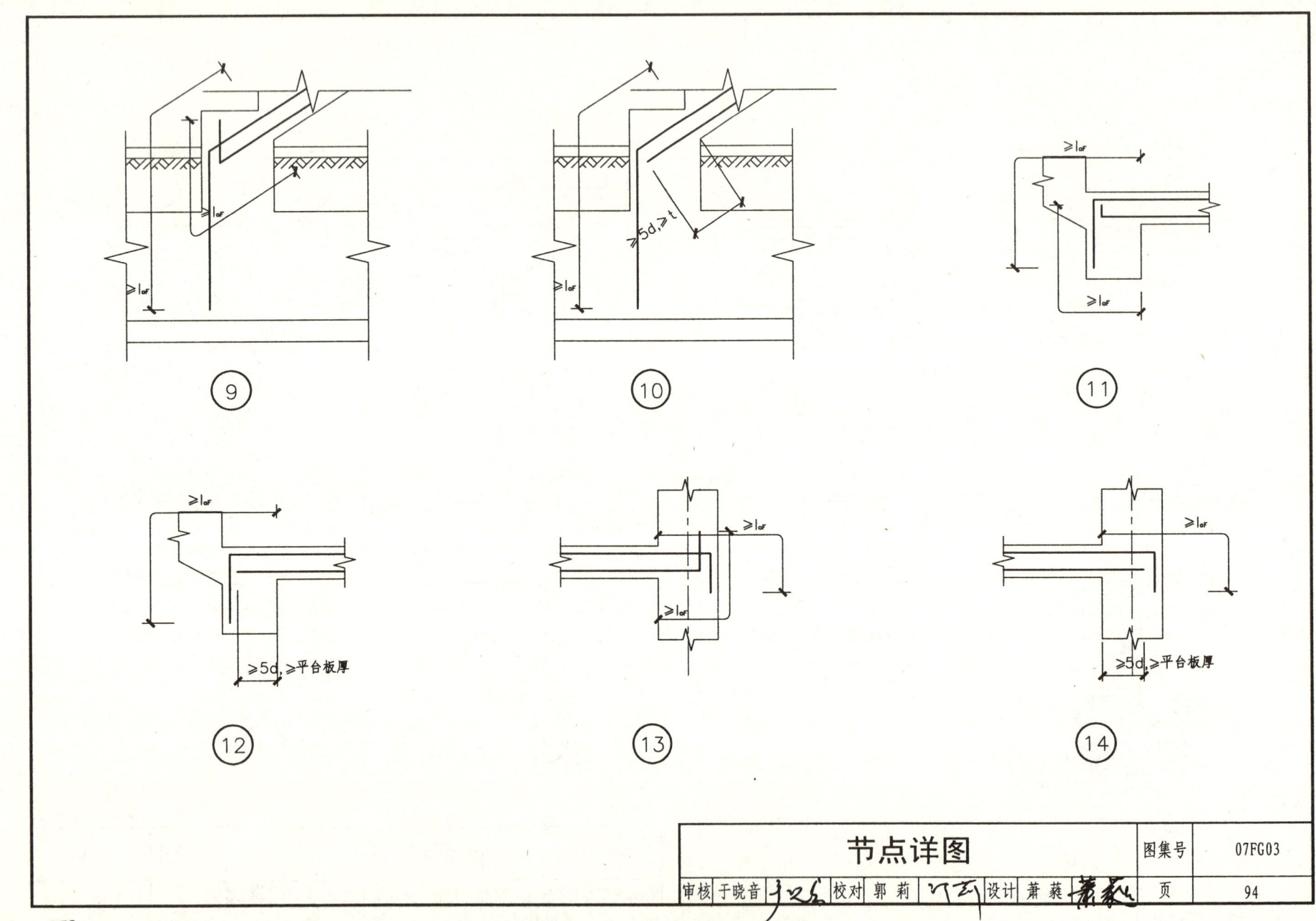

主编单位、联系人电话

主编单位　　　　上海市地下建筑设计研究院　　　　　郭莉　　　　021-24028300-7681

　　　　　　　　中国建筑标准设计研究院　　　　　　张瑞龙　　　010-88361155-800

主管单位、联系人及电话

　　　　　　　　中国建筑标准设计研究院　　　　　　梁敏芬　　　010-88361155-800

国家建筑标准设计图集 **07FG04**

钢筋混凝土门框墙

中国建筑标准设计研究院

钢筋混凝土门框墙

批准部门	中华人民共和国建设部 国家人民防空办公室	批准文号	建质[2007]50号
主编单位	中国建筑设计研究院结构专业院 中国建筑标准设计研究院	统一编号	GJBT-997
实行日期	二〇〇七年五月一日	图集号	07FG04

主编单位负责人

主编单位技术负责人

技术审定人

设计负责人

目　录

目录 …………………………………………… 1	MK2525型门框墙配筋图 ………………………… 38
编制说明 ………………………………………… 2	MK2525型门框墙配筋表 ………………………… 41
MK0608型门框墙配筋图 …………………………… 6	MK3025型门框墙配筋图 ………………………… 43
MK0608型门框墙配筋表 …………………………… 9	MK3025型门框墙配筋表 ………………………… 46
MK0716型门框墙配筋图 …………………………… 10	MK4022型门框墙配筋图 ………………………… 48
MK0716型门框墙配筋表 …………………………… 13	MK4022型门框墙配筋表 ………………………… 51
MK0820型门框墙配筋图 …………………………… 14	MK4025型门框墙配筋图 ………………………… 53
MK0820型门框墙配筋表 …………………………… 17	MK4025型门框墙配筋表 ………………………… 56
MK1020型门框墙配筋图 …………………………… 18	MK6022型门框墙配筋图 ………………………… 58
MK1020型门框墙配筋表 …………………………… 21	MK6022型门框墙配筋表 ………………………… 61
MK1220型门框墙配筋图 …………………………… 22	MK6025型门框墙配筋图 ………………………… 63
MK1220型门框墙配筋表 …………………………… 25	MK6025型门框墙配筋表 ………………………… 66
MK1320型门框墙配筋图 …………………………… 26	悬板活门MK0508型门框墙配筋图 ……………… 68
MK1320型门框墙配筋表 …………………………… 29	悬板活门MK0512型门框墙配筋图 ……………… 70
MK1520型门框墙配筋图 …………………………… 30	悬板活门MK0612型门框墙配筋图 ……………… 72
MK1520型门框墙配筋表 …………………………… 33	悬板活门MK0617型门框墙配筋图 ……………… 74
MK2020型门框墙配筋图 …………………………… 34	
MK2020型门框墙配筋表 …………………………… 37	

目录　图集号 07FG04　页 1

编制说明

1. 编制依据
建设部建质函[2006]71号《2006年国家建筑标准设计编制工作计划》
《人民防空地下室设计规范》　GB 50038-2005
《混凝土结构设计规范》　　　GB 50010-2002
《防空地下室建筑构造》　　　07FJ02

2. 适用范围
2.1 核5级常5级、核6级常6级、核6B级常6级甲类防空地下室及常5级、常6级乙类防空地下室，其室外、室内出入口处的防护密闭门、密闭门门框墙，悬板活门门框墙。

2.2 核5级常5级、核6级常6级、核6B级常6级甲类防空地下室，相邻两防护单元间的防护密闭隔墙上连通口处防护密闭门门框墙。

2.3 防空地下室室内净高不小于2.4m，不大于3.6m。

3. 结构材料
3.1 混凝土强度等级：C30。
3.2 钢筋：HPB235级(φ)(用于直径≤8mm)、HRB335级(Φ)。
3.3 混凝土抗渗等级，由具体工程设计人确定。

4. 荷载类型
为了方便使用，将作用在门框墙上的等效静荷载标准值q_e(kN/m²)分为A型、B型、C型、D型、E型、F型六种：

A型：$q_e ≤ 50$；　　　　　D型：$160 < q_e ≤ 240$；
B型：$50 < q_e ≤ 100$；　　E型：$240 < q_e ≤ 400$；
C型：$100 < q_e ≤ 160$；　　F型：$400 < q_e ≤ 550$。

5. 门框墙荷载类型的选用
防空地下室门框墙荷载类型的选用见表1和表2。

6. 门框墙类型
防护密闭门门框墙分为1型两侧悬臂式、2型一侧悬臂一侧柱式、3型两侧柱式三种类型。平面示意见图1。

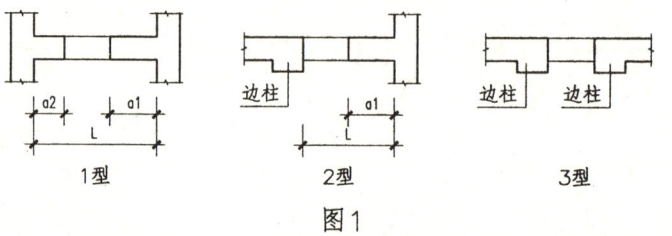

图1

7. 门框墙代号

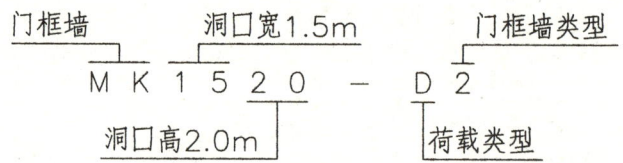

8. 计算原则
8.1 钢筋混凝土门扇荷载按双向受力形式作用到门框墙上。
8.2 钢制双扇门荷载按单向受力形式传递到上、下门框墙。
8.3 防护密闭门门框墙当侧边设置柱(梁)时，相邻临空墙荷载按双向受力形式传递到柱(梁)上。

表1 甲类防空地下室门框墙荷载类型

出入口部位及形式	距离L(m)	核6B级常6级 荷载类型	核6级常6级 荷载类型	核5级常5级 荷载类型
室外直通出入口	5≤L<10	E型	E型	F型
	10≤L<15	D型	D型	F型
	L≥15	D型	D型	F型
室外单向出入口	5≤L<10	E型(D型)	E型(D型)	F型
	10≤L<15	D型	D型	F型
	L≥15	D型	D型	F型
室外竖井、楼梯、穿廊出入口	5≤L<10	C型	D型	E型
	10≤L<15	C型	D型	E型
	L≥15	C型	D型	E型
大于等于二层的室外楼梯出入口	5≤L<10	C型	D型	E型
	10≤L<15	C型	D型	E型
	L≥15	C型	D型	E型
顶板荷载考虑上部建筑影响的室内出入口	—	C型	D型	E型
顶板荷载不考虑上部建筑影响的室内出入口	—	C型	D型	E型
防护单元连通口(与普通地下室相连)	—	B型	B型	E型
防护单元连通口(与人防地下室相连)	—	A型	A型	B型
密闭门	—	A型	A型	A型

注：1. L为室外出入口至防护密闭门的距离，详见《人民防空地下室设计规范》GB 50038-2005第72、73页；

2. 当室外出入口通道净宽大于3.0m，可采用表中括号内荷载类型。

编制说明

表2 乙类防空地下室门框墙荷载类型

出入口部位及形式	距离L(m)	常6级 荷载类型	常5级 荷载类型
室外直通出入口	5≤L<10	E型	F型
	10≤L<15	D型	F型
	L≥15	D型	F型
室外单向出入口	5≤L<10	E型(D型)	F型
	10≤L<15	D型	F型(E型)
	L≥15	D型	E型
室外竖井、楼梯、穿廊出入口	5≤L<10	C型	E型
	10≤L<15	C型	E型(D型)
	L≥15	C型	E型
室内出入口（侧壁内侧至外墙外侧的最小水平距离≤5）	—	B型	C型
室内出入口（侧壁内侧至外墙外侧的最小水平距离>5）	—	A型	A型

注：1. L为室外出入口至防护密闭门的距离；
　　2. 当室外出入口通道净宽大于3.0m，可采用表中括号内荷载类型。

9. 构造规定

9.1 防护密闭门门框墙的厚度不小于300mm、密闭门门框墙的厚度不小于250mm。

9.2 混凝土保护层厚度，按板计算时为20mm，按梁柱计算时为25mm。

9.3 门框墙受力钢筋直径不应小于12mm，间距不宜大于250mm，受力钢筋最小配筋率为0.25%。

9.4 门洞四角，当墙厚小于或等于400mm时，应各配置2Φ16斜向钢筋，当墙厚大于400mm时，应各配置3Φ16斜向钢筋，其长度不小于1100mm。

9.5 悬臂板、梁、柱其水平或纵向受力钢筋（受拉钢筋）伸入支座（墙、顶板、底板）的锚固长度，当采用直线锚固形式时，不应小于l_{al}（见表3）；如直线段小于l_{aF}时，可采用直线段大于或等于$0.4l_{al}$，弯折长度15d的锚固方式，其余钢筋伸入支座的长度不应小于15d。

9.6 钢门框、活门槛及预埋件等，由定点生产厂提供。

9.7 采用活门槛时下门槛取消，门洞底与地下室地面平（含建筑做法），但注意活门槛安装位置在平时使用时设置的钢垫板，垫板厚10mm。

编制说明

表3 钢筋最小锚固长度 l_{aF}

混凝土强度等级	C30		C35		≥C40	
钢筋直径	d≤25	d>25	d≤25	d>25	d≤25	d>25
钢筋种类 HRB235	25d		23d		21d	
HRB335	31d	34d	29d	31d	26d	29d
HRB400	37d	41d	34d	38d	31d	34d

10. 选用注意事项

10.1 本图所注尺寸,通道宽度以米计,其余均以毫米计。

10.2 根据抗力级别、门框墙所受等效静荷载标准值、门洞尺寸及所在位置,选用门框墙代号。

10.3 本图集允许设计人根据工程需要直接选用,或对图面尺寸及配筋修改后引用。(密闭门门框墙可不设置边柱)

10.4 若选用的等效静荷载标准值或材料强度等级与本图集不一致时,工程设计人应进行验算。

10.4 本图集中与门框墙相邻的临空墙等墙体,其配筋由工程设计人计算确定。

10.5 如选用本图集,并按要求在门框墙上方设置梁时,人防通道的两道人防门框墙之间的净尺寸应考虑梁突出墙面的宽度。

10.6 门框墙除考虑战时水平等效静荷载作用外,还应进行平时和战时竖向荷载组合作用下的承载力验算。

11. 施工要求

施工时均应先立门框,然后绑扎四周钢筋。门扇的安装应在门框墙混凝土浇筑28d后进行。门扇安装后,应按有关规定进行全面质量检验。

12. 门框墙选用示例

例:某甲类防空地下室,防核武器抗力级别6级,防常规武器抗力级别6级,其室外出入口为直通式,坡道坡度角小于30°,出入口至防密闭门的距离为10m,通道净宽L=3m,净高H=3.6m,采用BFM1020-30防护密闭门,平面尺寸见图2。

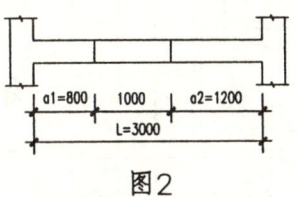

图2

选用门框墙

1)依据选用防护密闭门的门洞尺寸,先确定门框墙为MK1020;

2)按表1,根据上述抗力级别和出入口形式,确定门框墙荷载类型为D型;

3)按门框墙的平面尺寸,一侧悬挑长度为800mm,另一侧悬挑长度为1200mm,大于MK1020-D1型门框墙配筋图中的规定尺寸,在相应一侧加柱,选用MK1020-D2型门框墙。

4)根据门框墙的高宽和平面尺寸,a1=800mm,b=1450mm,L=1800mm,查本图集第19页和第21页MK1020-D2型的配筋图和门框墙配筋表及梁、柱配筋表,选定配筋及梁柱的截面尺寸,梁的截面尺寸为300×300(mm),边柱的截面尺寸为400×600(mm)。

编制说明 图集号 07FG04

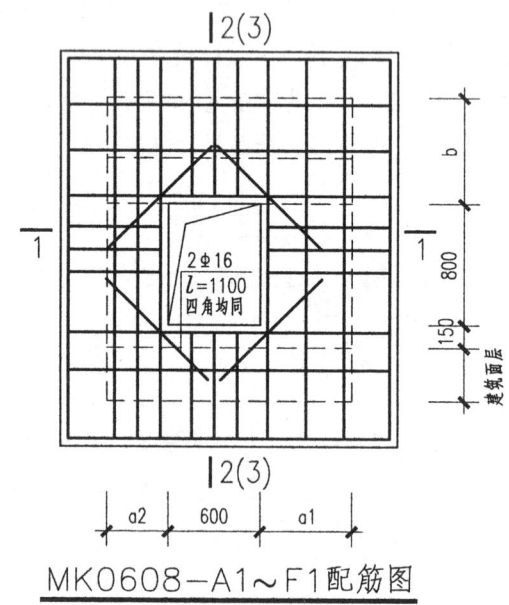

MK0608-A1～F1配筋图

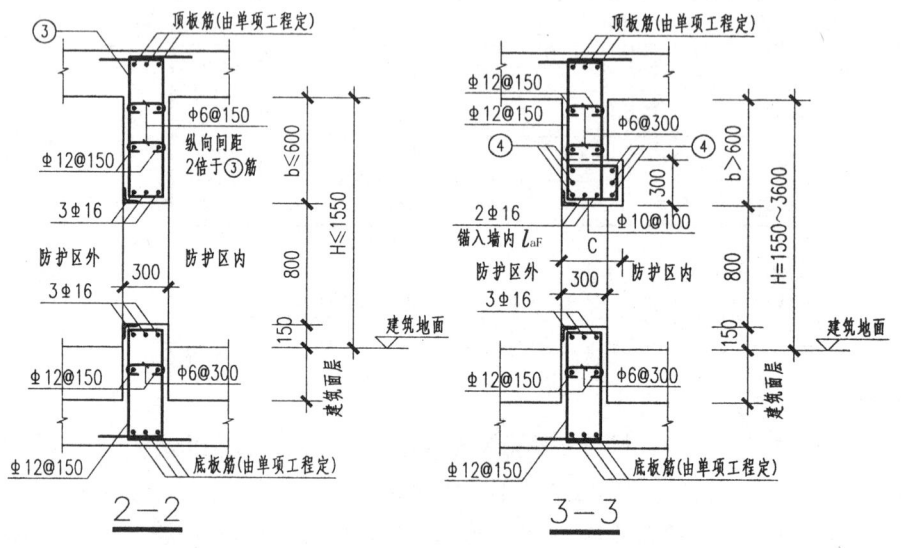

2-2　　3-3

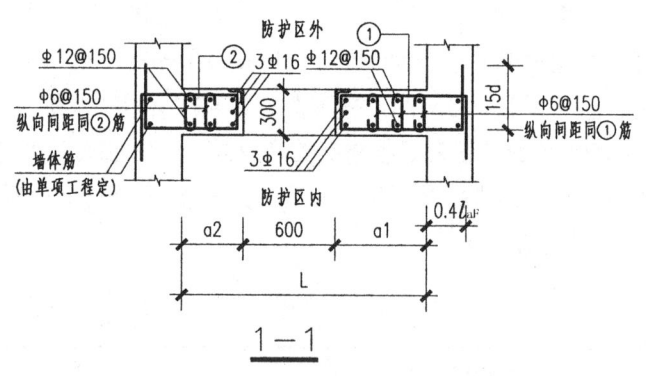

1-1

说明：
1. 本图适用于通道宽度≤1.8m，a1≤600，a2≤600。
2. 门框墙内所有预埋件、钢门框和铰页锚板，应位置准确，严格校正后方可与主筋焊牢，再浇筑混凝土。
3. 钢门框预埋安装时必须铅直、周边平整，并在安装后，门扇开启灵活。
4. 门框梁兼作过梁及地梁时，钢筋应按单项工程设计要求配置，但不得小于3Φ16。
5. 注意预埋件的方向与门开启方向相对应，门框墙尺寸应满足预埋件设置要求。
6. 门框墙受力钢筋伸入支座的锚固长度见编制说明。

MK0608型门框墙配筋图

图集号　07FG04

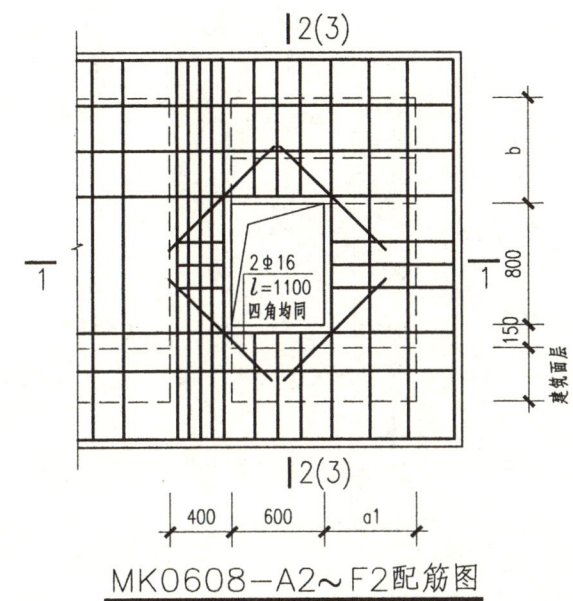

MK0608-A2～F2 配筋图

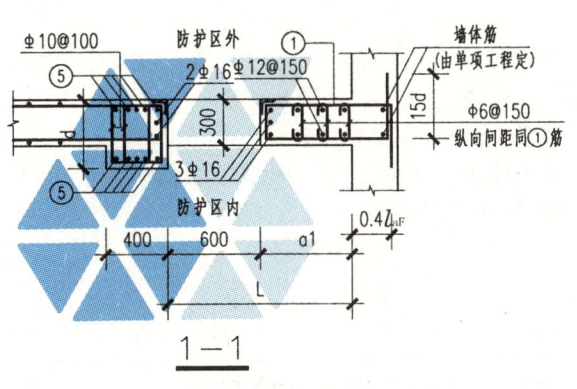

1-1

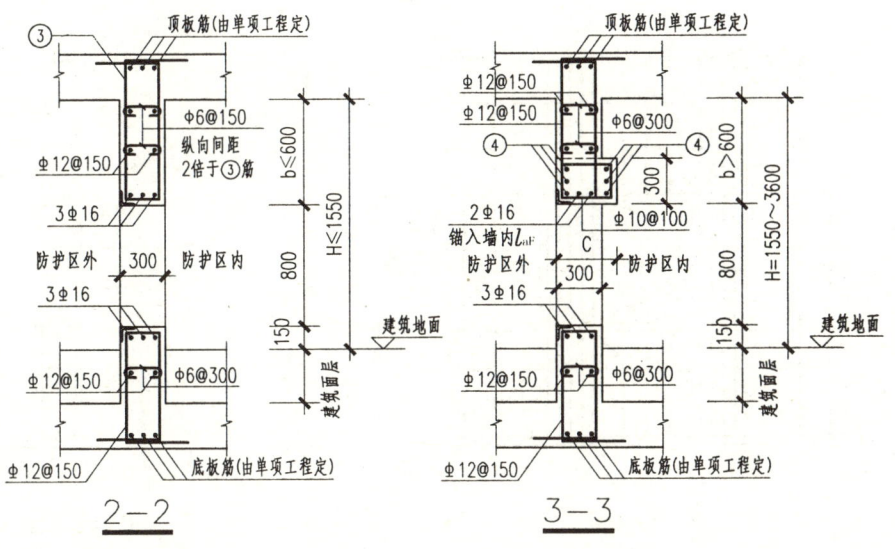

2-2　　　3-3

说明：
1. 本图适用于门洞的一侧门框墙长度大于600，另一侧a1≤600。
2. 门框墙内所有预埋件、钢门框和铰页锚板，应位置准确，严格校正后方可与主筋焊牢，再浇筑混凝土。
3. 钢门框预埋安装时必须铅直、周边平整，并在安装后，门扇开启灵活。
4. 门框梁兼作过梁及地梁时，钢筋应按单项工程设计要求配置，但不得小于3Φ16。
5. 注意预埋件的方向与门开启方向相对应，门框墙尺寸应满足预埋件设置要求。
6. 门框墙受力钢筋伸入支座的锚固长度见编制说明。

MK0608型门框墙配筋图	图集号	07FG04
	页	7

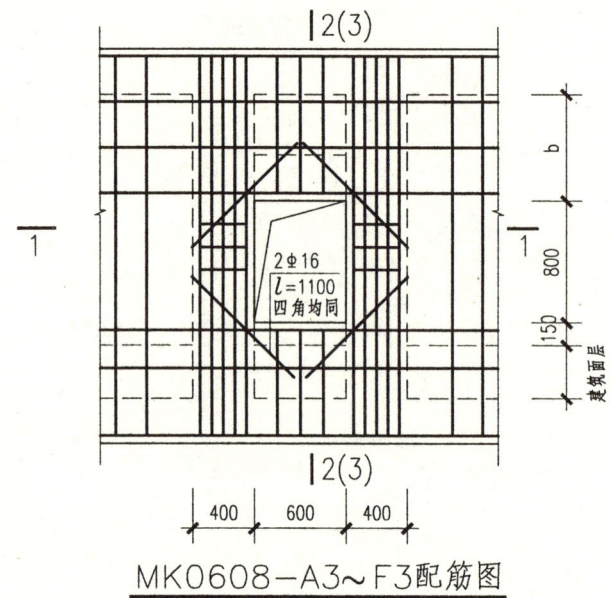

MK0608-A3~F3 配筋图

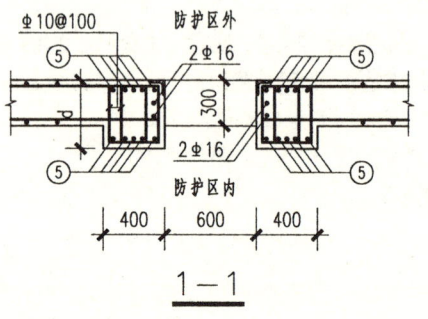

1-1

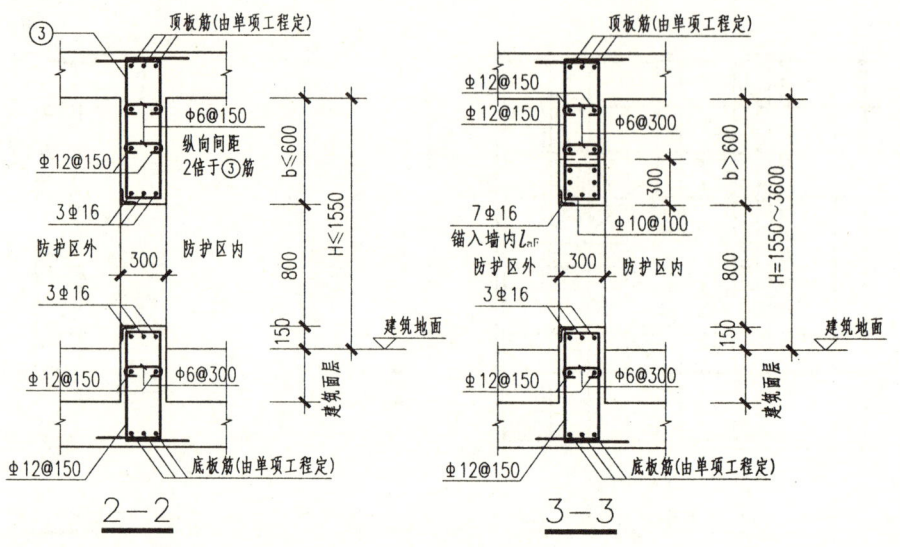

2-2　　3-3

说明：
1. 本图适用于门洞的两侧门框墙长度均大于600。
2. 门框墙内所有预埋件、钢门框和铰页锚板，应位置准确，严格校正后方可与主筋焊牢，再浇筑混凝土。
3. 钢门框预埋安装时必须铅直、周边平整，并在安装后，门扇开启灵活。
4. 门框梁兼作过梁及地梁时，钢筋应按单项工程设计要求配置，但不得小于3Φ16。
5. 注意预埋件的方向与门开启方向相对应，门框墙尺寸应满足预埋件设置要求。
6. 门框墙受力钢筋伸入支座的锚固长度见编制说明。

MK0608型门框墙配筋图

图集号 07FG04 页 8

MK0608型门框墙①、②配筋表

型号 \ a1,a2	≤300	400	500	600
MK0608-A1,A2	⏀12@150	⏀12@150	⏀12@150	⏀12@150
MK0608-B1,B2	⏀12@150	⏀12@150	⏀12@150	⏀12@150
MK0608-C1,C2	⏀12@150	⏀12@150	⏀12@150	⏀12@150
MK0608-D1,D2	⏀12@150	⏀12@150	⏀12@150	⏀12@150
MK0608-E1,E2	⏀12@150	⏀12@150	⏀12@150	⏀12@120
MK0608-F1,F2	⏀12@150	⏀12@150	⏀12@150	⏀12@100

MK0608型门框墙③配筋表

型号 \ b	≤300	400	500	600
MK0608-A1,A2,A3	⏀12@150	⏀12@150	⏀12@150	⏀12@150
MK0608-B1,B2,B3	⏀12@150	⏀12@150	⏀12@150	⏀12@150
MK0608-C1,C2,C3	⏀12@150	⏀12@150	⏀12@150	⏀12@150
MK0608-D1,D2,D3	⏀12@150	⏀12@150	⏀12@150	⏀12@150
MK0608-E1,E2,E3	⏀12@150	⏀12@150	⏀12@150	⏀12@120
MK0608-F1,F2,F3	⏀12@150	⏀12@150	⏀12@120	⏀12@100

MK0608型门框墙梁配筋表

型号	L	≤1400	1800
MK0608-A1,A2	c	300	300
	④	3⏀16	3⏀16
MK0608-B1,B2	c	300	300
	④	3⏀16	3⏀16
MK0608-C1,C2	c	300	300
	④	3⏀16	3⏀16
MK0608-D1,D2	c	300	300
	④	3⏀16	3⏀16
MK0608-E1,E2	c	300	350
	④	3⏀16	3⏀20
MK0608-F1,F2	c	350	400
	④	3⏀16	3⏀20

MK0608型门框墙边柱配筋表

型号	H	≤3000	3200	3400	3600
MK0608-A2,A3	d	400	400	400	400
	⑤	4⏀18	4⏀18	4⏀18	4⏀18
MK0608-B2,B3	d	400	400	400	400
	⑤	4⏀18	4⏀18	4⏀20	4⏀20
MK0608-C2,C3	d	400	400	400	450
	⑤	4⏀22	4⏀22	5⏀22	5⏀22
MK0608-D2,D3	d	400	400	450	500
	⑤	4⏀25	5⏀25	5⏀25	5⏀25
MK0608-E2,E3	d	550	550	600	700
	⑤	5⏀25	(6⏀25)	(6⏀25)	(6⏀25)
MK0608-F2,F3	d	600	650	700	750
	⑤	[7⏀25]	[7⏀25]	[8⏀25]	[8⏀25]

说明：1.边柱配筋表中钢筋带圆括号的柱宽为500.
2.边柱配筋表中钢筋带方括号的柱宽为600.

MK0608型门框墙配筋表

图集号 07FG04

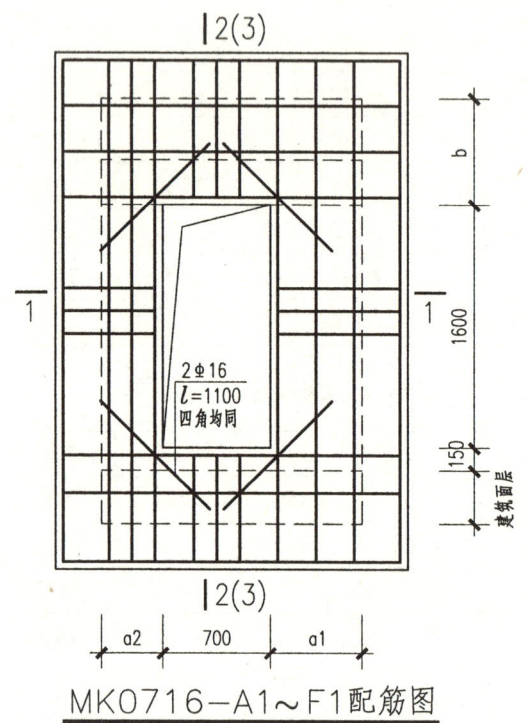

MK0716-A1～F1 配筋图

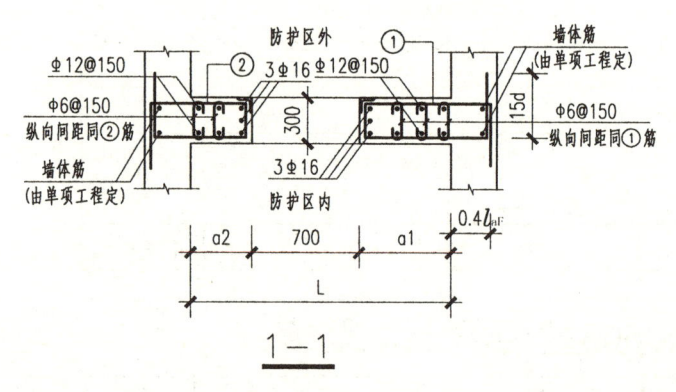

1-1

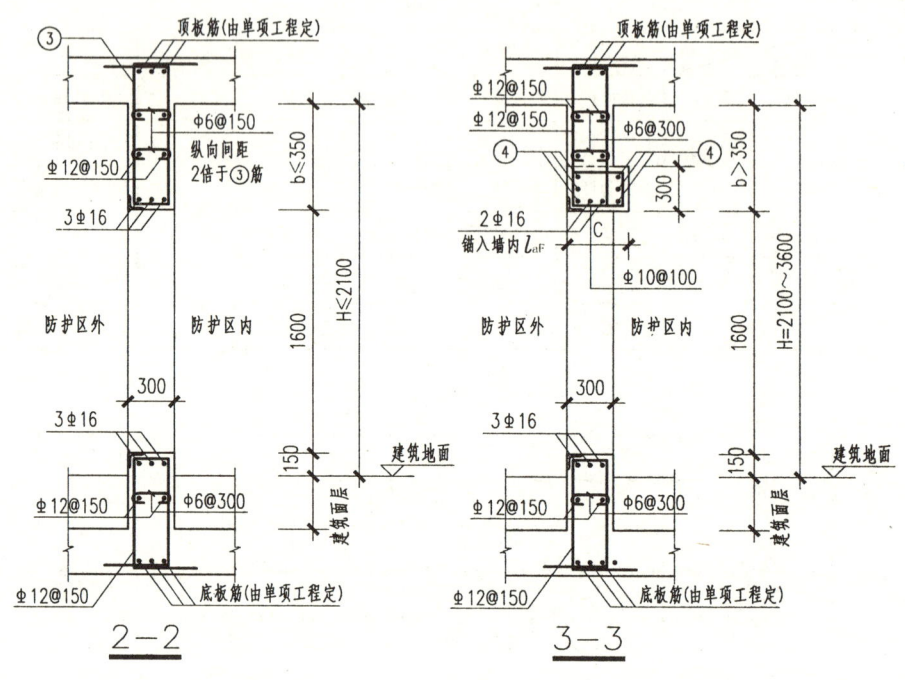

2-2　　　3-3

说明：
1. 本图适用于通道宽度≤2.3m，a1≤800，a2≤800。
2. 门框墙内所有预埋件、钢门框和铰页锚板，应位置准确，严格校正后方可与主筋焊牢，再浇筑混凝土。
3. 钢门框预埋安装时必须铅直、周边平整，并在安装后，门扇开启灵活。
4. 门框梁兼作过梁及地梁时，钢筋应按单项工程设计要求配置，但不得小于3Φ16。
5. 注意预埋件的方向与门开启方向相对应，门框墙尺寸应满足预埋件设置要求。
6. 门框墙受力钢筋伸入支座的锚固长度见编制说明。

MK0716型门框墙配筋图

图集号	07FG04
页	10

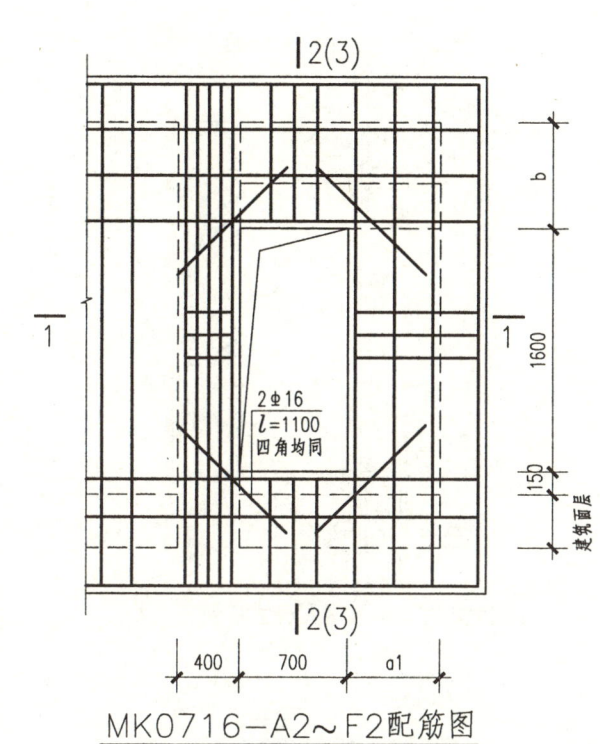

MK0716-A2~F2配筋图

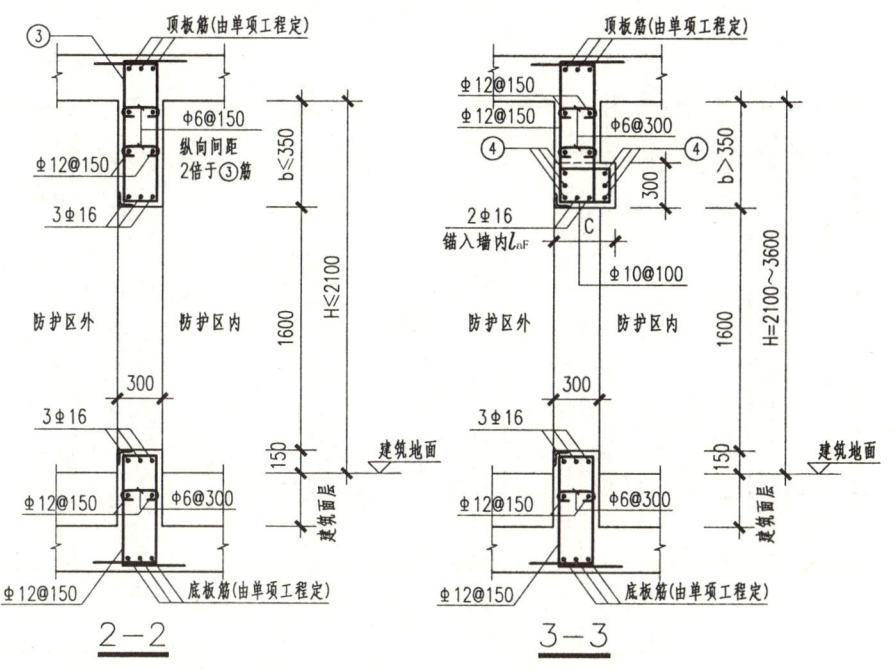

2-2   3-3

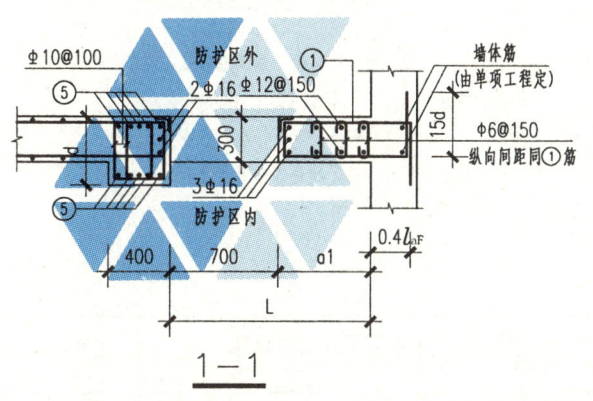

1-1

说明：
1. 本图适用于门洞的一侧门框墙长度大于800，另一侧a1≤800。
2. 门框墙内所有预埋件、钢门框和铰页锚板，应位置准确，严格校正后方可与主筋焊牢，再浇筑混凝土。
3. 钢门框预埋安装时必须铅直、周边平整，并在安装后，门扇开启灵活。
4. 门框梁兼作过梁及地梁时，钢筋应按单项工程设计要求配置，但不得小于3Φ16。
5. 注意预埋件的方向与门开启方向相对应，门框墙尺寸应满足预埋件设置要求。
6. 门框墙受力钢筋伸入支座的锚固长度见编制说明。

MK0716型门框墙配筋图

图集号 07FG04

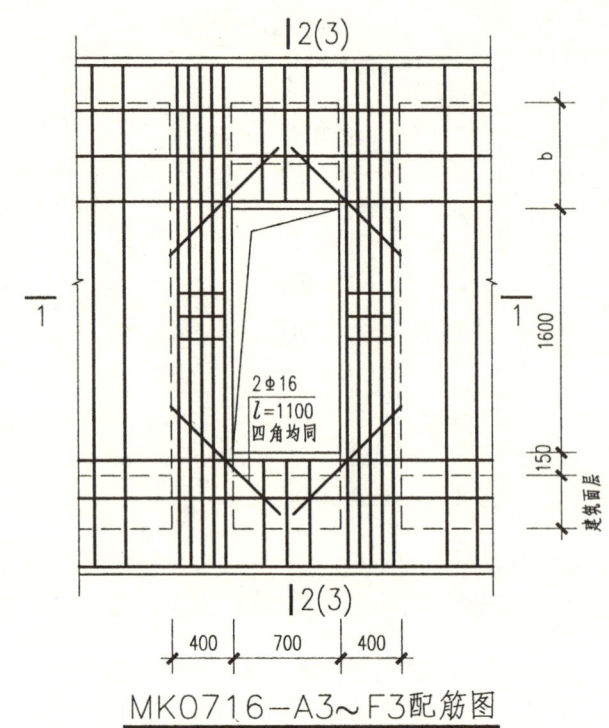

MK0716-A3～F3配筋图

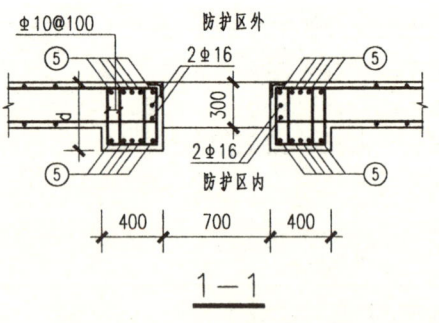

1-1

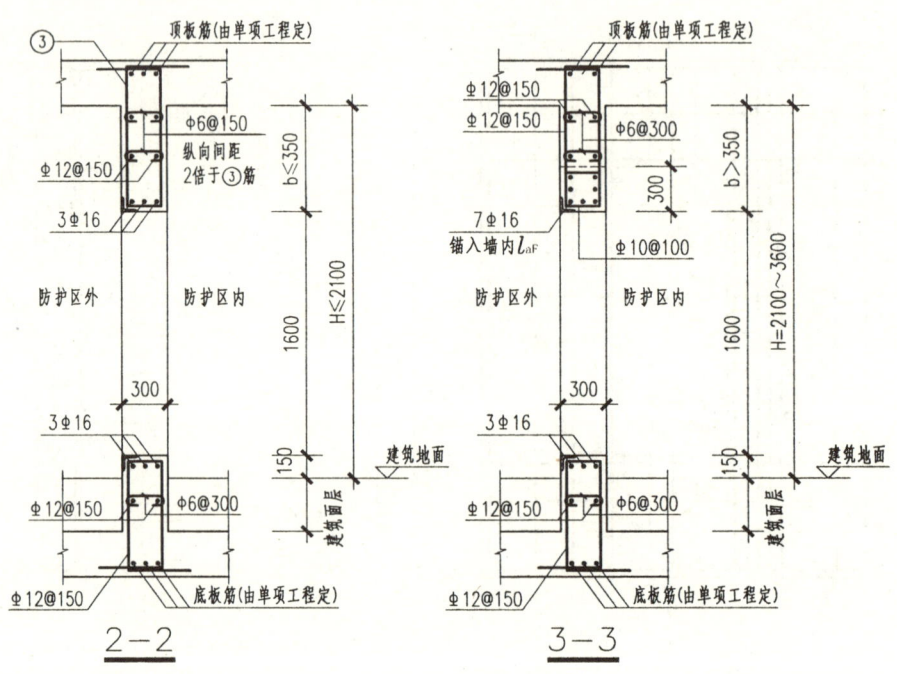

2-2　　　3-3

说明:
1. 本图适用于门洞的两侧门框墙长度均大于800。
2. 门框墙内所有预埋件、钢门框和铰页锚板，应位置准确，严格校正后方可与主筋焊牢，再浇筑混凝土。
3. 钢门框预埋安装时必须铅直、周边平整，并在安装后，门扇开启灵活。
4. 门框梁兼作过梁及地梁时，钢筋应按单项工程设计要求配置，但不得小于3Φ16。
5. 注意预埋件的方向与门开启方向相对应，门框墙尺寸应满足预埋件设置要求。
6. 门框墙受力钢筋伸入支座的锚固长度见编制说明。

MK0716型门框墙配筋图

图集号 07FG04
页 12

MK0716型门框墙①,②配筋表

型号 \ a1,a2	≤300	400	500	600	700	800
MK0716-A1,A2	⌀12@150	⌀12@150	⌀12@150	⌀12@150	⌀12@150	⌀12@150
MK0716-B1,B2	⌀12@150	⌀12@150	⌀12@150	⌀12@150	⌀12@150	⌀12@150
MK0716-C1,C2	⌀12@150	⌀12@150	⌀12@150	⌀12@150	⌀12@150	⌀12@120
MK0716-D1,D2	⌀12@150	⌀12@150	⌀12@150	⌀12@120	⌀12@100	⌀16@150
MK0716-E1,E2	⌀12@150	⌀12@150	⌀12@100	⌀14@100	⌀16@100	⌀18@100
MK0716-F1,F2	⌀12@150	⌀12@100	⌀14@100	⌀16@100	⌀18@100	⌀20@100

MK0716型门框墙③配筋表

型号 \ b	≤300	350
MK0716-A1,A2,A3	⌀12@150	⌀12@150
MK0716-B1,B2,B3	⌀12@150	⌀12@150
MK0716-C1,C2,C3	⌀12@150	⌀12@150
MK0716-D1,D2,D3	⌀12@150	⌀12@150
MK0716-E1,E2,E3	⌀12@150	⌀12@150
MK0716-F1,F2,F3	⌀12@150	⌀12@150

MK0716型门框墙梁配筋表

型号	L	≤1500	1900	2300
MK0716-A1,A2	c	300	300	300
	④	3⌀16	3⌀16	3⌀16
MK0716-B1,B2	c	300	300	300
	④	3⌀16	3⌀16	3⌀16
MK0716-C1,C2	c	300	300	300
	④	3⌀16	3⌀16	3⌀18
MK0716-D1,D2	c	300	300	350
	④	3⌀16	3⌀18	3⌀20
MK0716-E1,E2	c	300	350	450
	④	3⌀18	3⌀20	3⌀22
MK0716-F1,F2	c	350	450	500
	④	3⌀18	3⌀22	4⌀22

MK0716型门框墙边柱配筋表

型号	H	≤3000	3200	3400	3600
MK0716-A2,A3	d	400	400	400	400
	⑤	4⌀18	4⌀18	4⌀18	4⌀18
MK0716-B2,B3	d	400	400	400	400
	⑤	4⌀18	4⌀18	4⌀20	4⌀22
MK0716-C2,C3	d	400	400	400	450
	⑤	4⌀22	5⌀22	5⌀22	5⌀22
MK0716-D2,D3	d	400	450	500	550
	⑤	5⌀25	5⌀25	5⌀25	5⌀25
MK0716-E2,E3	d	600	600	650	600
	⑤	5⌀25	(6⌀25)	(6⌀25)	[8⌀25]
MK0716-F2,F3	d	650	700	750	800
	⑤	[7⌀25]	[7⌀25]	[8⌀25]	[8⌀25]

说明：1.边柱配筋表中钢筋带圆括号的柱宽为500。
2.边柱配筋表中钢筋带方括号的柱宽为600。

MK0716型门框墙配筋表 图集号 07FG04 页 13

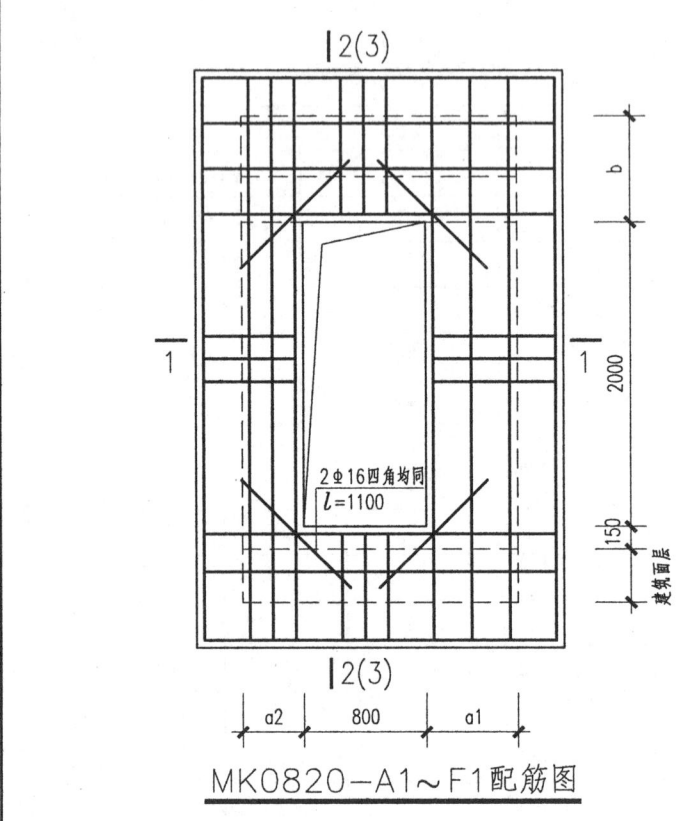

MK0820-A1~F1配筋图

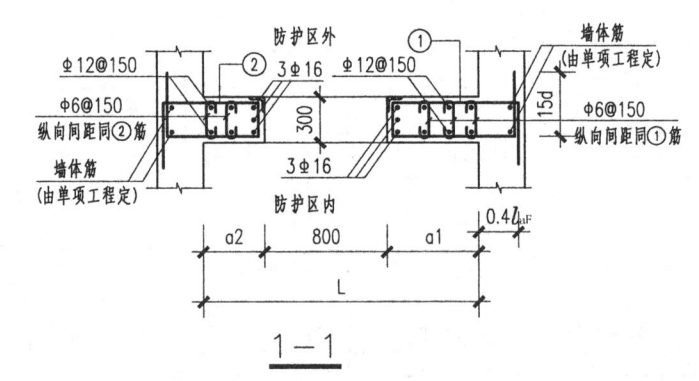

1-1

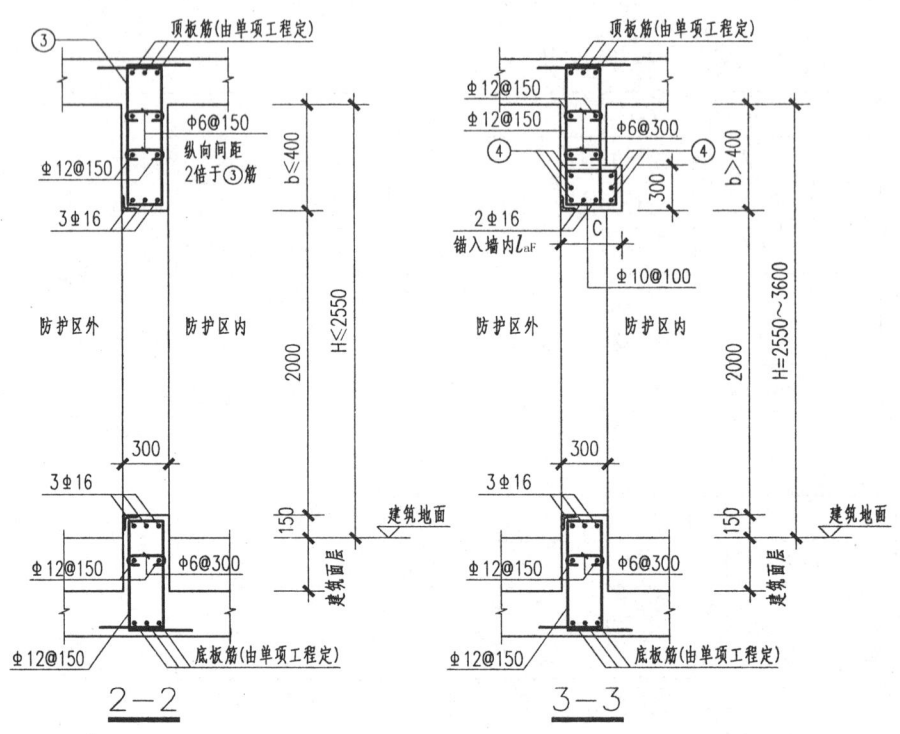

2-2　　3-3

说明：
1. 本图适用于荷载A~D型，且通道宽度≤2.8m，a1≤1000，a2≤1000；荷载E型，且通道宽度≤2.4m，a1≤800，a2≤800；荷载F型，且通道宽度≤2.0m，a1≤600，a2≤600。
2. 门框墙内所有预埋件、钢门框和铰页锚板，应位置准确，严格校正后方可与主筋焊牢，再浇筑混凝土。
3. 钢门框预埋安装时必须铅直、周边平整，并在安装后，门扇开启灵活。
4. 门框梁兼作过梁及地梁时，钢筋应按单项工程设计要求配置，但不得小于3Φ16。
5. 注意预埋件的方向与门开启方向相对应，门框墙尺寸应满足预埋件设置要求。
6. 门框墙受力钢筋伸入支座的锚固长度见编制说明。
7. 本图为固定门槛防护密闭门框墙。若采用活门槛，门洞底与地下室地面平（含建筑做法），门洞净高2150mm。

MK0820型门框墙配筋图

图集号 07FG04

页 14

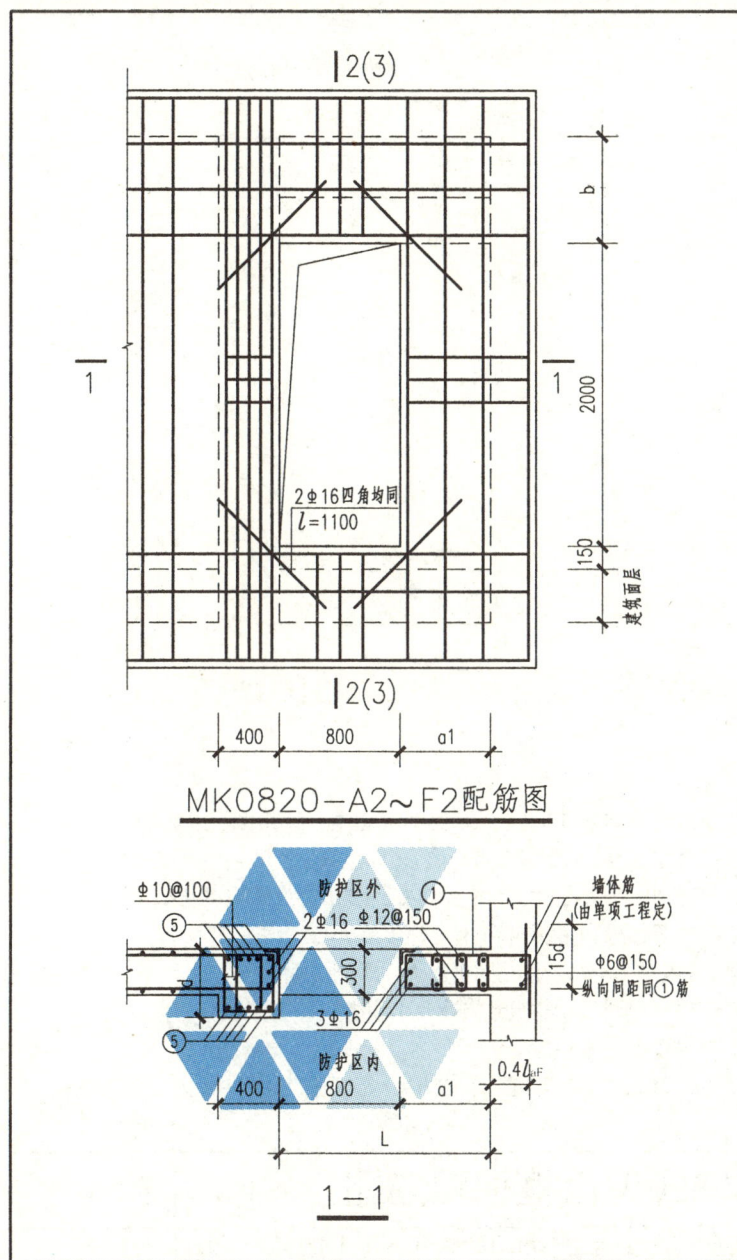

MK0820-A2~F2 配筋图

1-1

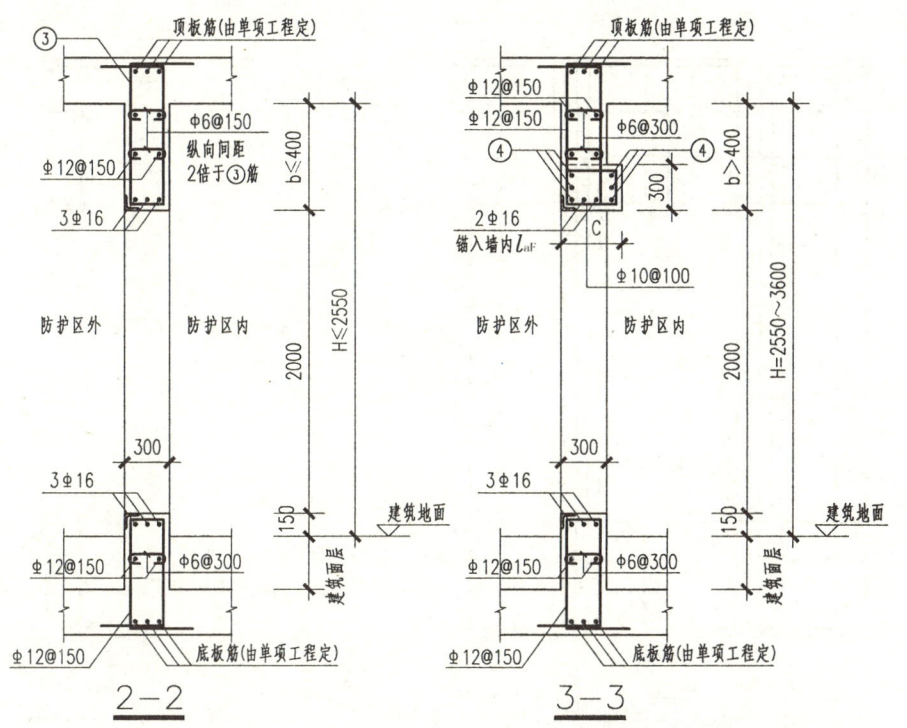

2-2

3-3

说明：
1. 本图适用于荷载A~D型，且门洞一侧门框墙长度大于1000，另一侧a1≤1000；荷载E型，门洞一侧门框墙长度大于800，另一侧a1≤800；荷载F型，且门洞一侧门框墙长度大于600，另一侧a1≤600。
2. 门框墙内所有预埋件、钢门框和铰页锚板，应位置准确，严格校正后方可与主筋焊牢，再浇筑混凝土。
3. 钢门框预埋安装时必须铅直、周边平整，并在安装后，门扇开启灵活。
4. 门框梁兼作过梁及地梁时，钢筋应按单项工程设计要求配置，但不得小于3Φ16。
5. 注意预埋件的方向与门开启方向相对应，门框墙尺寸应满足预埋件设置要求。
6. 门框墙受力钢筋伸入支座的锚固长度见编制说明。
7. 本图为固定门槛防护密闭门门框墙。若采用活门槛，门洞底与地下室地面平（含建筑做法），门洞净高2150mm。

MK0820型门框墙配筋图	图集号	07FG04
审核 张瑞龙 校对 郝清 设计 邵筠	页	15

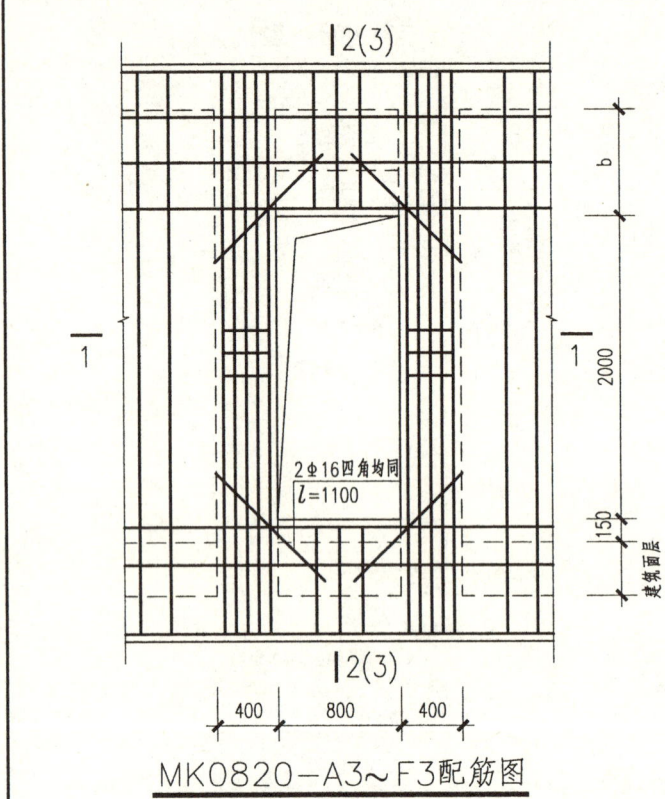

MK0820-A3~F3 配筋图

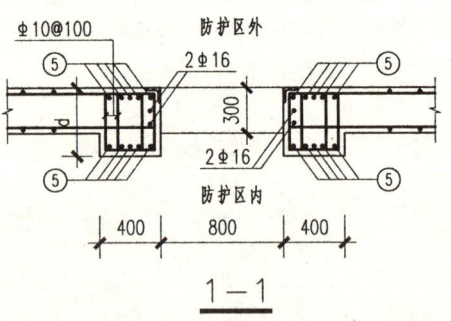

1-1

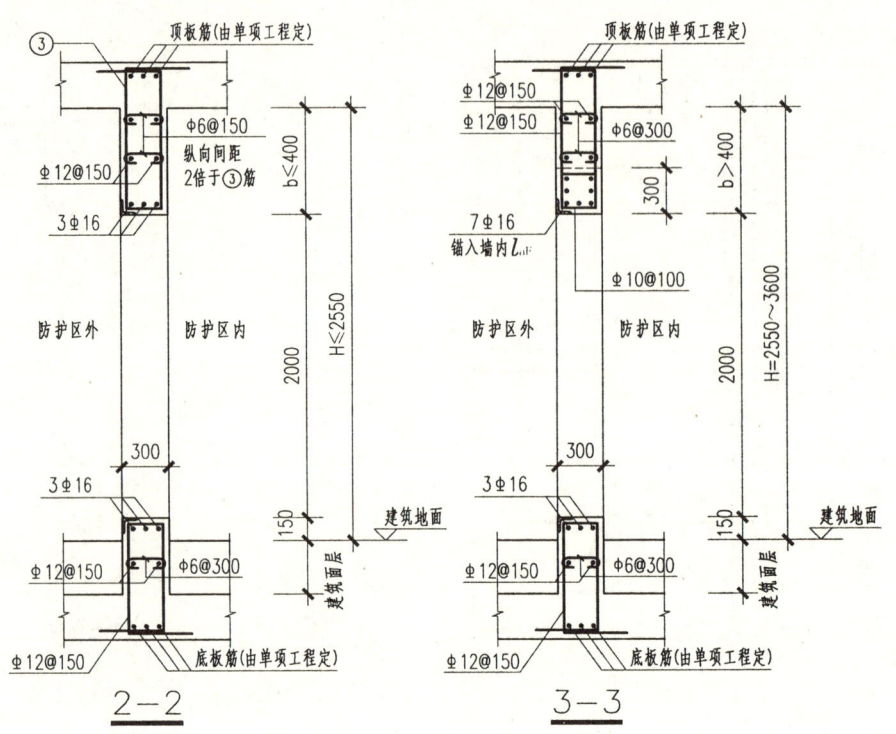

2-2　　3-3

说明：

1. 本图适用于荷载A~D型，且门洞两侧门框墙长度均大于1000；荷载E型，且门洞两侧门框墙长度均大于800；荷载F型，且门洞两侧门框墙长度均大于600。
2. 门框墙内所有预埋件、钢门框和铰页锚板，应位置准确，严格校正后方可与主筋焊牢，再浇筑混凝土。
3. 钢门框预安装时必须铅直、周边平整，并在安装后，门扇开启灵活。
4. 门框梁兼作过梁及地梁时，钢筋应按单项工程设计要求配置，但不得小于3Φ16。
5. 注意预埋件的方向与门开启方向相对应，门框墙尺寸应满足预埋件设置要求。
6. 门框墙受力钢筋伸入支座的锚固长度见编制说明。
7. 本图为固定门槛防护密闭门门框墙。若采用活门槛，门洞底与地下室地面平（含建筑做法），门洞净高2150mm。

MK0820型门框墙配筋图

图集号 07FG04

页 16

MK0820型门框墙①、②配筋表

型号 \ a1,a2	≤300	400	500	600	700	800	900	1000
MK0820-A1,A2	⏀12@150	⏀12@150	⏀12@150	⏀12@150	⏀12@150	⏀12@150	⏀12@150	⏀12@150
MK0820-B1,B2	⏀12@150	⏀12@150	⏀12@150	⏀12@150	⏀12@150	⏀12@150	⏀12@150	⏀12@120
MK0820-C1,C2	⏀12@150	⏀12@150	⏀12@150	⏀12@150	⏀12@150	⏀14@150	⏀14@120	⏀16@150
MK0820-D1,D2	⏀12@150	⏀12@150	⏀12@150	⏀12@120	⏀12@100	⏀16@150	⏀16@120	⏀16@100
MK0820-E1,E2	⏀12@150	⏀12@120	⏀12@100	⏀14@100	⏀16@100	⏀18@100	—	—
MK0820-F1,F2	⏀12@150	⏀12@100	⏀16@120	⏀18@120	—	—	—	—

MK0820型门框墙③配筋表

型号 \ b	≤300	400
MK0820-A1,A2,A3	⏀12@150	⏀12@150
MK0820-B1,B2,B3	⏀12@150	⏀12@150
MK0820-C1,C2,C3	⏀12@150	⏀12@150
MK0820-D1,D2,D3	⏀12@150	⏀12@150
MK0820-E1,E2,E3	⏀12@150	⏀12@150
MK0820-F1,F2,F3	⏀12@150	⏀12@120

MK0820型门框墙梁配筋表

型号		≤1600	2000	2400	2800
MK0820-A1,A2	c	300	300	300	300
	④	3⏀16	3⏀16	3⏀16	3⏀16
MK0820-B1,B2	c	300	300	300	300
	④	3⏀16	3⏀16	3⏀16	3⏀18
MK0820-C1,C2	c	300	300	300	350
	④	3⏀16	3⏀16	3⏀18	3⏀20
MK0820-D1,D2	c	300	300	350	400
	④	3⏀16	3⏀18	3⏀20	3⏀22
MK0820-E1,E2	c	300	350	450	—
	④	3⏀18	3⏀22	4⏀20	—
MK0820-F1,F2	c	350	450	—	—
	④	3⏀20	3⏀22	—	—

MK0820型门框墙边柱配筋表

型号		≤3000	3200	3400	3600
MK0820-A2,A3	d	400	400	400	400
	⑤	4⏀18	4⏀18	4⏀18	4⏀18
MK0820-B2,B3	d	400	400	400	400
	⑤	4⏀18	4⏀18	4⏀20	4⏀22
MK0820-C2,C3	d	400	400	450	450
	⑤	4⏀22	5⏀22	5⏀22	4⏀25
MK0820-D2,D3	d	400	450	500	550
	⑤	5⏀25	5⏀25	5⏀25	5⏀25
MK0820-E2,E3	d	600	600	700	700
	⑤	5⏀25	(6⏀25)	(6⏀25)	[7⏀25]
MK0820-F2,F3	d	650	700	750	850
	⑤	[7⏀25]	[7⏀25]	[8⏀25]	[8⏀25]

说明：1.边柱配筋表中钢筋带圆括号的柱宽为500。
2.边柱配筋表中钢筋带方括号的柱宽为600。

MK0820型门框墙配筋表

图集号 07FG04

页 17

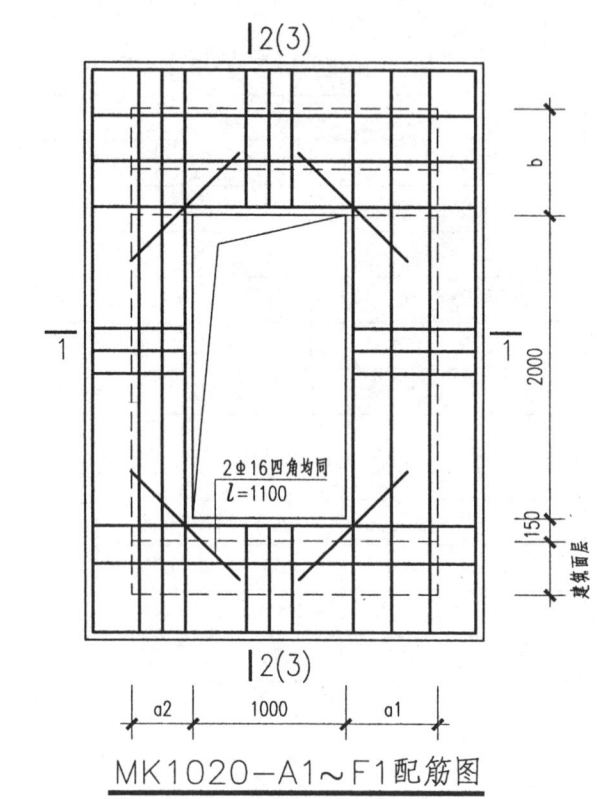

MK1020-A1~F1 配筋图

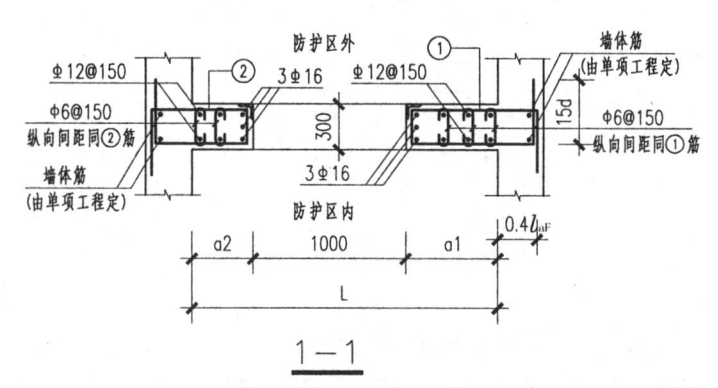

1-1

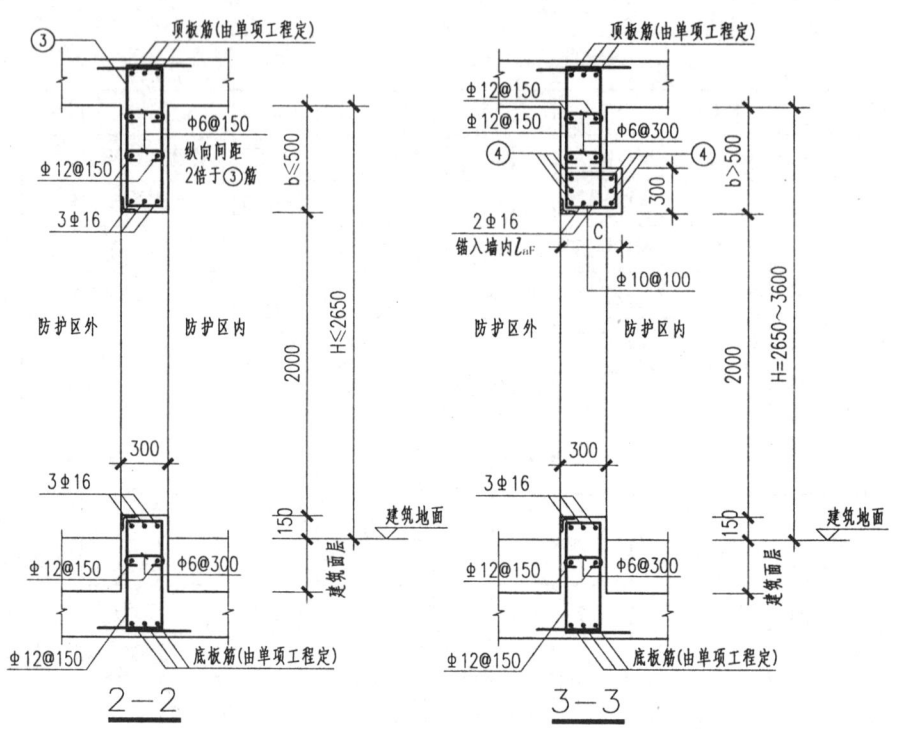

2-2　　3-3

说明：
1. 本图适用于荷载A～D型，且通道宽度≤3.0m，a1≤1000，a2≤1000；荷载E型，且通道宽度≤2.6m，a1≤800，a2≤800；荷载F型，且通道宽度≤2.2m，a1≤600，a2≤600。
2. 门框墙内所有预埋件、钢门框和铰页锚板，应位置准确，严格校正后方可与主筋焊牢，再浇筑混凝土。
3. 钢门框预埋安装时必须铅直、周边平整，并在安装后，门扇开启灵活。
4. 门框梁兼作过梁及地梁时，钢筋应按单项工程设计要求配置，但不得小于3Φ16。
5. 注意预埋件的方向与门开启方向相对应，门框墙尺寸应满足预埋件设置要求。
6. 门框墙受力钢筋伸入支座的锚固长度见编制说明。
7. 本图为固定门槛防护密闭门门框墙。若采用活门槛，门洞底与地下室地面平（含建筑做法），门洞净高2150mm。

MK1020型门框墙配筋图

图集号 07FG04

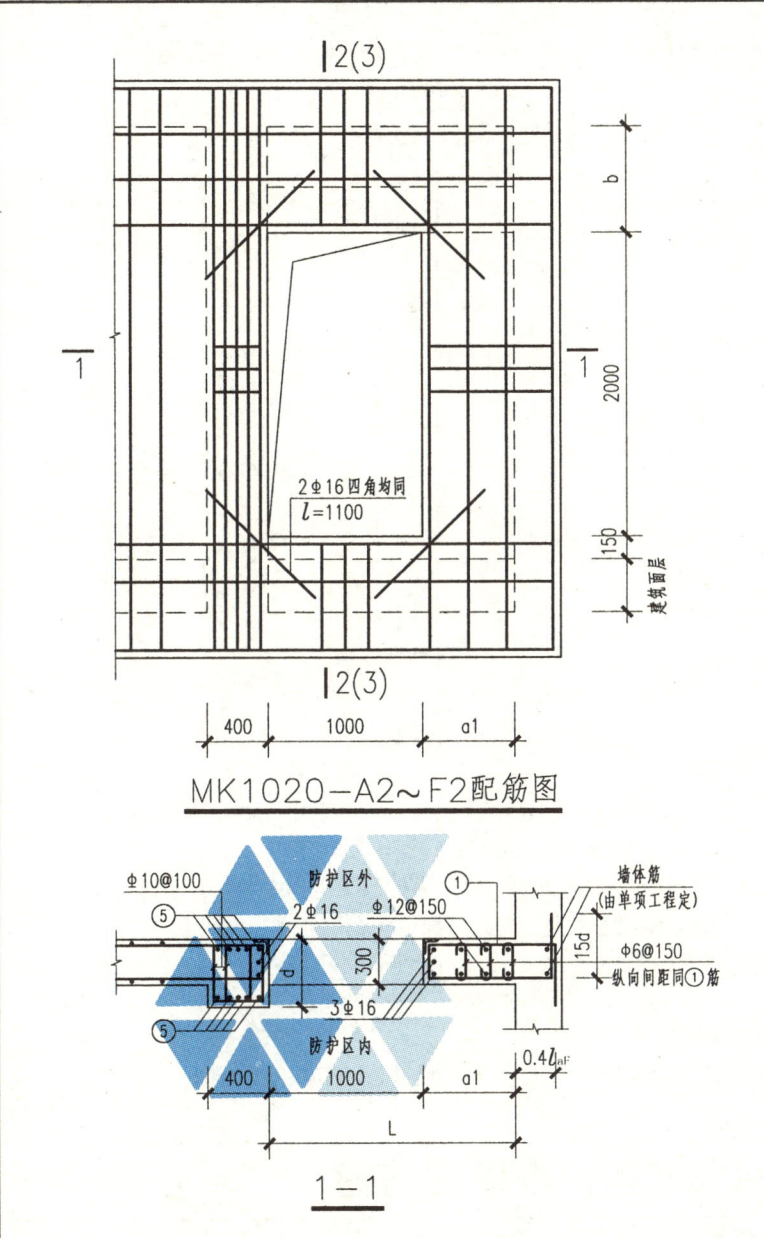
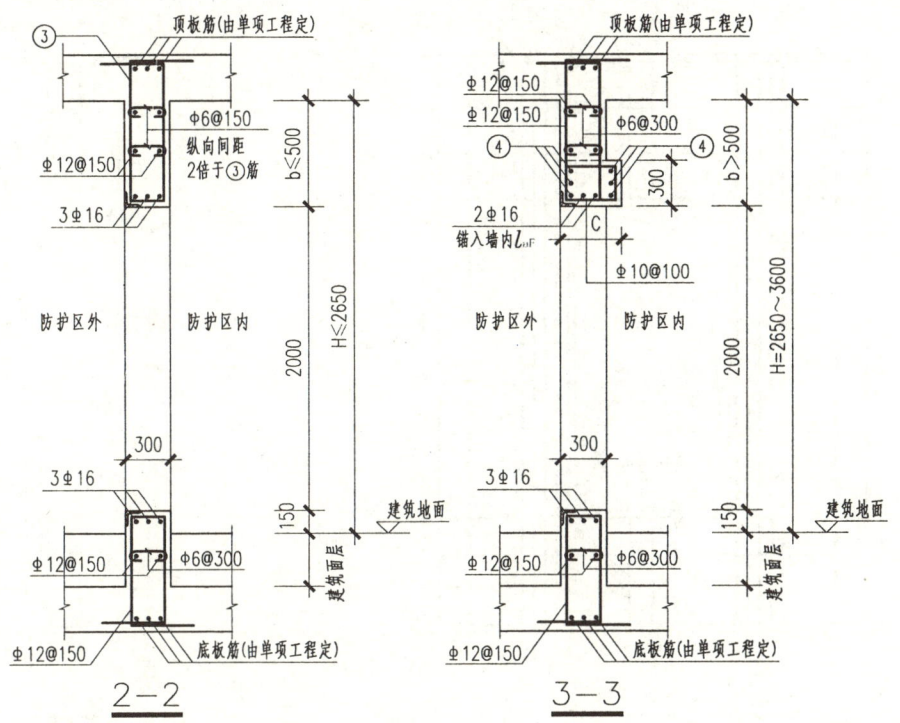

说明：
1. 本图适用于荷载A～D型，且门洞一侧门框墙长度大于1000，另一侧a1≤1000；荷载E型，门洞一侧门框墙长度大于800，另一侧a1≤800；荷载F型，且门洞一侧门框墙长度大于600，另一侧a1≤600。
2. 门框墙内所有预埋件、钢门框和铰页锚板，应位置准确，严格校正后方可与主筋焊牢，再浇筑混凝土。
3. 钢门框预埋安装时必须铅直、周边平整，并在安装后，门扇开启灵活。
4. 门框梁兼作过梁及地梁时，钢筋应按单项工程设计要求配置，但不得小于3Φ16。
5. 注意预埋件的方向与门开启方向相对应，门框墙尺寸应满足预埋件设置要求。
6. 门框墙受力钢筋伸入支座的锚固长度见编制说明。
7. 本图为固定门槛防护密闭门框墙。若采用活门槛，门洞底与地下室地面平（含建筑做法），门洞净高2150mm。

MK1020型门框墙配筋图

图集号 07FG04

页 19

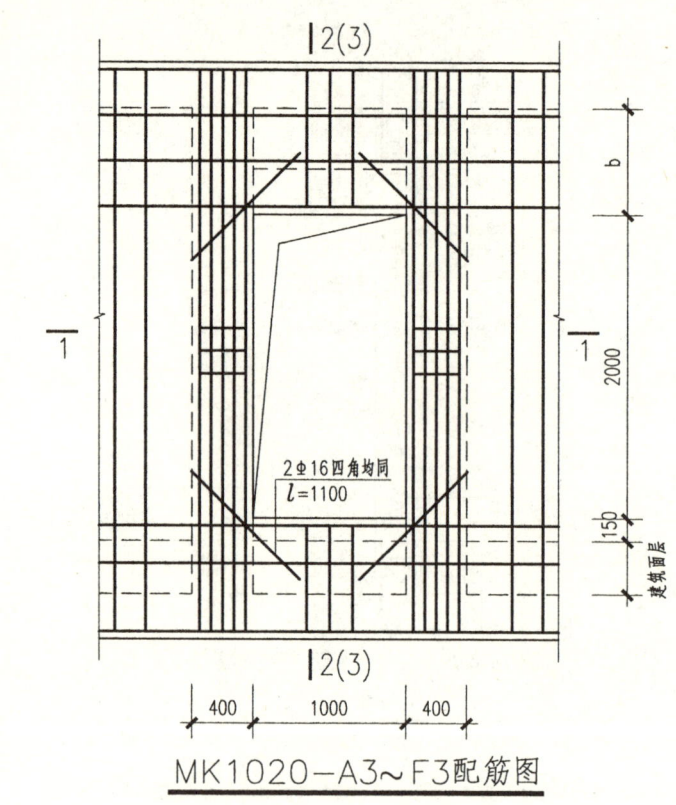

MK1020-A3~F3配筋图

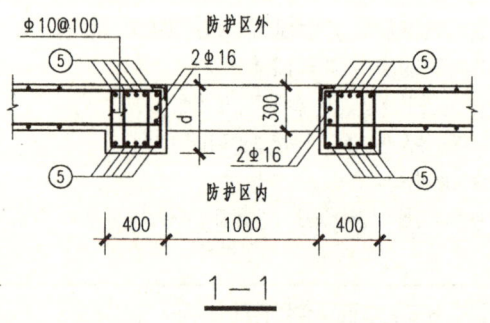

1-1

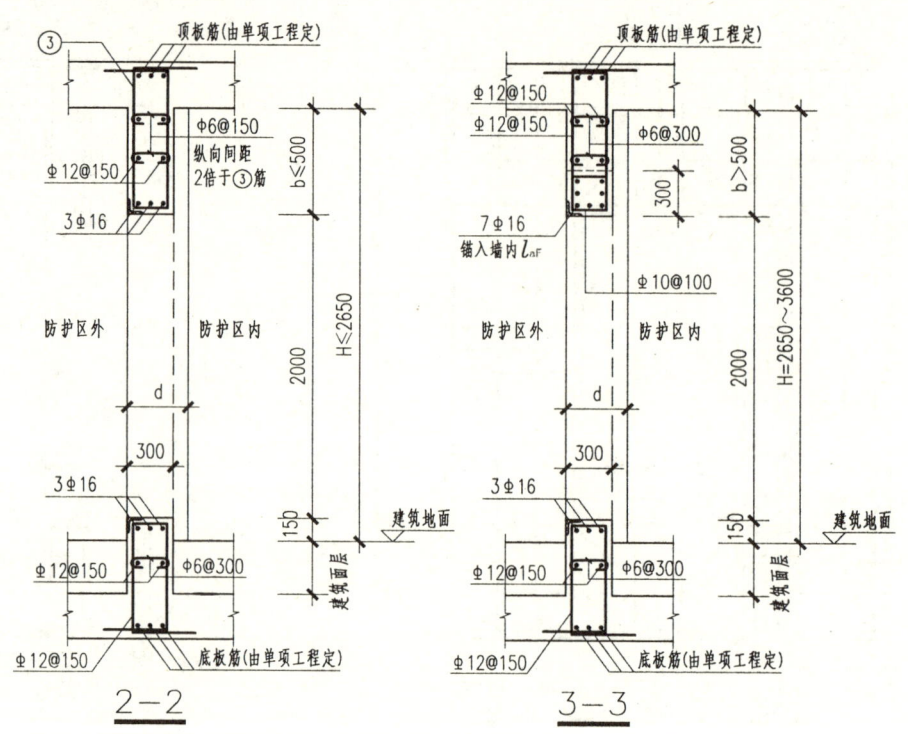

2-2　　　　3-3

说明：

1. 本图适用于荷载A~D型，且门洞两侧门框墙长度均大于1000；荷载E型，且门洞两侧门框墙长度均大于800；荷载F型，且门洞两侧门框墙长度均大于600。
2. 门框墙内所有预埋件、钢门框和铰页锚板，应位置准确，严格校正后方可与主筋焊牢，再浇筑混凝土。
3. 钢门框预埋安装时必须铅直、周边平整，并在安装后，门扇开启灵活。
4. 门框梁兼作过梁及地梁时，钢筋应按单项工程设计要求配置，但不得小于3Φ16。
5. 注意预埋件的方向与门开启方向相对应，门框墙尺寸应满足预埋件设置要求。
6. 门框墙受力钢筋伸入支座的锚固长度见编制说明。
7. 本图为固定门槛防护密闭门门框墙。若采用活门槛，门洞底与地下室地面平（含建筑做法），门洞净高2150mm。

MK1020型门框墙配筋图

图集号 07FG04 页 20

MK1020型门框墙①、②配筋表

型号 \ a1,a2	≤300	400	500	600	700	800	900	1000
MK1020-A1,A2	⏀12@150	⏀12@150	⏀12@150	⏀12@150	⏀12@150	⏀12@150	⏀12@150	⏀12@150
MK1020-B1,B2	⏀12@150	⏀12@150	⏀12@150	⏀12@150	⏀12@150	⏀12@150	⏀12@150	⏀12@120
MK1020-C1,C2	⏀12@150	⏀12@150	⏀12@150	⏀12@150	⏀12@120	⏀14@150	⏀14@120	⏀14@100
MK1020-D1,D2	⏀12@150	⏀12@150	⏀12@150	⏀14@150	⏀14@120	⏀14@100	⏀16@100	⏀18@100
MK1020-E1,E2	⏀12@150	⏀12@120	⏀14@120	⏀18@150	⏀18@120	⏀20@120	—	—
MK1020-F1,F2	⏀12@120	⏀16@150	⏀16@100	⏀18@100	—	—	—	—

MK1020型门框墙③配筋表

型号 \ b	≤300	400	500
MK1020-A1,A2,A3	⏀12@150	⏀12@150	⏀12@150
MK1020-B1,B2,B3	⏀12@150	⏀12@150	⏀12@150
MK1020-C1,C2,C3	⏀12@150	⏀12@150	⏀12@150
MK1020-D1,D2,D3	⏀12@150	⏀12@150	⏀12@150
MK1020-E1,E2,E3	⏀12@150	⏀12@150	⏀12@100
MK1020-F1,F2,F3	⏀12@150	⏀12@100	⏀14@100

MK1020型门框墙梁配筋表

型号	L	≤1800	2200	2600	3000
MK1020-A1,A2	c	300	300	300	300
	④	3⏀16	3⏀16	3⏀16	3⏀16
MK1020-B1,B2	c	300	300	300	300
	④	3⏀16	3⏀16	3⏀16	3⏀20
MK1020-C1,C2	c	300	300	300	350
	④	3⏀16	3⏀18	4⏀18	3⏀22
MK1020-D1,D2	c	300	300	350	400
	④	3⏀18	3⏀22	4⏀20	4⏀22
MK1020-E1,E2	c	300	400	450	—
	④	3⏀22	4⏀20	5⏀20	—
MK1020-F1,F2	c	350	450	—	—
	④	4⏀22	4⏀22	—	—

MK1020型门框墙边柱配筋表

型号	H	≤3000	3200	3400	3600
MK1020-A2,A3	d	400	400	400	400
	⑤	4⏀18	4⏀18	4⏀18	4⏀18
MK1020-B2,B3	d	400	400	400	400
	⑤	4⏀18	4⏀20	4⏀20	4⏀22
MK1020-C2,C3	d	400	400	450	500
	⑤	4⏀22	5⏀22	5⏀22	5⏀22
MK1020-D2,D3	d	400	450	500	600
	⑤	5⏀25	5⏀25	5⏀25	5⏀25
MK1020-E2,E3	d	600	650	700	650
	⑤	5⏀25	(6⏀25)	(6⏀25)	[8⏀25]
MK1020-F2,F3	d	650	700	750	850
	⑤	[7⏀25]	[8⏀25]	[8⏀25]	[8⏀25]

说明：1.边柱配筋表中钢筋带圆括号的柱宽为500。
2.边柱配筋表中钢筋带方括号的柱宽为600。

MK1020型门框墙配筋表

图集号 07FG04

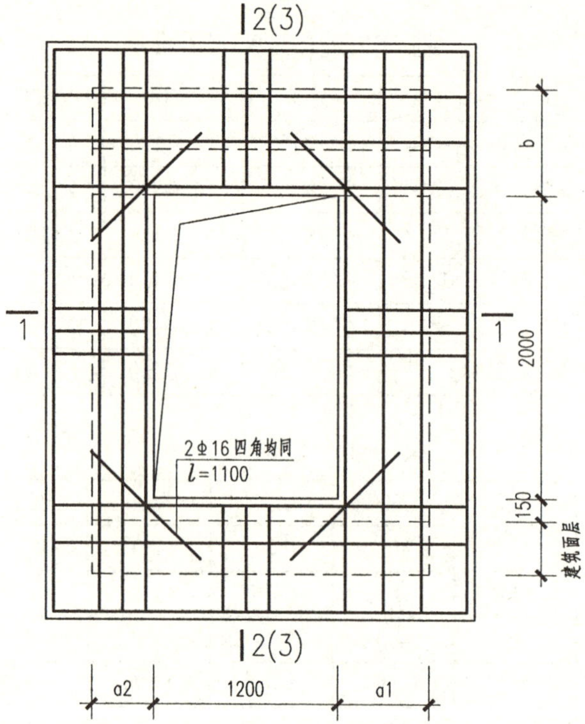

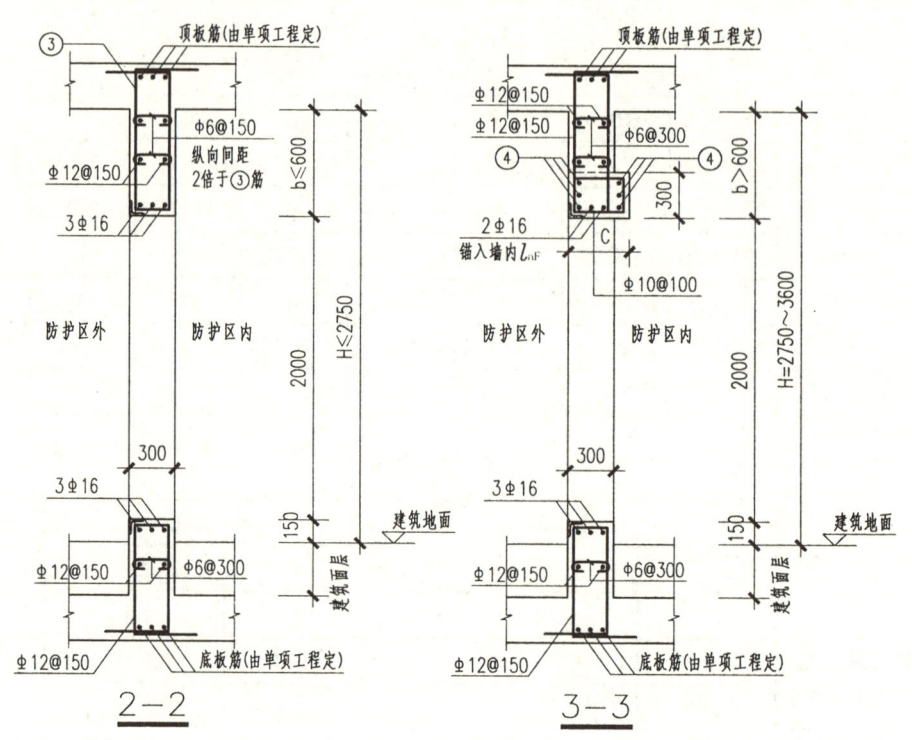

说明：
1. 本图适用于荷载A~D型，且通道宽度≤3.2m，a1≤1000，a2≤1000；荷载E型，且通道宽度≤2.8m，a1≤800，a2≤800；荷载F型，且通道宽度≤2.4m，a1≤600，a2≤600。
2. 门框墙内所有预埋件、钢门框和铰页锚板，应位置准确，严格校正后方可与主筋焊牢，再浇筑混凝土。
3. 钢门框预埋安装时必须铅直、周边平整，并在安装后，门扇开启灵活。
4. 门框梁兼作过梁及地梁时，钢筋应按单项工程设计要求配置，但不得小于3Φ16。
5. 注意预埋件的方向与门开启方向相对应，门框墙尺寸应满足预埋件设置要求。
6. 门框墙受力钢筋伸入支座的锚固长度见编制说明。
7. 本图为固定门槛防护密闭门门框墙。若采用活门槛，门洞底与地下室地面平(含建筑做法)，门洞净高2150mm。

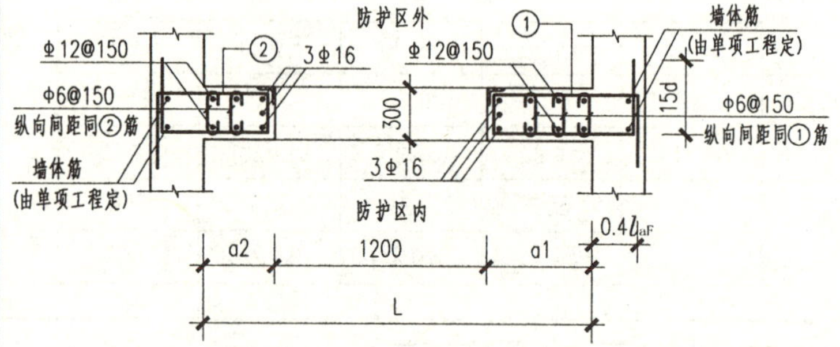

MK1220型门框墙配筋图

图集号 07FG04

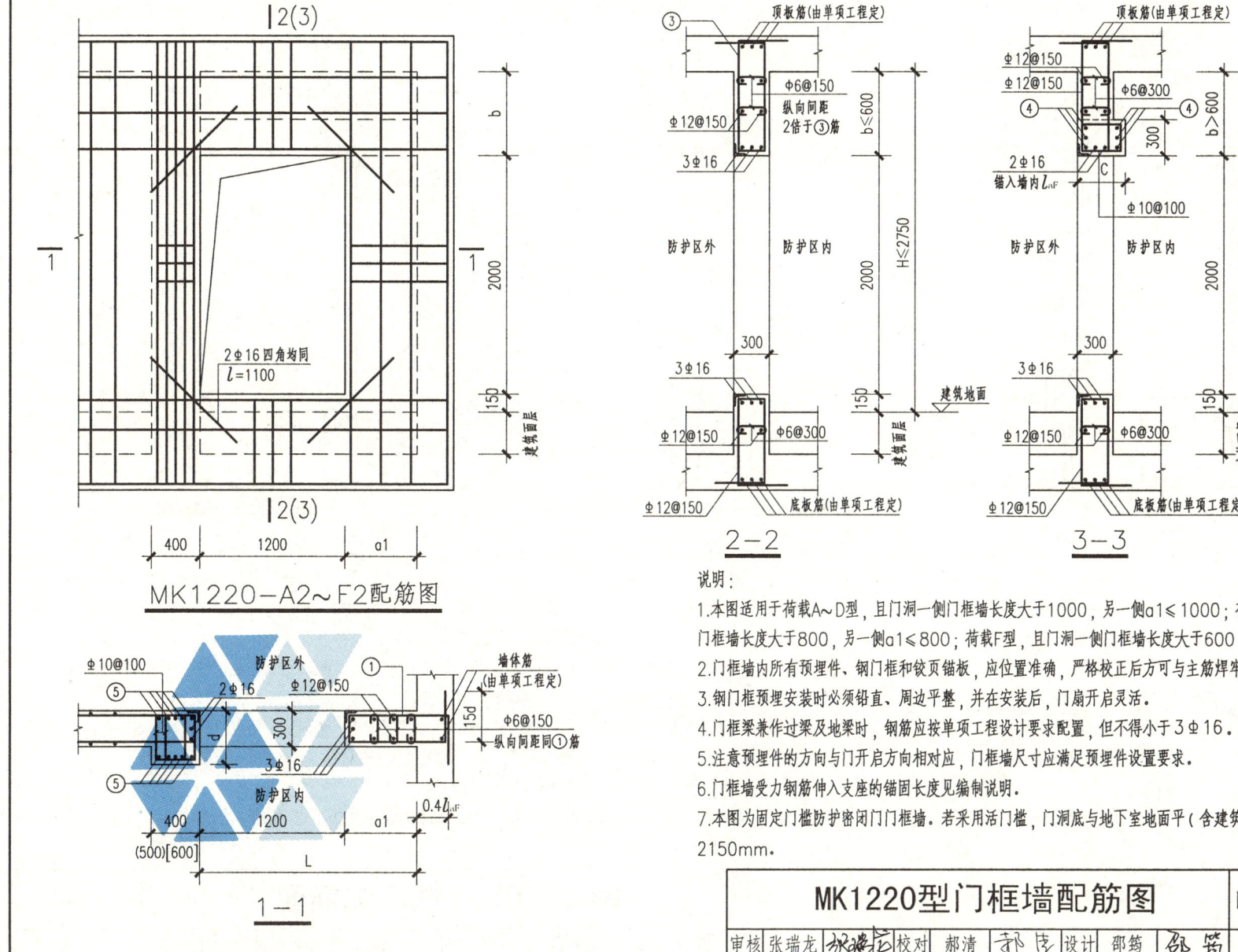

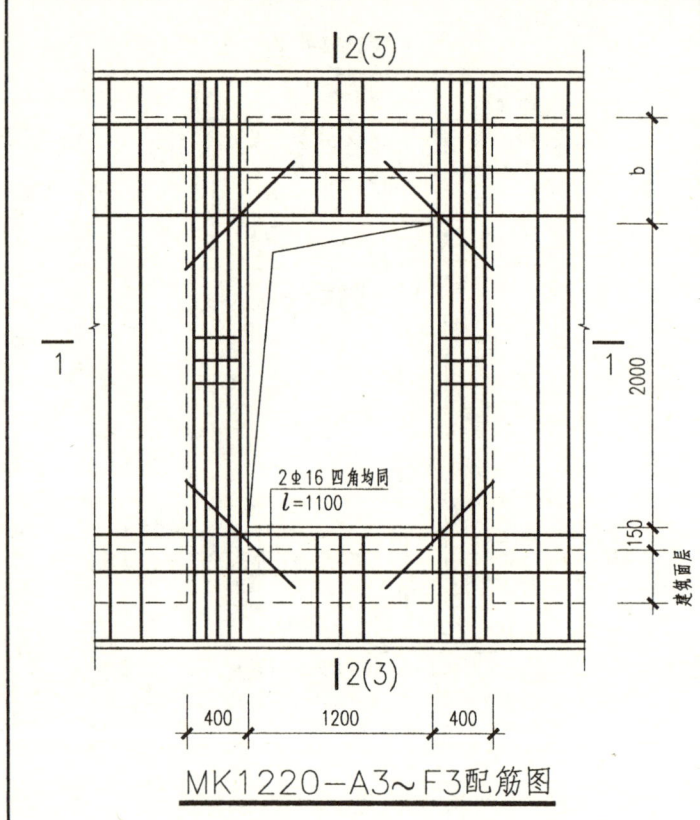

MK1220-A3~F3配筋图

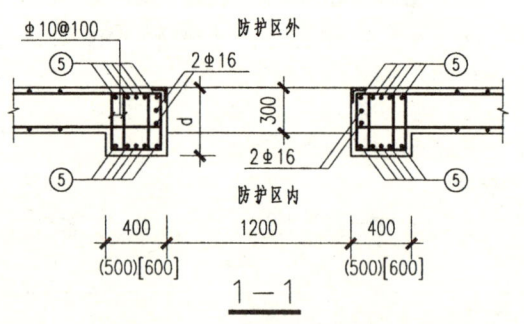

1—1

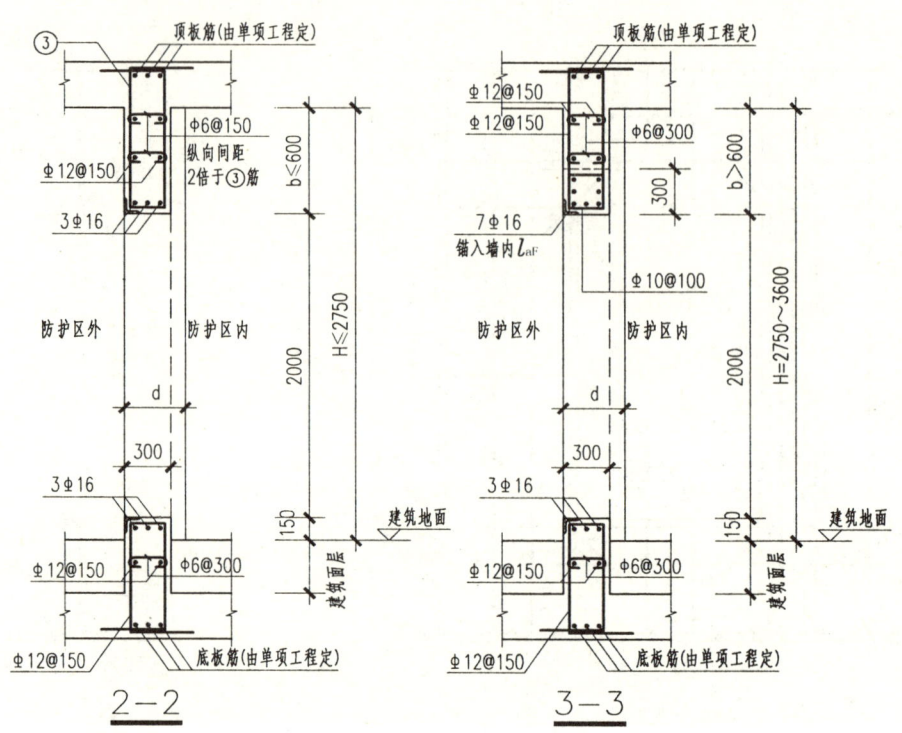

2—2　　3—3

说明：
1. 本图适用于荷载A~D型，且门洞两侧门框墙长度均大于1000；荷载E型，且门洞两侧门框墙长度均大于800；荷载F型，且门洞两侧门框墙长度均大于600。
2. 门框墙内所有预埋件、钢门框和铰页锚板，应位置准确，严格校正后方可与主筋焊牢，再浇筑混凝土。
3. 钢门框预埋安装时必须铅直、周边平整，并在安装后，门扇开启灵活。
4. 门框梁兼作过梁及地梁时，钢筋应按单项工程设计要求配置，但不得小于3Φ16。
5. 注意预埋件的方向与门开启方向相对应，门框墙尺寸应满足预埋件设置要求。
6. 门框墙受力钢筋伸入支座的锚固长度见编制说明。
7. 本图为固定门槛防护密闭门框墙。若采用活门槛，门洞底与地下室地面平（含建筑做法），门洞净高2150mm。

MK1220型门框墙配筋图

图集号 07FG04

页 24

MK1220型门框墙 ①、② 配筋表

型号\a1,a2	≤300	400	500	600	700	800	900	1000
MK1220-A1,A2	Φ12@150	Φ12@150	Φ12@150	Φ12@150	Φ12@150	Φ12@150	Φ12@150	Φ12@150
MK1220-B1,B2	Φ12@150	Φ12@150	Φ12@150	Φ12@150	Φ12@150	Φ12@150	Φ12@120	Φ12@120
MK1220-C1,C2	Φ12@150	Φ12@150	Φ12@150	Φ12@150	Φ12@120	Φ12@100	Φ14@120	Φ14@100
MK1220-D1,D2	Φ12@150	Φ12@150	Φ12@120	Φ14@150	Φ16@150	Φ16@120	Φ16@100	Φ18@100
MK1220-E1,E2	Φ12@150	Φ14@150	Φ16@150	Φ16@100	Φ18@100	Φ20@100	—	—
MK1220-F1,F2	Φ12@120	Φ14@100	Φ16@100	Φ20@120	—	—	—	—

MK1220型门框墙 ③ 配筋表

型号\b	≤300	400	500	600
MK1220-A1,A2,A3	Φ12@150	Φ12@150	Φ12@150	Φ12@150
MK1220-B1,B2,B3	Φ12@150	Φ12@150	Φ12@150	Φ12@150
MK1220-C1,C2,C3	Φ12@150	Φ12@150	Φ12@150	Φ12@150
MK1220-D1,D2,D3	Φ12@150	Φ12@150	Φ12@150	Φ12@120
MK1220-E1,E2,E3	Φ12@150	Φ12@120	Φ14@120	Φ14@100
MK1220-F1,F2,F3	Φ12@120	Φ14@120	Φ16@100	Φ18@100

MK1220型门框墙梁配筋表

型号	L	≤2000	2400	2800	3200
MK1220-A1,A2	c	300	300	300	300
	④	3Φ16	3Φ16	3Φ16	3Φ16
MK1220-B1,B2	c	300	300	300	300
	④	3Φ16	3Φ16	3Φ18	4Φ18
MK1220-C1,C2	c	300	300	300	400
	④	3Φ16	3Φ20	4Φ20	4Φ20
MK1220-D1,D2	c	300	350	400	400
	④	3Φ20	3Φ22	4Φ22	2Φ25+2Φ22
MK1220-E1,E2	c	350	400	450	—
	④	4Φ20	2Φ25+2Φ22	4Φ25	—
MK1220-F1,F2	c	400	450	—	—
	④	4Φ22	4Φ25	—	—

MK1220型门框墙边柱配筋表

型号	H	≤3000	3200	3400	3600
MK1220-A2,A3	d	400	400	400	400
	⑤	4Φ18	4Φ18	4Φ18	4Φ18
MK1220-B2,B3	d	400	400	400	400
	⑤	4Φ18	4Φ20	4Φ20	4Φ22
MK1220-C2,C3	d	400	400	450	500
	⑤	5Φ20	5Φ22	5Φ22	5Φ22
MK1220-D2,D3	d	450	500	550	600
	⑤	5Φ25	5Φ25	5Φ25	5Φ25
MK1220-E2,E3	d	650	650	650	700
	⑤	(5Φ25)	(6Φ25)	[7Φ25]	[8Φ25]
MK1220-F2,F3	d	700	700	800	900
	⑤	(6Φ25)	[8Φ25]	[8Φ25]	[8Φ25]

说明：1. 边柱配筋表中钢筋带圆括号的柱宽为500。
2. 边柱配筋表中钢筋带方括号的柱宽为600。

MK1220型门框墙配筋表 图集号 07FG04

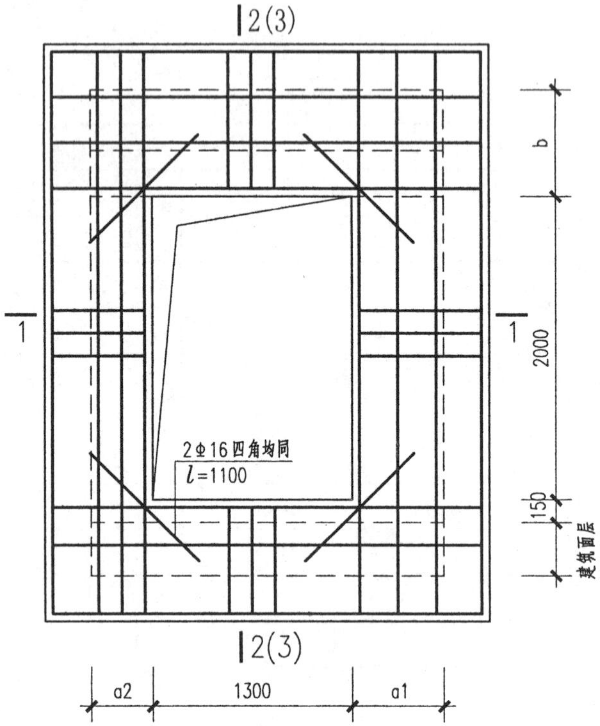

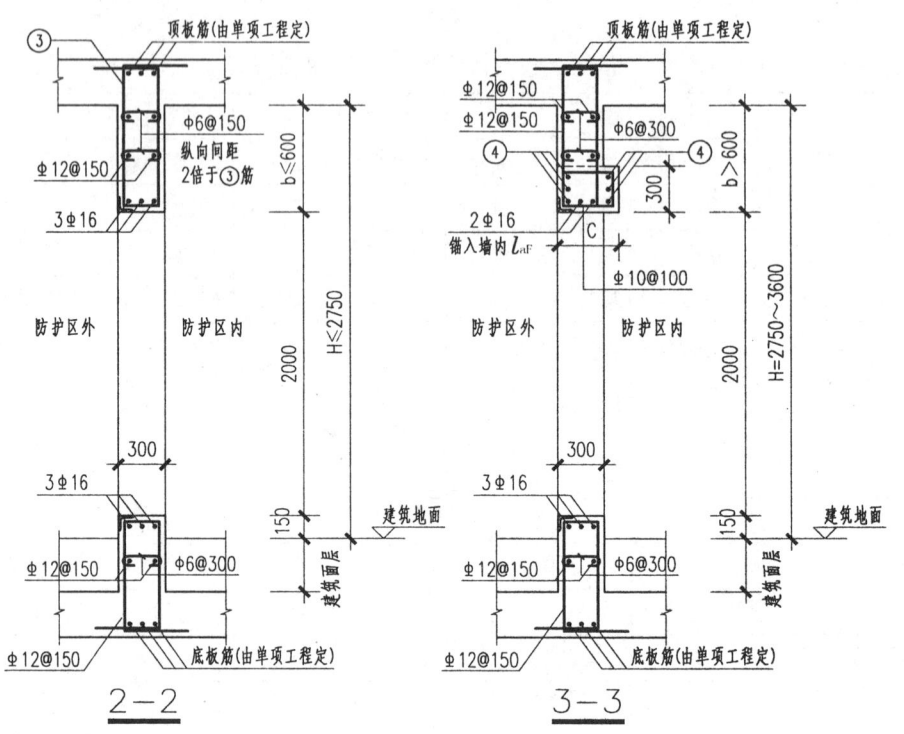

说明：
1. 本图适用于荷载A～D型，且通道宽度≤3.3m，a1≤1000，a2≤1000；荷载E型，且通道宽度≤2.9m，a1≤800，a2≤800；荷载F型，且通道宽度≤2.5m，a1≤600，a2≤600。
2. 门墙内所有预埋件、钢门框和铰页锚板，应位置准确，严格校正后方可与主筋焊牢，再浇筑混凝土。
3. 钢门框预埋安装时必须铅直、周边平整，并在安装后，门扇开启灵活。
4. 门框梁兼作过梁及地梁时，钢筋应按单项工程设计要求配置，但不得小于3Φ16。
5. 注意预埋件的方向与门开启方向相对应，门框墙尺寸应满足预埋件设置要求。
6. 门框墙受力钢筋伸入支座的锚固长度见编制说明。
7. 本图为固定门槛防护密闭门门框墙。若采用活门槛，门洞底与地下室地面平(含建筑做法)，门洞净高2150mm。

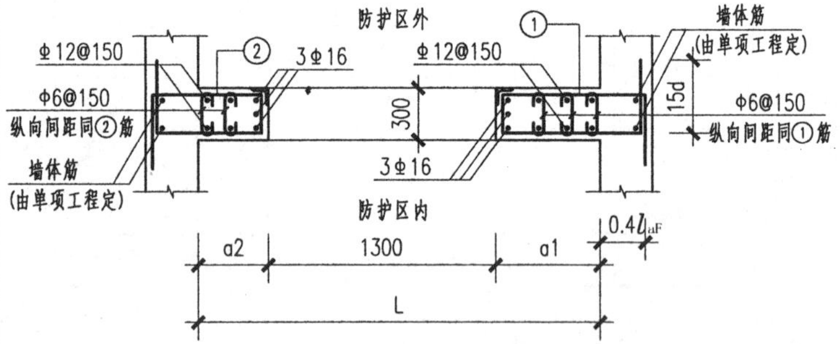

MK1320型门框墙配筋图

图集号 07FG04

页 26

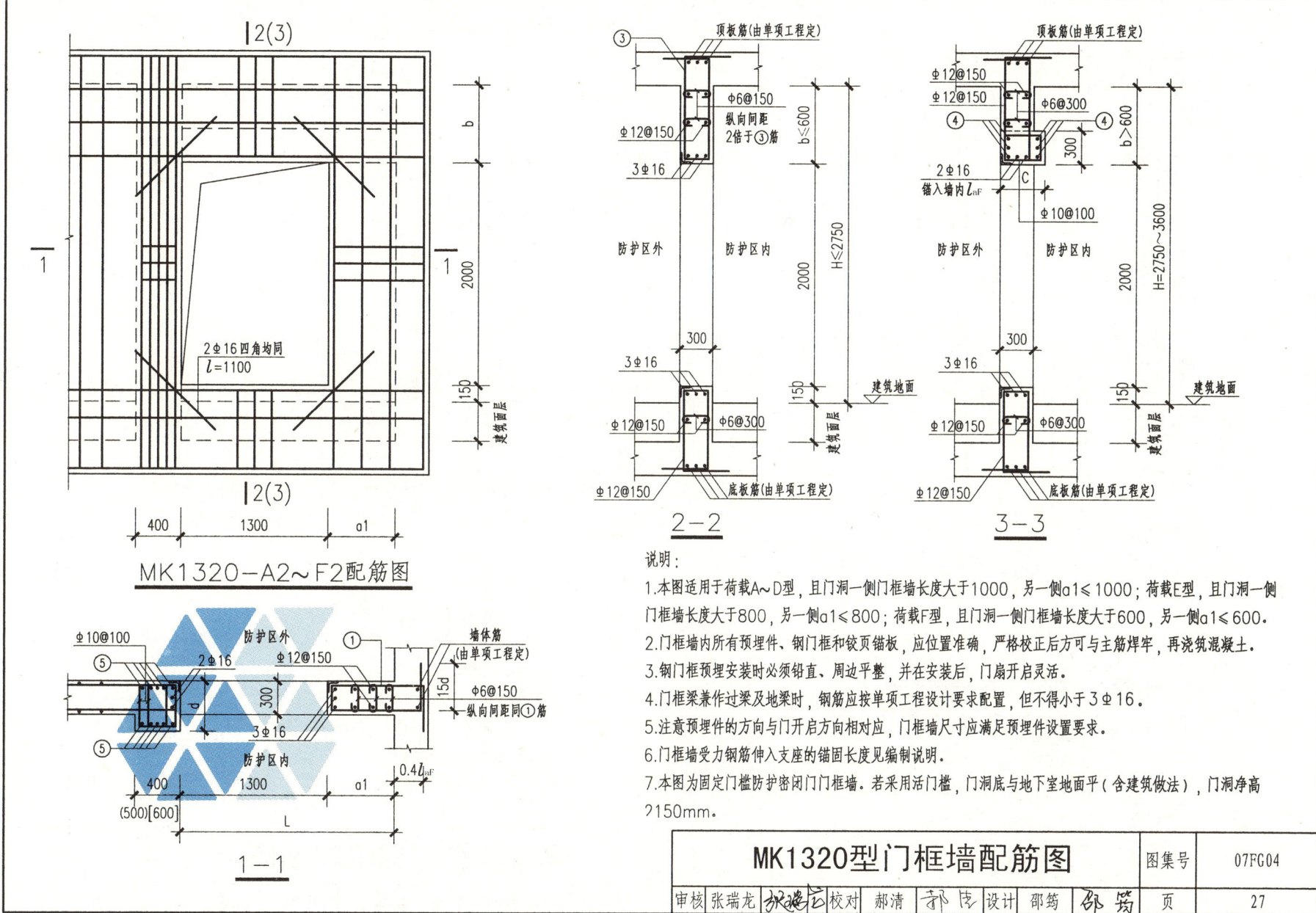

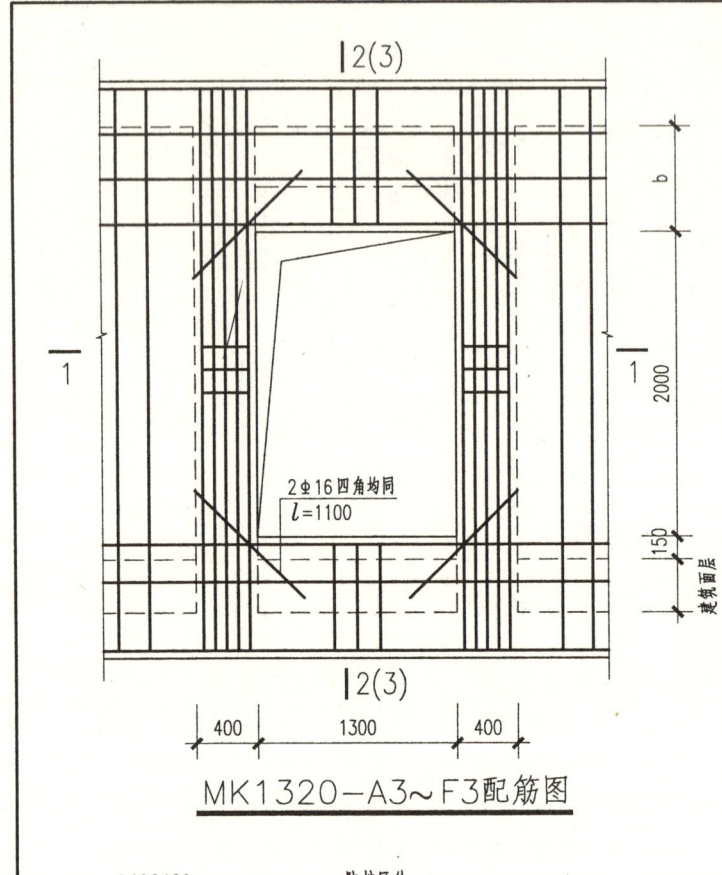

MK1320-A3～F3 配筋图

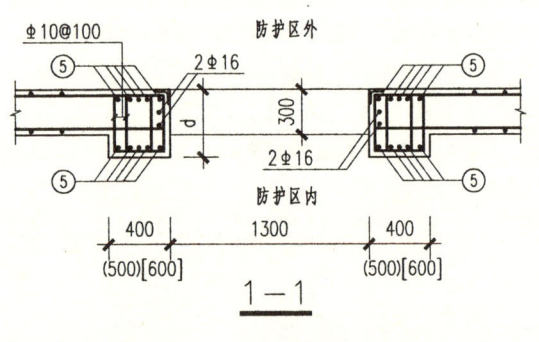

1-1

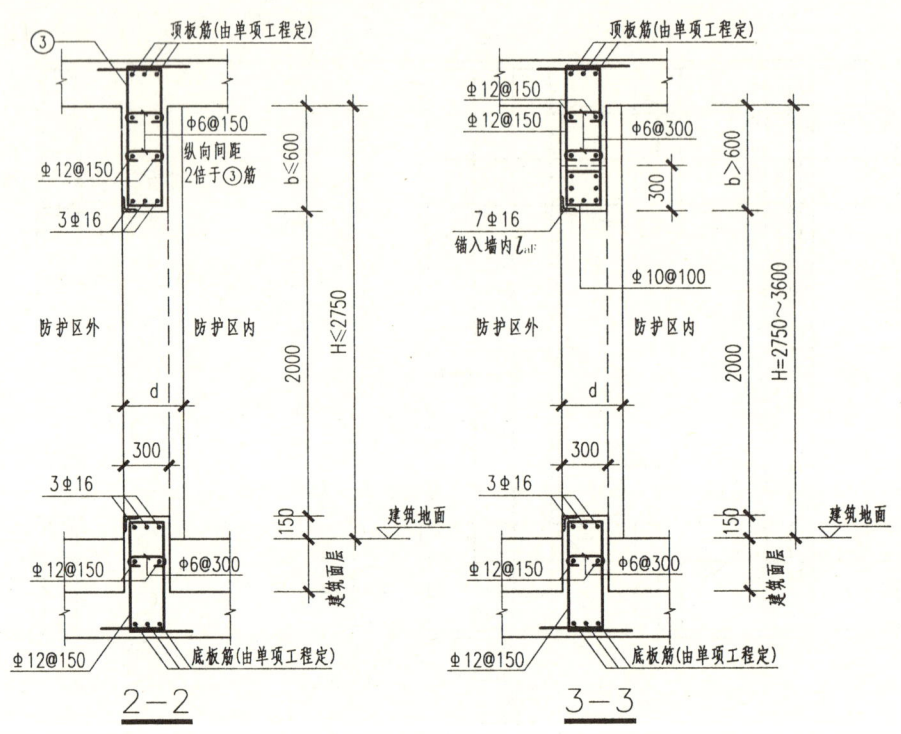

2-2　　3-3

说明：
1. 本图适用于荷载A～D型，且门洞两侧门框墙长度均大于1000；荷载E型，且门洞两侧门框墙长度均大于800；荷载F型，且门洞两侧门框墙长度均大于600。
2. 门框墙内所有预埋件、钢门框和铰页锚板，应位置准确，严格校正后方可与主筋焊牢，再浇筑混凝土。
3. 钢门框预埋安装时必须铅直、周边平整，并在安装后，门扇开启灵活。
4. 门框梁兼作过梁及地梁时，钢筋应按单项工程设计要求配置，但不得小于3Φ16。
5. 注意预埋件的方向与门开启方向相对应，门框墙尺寸应满足预埋件设置要求。
6. 门框墙受力钢筋伸入支座的锚固长度见编制说明。
7. 本图为固定门槛防护密闭门门框墙。若采用活门槛，门洞底与地下室地面平（含建筑做法），门洞净高2150mm。

MK1320型门框墙配筋图

图集号 07FG04

页 28

MK1320型门框墙 ①、② 配筋表

型号 \ a1,a2	≤300	400	500	600	700	800	900	1000
MK1320-A1,A2	⌀12@150	⌀12@150	⌀12@150	⌀12@150	⌀12@150	⌀12@150	⌀12@150	⌀12@150
MK1320-B1,B2	⌀12@150	⌀12@150	⌀12@150	⌀12@150	⌀12@150	⌀12@150	⌀12@120	⌀14@150
MK1320-C1,C2	⌀12@150	⌀12@150	⌀12@150	⌀12@150	⌀12@120	⌀12@100	⌀16@150	⌀16@120
MK1320-D1,D2	⌀12@150	⌀12@150	⌀12@120	⌀12@100	⌀14@100	⌀16@100	⌀18@120	⌀18@100
MK1320-E1,E2	⌀12@150	⌀12@100	⌀14@100	⌀16@100	⌀18@100	⌀20@100	—	—
MK1320-F1,F2	⌀14@150	⌀14@100	⌀18@120	⌀20@100	—	—	—	—

MK1320型门框墙 ③ 配筋表

型号 \ b	≤300	400	500	600
MK1320-A1,A2,A3	⌀12@150	⌀12@150	⌀12@150	⌀12@150
MK1320-B1,B2,B3	⌀12@150	⌀12@150	⌀12@150	⌀12@150
MK1320-C1,C2,C3	⌀12@150	⌀12@150	⌀12@150	⌀12@150
MK1320-D1,D2,D3	⌀12@150	⌀12@150	⌀12@150	⌀14@150
MK1320-E1,E2,E3	⌀12@150	⌀12@120	⌀14@120	⌀16@120
MK1320-F1,F2,F3	⌀12@120	⌀14@120	⌀16@100	⌀18@100

MK1320型门框墙梁配筋表

型号	L	≤2100	2500	2900	3300
MK1320-A1,A2	c	300	300	300	300
	④	3⌀16	3⌀16	3⌀16	3⌀16
MK1320-B1,B2	c	300	300	300	300
	④	3⌀16	3⌀16	3⌀20	3⌀22
MK1320-C1,C2	c	300	300	350	350
	④	3⌀18	4⌀18	3⌀22	4⌀22
MK1320-D1,D2	c	300	350	400	450
	④	3⌀22	4⌀20	4⌀22	2⌀25+2⌀22
MK1320-E1,E2	c	350	450	550	—
	④	4⌀22	5⌀20	4⌀25	—
MK1320-F1,F2	c	400	500	—	—
	④	5⌀22	4⌀25	—	—

MK1320型门框墙边柱配筋表

型号	H	≤3000	3200	3400	3600
MK1320-A2,A3	d	400	400	400	400
	⑤	4⌀18	4⌀18	4⌀18	4⌀18
MK1320-B2,B3	d	400	400	400	400
	⑤	4⌀18	4⌀20	4⌀22	4⌀22
MK1320-C2,C3	d	400	400	450	500
	⑤	5⌀22	5⌀22	5⌀22	4⌀25
MK1320-D2,D3	d	450	500	550	600
	⑤	5⌀25	5⌀25	5⌀25	5⌀25
MK1320-E2,E3	d	600	650	700	700
	⑤	(6⌀25)	(6⌀25)	[7⌀25]	[8⌀25]
MK1320-F2,F3	d	700	750	800	900
	⑤	[7⌀25]	[8⌀25]	[8⌀25]	[8⌀25]

说明：1. 边柱配筋表中钢筋带圆括号的柱宽为500。
2. 边柱配筋表中钢筋带方括号的柱宽为600。

MK1320型门框墙配筋表

图集号 07FG04

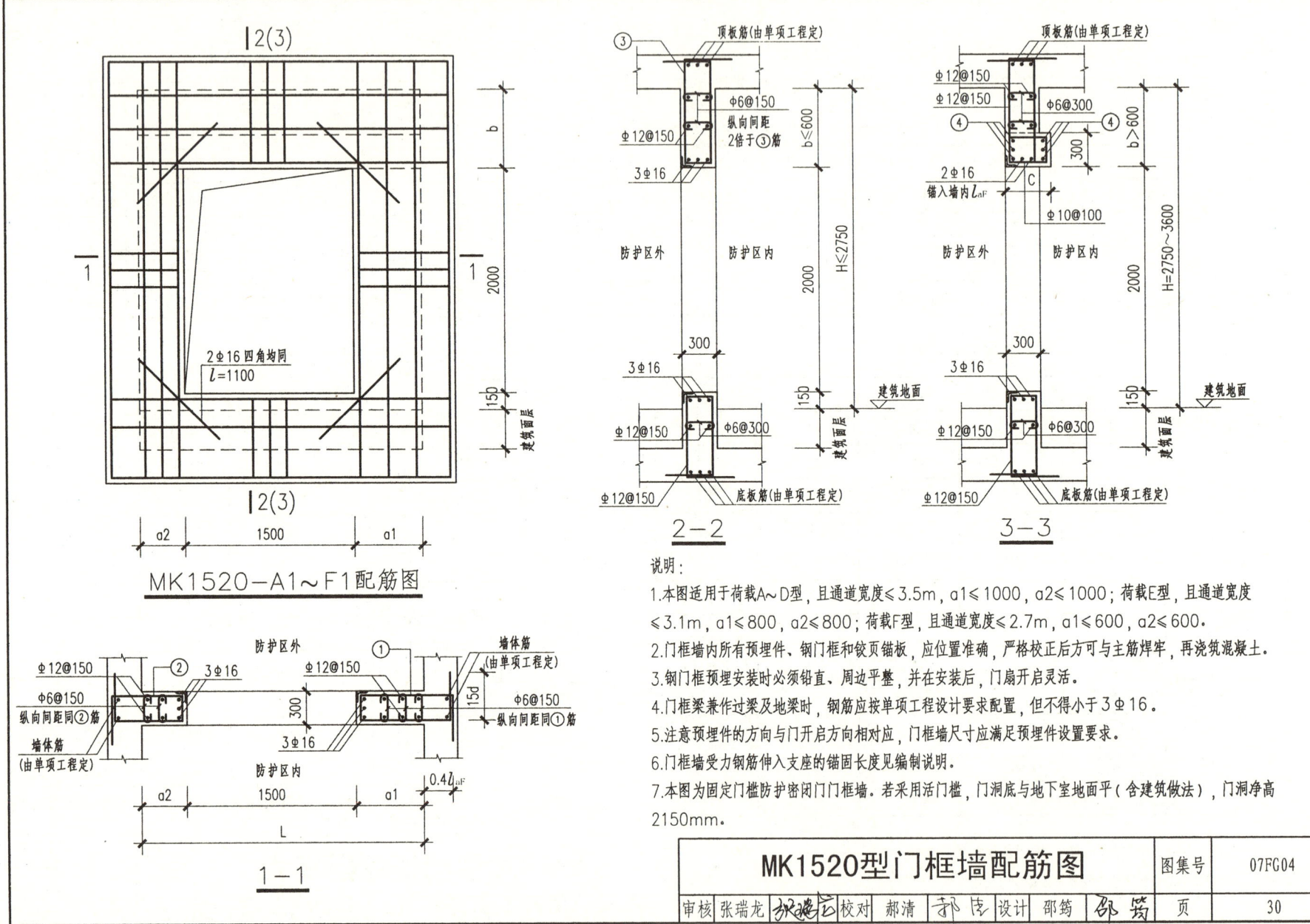

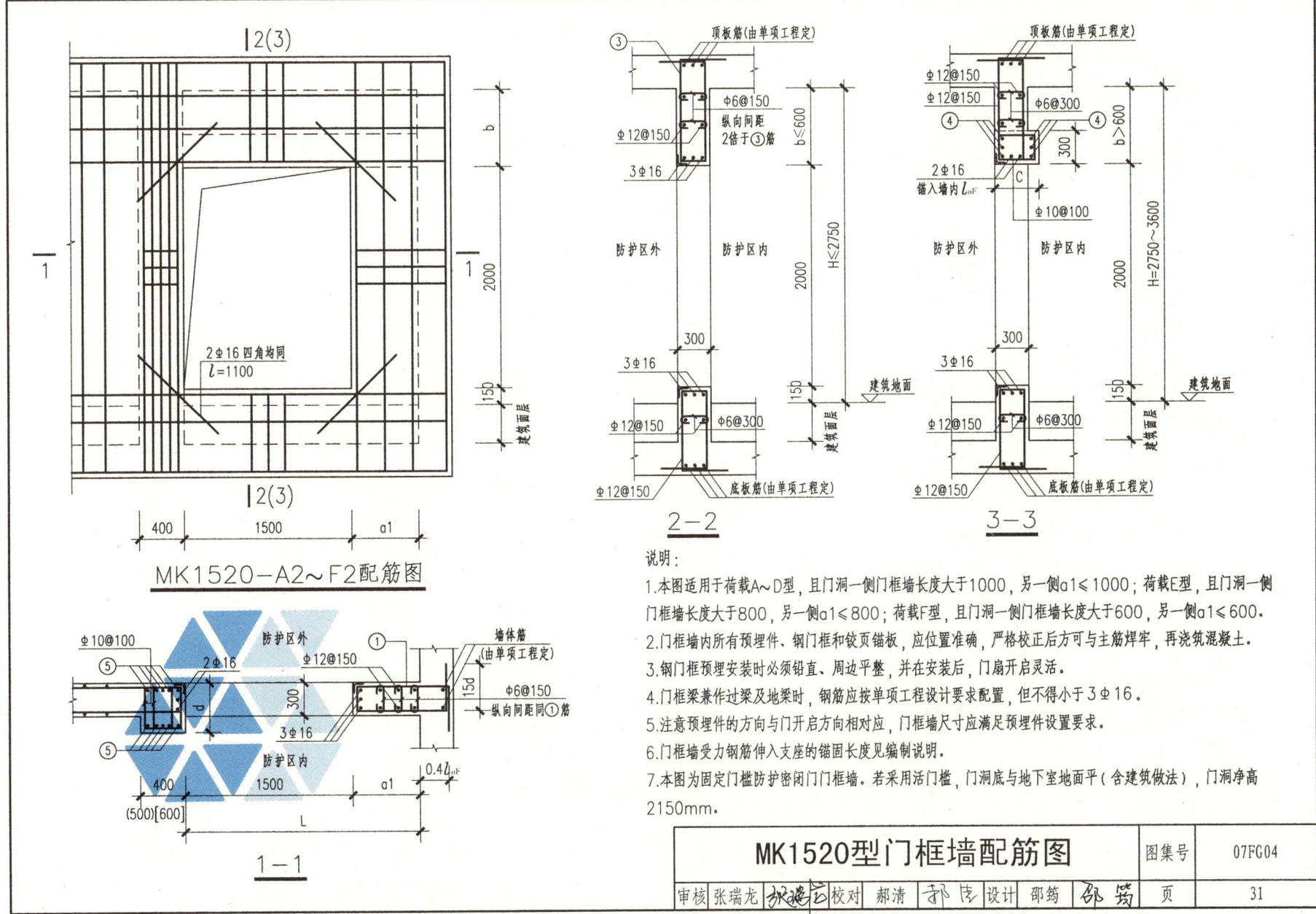

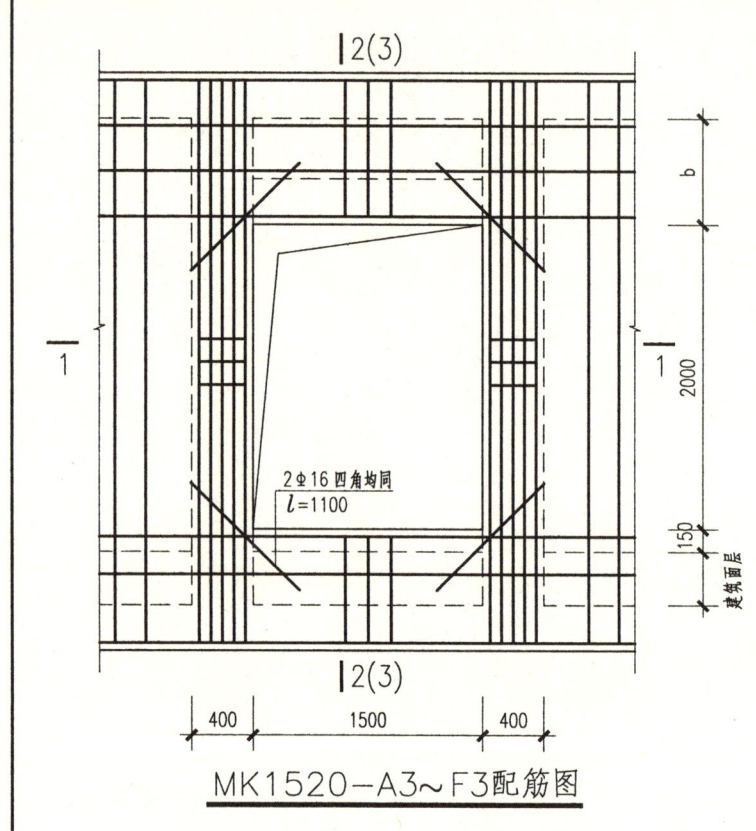

MK1520-A3～F3配筋图

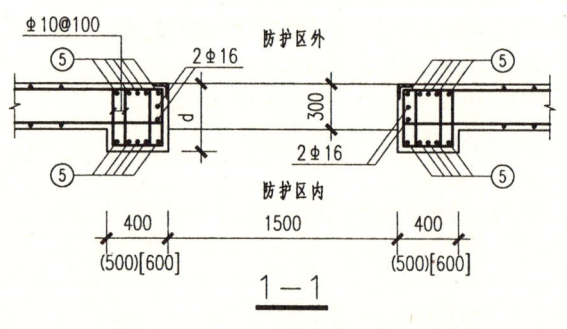

1-1

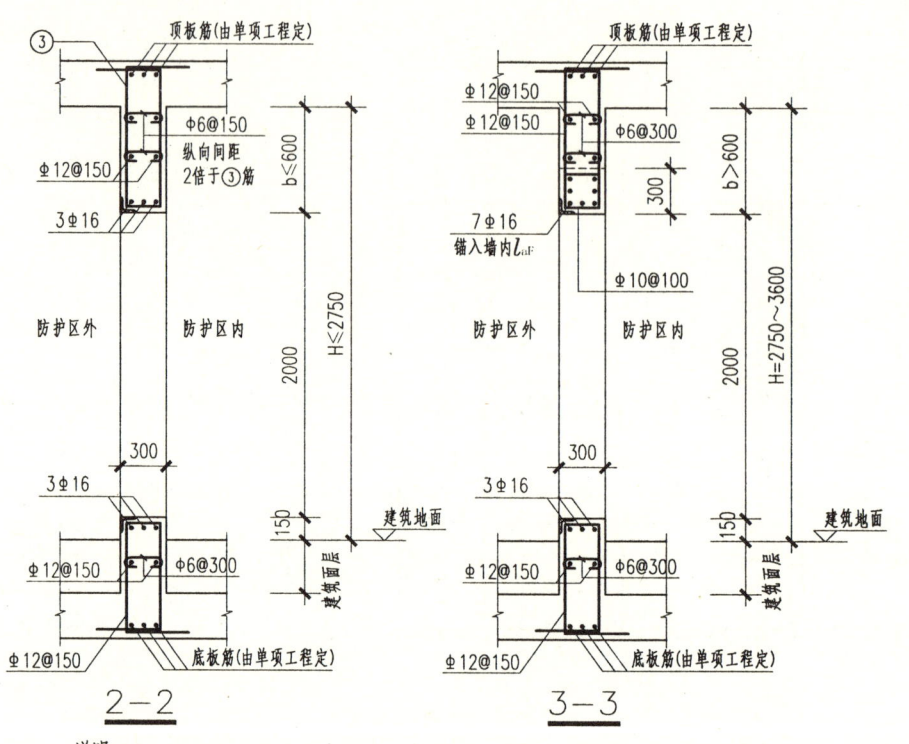

2-2　　3-3

说明：
1. 本图适用于荷载A～D型，且门洞两侧门框墙长度均大于1000；荷载E型，且门洞两侧门框墙长度均大于800；荷载F型，且门洞两侧门框墙长度均大于600。
2. 门框墙内所有预埋件、钢门框和铰页锚板，应位置准确，严格校正后方可与主筋焊牢，再浇筑混凝土。
3. 钢门框预埋安装时必须铅直、周边平整，并在安装后，门扇开启灵活。
4. 门框梁兼作过梁及地梁时，钢筋应按单项工程设计要求配置，但不得小于3Φ16。
5. 注意预埋件的方向与门开启方向相对应，门框墙尺寸应满足预埋件设置要求。
6. 门框墙受力钢筋伸入支座的锚固长度见编制说明。
7. 本图为固定门槛防护密闭门门框墙。若采用活门槛，门洞底与地下室地面平（含建筑做法），门洞净高2150mm。

MK1520型门框墙配筋图

图集号 07FG04　页 32

MK1520型门框墙 ①、② 配筋表

型号 \ a1,a2	≤300	400	500	600	700	800	900	1000
MK1520-A1,A2	⌀12@150	⌀12@150	⌀12@150	⌀12@150	⌀12@150	⌀12@150	⌀12@150	⌀12@150
MK1520-B1,B2	⌀12@150	⌀12@150	⌀12@150	⌀12@150	⌀12@150	⌀12@150	⌀12@120	⌀14@150
MK1520-C1,C2	⌀12@150	⌀12@150	⌀12@150	⌀12@150	⌀12@120	⌀14@120	⌀14@100	⌀16@120
MK1520-D1,D2	⌀12@150	⌀12@150	⌀12@120	⌀14@120	⌀14@100	⌀16@100	⌀18@120	⌀18@100
MK1520-E1,E2	⌀12@150	⌀12@100	⌀14@100	⌀16@100	⌀18@100	⌀20@100	—	—
MK1520-F1,F2	⌀12@100	⌀16@120	⌀18@100	⌀20@100	—	—	—	—

MK1520型门框墙 ③ 配筋表

型号 \ b	≤300	400	500	600
MK1520-A1,A2,A3	⌀12@150	⌀12@150	⌀12@150	⌀12@150
MK1520-B1,B2,B3	⌀12@150	⌀12@150	⌀12@150	⌀12@150
MK1520-C1,C2,C3	⌀12@150	⌀12@150	⌀12@150	⌀12@150
MK1520-D1,D2,D3	⌀12@150	⌀12@150	⌀12@120	⌀12@100
MK1520-E1,E2,E3	⌀12@150	⌀14@150	⌀16@150	⌀16@100
MK1520-F1,F2,F3	⌀12@120	⌀14@100	⌀16@100	⌀18@100

MK1520型门框墙梁配筋表

型号	L	≤2300	2700	3100	3500
MK1520-A1,A2	c	300	300	300	300
	④	3⌀16	3⌀16	3⌀16	3⌀18
MK1520-B1,B2	c	300	300	300	350
	④	3⌀16	3⌀18	3⌀22	3⌀22
MK1520-C1,C2	c	300	300	350	400
	④	3⌀20	4⌀22	4⌀22	4⌀22
MK1520-D1,D2	c	350	400	450	500
	④	3⌀22	4⌀22	5⌀20	5⌀22
MK1520-E1,E2	c	400	450	550	—
	④	5⌀22	4⌀25	6⌀22 4/2	—
MK1520-F1,F2	c	450	550	—	—
	④	4⌀25	6⌀22 4/2	—	—

MK1520型门框墙边柱配筋表

型号	H	≤3000	3200	3400	3600
MK1520-A2,A3	d	400	400	400	400
	⑤	4⌀18	4⌀18	4⌀18	4⌀18
MK1520-B2,B3	d	400	400	400	400
	⑤	4⌀18	4⌀20	4⌀22	5⌀20
MK1520-C2,C3	d	400	400	450	500
	⑤	5⌀22	4⌀25	4⌀25	4⌀25
MK1520-D2,D3	d	450	500	550	600
	⑤	5⌀25	5⌀25	5⌀25	5⌀25
MK1520-E2,E3	d	600	700	700	700
	⑤	(6⌀25)	(6⌀25)	[7⌀25]	[8⌀25]
MK1520-F2,F3	d	700	750	850	900
	⑤	[7⌀25]	[8⌀25]	[8⌀25]	[8⌀25]

说明：1.边柱配筋表中钢筋带圆括号的柱宽为500。
2.边柱配筋表中钢筋带方括号的柱宽为600。

MK1520型门框墙配筋表

图集号 07FG04

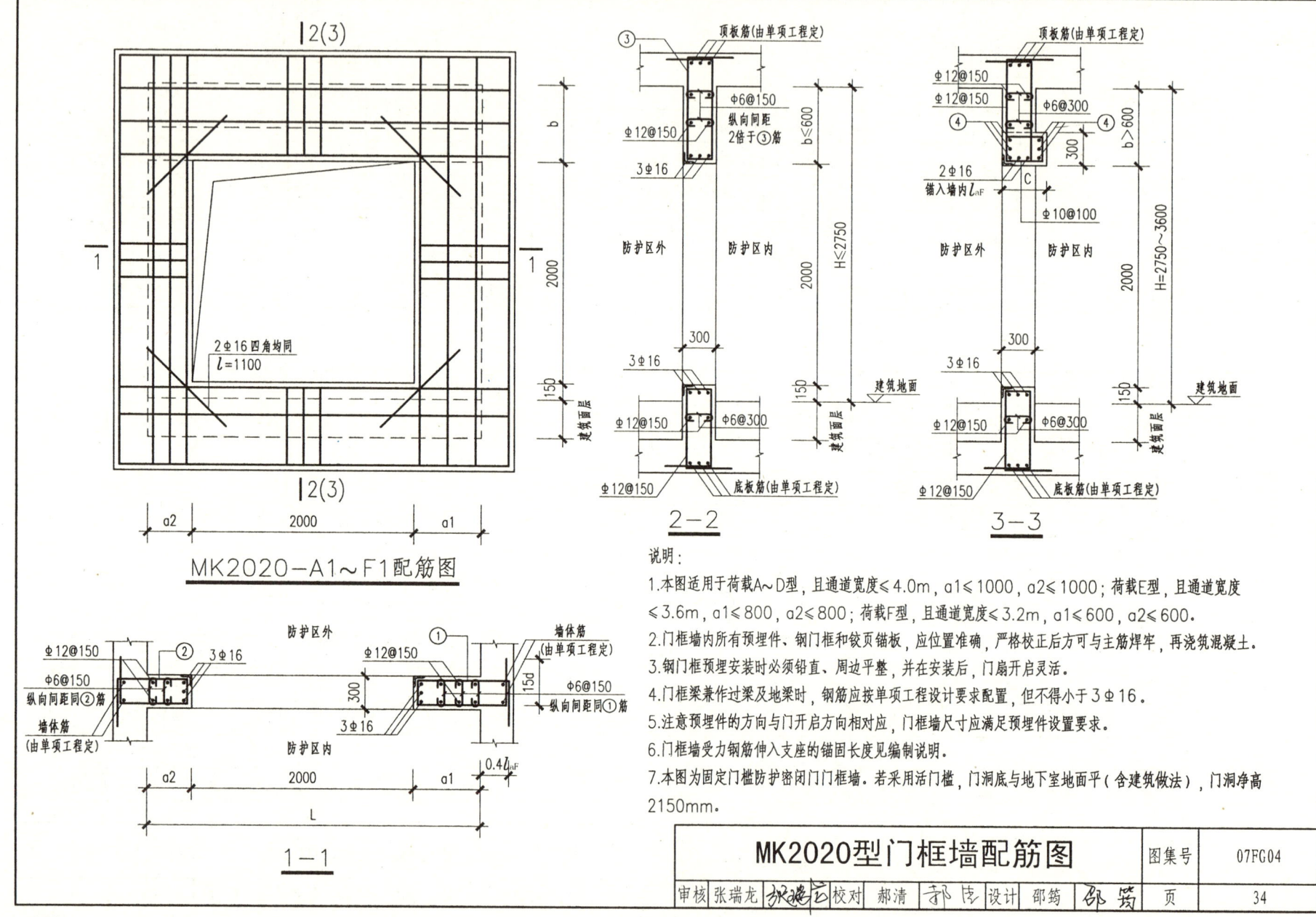

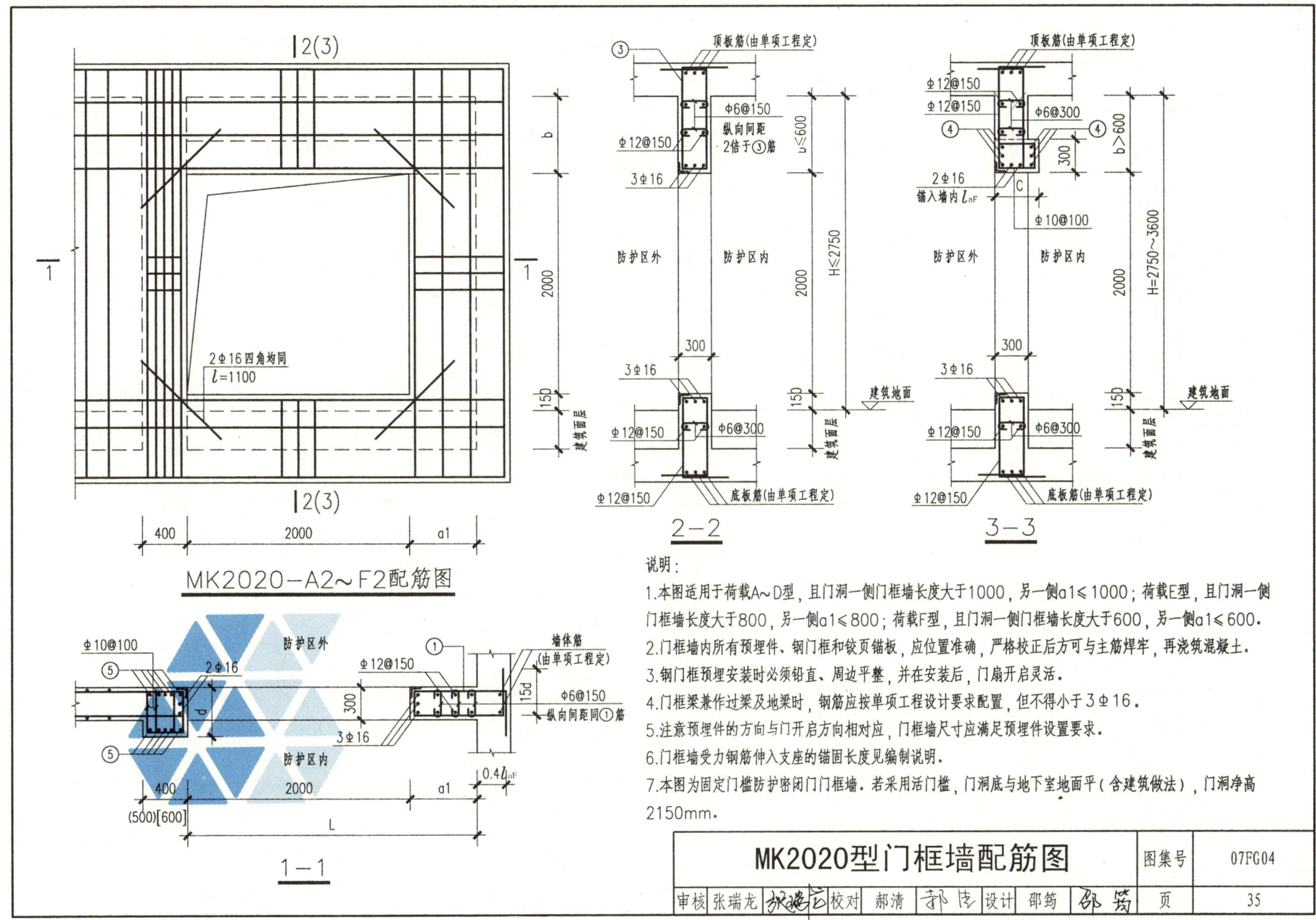

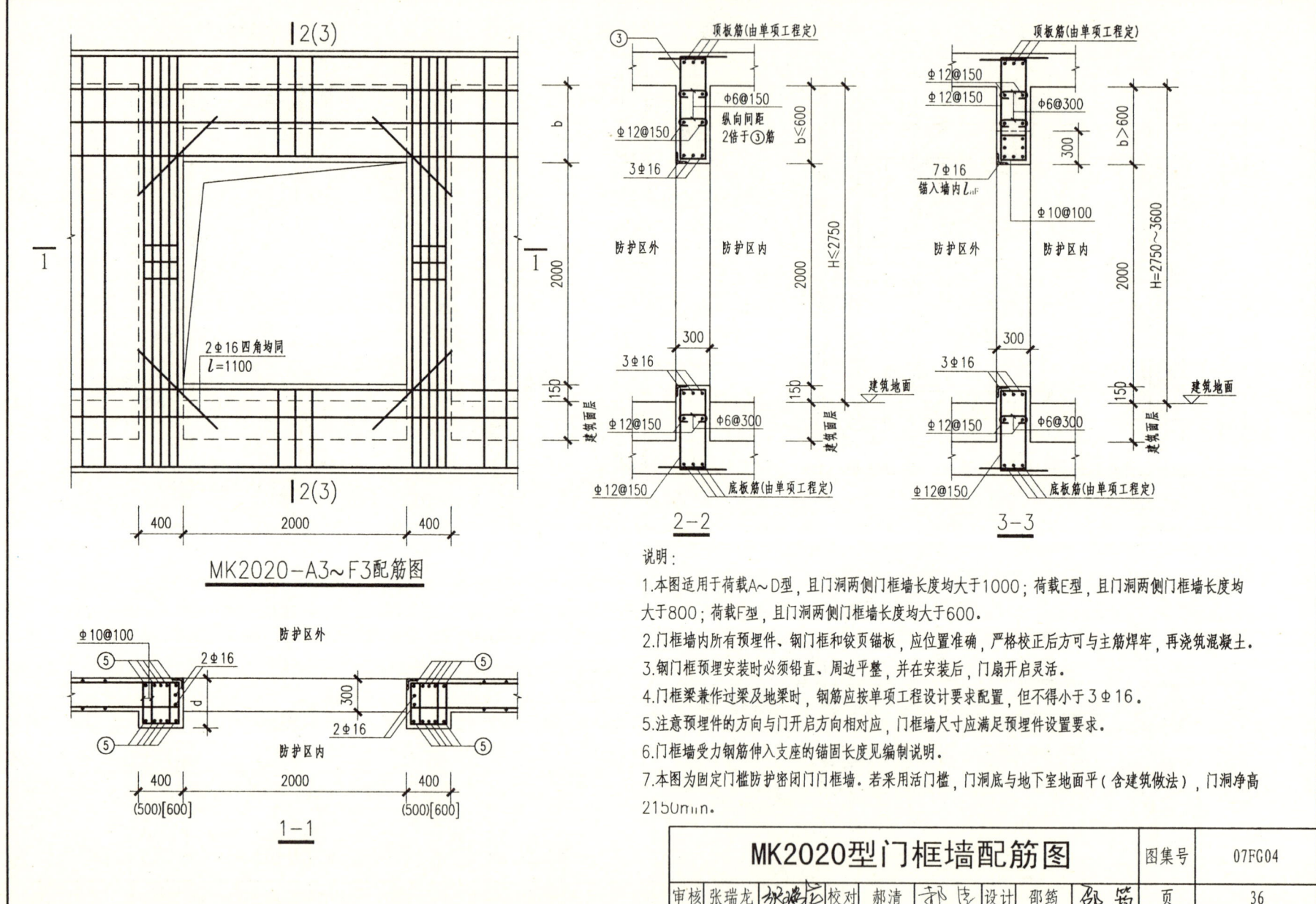

MK2020型门框墙①、②、③ 配筋表

型号 \ a1,a2,b	≤300	400	500	600	700	800	900	1000
MK2020-A1,A2,A3	⌀12@150	⌀12@150	⌀12@150	⌀12@150	⌀12@150	⌀12@150	⌀12@150	⌀12@150
MK2020-B1,B2,B3	⌀12@150	⌀12@150	⌀12@150	⌀12@150	⌀12@150	⌀12@150	⌀12@120	⌀12@100
MK2020-C1,C2,C3	⌀12@150	⌀12@150	⌀12@150	⌀12@120	⌀14@150	⌀14@120	⌀14@100	⌀16@100
MK2020-D1,D2,D3	⌀12@150	⌀12@150	⌀12@120	⌀14@120	⌀14@100	⌀16@100	⌀18@100	⌀20@120
MK2020-E1,E2,E3	⌀12@120	⌀14@120	⌀16@120	⌀18@120	⌀20@120	⌀22@120	—	—
MK2020-F1,F2,F3	⌀12@100	⌀16@120	⌀18@100	⌀20@100	—	—	—	—

MK2020型门框墙梁配筋表

型号		≤2800	3200	3600	4000
MK2020-A1,A2	c	300	300	300	300
	④	3⌀16	3⌀16	3⌀18	4⌀18
MK2020-B1,B2	c	300	300	350	400
	④	3⌀20	5⌀18	4⌀22	4⌀22
MK2020-C1,C2	c	350	400	450	450
	④	4⌀20	4⌀22	5⌀20	4⌀25
MK2020-D1,D2	c	400	450	500	550
	④	5⌀22	5⌀22	6⌀22 4/2	5⌀25
MK2020-E1,E2	c	500	550	650	—
	④	6⌀22 4/2	5⌀25	6⌀25 4/2	—
MK2020-F1,F2	c	600	650	—	—
	④	5⌀25	6⌀25 4/2	—	—

MK2020型门框墙边柱配筋表

型号		≤3000	3200	3400	3600
MK2020-A2,A3	d	400	400	400	400
	⑤	4⌀18	4⌀18	4⌀18	4⌀18
MK2020-B2,B3	d	400	400	400	400
	⑤	4⌀18	4⌀20	4⌀22	5⌀22
MK2020-C2,C3	d	400	450	500	500
	⑤	5⌀22	5⌀22	5⌀22	5⌀25
MK2020-D2,D3	d	450	500	600	650
	⑤	5⌀25	5⌀25	(5⌀25)	(5⌀25)
MK2020-E2,E3	d	600	700	700	700
	⑤	(6⌀25)	(6⌀25)	[7⌀25]	[8⌀25]
MK2020-F2,F3	d	700	750	850	900
	⑤	[7⌀25]	[8⌀25]	[8⌀25]	[8⌀25]

说明：1. 边柱配筋表中钢筋带圆括号的柱宽为500。
2. 边柱配筋表中钢筋带方括号的柱宽为600。

MK2020型门框墙配筋表

图集号 07FG04

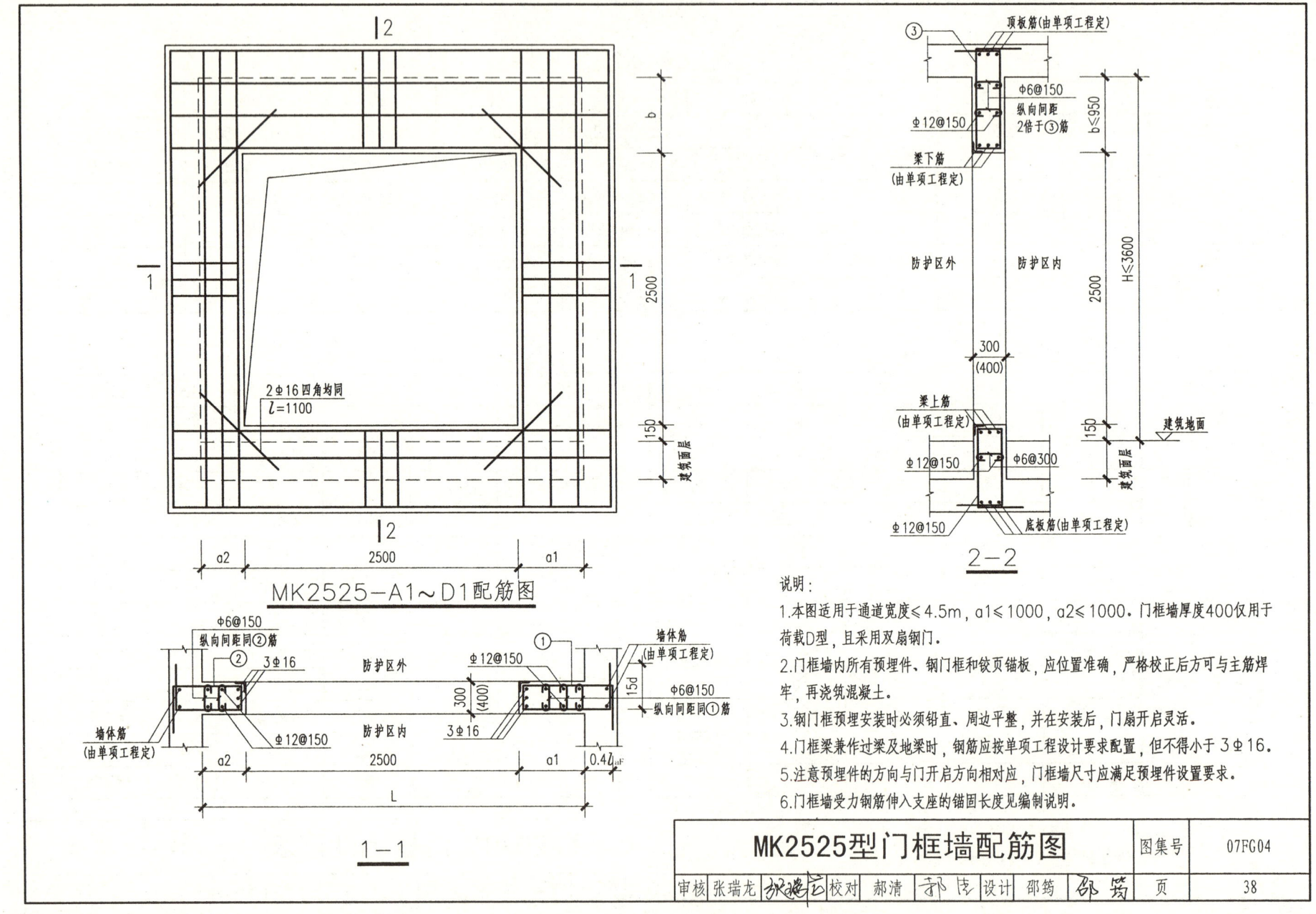

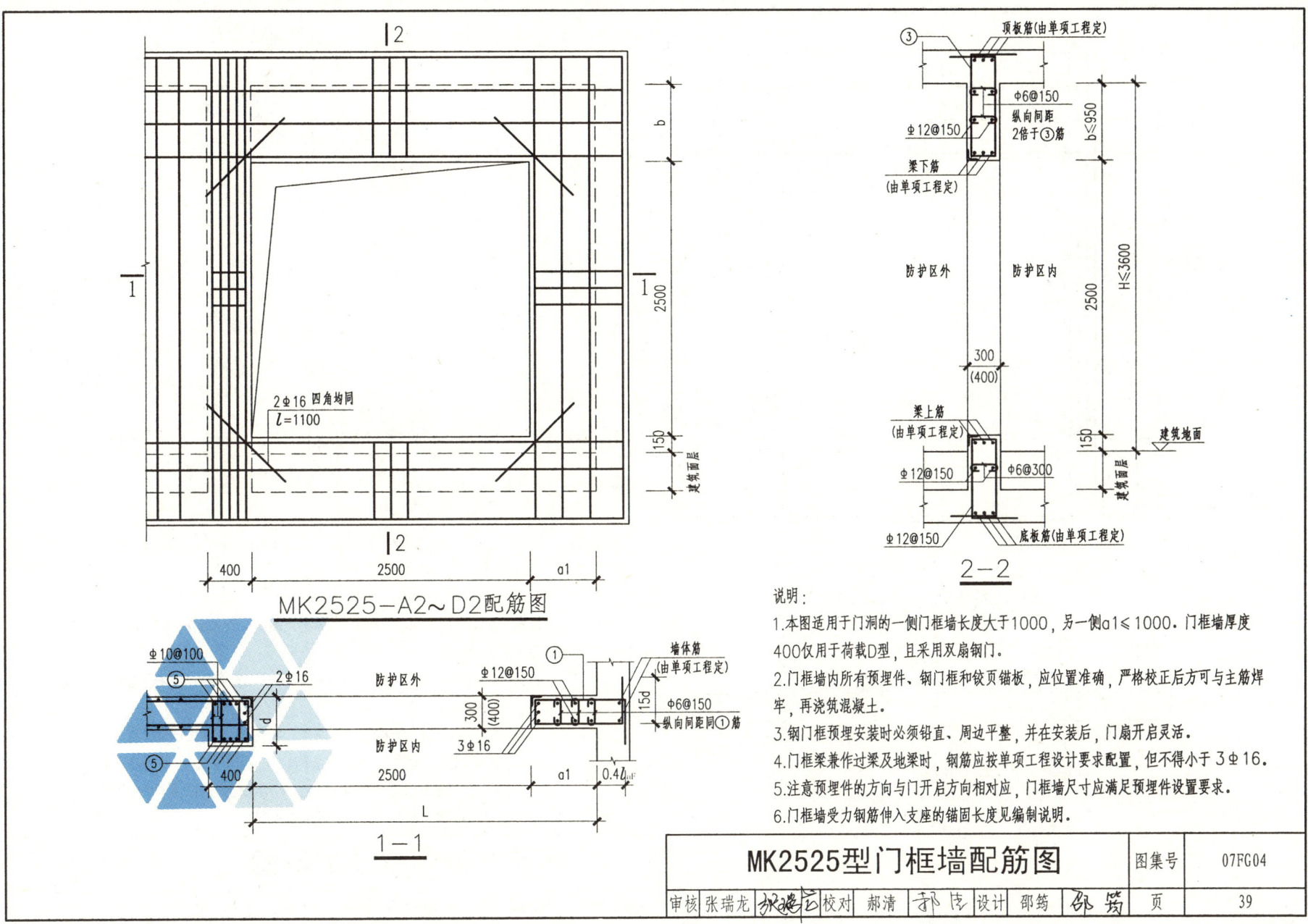

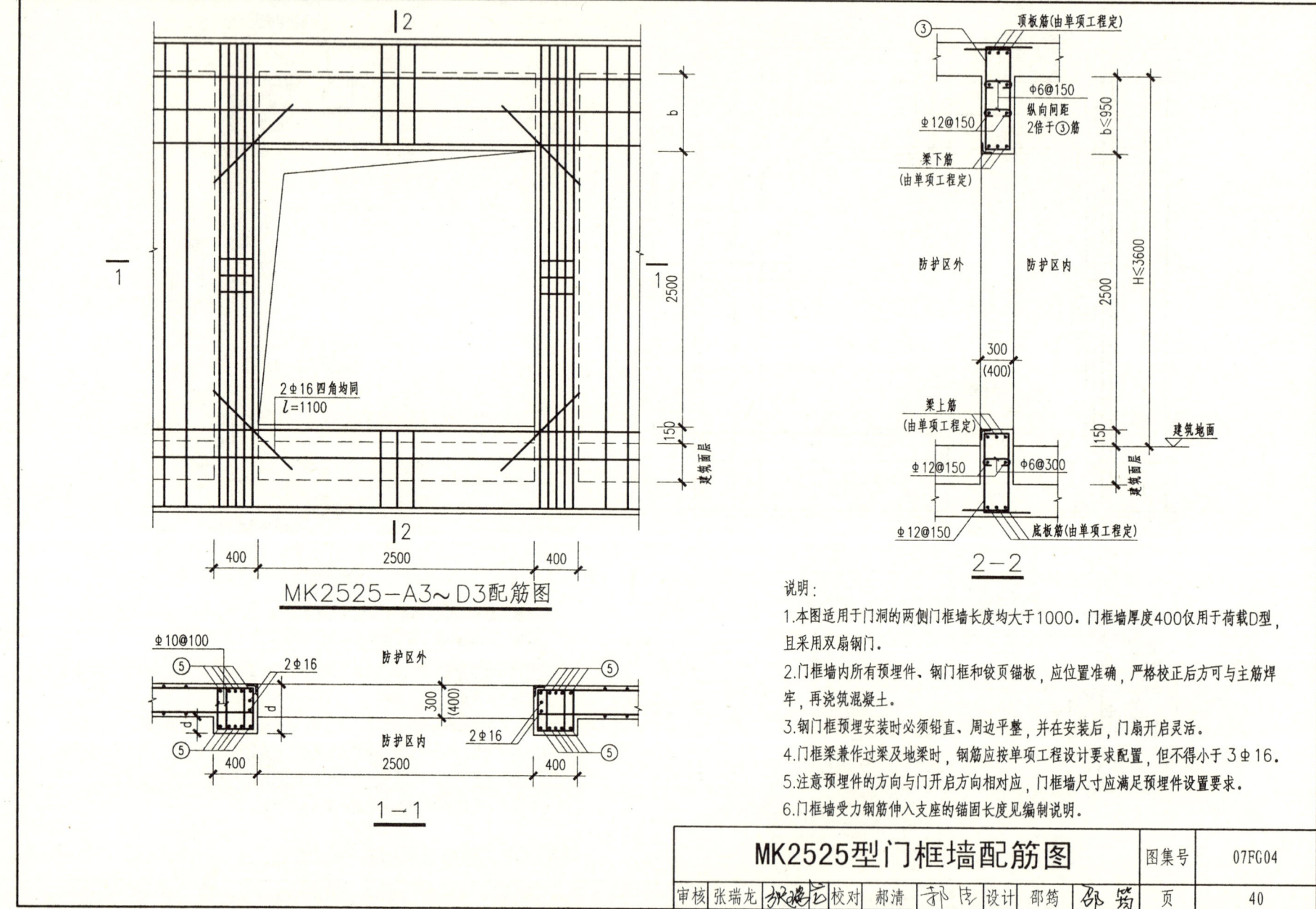

MK2525型门框墙 ①、② 配筋表（双扇钢筋混凝土门）

型号 \ a1,a2	≤300	400	500	600	700	800	900	1000
MK2525-A1,A2	⌀12@150	⌀12@150	⌀12@150	⌀12@150	⌀12@150	⌀12@150	⌀12@150	⌀12@150
MK2525-B1,B2	⌀12@150	⌀12@150	⌀12@150	⌀12@150	⌀12@150	⌀12@120	⌀12@120	⌀12@100
MK2525-C1,C2	⌀12@150	⌀12@150	⌀12@150	⌀12@120	⌀12@100	⌀16@150	⌀16@120	⌀16@100
MK2525-D1,D2	⌀12@150	⌀12@150	⌀14@150	⌀16@150	⌀16@120	⌀16@100	—	—

MK2525型门框墙 ③ 配筋表（双扇钢筋混凝土门）

型号 \ b	≤300	400	500	600	700	800	900	950
MK2525-A1,A2,A3	⌀12@150	⌀12@150	⌀12@150	⌀12@150	⌀12@150	⌀12@150	⌀12@150	⌀12@150
MK2525-B1,B2,B3	⌀12@150	⌀12@150	⌀12@150	⌀12@150	⌀12@150	⌀12@150	⌀12@120	⌀12@120
MK2525-C1,C2,C3	⌀12@150	⌀12@150	⌀12@150	⌀12@150	⌀12@120	⌀12@100	⌀14@100	⌀14@100
MK2525-D1,D2,D3	⌀12@150	⌀12@150	⌀12@120	⌀12@100	⌀14@100	⌀16@100	⌀18@120	⌀18@100

MK2525型门框墙边柱配筋表（双扇钢筋混凝土门）

型号	H	≤3000	3200	3400	3600
MK2525-A2,A3	d	400	400	400	400
	⑤	4⌀18	4⌀18	4⌀18	4⌀18
MK2525-B2,B3	d	400	400	400	400
	⑤	4⌀20	4⌀20	4⌀22	5⌀22
MK2525-C2,C3	d	400	400	450	450
	⑤	5⌀22	6⌀22	6⌀22	5⌀25
MK2525-D2,D3	d	500	550	600	650
	⑤	6⌀22	6⌀22	5⌀25	5⌀25

MK2525型门框墙配筋表 图集号 07FG04

MK2525型门框墙①、② 配筋表（双扇钢门）

型号 \ a1,a2	≤300	400	500	600	700	800	900	1000
MK2525-A1,A2	⌀12@150	⌀12@150	⌀12@150	⌀12@150	⌀12@150	⌀12@150	⌀12@150	⌀12@150
MK2525-B1,B2	⌀12@150	⌀12@150	⌀12@150	⌀12@150	⌀12@150	⌀12@120	⌀12@120	⌀12@100
MK2525-C1,C2	⌀12@150	⌀12@150	⌀12@150	⌀12@120	⌀12@100	⌀16@150	⌀16@120	⌀16@100
MK2525-D1,D2	(⌀14@150)	(⌀14@150)	(⌀14@150)	(⌀14@150)	(⌀14@120)	(⌀14@100)	(⌀16@120)	(⌀16@100)

MK2525型门框墙③ 配筋表（双扇钢门）

型号 \ b	≤300	400	500	600	700	800	900	950
MK2525-A1,A2,A3	⌀12@150	⌀12@150	⌀12@150	⌀12@150	⌀12@150	⌀12@150	⌀12@150	⌀12@150
MK2525-B1,B2,B3	⌀12@150	⌀12@150	⌀12@150	⌀12@120	⌀14@150	⌀14@120	⌀14@100	⌀14@100
MK2525-C1,C2,C3	⌀12@150	⌀12@120	⌀14@150	⌀16@150	⌀16@120	⌀16@100	⌀18@100	⌀18@100
MK2525-D1,D2,D3	(⌀14@150)	(⌀14@150)	(⌀12@100)	(⌀14@100)	(⌀16@100)	(⌀18@120)	(⌀18@100)	(⌀20@120)

MK2525型门框墙边柱配筋表（双扇钢门）

型号		H	≤3000	3200	3400	3600
MK2525-A2,A3		d	400	400	400	400
	⑤		4⌀18	4⌀18	4⌀18	4⌀18
MK2525-B2,B3		d	400	400	400	400
	⑤		4⌀20	4⌀20	4⌀22	5⌀22
MK2525-C2,C3		d	400	400	450	450
	⑤		5⌀22	6⌀22	6⌀22	5⌀25
MK2525-D2,D3		d	500	550	600	650
	⑤		6⌀22	6⌀22	5⌀25	5⌀25

说明：①、②、③配筋表中钢筋注小括号的门框墙厚度为400。

MK2525型门框墙配筋表

图集号 07FG04

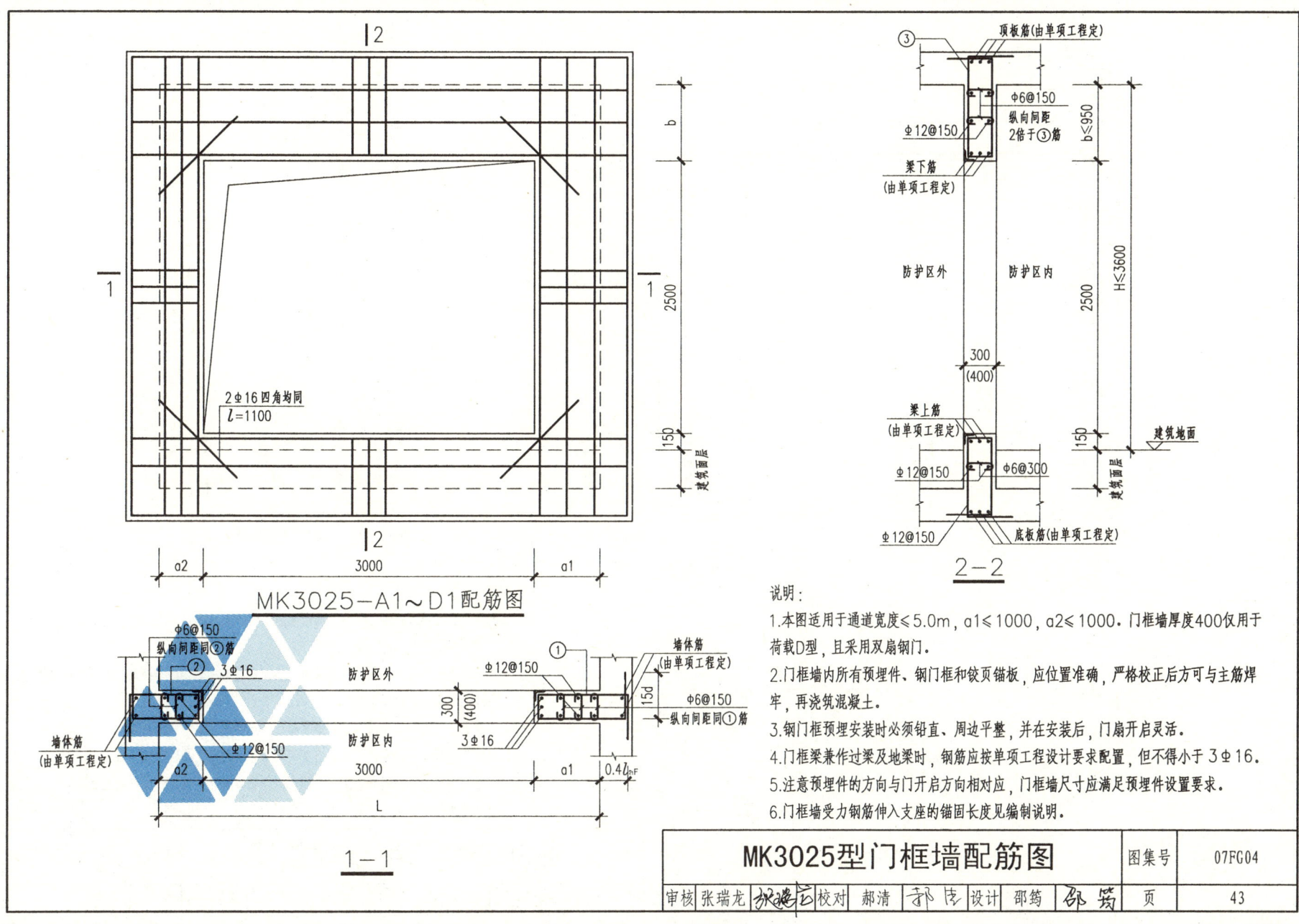

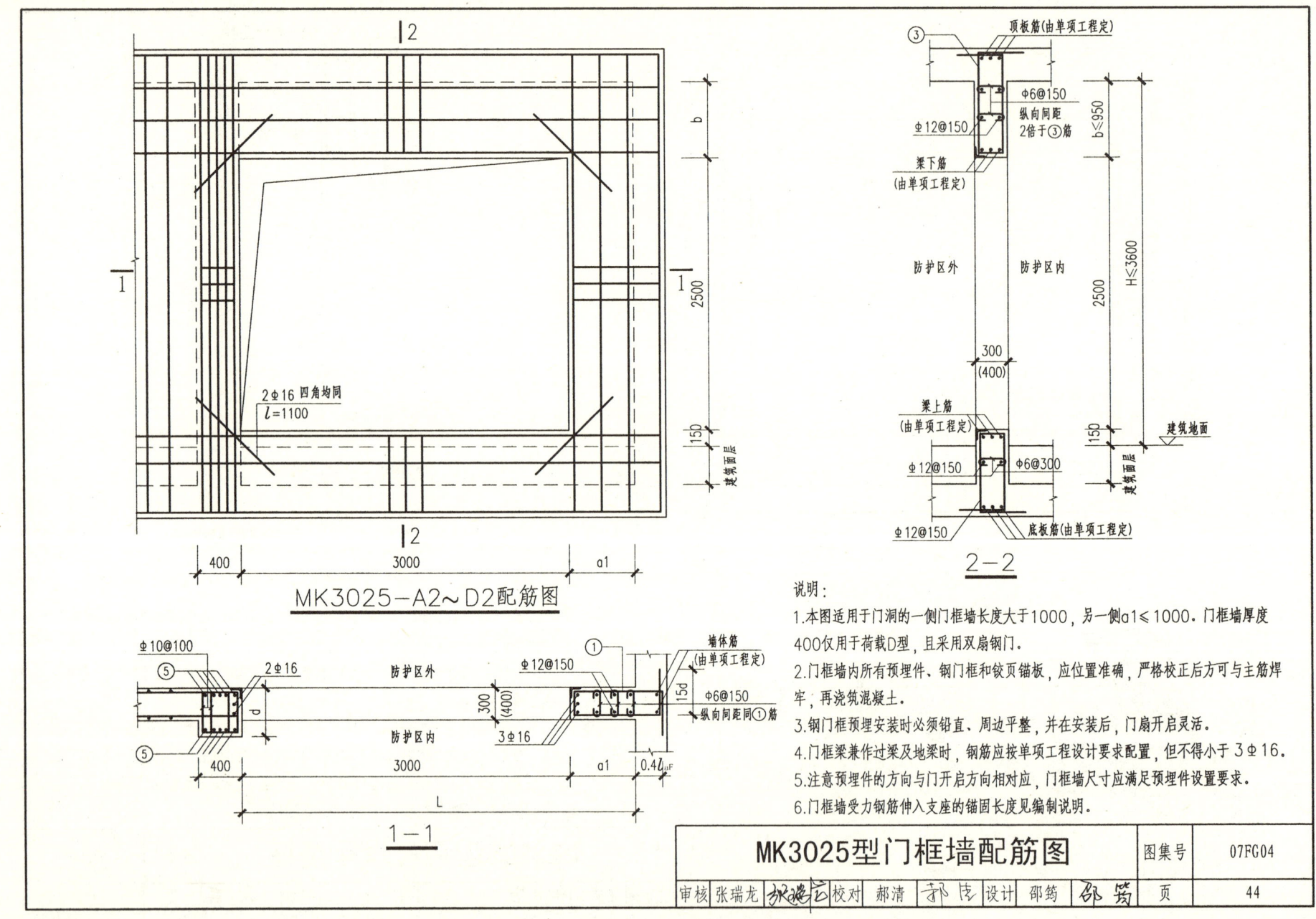

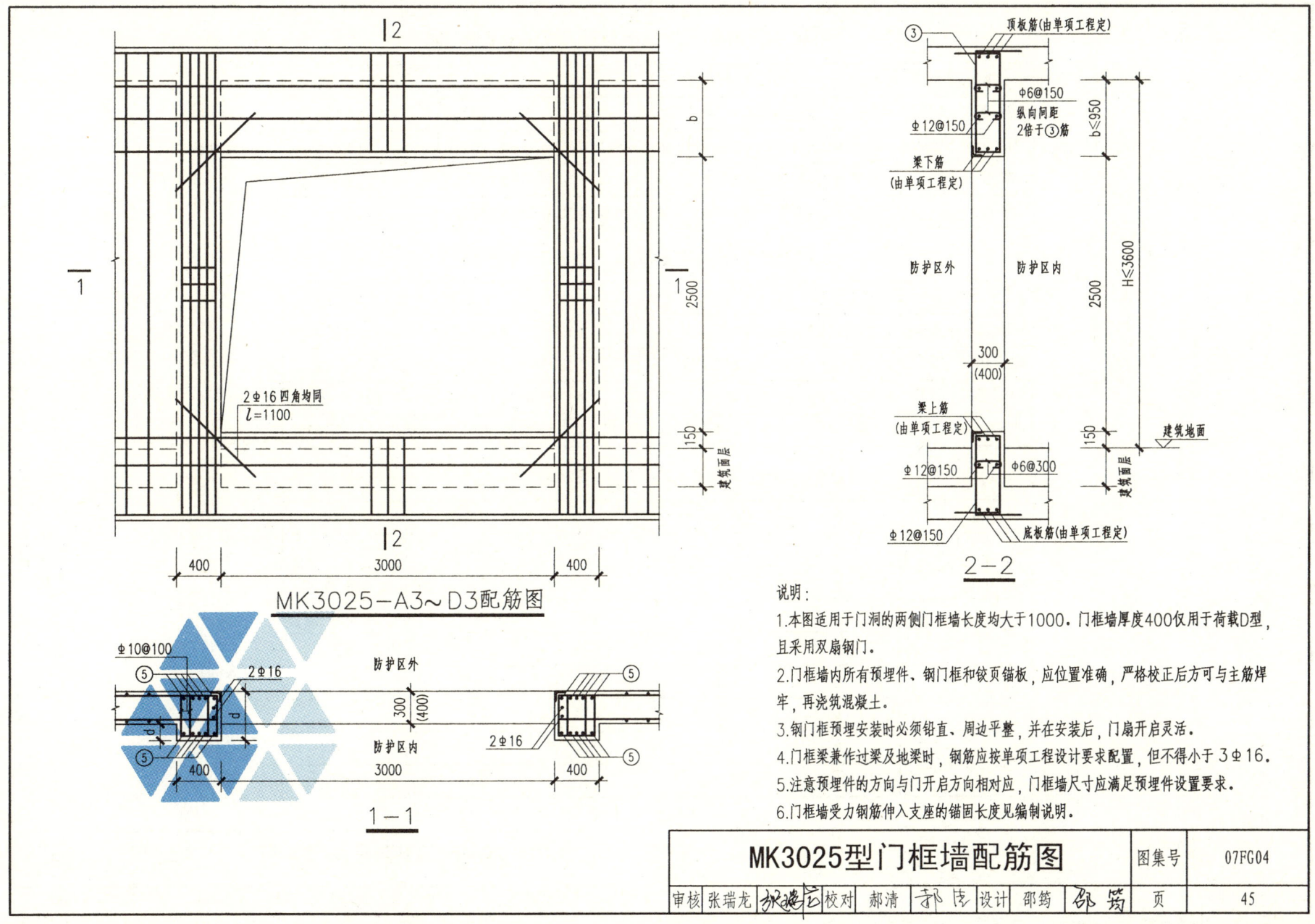

MK3025型门框墙 ①、② 配筋表（双扇钢筋混凝土门）

型号 \ a1,a2	≤300	400	500	600	700	800	900	1000
MK3025-A1,A2	⌀12@150	⌀12@150	⌀12@150	⌀12@150	⌀12@150	⌀12@150	⌀12@150	⌀12@150
MK3025-B1,B2	⌀12@150	⌀12@150	⌀12@150	⌀12@150	⌀12@150	⌀12@120	⌀12@100	⌀14@120
MK3025-C1,C2	⌀12@150	⌀12@150	⌀12@150	⌀14@150	⌀14@120	⌀14@100	⌀16@100	⌀18@120
MK3025-D1,D2	⌀12@150	⌀12@120	⌀14@120	⌀14@100	⌀16@100	⌀18@100	—	—

MK3025型门框墙 ③ 配筋表（双扇钢筋混凝土门）

型号 \ b	≤300	400	500	600	700	800	900	950
MK3025-A1,A2,A3	⌀12@150	⌀12@150	⌀12@150	⌀12@150	⌀12@150	⌀12@150	⌀12@150	⌀12@150
MK3025-B1,B2,B3	⌀12@150	⌀12@150	⌀12@150	⌀12@150	⌀12@150	⌀12@120	⌀12@120	⌀14@150
MK3025-C1,C2,C3	⌀12@150	⌀12@150	⌀12@150	⌀12@120	⌀12@100	⌀14@120	⌀14@100	⌀16@120
MK3025-D1,D2,D3	⌀12@150	⌀12@150	⌀14@150	⌀16@150	⌀16@120	⌀16@100	⌀18@100	⌀18@100

MK3025型门框墙边柱配筋表（双扇钢筋混凝土门）

型号	H	≤3000	3200	3400	3600
MK3025-A2,A3	d	400	400	400	400
	⑤	4⌀18	4⌀18	4⌀18	4⌀18
MK3025-B2,B3	d	400	400	400	400
	⑤	4⌀20	4⌀22	5⌀20	5⌀22
MK3025-C2,C3	d	400	400	450	500
	⑤	4⌀25	6⌀22	6⌀22	6⌀22
MK3025-D2,D3	d	500	550	600	700
	⑤	6⌀22	6⌀22	5⌀25	5⌀25

MK3025型门框墙配筋表

图集号 07FG04

页 46

MK3025型门框墙 ①、② 配筋表（双扇钢门）

型号 \ a1,a2	≤300	400	500	600	700	800	900	1000
MK3025-A1,A2	⌀12@150	⌀12@150	⌀12@150	⌀12@150	⌀12@150	⌀12@150	⌀12@150	⌀12@150
MK3025-B1,B2	⌀12@150	⌀12@150	⌀12@150	⌀12@150	⌀12@150	⌀12@120	⌀12@100	⌀14@120
MK3025-C1,C2	⌀12@150	⌀12@150	⌀12@150	⌀14@150	⌀14@120	⌀14@100	⌀16@100	⌀18@120
MK3025-D1,D2	(⌀14@150)	(⌀14@150)	(⌀14@150)	(⌀14@150)	(⌀16@150)	(⌀16@120)	(⌀16@100)	(⌀18@100)

MK3025型门框墙 ③ 配筋表（双扇钢门）

型号 \ b	≤300	400	500	600	700	800	900	950
MK3025-A1,A2,A3	⌀12@150	⌀12@150	⌀12@150	⌀12@150	⌀12@150	⌀12@150	⌀12@150	⌀12@150
MK3025-B1,B2,B3	⌀12@150	⌀12@150	⌀12@150	⌀12@120	⌀14@150	⌀14@120	⌀14@100	⌀14@100
MK3025-C1,C2,C3	⌀12@150	⌀12@120	⌀14@150	⌀16@150	⌀16@120	⌀16@100	⌀18@100	⌀18@100
MK3025-D1,D2,D3	(⌀14@150)	(⌀14@150)	(⌀12@100)	(⌀14@100)	(⌀16@100)	(⌀18@120)	(⌀18@100)	(⌀20@100)

MK3025型门框墙边柱配筋表（双扇钢门）

型号	H	≤3000	3200	3400	3600
MK3025-A2,A3	d	400	400	400	400
	⑤	4⌀18	4⌀18	4⌀18	4⌀18
MK3025-B2,B3	d	400	400	400	400
	⑤	4⌀20	4⌀22	5⌀20	5⌀22
MK3025-C2,C3	d	400	400	450	500
	⑤	4⌀25	6⌀22	6⌀22	6⌀22
MK3025-D2,D3	d	500	550	600	700
	⑤	6⌀22	6⌀22	5⌀25	5⌀25

说明：①、②、③ 配筋表中钢筋注小括号的门框墙厚度为400。

MK3025型门框墙配筋表

图集号 07FG04

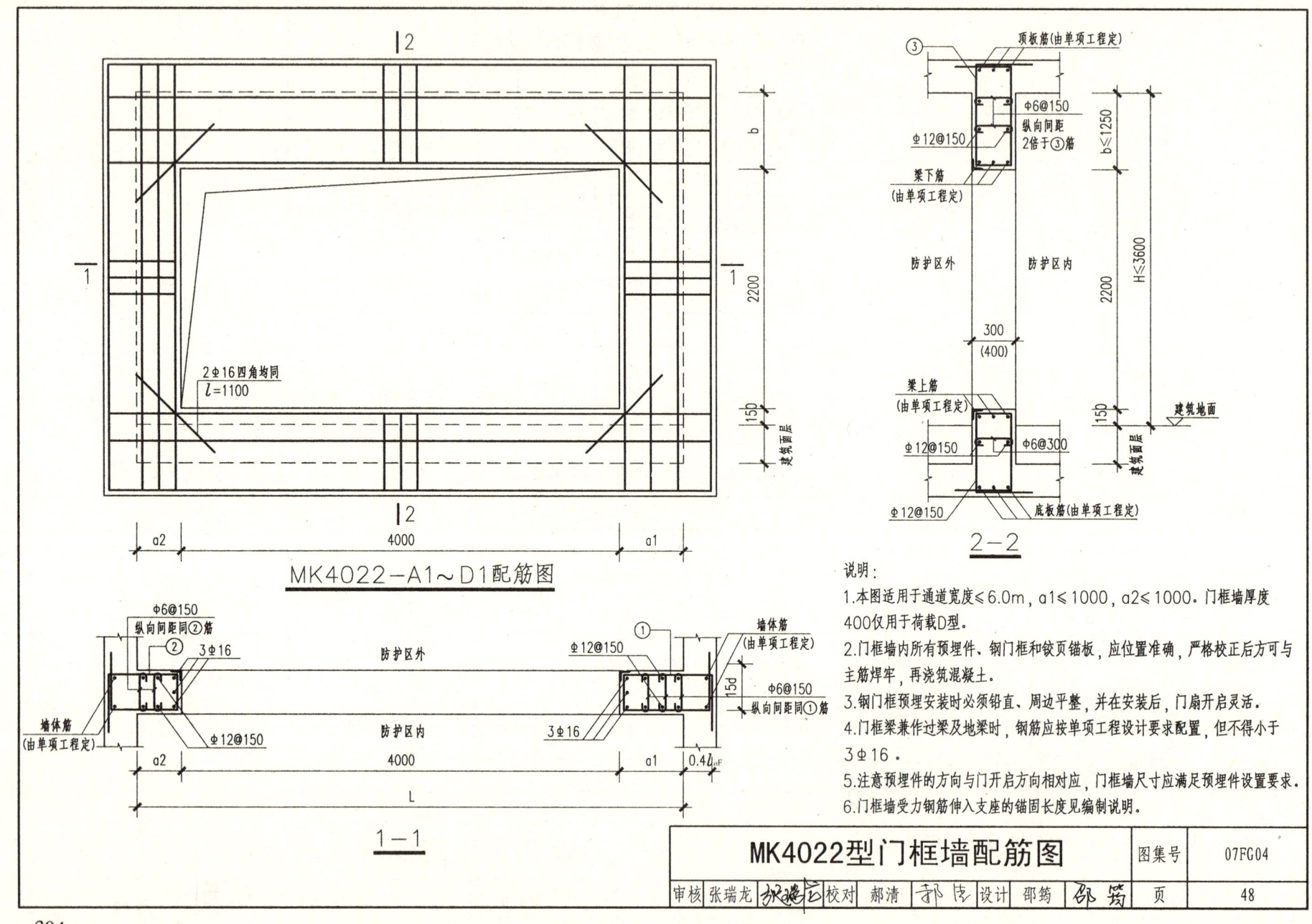

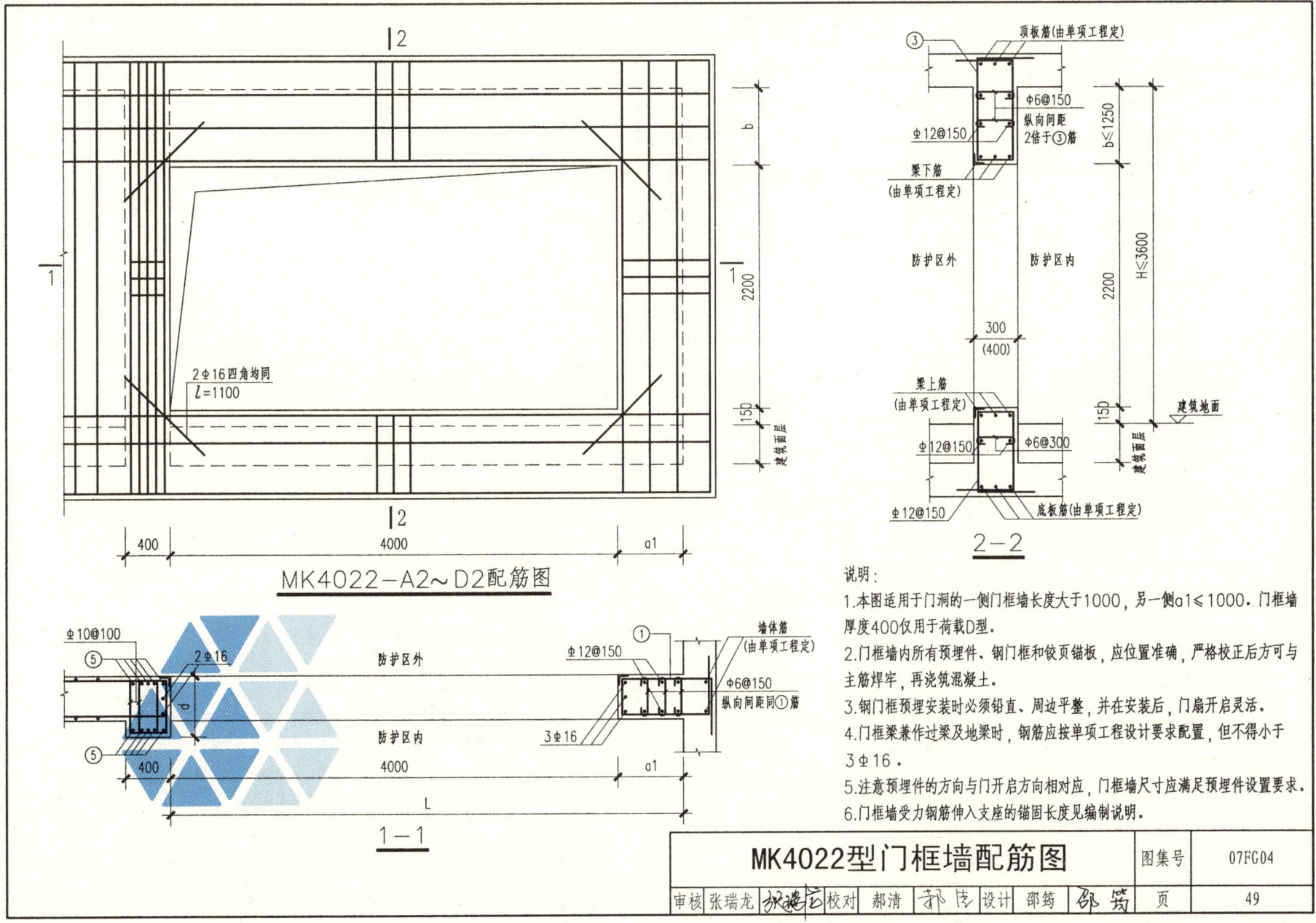

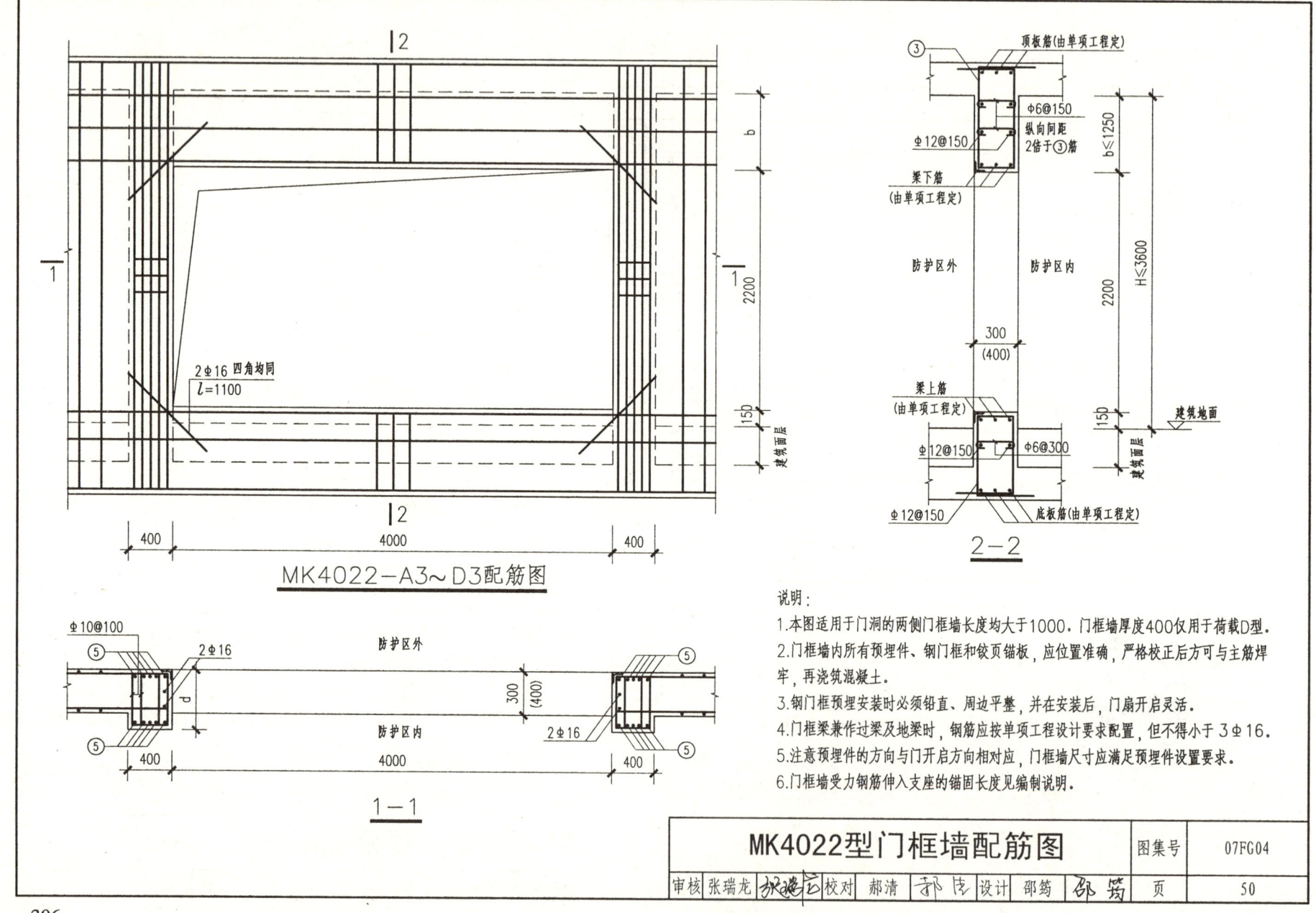

MK4022型门框墙 ①、② 配筋表（双扇钢筋混凝土门）

型号 \ a1,a2	≤300	400	500	600	700	800	900	1000
MK4022-A1,A2	⌀12@150	⌀12@150	⌀12@150	⌀12@150	⌀12@150	⌀12@150	⌀12@150	⌀12@150
MK4022-B1,B2	⌀12@150	⌀12@150	⌀12@150	⌀12@150	⌀12@150	⌀12@120	⌀14@150	⌀14@120
MK4022-C1,C2	⌀12@150	⌀12@150	⌀12@150	⌀12@120	⌀14@120	⌀14@100	⌀16@120	⌀16@100
MK4022-D1,D2	(⌀14@150)	(⌀14@150)	(⌀14@150)	(⌀14@150)	(⌀14@120)	(⌀14@100)	(⌀16@100)	(⌀18@120)

MK4022型门框墙 ③ 配筋表（双扇钢筋混凝土门）

型号 \ b	≤300	400	500	600	700	800	900	1000	1100	1200	1250
MK4022-A1,A2,A3	⌀12@150	⌀12@150	⌀12@150	⌀12@150	⌀12@150	⌀12@150	⌀12@150	⌀12@150	⌀12@150	⌀12@150	⌀12@120
MK4022-B1,B2,B3	⌀12@150	⌀12@150	⌀12@150	⌀12@150	⌀12@150	⌀12@120	⌀14@150	⌀14@120	⌀14@100	⌀16@120	⌀18@150
MK4022-C1,C2,C3	⌀12@150	⌀12@150	⌀12@150	⌀12@120	⌀14@120	⌀14@100	⌀16@120	⌀16@100	⌀18@100	⌀20@120	⌀20@100
MK4022-D1,D2,D3	(⌀14@150)	(⌀14@150)	(⌀14@150)	(⌀14@150)	(⌀14@120)	(⌀14@100)	(⌀16@100)	(⌀18@120)	(⌀18@100)	(⌀20@100)	(⌀20@100)

MK4022型门框墙边柱配筋表（双扇钢筋混凝土门）

型号	H	≤3000	3200	3400	3600
MK4022-A2,A3	d	400	400	400	400
	⑤	4⌀18	4⌀18	4⌀18	4⌀18
MK4022-B2,B3	d	400	400	400	400
	⑤	4⌀20	4⌀22	5⌀20	5⌀22
MK4022-C2,C3	d	400	450	450	500
	⑤	4⌀25	4⌀25	5⌀25	5⌀25
MK4022-D2,D3	d	500	600	650	700
	⑤	5⌀25	5⌀25	5⌀25	5⌀25

说明： ①、②、③ 配筋表中钢筋注小括号的门框墙厚度为400。

MK4022型门框墙配筋表

图集号 07FG04

MK4022型门框墙①、②配筋表（双扇钢门）

型号 \ a1,a2	≤300	400	500	600	700	800	900	1000
MK4022-A1,A2	⌀12@150	⌀12@150	⌀12@150	⌀12@150	⌀12@150	⌀12@150	⌀12@150	⌀12@150
MK4022-B1,B2	⌀12@150	⌀12@150	⌀12@150	⌀12@150	⌀12@150	⌀12@120	⌀14@150	⌀14@120
MK4022-C1,C2	⌀12@150	⌀12@150	⌀12@150	⌀12@120	⌀14@120	⌀14@100	⌀16@120	⌀16@100
MK4022-D1,D2	(⌀14@150)	(⌀14@150)	(⌀14@150)	(⌀14@150)	(⌀14@120)	(⌀14@100)	(⌀16@100)	(⌀18@120)

MK4022型门框墙③配筋表（双扇钢门）

型号 \ b	≤300	400	500	600	700	800	900	1000	1100	1200	1250
MK4022-A1,A2,A3	⌀12@150	⌀12@150	⌀12@150	⌀12@150	⌀12@150	⌀12@150	⌀12@150	⌀12@150	⌀12@120	⌀12@120	⌀14@150
MK4022-B1,B2,B3	⌀12@150	⌀12@150	⌀12@150	⌀12@150	⌀12@120	⌀12@100	⌀14@120	⌀14@100	⌀18@150	⌀16@100	⌀18@120
MK4022-C1,C2,C3	⌀12@150	⌀12@150	⌀12@120	⌀14@120	⌀14@100	⌀16@100	⌀18@120	⌀18@100	⌀20@100	⌀22@120	⌀22@120
MK4022-D1,D2,D3	(⌀14@150)	(⌀14@150)	(⌀14@150)	(⌀16@150)	(⌀16@120)	(⌀16@100)	(⌀18@100)	(⌀20@120)	(⌀20@100)	(⌀22@120)	(⌀22@120)

MK4022型门框墙边柱配筋表（双扇钢门）

型号	H	≤3000	3200	3400	3600
MK4022-A2,A3	d	400	400	400	400
	⑤	4⌀18	4⌀18	4⌀18	4⌀18
MK4022-B2,B3	d	400	400	400	400
	⑤	4⌀20	4⌀22	5⌀20	5⌀22
MK4022-C2,C3	d	400	450	450	500
	⑤	4⌀25	5⌀25	5⌀25	5⌀25
MK4022-D2,D3	d	500	600	650	700
	⑤	5⌀25	5⌀25	5⌀25	5⌀25

说明：①、②、③配筋表中钢筋注小括号的门框墙厚度为400。

MK4022型门框墙配筋表

图集号 07FG04

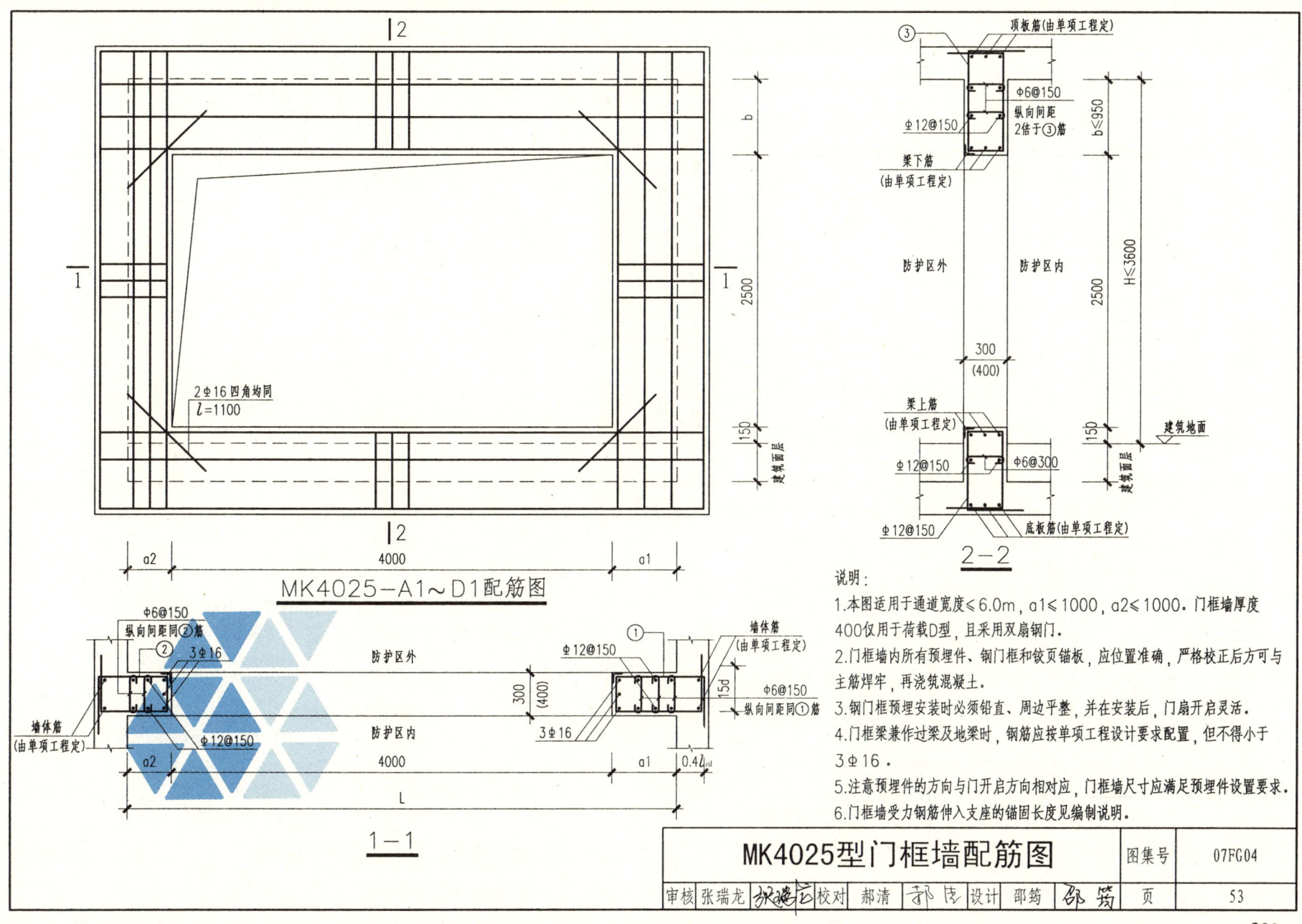

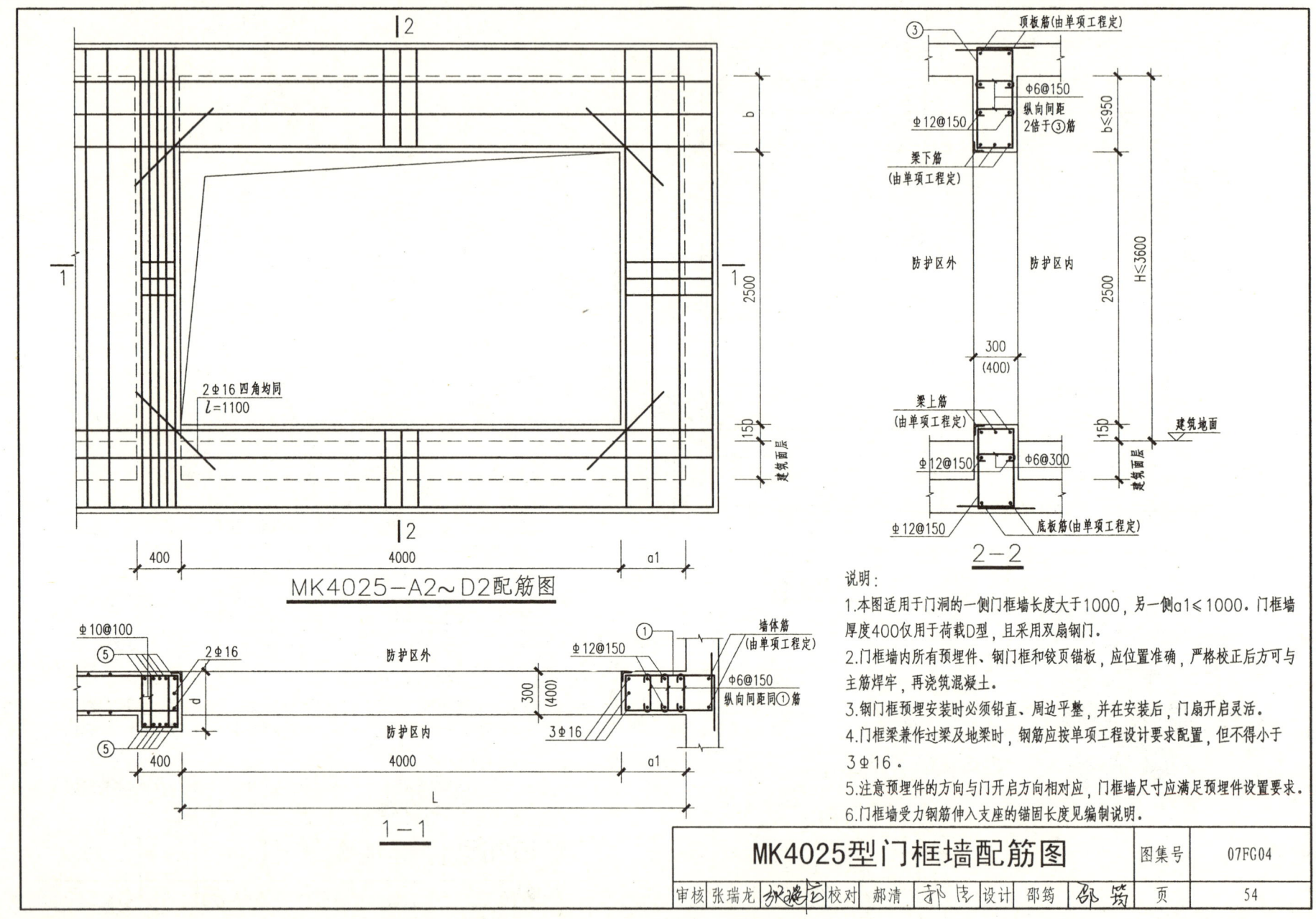

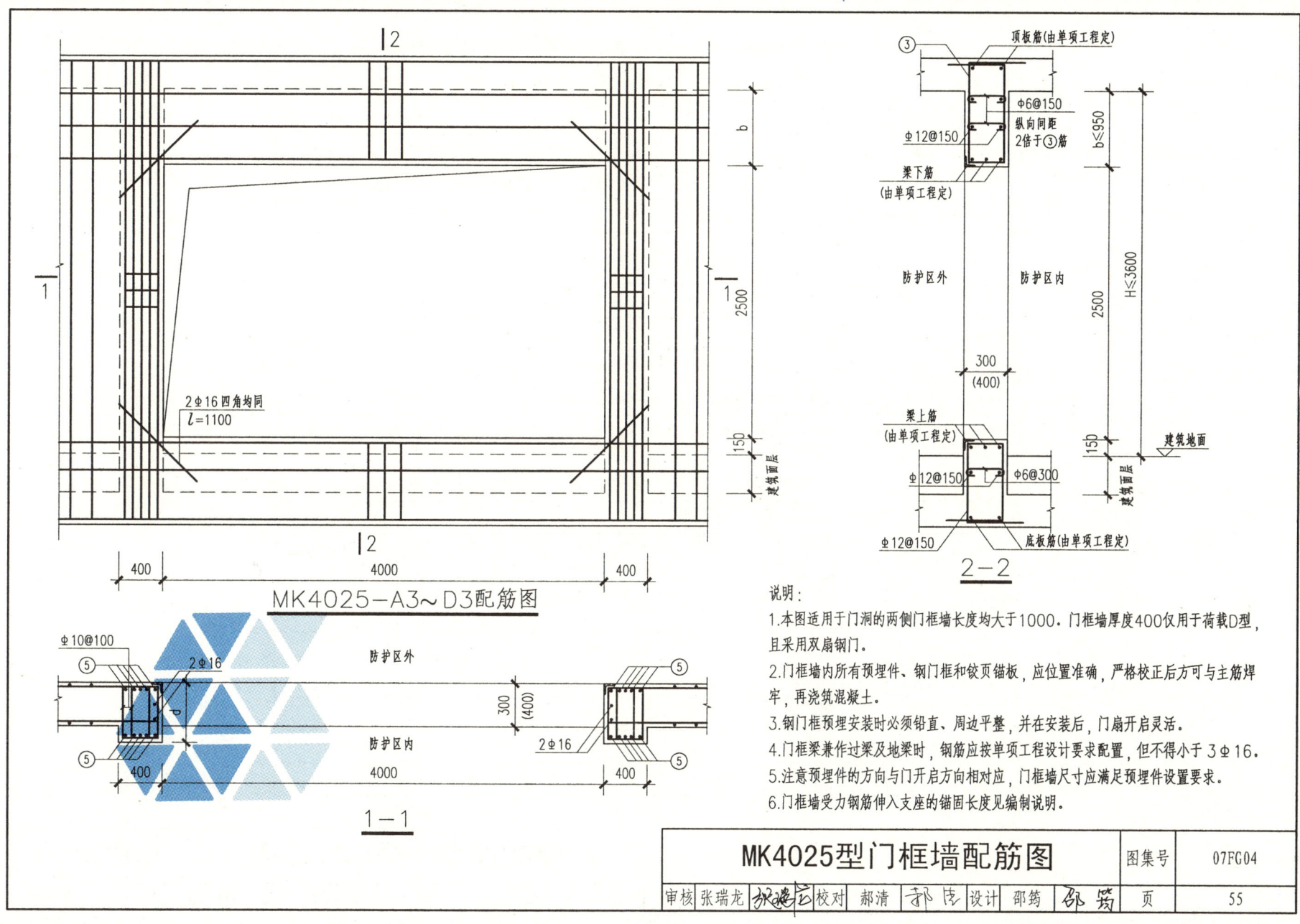

MK4025型门框墙 ①、② 配筋表（双扇钢筋混凝土门）

型号 \ a1,a2	≤300	400	500	600	700	800	900	1000
MK4025-A1,A2	⏀12@150	⏀12@150	⏀12@150	⏀12@150	⏀12@150	⏀12@150	⏀12@150	⏀12@150
MK4025-B1,B2	⏀12@150	⏀12@150	⏀12@150	⏀12@120	⏀14@150	⏀12@150	⏀12@100	⏀16@150
MK4025-C1,C2	⏀12@150	⏀12@150	⏀12@120	⏀12@100	⏀14@120	⏀14@100	⏀16@100	⏀18@120
MK4025-D1,D2	⏀12@150	⏀12@120	⏀14@120	⏀16@120	⏀16@100	⏀18@100	—	—

MK4025型门框墙 ③ 配筋表（双扇钢筋混凝土门）

型号 \ b	≤300	400	500	600	700	800	900	950
MK4025-A1,A2,A3	⏀12@150	⏀12@150	⏀12@150	⏀12@150	⏀12@150	⏀12@150	⏀12@150	⏀12@150
MK4025-B1,B2,B3	⏀12@150	⏀12@150	⏀12@150	⏀12@150	⏀12@120	⏀14@150	⏀12@100	⏀14@120
MK4025-C1,C2,C3	⏀12@150	⏀12@150	⏀12@120	⏀14@150	⏀14@120	⏀14@100	⏀16@100	⏀16@100
MK4025-D1,D2,D3	⏀12@150	⏀12@120	⏀14@120	⏀14@100	⏀16@100	⏀18@100	⏀20@100	⏀20@100

MK4025型门框墙边柱配筋表（双扇钢筋混凝土门）

型号	H	≤3000	3200	3400	3600
MK4025-A2,A3	d	400	400	400	400
	⑤	4⏀18	4⏀18	4⏀18	4⏀18
MK4025-B2,B3	d	400	400	400	400
	⑤	4⏀20	4⏀22	5⏀20	5⏀22
MK4025-C2,C3	d	400	400	450	500
	⑤	4⏀25	5⏀25	5⏀25	5⏀25
MK4025-D2,D3	d	500	550	650	700
	⑤	5⏀25	5⏀25	5⏀25	5⏀25

MK4025型门框墙配筋表

图集号 07FG04

MK4025型门框墙 ①、② 配筋表（双扇钢门）

型号 \ a1,a2	≤300	400	500	600	700	800	900	1000
MK4025-A1,A2	⌀12@150	⌀12@150	⌀12@150	⌀12@150	⌀12@150	⌀12@150	⌀12@150	⌀12@150
MK4025-B1,B2	⌀12@150	⌀12@150	⌀12@150	⌀12@150	⌀12@120	⌀14@150	⌀12@100	⌀16@150
MK4025-C1,C2	⌀12@150	⌀12@150	⌀12@120	⌀12@100	⌀14@120	⌀14@100	⌀16@100	⌀18@120
MK4025-D1,D2	(⌀14@150)	(⌀14@150)	(⌀14@150)	(⌀12@100)	(⌀14@100)	(⌀18@150)	(⌀16@100)	(⌀18@100)

MK4025型门框墙 ③ 配筋表（双扇钢门）

型号 \ b	≤300	400	500	600	700	800	900	950
MK4025-A1,A2,A3	⌀12@150	⌀12@150	⌀12@150	⌀12@150	⌀12@150	⌀12@150	⌀12@150	⌀12@150
MK4025-B1,B2,B3	⌀12@150	⌀12@150	⌀12@150	⌀12@120	⌀14@150	⌀14@120	⌀14@100	⌀14@100
MK4025-C1,C2,C3	⌀12@150	⌀12@120	⌀14@150	⌀16@150	⌀16@120	⌀16@100	⌀18@100	⌀18@100
MK4025-D1,D2,D3	(⌀14@150)	(⌀14@150)	(⌀12@100)	(⌀14@100)	(⌀16@100)	(⌀18@120)	(⌀18@100)	(⌀20@100)

MK4025型门框墙边柱配筋表（双扇钢门）

型号	H	≤3000	3200	3400	3600
MK4025-A2,A3	d	400	400	400	400
	⑤	4⌀18	4⌀18	4⌀18	4⌀18
MK4025-B2,B3	d	400	400	400	400
	⑤	4⌀20	4⌀22	5⌀20	5⌀22
MK4025-C2,C3	d	400	400	450	500
	⑤	4⌀25	5⌀25	5⌀25	5⌀25
MK4025-D2,D3	d	500	550	650	700
	⑤	5⌀25	5⌀25	5⌀25	5⌀25

说明：①、②、③配筋表中钢筋注小括号的门框墙厚度为400.

MK4025型门框墙配筋表

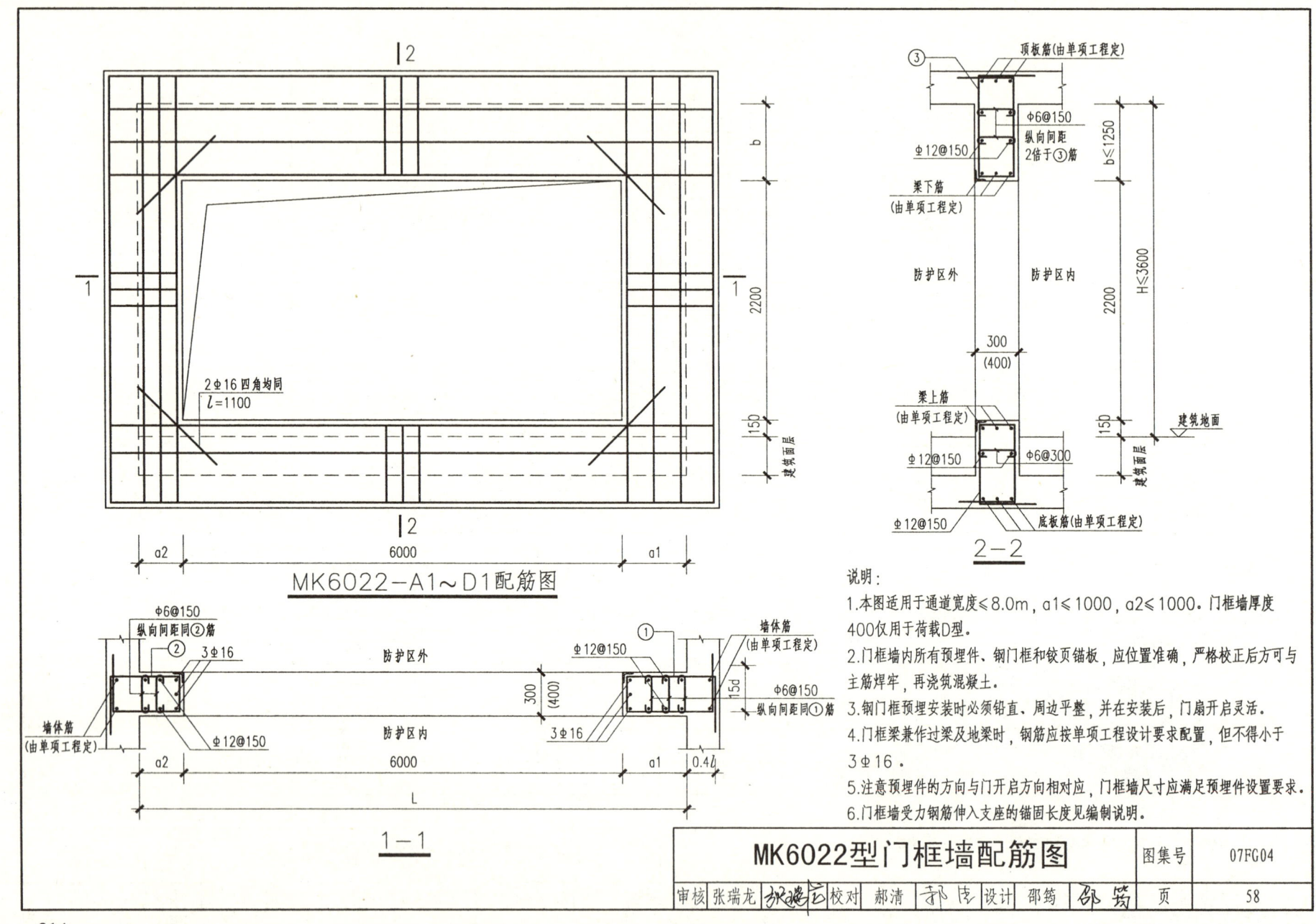

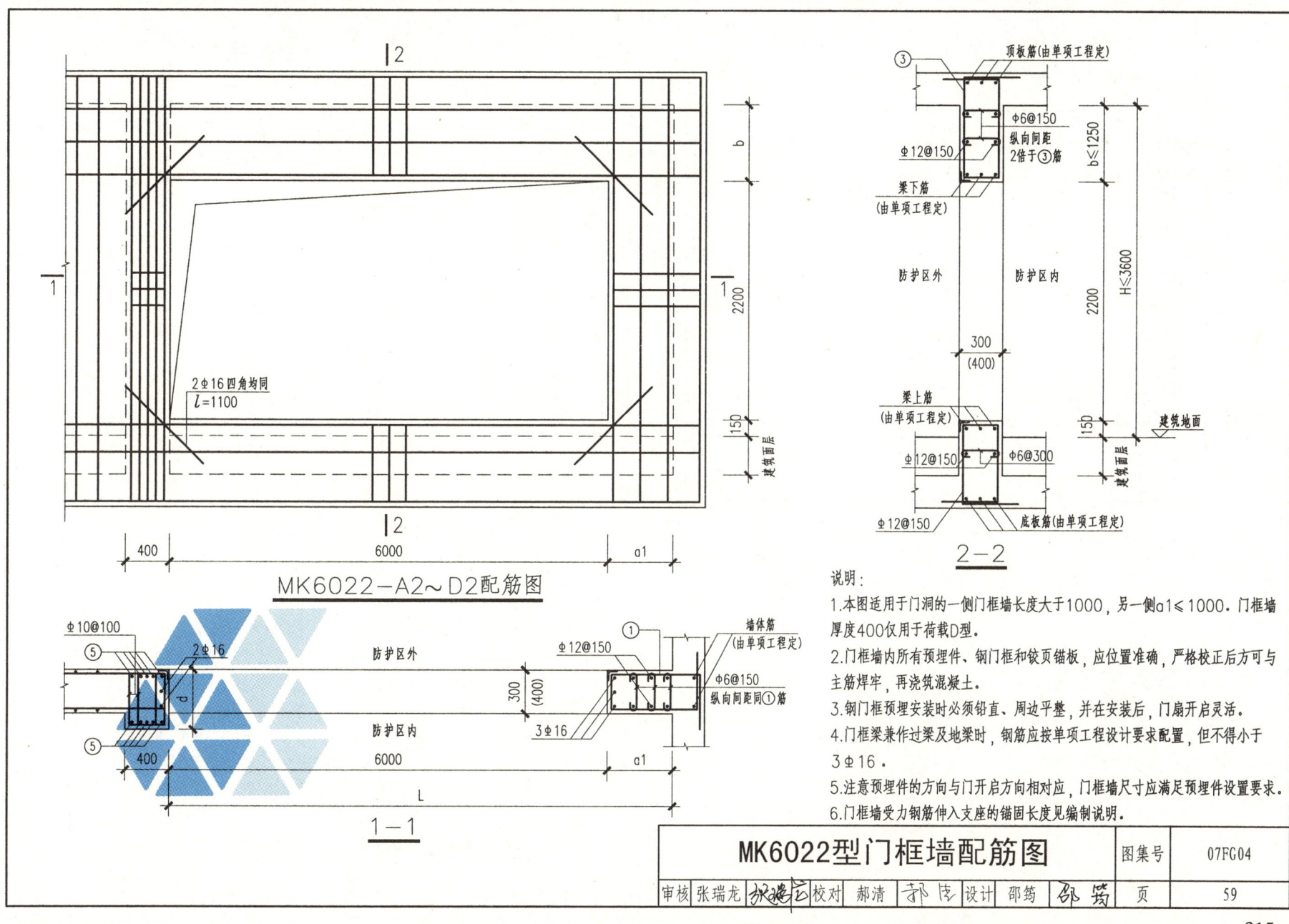

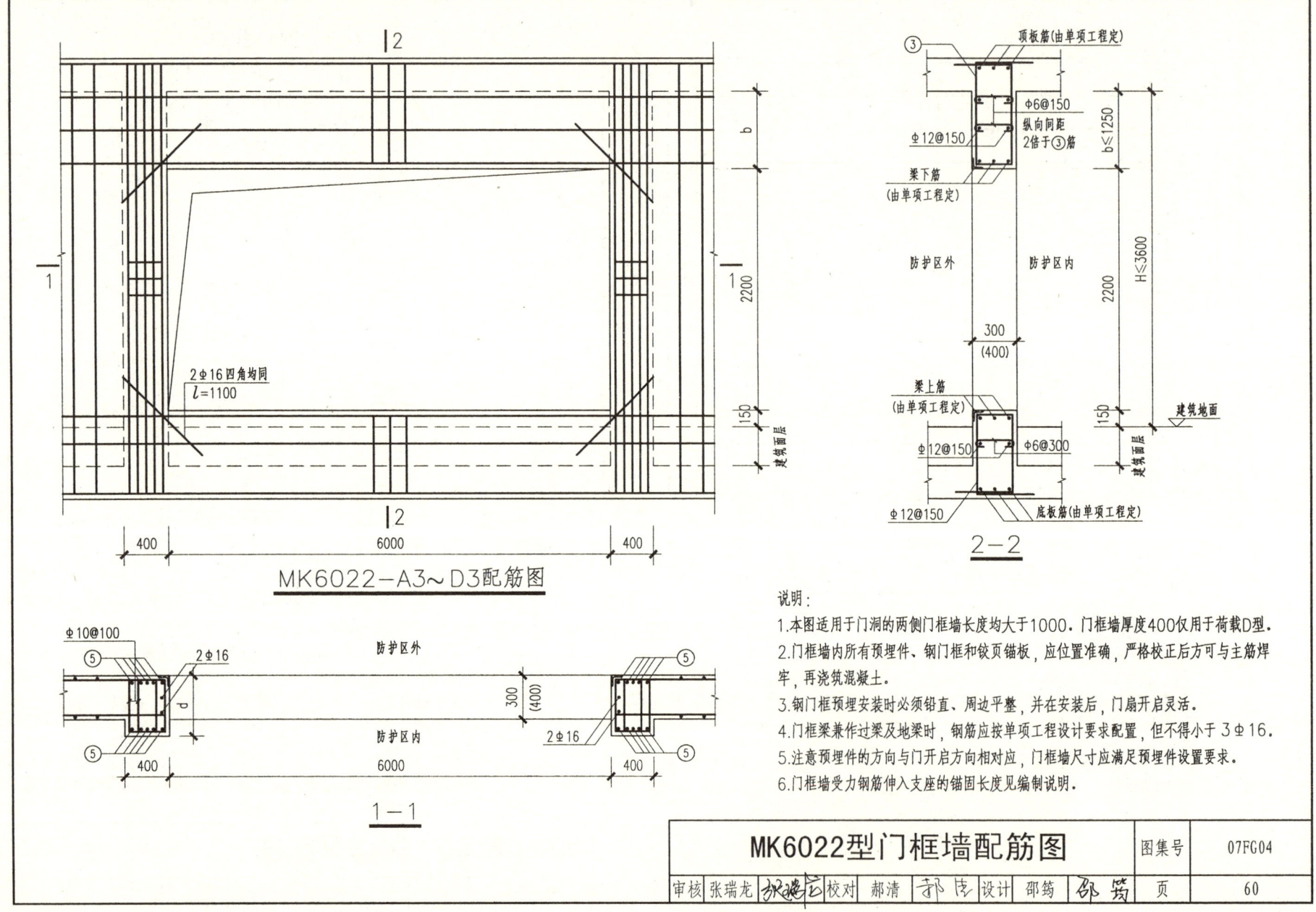

MK6022型门框墙①、②配筋表（双扇钢筋混凝土门）

型号 \ a1,a2	≤300	400	500	600	700	800	900	1000
MK6022-A1,A2	Φ12@150	Φ12@150	Φ12@150	Φ12@150	Φ12@150	Φ12@150	Φ12@150	Φ12@150
MK6022-B1,B2	Φ12@150	Φ12@150	Φ12@150	Φ12@150	Φ12@150	Φ12@120	Φ14@150	Φ14@120
MK6022-C1,C2	Φ12@150	Φ12@150	Φ12@150	Φ12@120	Φ14@120	Φ14@100	Φ18@150	Φ18@120
MK6022-D1,D2	(Φ14@150)	(Φ14@150)	(Φ14@150)	(Φ14@150)	(Φ14@120)	(Φ14@100)	(Φ16@100)	(Φ18@120)

MK6022型门框墙③配筋表（双扇钢筋混凝土门）

型号 \ b	≤300	400	500	600	700	800	900	1000	1100	1200	1250
MK6022-A1,A2,A3	Φ12@150	Φ12@150	Φ12@150	Φ12@150	Φ12@150	Φ12@150	Φ12@150	Φ12@150	Φ12@150	Φ12@120	Φ12@120
MK6022-B1,B2,B3	Φ12@150	Φ12@150	Φ12@150	Φ12@150	Φ12@120	Φ14@150	Φ14@120	Φ14@100	Φ16@120	Φ18@150	Φ16@100
MK6022-C1,C2,C3	Φ12@150	Φ12@150	Φ12@120	Φ12@100	Φ16@150	Φ16@120	Φ16@100	Φ18@100	Φ20@120	Φ20@100	Φ20@100
MK6022-D1,D2,D3	(Φ14@150)	(Φ14@150)	(Φ14@150)	(Φ14@120)	(Φ14@100)	(Φ16@100)	(Φ18@120)	(Φ18@100)	(Φ20@100)	(Φ20@100)	(Φ22@120)

MK6022型门框墙边柱配筋表（双扇钢筋混凝土门）

型号	H	≤3000	3200	3400	3600
MK6022-A2,A3	d	400	400	400	400
	⑤	4Φ18	4Φ18	4Φ18	4Φ18
MK6022-B2,B3	d	400	400	400	400
	⑤	4Φ20	4Φ22	5Φ20	6Φ20
MK6022-C2,C3	d	400	400	450	500
	⑤	5Φ22	6Φ22	6Φ22	6Φ22
MK6022-D2,D3	d	500	550	600	700
	⑤	6Φ22	5Φ25	5Φ25	5Φ25

说明：①、②、③配筋表中钢筋注小括号的门框墙厚度为400。

MK6022型门框墙配筋表

图集号 07FG04

页 61

MK6022型门框墙 ①、② 配筋表(双扇钢门)

型号 \ a1,a2	≤300	400	500	600	700	800	900	1000
MK6022-A1,A2	⌀12@150	⌀12@150	⌀12@150	⌀12@150	⌀12@150	⌀12@150	⌀12@150	⌀12@150
MK6022-B1,B2	⌀12@150	⌀12@150	⌀12@150	⌀12@150	⌀12@150	⌀12@120	⌀14@150	⌀14@120
MK6022-C1,C2	⌀12@150	⌀12@150	⌀12@150	⌀12@120	⌀14@120	⌀14@100	⌀18@150	⌀18@120
MK6022-D1,D2	(⌀14@150)	(⌀14@150)	(⌀14@150)	(⌀14@150)	(⌀14@120)	(⌀14@100)	(⌀16@100)	(⌀18@120)

MK6022型门框墙 ③ 配筋表(双扇钢门)

型号 \ b	≤300	400	500	600	700	800	900	1000	1100	1200	1250
MK6022-A1,A2,A3	⌀12@150	⌀12@150	⌀12@150	⌀12@150	⌀12@150	⌀12@150	⌀12@150	⌀12@150	⌀12@120	⌀12@120	⌀14@150
MK6022-B1,B2,B3	⌀12@150	⌀12@150	⌀12@150	⌀12@150	⌀12@120	⌀12@100	⌀14@120	⌀14@100	⌀18@150	⌀16@100	⌀18@120
MK6022-C1,C2,C3	⌀12@150	⌀12@150	⌀12@120	⌀14@120	⌀14@100	⌀16@100	⌀18@120	⌀18@100	⌀20@100	⌀22@120	⌀22@120
MK6022-D1,D2,D3	(⌀14@150)	(⌀14@150)	(⌀14@150)	(⌀16@150)	(⌀16@120)	(⌀16@100)	(⌀18@100)	(⌀20@120)	(⌀20@100)	(⌀22@120)	(⌀22@120)

MK6022型门框墙边柱配筋表(双扇钢门)

型号	H	≤3000	3200	3400	3600
MK6022-A2,A3	d	400	400	400	400
	⑤	4⌀18	4⌀18	4⌀18	4⌀18
MK6022-B2,B3	d	400	400	400	400
	⑤	4⌀20	4⌀22	5⌀20	6⌀20
MK6022-C2,C3	d	400	400	450	500
	⑤	5⌀22	6⌀22	6⌀22	6⌀22
MK6022-D2,D3	d	500	550	600	700
	⑤	6⌀22	6⌀22	5⌀25	5⌀25

说明：①、②、③配筋表中钢筋注小括号的门框墙厚度为400。

MK6022型门框墙配筋表

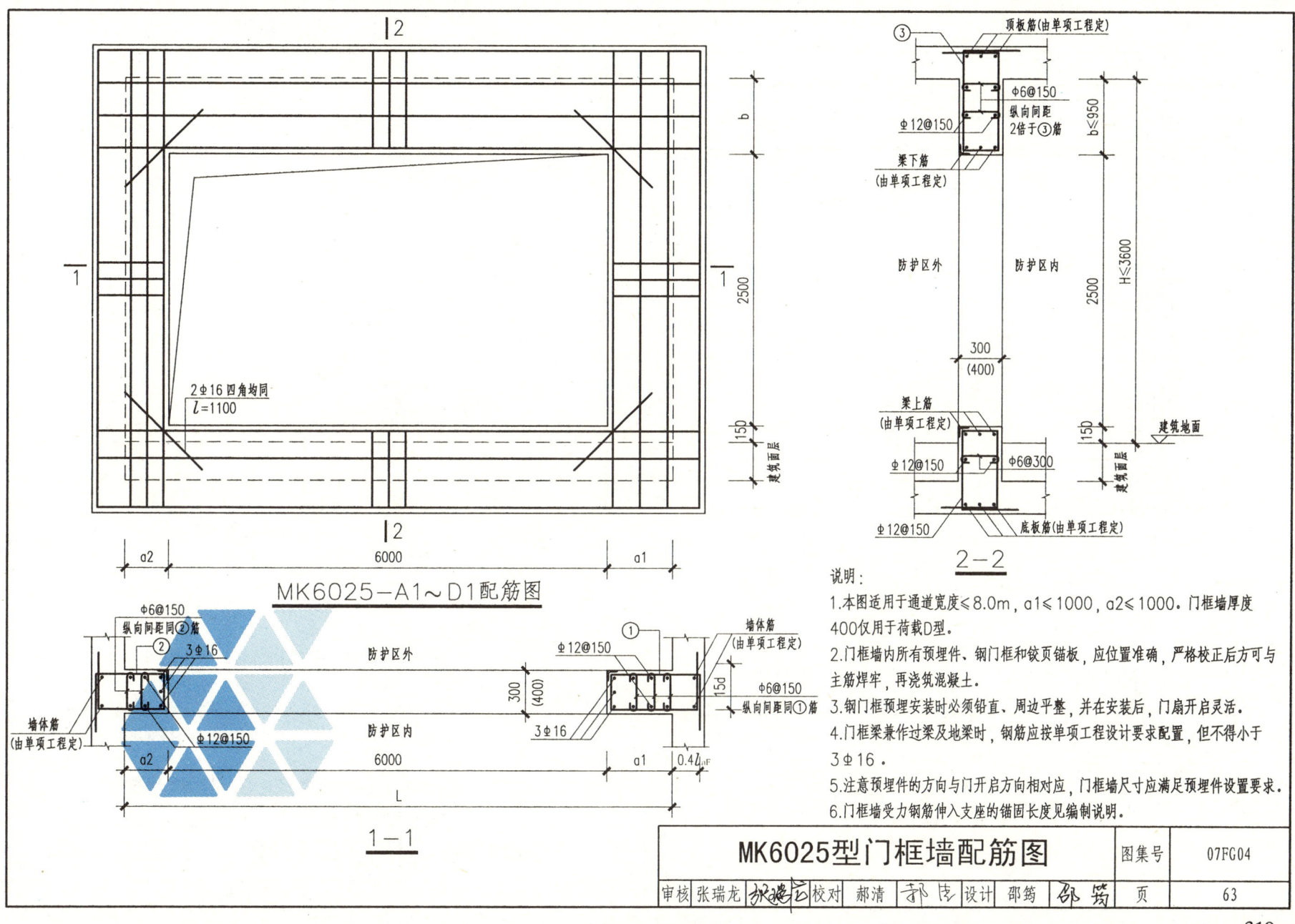

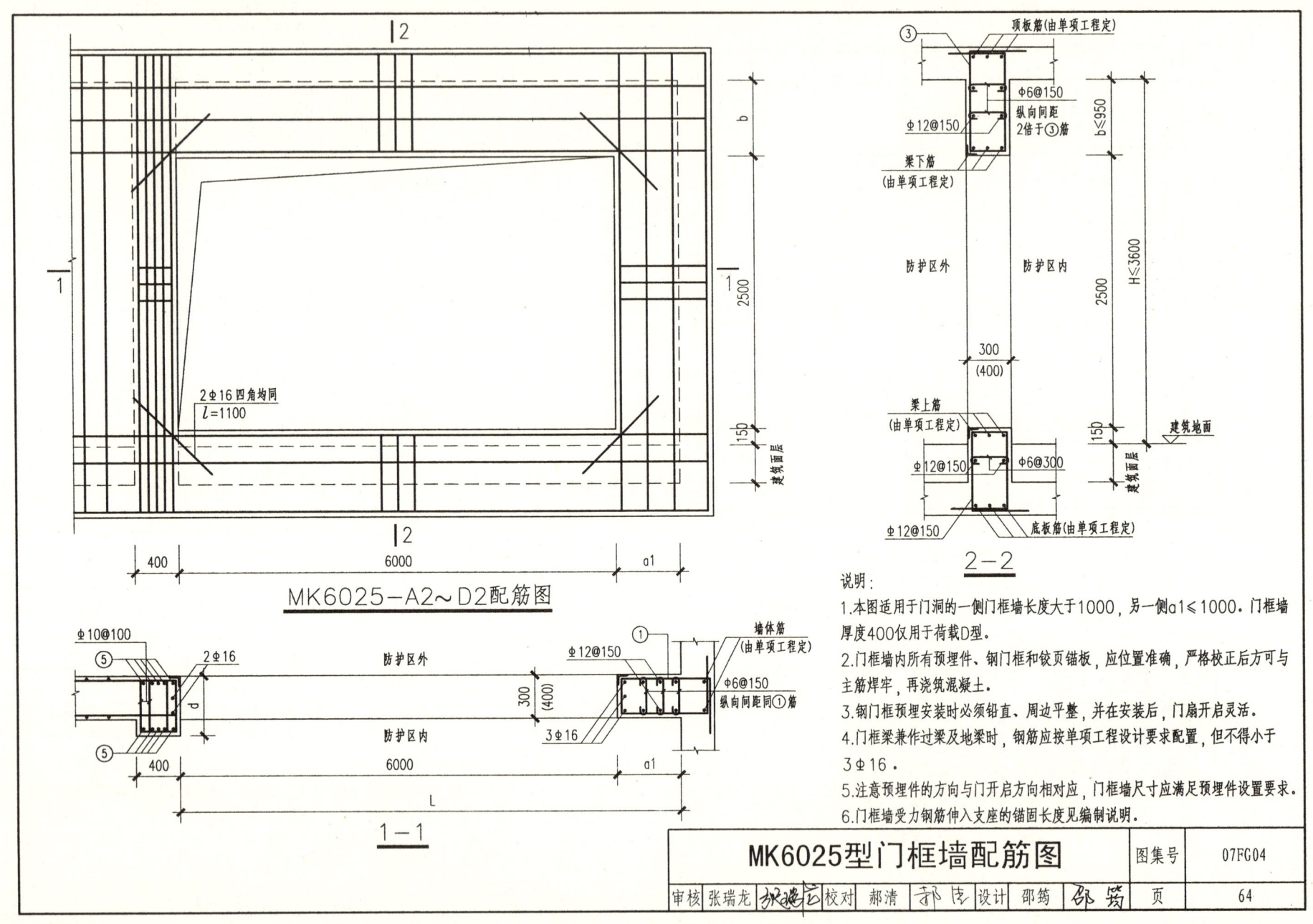

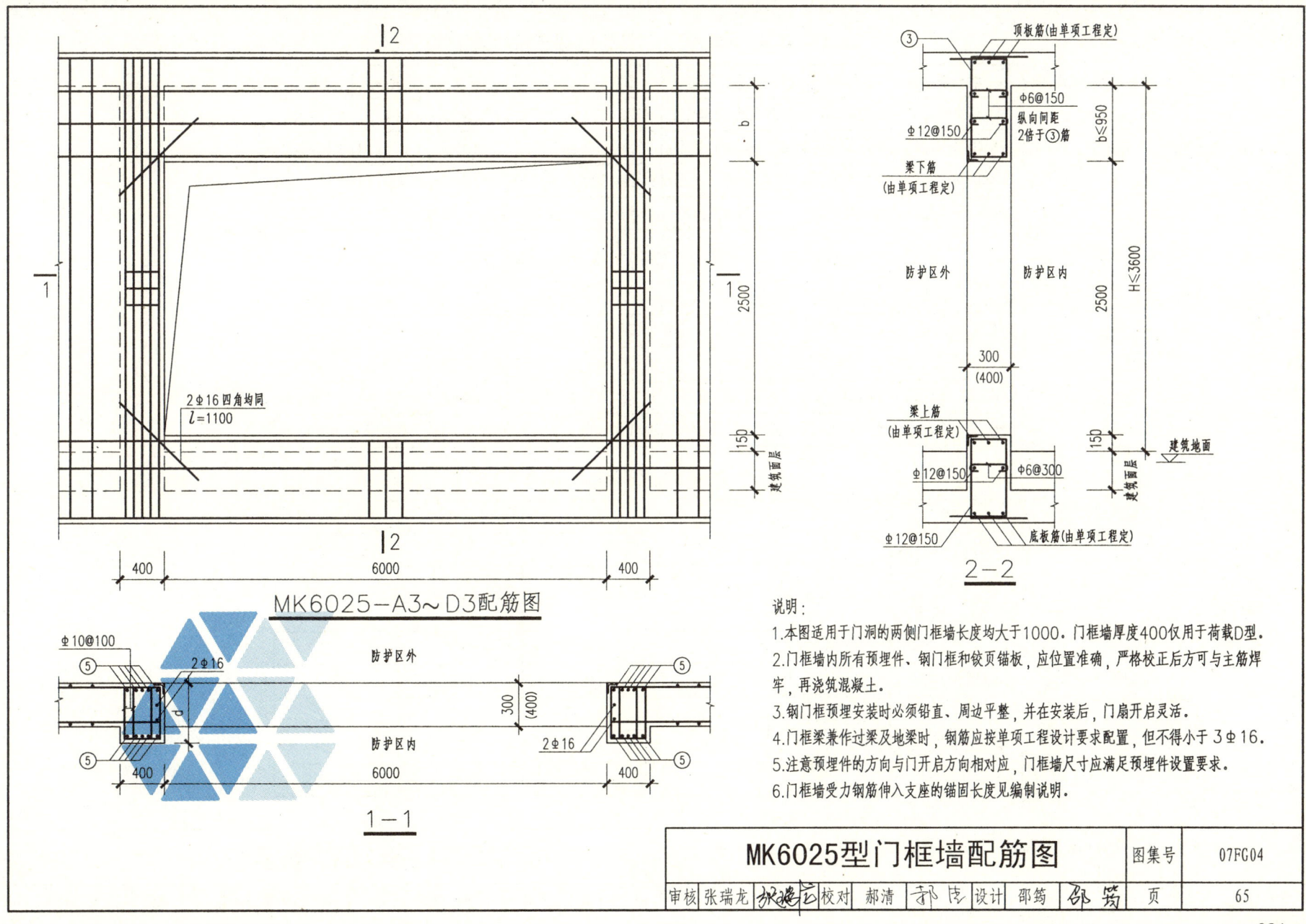

MK6025型门框墙 ①、② 配筋表（双扇钢筋混凝土门）

型号 \ a1,a2	≤300	400	500	600	700	800	900	1000
MK6025-A1,A2	⌀12@150	⌀12@150	⌀12@150	⌀12@150	⌀12@150	⌀12@150	⌀12@150	⌀12@150
MK6025-B1,B2	⌀12@150	⌀12@150	⌀12@150	⌀12@150	⌀12@120	⌀14@150	⌀14@120	⌀14@100
MK6025-C1,C2	⌀12@150	⌀12@150	⌀12@120	⌀12@100	⌀14@100	⌀16@120	⌀16@100	⌀18@100
MK6025-D1,D2	(⌀14@150)	(⌀14@150)	(⌀14@150)	(⌀14@120)	(⌀14@100)	(⌀16@100)	(⌀18@120)	(⌀18@100)

MK6025型门框墙 ③ 配筋表（双扇钢筋混凝土门）

型号 \ b	≤300	400	500	600	700	800	900	950
MK6025-A1,A2,A3	⌀12@150	⌀12@150	⌀12@150	⌀12@150	⌀12@150	⌀12@150	⌀12@150	⌀12@150
MK6025-B1,B2,B3	⌀12@150	⌀12@150	⌀12@150	⌀12@150	⌀12@120	⌀12@100	⌀16@150	⌀14@100
MK6025-C1,C2,C3	⌀12@150	⌀12@150	⌀14@150	⌀14@120	⌀14@100	⌀16@100	⌀18@120	⌀18@100
MK6025-D1,D2,D3	(⌀14@150)	(⌀14@150)	(⌀14@150)	(⌀16@150)	(⌀16@120)	(⌀16@100)	(⌀18@100)	(⌀18@100)

MK6025型门框墙边柱配筋表（双扇钢筋混凝土门）

型号	H	≤3000	3200	3400	3600
MK6025-A2,A3	d	400	400	400	400
	⑤	4⌀18	4⌀18	4⌀18	4⌀18
MK6025-B2,B3	d	400	400	400	400
	⑤	4⌀20	4⌀22	5⌀22	4⌀25
MK6025-C2,C3	d	400	450	500	550
	⑤	6⌀22	6⌀22	6⌀22	6⌀22
MK6025-D2,D3	d	550	600	650	750
	⑤	6⌀22	6⌀22	5⌀25	5⌀25

说明：①、②、③配筋表中钢筋注小括号的门框墙厚度为400。

MK6025型门框墙配筋表

图集号 07FG04

MK6025型门框墙 ①,② 配筋表（双扇钢门）

型号 \ a1,a2	≤300	400	500	600	700	800	900	1000
MK6025-A1,A2	⏀12@150	⏀12@150	⏀12@150	⏀12@150	⏀12@150	⏀12@150	⏀12@150	⏀12@150
MK6025-B1,B2	⏀12@150	⏀12@150	⏀12@150	⏀12@150	⏀12@120	⏀14@150	⏀14@120	⏀14@100
MK6025-C1,C2	⏀12@150	⏀12@150	⏀12@120	⏀12@100	⏀14@100	⏀16@120	⏀16@100	⏀18@100
MK6025-D1,D2	(⏀14@150)	(⏀14@150)	(⏀14@150)	(⏀14@120)	(⏀14@100)	(⏀16@100)	(⏀18@120)	(⏀18@100)

MK6025型门框墙 ③ 配筋表（双扇钢门）

型号 \ b	≤300	400	500	600	700	800	900	950
MK6025-A1,A2,A3	⏀12@150	⏀12@150	⏀12@150	⏀12@150	⏀12@150	⏀12@150	⏀12@150	⏀12@150
MK6025-B1,B2,B3	⏀12@150	⏀12@150	⏀12@150	⏀12@120	⏀14@150	⏀14@120	⏀14@100	⏀14@100
MK6025-C1,C2,C3	⏀12@150	⏀12@120	⏀14@150	⏀16@150	⏀16@120	⏀16@100	⏀18@100	⏀18@100
MK6025-D1,D2,D3	(⏀14@150)	(⏀14@150)	(⏀12@100)	(⏀14@100)	(⏀16@100)	(⏀18@120)	(⏀18@100)	(⏀20@100)

MK6025型门框墙边柱配筋表（双扇钢门）

型号		b	≤3000	3200	3400	3600
MK6025-A2,A3		d	400	400	400	400
	⑤		4⏀18	4⏀18	4⏀18	4⏀18
MK6025-B2,B3		d	400	400	400	400
	⑤		4⏀20	4⏀22	5⏀22	4⏀25
MK6025-C2,C3		d	400	450	500	550
	⑤		6⏀22	6⏀22	6⏀22	6⏀22
MK6025-D2,D3		d	550	600	650	750
	⑤		6⏀22	6⏀22	5⏀25	5⏀25

说明：①、②、③配筋表中钢筋注小括号的门框墙厚度为400。

MK6025型门框墙配筋表

图集号 07FG04

页 67

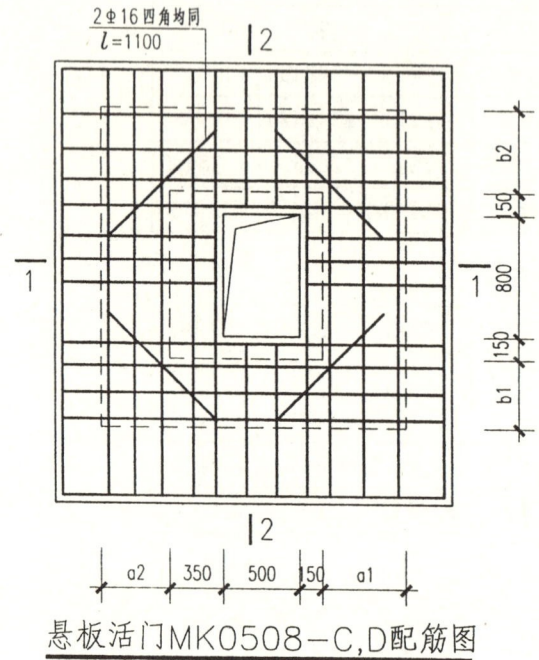

悬板活门MK0508-C、D配筋图

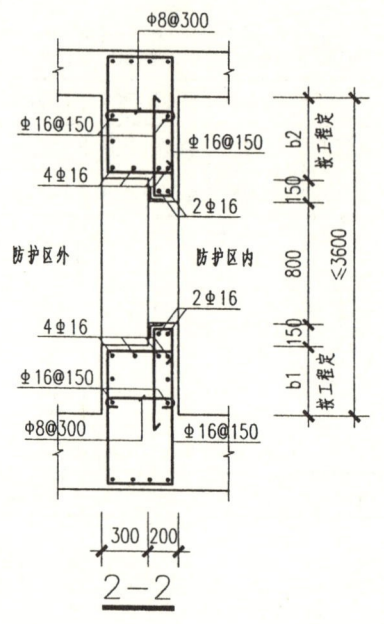

2-2

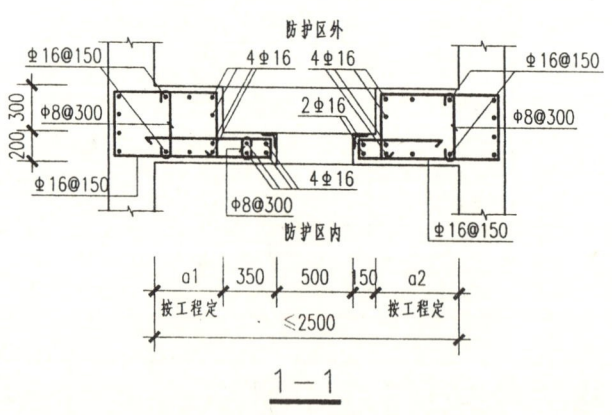

1-1

说明：
1. 本图适用于室内、外通道及进、排风竖井内扩散室前墙安装悬板活门门框墙配筋。
2. 门框墙内所有预埋件、钢门框和铰页锚板，应位置准确，严格校正后方可与主筋焊牢，再浇筑混凝土。
3. 钢门框预埋安装时必须铅直、周边平整，并在安装后，门扇开启灵活。
4. 本图给出悬板活门洞口四周配筋。墙及顶、底板配筋见个体工程。
5. 门框墙受力钢筋伸入支座的锚固长度见编制说明。

悬板活门MK0508型门框墙配筋图

图集号 07FG04

页 68

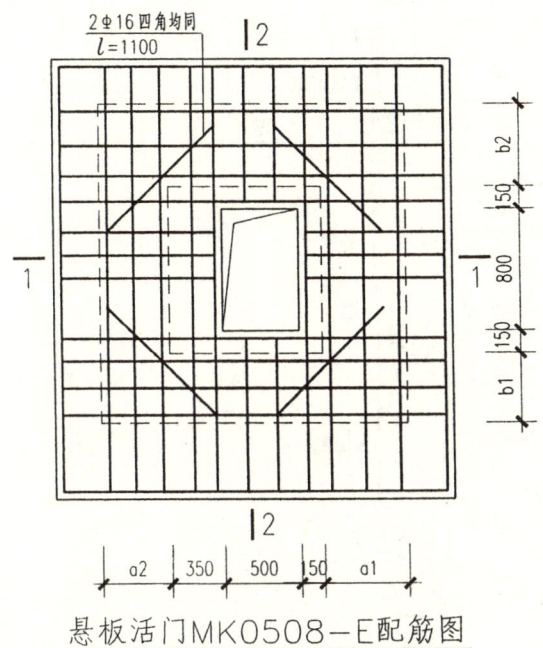

悬板活门MK0508-E配筋图

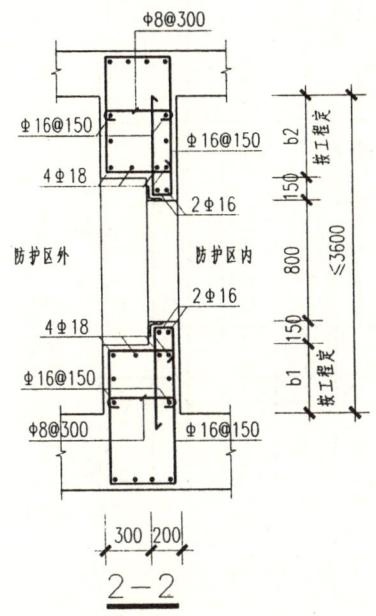

2-2

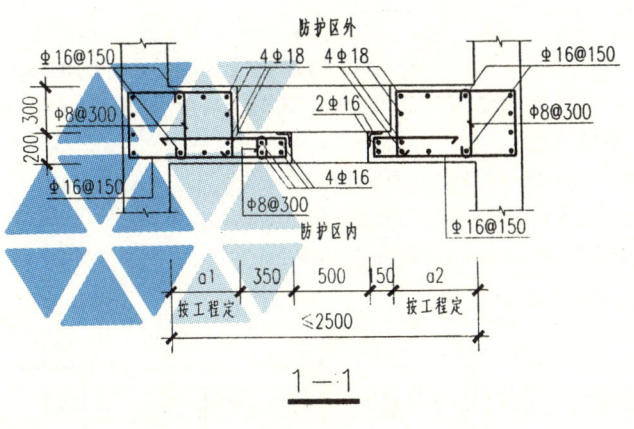

1-1

说明：
1. 本图适用于室内、外通道及进、排风竖井内扩散室前墙安装悬板活门框墙配筋。
2. 门框墙内所有预埋件、钢门框和铰页锚板，应位置准确，严格校正后方可与主筋焊牢，再浇筑混凝土。
3. 钢门框预埋安装时必须铅直、周边平整，并在安装后，门扇开启灵活。
4. 本图给出悬板活门洞口四周配筋。墙及顶、底板配筋见个体工程。
5. 门框墙受力钢筋伸入支座的锚固长度见编制说明。

悬板活门MK0508型门框墙配筋图

图集号 07FG04

页 69

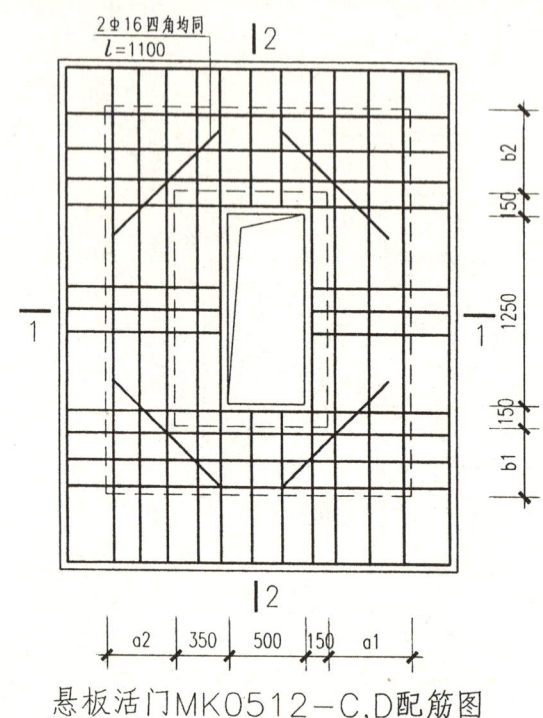

悬板活门MK0512-C,D配筋图

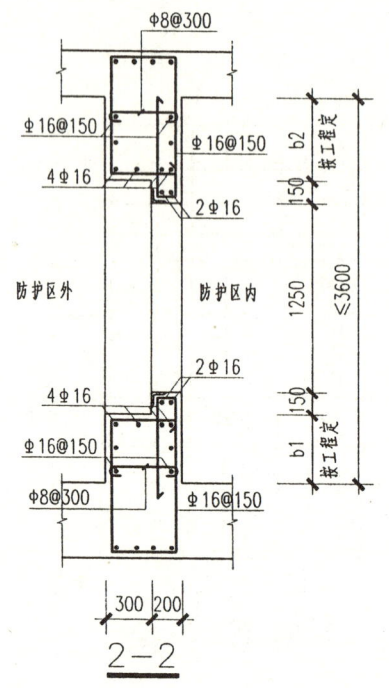

2-2

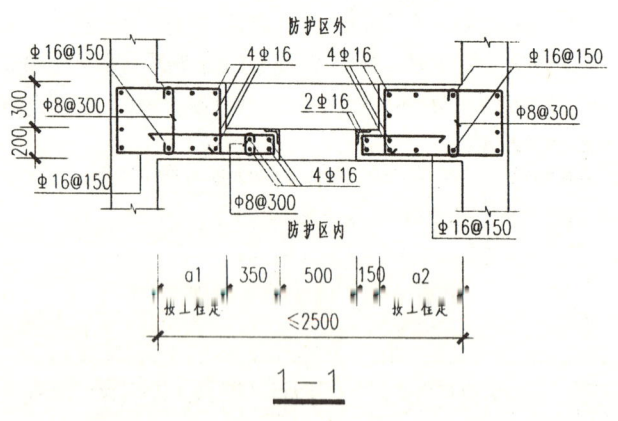

1-1

说明：
1. 本图适用于室内、外通道及进、排风竖井内扩散室前墙安装悬板活门框墙配筋。
2. 门框墙内所有预埋件、钢门框和铰页锚板，应位置准确，严格校正后方可与主筋焊牢，再浇筑混凝土。
3. 钢门框预埋安装时必须铅直、周边平整，并在安装后，门扇开启灵活。
4. 本图给出悬板活门洞口四周配筋。墙及顶、底板配筋见个体工程。
5. 门框墙受力钢筋伸入支座的锚固长度见编制说明。

悬板活门MK0512型门框墙配筋图

图集号 07FG04

页 70

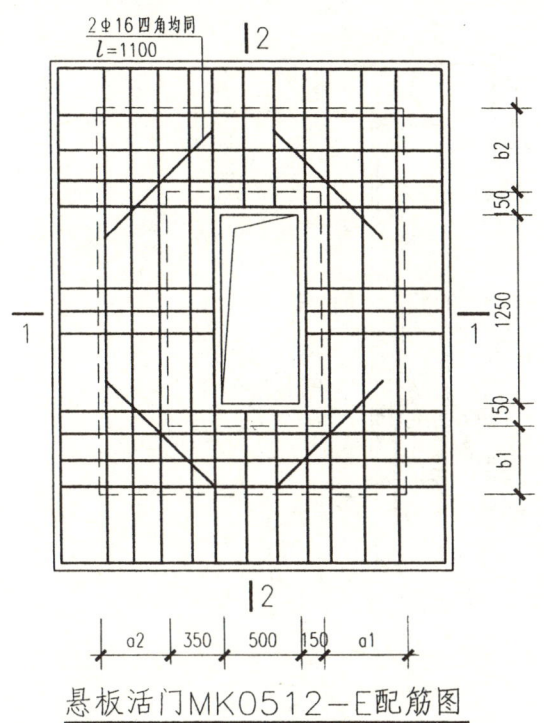

悬板活门MK0512-E配筋图

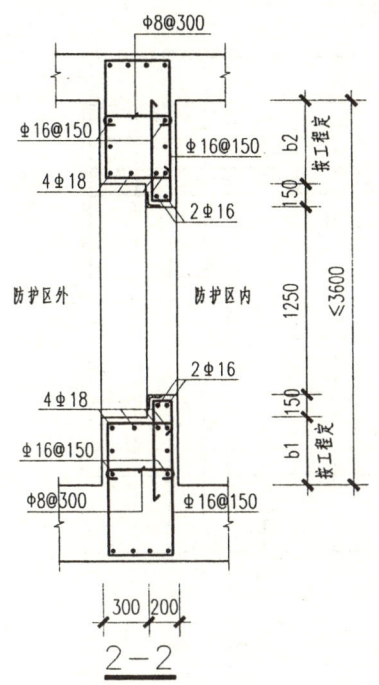

2-2

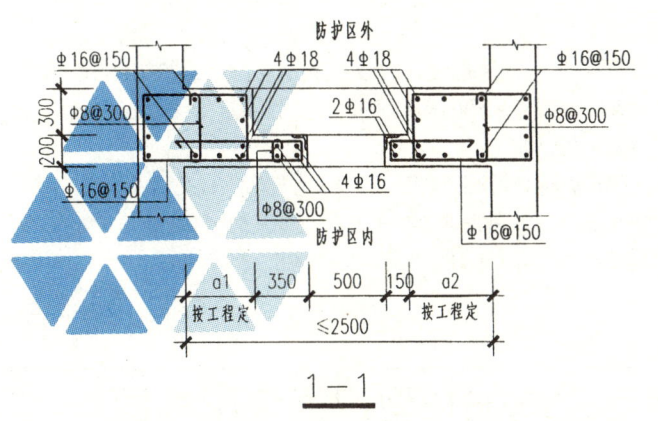

1-1

说明：
1. 本图适用于室内、外通道及进、排风竖井内扩散室前墙安装悬板活门门框墙配筋。
2. 门框墙内所有预埋件、钢门框和铰页锚板，应位置准确，严格校正后方可与主筋焊牢，再浇筑混凝土。
3. 钢门框预埋安装时必须铅直、周边平整，并在安装后，门扇开启灵活。
4. 本图给出悬板活门洞口四周配筋。墙及顶、底板配筋见个体工程。
5. 门框墙受力钢筋伸入支座的锚固长度见编制说明。

悬板活门MK0512型门框墙配筋图

图集号 07FG04

页 71

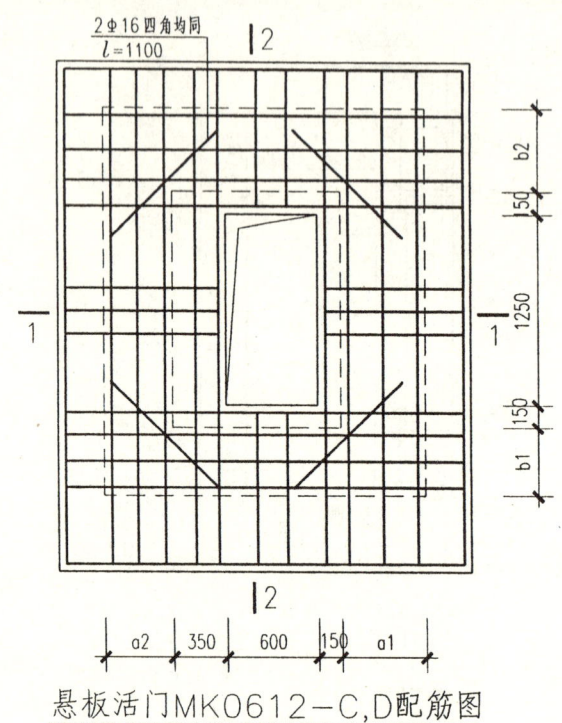

悬板活门MK0612-C,D配筋图

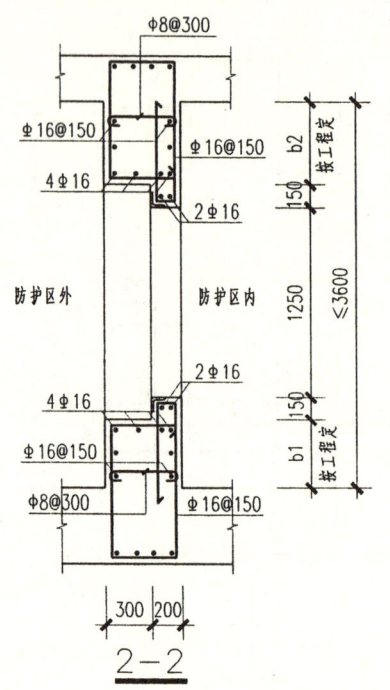

2-2

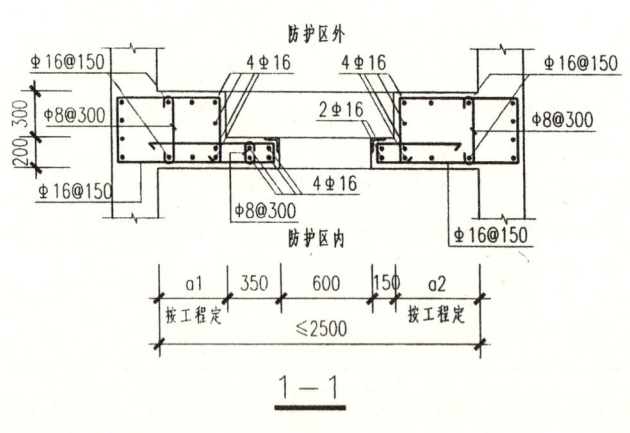

1-1

说明：
1. 本图适用于室内、外通道及进、排风竖井内扩散室前墙安装悬板活门框墙配筋。
2. 门框墙内所有预埋件、钢门框和铰页锚板，应位置准确，严格校正后方可与主筋焊牢，再浇筑混凝土。
3. 钢门框预埋安装时必须铅直、周边平整，并在安装后，门扇开启灵活。
4. 本图给出悬板活门洞口四周配筋。墙及顶、底板配筋见个体工程。
5. 门框墙受力钢筋伸入支座的锚固长度见编制说明。

悬板活门MK0612型门框墙配筋图

图集号 07FG04

页 72

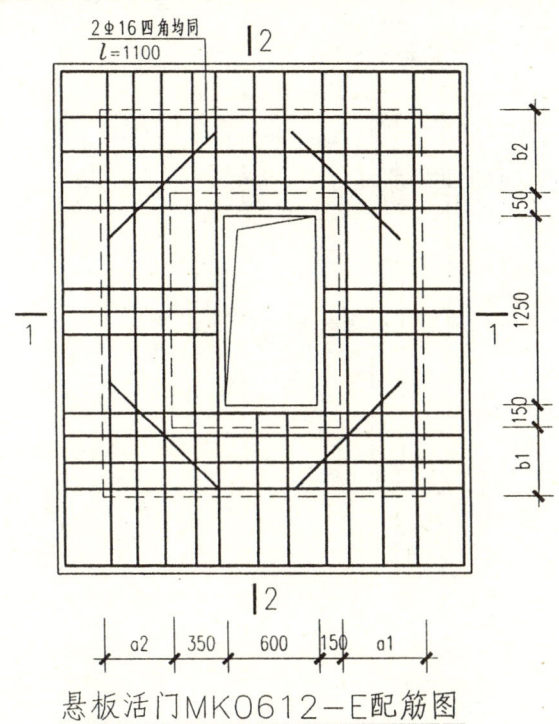

悬板活门MK0612-E配筋图

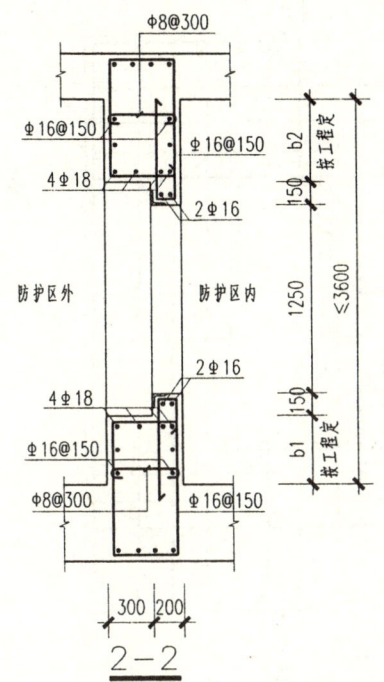

2-2

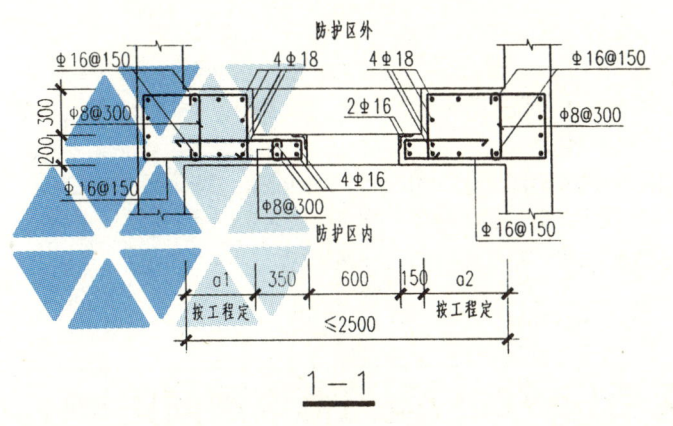

1-1

说明：
1. 本图适用于室内、外通道及进、排风竖井内扩散室前墙安装悬板活门框墙配筋。
2. 门框墙内所有预埋件、钢门框和铰页锚板，应位置准确，严格校正后方可与主筋焊牢，再浇筑混凝土。
3. 钢门框预埋安装时必须铅直、周边平整，并在安装后，门扇开启灵活。
4. 本图给出悬板活门洞口四周配筋。墙及顶、底板配筋见个体工程。
5. 门框墙受力钢筋伸入支座的锚固长度见编制说明。

悬板活门MK0612型门框墙配筋图

图集号 07FG04

页 73

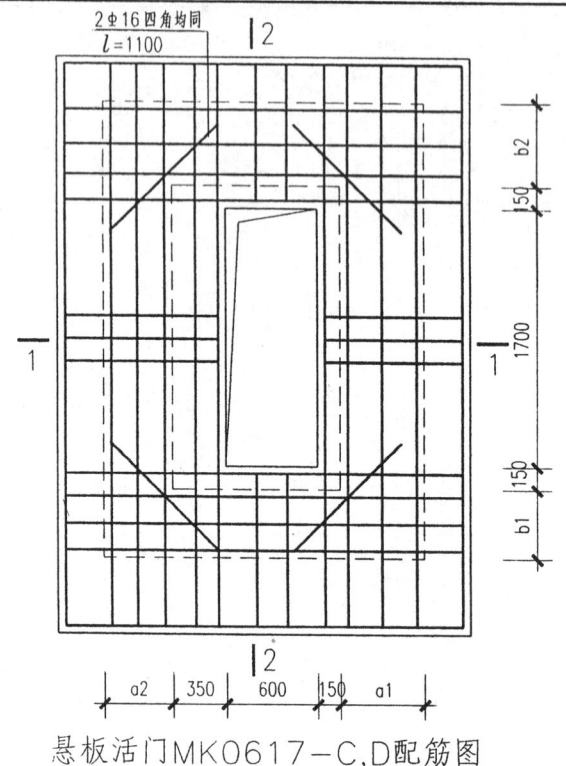

悬板活门MK0617-C,D配筋图

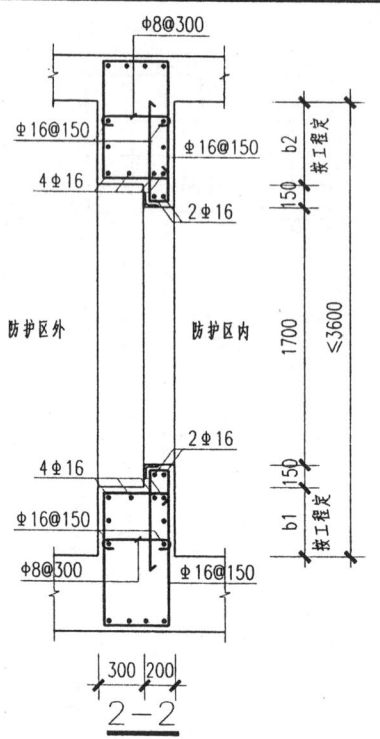

2-2

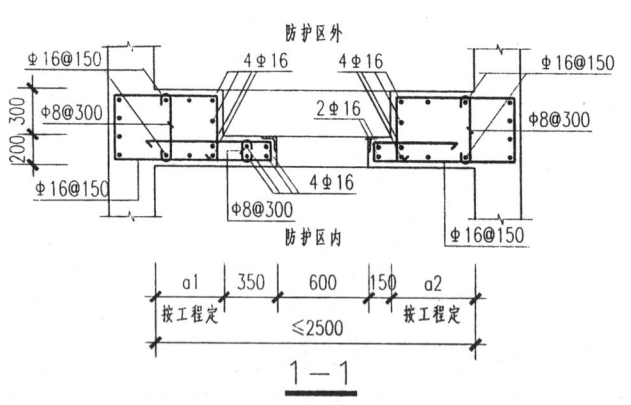

1-1

说明：
1. 本图适用于室内、外通道及进、排风竖井内扩散室前墙安装悬板活门门框墙配筋。
2. 门框墙内所有预埋件、钢门框和铰页锚板，应位置准确，严格校正后方可与主筋焊牢，再浇筑混凝土。
3. 钢门框预埋安装时必须铅直、周边平整，并在安装后，门扇开启灵活。
4. 本图给出悬板活门洞口四周配筋。墙及顶、底板配筋见个体工程。
5. 门框墙受力钢筋伸入支座的锚固长度见编制说明。

悬板活门MK0617型门框墙配筋图

图集号 07FG04

页 74

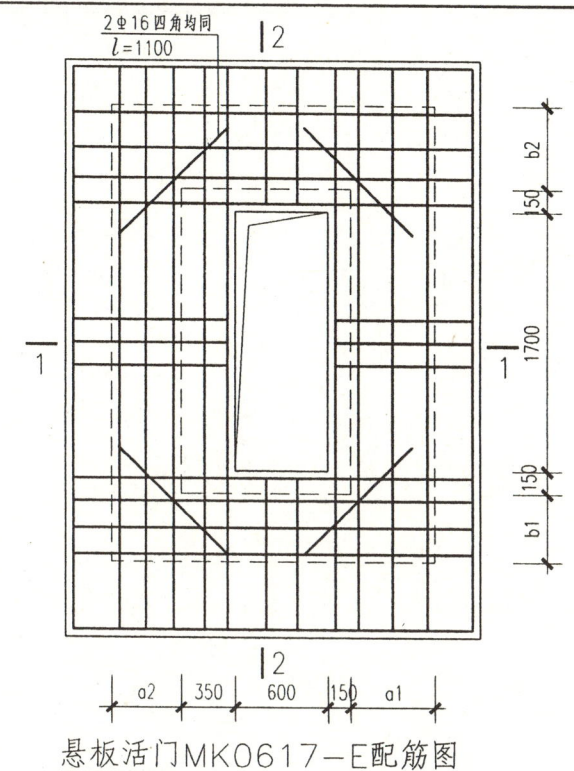

悬板活门MK0617-E配筋图

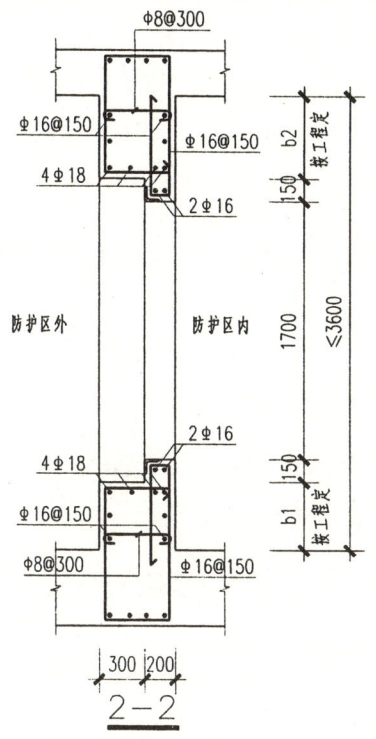

2-2

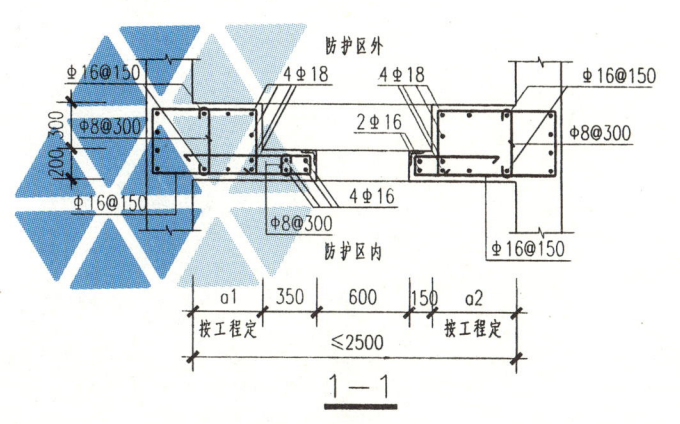

1-1

说明：
1. 本图适用于室内、外通道及进、排风竖井内扩散室前墙安装悬板活门门框墙配筋。
2. 门框墙内所有预埋件、钢门框和铰页锚板，应位置准确，严格校正后方可与主筋焊牢，再浇筑混凝土。
3. 钢门框预埋安装时必须铅直、周边平整，并在安装后，门扇开启灵活。
4. 本图给出悬板活门洞口四周配筋。墙及顶、底板配筋见个体工程。
5. 门框墙受力钢筋伸入支座的锚固长度见编制说明。

悬板活门MK0617型门框墙配筋图

图集号 07FG04

页 75

主编单位、联系人电话

主编单位　　　中国建筑设计研究院结构专业院　　　　　邵筠　　　010-68302484

　　　　　　　中国建筑标准设计研究院　　　　　　　　张瑞龙　　010-88361155-800

主管单位、联系人及电话

　　　　　　　中国建筑标准设计研究院　　　　　　　　王佳　　　010-88361155-800

国家建筑标准设计图集 07FG05

钢筋混凝土通风采光窗井

中国建筑标准设计研究院

钢筋混凝土通风采光窗井

批准部门	中华人民共和国建设部 国家人民防空办公室	批准文号	建质[2007]50号
主编单位	中国建筑标准设计研究院	统一编号	GJBT-998
实行日期	二○○七年五月一日	图集号	07FG05

主编单位负责人　王文艳
主编单位技术负责人　张燿庭
技术审定人
设计负责人　梁敏芬

目　录

目录	页码
目录	1
编制说明	2
核5级常5级甲类防空地下室通风采光窗井选用表	5
QTCJ(h5)窗井墙配筋图表	7
QTCJ(h5)窗井窗框配筋图表	12
BTCJ(h5)窗井墙配筋图表	16
核6级常6级甲类防空地下室通风采光窗井选用表	22
QTCJ(h6)窗井墙配筋图表	25
QTCJ(h6)窗框配筋图表	30
BTCJ(h6)窗井墙配筋图表	34
GDCJ(h6)外墙开窗配筋图	40
核6B级常6级甲类防空地下室通风采光窗井选用表	41
QTCJ(h6B)窗井墙配筋图表	43
QTCJ(h6B)窗框配筋图表	48
BTCJ(h6B)窗井墙配筋图表	52
GDCJ(h6B)外墙开窗配筋图	56
常5级乙类防空地下室通风采光窗井选用表	57
QTCJ(c5)窗井墙配筋图表	60
QTCJ(c5)窗框配筋图表	65
BTCJ(c5)窗井墙配筋图表	69
GDCJ(c5)外墙开窗配筋图	77
常6级乙类防空地下室通风采光窗井选用表	78
QTCJ(c6)窗井墙配筋图表	81
QTCJ(c6)窗框配筋图表	86
BTCJ(c6)窗井墙配筋图表	90
GDCJ(c6)外墙开窗配筋图	96
构件选用图	97

编制说明

1 编制依据
建设部建质函[2006]71号《2006年国家建筑标准设计编制工作计划》
《人民防空地下室设计规范》GB50038-2005
《混凝土结构设计规范》GB50010-2002等

2 适用范围
2.1 核5级常5级、核6级常6级、核6B级常6级甲类防空地下室及常5级、常6级乙类防空地下室的钢筋混凝土通风采光窗井。

2.2 防护方式及其适用范围见下表。

防护方式	QTCJ、BTCJ		GDCJ	
窗井平面型式	Ⅰ型	Ⅱ型	Ⅰ型	Ⅱ型
防空地下室净高h(m)	2.4~4.2		2.4~4.2	
防空地下室开间L(m)	2.4~4.8	5.1~8.1	2.4~4.8	5.1~8.1
窗井外墙高H(m)	3.0~6.0		—	
窗井进深(m)	1.2、1.5		—	
窗洞宽(m)	0.9、1.2、1.5		0.9、1.2、1.5	
窗洞高(m)	0.9、1.2、1.5		0.3、0.4、0.5、0.6、0.9	

3 主要材料
3.1 混凝土强度等级:C30;
3.2 钢筋:HPB235级(Φ)、HRB335级(Φ)。
3.3 构件设计已考虑了相应的材料强度综合调整系数。

4 构造措施
4.1 钢筋混凝土窗井墙均应设置梅花形排列的Φ6拉结钢筋,间距不大于500mm,拉结钢筋长度应满足能拉住最外层受力钢筋,见图1。

4.2 钢筋混凝土外墙洞口,应在洞口四角各设置2根Φ12的斜向构造钢筋,其长度为800mm,见图2。

4.3 混凝土保护层厚度:挡窗板、盖板20mm;窗井墙30mm。

4.4 受拉钢筋锚固长度:HPB235级钢筋:$l_a=24d$,$l_{aF}=25d$;
HRB335级钢筋:$l_a=30d$,$l_{aF}=31d$。

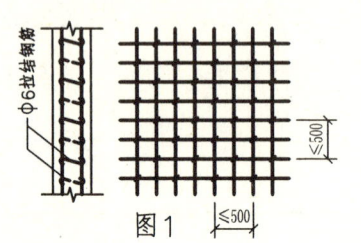
图1

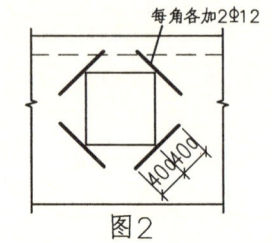
图2

5 表达方式
5.1 按防护方式分为QTCJ、BTCJ和GDCJ三种(见图3)。

QTCJ(全填土窗井):临战时先将防护挡窗板关好,然后在窗井内用素土分层回填夯实(压实系数不小于0.95),上表面土填至与防空地下室顶板顶面平。

BTCJ(半填土窗井):临战时先将窗井上部防护盖板盖好,并用M10水泥砂浆勾缝,再在盖板上用素土分层回填夯实(压实系数不小于0.95),其覆土厚度不小于500mm。

GDCJ(高出地面窗井):防空地下室外墙高出室外地面且开设通风采光窗。

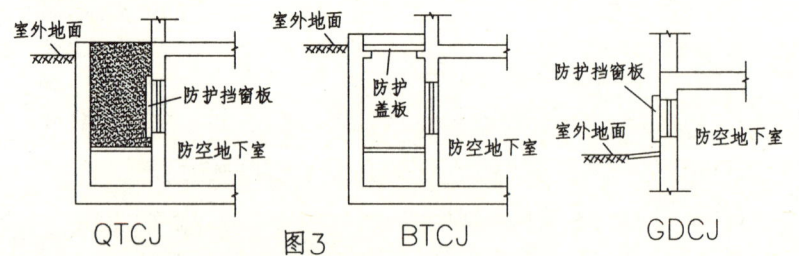
图3

5.2 按平面形式分为Ⅰ型、Ⅱ型两种(窗洞均居中)

Ⅰ型：指防空地下室外墙在一个开间内开设一个窗洞，且窗井的横墙间距与防空地下室开间等宽的平面形式(图4a)。

Ⅱ型：指防空地下室外墙在一个开间内开设两个窗洞的平面形式(图4b)。

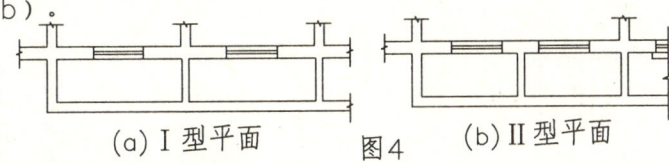

(a) Ⅰ型平面　　图4　　(b) Ⅱ型平面

5.3 防空地下室类型见下表。

防空地下室类型	表达方法
核5级常5级甲类防空地下室	(h5)
核6级常6级甲类防空地下室	(h6)
核6B级甲类防空地下室	(h6B)
常5级乙类防空地下室	(c5)
常6级乙类防空地下室	(c6)

例：核5级常5级甲类防空地下室全填土挡窗板Ⅰ型窗井：
QTCJXXXX-Ⅰ(h5)
（全填土窗井 / 窗井进深 / 窗井开间 / Ⅰ型窗井）

5.4 QTCJ窗井墙配筋分类见下表。

窗井底板埋深	核5级常5级	核6级常6级	核6B级常6级
地下水位以上	(h5a)	(h6a)	(h6Ba)
地下水位以下	(h5b)	(h6b)	(h6Bb)

例：核5级常5级甲类防空地下室全填土挡窗板Ⅰ型窗井(地下水位以下)：
QTCJXXXX-Ⅰ(h5b)

5.5 BTCJ窗井墙配筋分类

5.5.1 乙类防空地下室见下表。

顶板顶面埋深(m)	土类别	常5级	常6级
0<h≤1.5	非饱和土	(c5b)	(c6b)
	饱和土	(c5d)	(c6d)
1.5<h≤3.0	非饱和土	(c5a)	(c6a)
	饱和土	(c5c)	(c6c)

例：常5级乙类防空地下室顶板埋深1.0m，周围非饱和土，半填土盖板Ⅰ型窗井：
BTCJXXXX-Ⅰ(c5b)

5.5.2 甲类防空地下室见下表。

土类别	核5级常5级	核6级常6级	核6B级常6级
碎石土，砂土，粉土坚硬、硬塑粘性土	(h5a)	(h6a)	(h6Ba)
可塑粘性土	(h5b)	(h6b)	(h6Bb)
软塑粘性土及地下水位以下的各类土	(h5c)	(h6c)	(h6Bc)

例：核6级常6级甲类防空地下室，周围粉土，半填土盖板Ⅱ型窗井：
BTCJXXXX-Ⅱ(h6a)
（半填土窗井 / 窗井开间 / 窗井进深 / Ⅱ型窗井 / 配筋分类）

6 选用示例

例1：已知某核6级常6级甲类防空地下室，净高3m，开间L=4.2m，窗井外墙高3.5m，周围为软塑粘性土，地下水位标高-0.80m，窗井平面形式为Ⅰ型，进深1.2m，窗洞a×b=1.2×1.2(m)，采用全填土挡窗板防护方式(图5)。试确定窗井各部位截面尺寸及配筋。

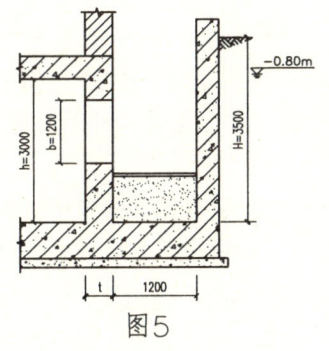

图5

选用：

(1)窗井尺寸满足图集适用范围。

(2)根据已知条件及表达方式，确定该窗井型号为QTCJ4212-Ⅰ(h6b)，查本图集第22页核6级常6级甲类防空地下室通风采光窗井选用表；窗井墙配筋见本图集第25、27页，窗框配筋见本图集第30、31页。

(3)根据H=3.5m，参考本图集第25页窗井墙配筋图，在

编制说明	图集号	07FG05
	页	3

本图集第27页窗井墙配筋表中查得①、②号钢筋为Φ12@200，③、④、⑤号钢筋为Φ10@200。

(4)根据开间L=4200mm，窗洞尺寸a×b=1200×1200mm，得L₁>b/2，窗框配筋选用第30页图。由室内净高h=3000mm，窗洞宽a=1200mm，查得：当墙厚t取250mm时，①、②号钢筋均为2Φ16，③号钢筋为Φ8@200；当t取300mm时，①、②号钢筋均为2Φ16，③号钢筋为Φ8@200。

(5)挡窗板及窗框预埋件参见本图集第98～105页。

例2：如例1中采用半填土盖板防护方式(图6)，试确定窗井各部位截面尺寸及配筋。

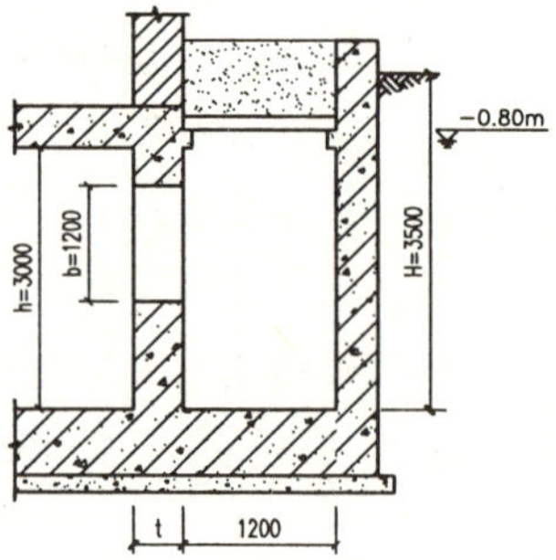

选用：

(1)窗井尺寸满足图集适用范围。

(2)根据已知条件及表达方式，窗井型号为BTCJ4212-I(h6c)，查本图集第23页核6级常6级甲类防空地下室通风采光窗井选用表，窗井墙配筋见本图集第34、36页。

(3)根据H=3.5m，参考本图集第34页窗井墙配筋图，在本图集第36页窗井墙配筋表中查得不需要配置③、④号钢筋，⑤号钢筋为Φ10@150。

(4)盖板配筋参见本图集第97页。

7 其他

7.1 窗洞口加柱时，柱中竖向钢筋在顶底板中的锚固长度应满足l_{aF}。

7.2 窗框设计时如果按平时荷载组合计算的配筋大于本图集时，应取大者。

7.3 本图集与07FJ02建筑图集配合使用，超出本图集使用范围或结构材料选用与本图集不同时应另行计算。

7.4 窗井墙节点大样见图7，节点位置见窗井墙配筋图。

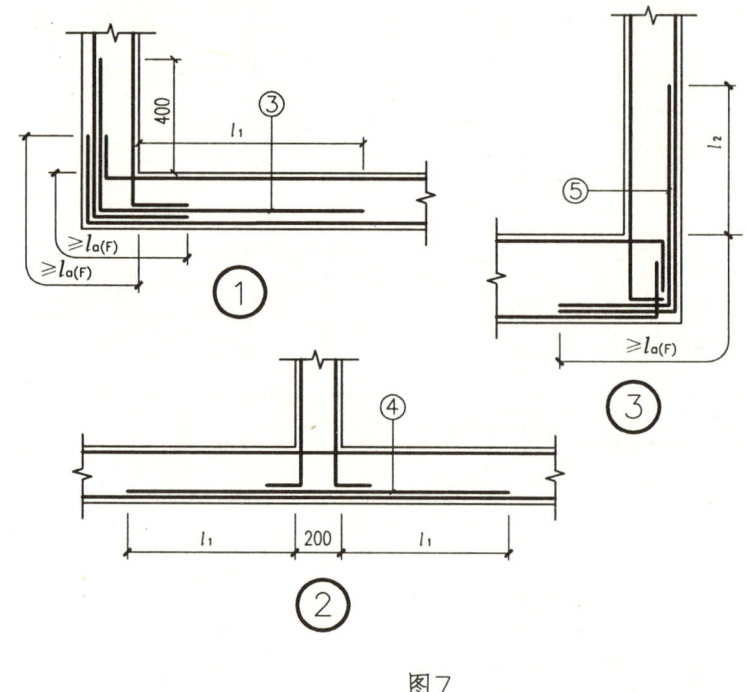

图6

图7

编制说明

图集号 07FG05

页 4

核5级常5级甲类防空地下室通风采光窗井选用表

窗井型号	窗井墙配筋(页)	窗框配筋(页)	窗井型号	窗井墙配筋(页)	窗框配筋(页)	窗井型号	窗井墙配筋(页)	窗框配筋(页)	窗井型号	窗井墙配筋(页)	窗框配筋(页)
QTCJ2412-I(h5a)	7、8	12、13	QTCJ3315-I(h5b)	7、9	12、13	QTCJ7212-II(h5a)	10、11	14、15	QTCJ7515-II(h5b)	10、11	14、15
QTCJ2415-I(h5a)	7、8	12、13	QTCJ3612-I(h5b)	7、9	12、13	QTCJ7215-II(h5a)	10、11	14、15	QTCJ7812-II(h5b)	10、11	14、15
QTCJ2712-I(h5a)	7、8	12、13	QTCJ3615-I(h5b)	7、9	12、13	QTCJ7512-II(h5a)	10、11	14、15	QTCJ7815-II(h5b)	10、11	14、15
QTCJ2715-I(h5a)	7、8	12、13	QTCJ3912-I(h5b)	7、9	12、13	QTCJ7515-II(h5a)	10、11	14、15	QTCJ8112-II(h5b)	10、11	14、15
QTCJ3012-I(h5a)	7、8	12、13	QTCJ3915-I(h5b)	7、9	12、13	QTCJ7812-II(h5a)	10、11	14、15	QTCJ8115-II(h5b)	10、11	14、15
QTCJ3015-I(h5a)	7、8	12、13	QTCJ4212-I(h5b)	7、9	12、13	QTCJ7815-II(h5a)	10、11	14、15	BTCJ2412-I(h5a)	16、17	
QTCJ3312-I(h5a)	7、8	12、13	QTCJ4215-I(h5b)	7、9	12、13	QTCJ8112-II(h5a)	10、11	14、15	BTCJ2415-I(h5a)	16、17	
QTCJ3315-I(h5a)	7、8	12、13	QTCJ4512-I(h5b)	7、9	12、13	QTCJ8115-II(h5a)	10、11	14、15	BTCJ2712-I(h5a)	16、17	
QTCJ3612-I(h5a)	7、8	12、13	QTCJ4515-I(h5b)	7、9	12、13	QTCJ5112-II(h5b)	10、11	14、15	BTCJ2715-I(h5a)	16、17	
QTCJ3615-I(h5a)	7、8	12、13	QTCJ4812-I(h5b)	7、9	12、13	QTCJ5115-II(h5b)	10、11	14、15	BTCJ3012-I(h5a)	16、17	
QTCJ3912-I(h5a)	7、8	12、13	QTCJ4815-I(h5b)	7、9	12、13	QTCJ5412-II(h5b)	10、11	14、15	BTCJ3015-I(h5a)	16、17	
QTCJ3915-I(h5a)	7、8	12、13	QTCJ5112-II(h5a)	10、11	14、15	QTCJ5415-II(h5b)	10、11	14、15	BTCJ3312-I(h5a)	16、17	
QTCJ4212-I(h5a)	7、8	12、13	QTCJ5115-II(h5a)	10、11	14、15	QTCJ5712-II(h5b)	10、11	14、15	BTCJ3315-I(h5a)	16、17	
QTCJ4215-I(h5a)	7、8	12、13	QTCJ5412-II(h5a)	10、11	14、15	QTCJ5715-II(h5b)	10、11	14、15	BTCJ3612-I(h5a)	16、17	
QTCJ4512-I(h5a)	7、8	12、13	QTCJ5415-II(h5a)	10、11	14、15	QTCJ6012-II(h5b)	10、11	14、15	BTCJ3615-I(h5a)	16、17	
QTCJ4515-I(h5a)	7、8	12、13	QTCJ5712-II(h5a)	10、11	14、15	QTCJ6015-II(h5b)	10、11	14、15	BTCJ3912-I(h5a)	16、17	
QTCJ4812-I(h5a)	7、8	12、13	QTCJ5715-II(h5a)	10、11	14、15	QTCJ6312-II(h5b)	10、11	14、15	BTCJ3915-I(h5a)	16、17	
QTCJ4815-I(h5a)	7、8	12、13	QTCJ6012-II(h5a)	10、11	14、15	QTCJ6315-II(h5b)	10、11	14、15	BTCJ4212-I(h5a)	16、17	
QTCJ2412-I(h5b)	7、9	12、13	QTCJ6015-II(h5a)	10、11	14、15	QTCJ6612-II(h5b)	10、11	14、15	BTCJ4215-I(h5a)	16、17	
QTCJ2415-I(h5b)	7、9	12、13	QTCJ6312-II(h5a)	10、11	14、15	QTCJ6615-II(h5b)	10、11	14、15	BTCJ4512-I(h5a)	16、17	
QTCJ2712-I(h5b)	7、9	12、13	QTCJ6315-II(h5a)	10、11	14、15	QTCJ6912-II(h5b)	10、11	14、15	BTCJ4515-I(h5a)	16、17	
QTCJ2715-I(h5b)	7、9	12、13	QTCJ6612-II(h5a)	10、11	14、15	QTCJ6915-II(h5b)	10、11	14、15	BTCJ4812-I(h5a)	16、17	
QTCJ3012-I(h5b)	7、9	12、13	QTCJ6615-II(h5a)	10、11	14、15	QTCJ7212-II(h5b)	10、11	14、15	BTCJ4815-I(h5a)	16、17	
QTCJ3015-I(h5b)	7、9	12、13	QTCJ6912-II(h5a)	10、11	14、15	QTCJ7215-II(h5b)	10、11	14、15	BTCJ2412-I(h5b)	16、17	
QTCJ3312-I(h5b)	7、9	12、13	QTCJ6915-II(h5a)	10、11	14、15	QTCJ7512-II(h5b)	10、11	14、15	BTCJ2415-I(h5b)	16、17	

核5级常5级甲类防空地下室通风采光窗井选用表

窗井型号	窗井墙配筋(页)	窗框配筋(页)	窗井型号	窗井墙配筋(页)	窗框配筋(页)	窗井型号	窗井墙配筋(页)	窗框配筋(页)	窗井型号	窗井墙配筋(页)	窗框配筋(页)
BTCJ2712-I(h5b)	16、17		BTCJ3615-I(h5c)	16、18		BTCJ7512-II(h5a)	19、20		BTCJ7815-II(h5b)	19、20	
BTCJ2715-I(h5b)	16、17		BTCJ3912-I(h5c)	16、18		BTCJ7515-II(h5a)	19、20		BTCJ8112-II(h5b)	19、20	
BTCJ3012-I(h5b)	16、17		BTCJ3915-I(h5c)	16、18		BTCJ7812-II(h5a)	19、20		BTCJ8115-II(h5b)	19、20	
BTCJ3015-I(h5b)	16、17		BTCJ4212-I(h5c)	16、18		BTCJ7815-II(h5a)	19、20		BTCJ5112-II(h5c)	19、21	
BTCJ3312-I(h5b)	16、17		BTCJ4215-I(h5c)	16、18		BTCJ8112-II(h5a)	19、20		BTCJ5115-II(h5c)	19、21	
BTCJ3315-I(h5b)	16、17		BTCJ4512-I(h5c)	16、18		BTCJ8115-II(h5a)	19、20		BTCJ5412-II(h5c)	19、21	
BTCJ3612-I(h5b)	16、17		BTCJ4515-I(h5c)	16、18		BTCJ5112-II(h5b)	19、20		BTCJ5415-II(h5c)	19、21	
BTCJ3615-I(h5b)	16、17		BTCJ4812-I(h5c)	16、18		BTCJ5115-II(h5b)	19、20		BTCJ5712-II(h5c)	19、21	
BTCJ3912-I(h5b)	16、17		BTCJ4815-I(h5c)	16、18		BTCJ5412-II(h5b)	19、20		BTCJ5715-II(h5c)	19、21	
BTCJ3915-I(h5b)	16、17		BTCJ5112-II(h5a)	19、20		BTCJ5415-II(h5b)	19、20		BTCJ6012-II(h5c)	19、21	
BTCJ4212-I(h5b)	16、17		BTCJ5115-II(h5a)	19、20		BTCJ5712-II(h5b)	19、20		BTCJ6015-II(h5c)	19、21	
BTCJ4215-I(h5b)	16、17		BTCJ5412-II(h5a)	19、20		BTCJ5715-II(h5b)	19、20		BTCJ6312-II(h5c)	19、21	
BTCJ4512-I(h5b)	16、17	—	BTCJ5415-II(h5a)	19、20	—	BTCJ6012-II(h5b)	19、20	—	BTCJ6315-II(h5c)	19、21	—
BTCJ4515-I(h5b)	16、17		BTCJ5712-II(h5a)	19、20		BTCJ6015-II(h5b)	19、20		BTCJ6612-II(h5c)	19、21	
BTCJ4812-I(h5b)	16、17		BTCJ5715-II(h5a)	19、20		BTCJ6312-II(h5b)	19、20		BTCJ6615-II(h5c)	19、21	
BTCJ4815-I(h5b)	16、17		BTCJ6012-II(h5a)	19、20		BTCJ6315-II(h5b)	19、20		BTCJ6912-II(h5c)	19、21	
BTCJ2412-I(h5c)	16、18		BTCJ6015-II(h5a)	19、20		BTCJ6612-II(h5b)	19、20		BTCJ6915-II(h5c)	19、21	
BTCJ2415-I(h5c)	16、18		BTCJ6312-II(h5a)	19、20		BTCJ6615-II(h5b)	19、20		BTCJ7212-II(h5c)	19、21	
BTCJ2712-I(h5c)	16、18		BTCJ6315-II(h5a)	19、20		BTCJ6912-II(h5b)	19、20		BTCJ7215-II(h5c)	19、21	
BTCJ2715-I(h5c)	16、18		BTCJ6612-II(h5a)	19、20		BTCJ6915-II(h5b)	19、20		BTCJ7512-II(h5c)	19、21	
BTCJ3012-I(h5c)	16、18		BTCJ6615-II(h5a)	19、20		BTCJ7212-II(h5b)	19、20		BTCJ7515-II(h5c)	19、21	
BTCJ3015-I(h5c)	16、18		BTCJ6912-II(h5a)	19、20		BTCJ7215-II(h5b)	19、20		BTCJ7812-II(h5c)	19、21	
BTCJ3312-I(h5c)	16、18		BTCJ6915-II(h5a)	19、20		BTCJ7512-II(h5b)	19、20		BTCJ7815-II(h5c)	19、21	
BTCJ3315-I(h5c)	16、18		BTCJ7212-II(h5a)	19、20		BTCJ7515-II(h5b)	19、20		BTCJ8112-II(h5c)	19、21	
BTCJ3612-I(h5c)	16、18		BTCJ7215-II(h5a)	19、20		BTCJ7812-II(h5b)	19、20		BTCJ8115-II(h5c)	19、21	

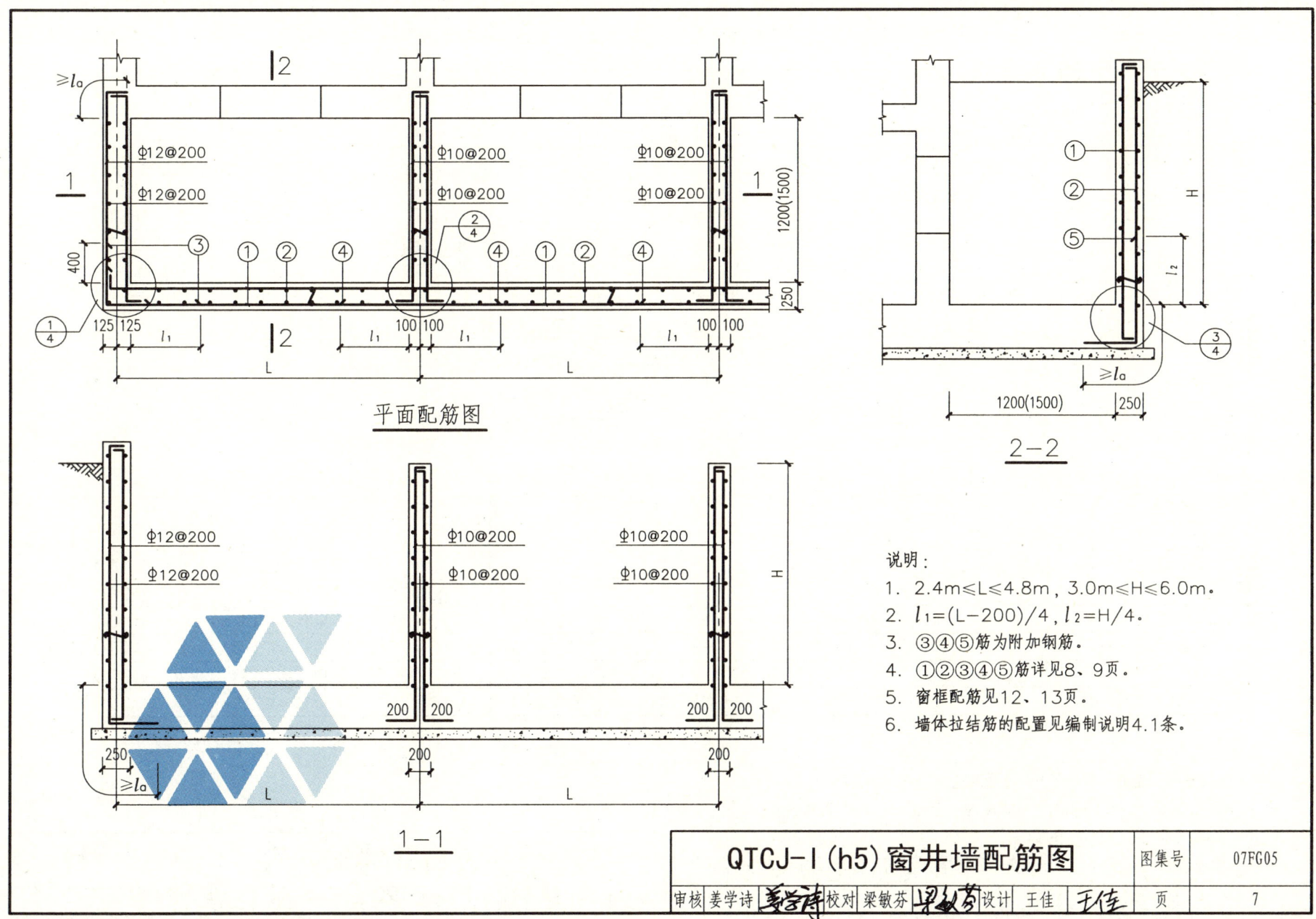

QTCJ-I(h5a)窗井墙①②筋配筋表

窗井型号 \ H(m)	3.0	3.5	4.0	4.5	5.0	5.5	6.0
QTCJ2412(15)-I(h5a)	⌀12@200	⌀12@200	⌀12@200	⌀12@200	⌀12@200	⌀12@200	⌀12@200
QTCJ2712(15)-I(h5a)	⌀12@200	⌀12@200	⌀12@200	⌀12@200	⌀12@200	⌀12@200	⌀12@200
QTCJ3012(15)-I(h5a)	⌀12@200	⌀12@200	⌀12@200	⌀12@200	⌀12@200	⌀12@200	⌀12@200
QTCJ3312(15)-I(h5a)	⌀12@200	⌀12@200	⌀12@200	⌀12@200	⌀12@200	⌀12@200	⌀12@200
QTCJ3612(15)-I(h5a)	⌀12@200	⌀12@200	⌀12@200	⌀12@200	⌀12@200	⌀12@200	⌀12@200
QTCJ3912(15)-I(h5a)	⌀12@200	⌀12@200	⌀12@200	⌀12@200	⌀12@200	⌀12@200	⌀12@200
QTCJ4212(15)-I(h5a)	⌀12@200	⌀12@200	⌀12@200	⌀12@200	⌀12@200	⌀12@200	⌀12@200
QTCJ4512(15)-I(h5a)	⌀12@200	⌀12@200	⌀12@200	⌀12@200	⌀12@200	⌀12@200	⌀12@200
QTCJ4812(15)-I(h5a)	⌀12@200	⌀12@200	⌀12@200	⌀12@200	⌀12@200	⌀12@200	⌀12@200

QTCJ-I(h5a)窗井墙③④⑤筋配筋表

窗井型号 \ H(m)	3.0	3.5	4.0	4.5	5.0	5.5	6.0
QTCJ2412(15)-I(h5a)	—	—	—	—	—	—	—
QTCJ2712(15)-I(h5a)	—	—	—	—	—	—	—
QTCJ3012(15)-I(h5a)	—	—	—	—	—	—	—
QTCJ3312(15)-I(h5a)	—	—	—	—	—	⌀10@200	⌀10@200
QTCJ3612(15)-I(h5a)	—	—	—	—	⌀10@200	⌀10@200	⌀10@200
QTCJ3912(15)-I(h5a)	—	—	—	⌀10@200	⌀10@200	⌀10@200	⌀10@200
QTCJ4212(15)-I(h5a)	—	—	—	⌀10@200	⌀10@200	⌀10@200	⌀10@200
QTCJ4512(15)-I(h5a)	—	—	⌀10@200	⌀10@200	⌀10@200	⌀10@200	⌀12@200
QTCJ4812(15)-I(h5a)	—	—[⌀10@200]	⌀10@200	⌀10@200	⌀10@200	⌀12@200	⌀14@200

说明：
1. 本图适用于窗井底板位于地下水位以上。
2. QTCJXX12(15)表示对窗井进深为1.2m和1.5m都适用。
3. ①②筋相同，③④筋相同。
4. 当③④筋与⑤筋不同时，方括号外表示③④筋，方括号内表示⑤筋。

QTCJ-I(h5)窗井墙配筋表

图集号 07FG05

QTCJ-I(h5b)窗井墙①②筋配筋表

窗井型号 \ H(m)	3.0	3.5	4.0	4.5	5.0	5.5	6.0
QTCJ2412(15)-I(h5b)	⌀12@200	⌀12@200	⌀12@200	⌀12@200	⌀12@200	⌀12@200	⌀12@200
QTCJ2712(15)-I(h5b)	⌀12@200	⌀12@200	⌀12@200	⌀12@200	⌀12@200	⌀12@200	⌀12@200
QTCJ3012(15)-I(h5b)	⌀12@200	⌀12@200	⌀12@200	⌀12@200	⌀12@200	⌀12@200	⌀12@200
QTCJ3312(15)-I(h5b)	⌀12@200	⌀12@200	⌀12@200	⌀12@200	⌀12@200	⌀12@200	⌀12@200
QTCJ3612(15)-I(h5b)	⌀12@200	⌀12@200	⌀12@200	⌀12@200	⌀12@200	⌀12@200	⌀12@200
QTCJ3912(15)-I(h5b)	⌀12@200	⌀12@200	⌀12@200	⌀12@200	⌀12@200	⌀12@200	⌀12@200
QTCJ4212(15)-I(h5b)	⌀12@200	⌀12@200	⌀12@200	⌀12@200	⌀12@200	⌀12@200	⌀14@200
QTCJ4512(15)-I(h5b)	⌀12@200	⌀12@200	⌀12@200	⌀12@200	⌀12@200	⌀14@200	⌀14@200
QTCJ4812(15)-I(h5b)	⌀12@200	⌀12@200	⌀12@200	⌀12@200	⌀14@200	⌀14@200	⌀16@200

QTCJ-I(h5b)窗井墙③④⑤筋配筋表

窗井型号 \ H(m)	3.0	3.5	4.0	4.5	5.0	5.5	6.0
QTCJ2412(15)-I(h5b)	—	—	—	—	—	—	-[⌀10@200]
QTCJ2712(15)-I(h5b)	—	—	—	—	-[⌀10@200]	⌀10@200	⌀10@200
QTCJ3012(15)-I(h5b)	—	—	—	⌀10@200	⌀10@200	⌀10@200	⌀10@200
QTCJ3312(15)-I(h5b)	—	—	⌀10@200	⌀10@200	⌀10@200	⌀12@200	⌀12@200
QTCJ3612(15)-I(h5b)	—	—	⌀10@200	⌀10@200	⌀10@200	⌀12@200	⌀14@200
QTCJ3912(15)-I(h5b)	—	⌀10@200	⌀10@200	⌀10@200	⌀12@200	⌀14@200	⌀14[16]@200
QTCJ4212(15)-I(h5b)	-[⌀10@200]	⌀10@200	⌀10@200	⌀12@200	⌀12[14]@200	⌀14[16]@200	⌀16@200
QTCJ4512(15)-I(h5b)	-[⌀10@200]	⌀10@200	⌀10@200	⌀12@200	⌀14@200	⌀14[16]@200	⌀16[18]@200
QTCJ4812(15)-I(h5b)	-[⌀10@200]	⌀10@200	⌀10[12]@200	⌀12[14]@200	⌀14[16]@200	⌀16[18]@200	⌀18[20]@200

说明：
1. 本图适用于窗井底板位于地下水位以下。
2. QTCJXX12(15)表示对窗井进深为1.2m和1.5m都适用。
3. ①②筋相同，③④筋相同。
4. 当③④筋与⑤筋不同时，方括号外表示③④筋，方括号内表示⑤筋。

QTCJ-I(h5)窗井墙配筋表

图集号 07FG05

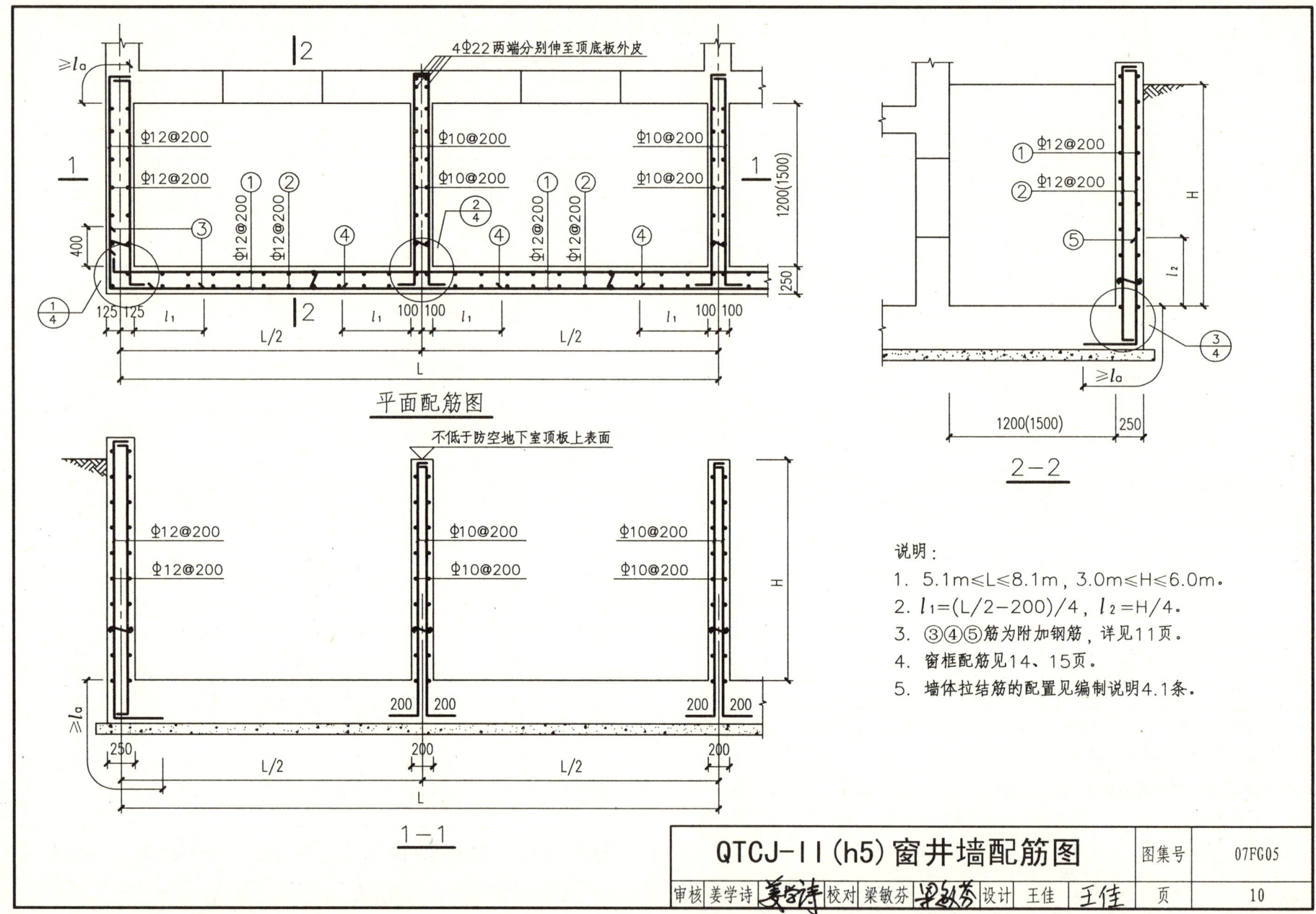

QTCJ-II(h5a)窗井墙③④⑤筋配筋表(窗井底板位于地下水位以上)

窗井型号 \ H(m)	3.0	3.5	4.0	4.5	5.0	5.5	6.0
QTCJ5112(15)-II(h5a)	—	—	—	—	—	—	—
QTCJ5412(15)-II(h5a)	—	—	—	—	—	—	—
QTCJ5712(15)-II(h5a)	—	—	—	—	—	—	—
QTCJ6012(15)-II(h5a)	—	—	—	—	—	—	—
QTCJ6312(15)-II(h5a)	—	—	—	—	—	—	⌀10@200
QTCJ6612(15)-II(h5a)	—	—	—	—	—	⌀10@200	⌀10@200
QTCJ6912(15)-II(h5a)	—	—	—	—	⌀10@200	⌀10@200	⌀10@200
QTCJ7212(15)-II(h5a)	—	—	—	—	⌀10@200	⌀10@200	⌀10@200
QTCJ7512(15)-II(h5a)	—	—	—	⌀10@200	⌀10@200	⌀10@200	⌀10@200
QTCJ7812(15)-II(h5a)	—	—	—	—	⌀10@200	⌀10@200	⌀10@200
QTCJ8112(15)-II(h5a)	—	—	—	⌀10@200	⌀10@200	⌀10@200	⌀10@200

QTCJ-II(h5b)窗井墙③④⑤筋配筋表(窗井底板位于地下水位以下)

窗井型号 \ H(m)	3.0	3.5	4.0	4.5	5.0	5.5	6.0
QTCJ5112(15)-II(h5b)	—	—	—	—	—	⌀10@200	⌀10@200
QTCJ5412(15)-II(h5b)	—	—	—	—	—[⌀10@200]	⌀10@200	⌀10@200
QTCJ5712(15)-II(h5b)	—	—	—	—	⌀10@200	⌀10@200	⌀10@200
QTCJ6012(15)-II(h5b)	—	—	—	⌀10@200	⌀10@200	⌀10@200	⌀10@200
QTCJ6312(15)-II(h5b)	—	—	—	⌀10@200	⌀10@200	⌀10@200	⌀10@200
QTCJ6612(15)-II(h5b)	—	—	⌀10@200	⌀10@200	⌀10@200	⌀10@200	⌀12@200
QTCJ6912(15)-II(h5b)	—	—	⌀10@200	⌀10@200	⌀10@200	⌀12@200	⌀14@200
QTCJ7212(15)-II(h5b)	—	—	⌀10@200	⌀10@200	⌀10@200	⌀12@200	⌀14@200
QTCJ7512(15)-II(h5b)	—	⌀10@200	⌀10@200	⌀10@200	⌀12@200	⌀14@200	⌀14[16]@200
QTCJ7812(15)-II(h5b)	—	⌀10@200	⌀10@200	⌀10@200	⌀12@200	⌀14@200	⌀14[16]@200
QTCJ8112(15)-II(h5b)	—[⌀10@200]	⌀10@200	⌀10@200	⌀12@200	⌀12[14]@200	⌀14[16]@200	⌀16@200

说明：

1. QTCJXX12(15)表示对窗井进深为1.2m和1.5m都适用。
2. ③④筋相同。
3. 当③④筋与⑤筋不同时，方括号外表示③④筋，方括号内表示⑤筋。

QTCJ-II(h5) 窗井墙配筋表

图集号 07FG05

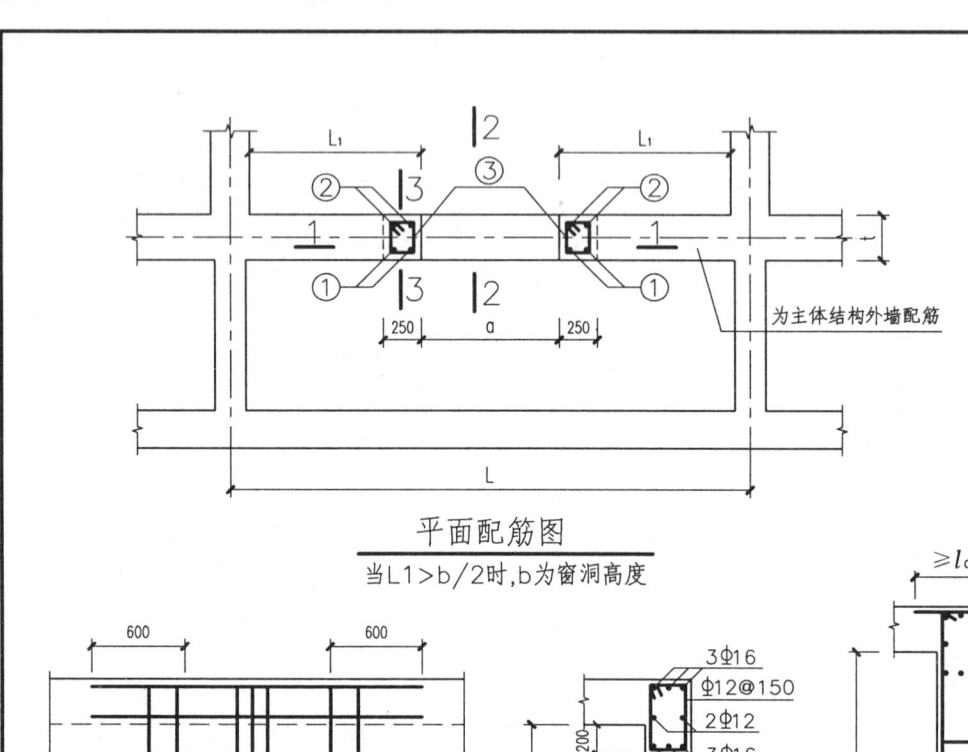

平面配筋图

当L1>b/2时,b为窗洞高度

①(②)③筋配筋表(t=250mm)

窗洞宽a(mm) 室内净高h(m)	900	1200	1500
2.4	2Φ16 φ8@200	2Φ16 φ8@200	2Φ16 φ8@200
2.7			
3.0			2Φ18 φ8@200
3.3		2Φ18 φ8@200	3Φ16 φ8@150
3.6	2Φ18 φ8@200	3Φ16 φ8@150	3Φ18 φ8@100
3.9	3Φ16 φ8@200	3Φ18 φ8@150	3Φ20 φ8@100
4.2	3Φ18 φ8@200	3Φ20 φ8@100	3Φ22 φ8@100

①(②)③筋配筋表(t=300mm)

窗洞宽a(mm) 室内净高h(m)	900	1200	1500
2.4	2Φ16 φ8@200	2Φ16 φ8@200	2Φ16 φ8@200
2.7			
3.0			
3.3			2Φ18 φ8@200
3.6		2Φ18 φ8@200	3Φ16 φ8@200
3.9		3Φ16 φ8@200	3Φ18 φ8@150
4.2	2Φ18 φ8@200	3Φ18 φ8@150	3Φ20 φ8@100

说明:
1. 本图配合第7页使用,适用于QTCJ-I(h5a)、QTCJ-I(h5b)。
2. t为防空地下室外墙厚。
3. 2.4m≤L≤4.8m, 2.4m≤h≤4.2m。
4. 窗洞口四角斜向钢筋按编制说明4.2配置。
5. 窗框预埋件、挡窗板以及零件图见98～105页。

QTCJ-I(h5)窗框配筋图 (L1>b/2)

图集号 07FG05

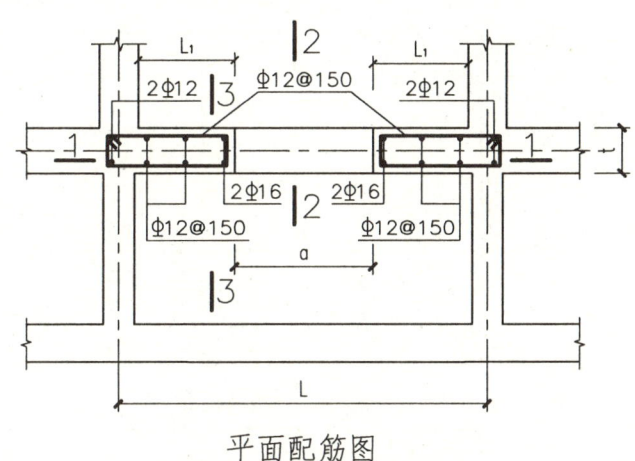

平面配筋图

当L1≤b/2时,b为窗洞高度

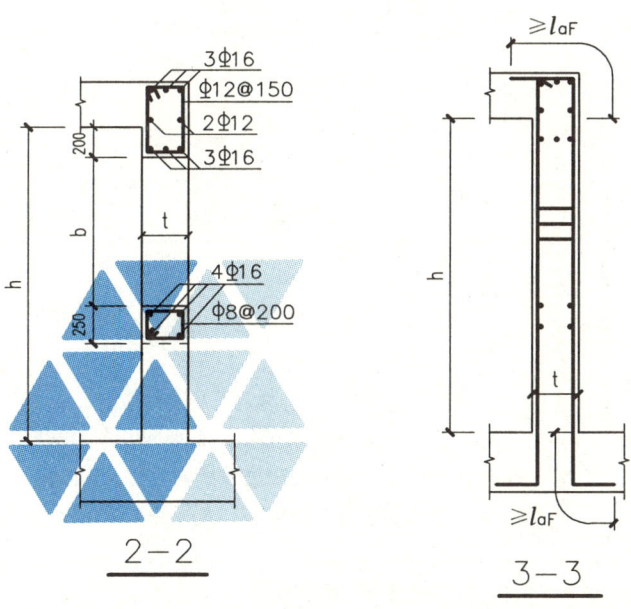

2-2

3-3

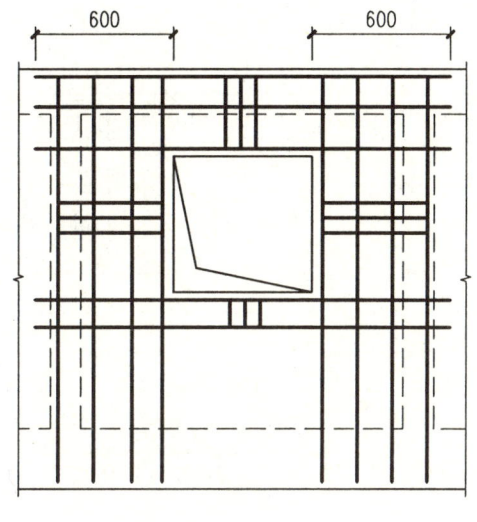

1-1

说明：

1. 本图配合第7页使用，适用于QTCJ-I(h5a)、QTCJ-I(h5b)。
2. t为防空地下室外墙厚，取t=250mm或t=300mm。
3. 2.4m≤L≤4.8m，2.4m≤h≤4.2m。
4. 窗洞口四角斜向钢筋按编制说明4.2配置。
5. 窗框预埋件、挡窗板以及零件图见98～105页。

QTCJ-I(h5)窗框配筋图 (L1≤b/2)

图集号	07FG05
审核 姜学诗 校对 梁敏芬 设计 王佳	页 13

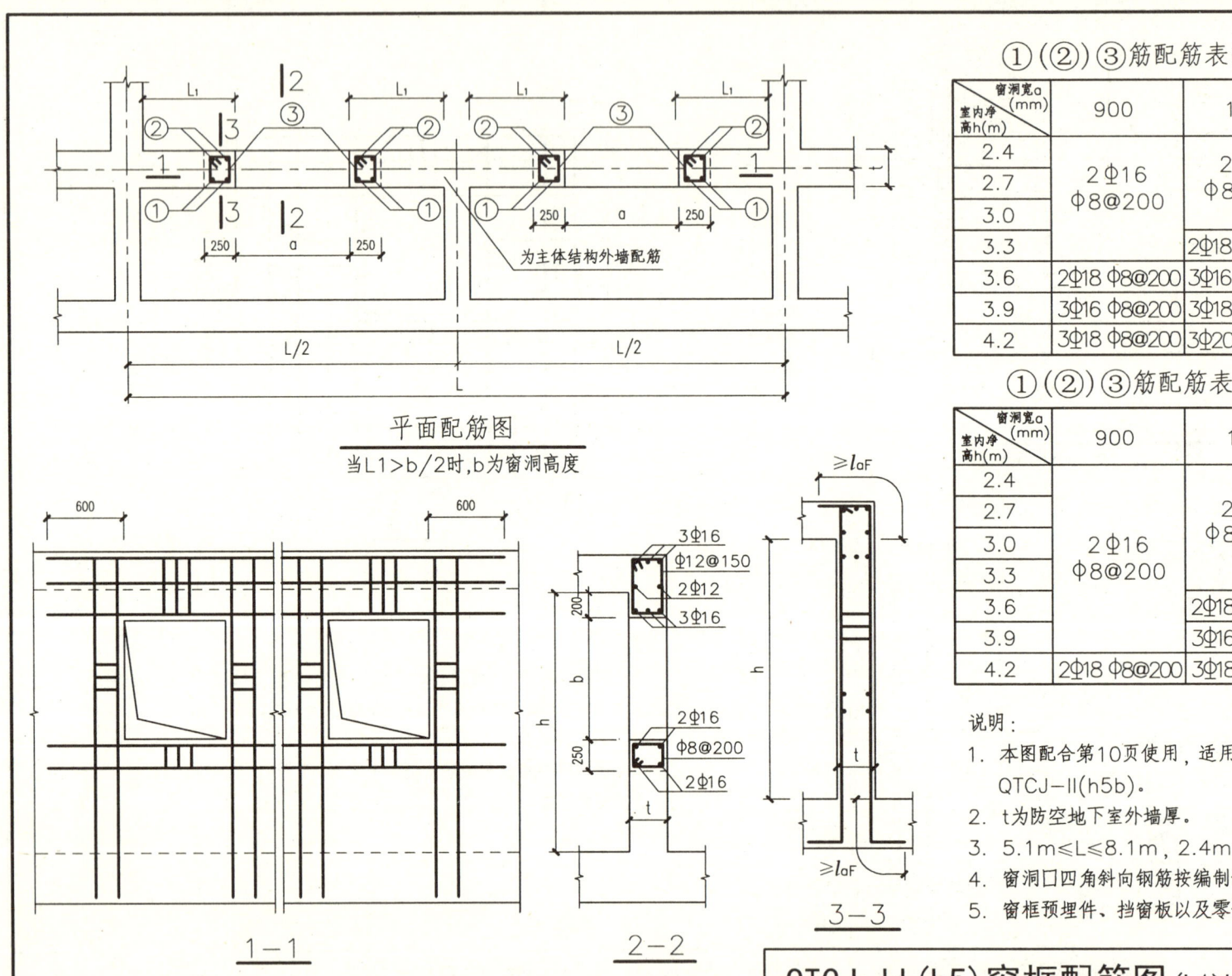

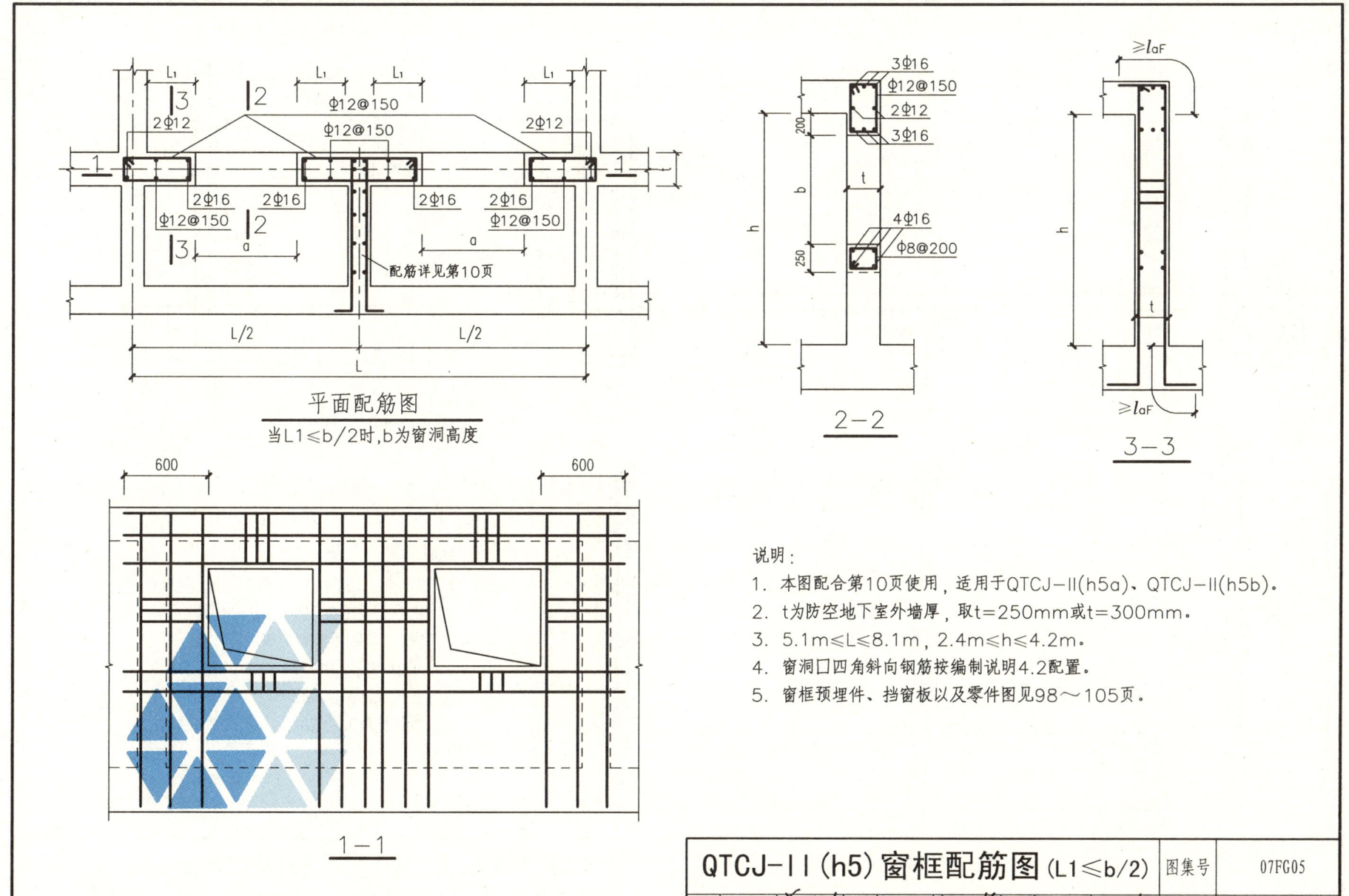

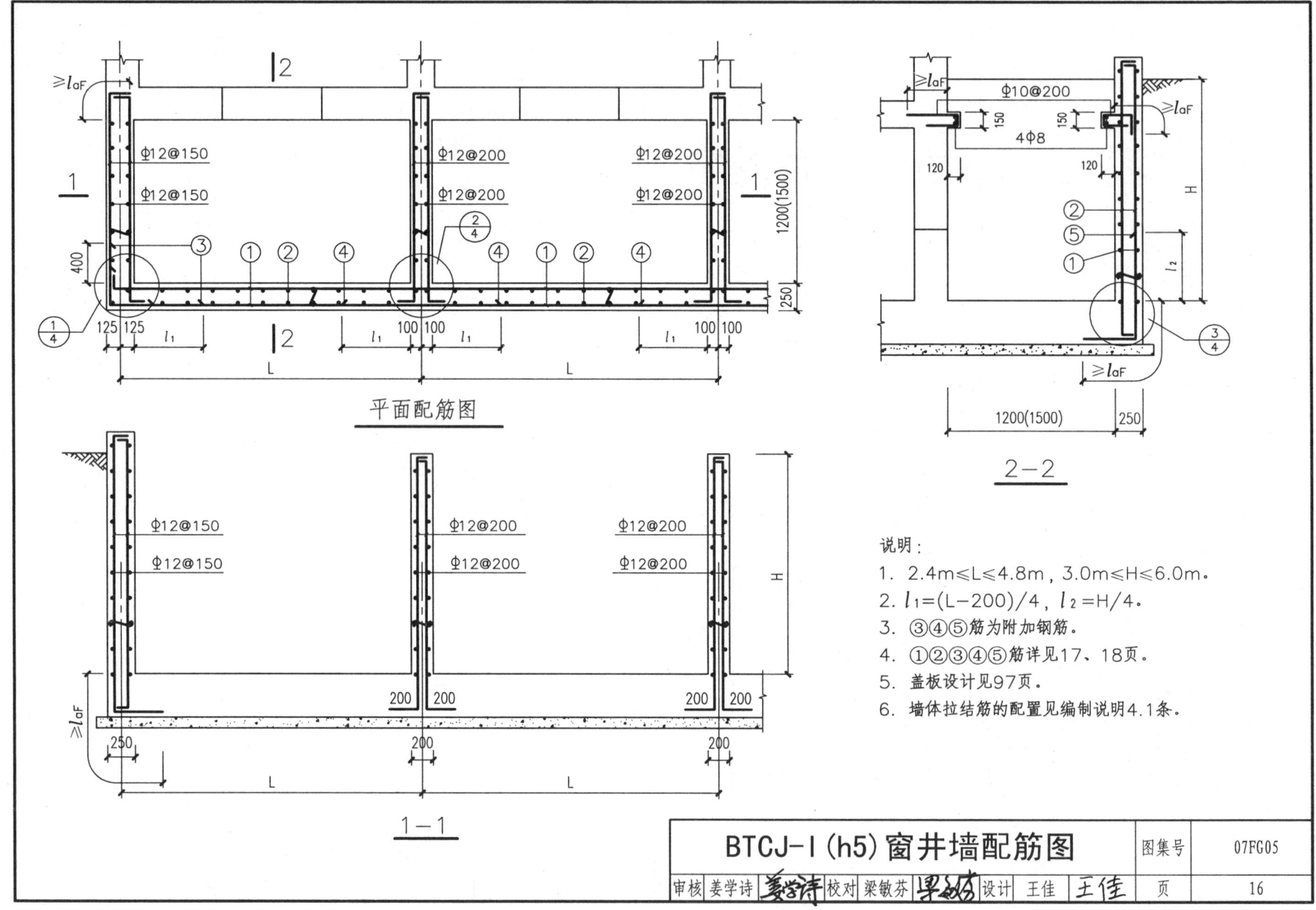

BTCJ-I(h5a)窗井墙③④⑤筋配筋表

窗井型号 \ H(m)	3.0	3.5	4.0	4.5	5.0	5.5	6.0
BTCJ2412(15)-I(h5a)	—	—	—	—	—	—	—
BTCJ2712(15)-I(h5a)	—	—	—	—	—	—	—
BTCJ3012(15)-I(h5a)	—	—	—	—	—	—	—
BTCJ3312(15)-I(h5a)	—	—	—	—	—	⏀10@150[—]	⏀10@150[—]
BTCJ3612(15)-I(h5a)	—	—	—	—	⏀10@150[—]	⏀10@150[—]	⏀10@150[—]
BTCJ3912(15)-I(h5a)	—	—	—	—	⏀10@150	⏀10@150	⏀10@150
BTCJ4212(15)-I(h5a)	—	—	—[⏀10@150]	⏀10@150	⏀10@150	⏀10@150	⏀10@150
BTCJ4512(15)-I(h5a)	—	—[⏀10@150]	—[⏀10@150]	⏀10@150	⏀10@150	⏀10@150	⏀12@150
BTCJ4812(15)-I(h5a)	—	—[⏀10@150]	—[⏀10@150]	⏀10@150	⏀10@150	⏀10@150	⏀12@150

BTCJ-I(h5b)窗井墙③④⑤筋配筋表

窗井型号 \ H(m)	3.0	3.5	4.0	4.5	5.0	5.5	6.0
BTCJ2412(15)-I(h5b)	—	—	—	—	—	—	—
BTCJ2712(15)-I(h5b)	—	—	—	—	—	⏀10@150[—]	⏀10@150[—]
BTCJ3012(15)-I(h5b)	—	—	—	—	—	⏀10@150[—]	⏀10@150[—]
BTCJ3312(15)-I(h5b)	—	—	—	—	⏀10@150[—]	⏀10@150[—]	⏀10@150[—]
BTCJ3612(15)-I(h5b)	—	—	—	⏀10@150[—]	⏀10@150[—]	⏀10@150[—]	⏀10@150
BTCJ3912(15)-I(h5b)	—	—[⏀10@150]	—[⏀10@150]	⏀10@150	⏀10@150	⏀10@150	⏀12[10]@150
BTCJ4212(15)-I(h5b)	—[⏀10@150]	—[⏀10@150]	—[⏀10@150]	⏀10@150	⏀10@150	⏀12[10]@150	⏀12[10]@150
BTCJ4512(15)-I(h5b)	—[⏀10@150]	—[⏀10@150]	⏀10@150	⏀10@150	⏀10@150	⏀12[10]@150	⏀14[12]@150
BTCJ4812(15)-I(h5b)	—[⏀10@150]	—[⏀10@150]	⏀10@150	⏀10[12]@150	⏀10[12]@150	⏀12@150	⏀14@150

说明：

1. BTCJXX12(15)表示对窗井进深为1.2m和1.5m都适用。
2. ①②筋均为⏀12@150。
3. ③④筋相同。
4. 当③④筋与⑤筋不同时，方括号外表示③④筋，方括号内表示⑤筋。

BTCJ-I(h5)窗井墙配筋表

图集号 07FG05

BTCJ-I(h5c)窗井墙①②筋配筋表

窗井型号 \ H(m)	3.0	3.5	4.0	4.5	5.0	5.5	6.0
BTCJ2412(15)-I(h5c)	Φ12@150	Φ12@150	Φ12@150	Φ12@150	Φ12@150	Φ12@150	Φ12@150
BTCJ2712(15)-I(h5c)	Φ12@150	Φ12@150	Φ12@150	Φ12@150	Φ12@150	Φ12@150	Φ12@150
BTCJ3012(15)-I(h5c)	Φ12@150	Φ12@150	Φ12@150	Φ12@150	Φ12@150	Φ12@150	Φ12@150
BTCJ3312(15)-I(h5c)	Φ12@150	Φ12@150	Φ12@150	Φ12@150	Φ12@150	Φ12@150	Φ12@150
BTCJ3612(15)-I(h5c)	Φ12@150	Φ12@150	Φ12@150	Φ12@150	Φ12@150	Φ12@150	Φ14[12]@150
BTCJ3912(15)-I(h5c)	Φ12@150	Φ12@150	Φ12@150	Φ12@150	Φ12@150	Φ12@150	Φ14[12]@150
BTCJ4212(15)-I(h5c)	Φ12@150	Φ12@150	Φ12@150	Φ12@150	Φ12@150	Φ14[12]@150	Φ14[12]@150
BTCJ4512(15)-I(h5c)	Φ12@150	Φ12@150	Φ12@150	Φ12@150	Φ12@150	Φ14[12]@150	Φ16[12]@150
BTCJ4812(15)-I(h5c)	Φ12@150	Φ12@150	Φ12@150	Φ12@150	Φ14@150	Φ14@150	Φ16[14]@150

BTCJ-I(h5c)窗井墙③④⑤筋配筋表

窗井型号 \ H(m)	3.0	3.5	4.0	4.5	5.0	5.5	6.0
BTCJ2412(15)-I(h5c)	—	—	—	—	Φ10@150[—]	Φ10@150[—]	Φ10@150[—]
BTCJ2712(15)-I(h5c)	—	—	—	Φ10@150[—]	Φ10@150[—]	Φ10@150[—]	Φ10@150[—]
BTCJ3012(15)-I(h5c)	—	—	Φ10@150[—]	Φ10@150[—]	Φ10@150[—]	Φ10@150[—]	Φ12[10]@150
BTCJ3312(15)-I(h5c)	—	—[Φ10@150]	Φ10@150	Φ10@150	Φ10@150	Φ12[10]@150	Φ12[10]@150
BTCJ3612(15)-I(h5c)	—[Φ10@150]	—[Φ10@150]	Φ10@150	Φ10@150	Φ12[10]@150	Φ14[10]@150	Φ12[10]@150
BTCJ3912(15)-I(h5c)	—[Φ10@150]	—[Φ10@150]	Φ10@150	Φ12@150	Φ14[12]@150	Φ14[12]@150	Φ14[12]@150
BTCJ4212(15)-I(h5c)	—[Φ10@150]	—[Φ10@150]	Φ10[12]@150	Φ12@150	Φ14@150	Φ14@150	Φ16[14]@150
BTCJ4512(15)-I(h5c)	—[Φ10@150]	Φ10[12]@150	Φ10[14]@150	Φ12[14]@150	Φ14@150	Φ16@150	Φ16@150
BTCJ4812(15)-I(h5c)	—[Φ10@150]	Φ10[12]@150	Φ10[14]@150	Φ12[16]@150	Φ14@150	Φ16@150	Φ16@150

说明：

1. BTCJXX12(15)表示对窗井进深为1.2m和1.5m都适用。
2. 当①筋和②筋不同时，方括号外表示①筋，方括号内表示②筋。
3. ③④筋相同。
4. 当③④筋与⑤筋不同时，方括号外表示③④筋，方括号内表示⑤筋。

BTCJ-I(h5)窗井墙配筋表

图集号 07FG05

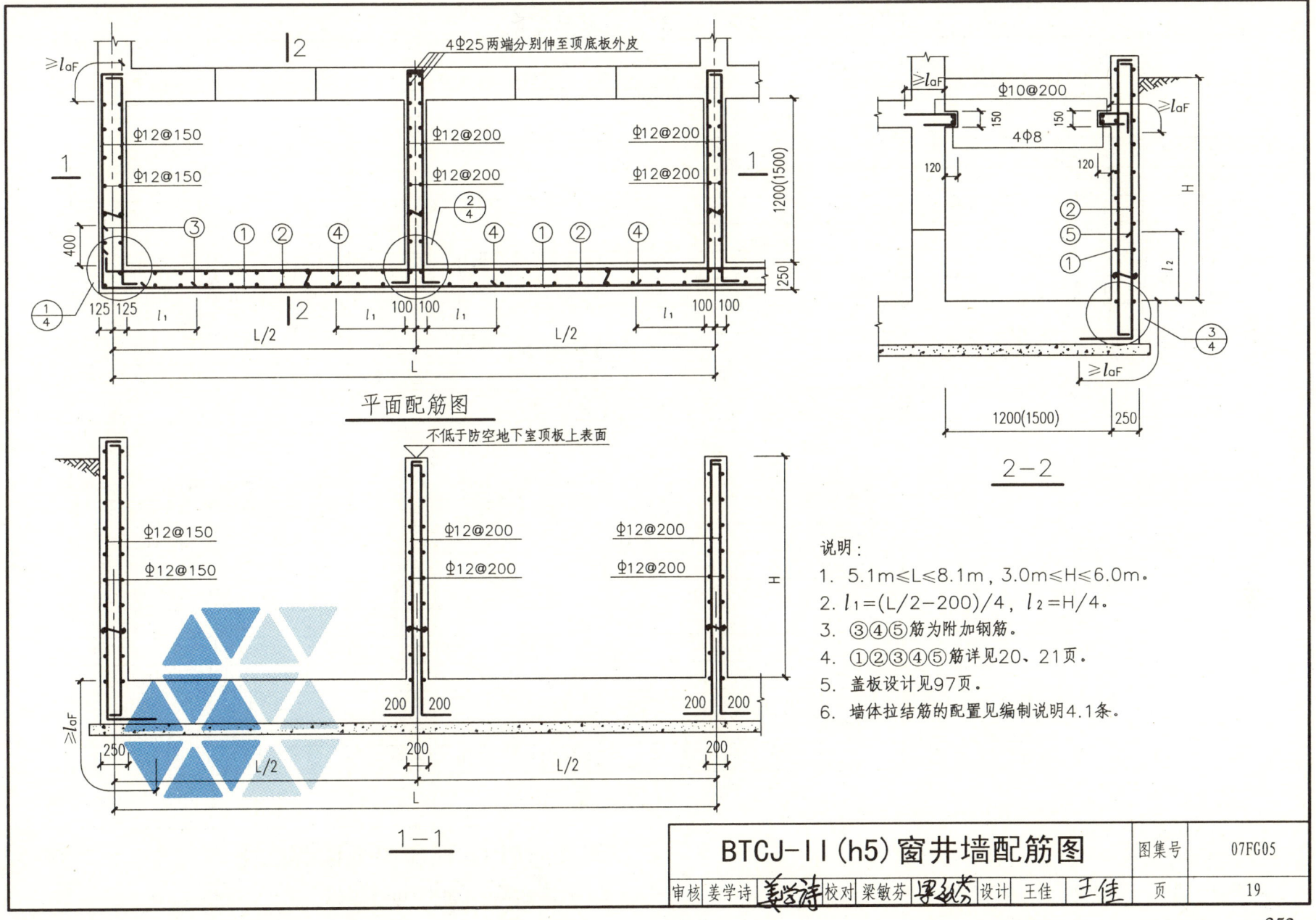

BTCJ-II(h5a)窗井墙③④⑤筋配筋表

窗井型号 \ H(m)	3.0	3.5	4.0	4.5	5.0	5.5	6.0
BTCJ5112(15)-II(h5a)	—	—	—	—	—	—	—
BTCJ5412(15)-II(h5a)	—	—	—	—	—	—	—
BTCJ5712(15)-II(h5a)	—	—	—	—	—	—	—
BTCJ6012(15)-II(h5a)	—	—	—	—	—	—	—
BTCJ6312(15)-II(h5a)	—	—	—	—	—	−[⏀10@150]	−[⏀10@150]
BTCJ6612(15)-II(h5a)	—	—	—	—	—	−[⏀10@150]	−[⏀10@150]
BTCJ6912(15)-II(h5a)	—	—	—	—	−[⏀10@150]	−[⏀10@150]	−[⏀10@150]
BTCJ7212(15)-II(h5a)	—	—	—	—	−[⏀10@150]	−[⏀10@150]	−[⏀10@150]
BTCJ7512(15)-II(h5a)	—	—	—	—	⏀10@150	⏀10@150	⏀10@150
BTCJ7812(15)-II(h5a)	—	—	—	⏀10@150	⏀10@150	⏀10@150	⏀10@150
BTCJ8112(15)-II(h5a)	—	—	−[⏀10@150]	⏀10@150	⏀10@150	⏀10@150	⏀10@150

BTCJ-II(h5b)窗井墙③④⑤筋配筋表

窗井型号 \ H(m)	3.0	3.5	4.0	4.5	5.0	5.5	6.0
BTCJ5112(15)-II(h5b)	—	—	—	—	—	−[⏀10@150]	−[⏀10@150]
BTCJ5412(15)-II(h5b)	—	—	—	—	—	−[⏀10@150]	−[⏀10@150]
BTCJ5712(15)-II(h5b)	—	—	—	—	—	−[⏀10@150]	−[⏀10@150]
BTCJ6012(15)-II(h5b)	—	—	—	—	—	−[⏀10@150]	−[⏀10@150]
BTCJ6312(15)-II(h5b)	—	—	—	—	−[⏀10@150]	−[⏀10@150]	−[⏀10@150]
BTCJ6612(15)-II(h5b)	—	—	—	—	−[⏀10@150]	−[⏀10@150]	−[⏀10@150]
BTCJ6912(15)-II(h5b)	—	—	—	−[⏀10@150]	−[⏀10@150]	−[⏀10@150]	⏀10@150
BTCJ7212(15)-II(h5b)	—	—	—	−[⏀10@150]	−[⏀10@150]	−[⏀10@150]	⏀10@150
BTCJ7512(15)-II(h5b)	—	−[⏀10@150]	−[⏀10@150]	⏀10@150	⏀10@150	⏀10@150	⏀12[10]@150
BTCJ7812(15)-II(h5b)	—	−[⏀10@150]	−[⏀10@150]	⏀10@150	⏀10@150	⏀10@150	⏀12[10]@150
BTCJ8112(15)-II(h5b)	−[⏀10@150]	−[⏀10@150]	−[⏀10@150]	⏀10@150	⏀10@150	⏀12[10]@150	⏀12[10]@150

说明：
1. BTCJXX12(15)表示对窗井进深为1.2m和1.5m都适用。
2. ①②筋均为⏀12@150。
3. ③④筋相同。
4. 当③④筋与⑤筋不同时，方括号外表示③④筋，方括号内表示⑤筋。

BTCJ-II(h5)窗井墙配筋表

图集号 07FG05

BTCJ-II(h5c)窗井墙①筋配筋表

窗井型号 \ H(m)	3.0	3.5	4.0	4.5	5.0	5.5	6.0
BTCJ5112(15)-II(h5c)	⏀12@150	⏀12@150	⏀12@150	⏀12@150	⏀12@150	⏀12@150	⏀12@150
BTCJ5412(15)-II(h5c)	⏀12@150	⏀12@150	⏀12@150	⏀12@150	⏀12@150	⏀12@150	⏀12@150
BTCJ5712(15)-II(h5c)	⏀12@150	⏀12@150	⏀12@150	⏀12@150	⏀12@150	⏀12@150	⏀12@150
BTCJ6012(15)-II(h5c)	⏀12@150	⏀12@150	⏀12@150	⏀12@150	⏀12@150	⏀12@150	⏀12@150
BTCJ6312(15)-II(h5c)	⏀12@150	⏀12@150	⏀12@150	⏀12@150	⏀12@150	⏀12@150	⏀12@150
BTCJ6612(15)-II(h5c)	⏀12@150	⏀12@150	⏀12@150	⏀12@150	⏀12@150	⏀12@150	⏀12@150
BTCJ6912(15)-II(h5c)	⏀12@150	⏀12@150	⏀12@150	⏀12@150	⏀12@150	⏀12@150	⏀12@150
BTCJ7212(15)-II(h5c)	⏀12@150	⏀12@150	⏀12@150	⏀12@150	⏀12@150	⏀12@150	⏀14@150
BTCJ7512(15)-II(h5c)	⏀12@150	⏀12@150	⏀12@150	⏀12@150	⏀12@150	⏀12@150	⏀14@150
BTCJ7812(15)-II(h5c)	⏀12@150	⏀12@150	⏀12@150	⏀12@150	⏀12@150	⏀14@150	⏀14@150
BTCJ8112(15)-II(h5c)	⏀12@150	⏀12@150	⏀12@150	⏀12@150	⏀12@150	⏀14@150	⏀14@150

BTCJ-II(h5c)窗井墙③④⑤筋配筋表

窗井型号 \ H(m)	3.0	3.5	4.0	4.5	5.0	5.5	6.0
BTCJ5112(15)-II(h5c)	—	—	—	—	⏀10@150[—]	⏀10@150[—]	⏀10@150[—]
BTCJ5412(15)-II(h5c)	—	—	—	⏀10@150[—]	⏀10@150[—]	⏀10@150[—]	⏀10@150[—]
BTCJ5712(15)-II(h5c)	—	—	⏀10@150[—]	⏀10@150[—]	⏀10@150[—]	⏀10@150[—]	⏀12[10]@150
BTCJ6012(15)-II(h5c)	—	—	⏀10@150[—]	⏀10@150[—]	⏀10@150[—]	⏀10@150[—]	⏀12[10]@150
BTCJ6312(15)-II(h5c)	—	—[⏀10@150]	⏀10@150	⏀10@150	⏀10@150	⏀12[10]@150	⏀12[10]@150
BTCJ6612(15)-II(h5c)	—	—[⏀10@150]	⏀10@150	⏀10@150	⏀10@150	⏀12[10]@150	⏀12[10]@150
BTCJ6912(15)-II(h5c)	—	—[⏀10@150]	⏀10@150	⏀10@150	⏀10@150	⏀12[10]@150	⏀12[10]@150
BTCJ7212(15)-II(h5c)	—[⏀10@150]	—[⏀10@150]	⏀10@150	⏀10@150	⏀12[10]@150	⏀14[10]@150	⏀12[10]@150
BTCJ7512(15)-II(h5c)	—[⏀10@150]	—[⏀10@150]	⏀10@150	⏀12@150	⏀14[12]@150	⏀14[12]@150	⏀14[12]@150
BTCJ7812(15)-II(h5c)	—[⏀10@150]	—[⏀10@150]	⏀10@150	⏀12@150	⏀14[12]@150	⏀14[12]@150	⏀14[12]@150
BTCJ8112(15)-II(h5c)	—[⏀10@150]	—[⏀10@150]	⏀10[12]@150	⏀12@150	⏀14@150	⏀14@150	⏀16[14]@150

说明：

1. BTCJXX12(15)表示对窗井进深为1.2m和1.5m都适用。
2. ②筋为⏀12@150。
3. ③④筋相同。
4. 当③④筋与⑤筋不同时，方括号外表示③④筋，方括号内表示⑤筋。

BTCJ-II(h5)窗井墙配筋表

图集号 07FG05

核6级常6级甲类防空地下室通风采光窗井选用表

窗井型号	窗井墙配筋(页)	窗框配筋(页)
QTCJ2412-I(h6a)	25、26	30、31
QTCJ2415-I(h6a)	25、26	30、31
QTCJ2712-I(h6a)	25、26	30、31
QTCJ2715-I(h6a)	25、26	30、31
QTCJ3012-I(h6a)	25、26	30、31
QTCJ3015-I(h6a)	25、26	30、31
QTCJ3312-I(h6a)	25、26	30、31
QTCJ3315-I(h6a)	25、26	30、31
QTCJ3612-I(h6a)	25、26	30、31
QTCJ3615-I(h6a)	25、26	30、31
QTCJ3912-I(h6a)	25、26	30、31
QTCJ3915-I(h6a)	25、26	30、31
QTCJ4212-I(h6a)	25、26	30、31
QTCJ4215-I(h6a)	25、26	30、31
QTCJ4512-I(h6a)	25、26	30、31
QTCJ4515-I(h6a)	25、26	30、31
QTCJ4812-I(h6a)	25、26	30、31
QTCJ4815-I(h6a)	25、26	30、31
QTCJ2412-I(h6b)	25、27	30、31
QTCJ2415-I(h6b)	25、27	30、31
QTCJ2712-I(h6b)	25、27	30、31
QTCJ2715-I(h6b)	25、27	30、31
QTCJ3012-I(h6b)	25、27	30、31
QTCJ3015-I(h6b)	25、27	30、31
QTCJ3312-I(h6b)	25、27	30、31
QTCJ3315-I(h6b)	25、27	30、31
QTCJ3612-I(h6b)	25、27	30、31
QTCJ3615-I(h6b)	25、27	30、31
QTCJ3912-I(h6b)	25、27	30、31
QTCJ3915-I(h6b)	25、27	30、31
QTCJ4212-I(h6b)	25、27	30、31
QTCJ4215-I(h6b)	25、27	30、31
QTCJ4512-I(h6b)	25、27	30、31
QTCJ4515-I(h6b)	25、27	30、31
QTCJ4812-I(h6b)	25、27	30、31
QTCJ4815-I(h6b)	25、27	30、31
QTCJ5112-II(h6a)	28、29	32、33
QTCJ5115-II(h6a)	28、29	32、33
QTCJ5412-II(h6a)	28、29	32、33
QTCJ5415-II(h6a)	28、29	32、33
QTCJ5712-II(h6a)	28、29	32、33
QTCJ5715-II(h6a)	28、29	32、33
QTCJ6012-II(h6a)	28、29	32、33
QTCJ6015-II(h6a)	28、29	32、33
QTCJ6312-II(h6a)	28、29	32、33
QTCJ6315-II(h6a)	28、29	32、33
QTCJ6612-II(h6a)	28、29	32、33
QTCJ6615-II(h6a)	28、29	32、33
QTCJ6912-II(h6a)	28、29	32、33
QTCJ6915-II(h6a)	28、29	32、33
QTCJ7212-II(h6a)	28、29	32、33
QTCJ7215-II(h6a)	28、29	32、33
QTCJ7512-II(h6a)	28、29	32、33
QTCJ7515-II(h6a)	28、29	32、33
QTCJ7812-II(h6a)	28、29	32、33
QTCJ7815-II(h6a)	28、29	32、33
QTCJ8112-II(h6a)	28、29	32、33
QTCJ8115-II(h6a)	28、29	32、33
QTCJ5112-II(h6b)	28、29	32、33
QTCJ5115-II(h6b)	28、29	32、33
QTCJ5412-II(h6b)	28、29	32、33
QTCJ5415-II(h6b)	28、29	32、33
QTCJ5712-II(h6b)	28、29	32、33
QTCJ5715-II(h6b)	28、29	32、33
QTCJ6012-II(h6b)	28、29	32、33
QTCJ6015-II(h6b)	28、29	32、33
QTCJ6312-II(h6b)	28、29	32、33
QTCJ6315-II(h6b)	28、29	32、33
QTCJ6612-II(h6b)	28、29	32、33
QTCJ6615-II(h6b)	28、29	32、33
QTCJ6912-II(h6b)	28、29	32、33
QTCJ6915-II(h6b)	28、29	32、33
QTCJ7212-II(h6b)	28、29	32、33
QTCJ7215-II(h6b)	28、29	32、33
QTCJ7512-II(h6b)	28、29	32、33

核6级常6级甲类防空地下室通风采光窗井选用表

窗井型号	窗井墙配筋(页)	窗框配筋(页)	窗井型号	窗井墙配筋(页)	窗框配筋(页)	窗井型号	窗井墙配筋(页)	窗框配筋(页)
QTCJ7515-II(h6b)	28、29	32、33	BTCJ2712-I(h6b)	34、35		BTCJ3615-I(h6c)	34、36	
QTCJ7812-II(h6b)	28、29	32、33	BTCJ2715-I(h6b)	34、35		BTCJ3912-I(h6c)	34、36	
QTCJ7815-II(h6b)	28、29	32、33	BTCJ3012-I(h6b)	34、35		BTCJ3915-I(h6c)	34、36	
QTCJ8112-II(h6b)	28、29	32、33	BTCJ3015-I(h6b)	34、35		BTCJ4212-I(h6c)	34、36	
QTCJ8115-II(h6b)	28、29	32、33	BTCJ3312-I(h6b)	34、35		BTCJ4215-I(h6c)	34、36	
BTCJ2412-I(h6a)	34、35		BTCJ3315-I(h6b)	34、35		BTCJ4512-I(h6c)	34、36	
BTCJ2415-I(h6a)	34、35		BTCJ3612-I(h6b)	34、35		BTCJ4515-I(h6c)	34、36	
BTCJ2712-I(h6a)	34、35		BTCJ3615-I(h6b)	34、35		BTCJ4812-I(h6c)	34、36	
BTCJ2715-I(h6a)	34、35		BTCJ3912-I(h6b)	34、35		BTCJ4815-I(h6c)	34、36	
BTCJ3012-I(h6a)	34、35		BTCJ3915-I(h6b)	34、35		BTCJ5112-II(h6a)	37、38	
BTCJ3015-I(h6a)	34、35		BTCJ4212-I(h6b)	34、35		BTCJ5115-II(h6a)	37、38	
BTCJ3312-I(h6a)	34、35		BTCJ4215-I(h6b)	34、35		BTCJ5412-II(h6a)	37、38	
BTCJ3315-I(h6a)	34、35	—	BTCJ4512-I(h6b)	34、35	—	BTCJ5415-II(h6a)	37、38	—
BTCJ3612-I(h6a)	34、35		BTCJ4515-I(h6b)	34、35		BTCJ5712-II(h6a)	37、38	
BTCJ3615-I(h6a)	34、35		BTCJ4812-I(h6b)	34、35		BTCJ5715-II(h6a)	37、38	
BTCJ3912-I(h6a)	34、35		BTCJ4815-I(h6b)	34、35		BTCJ6012-II(h6a)	37、38	
BTCJ3915-I(h6a)	34、35		BTCJ2412-I(h6c)	34、36		BTCJ6015-II(h6a)	37、38	
BTCJ4212-I(h6a)	34、35		BTCJ2415-I(h6c)	34、36		BTCJ6312-II(h6a)	37、38	
BTCJ4215-I(h6a)	34、35		BTCJ2712-I(h6c)	34、36		BTCJ6315-II(h6a)	37、38	
BTCJ4512-I(h6a)	34、35		BTCJ2715-I(h6c)	34、36		BTCJ6612-II(h6a)	37、38	
BTCJ4515-I(h6a)	34、35		BTCJ3012-I(h6c)	34、36		BTCJ6615-II(h6a)	37、38	
BTCJ4812-I(h6a)	34、35		BTCJ3015-I(h6c)	34、36		BTCJ6912-II(h6a)	37、38	
BTCJ4815-I(h6a)	34、35		BTCJ3312-I(h6c)	34、36		BTCJ6915-II(h6a)	37、38	
BTCJ2412-I(h6b)	34、35		BTCJ3315-I(h6c)	34、36		BTCJ7212-II(h6a)	37、38	
BTCJ2415-I(h6b)	34、35		BTCJ3612-I(h6c)	34、36		BTCJ7215-II(h6a)	37、38	

核6级常6级甲类防空地下室通风采光窗井选用表

核6级常6级甲类防空地下室通风采光窗井选用表

窗井型号	窗井墙配筋(页)	窗框配筋(页)	窗井型号	窗井墙配筋(页)	窗框配筋(页)	窗井型号	窗井墙配筋(页)	窗框配筋(页)
BTCJ7512-II(h6a)	37、38		BTCJ7815-II(h6b)	37、38		GDCJ24-I(h6)		40
BTCJ7515-II(h6a)	37、38		BTCJ8112-II(h6b)	37、38		GDCJ27-I(h6)		40
BTCJ7812-II(h6a)	37、38		BTCJ8115-II(h6b)	37、38		GDCJ30-I(h6)		40
BTCJ7815-II(h6a)	37、38		BTCJ5112-II(h6c)	37、39		GDCJ33-I(h6)		40
BTCJ8112-II(h6a)	37、38		BTCJ5115-II(h6c)	37、39		GDCJ36-I(h6)		40
BTCJ8115-II(h6a)	37、38		BTCJ5412-II(h6c)	37、39		GDCJ39-I(h6)		40
BTCJ5112-II(h6b)	37、38		BTCJ5415-II(h6c)	37、39		GDCJ42-I(h6)		40
BTCJ5115-II(h6b)	37、38		BTCJ5712-II(h6c)	37、39		GDCJ45-I(h6)		40
BTCJ5412-II(h6b)	37、38		BTCJ5715-II(h6c)	37、39		GDCJ48-I(h6)		40
BTCJ5415-II(h6b)	37、38		BTCJ6012-II(h6c)	37、39		GDCJ51-II(h6)		40
BTCJ5712-II(h6b)	37、38		BTCJ6015-II(h6c)	37、39		GDCJ54-II(h6)		40
BTCJ5715-II(h6b)	37、38		BTCJ6312-II(h6c)	37、39		GDCJ57-II(h6)		40
BTCJ6012-II(h6b)	37、38	—	BTCJ6315-II(h6c)	37、39	—	GDCJ60-II(h6)	—	40
BTCJ6015-II(h6b)	37、38		BTCJ6612-II(h6c)	37、39		GDCJ63-II(h6)		40
BTCJ6312-II(h6b)	37、38		BTCJ6615-II(h6c)	37、39		GDCJ66-II(h6)		40
BTCJ6315-II(h6b)	37、38		BTCJ6912-II(h6c)	37、39		GDCJ69-II(h6)		40
BTCJ6612-II(h6b)	37、38		BTCJ6915-II(h6c)	37、39		GDCJ72-II(h6)		40
BTCJ6615-II(h6b)	37、38		BTCJ7212-II(h6c)	37、39		GDCJ75-II(h6)		40
BTCJ6912-II(h6b)	37、38		BTCJ7215-II(h6c)	37、39		GDCJ78-II(h6)		40
BTCJ6915-II(h6b)	37、38		BTCJ7512-II(h6c)	37、39		GDCJ81-II(h6)		40
BTCJ7212-II(h6b)	37、38		BTCJ7515-II(h6c)	37、39				
BTCJ7215-II(h6b)	37、38		BTCJ7812-II(h6c)	37、39				
BTCJ7512-II(h6b)	37、38		BTCJ7815-II(h6c)	37、39				
BTCJ7515-II(h6b)	37、38		BTCJ8112-II(h6c)	37、39				
BTCJ7812-II(h6b)	37、38		BTCJ8115-II(h6c)	37、39				

核6级常6级甲类防空地下室通风采光窗井选用表

图集号 07FG05

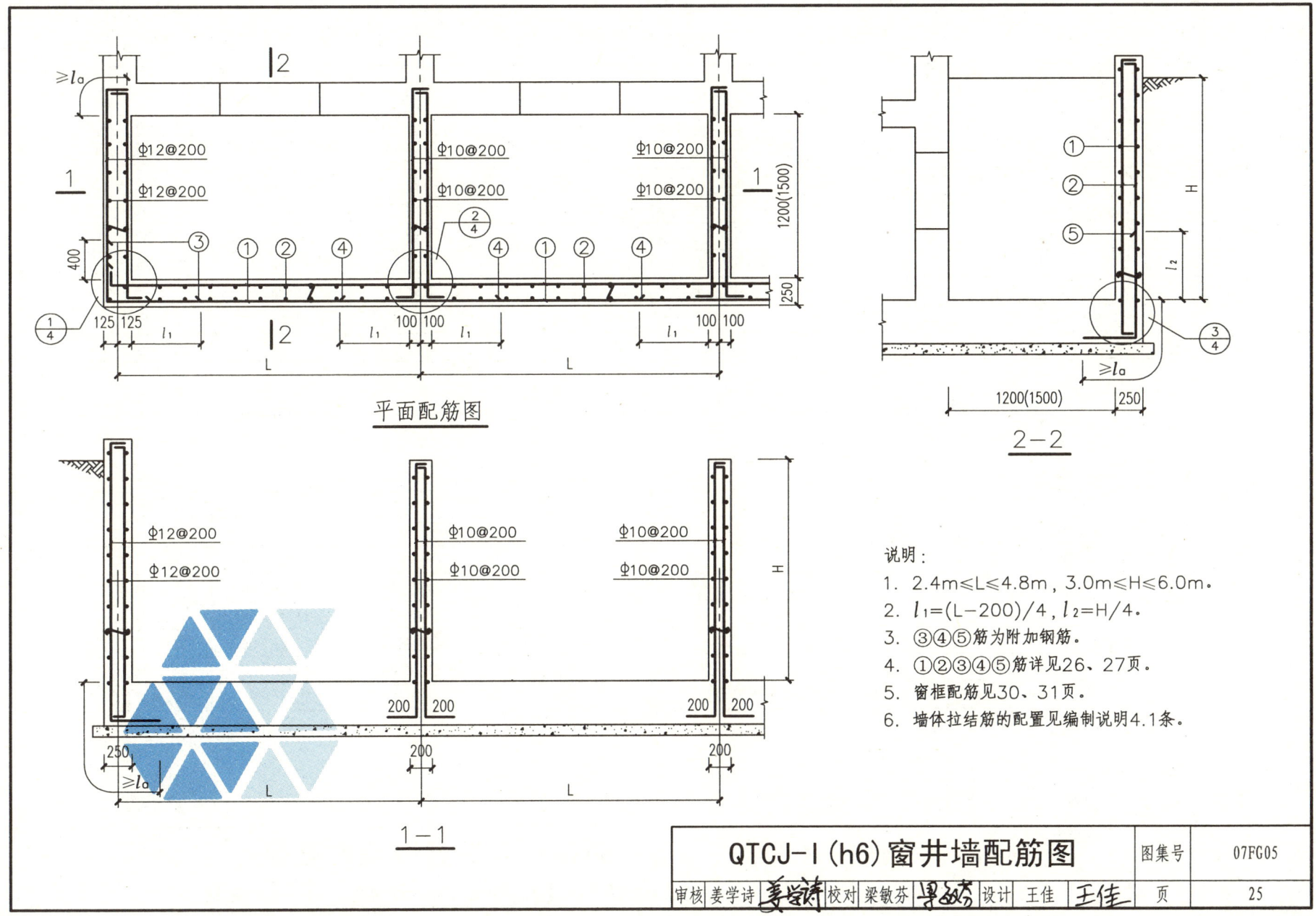

QTCJ-I(h6a)窗井墙①②筋配筋表

窗井型号 \ H(m)	3.0	3.5	4.0	4.5	5.0	5.5	6.0
QTCJ2412(15)-I(h6a)	ϕ12@200	ϕ12@200	ϕ12@200	ϕ12@200	ϕ12@200	ϕ12@200	ϕ12@200
QTCJ2712(15)-I(h6a)	ϕ12@200	ϕ12@200	ϕ12@200	ϕ12@200	ϕ12@200	ϕ12@200	ϕ12@200
QTCJ3012(15)-I(h6a)	ϕ12@200	ϕ12@200	ϕ12@200	ϕ12@200	ϕ12@200	ϕ12@200	ϕ12@200
QTCJ3312(15)-I(h6a)	ϕ12@200	ϕ12@200	ϕ12@200	ϕ12@200	ϕ12@200	ϕ12@200	ϕ12@200
QTCJ3612(15)-I(h6a)	ϕ12@200	ϕ12@200	ϕ12@200	ϕ12@200	ϕ12@200	ϕ12@200	ϕ12@200
QTCJ3912(15)-I(h6a)	ϕ12@200	ϕ12@200	ϕ12@200	ϕ12@200	ϕ12@200	ϕ12@200	ϕ12@200
QTCJ4212(15)-I(h6a)	ϕ12@200	ϕ12@200	ϕ12@200	ϕ12@200	ϕ12@200	ϕ12@200	ϕ12@200
QTCJ4512(15)-I(h6a)	ϕ12@200	ϕ12@200	ϕ12@200	ϕ12@200	ϕ12@200	ϕ12@200	ϕ12@200
QTCJ4812(15)-I(h6a)	ϕ12@200	ϕ12@200	ϕ12@200	ϕ12@200	ϕ12@200	ϕ12@200	ϕ12@200

QTCJ-I(h6a)窗井墙③④⑤筋配筋表

窗井型号 \ H(m)	3.0	3.5	4.0	4.5	5.0	5.5	6.0
QTCJ2412(15)-I(h6a)	—	—	—	—	—	—	—
QTCJ2712(15)-I(h6a)	—	—	—	—	—	—	—
QTCJ3012(15)-I(h6a)	—	—	—	—	—	—	—
QTCJ3312(15)-I(h6a)	—	—	—	—	—	ϕ10@200	ϕ10@200
QTCJ3612(15)-I(h6a)	—	—	—	—	ϕ10@200	ϕ10@200	ϕ10@200
QTCJ3912(15)-I(h6a)	—	—	—	ϕ10@200	ϕ10@200	ϕ10@200	ϕ10@200
QTCJ4212(15)-I(h6a)	—	—	—	ϕ10@200	ϕ10@200	ϕ10@200	ϕ10@200
QTCJ4512(15)-I(h6a)	—	—	ϕ10@200	ϕ10@200	ϕ10@200	ϕ10@200	ϕ12@200
QTCJ4812(15)-I(h6a)	—	—[ϕ10@200]	ϕ10@200	ϕ10@200	ϕ10@200	ϕ12@200	ϕ14@200

说明：
1. 本图适用于窗井底板位于地下水位以上。
2. QTCJXX12(15)表示对窗井进深为1.2m和1.5m都适用。
3. ①②筋相同，③④筋相同。
4. 当③④筋与⑤筋不同时，方括号外表示③④筋，方括号内表示⑤筋。

QTCJ-I(h6)窗井墙配筋表

图集号 07FG05

QTCJ-I(h6b)窗井墙①②筋配筋表

窗井型号＼H(m)	3.0	3.5	4.0	4.5	5.0	5.5	6.0
QTCJ2412(15)-I(h6b)	⌀12@200	⌀12@200	⌀12@200	⌀12@200	⌀12@200	⌀12@200	⌀12@200
QTCJ2712(15)-I(h6b)	⌀12@200	⌀12@200	⌀12@200	⌀12@200	⌀12@200	⌀12@200	⌀12@200
QTCJ3012(15)-I(h6b)	⌀12@200	⌀12@200	⌀12@200	⌀12@200	⌀12@200	⌀12@200	⌀12@200
QTCJ3312(15)-I(h6b)	⌀12@200	⌀12@200	⌀12@200	⌀12@200	⌀12@200	⌀12@200	⌀12@200
QTCJ3612(15)-I(h6b)	⌀12@200	⌀12@200	⌀12@200	⌀12@200	⌀12@200	⌀12@200	⌀12@200
QTCJ3912(15)-I(h6b)	⌀12@200	⌀12@200	⌀12@200	⌀12@200	⌀12@200	⌀12@200	⌀12@200
QTCJ4212(15)-I(h6b)	⌀12@200	⌀12@200	⌀12@200	⌀12@200	⌀12@200	⌀12@200	⌀14@200
QTCJ4512(15)-I(h6b)	⌀12@200	⌀12@200	⌀12@200	⌀12@200	⌀12@200	⌀14@200	⌀14@200
QTCJ4812(15)-I(h6b)	⌀12@200	⌀12@200	⌀12@200	⌀12@200	⌀14@200	⌀14@200	⌀16@200

QTCJ-I(h6b)窗井墙③④、⑤筋配筋表

窗井型号＼H(m)	3.0	3.5	4.0	4.5	5.0	5.5	6.0
QTCJ2412(15)-I(h6b)	—	—	—	—	—	—	-[⌀10@200]
QTCJ2712(15)-I(h6b)	—	—	—	—	-[⌀10@200]	⌀10@200	⌀10@200
QTCJ3012(15)-I(h6b)	—	—	—	⌀10@200	⌀10@200	⌀10@200	⌀10@200
QTCJ3312(15)-I(h6b)	—	—	⌀10@200	⌀10@200	⌀10@200	⌀10@200	⌀12@200
QTCJ3612(15)-I(h6b)	—	—	⌀10@200	⌀10@200	⌀10@200	⌀12@200	⌀14@200
QTCJ3912(15)-I(h6b)	—	⌀10@200	⌀10@200	⌀10@200	⌀12@200	⌀14@200	⌀14[16]@200
QTCJ4212(15)-I(h6b)	-[⌀10@200]	⌀10@200	⌀10@200	⌀12@200	⌀12[14]@200	⌀14[16]@200	⌀16@200
QTCJ4512(15)-I(h6b)	-[⌀10@200]	⌀10@200	⌀10@200	⌀12@200	⌀14@200	⌀14[16]@200	⌀16[18]@200
QTCJ4812(15)-I(h6b)	-[⌀10@200]	⌀10@200	⌀10[12]@200	⌀12[14]@200	⌀14[16]@200	⌀16[18]@200	⌀18[20]@200

说明：
1. 本图适用于窗井底板位于地下水位以下。
2. QTCJXX12(15)表示对窗井进深为1.2m和1.5m都适用。
3. ①②筋相同，③④筋相同。
4. 当③④筋与⑤筋不同时，方括号外表示③④筋，方括号内表示⑤筋。

QTCJ-I(h6)窗井墙配筋表

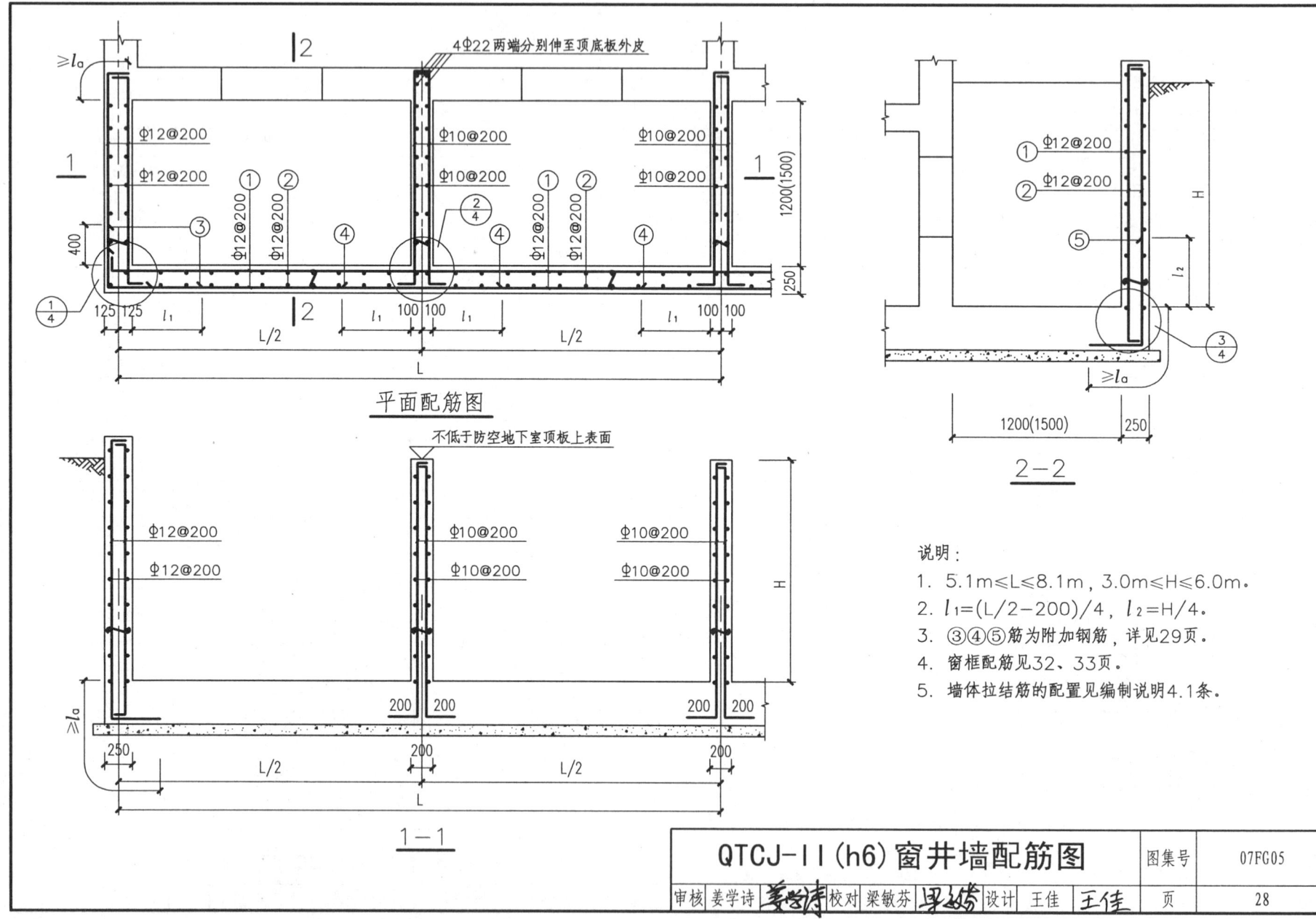

QTCJ-II(h6a)窗井墙③④⑤筋配筋表（窗井底板位于地下水位以上）

窗井型号 \ H(m)	3.0	3.5	4.0	4.5	5.0	5.5	6.0
QTCJ5112(15)-II(h6a)	—	—	—	—	—	—	—
QTCJ5412(15)-II(h6a)	—	—	—	—	—	—	—
QTCJ5712(15)-II(h6a)	—	—	—	—	—	—	—
QTCJ6012(15)-II(h6a)	—	—	—	—	—	—	—
QTCJ6312(15)-II(h6a)	—	—	—	—	—	—	⌀10@200
QTCJ6612(15)-II(h6a)	—	—	—	—	—	⌀10@200	⌀10@200
QTCJ6912(15)-II(h6a)	—	—	—	—	⌀10@200	⌀10@200	⌀10@200
QTCJ7212(15)-II(h6a)	—	—	—	—	⌀10@200	⌀10@200	⌀10@200
QTCJ7512(15)-II(h6a)	—	—	—	⌀10@200	⌀10@200	⌀10@200	⌀10@200
QTCJ7812(15)-II(h6a)	—	—	—	⌀10@200	⌀10@200	⌀10@200	⌀10@200
QTCJ8112(15)-II(h6a)	—	—	—	⌀10@200	⌀10@200	⌀10@200	⌀10@200

QTCJ-II(h5b)窗井墙③④⑤筋配筋表（窗井底板位于地下水位以下）

窗井型号 \ H(m)	3.0	3.5	4.0	4.5	5.0	5.5	6.0
QTCJ5112(15)-II(h6b)	—	—	—	—	—	⌀10@200	⌀10@200
QTCJ5412(15)-II(h6b)	—	—	—	—	—[⌀10@200]	⌀10@200	⌀10@200
QTCJ5712(15)-II(h6b)	—	—	—	—	⌀10@200	⌀10@200	⌀10@200
QTCJ6012(15)-II(h6b)	—	—	—	⌀10@200	⌀10@200	⌀10@200	⌀10@200
QTCJ6312(15)-II(h6b)	—	—	—	⌀10@200	⌀10@200	⌀10@200	⌀10@200
QTCJ6612(15)-II(h6b)	—	—	⌀10@200	⌀10@200	⌀10@200	⌀10@200	⌀12@200
QTCJ6912(15)-II(h6b)	—	—	⌀10@200	⌀10@200	⌀10@200	⌀12@200	⌀14@200
QTCJ7212(15)-II(h6b)	—	—	⌀10@200	⌀10@200	⌀10@200	⌀12@200	⌀14@200
QTCJ7512(15)-II(h6b)	—	⌀10@200	⌀10@200	⌀10@200	⌀12@200	⌀14@200	⌀14[16]@200
QTCJ7812(15)-II(h6b)	—	⌀10@200	⌀10@200	⌀10@200	⌀12@200	⌀14@200	⌀14[16]@200
QTCJ8112(15)-II(h6b)	—[⌀10@200]	⌀10@200	⌀10@200	⌀12@200	⌀12[14]@200	⌀14[16]@200	⌀16@200

说明：
1. QTCJXX12(15)表示对窗井进深为1.2m和1.5m都适用。
2. ③④筋相同。
3. 当③④筋与⑤筋不同时，方括号外表示③④筋，方括号内表示⑤筋。

QTCJ-II(h6)窗井墙配筋表

图集号 07FG05

①(②)③筋配筋表(t=250mm)

窗洞宽a (mm) 室内净高h(m)	900	1200	1500
2.4	2Φ16 φ8@200	2Φ16 φ8@200	2Φ16 φ8@200
2.7			
3.0			
3.3			
3.6			2Φ18 φ8@200
3.9			3Φ16 φ8@200
4.2		3Φ16 φ8@200	3Φ18 φ8@200

①(②)③筋配筋表(t=300mm)

窗洞宽a (mm) 室内净高h(m)	900	1200	1500
2.4	2Φ16 φ8@200	2Φ16 φ8@200	2Φ16 φ8@200
2.7			
3.0			
3.3			
3.6			
3.9			
4.2			2Φ18 φ8@200

平面配筋图
当L1>b/2时,b为窗洞高度

说明:
1. 本图配合第25页使用,适用于QTCJ-1(h6a)、QTCJ-1(h6b)。
2. t为防空地下室外墙厚。
3. 2.4m≤L≤4.8m, 2.4m≤h≤4.2m。
4. 窗洞口四角斜向钢筋按编制说明4.2配置。
5. 窗框预埋件、挡窗板以及零件图见98～105页。

QTCJ-1(h6)窗框配筋图 (L1>b/2)

图集号 07FG05

页 30

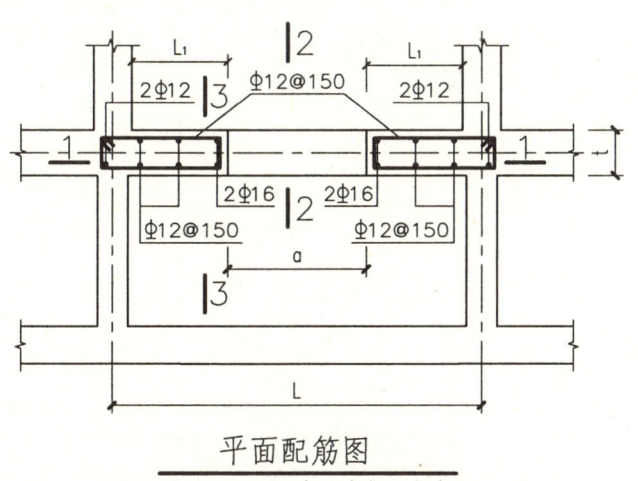

平面配筋图

当L1≤b/2时,b为窗洞高度

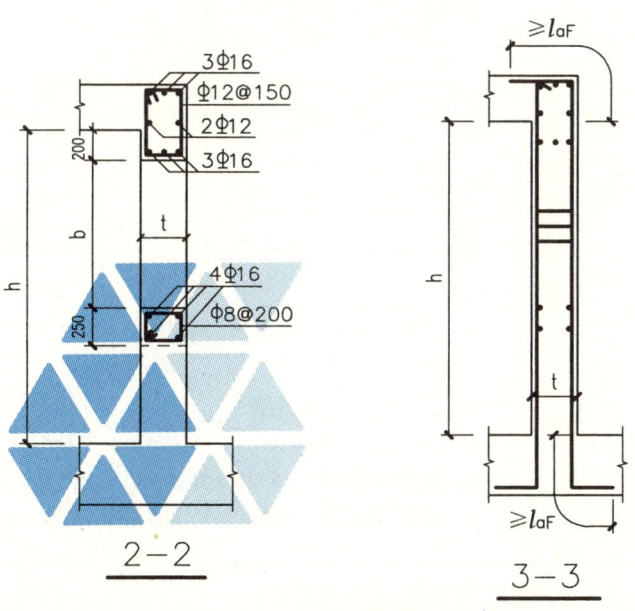

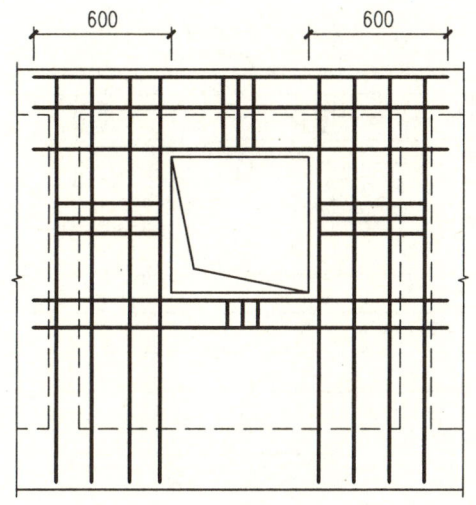

说明:
1. 本图配合第25页使用,适用于QTCJ-I(h6a)、QTCJ-I(h6b)。
2. t为防空地下室外墙厚,取t=250mm或t=300mm。
3. 2.4m≤L≤4.8m,2.4m≤h≤4.2m。
4. 窗洞口四角斜向钢筋按编制说明4.2配置。
5. 窗框预埋件、挡窗板以及零件图见98～105页。

QTCJ-I(h6)窗框配筋图 (L1≤b/2)

图集号 07FG05

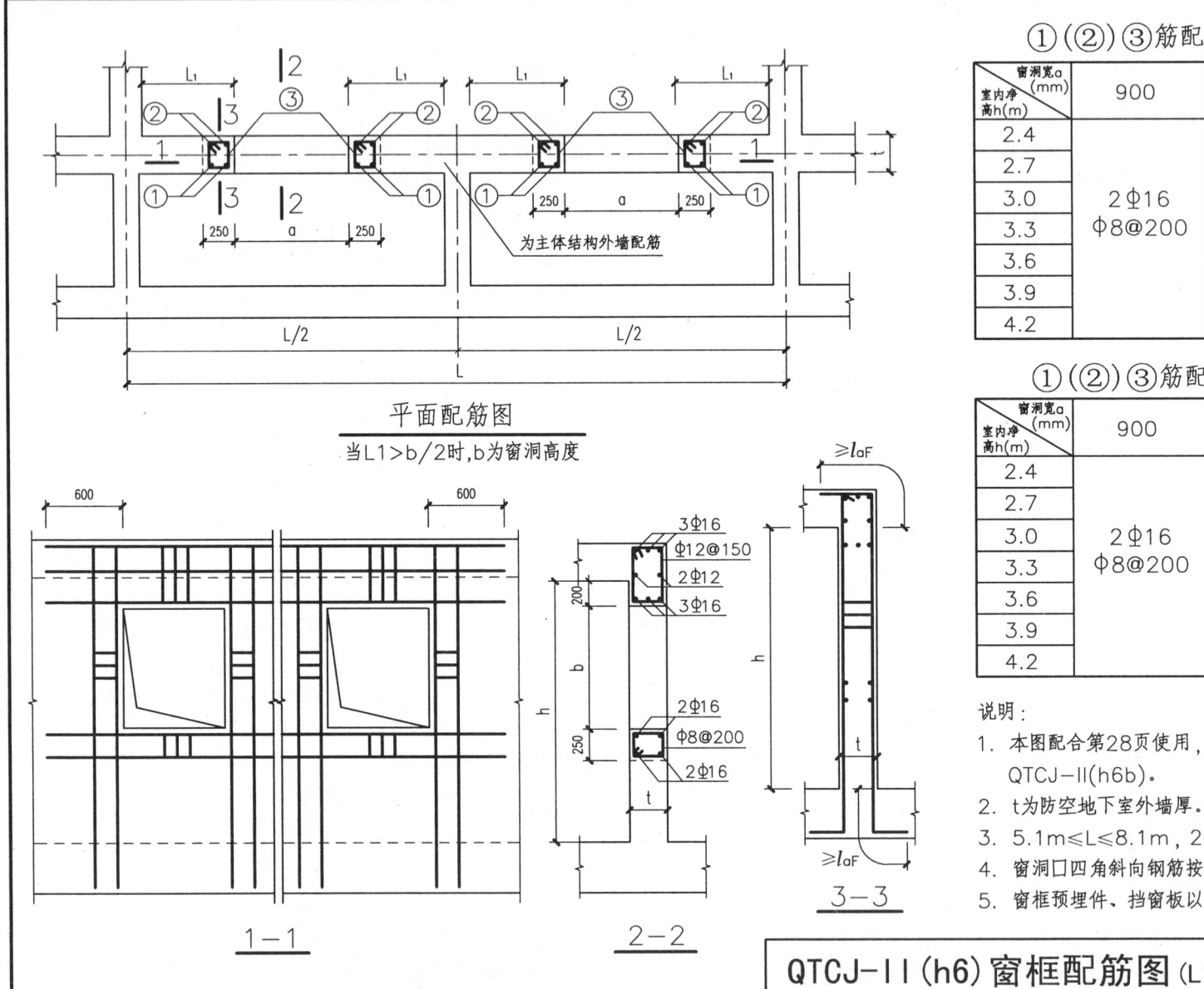

说明：
1. 本图配合第28页使用，适用于QTCJ-II(h6a)、QTCJ-II(h6b)。
2. t为防空地下室外墙厚。
3. 5.1m≤L≤8.1m，2.4m≤h≤4.2m。
4. 窗洞口四角斜向钢筋按编制说明4.2配置。
5. 窗框预埋件、挡窗板以及零件图见98～105页。

QTCJ-II(h6) 窗框配筋图 (L1>b/2)

图集号 07FG05

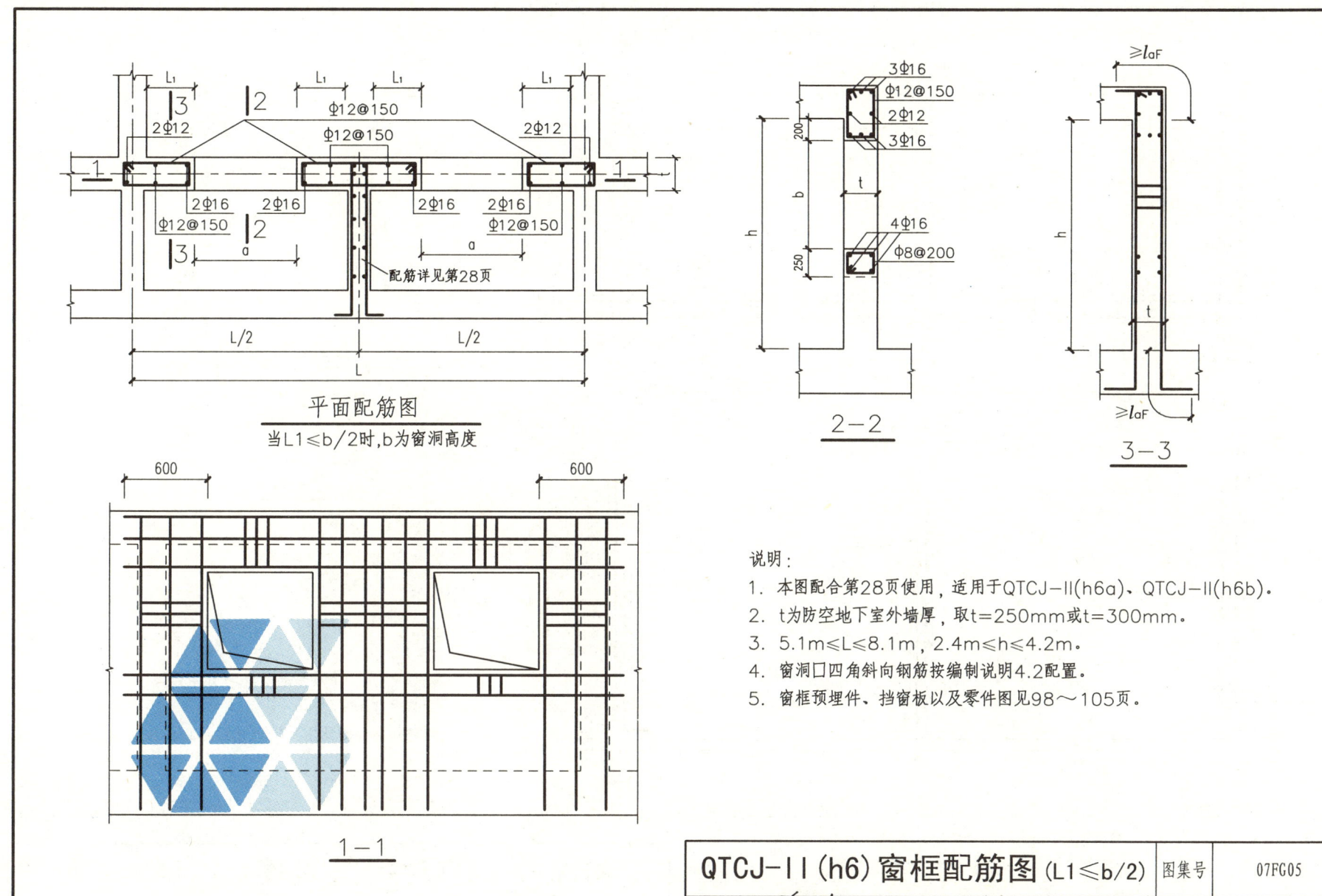

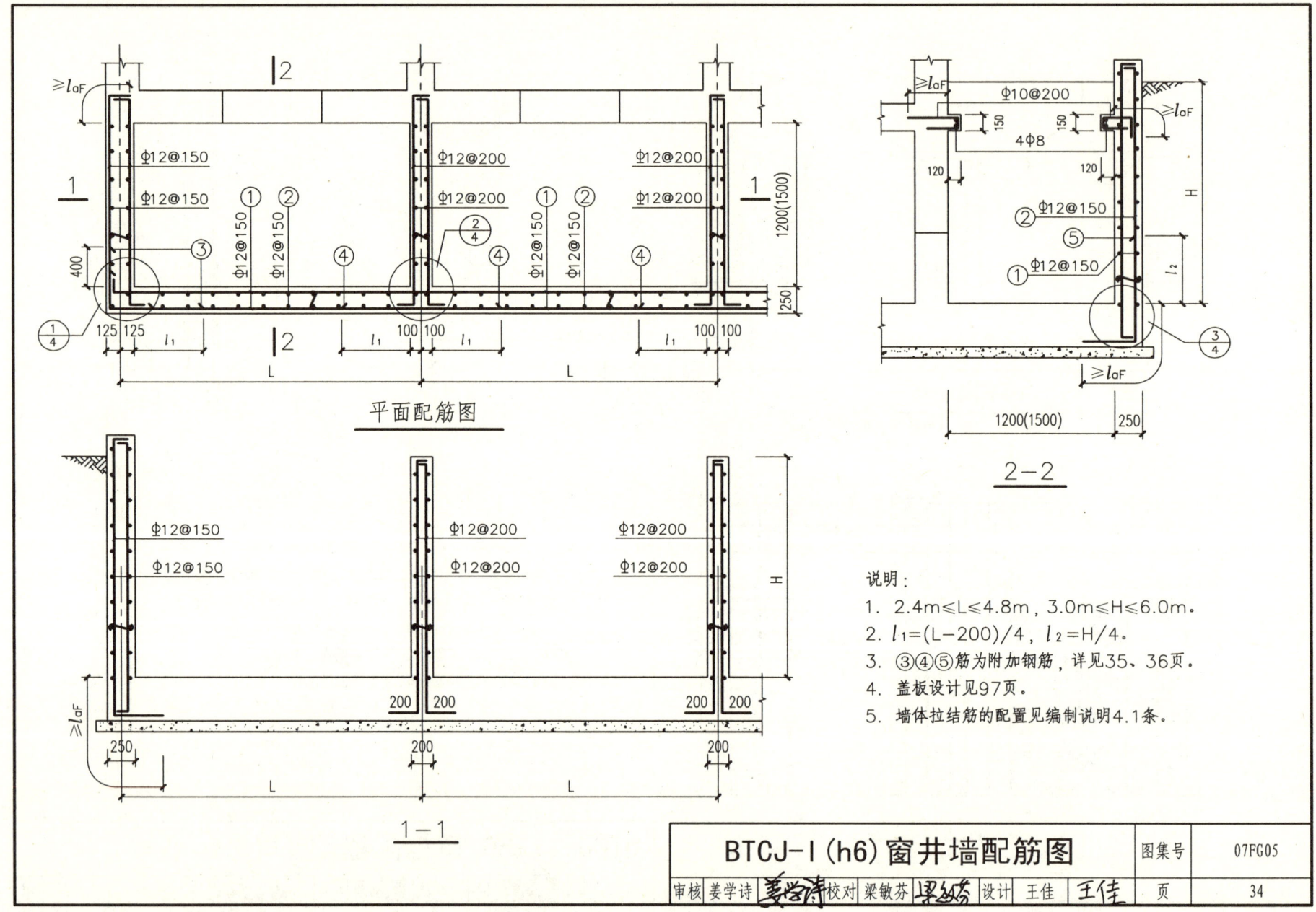

BTCJ-I(h6a)窗井墙③④⑤筋配筋表

窗井型号 \ H(m)	3.0	3.5	4.0	4.5	5.0	5.5	6.0
BTCJ2412(15)-I(h6a)	—	—	—	—	—	—	—
BTCJ2712(15)-I(h6a)	—	—	—	—	—	—	—
BTCJ3012(15)-I(h6a)	—	—	—	—	—	—	—
BTCJ3312(15)-I(h6a)	—	—	—	—	—	—	—
BTCJ3612(15)-I(h6a)	—	—	—	—	—	—	—
BTCJ3912(15)-I(h6a)	—	—	—	—	—	—	ϕ10@150[—]
BTCJ4212(15)-I(h6a)	—	—	—	—	—	ϕ10@150	ϕ10@150
BTCJ4512(15)-I(h6a)	—	—	—	—	—[ϕ10@150]	ϕ10@150	ϕ10@150
BTCJ4812(15)-I(h6a)	—	—	—	—[ϕ10@150]	—[ϕ10@150]	ϕ10@150	ϕ10@150

BTCJ-I(h6b)窗井墙③④⑤筋配筋表

窗井型号 \ H(m)	3.0	3.5	4.0	4.5	5.0	5.5	6.0
BTCJ2412(15)-I(h6b)	—	—	—	—	—	—	—
BTCJ2712(15)-I(h6b)	—	—	—	—	—	—	—
BTCJ3012(15)-I(h6b)	—	—	—	—	—	—	—
BTCJ3312(15)-I(h6b)	—	—	—	—	—	—	—
BTCJ3612(15)-I(h6b)	—	—	—	—	—	ϕ10@150[—]	ϕ10@150
BTCJ3912(15)-I(h6b)	—	—	—	—	—	ϕ10@150[—]	ϕ10@150
BTCJ4212(15)-I(h6b)	—	—	—	—	ϕ10@150	ϕ10@150	ϕ10@150
BTCJ4512(15)-I(h6b)	—	—	—[ϕ10@150]	—[ϕ10@150]	ϕ10@150	ϕ10@150	ϕ10@150
BTCJ4812(15)-I(h6b)	—	—	—[ϕ10@150]	—[ϕ10@150]	ϕ10@150	ϕ10@150	ϕ10@150

说明：
1. BTCJXX12(15)表示对窗井进深为1.2m和1.5m都适用。
2. ③④筋相同。
3. 当③④筋与⑤筋不同时，方括号外表示③④筋，方括号内表示⑤筋。

BTCJ-I(h6)窗井墙配筋表

图集号 07FG05

BTCJ-I(h6c)窗井墙③④⑤筋配筋表

窗井型号 \ H(m)	3.0	3.5	4.0	4.5	5.0	5.5	6.0
BTCJ2412(15)-I(h6c)	—	—	—	—	—	—	—
BTCJ2712(15)-I(h6c)	—	—	—	—	—	⌀10@150[—]	⌀10@150[—]
BTCJ3012(15)-I(h6c)	—	—	—	—	⌀10@150[—]	⌀10@150[—]	⌀10@150[—]
BTCJ3312(15)-I(h6c)	—	—	—	⌀10@150[—]	⌀10@150	⌀10@150	⌀10@150
BTCJ3612(15)-I(h6c)	—	—	—[⌀10@150]	⌀10@150	⌀10@150	⌀10@150	⌀12[10]@150
BTCJ3912(15)-I(h6c)	—	—[⌀10@150]	⌀10@150	⌀10@150	⌀10@150	⌀12[10]@150	⌀14[10]@150
BTCJ4212(15)-I(h6c)	—[⌀10@150]	—[⌀10@150]	⌀10@150	⌀10@150	⌀10@150	⌀12@150	⌀14[12]@150
BTCJ4512(15)-I(h6c)	—[⌀10@150]	—[⌀10@150]	⌀10@150	⌀10[12]@150	⌀12@150	⌀14@150	⌀14@150
BTCJ4812(15)-I(h6c)	—[⌀10@150]	—[⌀10@150]	⌀10[12]@150	⌀10[12]@150	⌀12[14]@150	⌀14@150	⌀14[16]@150

说明：

1. BTCJXX12(15)表示对窗井进深为1.2m和1.5m都适用。
2. ③④筋相同。
3. 当③④筋与⑤筋不同时，方括号外表示③④筋，方括号内表示⑤筋。

BTCJ-I(h6)窗井墙配筋表

图集号 07FG05
页 36

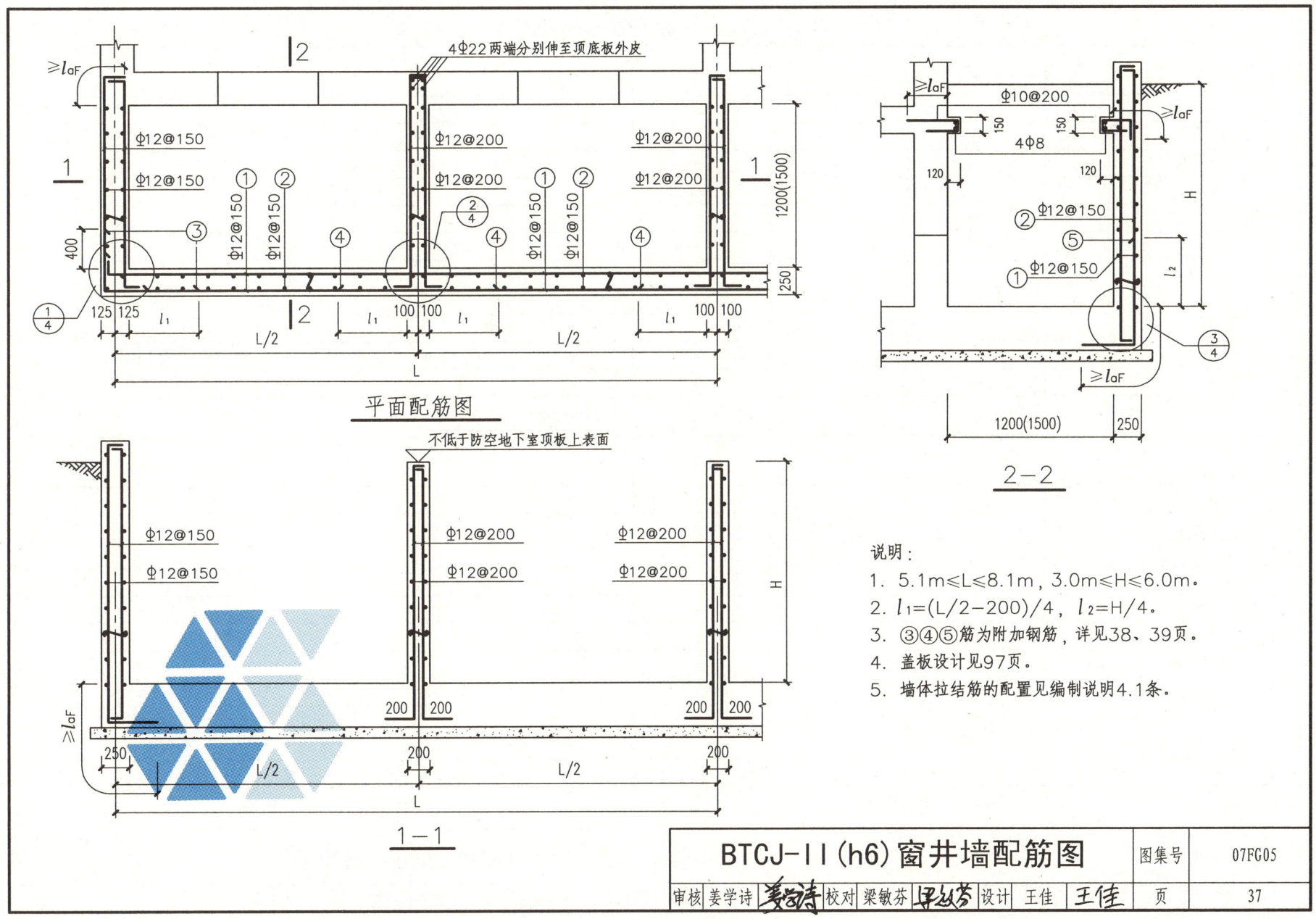

BTCJ-II(h6a)窗井墙③④⑤筋配筋表

窗井型号 \ H(m)	3.0	3.5	4.0	4.5	5.0	5.5	6.0
BTCJ5112(15)-II(h6a)	—	—	—	—	—	—	—
BTCJ5412(15)-II(h6a)	—	—	—	—	—	—	—
BTCJ5712(15)-II(h6a)	—	—	—	—	—	—	—
BTCJ6012(15)-II(h6a)	—	—	—	—	—	—	—
BTCJ6312(15)-II(h6a)	—	—	—	—	—	—	—
BTCJ6612(15)-II(h6a)	—	—	—	—	—	—	—
BTCJ6912(15)-II(h6a)	—	—	—	—	—	—	—
BTCJ7212(15)-II(h6a)	—	—	—	—	—	—	—
BTCJ7512(15)-II(h6a)	—	—	—	—	—	—	⌀10@150[—]
BTCJ7812(15)-II(h6a)	—	—	—	—	—	—	⌀10@150[—]
BTCJ8112(15)-II(h6a)	—	—	—	—	—	⌀10@150	⌀10@150

BTCJ-II(h6b)窗井墙③④⑤筋配筋表

窗井型号 \ H(m)	3.0	3.5	4.0	4.5	5.0	5.5	6.0
BTCJ5112(15)-II(h6b)	—	—	—	—	—	—	—
BTCJ5412(15)-II(h6b)	—	—	—	—	—	—	—
BTCJ5712(15)-II(h6b)	—	—	—	—	—	—	—
BTCJ6012(15)-II(h6b)	—	—	—	—	—	—	—
BTCJ6312(15)-II(h6b)	—	—	—	—	—	—	—
BTCJ6612(15)-II(h6b)	—	—	—	—	—	—	—
BTCJ6912(15)-II(h6b)	—	—	—	—	—	—	⌀10@150
BTCJ7212(15)-II(h6b)	—	—	—	—	—	⌀10@150[—]	⌀10@150
BTCJ7512(15)-II(h6b)	—	—	—	—	—	⌀10@150[—]	⌀10@150
BTCJ7812(15)-II(h6b)	—	—	—	—	—	⌀10@150[—]	⌀10@150
BTCJ8112(15)-II(h6b)	—	—	—	—	⌀10@150	⌀10@150	⌀10@150

说明：
1. BTCJXX12(15)表示对窗井进深为1.2m和1.5m都适用。
2. ③④筋相同。
3. 当③④筋与⑤筋不同时，方括号外表示③④筋，方括号内表示⑤筋。

BTCJ-II(h6)窗井墙配筋表

图集号 07FG05

BTCJ-II(h6c)窗井墙③④⑤筋配筋表

窗井型号 \ H(m)	3.0	3.5	4.0	4.5	5.0	5.5	6.0
BTCJ5112(15)-II(h5c)	—	—	—	—	—	—	ɸ10@150[—]
BTCJ5412(15)-II(h5c)	—	—	—	—	—	ɸ10@150[—]	ɸ10@150[—]
BTCJ5712(15)-II(h5c)	—	—	—	—	—	ɸ10@150[—]	ɸ10@150[—]
BTCJ6012(15)-II(h5c)	—	—	—	—	ɸ10@150[—]	ɸ10@150[—]	ɸ10@150[—]
BTCJ6312(15)-II(h5c)	—	—	—	—	ɸ10@150[—]	ɸ10@150[—]	ɸ10@150[—]
BTCJ6612(15)-II(h5c)	—	—	—	ɸ10@150[—]	ɸ10@150	ɸ10@150	ɸ10@150
BTCJ6912(15)-II(h5c)	—	—	—	ɸ10@150[—]	ɸ10@150	ɸ10@150	ɸ10@150
BTCJ7212(15)-II(h5c)	—	—	—[ɸ10@150]	ɸ10@150	ɸ10@150	ɸ10@150	ɸ12[10]@150
BTCJ7512(15)-II(h5c)	—	—[ɸ10@150]	ɸ10@150	ɸ10@150	ɸ10@150	ɸ12[10]@150	ɸ14[10]@150
BTCJ7812(15)-II(h5c)	—	—[ɸ10@150]	ɸ10@150	ɸ10@150	ɸ10@150	ɸ12[10]@150	ɸ14[10]@150
BTCJ8112(15)-II(h5c)	—[ɸ10@150]	—[ɸ10@150]	ɸ10@150	ɸ10@150	ɸ10@150	ɸ12@150	ɸ14[12]@150

说明：
1. BTCJXX12(15)表示对窗井进深为1.2m和1.5m都适用。
2. ③④筋相同。
3. 当③④筋与⑤筋不同时，方括号外表示③④筋，方括号内表示⑤筋。

BTCJ-II(h6)窗井墙配筋表

图集号 07FG05

审核 姜学诗 校对 梁敏芬 设计 王佳

页 39

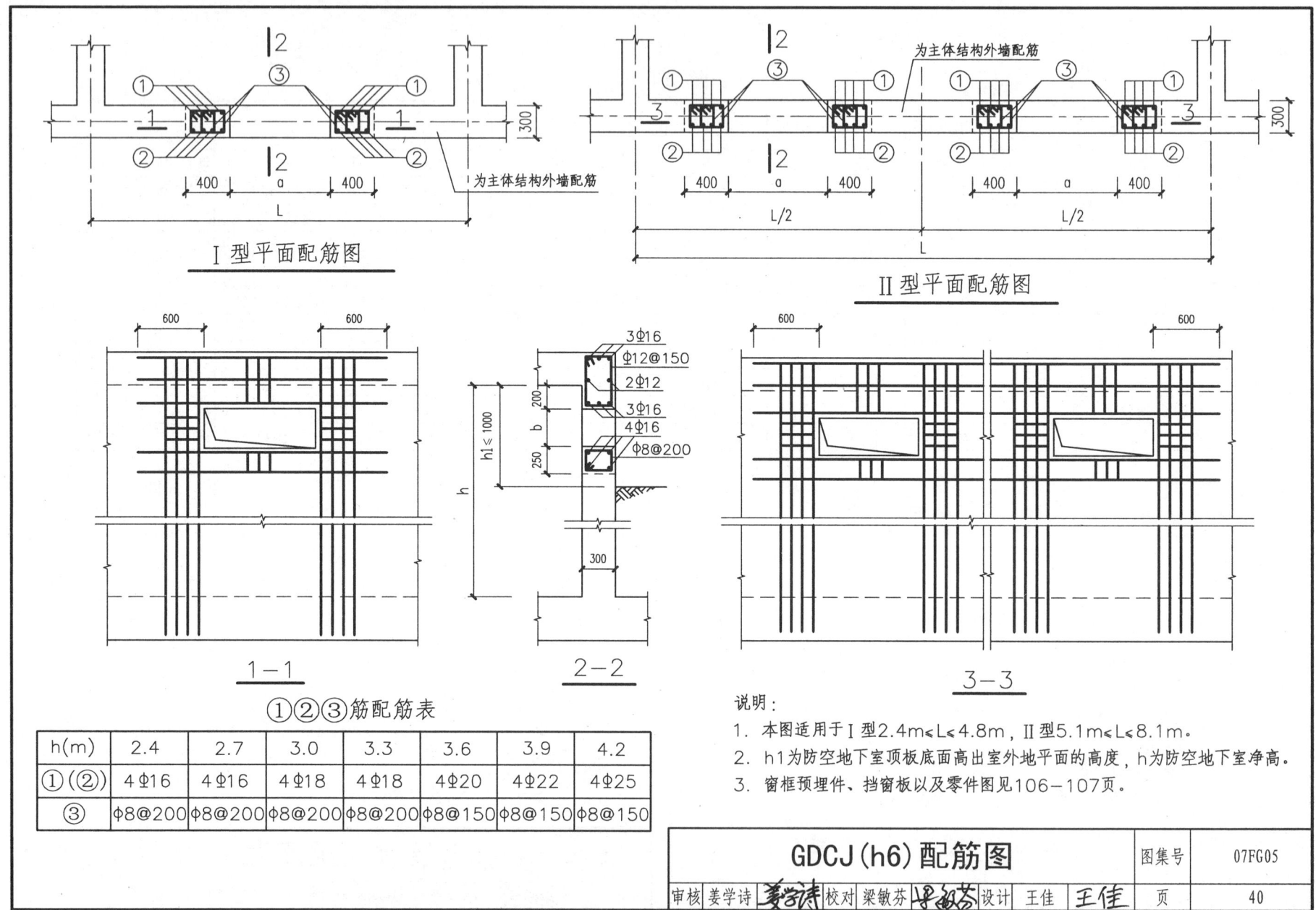

核6B级常6级甲类防空地下室通风采光窗井选用表

窗井型号	窗井墙配筋(页)	窗框配筋(页)	窗井型号	窗井墙配筋(页)	窗框配筋(页)	窗井型号	窗井墙配筋(页)	窗框配筋(页)	窗井型号	窗井墙配筋(页)	窗框配筋(页)
QTCJ2412-I(h6Ba)	43、44	48、49	QTCJ3315-I(h6Bb)	43、45	48、49	QTCJ7212-II(h6Ba)	46、47	50、51	QTCJ7515-II(h6Bb)	46、47	50、51
QTCJ2415-I(h6Ba)	43、44	48、49	QTCJ3612-I(h6Bb)	43、45	48、49	QTCJ7215-II(h6Ba)	46、47	50、51	QTCJ7812-II(h6Bb)	46、47	50、51
QTCJ2712-I(h6Ba)	43、44	48、49	QTCJ3615-I(h6Bb)	43、45	48、49	QTCJ7512-II(h6Ba)	46、47	50、51	QTCJ7815-II(h6Bb)	46、47	50、51
QTCJ2715-I(h6Ba)	43、44	48、49	QTCJ3912-I(h6Bb)	43、45	48、49	QTCJ7515-II(h6Ba)	46、47	50、51	QTCJ8112-II(h6Bb)	46、47	50、51
QTCJ3012-I(h6Ba)	43、44	48、49	QTCJ3915-I(h6Bb)	43、45	48、49	QTCJ7812-II(h6Ba)	46、47	50、51	QTCJ8115-II(h6Bb)	46、47	50、51
QTCJ3015-I(h6Ba)	43、44	48、49	QTCJ4212-I(h6Bb)	43、45	48、49	QTCJ7815-II(h6Ba)	46、47	50、51	BTCJ2412-I(h6Ba)	52、53	
QTCJ3312-I(h6Ba)	43、44	48、49	QTCJ4215-I(h6Bb)	43、45	48、49	QTCJ8112-II(h6Ba)	46、47	50、51	BTCJ2415-I(h6Ba)	52、53	
QTCJ3315-I(h6Ba)	43、44	48、49	QTCJ4512-I(h6Bb)	43、45	48、49	QTCJ8115-II(h6Ba)	46、47	50、51	BTCJ2712-I(h6Ba)	52、53	
QTCJ3612-I(h6Ba)	43、44	48、49	QTCJ4515-I(h6Bb)	43、45	48、49	QTCJ5112-II(h6Bb)	46、47	50、51	BTCJ2715-I(h6Ba)	52、53	
QTCJ3615-I(h6Ba)	43、44	48、49	QTCJ4812-I(h6Bb)	43、45	48、49	QTCJ5115-II(h6Bb)	46、47	50、51	BTCJ3012-I(h6Ba)	52、53	
QTCJ3912-I(h6Ba)	43、44	48、49	QTCJ4815-I(h6Bb)	43、45	48、49	QTCJ5412-II(h6Bb)	46、47	50、51	BTCJ3015-I(h6Ba)	52、53	
QTCJ3915-I(h6Ba)	43、44	48、49	QTCJ5112-II(h6Ba)	46、47	50、51	QTCJ5415-II(h6Bb)	46、47	50、51	BTCJ3312-I(h6Ba)	52、53	
QTCJ4212-I(h6Ba)	43、44	48、49	QTCJ5115-II(h6Ba)	46、47	50、51	QTCJ5712-II(h6Bb)	46、47	50、51	BTCJ3315-I(h6Ba)	52、53	
QTCJ4215-I(h6Ba)	43、44	48、49	QTCJ5412-II(h6Ba)	46、47	50、51	QTCJ5715-II(h6Bb)	46、47	50、51	BTCJ3612-I(h6Ba)	52、53	
QTCJ4512-I(h6Ba)	43、44	48、49	QTCJ5415-II(h6Ba)	46、47	50、51	QTCJ6012-II(h6Bb)	46、47	50、51	BTCJ3615-I(h6Ba)	52、53	
QTCJ4515-I(h6Ba)	43、44	48、49	QTCJ5712-II(h6Ba)	46、47	50、51	QTCJ6015-II(h6Bb)	46、47	50、51	BTCJ3912-I(h6Ba)	52、53	
QTCJ4812-I(h6Ba)	43、44	48、49	QTCJ5715-II(h6Ba)	46、47	50、51	QTCJ6312-II(h6Bb)	46、47	50、51	BTCJ3915-I(h6Ba)	52、53	
QTCJ4815-I(h6Ba)	43、44	48、49	QTCJ6012-II(h6Ba)	46、47	50、51	QTCJ6315-II(h6Bb)	46、47	50、51	BTCJ4212-I(h6Ba)	52、53	
QTCJ2412-I(h6Bb)	43、45	48、49	QTCJ6015-II(h6Ba)	46、47	50、51	QTCJ6612-II(h6Bb)	46、47	50、51	BTCJ4215-I(h6Ba)	52、53	
QTCJ2415-I(h6Bb)	43、45	48、49	QTCJ6312-II(h6Ba)	46、47	50、51	QTCJ6615-II(h6Bb)	46、47	50、51	BTCJ4512-I(h6Ba)	52、53	
QTCJ2712-I(h6Bb)	43、45	48、49	QTCJ6315-II(h6Ba)	46、47	50、51	QTCJ6912-II(h6Bb)	46、47	50、51	BTCJ4515-I(h6Ba)	52、53	
QTCJ2715-I(h6Bb)	43、45	48、49	QTCJ6612-II(h6Ba)	46、47	50、51	QTCJ6915-II(h6Bb)	46、47	50、51	BTCJ4812-I(h6Ba)	52、53	
QTCJ3012-I(h6Bb)	43、45	48、49	QTCJ6615-II(h6Ba)	46、47	50、51	QTCJ7212-II(h6Bb)	46、47	50、51	BTCJ4815-I(h6Ba)	52、53	
QTCJ3015-I(h6Bb)	43、45	48、49	QTCJ6912-II(h6Ba)	46、47	50、51	QTCJ7215-II(h6Bb)	46、47	50、51	BTCJ2412-I(h6Bc)	52、53	
QTCJ3312-I(h6Bb)	43、45	48、49	QTCJ6915-II(h6Ba)	46、47	50、51	QTCJ7512-II(h6Bb)	46、47	50、51	BTCJ2415-I(h6Bc)	52、53	

核6B级常6级甲类防空地下室通风采光窗井选用表

核6B级常6级甲类防空地下室通风采光窗井选用表

窗井型号	窗井墙配筋(页)	窗框配筋(页)	窗井型号	窗井墙配筋(页)	窗框配筋(页)	窗井型号	窗井墙配筋(页)	窗框配筋(页)	窗井型号	窗井墙配筋(页)	窗框配筋(页)
BTCJ2712-I(h6Bc)	52、53		BTCJ6315-II(h6Ba)	54、55		BTCJ6912-II(h6Bc)	54、55		GDCJ69-II(h6)		56
BTCJ2715-I(h6Bc)	52、53		BTCJ6612-II(h6Ba)	54、55		BTCJ6915-II(h6Bc)	54、55		GDCJ72-II(h6)		56
BTCJ3012-I(h6Bc)	52、53		BTCJ6615-II(h6Ba)	54、55		BTCJ7212-II(h6Bc)	54、55		GDCJ75-II(h6)	—	56
BTCJ3015-I(h6Bc)	52、53		BTCJ6912-II(h6Ba)	54、55		BTCJ7215-II(h6Bc)	54、55		GDCJ78-II(h6)		56
BTCJ3312-I(h6Bc)	52、53		BTCJ6915-II(h6Ba)	54、55		BTCJ7512-II(h6Bc)	54、55		GDCJ81-II(h6)		56
BTCJ3315-I(h6Bc)	52、53		BTCJ7212-II(h6Ba)	54、55		BTCJ7515-II(h6Bc)	54、55				
BTCJ3612-I(h6Bc)	52、53		BTCJ7215-II(h6Ba)	54、55		BTCJ7812-II(h6Bc)	54、55				
BTCJ3615-I(h6Bc)	52、53		BTCJ7512-II(h6Ba)	54、55		BTCJ7815-II(h6Bc)	54、55				
BTCJ3912-I(h6Bc)	52、53		BTCJ7515-II(h6Ba)	54、55		BTCJ8112-II(h6Bc)	54、55				
BTCJ3915-I(h6Bc)	52、53		BTCJ7812-II(h6Ba)	54、55		BTCJ8115-II(h6Bc)	54、55				
BTCJ4212-I(h6Bc)	52、53		BTCJ7815-II(h6Ba)	54、55		GDCJ24-I(h6)		56			
BTCJ4215-I(h6Bc)	52、53		BTCJ8112-II(h6Ba)	54、55		GDCJ27-I(h6)		56			
BTCJ4512-I(h6Bc)	52、53	—	BTCJ8115-II(h6Ba)	54、55	—	GDCJ30-I(h6)		56			
BTCJ4515-I(h6Bc)	52、53		BTCJ5112-II(h6Bc)	54、55		GDCJ33-I(h6)		56			
BTCJ4812-I(h6Bc)	52、53		BTCJ5115-II(h6Bc)	54、55		GDCJ36-I(h6)		56			
BTCJ4815-I(h6Bc)	52、53		BTCJ5412-II(h6Bc)	54、55		GDCJ39-I(h6)		56			
BTCJ5112-II(h6Ba)	54、55		BTCJ5415-II(h6Bc)	54、55		GDCJ42-I(h6)		56			
BTCJ5115-II(h6Ba)	54、55		BTCJ5712-II(h6Bc)	54、55		GDCJ45-I(h6)		56			
BTCJ5412-II(h6Ba)	54、55		BTCJ5715-II(h6Bc)	54、55		GDCJ48-I(h6)	—	56			
BTCJ5415-II(h6Ba)	54、55		BTCJ6012-II(h6Bc)	54、55		GDCJ51-II(h6)		56			
BTCJ5712-II(h6Ba)	54、55		BTCJ6015-II(h6Bc)	54、55		GDCJ54-II(h6)		56			
BTCJ5715-II(h6Ba)	54、55		BTCJ6312-II(h6Bc)	54、55		GDCJ57-II(h6)		56			
BTCJ6012-II(h6Ba)	54、55		BTCJ6315-II(h6Bc)	54、55		GDCJ60-II(h6)		56			
BTCJ6015-II(h6Ba)	54、55		BTCJ6612-II(h6Bc)	54、55		GDCJ63-II(h6)		56			
BTCJ6312-II(h6Ba)	54、55		BTCJ6615-II(h6Bc)	54、55		GDCJ66-II(h6)		56			

说明：BTCJXXXX-I(h6Bb)同BTCJXXXX-I(h6Ba)。

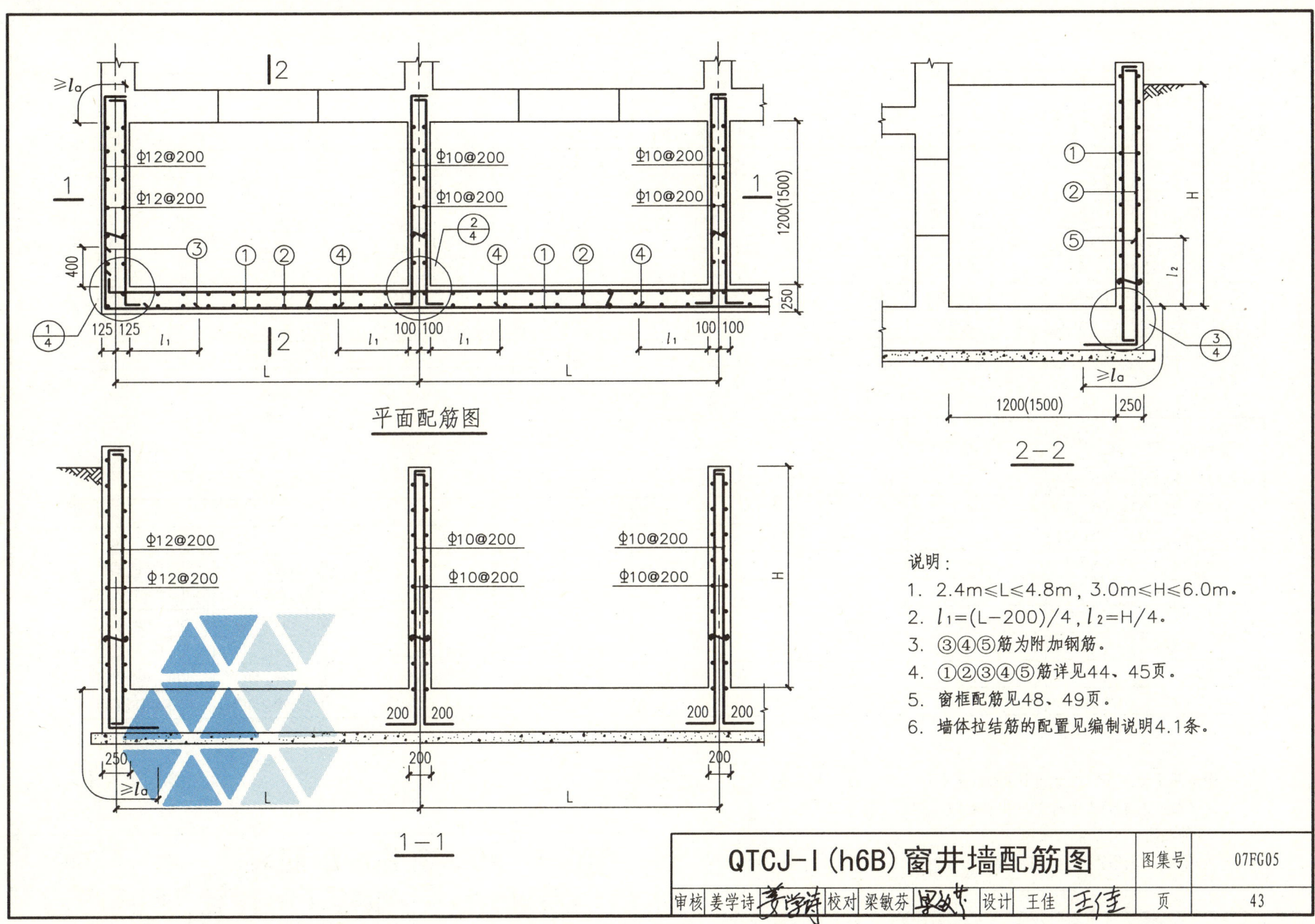

QTCJ-I(h6Ba)窗井墙①②筋配筋表

窗井型号 \ H(m)	3.0	3.5	4.0	4.5	5.0	5.5	6.0
QTCJ2412(15)-I(h6Ba)	⏀12@200	⏀12@200	⏀12@200	⏀12@200	⏀12@200	⏀12@200	⏀12@200
QTCJ2712(15)-I(h6Ba)	⏀12@200	⏀12@200	⏀12@200	⏀12@200	⏀12@200	⏀12@200	⏀12@200
QTCJ3012(15)-I(h6Ba)	⏀12@200	⏀12@200	⏀12@200	⏀12@200	⏀12@200	⏀12@200	⏀12@200
QTCJ3312(15)-I(h6Ba)	⏀12@200	⏀12@200	⏀12@200	⏀12@200	⏀12@200	⏀12@200	⏀12@200
QTCJ3612(15)-I(h6Ba)	⏀12@200	⏀12@200	⏀12@200	⏀12@200	⏀12@200	⏀12@200	⏀12@200
QTCJ3912(15)-I(h6Ba)	⏀12@200	⏀12@200	⏀12@200	⏀12@200	⏀12@200	⏀12@200	⏀12@200
QTCJ4212(15)-I(h6Ba)	⏀12@200	⏀12@200	⏀12@200	⏀12@200	⏀12@200	⏀12@200	⏀12@200
QTCJ4512(15)-I(h6Ba)	⏀12@200	⏀12@200	⏀12@200	⏀12@200	⏀12@200	⏀12@200	⏀12@200
QTCJ4812(15)-I(h6Ba)	⏀12@200	⏀12@200	⏀12@200	⏀12@200	⏀12@200	⏀12@200	⏀12@200

QTCJ-I(h6Ba)窗井墙③④⑤筋配筋表

窗井型号 \ H(m)	3.0	3.5	4.0	4.5	5.0	5.5	6.0
QTCJ2412(15)-I(h6Ba)	—	—	—	—	—	—	—
QTCJ2712(15)-I(h6Ba)	—	—	—	—	—	—	—
QTCJ3012(15)-I(h6Ba)	—	—	—	—	—	—	—
QTCJ3312(15)-I(h6Ba)	—	—	—	—	—	⏀10@200	⏀10@200
QTCJ3612(15)-I(h6Ba)	—	—	—	—	⏀10@200	⏀10@200	⏀10@200
QTCJ3912(15)-I(h6Ba)	—	—	—	⏀10@200	⏀10@200	⏀10@200	⏀10@200
QTCJ4212(15)-I(h6Ba)	—	—	—	⏀10@200	⏀10@200	⏀10@200	⏀10@200
QTCJ4512(15)-I(h6Ba)	—	—	⏀10@200	⏀10@200	⏀10@200	⏀10@200	⏀12@200
QTCJ4812(15)-I(h6Ba)	—	—[⏀10@200]	⏀10@200	⏀10@200	⏀10@200	⏀12@200	⏀14@200

说明：
1. 本图适用于窗井底板位于地下水位以上。
2. QTCJXX12(15)表示对窗井进深为1.2m和1.5m都适用。
3. ①②筋相同，③④筋相同。
4. 当③④筋与⑤筋不同时，方括号外表示③④筋，方括号内表示⑤筋。

QTCJ-I(h6B)窗井墙配筋表

图集号 07FG05

QTCJ-I(h6Bb)窗井墙①②筋配筋表

窗井型号 \ H(m)	3.0	3.5	4.0	4.5	5.0	5.5	6.0
QTCJ2412(15)-I(h6Bb)	⏀12@200	⏀12@200	⏀12@200	⏀12@200	⏀12@200	⏀12@200	⏀12@200
QTCJ2712(15)-I(h6Bb)	⏀12@200	⏀12@200	⏀12@200	⏀12@200	⏀12@200	⏀12@200	⏀12@200
QTCJ3012(15)-I(h6Bb)	⏀12@200	⏀12@200	⏀12@200	⏀12@200	⏀12@200	⏀12@200	⏀12@200
QTCJ3312(15)-I(h6Bb)	⏀12@200	⏀12@200	⏀12@200	⏀12@200	⏀12@200	⏀12@200	⏀12@200
QTCJ3612(15)-I(h6Bb)	⏀12@200	⏀12@200	⏀12@200	⏀12@200	⏀12@200	⏀12@200	⏀12@200
QTCJ3912(15)-I(h6Bb)	⏀12@200	⏀12@200	⏀12@200	⏀12@200	⏀12@200	⏀12@200	⏀12@200
QTCJ4212(15)-I(h6Bb)	⏀12@200	⏀12@200	⏀12@200	⏀12@200	⏀12@200	⏀12@200	⏀14@200
QTCJ4512(15)-I(h6Bb)	⏀12@200	⏀12@200	⏀12@200	⏀12@200	⏀12@200	⏀14@200	⏀14@200
QTCJ4812(15)-I(h6Bb)	⏀12@200	⏀12@200	⏀12@200	⏀12@200	⏀14@200	⏀14@200	⏀16@200

QTCJ-I(h6Bb)窗井墙③④⑤筋配筋表

窗井型号 \ H(m)	3.0	3.5	4.0	4.5	5.0	5.5	6.0
QTCJ2412(15)-I(h6Bb)	—	—	—	—	—	—	—[⏀10@200]
QTCJ2712(15)-I(h6Bb)	—	—	—	—	—[⏀10@200]	⏀10@200	⏀10@200
QTCJ3012(15)-I(h6Bb)	—	—	—	⏀10@200	⏀10@200	⏀10@200	⏀10@200
QTCJ3312(15)-I(h6Bb)	—	—	⏀10@200	⏀10@200	⏀10@200	⏀10@200	⏀12@200
QTCJ3612(15)-I(h6Bb)	—	—	⏀10@200	⏀10@200	⏀10@200	⏀10@200	⏀14@200
QTCJ3912(15)-I(h6Bb)	—	⏀10@200	⏀10@200	⏀10@200	⏀12@200	⏀14@200	⏀14[16]@200
QTCJ4212(15)-I(h6Bb)	—[⏀10@200]	⏀10@200	⏀10@200	⏀10@200	⏀12@200	⏀12[14]@200	⏀14[16]@200
QTCJ4512(15)-I(h6Bb)	—[⏀10@200]	⏀10@200	⏀10@200	⏀10@200	⏀12@200	⏀14@200	⏀14[16]@200
QTCJ4812(15)-I(h6Bb)	—[⏀10@200]	⏀10@200	⏀10@200	⏀10[12]@200	⏀12[14]@200	⏀14[16]@200	⏀16[18]@200

说明：

1. 本图适用于窗井底板位于地下水位以下。
2. QTCJXX12(15)表示对窗井进深为1.2m和1.5m都适用。
3. ①②筋相同，③④筋相同。
4. 当③④筋与⑤筋不同时，方括号外表示③④筋，方括号内表示⑤筋。

QTCJ-I(h6B)窗井墙配筋表

图集号 07FG05

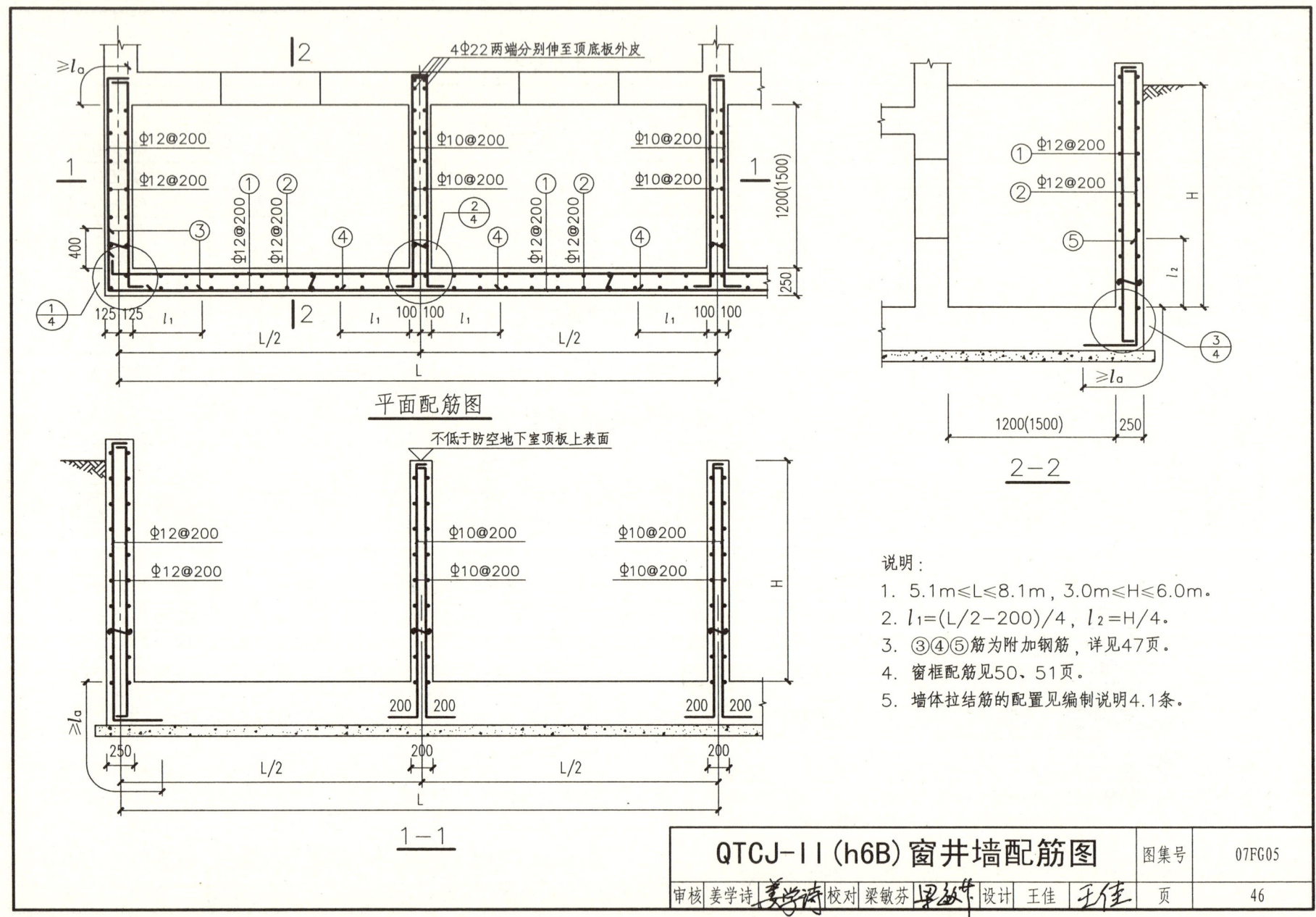

QTCJ-II(h6Ba)窗井墙③④⑤筋配筋表 (窗井底板位于地下水位以上)

窗井型号 \ H(m)	3.0	3.5	4.0	4.5	5.0	5.5	6.0
QTCJ5112(15)-II(h6Ba)	—	—	—	—	—	—	—
QTCJ5412(15)-II(h6Ba)	—	—	—	—	—	—	—
QTCJ5712(15)-II(h6Ba)	—	—	—	—	—	—	—
QTCJ6012(15)-II(h6Ba)	—	—	—	—	—	—	—
QTCJ6312(15)-II(h6Ba)	—	—	—	—	—	—	⏀10@200
QTCJ6612(15)-II(h6Ba)	—	—	—	—	—	⏀10@200	⏀10@200
QTCJ6912(15)-II(h6Ba)	—	—	—	—	⏀10@200	⏀10@200	⏀10@200
QTCJ7212(15)-II(h6Ba)	—	—	—	—	⏀10@200	⏀10@200	⏀10@200
QTCJ7512(15)-II(h6Ba)	—	—	—	⏀10@200	⏀10@200	⏀10@200	⏀10@200
QTCJ7812(15)-II(h6Ba)	—	—	—	⏀10@200	⏀10@200	⏀10@200	⏀10@200
QTCJ8112(15)-II(h6Ba)	—	—	—	⏀10@200	⏀10@200	⏀10@200	⏀10@200

QTCJ-II(h6Bb)窗井墙③④⑤筋配筋表 (窗井底板位于地下水位以下)

窗井型号 \ H(m)	3.0	3.5	4.0	4.5	5.0	5.5	6.0
QTCJ5112(15)-II(h6Bb)	—	—	—	—	—	⏀10@200	⏀10@200
QTCJ5412(15)-II(h6Bb)	—	—	—	—	—[⏀10@200]	⏀10@200	⏀10@200
QTCJ5712(15)-II(h6Bb)	—	—	—	—	⏀10@200	⏀10@200	⏀10@200
QTCJ6012(15)-II(h6Bb)	—	—	—	⏀10@200	⏀10@200	⏀10@200	⏀10@200
QTCJ6312(15)-II(h6Bb)	—	—	—	⏀10@200	⏀10@200	⏀10@200	⏀10@200
QTCJ6612(15)-II(h6Bb)	—	—	⏀10@200	⏀10@200	⏀10@200	⏀10@200	⏀12@200
QTCJ6912(15)-II(h6Bb)	—	—	⏀10@200	⏀10@200	⏀10@200	⏀12@200	⏀14@200
QTCJ7212(15)-II(h6Bb)	—	—	⏀10@200	⏀10@200	⏀10@200	⏀12@200	⏀14@200
QTCJ7512(15)-II(h6Bb)	—	⏀10@200	⏀10@200	⏀10@200	⏀12@200	⏀14@200	⏀14[16]@200
QTCJ7812(15)-II(h6Bb)	—	⏀10@200	⏀10@200	⏀10@200	⏀12@200	⏀14@200	⏀14[16]@200
QTCJ8112(15)-II(h6Bb)	—[⏀10@200]	⏀10@200	⏀10@200	⏀12@200	⏀12[14]@200	⏀14[16]@200	⏀16@200

说明:
1. QTCJXX12(15)表示对窗井进深为1.2m和1.5m都适用。
2. ③④筋相同。
3. 当③④筋与⑤筋不同时,方括号外表示③④筋,方括号内表示⑤筋。

QTCJ-II(h6B)窗井墙配筋表

图集号 07FG05
页 47

①(②)③筋配筋表(t=250mm)

窗洞宽a (mm) 室内净高h(m)	900	1200	1500
2.4			
2.7			
3.0	2Φ16 Φ8@200	2Φ16 Φ8@200	2Φ16 Φ8@200
3.3			
3.6			
3.9			
4.2			2Φ18 Φ8@200

①(②)③筋配筋表(t=300mm)

窗洞宽a (mm) 室内净高h(m)	900	1200	1500
2.4			
2.7			
3.0	2Φ16 Φ8@200	2Φ16 Φ8@200	2Φ16 Φ8@200
3.3			
3.6			
3.9			
4.2			

平面配筋图

当L1>b/2时,b为窗洞高度

为主体结构外墙配筋

1-1   2-2   3-3

说明:
1. 本图配合第43页使用,适用于QTCJ-I(h6Ba)、QTCJ-I(h6Bb)。
2. t为防空地下室外墙厚。
3. 2.4m≤L≤4.8m, 2.4m≤h≤4.2m。
4. 窗洞口四角斜向钢筋按编制说明4.2配置。
5. 窗框预埋件、挡窗板以及零件图见98～105页。

QTCJ-I(h6B)窗框配筋图 (L1>b/2)

图集号 07FG05

审核 姜学诗 校对 梁敏芬 设计 王佳

页 48

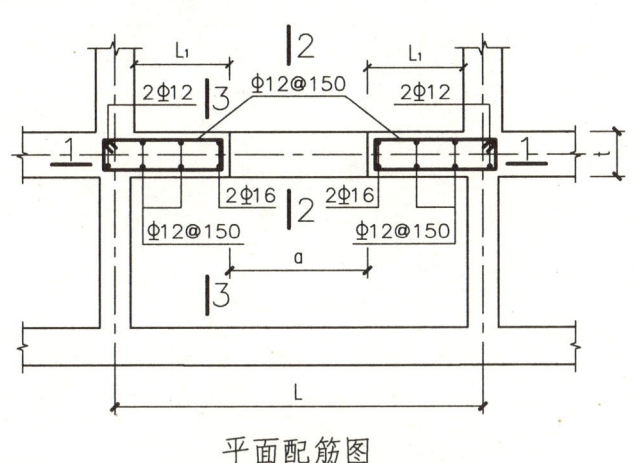

平面配筋图

当 $L_1 \leqslant b/2$ 时，b 为窗洞高度

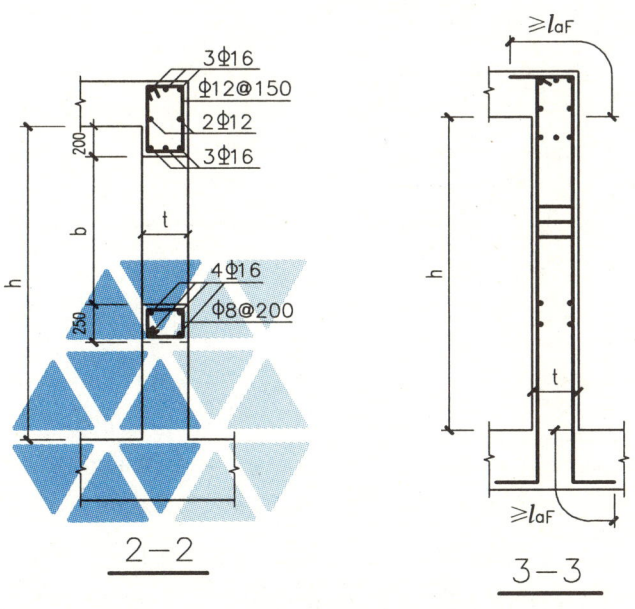

2-2　　3-3

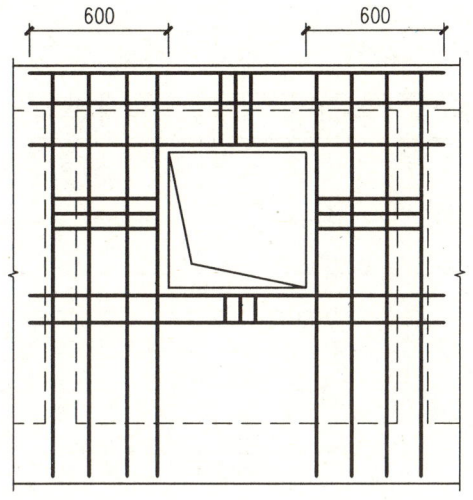

1-1

说明：
1. 本图配合第43页使用，适用于QTCJ-I(h6Ba)、QTCJ-I(h6Bb)。
2. t为防空地下室外墙厚，取t=250mm或t=300mm。
3. $2.4m \leqslant L \leqslant 4.8m$，$2.4m \leqslant h \leqslant 4.2m$。
4. 窗洞口四角斜向钢筋按编制说明4.2配置。
5. 窗框预埋件、挡窗板以及零件图见98～105页。

QTCJ-I(h6B)窗框配筋图 ($L_1 \leqslant b/2$)

图集号 07FG05

页 49

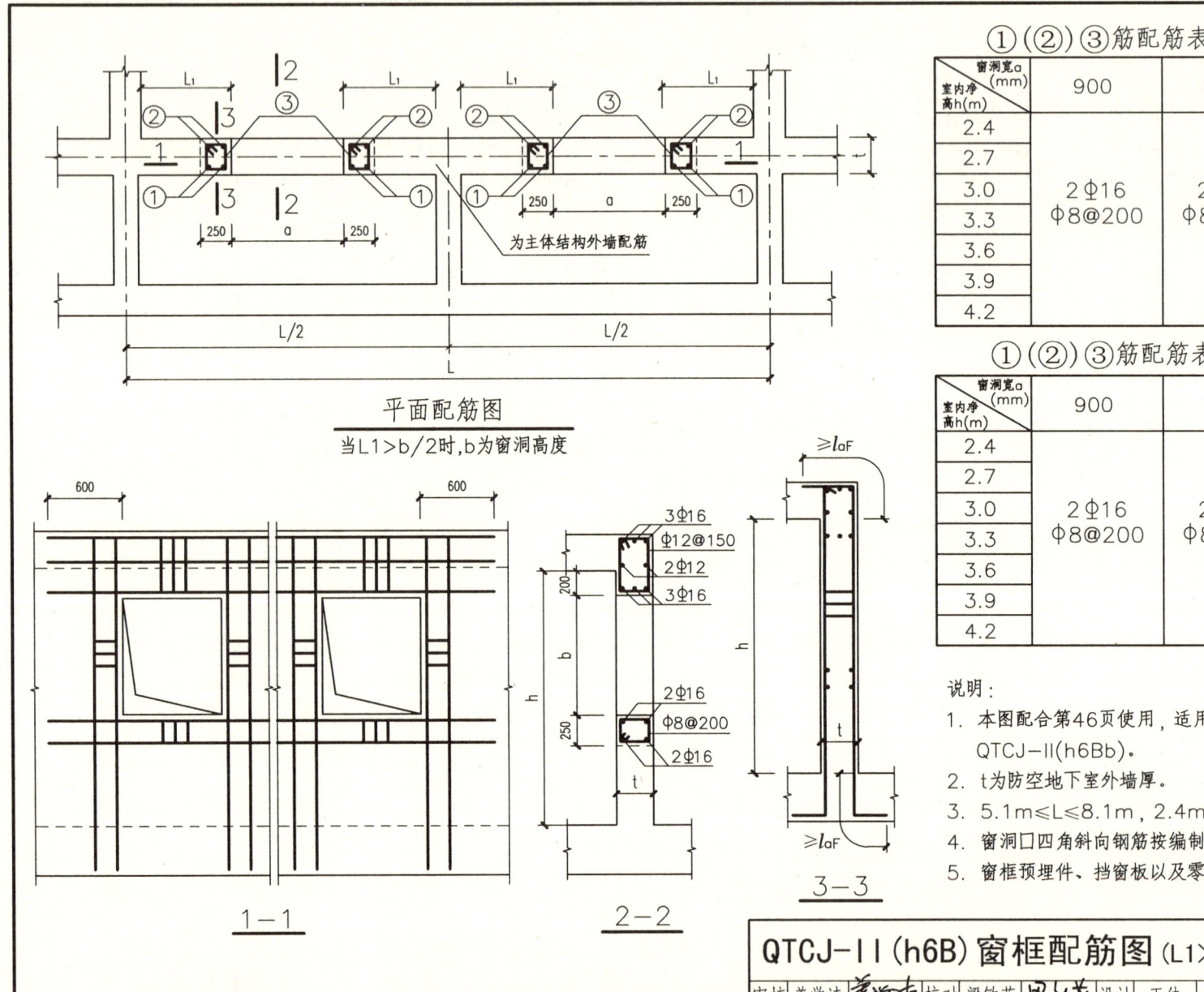

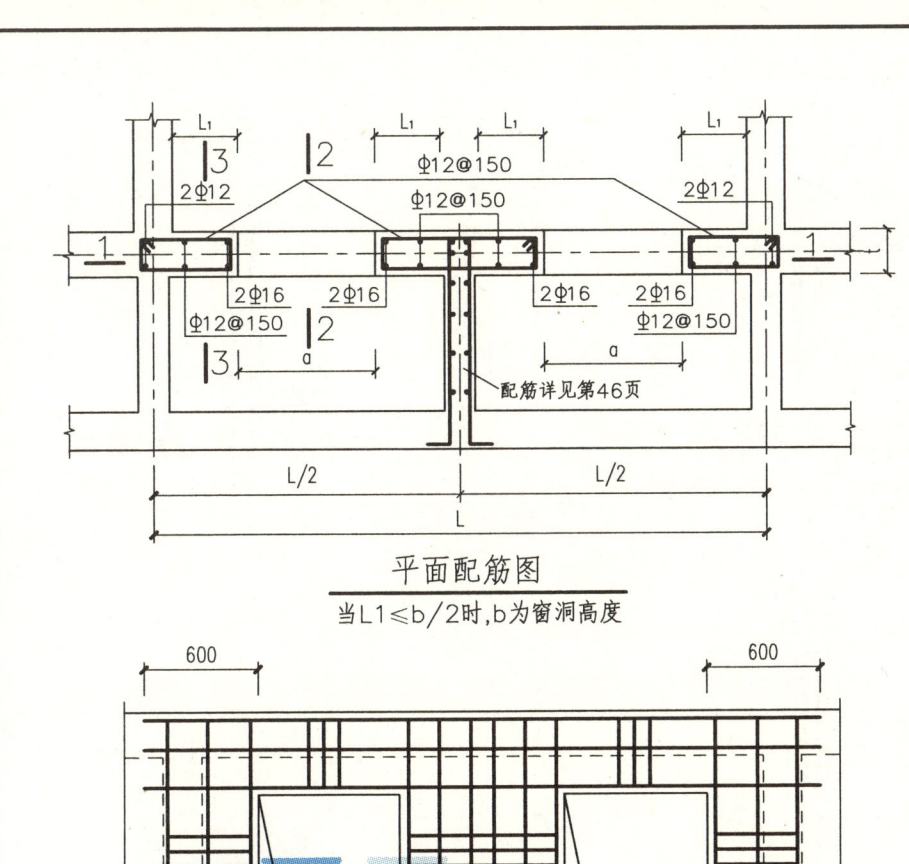
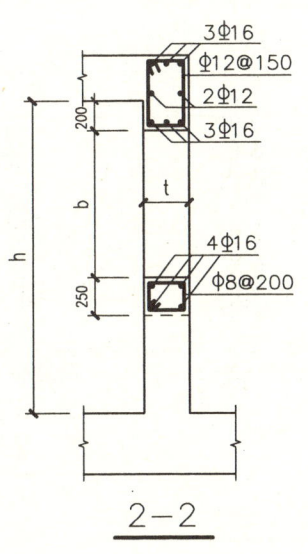
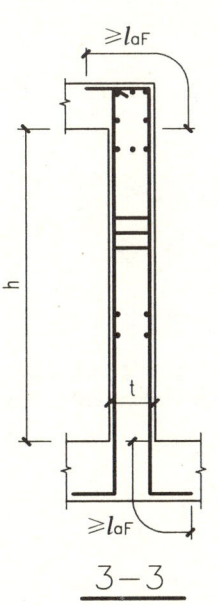

平面配筋图
当 $L_1 \leq b/2$ 时,b 为窗洞高度

2-2

3-3

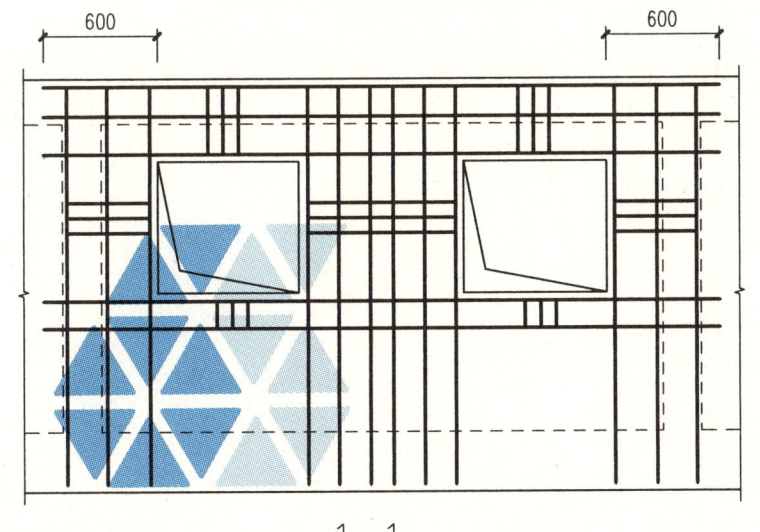

1-1

说明:
1. 本图配合第46页使用,适用于QTCJ-II(h6Ba)、QTCJ-II(h6Bb)。
2. t 为防空地下室外墙厚,取 t=250mm 或 t=300mm。
3. $5.1m \leq L \leq 8.1m$,$2.4m \leq h \leq 4.2m$。
4. 窗洞口四角斜向钢筋按编制说明4.2配置。
5. 窗框预埋件、挡窗板以及零件图见98～105页。

QTCJ-II(h6B)窗框配筋图 ($L_1 \leq b/2$)

图集号 07FG05

页 51

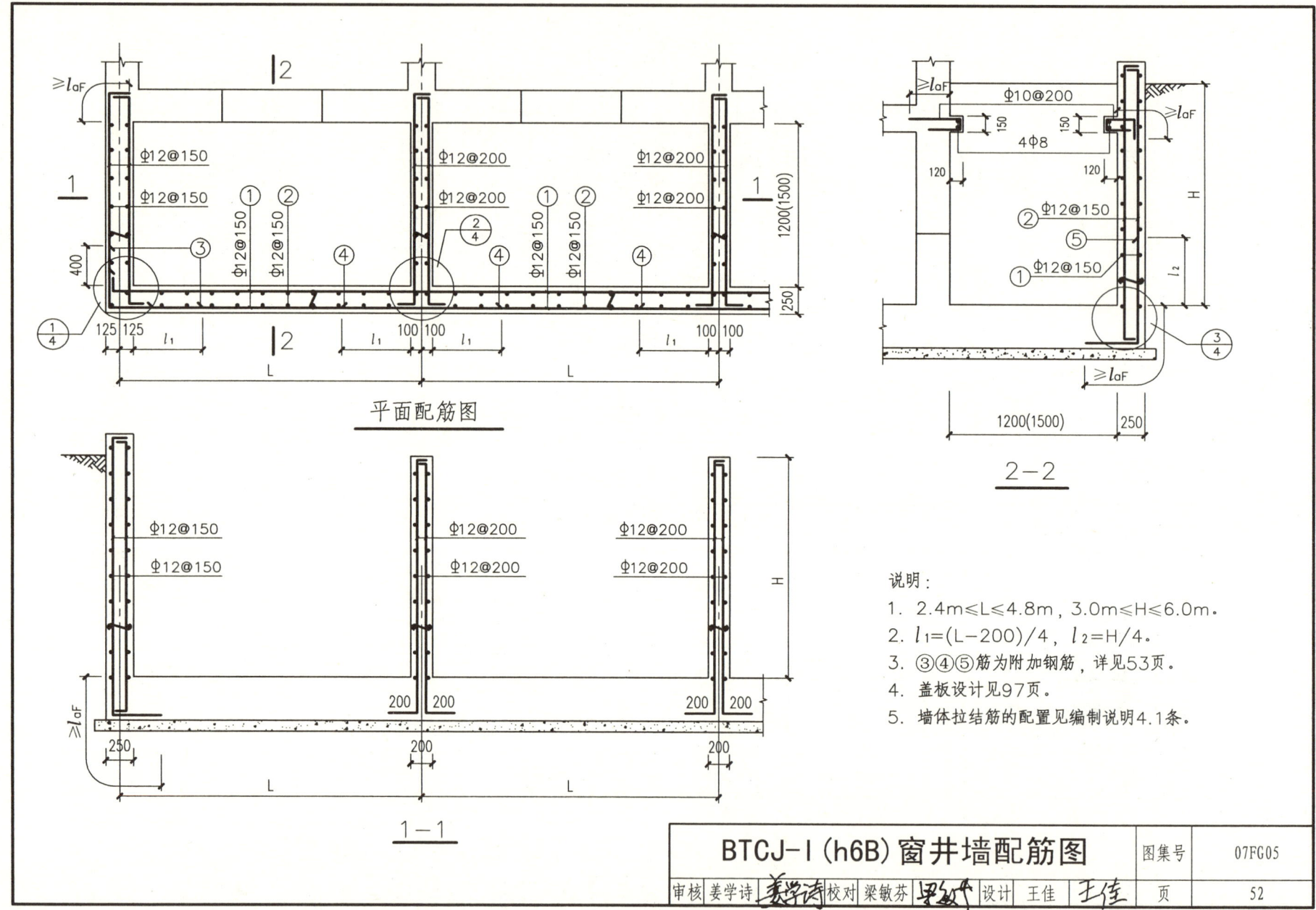

BTCJ-I(h6Ba)窗井墙③④⑤筋配筋表

窗井型号 \ H(m)	3.0	3.5	4.0	4.5	5.0	5.5	6.0
BTCJ2412(15)-I(h6Ba)	—	—	—	—	—	—	—
BTCJ2712(15)-I(h6Ba)	—	—	—	—	—	—	—
BTCJ3012(15)-I(h6Ba)	—	—	—	—	—	—	—
BTCJ3312(15)-I(h6Ba)	—	—	—	—	—	—	—
BTCJ3612(15)-I(h6Ba)	—	—	—	—	—	—	—
BTCJ3912(15)-I(h6Ba)	—	—	—	—	—	—	⏀10@150[—]
BTCJ4212(15)-I(h6Ba)	—	—	—	—	—	⏀10@150	⏀10@150
BTCJ4512(15)-I(h6Ba)	—	—	—	—	—[⏀10@150]	⏀10@150	⏀10@150
BTCJ4812(15)-I(h6Ba)	—	—	—	—[⏀10@150]	—[⏀10@150]	⏀10@150	⏀10@150

BTCJ-I(h6Bc)窗井墙③④⑤筋配筋表

窗井型号 \ H(m)	3.0	3.5	4.0	4.5	5.0	5.5	6.0
BTCJ2412(15)-I(h6Bc)	—	—	—	—	—	—	—
BTCJ2712(15)-I(h6Bc)	—	—	—	—	—	—	⏀10@150[—]
BTCJ3012(15)-I(h6Bc)	—	—	—	—	⏀10@150[—]	⏀10@150[—]	⏀10@150[—]
BTCJ3312(15)-I(h6Bc)	—	—	—	⏀10@150[—]	⏀10@150	⏀10@150	⏀10@150
BTCJ3612(15)-I(h6Bc)	—	—	—[⏀10@150]	⏀10@150	⏀10@150	⏀10@150	⏀12[10]@150
BTCJ3912(15)-I(h6Bc)	—	—[⏀10@150]	—[⏀10@150]	⏀10@150	⏀10@150	⏀10@150	⏀12[10]@150
BTCJ4212(15)-I(h6Bc)	—[⏀10@150]	—[⏀10@150]	⏀10@150	⏀10@150	⏀10@150	⏀12@150	⏀14[12]@150
BTCJ4512(15)-I(h6Bc)	—[⏀10@150]	—[⏀10@150]	⏀10@150	⏀10[12]@150	⏀10[12]@150	⏀14@150	⏀14@150
BTCJ4812(15)-I(h6Bc)	—[⏀10@150]	—[⏀10@150]	⏀10[12]@150	⏀10[12]@150	⏀12[14]@150	⏀14@150	⏀14[16]@150

说明：
1. BTCJXX12(15)表示对窗井进深为1.2m和1.5m都适用。
2. BTCJ-I(h6Bb)与BTCJ-I(h6Ba)配筋相同。
3. ③④筋相同。
4. 当③④筋与⑤筋不同时，方括号外表示③④筋，方括号内表示⑤筋。

BTCJ-I(h6B)窗井墙配筋表

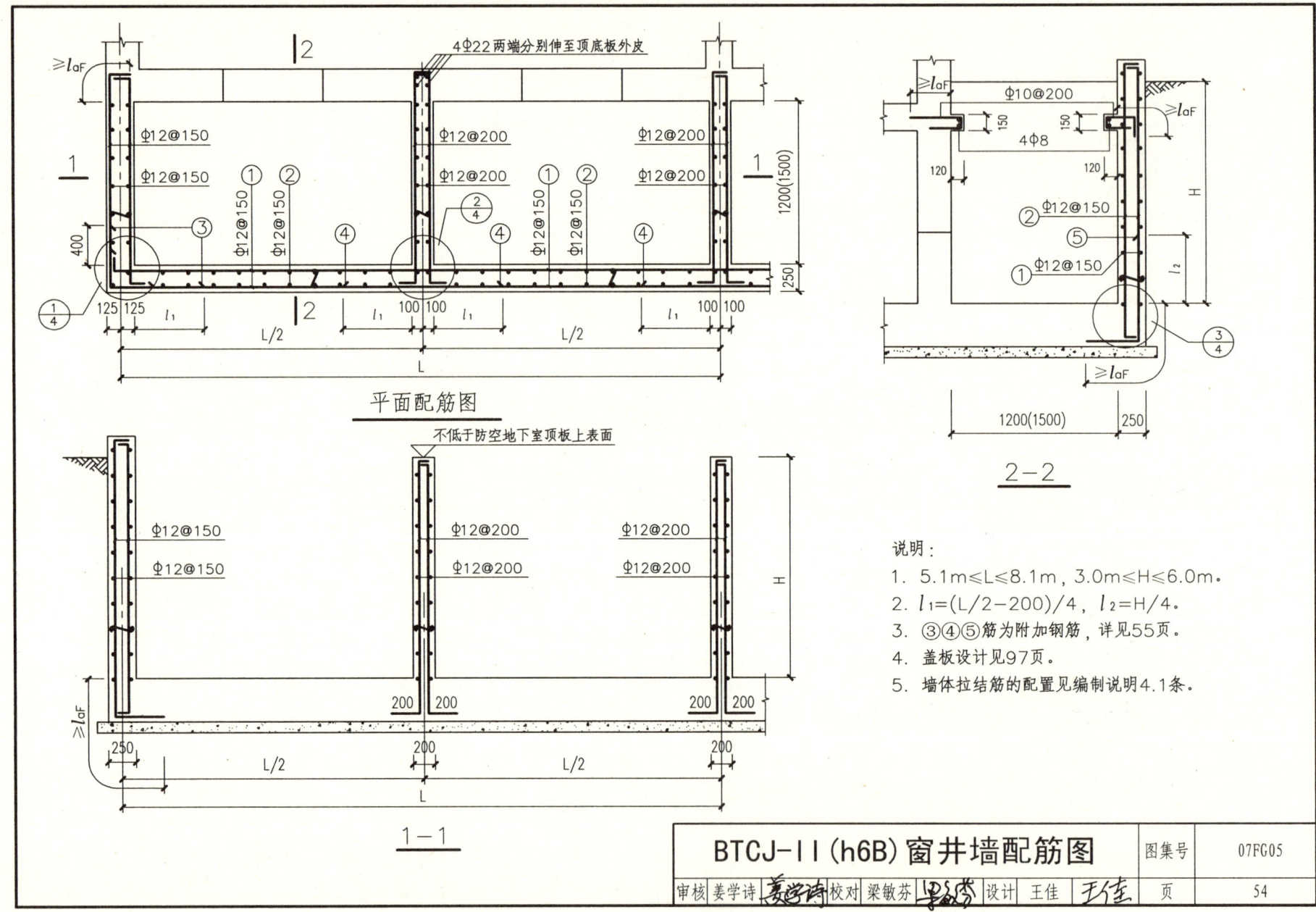

BTCJ-II(h6Ba)窗井墙③④、⑤筋配筋表

窗井型号 \ H(m)	3.0	3.5	4.0	4.5	5.0	5.5	6.0
BTCJ5112(15)-II(h6Ba)	—	—	—	—	—	—	—
BTCJ5412(15)-II(h6Ba)	—	—	—	—	—	—	—
BTCJ5712(15)-II(h6Ba)	—	—	—	—	—	—	—
BTCJ6012(15)-II(h6Ba)	—	—	—	—	—	—	—
BTCJ6312(15)-II(h6Ba)	—	—	—	—	—	—	—
BTCJ6612(15)-II(h6Ba)	—	—	—	—	—	—	—
BTCJ6912(15)-II(h6Ba)	—	—	—	—	—	—	—
BTCJ7212(15)-II(h6Ba)	—	—	—	—	—	—	—
BTCJ7512(15)-II(h6Ba)	—	—	—	—	—	—	—
BTCJ7812(15)-II(h6Ba)	—	—	—	—	—	—	⌀10@150[—]
BTCJ8112(15)-II(h6Ba)	—	—	—	—	—	⌀10@150	⌀10@150

BTCJ-II(h6Bc)窗井墙③④、⑤筋配筋表

窗井型号 \ H(m)	3.0	3.5	4.0	4.5	5.0	5.5	6.0
BTCJ5112(15)-II(h6Bc)	—	—	—	—	—	—	—
BTCJ5412(15)-II(h6Bc)	—	—	—	—	—	—	⌀10@150[—]
BTCJ5712(15)-II(h6Bc)	—	—	—	—	—	⌀10@150[—]	⌀10@150[—]
BTCJ6012(15)-II(h6Bc)	—	—	—	—	⌀10@150[—]	⌀10@150[—]	⌀10@150[—]
BTCJ6312(15)-II(h6Bc)	—	—	—	⌀10@150[—]	⌀10@150[—]	⌀10@150	⌀10@150
BTCJ6612(15)-II(h6Bc)	—	—	—	⌀10@150[—]	⌀10@150	⌀10@150	⌀10@150
BTCJ6912(15)-II(h6Bc)	—	—	−[⌀10@150]	⌀10@150[—]	⌀10@150	⌀10@150	⌀12[10]@150
BTCJ7212(15)-II(h6Bc)	—	—	−[⌀10@150]	⌀10@150	⌀10@150	⌀10@150	⌀12[10]@150
BTCJ7512(15)-II(h6Bc)	—	−[⌀10@150]	−[⌀10@150]	⌀10@150	⌀10@150	⌀10@150	⌀12[10]@150
BTCJ7812(15)-II(h6Bc)	—	−[⌀10@150]	−[⌀10@150]	⌀10@150	⌀10@150	⌀10@150	⌀12[10]@150
BTCJ8112(15)-II(h6Bc)	−[⌀10@150]	−[⌀10@150]	⌀10@150	⌀10@150	⌀10@150	⌀12@150	⌀14[12]@150

说明：
1. BTCJXX12(15)表示对窗井进深为1.2m和1.5m都适用。
2. BTCJ-I(h6Bb)与BTCJ-I(h6Ba)配筋相同。
3. ③④筋相同。
4. 当③④筋与⑤筋不同时，方括号外表示③④筋，方括号内表示⑤筋。

BTCJ-II(h6B)窗井墙配筋表

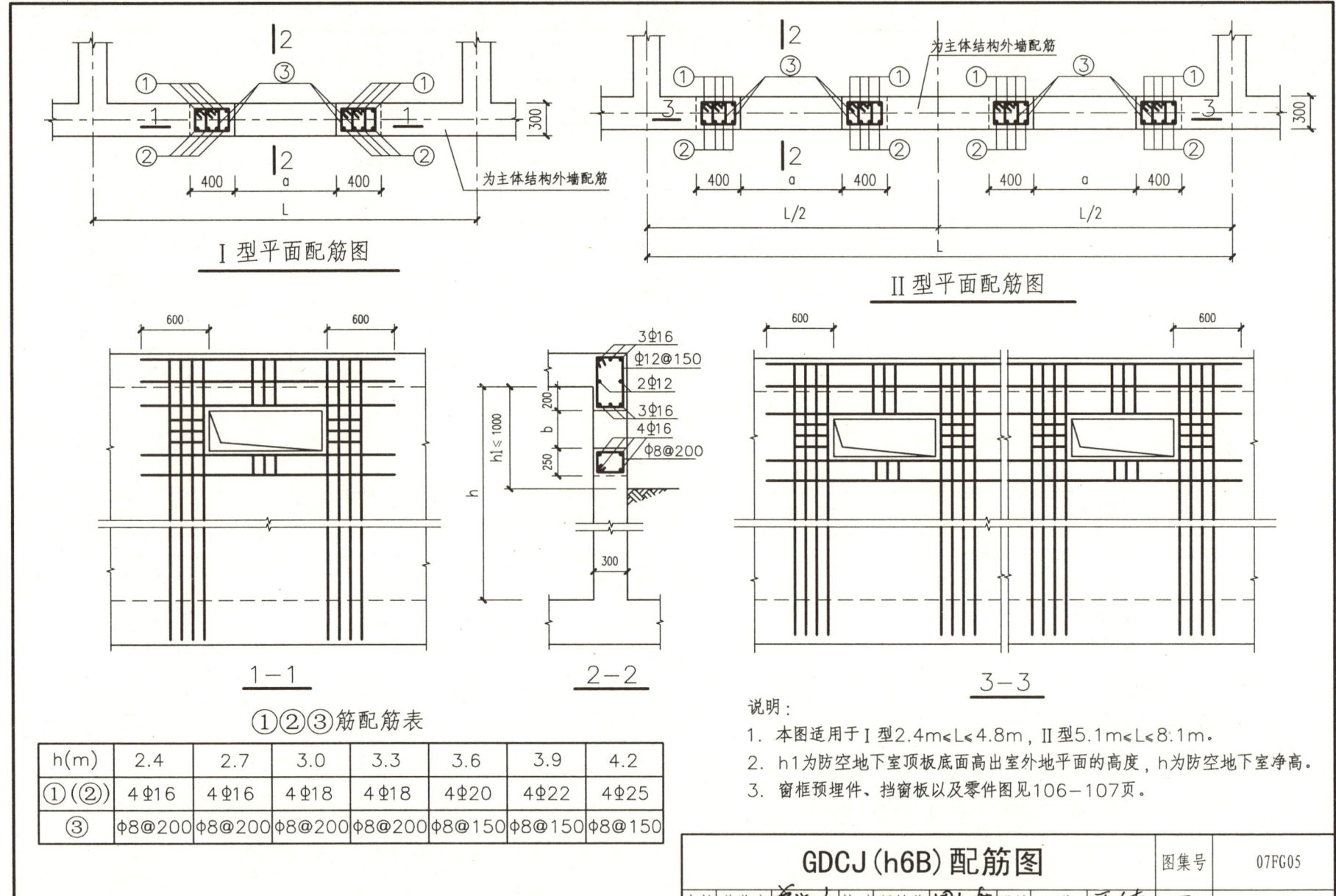

常5级乙类防空地下室通风采光窗井选用表

窗井型号	窗井墙配筋(页)	窗框配筋(页)	窗井型号	窗井墙配筋(页)	窗框配筋(页)	窗井型号	窗井墙配筋(页)	窗框配筋(页)	窗井型号	窗井墙配筋(页)	窗框配筋(页)
QTCJ2412-I(c5a)	60、61	65、66	QTCJ3315-I(c5b)	60、62	65、66	QTCJ7212-II(c5a)	63、64	67、68	QTCJ7515-II(c5b)	63、64	67、68
QTCJ2415-I(c5a)	60、61	65、66	QTCJ3612-I(c5b)	60、62	65、66	QTCJ7215-II(c5a)	63、64	67、68	QTCJ7812-II(c5b)	63、64	67、68
QTCJ2712-I(c5a)	60、61	65、66	QTCJ3615-I(c5b)	60、62	65、66	QTCJ7512-II(c5a)	63、64	67、68	QTCJ7815-II(c5b)	63、64	67、68
QTCJ2715-I(c5a)	60、61	65、66	QTCJ3912-I(c5b)	60、62	65、66	QTCJ7515-II(c5a)	63、64	67、68	QTCJ8112-II(c5b)	63、64	67、68
QTCJ3012-I(c5a)	60、61	65、66	QTCJ3915-I(c5b)	60、62	65、66	QTCJ7812-II(c5a)	63、64	67、68	QTCJ8115-II(c5b)	63、64	67、68
QTCJ3015-I(c5a)	60、61	65、66	QTCJ4212-I(c5b)	60、62	65、66	QTCJ7815-II(c5a)	63、64	67、68	BTCJ2412-I(c5a)	69、70	
QTCJ3312-I(c5a)	60、61	65、66	QTCJ4215-I(c5b)	60、62	65、66	QTCJ8112-II(c5a)	63、64	67、68	BTCJ2415-I(c5a)	69、70	
QTCJ3315-I(c5a)	60、61	65、66	QTCJ4512-I(c5b)	60、62	65、66	QTCJ8115-II(c5a)	63、64	67、68	BTCJ2712-I(c5a)	69、70	
QTCJ3612-I(c5a)	60、61	65、66	QTCJ4515-I(c5b)	60、62	65、66	QTCJ5112-II(c5b)	63、64	67、68	BTCJ2715-I(c5a)	69、70	
QTCJ3615-I(c5a)	60、61	65、66	QTCJ4812-I(c5b)	60、62	65、66	QTCJ5115-II(c5b)	63、64	67、68	BTCJ3012-I(c5a)	69、70	
QTCJ3912-I(c5a)	60、61	65、66	QTCJ4815-I(c5b)	60、62	65、66	QTCJ5412-II(c5b)	63、64	67、68	BTCJ3015-I(c5a)	69、70	
QTCJ3915-I(c5a)	60、61	65、66	QTCJ5112-II(c5a)	63、64	67、68	QTCJ5415-II(c5b)	63、64	67、68	BTCJ3312-I(c5a)	69、70	
QTCJ4212-I(c5a)	60、61	65、66	QTCJ5115-II(c5a)	63、64	67、68	QTCJ5712-II(c5b)	63、64	67、68	BTCJ3315-I(c5a)	69、70	
QTCJ4215-I(c5a)	60、61	65、66	QTCJ5412-II(c5a)	63、64	67、68	QTCJ5715-II(c5b)	63、64	67、68	BTCJ3612-I(c5a)	69、70	
QTCJ4512-I(c5a)	60、61	65、66	QTCJ5415-II(c5a)	63、64	67、68	QTCJ6012-II(c5b)	63、64	67、68	BTCJ3615-I(c5a)	69、70	
QTCJ4515-I(c5a)	60、61	65、66	QTCJ5712-II(c5a)	63、64	67、68	QTCJ6015-II(c5b)	63、64	67、68	BTCJ3912-I(c5a)	69、70	
QTCJ4812-I(c5a)	60、61	65、66	QTCJ5715-II(c5a)	63、64	67、68	QTCJ6312-II(c5b)	63、64	67、68	BTCJ3915-I(c5a)	69、70	
QTCJ4815-I(c5a)	60、61	65、66	QTCJ6012-II(c5a)	63、64	67、68	QTCJ6315-II(c5b)	63、64	67、68	BTCJ4212-I(c5a)	69、70	
QTCJ2412-I(c5b)	60、62	65、66	QTCJ6015-II(c5a)	63、64	67、68	QTCJ6612-II(c5b)	63、64	67、68	BTCJ4215-I(c5a)	69、70	
QTCJ2415-I(c5b)	60、62	65、66	QTCJ6312-II(c5a)	63、64	67、68	QTCJ6615-II(c5b)	63、64	67、68	BTCJ4512-I(c5a)	69、70	
QTCJ2712-I(c5b)	60、62	65、66	QTCJ6315-II(c5a)	63、64	67、68	QTCJ6912-II(c5b)	63、64	67、68	BTCJ4515-I(c5a)	69、70	
QTCJ2715-I(c5b)	60、62	65、66	QTCJ6612-II(c5a)	63、64	67、68	QTCJ6915-II(c5b)	63、64	67、68	BTCJ4812-I(c5a)	69、70	
QTCJ3012-I(c5b)	60、62	65、66	QTCJ6615-II(c5a)	63、64	67、68	QTCJ7212-II(c5b)	63、64	67、68	BTCJ4815-I(c5a)	69、70	
QTCJ3015-I(c5b)	60、62	65、66	QTCJ6912-II(c5a)	63、64	67、68	QTCJ7215-II(c5b)	63、64	67、68	BTCJ2412-I(c5b)	69、70	
QTCJ3312-I(c5b)	60、62	65、66	QTCJ6915-II(c5a)	63、64	67、68	QTCJ7512-II(c5b)	63、64	67、68	BTCJ2415-I(c5b)	69、70	

常5级乙类防空地下室通风采光窗井选用表

窗井型号	窗井墙配筋(页)	窗框配筋(页)	窗井型号	窗井墙配筋(页)	窗框配筋(页)	窗井型号	窗井墙配筋(页)	窗框配筋(页)	窗井型号	窗井墙配筋(页)	窗框配筋(页)
BTCJ2712-I(c5b)	69、70		BTCJ3615-I(c5c)	69、71		BTCJ4812-I(c5d)	69、72		BTCJ5115-II(c5b)	73、74	
BTCJ2715-I(c5b)	69、70		BTCJ3912-I(c5c)	69、71		BTCJ4815-I(c5d)	69、72		BTCJ5412-II(c5b)	73、74	
BTCJ3012-I(c5b)	69、70		BTCJ3915-I(c5c)	69、71		BTCJ5112-II(c5a)	73、74		BTCJ5415-II(c5b)	73、74	
BTCJ3015-I(c5b)	69、70		BTCJ4212-I(c5c)	69、71		BTCJ5115-II(c5a)	73、74		BTCJ5712-II(c5b)	73、74	
BTCJ3312-I(c5b)	69、70		BTCJ4215-I(c5c)	69、71		BTCJ5412-II(c5a)	73、74		BTCJ5715-II(c5b)	73、74	
BTCJ3315-I(c5b)	69、70		BTCJ4512-I(c5c)	69、71		BTCJ5415-II(c5a)	73、74		BTCJ6012-II(c5b)	73、74	
BTCJ3612-I(c5b)	69、70		BTCJ4515-I(c5c)	69、71		BTCJ5712-II(c5a)	73、74		BTCJ6015-II(c5b)	73、74	
BTCJ3615-I(c5b)	69、70		BTCJ4812-I(c5c)	69、71		BTCJ5715-II(c5a)	73、74		BTCJ6312-II(c5b)	73、74	
BTCJ3912-I(c5b)	69、70		BTCJ4815-I(c5c)	69、71		BTCJ6012-II(c5a)	73、74		BTCJ6315-II(c5b)	73、74	
BTCJ3915-I(c5b)	69、70		BTCJ2412-I(c5d)	69、72		BTCJ6015-II(c5a)	73、74		BTCJ6612-II(c5b)	73、74	
BTCJ4212-I(c5b)	69、70		BTCJ2415-I(c5d)	69、72		BTCJ6312-II(c5a)	73、74		BTCJ6615-II(c5b)	73、74	
BTCJ4215-I(c5b)	69、70		BTCJ2712-I(c5d)	69、72		BTCJ6315-II(c5a)	73、74		BTCJ6912-II(c5b)	73、74	
BTCJ4512-I(c5b)	69、70	—	BTCJ2715-I(c5d)	69、72	—	BTCJ6612-II(c5a)	73、74	—	BTCJ6915-II(c5b)	73、74	—
BTCJ4515-I(c5b)	69、70		BTCJ3012-I(c5d)	69、72		BTCJ6615-II(c5a)	73、74		BTCJ7212-II(c5b)	73、74	
BTCJ4812-I(c5b)	69、70		BTCJ3015-I(c5d)	69、72		BTCJ6912-II(c5a)	73、74		BTCJ7215-II(c5b)	73、74	
BTCJ4815-I(c5b)	69、70		BTCJ3312-I(c5d)	69、72		BTCJ6915-II(c5a)	73、74		BTCJ7512-II(c5b)	73、74	
BTCJ2412-I(c5c)	69、71		BTCJ3315-I(c5d)	69、72		BTCJ7212-II(c5a)	73、74		BTCJ7515-II(c5b)	73、74	
BTCJ2415-I(c5c)	69、71		BTCJ3612-I(c5d)	69、72		BTCJ7215-II(c5a)	73、74		BTCJ7812-II(c5b)	73、74	
BTCJ2712-I(c5c)	69、71		BTCJ3615-I(c5d)	69、72		BTCJ7512-II(c5a)	73、74		BTCJ7815-II(c5b)	73、74	
BTCJ2715-I(c5c)	69、71		BTCJ3912-I(c5d)	69、72		BTCJ7515-II(c5a)	73、74		BTCJ8112-II(c5b)	73、74	
BTCJ3012-I(c5c)	69、71		BTCJ3915-I(c5d)	69、72		BTCJ7812-II(c5a)	73、74		BTCJ8115-II(c5b)	73、74	
BTCJ3015-I(c5c)	69、71		BTCJ4212-I(c5d)	69、72		BTCJ7815-II(c5a)	73、74		BTCJ5112-II(c5c)	73、75	
BTCJ3312-I(c5c)	69、71		BTCJ4215-I(c5d)	69、72		BTCJ8112-II(c5a)	73、74		BTCJ5115-II(c5c)	73、75	
BTCJ3315-I(c5c)	69、71		BTCJ4512-I(c5d)	69、72		BTCJ8115-II(c5a)	73、74		BTCJ5412-II(c5c)	73、75	
BTCJ3612-I(c5c)	69、71		BTCJ4515-I(c5d)	69、72		BTCJ5112-II(c5b)	73、74		BTCJ5415-II(c5c)	73、75	

常5级乙类防空地下室通风采光窗井选用表

窗井型号	窗井墙配筋(页)	窗框配筋(页)	窗井型号	窗井墙配筋(页)	窗框配筋(页)	窗井型号	窗井墙配筋(页)	窗框配筋(页)
BTCJ5712-II(c5c)	73、75		BTCJ6015-II(c5d)	73、76		GDCJ54-II(h6)		77
BTCJ5715-II(c5c)	73、75		BTCJ6312-II(c5d)	73、76		GDCJ57-II(h6)		77
BTCJ6012-II(c5c)	73、75		BTCJ6315-II(c5d)	73、76		GDCJ60-II(h6)		77
BTCJ6015-II(c5c)	73、75		BTCJ6612-II(c5d)	73、76		GDCJ63-II(h6)		77
BTCJ6312-II(c5c)	73、75		BTCJ6615-II(c5d)	73、76		GDCJ66-II(h6)		77
BTCJ6315-II(c5c)	73、75		BTCJ6912-II(c5d)	73、76		GDCJ69-II(h6)	—	77
BTCJ6612-II(c5c)	73、75		BTCJ6915-II(c5d)	73、76		GDCJ72-II(h6)		77
BTCJ6615-II(c5c)	73、75		BTCJ7212-II(c5d)	73、76	—	GDCJ75-II(h6)		77
BTCJ6912-II(c5c)	73、75		BTCJ7215-II(c5d)	73、76		GDCJ78-II(h6)		77
BTCJ6915-II(c5c)	73、75		BTCJ7512-II(c5d)	73、76		GDCJ81-II(h6)		77
BTCJ7212-II(c5c)	73、75		BTCJ7515-II(c5d)	73、76				
BTCJ7215-II(c5c)	73、75		BTCJ7812-II(c5d)	73、76				
BTCJ7512-II(c5c)	73、75	—	BTCJ7815-II(c5d)	73、76				
BTCJ7515-II(c5c)	73、75		BTCJ8112-II(c5d)	73、76				
BTCJ7812-II(c5c)	73、75		BTCJ8115-II(c5d)	73、76				
BTCJ7815-II(c5c)	73、75		GDCJ24-I(h6)		77			
BTCJ8112-II(c5c)	73、75		GDCJ27-I(h6)		77			
BTCJ8115-II(c5c)	73、75		GDCJ30-I(h6)		77			
BTCJ5112-II(c5d)	73、76		GDCJ33-I(h6)		77			
BTCJ5115-II(c5d)	73、76		GDCJ36-I(h6)		77			
BTCJ5412-II(c5d)	73、76		GDCJ39-I(h6)	—	77			
BTCJ5415-II(c5d)	73、76		GDCJ42-I(h6)		77			
BTCJ5712-II(c5d)	73、76		GDCJ45-I(h6)		77			
BTCJ5715-II(c5d)	73、76		GDCJ48-I(h6)		77			
BTCJ6012-II(c5d)	73、76		GDCJ51-II(h6)		77			

常5级乙类防空地下室通风采光窗井选用表

图集号 07FG05

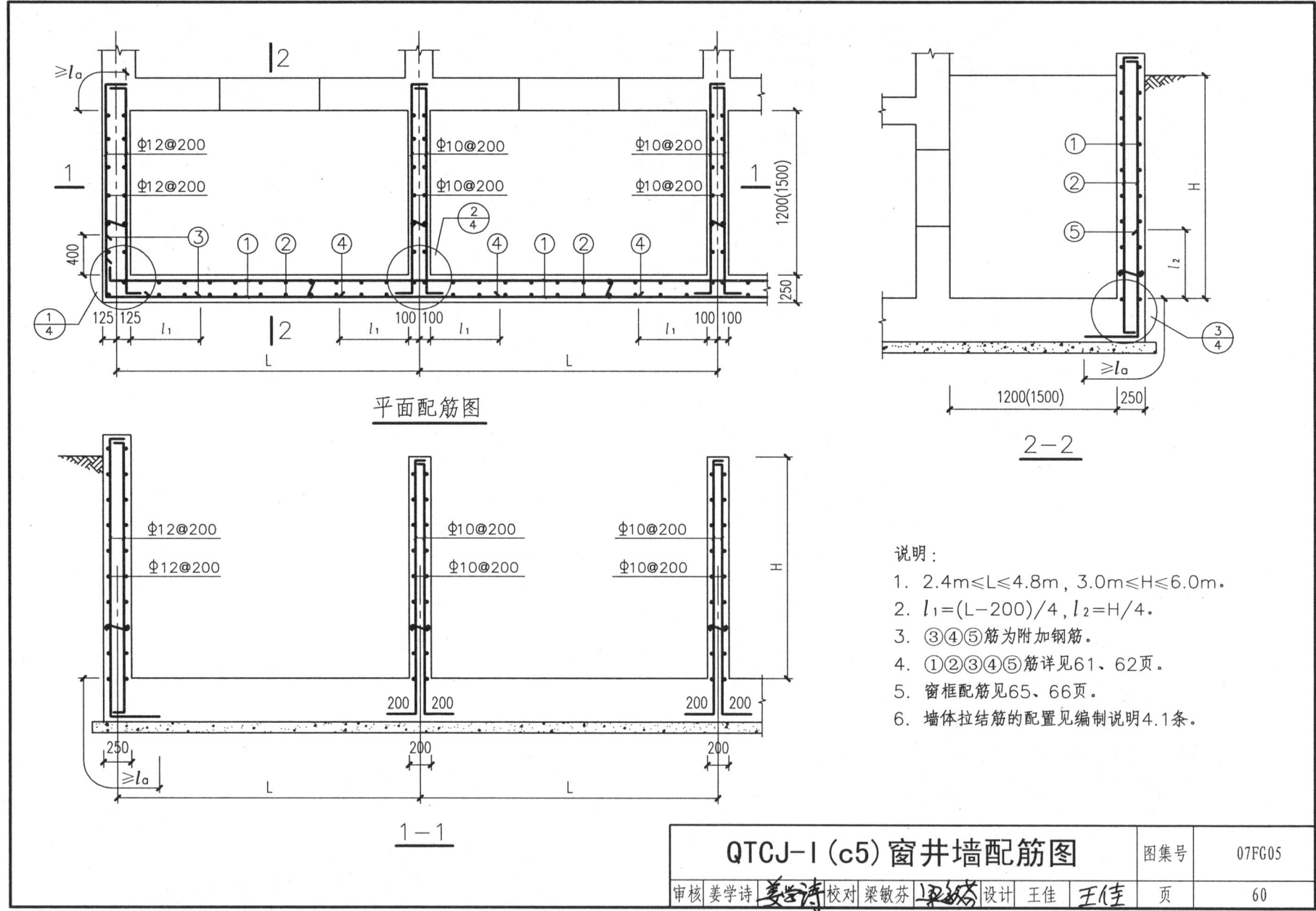

QTCJ-I(c5a)窗井墙①②筋配筋表

窗井型号 \ H(m)	3.0	3.5	4.0	4.5	5.0	5.5	6.0
QTCJ2412(15)-I(c5a)	Φ12@200	Φ12@200	Φ12@200	Φ12@200	Φ12@200	Φ12@200	Φ12@200
QTCJ2712(15)-I(c5a)	Φ12@200	Φ12@200	Φ12@200	Φ12@200	Φ12@200	Φ12@200	Φ12@200
QTCJ3012(15)-I(c5a)	Φ12@200	Φ12@200	Φ12@200	Φ12@200	Φ12@200	Φ12@200	Φ12@200
QTCJ3312(15)-I(c5a)	Φ12@200	Φ12@200	Φ12@200	Φ12@200	Φ12@200	Φ12@200	Φ12@200
QTCJ3612(15)-I(c5a)	Φ12@200	Φ12@200	Φ12@200	Φ12@200	Φ12@200	Φ12@200	Φ12@200
QTCJ3912(15)-I(c5a)	Φ12@200	Φ12@200	Φ12@200	Φ12@200	Φ12@200	Φ12@200	Φ12@200
QTCJ4212(15)-I(c5a)	Φ12@200	Φ12@200	Φ12@200	Φ12@200	Φ12@200	Φ12@200	Φ12@200
QTCJ4512(15)-I(c5a)	Φ12@200	Φ12@200	Φ12@200	Φ12@200	Φ12@200	Φ12@200	Φ12@200
QTCJ4812(15)-I(c5a)	Φ12@200	Φ12@200	Φ12@200	Φ12@200	Φ12@200	Φ12@200	Φ12@200

QTCJ-I(c5a)窗井墙③④⑤筋配筋表

窗井型号 \ H(m)	3.0	3.5	4.0	4.5	5.0	5.5	6.0
QTCJ2412(15)-I(c5a)	—	—	—	—	—	—	—
QTCJ2712(15)-I(c5a)	—	—	—	—	—	—	—
QTCJ3012(15)-I(c5a)	—	—	—	—	—	—	—
QTCJ3312(15)-I(c5a)	—	—	—	—	—	Φ10@200	Φ10@200
QTCJ3612(15)-I(c5a)	—	—	—	—	Φ10@200	Φ10@200	Φ10@200
QTCJ3912(15)-I(c5a)	—	—	—	Φ10@200	Φ10@200	Φ10@200	Φ10@200
QTCJ4212(15)-I(c5a)	—	—	—	Φ10@200	Φ10@200	Φ10@200	Φ10@200
QTCJ4512(15)-I(c5a)	—	—	Φ10@200	Φ10@200	Φ10@200	Φ10@200	Φ12@200
QTCJ4812(15)-I(c5a)	—	—[Φ10@200]	Φ10@200	Φ10@200	Φ10@200	Φ12@200	Φ14@200

说明：
1. 本图适用于窗井底板位于地下水位以上。
2. QTCJXX12(15)表示对窗井进深为1.2m和1.5m都适用。
3. ①②筋相同，③④筋相同。
4. 当③④筋与⑤筋不同时，方括号外表示③④筋，方括号内表示⑤筋。

QTCJ-I(c5)窗井墙配筋表

QTCJ-I(c5b)窗井墙①②筋配筋表

窗井型号 \ H(m)	3.0	3.5	4.0	4.5	5.0	5.5	6.0
QTCJ2412(15)-I(c5b)	⌀12@200	⌀12@200	⌀12@200	⌀12@200	⌀12@200	⌀12@200	⌀12@200
QTCJ2712(15)-I(c5b)	⌀12@200	⌀12@200	⌀12@200	⌀12@200	⌀12@200	⌀12@200	⌀12@200
QTCJ3012(15)-I(c5b)	⌀12@200	⌀12@200	⌀12@200	⌀12@200	⌀12@200	⌀12@200	⌀12@200
QTCJ3312(15)-I(c5b)	⌀12@200	⌀12@200	⌀12@200	⌀12@200	⌀12@200	⌀12@200	⌀12@200
QTCJ3612(15)-I(c5b)	⌀12@200	⌀12@200	⌀12@200	⌀12@200	⌀12@200	⌀12@200	⌀12@200
QTCJ3912(15)-I(c5b)	⌀12@200	⌀12@200	⌀12@200	⌀12@200	⌀12@200	⌀12@200	⌀12@200
QTCJ4212(15)-I(c5b)	⌀12@200	⌀12@200	⌀12@200	⌀12@200	⌀12@200	⌀12@200	⌀14@200
QTCJ4512(15)-I(c5b)	⌀12@200	⌀12@200	⌀12@200	⌀12@200	⌀12@200	⌀14@200	⌀14@200
QTCJ4812(15)-I(c5b)	⌀12@200	⌀12@200	⌀12@200	⌀12@200	⌀14@200	⌀14@200	⌀16@200

QTCJ-I(c5b)窗井墙③④⑤筋配筋表

窗井型号 \ H(m)	3.0	3.5	4.0	4.5	5.0	5.5	6.0
QTCJ2412(15)-I(c5b)	—	—	—	—	—	—	—[⌀10@200]
QTCJ2712(15)-I(c5b)	—	—	—	—	—[⌀10@200]	⌀10@200	⌀10@200
QTCJ3012(15)-I(c5b)	—	—	—	⌀10@200	⌀10@200	⌀10@200	⌀10@200
QTCJ3312(15)-I(c5b)	—	—	⌀10@200	⌀10@200	⌀10@200	⌀10@200	⌀12@200
QTCJ3612(15)-I(c5b)	—	—	⌀10@200	⌀10@200	⌀10@200	⌀12@200	⌀14@200
QTCJ3912(15)-I(c5b)	—	⌀10@200	⌀10@200	⌀10@200	⌀12@200	⌀14@200	⌀14[16]@200
QTCJ4212(15)-I(c5b)	—[⌀10@200]	⌀10@200	⌀10@200	⌀12@200	⌀12[14]@200	⌀14[16]@200	⌀16@200
QTCJ4512(15)-I(c5b)	—[⌀10@200]	⌀10@200	⌀10@200	⌀10@200	⌀12@200	⌀14@200	⌀14[16]@200
QTCJ4812(15)-I(c5b)	—[⌀10@200]	⌀10@200	⌀10[12]@200	⌀12[14]@200	⌀14[16]@200	⌀16[18]@200	⌀18[20]@200

说明：
1. 本图适用于窗井底板位于地下水位以下。
2. QTCJXX12(15)表示对窗井进深为1.2m和1.5m都适用。
3. ①②筋相同，③④筋相同。
4. 当③④筋与⑤筋不同时，方括号外表示③④筋，方括号内表示⑤筋。

QTCJ-I(c5)窗井墙配筋表

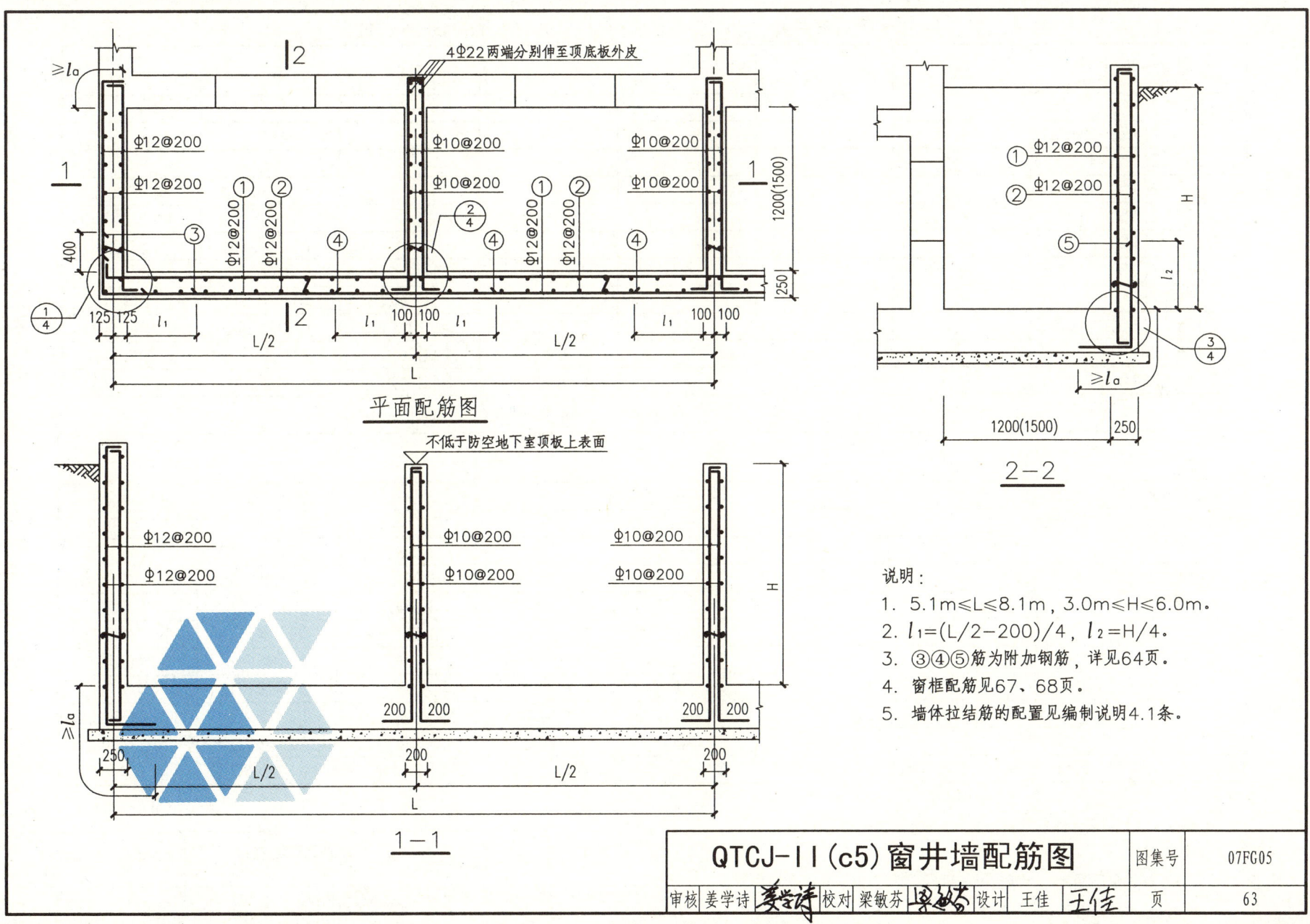

QTCJ-II(c5a)窗井墙③④⑤筋配筋表（窗井底板位于地下水位以上）

窗井型号 \ H(m)	3.0	3.5	4.0	4.5	5.0	5.5	6.0
QTCJ5112(15)-II(c5a)	—	—	—	—	—	—	—
QTCJ5412(15)-II(c5a)	—	—	—	—	—	—	—
QTCJ5712(15)-II(c5a)	—	—	—	—	—	—	—
QTCJ6012(15)-II(c5a)	—	—	—	—	—	—	—
QTCJ6312(15)-II(c5a)	—	—	—	—	—	—	⌀10@200
QTCJ6612(15)-II(c5a)	—	—	—	—	—	⌀10@200	⌀10@200
QTCJ6912(15)-II(c5a)	—	—	—	—	⌀10@200	⌀10@200	⌀10@200
QTCJ7212(15)-II(c5a)	—	—	—	—	⌀10@200	⌀10@200	⌀10@200
QTCJ7512(15)-II(c5a)	—	—	—	⌀10@200	⌀10@200	⌀10@200	⌀10@200
QTCJ7812(15)-II(c5a)	—	—	—	⌀10@200	⌀10@200	⌀10@200	⌀10@200
QTCJ8112(15)-II(c5a)	—	—	—	⌀10@200	⌀10@200	⌀10@200	⌀10@200

QTCJ-II(c5b)窗井墙③④⑤筋配筋表（窗井底板位于地下水位以下）

窗井型号 \ H(m)	3.0	3.5	4.0	4.5	5.0	5.5	6.0
QTCJ5112(15)-II(c5b)	—	—	—	—	—	⌀10@200	⌀10@200
QTCJ5412(15)-II(c5b)	—	—	—	—	−[⌀10@200]	⌀10@200	⌀10@200
QTCJ5712(15)-II(c5b)	—	—	—	—	⌀10@200	⌀10@200	⌀10@200
QTCJ6012(15)-II(c5b)	—	—	—	⌀10@200	⌀10@200	⌀10@200	⌀10@200
QTCJ6312(15)-II(c5b)	—	—	—	⌀10@200	⌀10@200	⌀10@200	⌀10@200
QTCJ6612(15)-II(c5b)	—	—	⌀10@200	⌀10@200	⌀10@200	⌀10@200	⌀12@200
QTCJ6912(15)-II(c5b)	—	—	⌀10@200	⌀10@200	⌀10@200	⌀12@200	⌀14@200
QTCJ7212(15)-II(c5b)	—	—	⌀10@200	⌀10@200	⌀10@200	⌀12@200	⌀14@200
QTCJ7512(15)-II(c5b)	—	⌀10@200	⌀10@200	⌀10@200	⌀12@200	⌀14@200	⌀14[16]@200
QTCJ7812(15)-II(c5b)	—	⌀10@200	⌀10@200	⌀10@200	⌀12@200	⌀14@200	⌀14[16]@200
QTCJ8112(15)-II(c5b)	−[⌀10@200]	⌀10@200	⌀10@200	⌀12@200	⌀12[14]@200	⌀14[16]@200	⌀16@200

说明：
1. QTCJXX12(15)表示对窗井进深为1.2m和1.5m都适用。
2. ③④筋相同。
3. 当③④筋与⑤筋不同时，方括号外表示③④筋，方括号内表示⑤筋。

QTCJ-II(c5)窗井墙配筋表

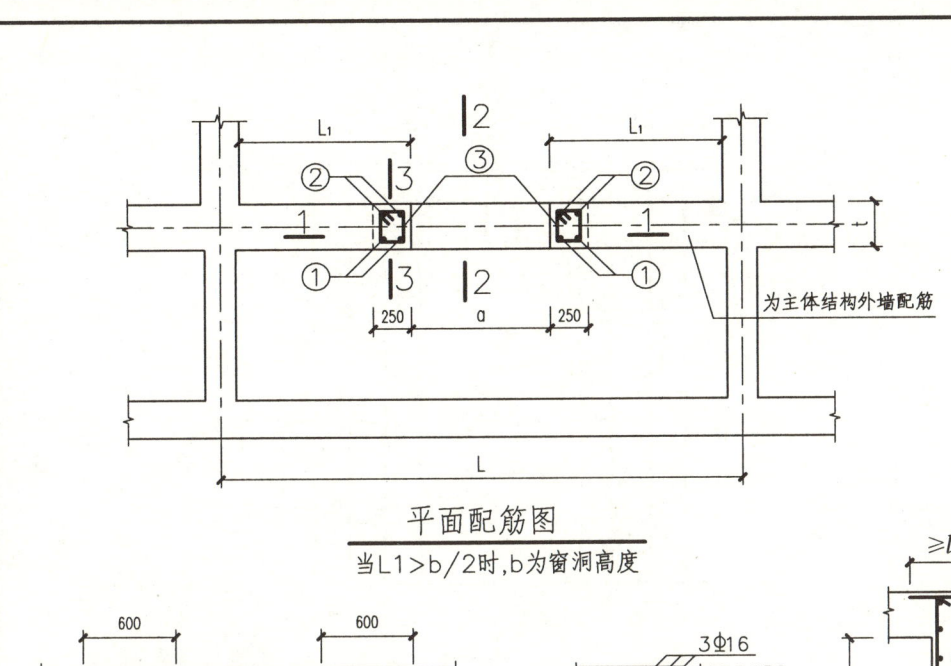

平面配筋图
当L1>b/2时,b为窗洞高度

①(②)③筋配筋表(t=250mm)

室内净高h(m) \ 窗洞宽a(mm)	900	1200	1500
2.4	2Φ16 φ8@200	2Φ16 φ8@200	2Φ16 φ8@200
2.7			
3.0			
3.3			
3.6			
3.9			2Φ18 φ8@200
4.2		2Φ18 φ8@200	3Φ16 φ8@200

①(②)③筋配筋表(t=300mm)

室内净高h(m) \ 窗洞宽a(mm)	900	1200	1500
2.4	2Φ16 φ8@200	2Φ16 φ8@200	2Φ16 φ8@200
2.7			
3.0			
3.3			
3.6			
3.9			
4.2			2Φ18 φ8@200

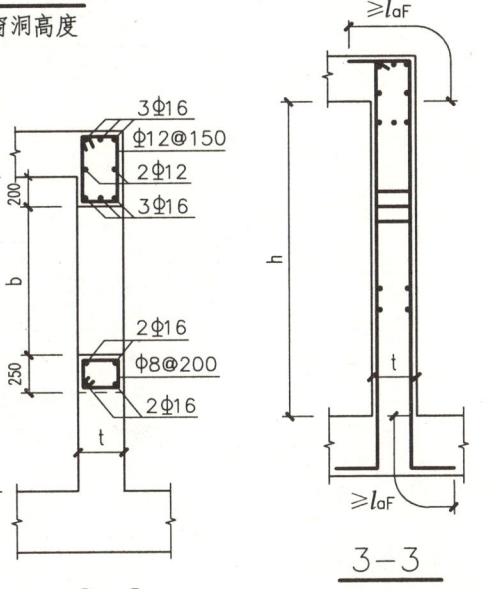

1-1　2-2　3-3

说明:
1. 本图配合第60页使用,适用于QTCJ-I(c5a), QTCJ-I(c5b)。
2. t为防空地下室外墙厚。
3. 2.4m≤L≤4.8m, 2.4m≤h≤4.2m。
4. 窗洞口四角斜向钢筋按编制说明4.2配置。
5. 窗框预埋件、挡窗板以及零件图见98～105页。

QTCJ-I(c5)窗框配筋图 (L1>b/2)

图集号 07FG05

审核 姜学诗　校对 梁敏芬　设计 王佳

页 65

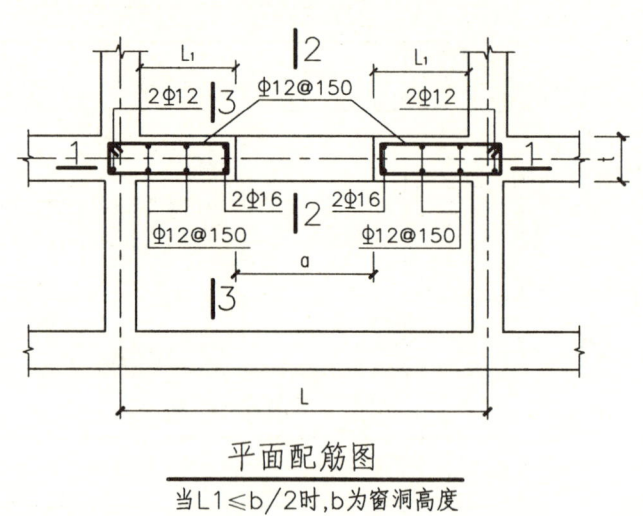

平面配筋图

当L1≤b/2时,b为窗洞高度

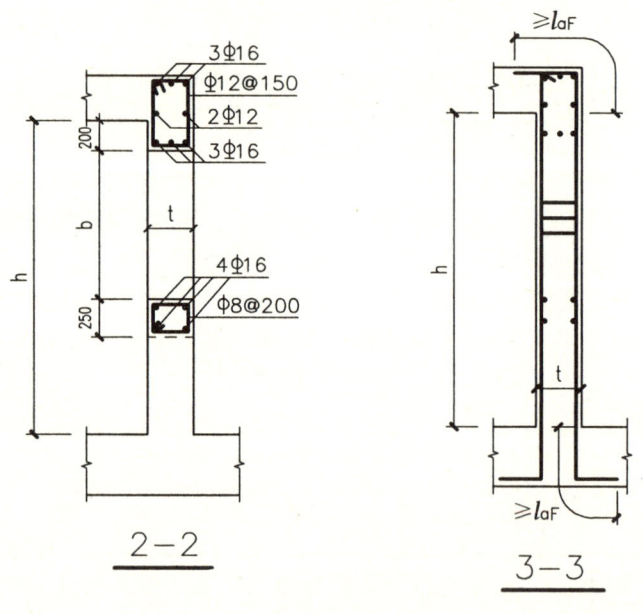

2-2   3-3

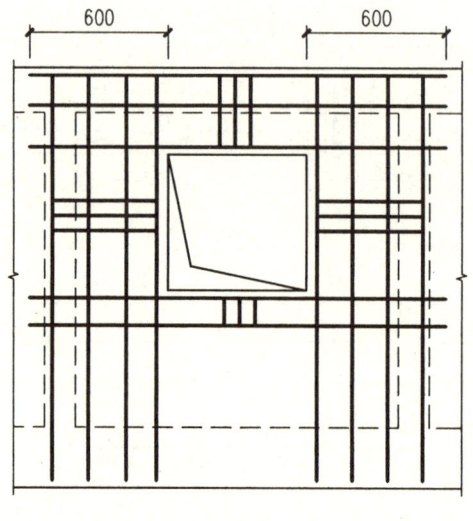

1-1

说明：
1. 本图配合第60页使用，适用于QTCJ-I(c5a)，QTCJ-I(c5b)。
2. t为防空地下室外墙厚，取t=250mm或t=300mm。
3. 2.4m≤L≤4.8m，2.4m≤h≤4.2m。
4. 窗洞口四角斜向钢筋按编制说明4.2配置。
5. 窗框预埋件、挡窗板以及零件图见98~105页。

QTCJ-I(c5)窗框配筋图 (L1≤b/2)

图集号 07FG05

页 66

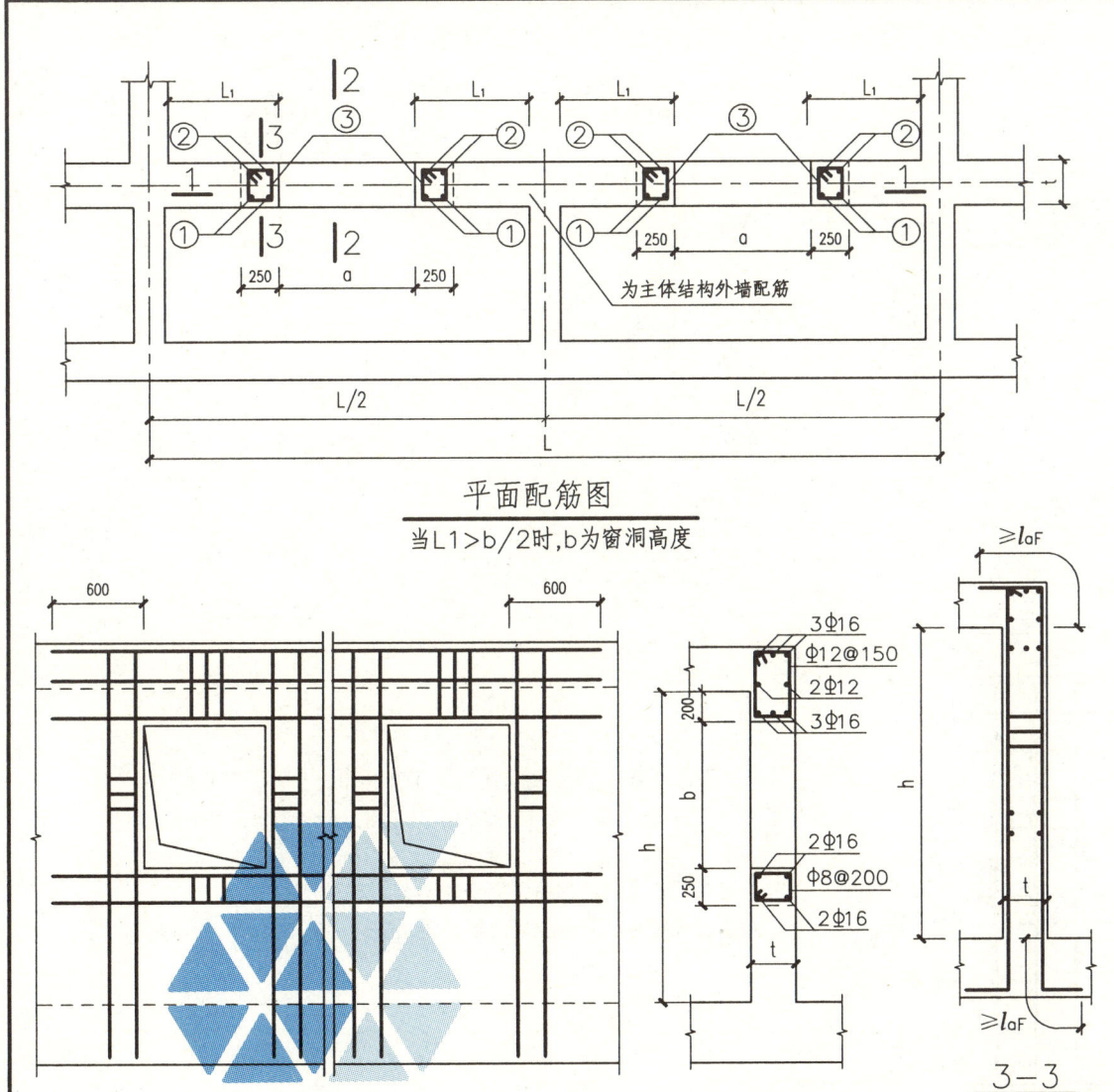

①(②)③筋配筋表 (t=250mm)

窗洞宽a(mm) 室内净高h(m)	900	1200	1500
2.4			
2.7			
3.0	2Φ16 φ8@200	2Φ16 φ8@200	2Φ16 φ8@200
3.3			
3.6			
3.9			2Φ18 φ8@200
4.2		2Φ18 φ8@200	3Φ16 φ8@200

①(②)③筋配筋表 (t=300mm)

窗洞宽a(mm) 室内净高h(m)	900	1200	1500
2.4			
2.7			
3.0	2Φ16 φ8@200	2Φ16 φ8@200	2Φ16 φ8@200
3.3			
3.6			
3.9			
4.2			2Φ18 φ8@200

说明：
1. 本图配合第63页使用，适用于QTCJ-II(c5a)、QTCJ-II(c5b)。
2. t为防空地下室外墙厚。
3. 5.1m≤L≤8.1m, 2.4m≤h≤4.2m。
4. 窗洞口四角斜向钢筋按编制说明4.2配置。
5. 窗框预埋件、挡窗板以及零件图见98～105页。

QTCJ-II(c5)窗框配筋图 (L1>b/2)

图集号 07FG05
页 67

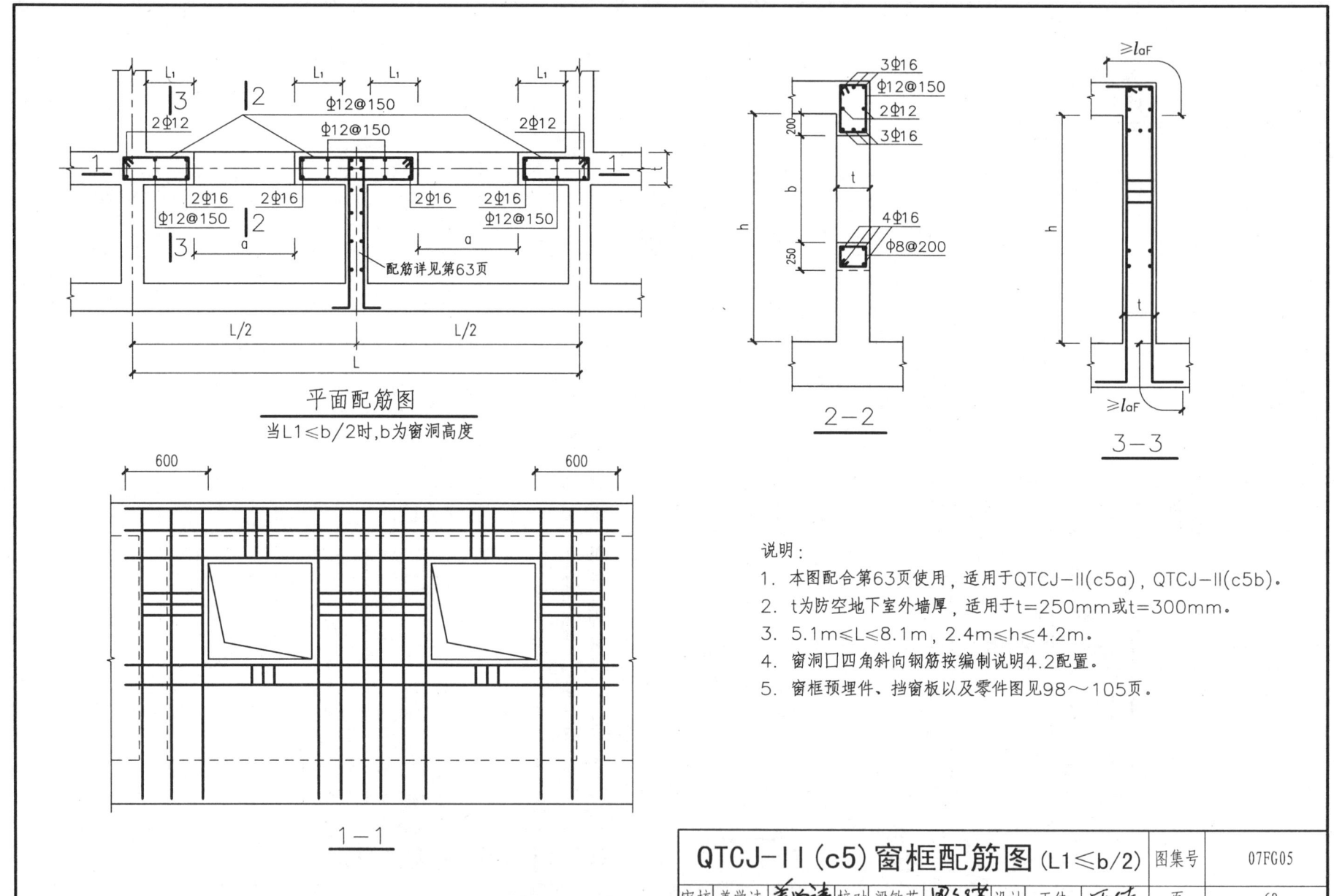

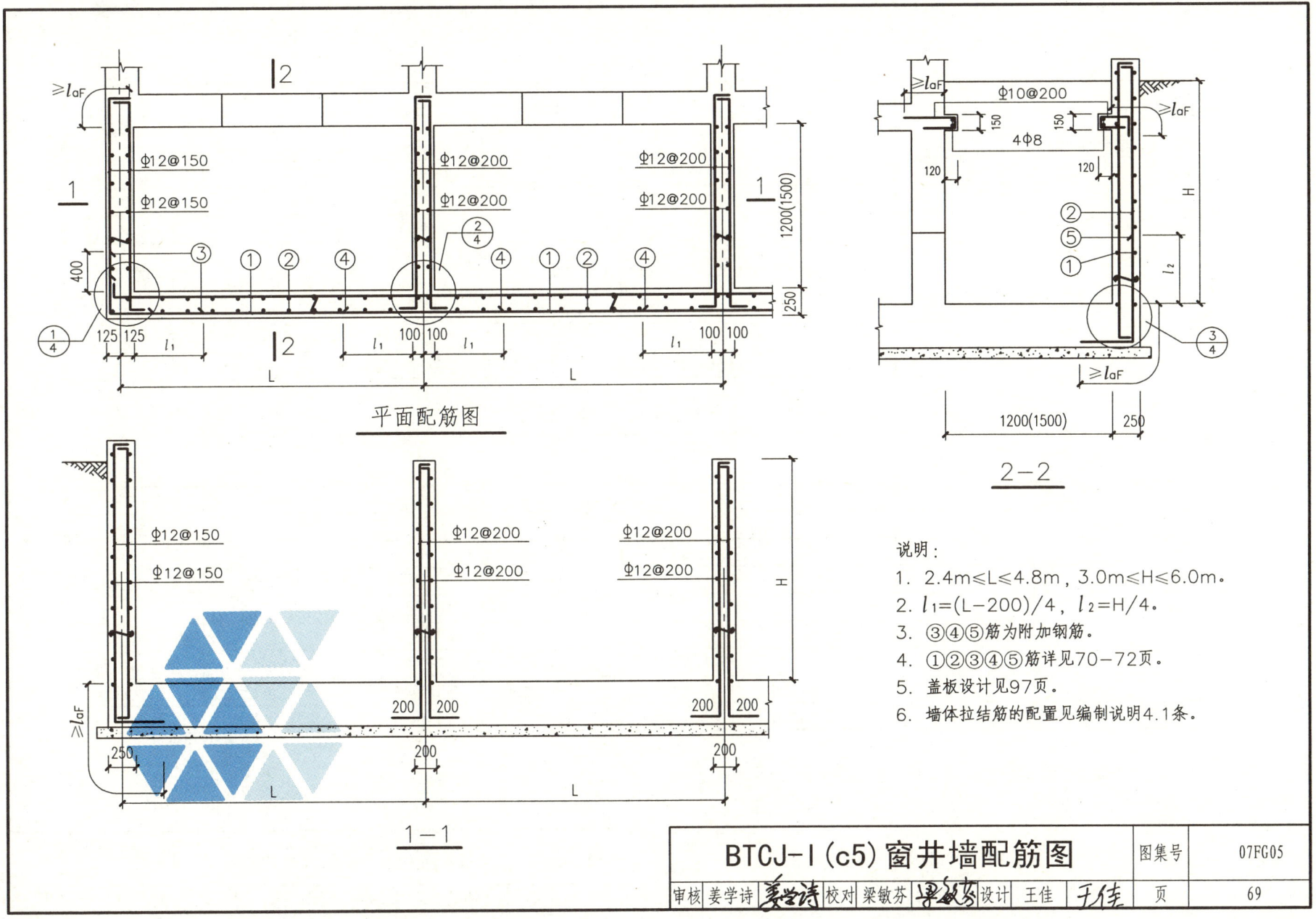

BTCJ-I(c5a)窗井墙③④⑤筋配筋表

窗井型号 \ H(m)	3.0	3.5	4.0	4.5	5.0	5.5	6.0
BTCJ2412(15)-I(c5a)	—	—	—	—	—	—	—
BTCJ2712(15)-I(c5a)	—	—	—	—	—	—	—
BTCJ3012(15)-I(c5a)	—	—	—	—	—	—	—
BTCJ3312(15)-I(c5a)	—	—	—	—	—	—	—
BTCJ3612(15)-I(c5a)	—	—	—	—	—	—	⌀10@150[—]
BTCJ3912(15)-I(c5a)	—	—	—	—	—	⌀10@150	⌀10@150
BTCJ4212(15)-I(c5a)	—	—	—	—[⌀10@150]	⌀10@150	⌀10@150	⌀10@150
BTCJ4512(15)-I(c5a)	—	—	—[⌀10@150]	—[⌀10@150]	⌀10@150	⌀10@150	⌀10@150
BTCJ4812(15)-I(c5a)	—	—	—[⌀10@150]	—[⌀10@150]	⌀10@150	⌀10@150	⌀10@150

BTCJ-I(c5b)窗井墙③④⑤筋配筋表

窗井型号 \ H(m)	3.0	3.5	4.0	4.5	5.0	5.5	6.0
BTCJ2412(15)-I(c5b)	—	—	—	—	—	—	—
BTCJ2712(15)-I(c5b)	—	—	—	—	—	—	—
BTCJ3012(15)-I(c5b)	—	—	—	—	—	—	—
BTCJ3312(15)-I(c5b)	—	—	—	—	—	⌀10@150[—]	⌀10@150[—]
BTCJ3612(15)-I(c5b)	—	—	—	—	⌀10@150[—]	⌀10@150[—]	⌀10@150[—]
BTCJ3912(15)-I(c5b)	—	—	—	—	⌀10@150	⌀10@150	⌀10@150
BTCJ4212(15)-I(c5b)	—	—	—[⌀10@150]	⌀10@150	⌀10@150	⌀10@150	⌀10@150
BTCJ4512(15)-I(c5b)	—	—[⌀10@150]	—[⌀10@150]	⌀10@150	⌀10@150	⌀10@150	⌀12@150
BTCJ4812(15)-I(c5b)	—	—[⌀10@150]	—[⌀10@150]	⌀10@150	⌀10@150	⌀10@150	⌀12@150

说明：
1. BTCJXX12(15)表示对窗井进深为1.2m和1.5m都适用。
2. ①②筋均为⌀12@150。
3. ③④筋相同。
4. 当③④筋与⑤筋不同时，方括号外表示③④筋，方括号内表示⑤筋。

BTCJ-I(c5)窗井墙配筋表

BTCJ-I(c5c)窗井墙①筋配筋表

窗井型号 \ H(m)	3.0	3.5	4.0	4.5	5.0	5.5	6.0
BTCJ2412(15)-I(c5c)	Φ12@150	Φ12@150	Φ12@150	Φ12@150	Φ12@150	Φ12@150	Φ12@150
BTCJ2712(15)-I(c5c)	Φ12@150	Φ12@150	Φ12@150	Φ12@150	Φ12@150	Φ12@150	Φ12@150
BTCJ3012(15)-I(c5c)	Φ12@150	Φ12@150	Φ12@150	Φ12@150	Φ12@150	Φ12@150	Φ12@150
BTCJ3312(15)-I(c5c)	Φ12@150	Φ12@150	Φ12@150	Φ12@150	Φ12@150	Φ12@150	Φ12@150
BTCJ3612(15)-I(c5c)	Φ12@150	Φ12@150	Φ12@150	Φ12@150	Φ12@150	Φ12@150	Φ12@150
BTCJ3912(15)-I(c5c)	Φ12@150	Φ12@150	Φ12@150	Φ12@150	Φ12@150	Φ12@150	Φ14@150
BTCJ4212(15)-I(c5c)	Φ12@150	Φ12@150	Φ12@150	Φ12@150	Φ12@150	Φ12@150	Φ14@150
BTCJ4512(15)-I(c5c)	Φ12@150	Φ12@150	Φ12@150	Φ12@150	Φ12@150	Φ14@150	Φ14@150
BTCJ4812(15)-I(c5c)	Φ12@150	Φ12@150	Φ12@150	Φ12@150	Φ12@150	Φ14@150	Φ14@150

BTCJ-I(c5c)窗井墙③④⑤筋配筋表

窗井型号 \ H(m)	3.0	3.5	4.0	4.5	5.0	5.5	6.0
BTCJ2412(15)-I(c5c)	—	—	—	—	—	—	Φ10@150[—]
BTCJ2712(15)-I(c5c)	—	—	—	—	Φ10@150[—]	Φ10@150[—]	Φ10@150[—]
BTCJ3012(15)-I(c5c)	—	—	—	Φ10@150[—]	Φ10@150[—]	Φ10@150[—]	Φ10@150[—]
BTCJ3312(15)-I(c5c)	—	—	Φ10@150	Φ10@150	Φ10@150	Φ10@150	Φ12[10]@150
BTCJ3612(15)-I(c5c)	—[Φ10@150]	—[Φ10@150]	Φ10@150	Φ10@150	Φ10@150	Φ12[10]@150	Φ12[10]@150
BTCJ3912(15)-I(c5c)	—[Φ10@150]	—[Φ10@150]	Φ10@150	Φ10@150	Φ12[10]@150	Φ14[12]@150	Φ12@150
BTCJ4212(15)-I(c5c)	—[Φ10@150]	—[Φ10@150]	Φ10@150	Φ10[12]@150	Φ12@150	Φ14[12]@150	Φ14@150
BTCJ4512(15)-I(c5c)	—[Φ10@150]	—[Φ10@150]	Φ10[12]@150	Φ12[14]@150	Φ14@150	Φ14@150	Φ16[14]@150
BTCJ4812(15)-I(c5c)	—[Φ10@150]	—[Φ12@150]	Φ10[14]@150	Φ12[14]@150	Φ14[16]@150	Φ14[16]@150	Φ16@150

说明：
1. BTCJXX12(15)表示对窗井进深为1.2m和1.5m都适用。
2. ②筋为Φ12@150。
3. ③④筋相同。
4. 当③④筋与⑤筋不相同时，方括号外表示③④筋，方括号内表示⑤筋。

BTCJ-I(c5)窗井墙配筋表

图集号 07FG05

BTCJ-I(c5d)窗井墙①②筋配筋表

窗井型号 \ H(m)	3.0	3.5	4.0	4.5	5.0	5.5	6.0
BTCJ2412(15)-I(c5d)	⌀12@150	⌀12@150	⌀12@150	⌀12@150	⌀12@150	⌀12@150	⌀12@150
BTCJ2712(15)-I(c5d)	⌀12@150	⌀12@150	⌀12@150	⌀12@150	⌀12@150	⌀12@150	⌀12@150
BTCJ3012(15)-I(c5d)	⌀12@150	⌀12@150	⌀12@150	⌀12@150	⌀12@150	⌀12@150	⌀12@150
BTCJ3312(15)-I(c5d)	⌀12@150	⌀12@150	⌀12@150	⌀12@150	⌀12@150	⌀12@150	⌀12@150
BTCJ3612(15)-I(c5d)	⌀12@150	⌀12@150	⌀12@150	⌀12@150	⌀12@150	⌀12@150	⌀14[12]@150
BTCJ3912(15)-I(c5d)	⌀12@150	⌀12@150	⌀12@150	⌀12@150	⌀12@150	⌀12@150	⌀14[12]@150
BTCJ4212(15)-I(c5d)	⌀12@150	⌀12@150	⌀12@150	⌀12@150	⌀12@150	⌀14[12]@150	⌀14[12]@150
BTCJ4512(15)-I(c5d)	⌀12@150	⌀12@150	⌀12@150	⌀12@150	⌀12@150	⌀14[12]@150	⌀16[12]@150
BTCJ4812(15)-I(c5d)	⌀12@150	⌀12@150	⌀12@150	⌀14@150	⌀14@150	⌀14@150	⌀16[14]@150

BTCJ-I(c5d)窗井墙③④⑤筋配筋表

窗井型号 \ H(m)	3.0	3.5	4.0	4.5	5.0	5.5	6.0
	—	—	—	—	⌀10@150[—]	⌀10@150[—]	⌀10@150[—]
BTCJ2712(15)-I(c5d)	—	—	—	⌀10@150[—]	⌀10@150[—]	⌀10@150[—]	⌀10@150[—]
BTCJ3012(15)-I(c5d)	—	—	⌀10@150[—]	⌀10@150[—]	⌀10@150[—]	⌀10@150[—]	⌀12[10]@150
BTCJ3312(15)-I(c5d)	—	—[⌀10@150]	⌀10@150	⌀10@150	⌀10@150	⌀12[10]@150	⌀12[10]@150
BTCJ3612(15)-I(c5d)	—[⌀10@150]	—[⌀10@150]	⌀10@150	⌀10@150	⌀12[10]@150	⌀14[10]@150	⌀14[10]@150
BTCJ3912(15)-I(c5d)	—[⌀10@150]	—[⌀10@150]	⌀10@150	⌀12@150	⌀14[12]@150	⌀14[12]@150	⌀14[12]@150
BTCJ4212(15)-I(c5d)	—[⌀10@150]	—[⌀10@150]	⌀10[12]@150	⌀12@150	⌀14@150	⌀14@150	⌀16[14]@150
BTCJ4512(15)-I(c5d)	—[⌀10@150]	⌀10[12]@150	⌀10[14]@150	⌀12[14]@150	⌀14@150	⌀16@150	⌀16@150
BTCJ4812(15)-I(c5d)	—[⌀10@150]	⌀10[12]@150	⌀10[14]@150	⌀12[16]@150	⌀14@150	⌀16@150	⌀16@150

说明：

1. BTCJXX12(15)表示对窗井进深为1.2m和1.5m都适用。
2. 当①筋与②筋不同时，方括号外表示①筋，方括号内表示②筋。
3. ③④筋相同。
4. 当③④筋与⑤筋不同时，方括号外表示③④筋，方括号内表示⑤筋。

BTCJ-I(c5)窗井墙配筋表

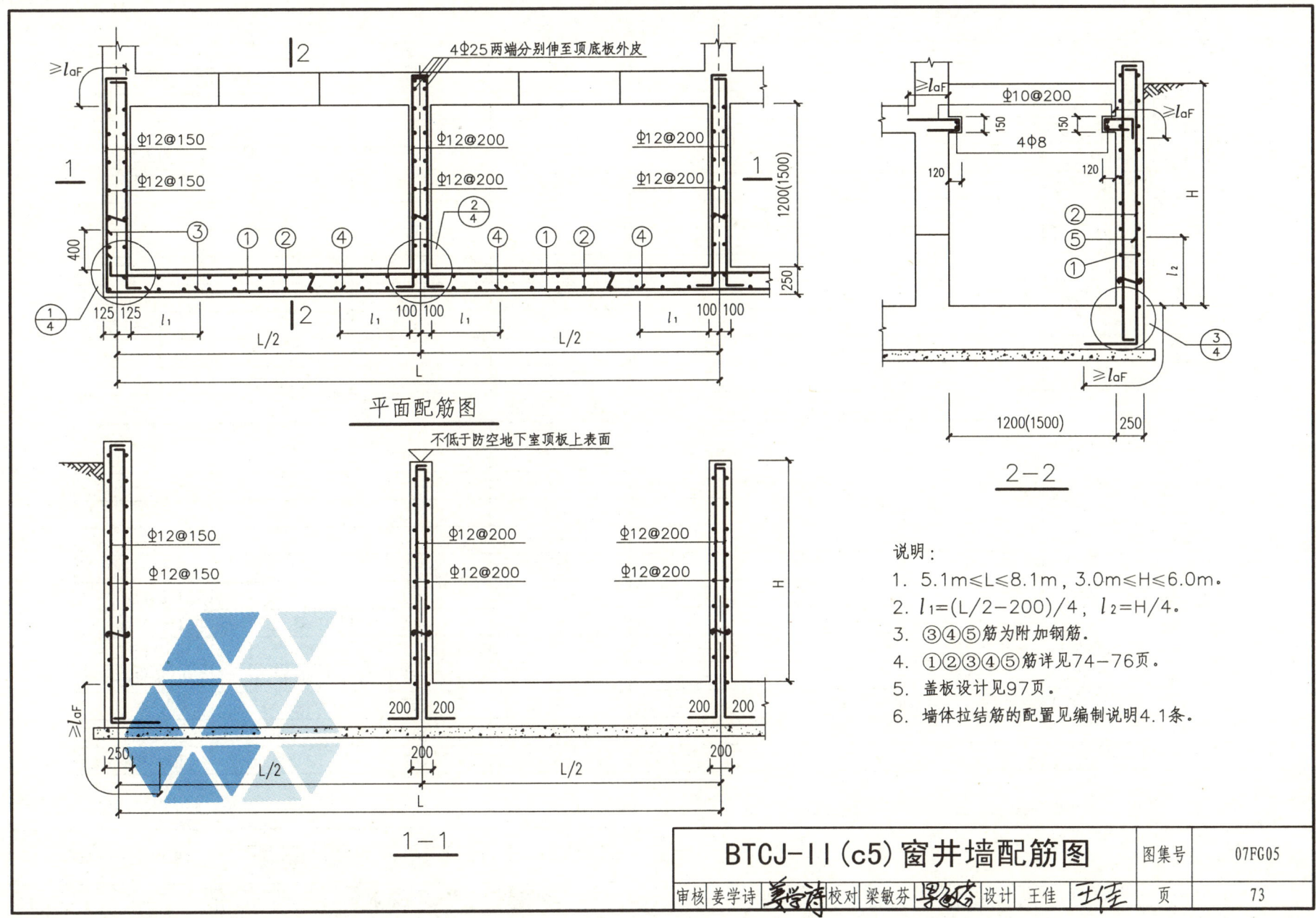

BTCJ-II(c5a)窗井墙③④⑤筋配筋表

窗井型号 \ H(m)	3.0	3.5	4.0	4.5	5.0	5.5	6.0
BTCJ5112(15)-II(c5a)	—	—	—	—	—	—	—
BTCJ5412(15)-II(c5a)	—	—	—	—	—	—	—
BTCJ5712(15)-II(c5a)	—	—	—	—	—	—	—
BTCJ6012(15)-II(c5a)	—	—	—	—	—	—	—
BTCJ6312(15)-II(c5a)	—	—	—	—	—	—	—
BTCJ6612(15)-II(c5a)	—	—	—	—	—	—	—
BTCJ6912(15)-II(c5a)	—	—	—	—	—	—	—
BTCJ7212(15)-II(c5a)	—	—	—	—	—	—	⌀10@150[—]
BTCJ7512(15)-II(c5a)	—	—	—	—	—	—	⌀10@150
BTCJ7812(15)-II(c5a)	—	—	—	—	—	⌀10@150	⌀10@150
BTCJ8112(15)-II(c5a)	—	—	—	—[⌀10@150]	⌀10@150	⌀10@150	⌀10@150

BTCJ-II(c5b)窗井墙③④⑤筋配筋表

窗井型号 \ H(m)	3.0	3.5	4.0	4.5	5.0	5.5	6.0
BTCJ5112(15)-II(c5b)	—	—	—	—	—	—	—
BTCJ5412(15)-II(c5b)	—	—	—	—	—	—	—
BTCJ5712(15)-II(c5b)	—	—	—	—	—	—	—
BTCJ6012(15)-II(c5b)	—	—	—	—	—	—	—
BTCJ6312(15)-II(c5b)	—	—	—	—	—	—	⌀10@150[—]
BTCJ6612(15)-II(c5b)	—	—	—	—	—	⌀10@150[—]	⌀10@150[—]
BTCJ6912(15)-II(c5b)	—	—	—	—	⌀10@150[—]	⌀10@150[—]	⌀10@150[—]
BTCJ7212(15)-II(c5b)	—	—	—	—	⌀10@150[—]	⌀10@150[—]	⌀10@150[—]
BTCJ7512(15)-II(c5b)	—	—	—	—	⌀10@150	⌀10@150	⌀10@150
BTCJ7812(15)-II(c5b)	—	—	—	—	⌀10@150	⌀10@150	⌀10@150
BTCJ8112(15)-II(c5b)	—	—	—[⌀10@150]	⌀10@150	⌀10@150	⌀10@150	⌀10@150

说明：
1. BTCJXX12(15)表示对窗井进深为1.2m和1.5m都适用。
2. ①②筋均为⌀12@150。
3. ③④筋相同。
4. 当③④筋与⑤筋不同时，方括号外表示③④筋，方括号内表示⑤筋。

BTCJ-II(c5)窗井墙配筋表

图集号 07FG05 页 74

BTCJ-II(c5c)窗井墙①筋配筋表

窗井型号＼H(m)	3.0	3.5	4.0	4.5	5.0	5.5	6.0
BTCJ5112(15)-II(c5c)	Φ12@150	Φ12@150	Φ12@150	Φ12@150	Φ12@150	Φ12@150	Φ12@150
BTCJ5412(15)-II(c5c)	Φ12@150	Φ12@150	Φ12@150	Φ12@150	Φ12@150	Φ12@150	Φ12@150
BTCJ5712(15)-II(c5c)	Φ12@150	Φ12@150	Φ12@150	Φ12@150	Φ12@150	Φ12@150	Φ12@150
BTCJ6012(15)-II(c5c)	Φ12@150	Φ12@150	Φ12@150	Φ12@150	Φ12@150	Φ12@150	Φ12@150
BTCJ6312(15)-II(c5c)	Φ12@150	Φ12@150	Φ12@150	Φ12@150	Φ12@150	Φ12@150	Φ12@150
BTCJ6612(15)-II(c5c)	Φ12@150	Φ12@150	Φ12@150	Φ12@150	Φ12@150	Φ12@150	Φ12@150
BTCJ6912(15)-II(c5c)	Φ12@150	Φ12@150	Φ12@150	Φ12@150	Φ12@150	Φ12@150	Φ12@150
BTCJ7212(15)-II(c5c)	Φ12@150	Φ12@150	Φ12@150	Φ12@150	Φ12@150	Φ12@150	Φ12@150
BTCJ7512(15)-II(c5c)	Φ12@150	Φ12@150	Φ12@150	Φ12@150	Φ12@150	Φ12@150	Φ14@150
BTCJ7812(15)-II(c5c)	Φ12@150	Φ12@150	Φ12@150	Φ12@150	Φ12@150	Φ12@150	Φ14@150
BTCJ8112(15)-II(c5c)	Φ12@150	Φ12@150	Φ12@150	Φ12@150	Φ12@150	Φ12@150	Φ14@150

BTCJ-II(c5c)窗井墙③④、⑤筋配筋表

窗井型号＼H(m)	3.0	3.5	4.0	4.5	5.0	5.5	6.0
BTCJ5112(15)-II(c5c)	—	—	—	—	—	—	Φ10@150[—]
BTCJ5412(15)-II(c5c)	—	—	—	—	Φ10@150[—]	Φ10@150[—]	Φ10@150[—]
BTCJ5712(15)-II(c5c)	—	—	—	Φ10@150[—]	Φ10@150[—]	Φ10@150[—]	Φ10@150[—]
BTCJ6012(15)-II(c5c)	—	—	Φ10@150[—]	Φ10@150[—]	Φ10@150[—]	Φ10@150[—]	Φ10@150[—]
BTCJ6312(15)-II(c5c)	—	—	Φ10@150[—]	Φ10@150	Φ10@150	Φ10@150	Φ10@150
BTCJ6612(15)-II(c5c)	—	—	Φ10@150	Φ10@150	Φ10@150	Φ10@150	Φ12[10]@150
BTCJ6912(15)-II(c5c)	—	—[Φ10@150]	Φ10@150	Φ10@150	Φ10@150	Φ10@150	Φ12[10]@150
BTCJ7212(15)-II(c5c)	—[Φ10@150]	—[Φ10@150]	Φ10@150	Φ10@150	Φ10@150	Φ12[10]@150	Φ12[10]@150
BTCJ7512(15)-II(c5c)	—[Φ10@150]	—[Φ10@150]	Φ10@150	Φ10@150	Φ12[10]@150	Φ14[12]@150	Φ12@150
BTCJ7812(15)-II(c5c)	—[Φ10@150]	—[Φ10@150]	Φ10@150	Φ10@150	Φ12[10]@150	Φ14[12]@150	Φ12@150
BTCJ8112(15)-II(c5c)	—[Φ10@150]	—[Φ10@150]	Φ10@150	Φ10[12]@150	Φ12@150	Φ14[12]@150	Φ14@150

说明：
1. BTCJXX12(15)表示对窗井进深为1.2m和1.5m都适用。
2. ②筋为Φ12@150。
3. ③④筋相同。
4. 当③④筋与⑤筋不同时，方括号外表示③④筋，方括号内表示⑤筋。

BTCJ-II(c5)窗井墙配筋表

图集号 07FG05
页 75

BTCJ-II(c5d)窗井墙①筋配筋表

窗井型号 \ H(m)	3.0	3.5	4.0	4.5	5.0	5.5	6.0
BTCJ5112(15)-II(c5d)	⏀12@150	⏀12@150	⏀12@150	⏀12@150	⏀12@150	⏀12@150	⏀12@150
BTCJ5412(15)-II(c5d)	⏀12@150	⏀12@150	⏀12@150	⏀12@150	⏀12@150	⏀12@150	⏀12@150
BTCJ5712(15)-II(c5d)	⏀12@150	⏀12@150	⏀12@150	⏀12@150	⏀12@150	⏀12@150	⏀12@150
BTCJ6012(15)-II(c5d)	⏀12@150	⏀12@150	⏀12@150	⏀12@150	⏀12@150	⏀12@150	⏀12@150
BTCJ6312(15)-II(c5d)	⏀12@150	⏀12@150	⏀12@150	⏀12@150	⏀12@150	⏀12@150	⏀12@150
BTCJ6612(15)-II(c5d)	⏀12@150	⏀12@150	⏀12@150	⏀12@150	⏀12@150	⏀12@150	⏀12@150
BTCJ6912(15)-II(c5d)	⏀12@150	⏀12@150	⏀12@150	⏀12@150	⏀12@150	⏀12@150	⏀12@150
BTCJ7212(15)-II(c5d)	⏀12@150	⏀12@150	⏀12@150	⏀12@150	⏀12@150	⏀12@150	⏀14@150
BTCJ7512(15)-II(c5d)	⏀12@150	⏀12@150	⏀12@150	⏀12@150	⏀12@150	⏀12@150	⏀14@150
BTCJ7812(15)-II(c5d)	⏀12@150	⏀12@150	⏀12@150	⏀12@150	⏀12@150	⏀12@150	⏀14@150
BTCJ8112(15)-II(c5d)	⏀12@150	⏀12@150	⏀12@150	⏀12@150	⏀12@150	⏀14@150	⏀14@150

BTCJ-II(c5d)窗井墙③④⑤筋配筋表

窗井型号 \ H(m)	3.0	3.5	4.0	4.5	5.0	5.5	6.0
BTCJ5112(15)-II(c5d)	—	—	—	—	⏀10@150[—]	⏀10@150[—]	⏀10@150[—]
BTCJ5412(15)-II(c5d)	—	—	—	⏀10@150[—]	⏀10@150[—]	⏀10@150[—]	⏀10@150[—]
BTCJ5712(15)-II(c5d)	—	—	⏀10@150[—]	⏀10@150[—]	⏀10@150[—]	⏀10@150[—]	⏀10@150
BTCJ6012(15)-II(c5d)	—	—	⏀10@150[—]	⏀10@150[—]	⏀10@150[—]	⏀10@150[—]	⏀12[10]@150
BTCJ6312(15)-II(c5d)	—	—[⏀10@150]	⏀10@150	⏀10@150	⏀10@150	⏀12[10]@150	⏀12[10]@150
BTCJ6612(15)-II(c5d)	—	—[⏀10@150]	⏀10@150	⏀10@150	⏀10@150	⏀12[10]@150	⏀12[10]@150
BTCJ6912(15)-II(c5d)	—[⏀10@150]	—[⏀10@150]	⏀10@150	⏀10@150	⏀12[10]@150	⏀14[10]@150	⏀14[10]@150
BTCJ7212(15)-II(c5d)	—[⏀10@150]	—[⏀10@150]	⏀10@150	⏀10@150	⏀12[10]@150	⏀14[10]@150	⏀14[10]@150
BTCJ7512(15)-II(c5d)	—[⏀10@150]	—[⏀10@150]	⏀10@150	⏀12@150	⏀14[12]@150	⏀14[12]@150	⏀14[12]@150
BTCJ7812(15)-II(c5d)	—[⏀10@150]	—[⏀10@150]	⏀10@150	⏀12@150	⏀14[12]@150	⏀14[12]@150	⏀14[12]@150
BTCJ8112(15)-II(c5d)	—[⏀10@150]	—[⏀10@150]	⏀10[12]@150	⏀12@150	⏀14@150	⏀14@150	⏀16[14]@150

说明：
1. BTCJXX12(15)表示对窗井进深为1.2m和1.5m都适用。
2. ②筋为⏀12@150。
3. ③④筋相同。
4. 当③④筋与⑤筋不同时，方括号外表示③④筋，方括号内表示⑤筋。

BTCJ-II(c5)窗井墙配筋表

图集号 07FG05

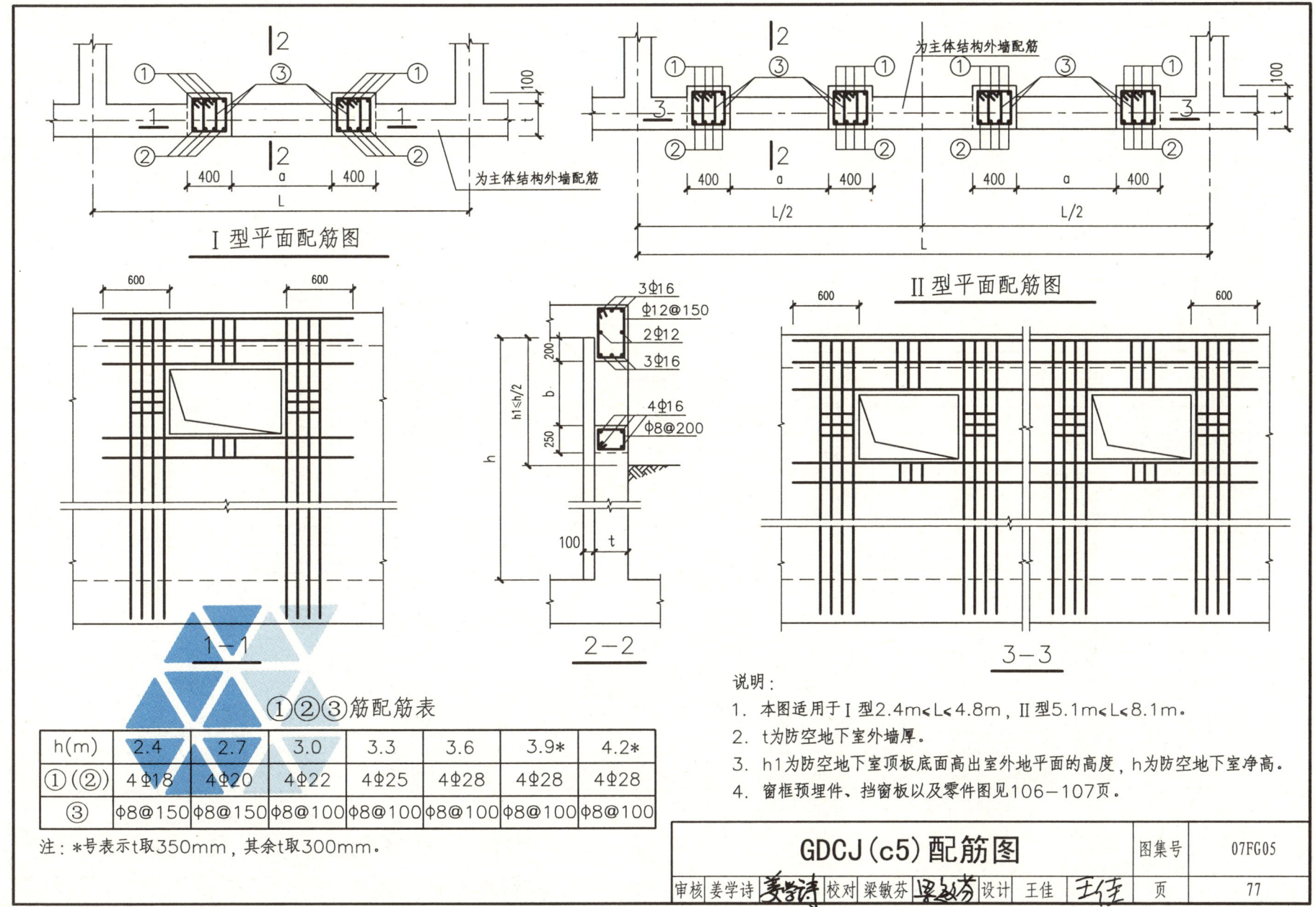

常6级乙类防空地下室通风采光窗井选用表

窗井型号	窗井墙配筋(页)	窗框配筋(页)	窗井型号	窗井墙配筋(页)	窗框配筋(页)	窗井型号	窗井墙配筋(页)	窗框配筋(页)	窗井型号	窗井墙配筋(页)	窗框配筋(页)
QTCJ2412-I(c6a)	81、82	86、87	QTCJ3315-I(c6b)	81、83	86、87	QTCJ7212-II(c6a)	84、85	88、89	QTCJ7515-II(c6b)	84、85	88、89
QTCJ2415-I(c6a)	81、82	86、87	QTCJ3612-I(c6b)	81、83	86、87	QTCJ7215-II(c6a)	84、85	88、89	QTCJ7812-II(c6b)	84、85	88、89
QTCJ2712-I(c6a)	81、82	86、87	QTCJ3615-I(c6b)	81、83	86、87	QTCJ7512-II(c6a)	84、85	88、89	QTCJ7815-II(c6b)	84、85	88、89
QTCJ2715-I(c6a)	81、82	86、87	QTCJ3912-I(c6b)	81、83	86、87	QTCJ7515-II(c6a)	84、85	88、89	QTCJ8112-II(c6b)	84、85	88、89
QTCJ3012-I(c6a)	81、82	86、87	QTCJ3915-I(c6b)	81、83	86、87	QTCJ7812-II(c6a)	84、85	88、89	QTCJ8115-II(c6b)	84、85	88、89
QTCJ3015-I(c6a)	81、82	86、87	QTCJ4212-I(c6b)	81、83	86、87	QTCJ7815-II(c6a)	84、85	88、89	BTCJ2412-I(c6a)	90、91	
QTCJ3312-I(c6a)	81、82	86、87	QTCJ4215-I(c6b)	81、83	86、87	QTCJ8112-II(c6a)	84、85	88、89	BTCJ2415-I(c6a)	90、91	
QTCJ3315-I(c6a)	81、82	86、87	QTCJ4512-I(c6b)	81、83	86、87	QTCJ8115-II(c6a)	84、85	88、89	BTCJ2712-I(c6a)	90、91	
QTCJ3612-I(c6a)	81、82	86、87	QTCJ4515-I(c6b)	81、83	86、87	QTCJ5112-II(c6b)	84、85	88、89	BTCJ2715-I(c6a)	90、91	
QTCJ3615-I(c6a)	81、82	86、87	QTCJ4812-I(c6b)	81、83	86、87	QTCJ5115-II(c6b)	84、85	88、89	BTCJ3012-I(c6a)	90、91	
QTCJ3912-I(c6a)	81、82	86、87	QTCJ4815-I(c6b)	81、83	86、87	QTCJ5412-II(c6b)	84、85	88、89	BTCJ3015-I(c6a)	90、91	
QTCJ3915-I(c6a)	81、82	86、87	QTCJ5112-II(c6a)	84、85	88、89	QTCJ5415-II(c6b)	84、85	88、89	BTCJ3312-I(c6a)	90、91	
QTCJ4212-I(c6a)	81、82	86、87	QTCJ5115-II(c6a)	84、85	88、89	QTCJ5712-II(c6b)	84、85	88、89	BTCJ3315-I(c6a)	90、91	
QTCJ4215-I(c6a)	81、82	86、87	QTCJ5412-II(c6a)	84、85	88、89	QTCJ5715-II(c6b)	84、85	88、89	BTCJ3612-I(c6a)	90、91	
QTCJ4512-I(c6a)	81、82	86、87	QTCJ5415-II(c6a)	84、85	88、89	QTCJ6012-II(c6b)	84、85	88、89	BTCJ3615-I(c6a)	90、91	
QTCJ4515-I(c6a)	81、82	86、87	QTCJ5712-II(c6a)	84、85	88、89	QTCJ6015-II(c6b)	84、85	88、89	BTCJ3912-I(c6a)	90、91	
QTCJ4812-I(c6a)	81、82	86、87	QTCJ5715-II(c6a)	84、85	88、89	QTCJ6312-II(c6b)	84、85	88、89	BTCJ3915-I(c6a)	90、91	
QTCJ4815-I(c6a)	81、82	86、87	QTCJ6012-II(c6a)	84、85	88、89	QTCJ6315-II(c6b)	84、85	88、89	BTCJ4212-I(c6a)	90、91	
QTCJ2412-I(c6b)	81、83	86、87	QTCJ6015-II(c6a)	84、85	88、89	QTCJ6612-II(c6b)	84、85	88、89	BTCJ4215-I(c6a)	90、91	
QTCJ2415-I(c6b)	81、83	86、87	QTCJ6312-II(c6a)	84、85	88、89	QTCJ6615-II(c6b)	84、85	88、89	BTCJ4512-I(c6a)	90、91	
QTCJ2712-I(c6b)	81、83	86、87	QTCJ6315-II(c6a)	84、85	88、89	QTCJ6912-II(c6b)	84、85	88、89	BTCJ4515-I(c6a)	90、91	
QTCJ2715-I(c6b)	81、83	86、87	QTCJ6612-II(c6a)	84、85	88、89	QTCJ6915-II(c6b)	84、85	88、89	BTCJ4812-I(c6a)	90、91	
QTCJ3012-I(c6b)	81、83	86、87	QTCJ6615-II(c6a)	84、85	88、89	QTCJ7212-II(c6b)	84、85	88、89	BTCJ4815-I(c6a)	90、91	
QTCJ3015-I(c6b)	81、83	86、87	QTCJ6912-II(c6a)	84、85	88、89	QTCJ7215-II(c6b)	84、85	88、89	BTCJ2412-I(c6b)	90、91	
QTCJ3312-I(c6b)	81、83	86、87	QTCJ6915-II(c6a)	84、85	88、89	QTCJ7512-II(c6b)	84、85	88、89	BTCJ2415-I(c6b)	90、91	

常6级乙类防空地下室通风采光窗井选用表

窗井型号	窗井墙配筋(页)	窗框配筋(页)	窗井型号	窗井墙配筋(页)	窗框配筋(页)	窗井型号	窗井墙配筋(页)	窗框配筋(页)	窗井型号	窗井墙配筋(页)	窗框配筋(页)
BTCJ2712-I(c6b)	90、91		BTCJ3615-I(c6c)	90、92		BTCJ4812-I(c6d)	90、92		BTCJ5115-II(c6b)	93、94	
BTCJ2715-I(c6b)	90、91		BTCJ3912-I(c6c)	90、92		BTCJ4815-I(c6d)	90、92		BTCJ5412-II(c6b)	93、94	
BTCJ3012-I(c6b)	90、91		BTCJ3915-I(c6c)	90、92		BTCJ5112-II(c6a)	93、94		BTCJ5415-II(c6b)	93、94	
BTCJ3015-I(c6b)	90、91		BTCJ4212-I(c6c)	90、92		BTCJ5115-II(c6a)	93、94		BTCJ5712-II(c6b)	93、94	
BTCJ3312-I(c6b)	90、91		BTCJ4215-I(c6c)	90、92		BTCJ5412-II(c6a)	93、94		BTCJ5715-II(c6b)	93、94	
BTCJ3315-I(c6b)	90、91		BTCJ4512-I(c6c)	90、92		BTCJ5415-II(c6a)	93、94		BTCJ6012-II(c6b)	93、94	
BTCJ3612-I(c6b)	90、91		BTCJ4515-I(c6c)	90、92		BTCJ5712-II(c6a)	93、94		BTCJ6015-II(c6b)	93、94	
BTCJ3615-I(c6b)	90、91		BTCJ4812-I(c6c)	90、92		BTCJ5715-II(c6a)	93、94		BTCJ6312-II(c6b)	93、94	
BTCJ3912-I(c6b)	90、91		BTCJ4815-I(c6c)	90、92		BTCJ6012-II(c6a)	93、94		BTCJ6315-II(c6b)	93、94	
BTCJ3915-I(c6b)	90、91		BTCJ2412-I(c6d)	90、92		BTCJ6015-II(c6a)	93、94		BTCJ6612-II(c6b)	93、94	
BTCJ4212-I(c6b)	90、91		BTCJ2415-I(c6d)	90、92		BTCJ6312-II(c6a)	93、94		BTCJ6615-II(c6b)	93、94	
BTCJ4215-I(c6b)	90、91		BTCJ2712-I(c6d)	90、92		BTCJ6315-II(c6a)	93、94		BTCJ6912-II(c6b)	93、94	
BTCJ4512-I(c6b)	90、91	—	BTCJ2715-I(c6d)	90、92	—	BTCJ6612-II(c6a)	93、94	—	BTCJ6915-II(c6b)	93、94	—
BTCJ4515-I(c6b)	90、91		BTCJ3012-I(c6d)	90、92		BTCJ6615-II(c6a)	93、94		BTCJ7212-II(c6b)	93、94	
BTCJ4812-I(c6b)	90、91		BTCJ3015-I(c6d)	90、92		BTCJ6912-II(c6a)	93、94		BTCJ7215-II(c6b)	93、94	
BTCJ4815-I(c6b)	90、91		BTCJ3312-I(c6d)	90、92		BTCJ6915-II(c6a)	93、94		BTCJ7512-II(c6b)	93、94	
BTCJ2412-I(c6c)	90、92		BTCJ3315-I(c6d)	90、92		BTCJ7212-II(c6a)	93、94		BTCJ7515-II(c6b)	93、94	
BTCJ2415-I(c6c)	90、92		BTCJ3612-I(c6d)	90、92		BTCJ7215-II(c6a)	93、94		BTCJ7812-II(c6b)	93、94	
BTCJ2712-I(c6c)	90、92		BTCJ3615-I(c6d)	90、92		BTCJ7512-II(c6a)	93、94		BTCJ7815-II(c6b)	93、94	
BTCJ2715-I(c6c)	90、92		BTCJ3912-I(c6d)	90、92		BTCJ7515-II(c6a)	93、94		BTCJ8112-II(c6b)	93、94	
BTCJ3012-I(c6c)	90、92		BTCJ3915-I(c6d)	90、92		BTCJ7812-II(c6a)	93、94		BTCJ8115-II(c6b)	93、94	
BTCJ3015-I(c6c)	90、92		BTCJ4212-I(c6d)	90、92		BTCJ7815-II(c6a)	93、94		BTCJ5112-II(c6c)	93、95	
BTCJ3312-I(c6c)	90、92		BTCJ4215-I(c6d)	90、92		BTCJ8112-II(c6a)	93、94		BTCJ5115-II(c6c)	93、95	
BTCJ3315-I(c6c)	90、92		BTCJ4512-I(c6d)	90、92		BTCJ8115-II(c6a)	93、94		BTCJ5412-II(c6c)	93、95	
BTCJ3612-I(c6c)	90、92		BTCJ4515-I(c6d)	90、92		BTCJ5112-II(c6b)	93、94		BTCJ5415-II(c6c)	93、95	

常6级乙类防空地下室通风采光窗井选用表

窗井型号	窗井墙配筋(页)	窗框配筋(页)	窗井型号	窗井墙配筋(页)	窗框配筋(页)	窗井型号	窗井墙配筋(页)	窗框配筋(页)
BTCJ5712-II(c6c)	93、95		BTCJ6015-II(c6d)	93、95		GDCJ54-II(h6)		96
BTCJ5715-II(c6c)	93、95		BTCJ6312-II(c6d)	93、95		GDCJ57-II(h6)		96
BTCJ6012-II(c6c)	93、95		BTCJ6315-II(c6d)	93、95		GDCJ60-II(h6)		96
BTCJ6015-II(c6c)	93、95		BTCJ6612-II(c6d)	93、95		GDCJ63-II(h6)		96
BTCJ6312-II(c6c)	93、95		BTCJ6615-II(c6d)	93、95		GDCJ66-II(h6)		96
BTCJ6315-II(c6c)	93、95		BTCJ6912-II(c6d)	93、95		GDCJ69-II(h6)	—	96
BTCJ6612-II(c6c)	93、95		BTCJ6915-II(c6d)	93、95		GDCJ72-II(h6)		96
BTCJ6615-II(c6c)	93、95		BTCJ7212-II(c6d)	93、95	—	GDCJ75-II(h6)		96
BTCJ6912-II(c6c)	93、95		BTCJ7215-II(c6d)	93、95		GDCJ78-II(h6)		96
BTCJ6915-II(c6c)	93、95		BTCJ7512-II(c6d)	93、95		GDCJ81-II(h6)		96
BTCJ7212-II(c6c)	93、95		BTCJ7515-II(c6d)	93、95				
BTCJ7215-II(c6c)	93、95		BTCJ7812-II(c6d)	93、95				
BTCJ7512-II(c6c)	93、95	—	BTCJ7815-II(c6d)	93、95				
BTCJ7515-II(c6c)	93、95		BTCJ8112-II(c6d)	93、95				
BTCJ7812-II(c6c)	93、95		BTCJ8115-II(c6d)	93、95				
BTCJ7815-II(c6c)	93、95		GDCJ24-I(h6)		96			
BTCJ8112-II(c6c)	93、95		GDCJ27-I(h6)		96			
BTCJ8115-II(c6c)	93、95		GDCJ30-I(h6)		96			
BTCJ5112-II(c6d)	93、95		GDCJ33-I(h6)		96			
BTCJ5115-II(c6d)	93、95		GDCJ36-I(h6)		96			
BTCJ5412-II(c6d)	93、95		GDCJ39-I(h6)	—	96			
BTCJ5415-II(c6d)	93、95		GDCJ42-I(h6)		96			
BTCJ5712-II(c6d)	93、95		GDCJ45-I(h6)		96			
BTCJ5715-II(c6d)	93、95		GDCJ48-I(h6)		96			
BTCJ6012-II(c6d)	93、95		GDCJ51-II(h6)		96			

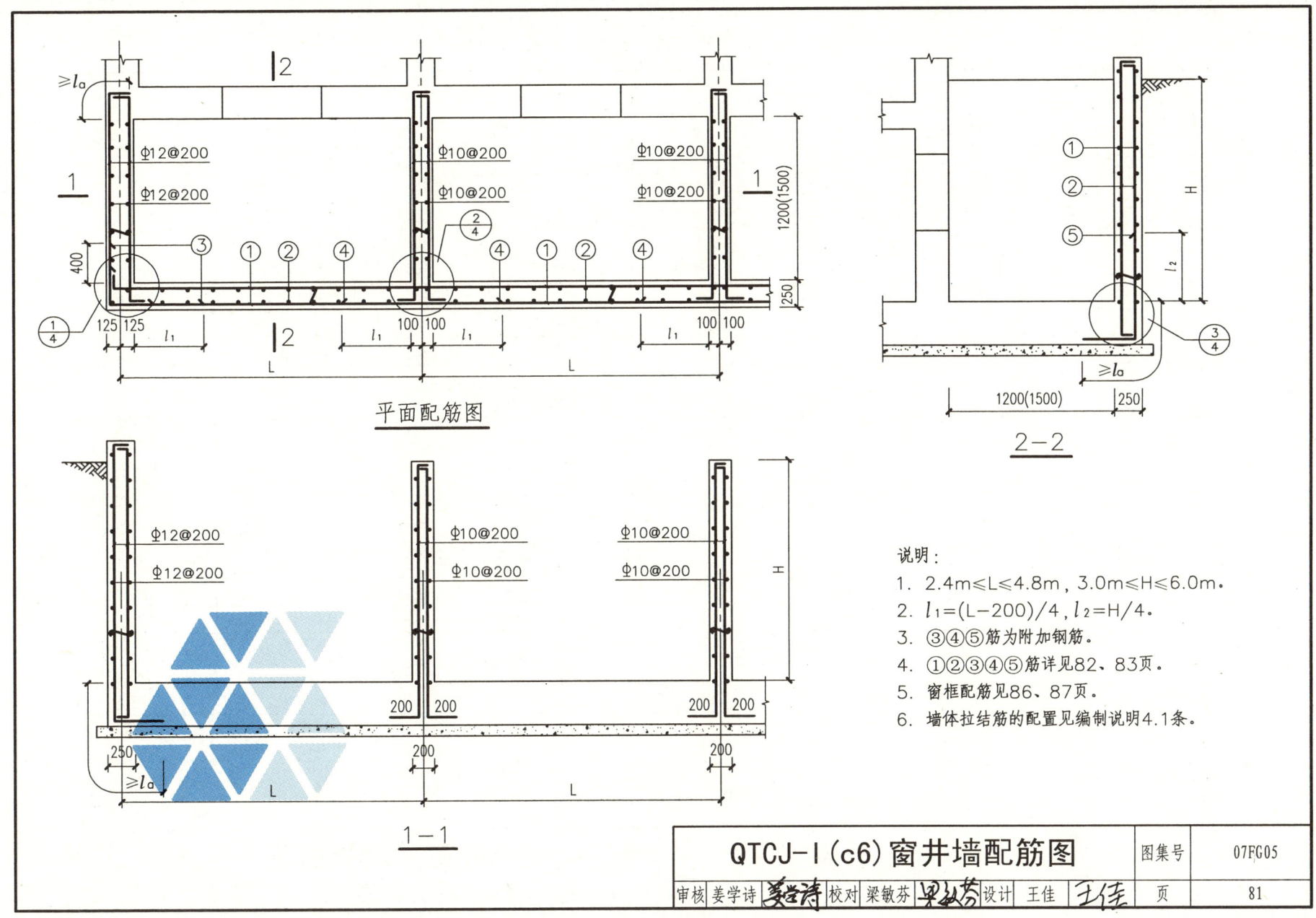

QTCJ-I(c6a)窗井墙①②筋配筋表

窗井型号 \ H(m)	3.0	3.5	4.0	4.5	5.0	5.5	6.0
QTCJ2412(15)-I(c6a)	ϕ12@200	ϕ12@200	ϕ12@200	ϕ12@200	ϕ12@200	ϕ12@200	ϕ12@200
QTCJ2712(15)-I(c6a)	ϕ12@200	ϕ12@200	ϕ12@200	ϕ12@200	ϕ12@200	ϕ12@200	ϕ12@200
QTCJ3012(15)-I(c6a)	ϕ12@200	ϕ12@200	ϕ12@200	ϕ12@200	ϕ12@200	ϕ12@200	ϕ12@200
QTCJ3312(15)-I(c6a)	ϕ12@200	ϕ12@200	ϕ12@200	ϕ12@200	ϕ12@200	ϕ12@200	ϕ12@200
QTCJ3612(15)-I(c6a)	ϕ12@200	ϕ12@200	ϕ12@200	ϕ12@200	ϕ12@200	ϕ12@200	ϕ12@200
QTCJ3912(15)-I(c6a)	ϕ12@200	ϕ12@200	ϕ12@200	ϕ12@200	ϕ12@200	ϕ12@200	ϕ12@200
QTCJ4212(15)-I(c6a)	ϕ12@200	ϕ12@200	ϕ12@200	ϕ12@200	ϕ12@200	ϕ12@200	ϕ12@200
QTCJ4512(15)-I(c6a)	ϕ12@200	ϕ12@200	ϕ12@200	ϕ12@200	ϕ12@200	ϕ12@200	ϕ12@200
QTCJ4812(15)-I(c6a)	ϕ12@200	ϕ12@200	ϕ12@200	ϕ12@200	ϕ12@200	ϕ12@200	ϕ12@200

QTCJ-I(c6a)窗井墙③④⑤筋配筋表

窗井型号 \ H(m)	3.0	3.5	4.0	4.5	5.0	5.5	6.0
QTCJ2412(15)-I(c6a)	—	—	—	—	—	—	—
QTCJ2712(15)-I(c6a)	—	—	—	—	—	—	—
QTCJ3012(15)-I(c6a)	—	—	—	—	—	—	—
QTCJ3312(15)-I(c6a)	—	—	—	—	—	ϕ10@200	ϕ10@200
QTCJ3612(15)-I(c6a)	—	—	—	—	ϕ10@200	ϕ10@200	ϕ10@200
QTCJ3912(15)-I(c6a)	—	—	—	ϕ10@200	ϕ10@200	ϕ10@200	ϕ10@200
QTCJ4212(15)-I(c6a)	—	—	—	ϕ10@200	ϕ10@200	ϕ10@200	ϕ10@200
QTCJ4512(15)-I(c6a)	—	—	ϕ10@200	ϕ10@200	ϕ10@200	ϕ10@200	ϕ12@200
QTCJ4812(15)-I(c6a)	—	—[ϕ10@200]	ϕ10@200	ϕ10@200	ϕ10@200	ϕ12@200	ϕ14@200

说明：
1. 本图适用于窗井底板位于地下水位以上。
2. QTCJXX12(15)表示对窗井进深为1.2m和1.5m都适用。
3. ①②筋相同，③④筋相同。
4. 当③④筋与⑤筋不同时，方括号外表示③④筋，方括号内表示⑤筋。

QTCJ-I(c6) 窗井墙配筋表

图集号 07FG05

QTCJ-I(c6b)窗井墙①②筋配筋表

窗井型号 \ H(m)	3.0	3.5	4.0	4.5	5.0	5.5	6.0
QTCJ2412(15)-I(c6b)	φ12@200	φ12@200	φ12@200	φ12@200	φ12@200	φ12@200	φ12@200
QTCJ2712(15)-I(c6b)	φ12@200	φ12@200	φ12@200	φ12@200	φ12@200	φ12@200	φ12@200
QTCJ3012(15)-I(c6b)	φ12@200	φ12@200	φ12@200	φ12@200	φ12@200	φ12@200	φ12@200
QTCJ3312(15)-I(c6b)	φ12@200	φ12@200	φ12@200	φ12@200	φ12@200	φ12@200	φ12@200
QTCJ3612(15)-I(c6b)	φ12@200	φ12@200	φ12@200	φ12@200	φ12@200	φ12@200	φ12@200
QTCJ3912(15)-I(c6b)	φ12@200	φ12@200	φ12@200	φ12@200	φ12@200	φ12@200	φ12@200
QTCJ4212(15)-I(c6b)	φ12@200	φ12@200	φ12@200	φ12@200	φ12@200	φ12@200	φ14@200
QTCJ4512(15)-I(c6b)	φ12@200	φ12@200	φ12@200	φ12@200	φ12@200	φ14@200	φ14@200
QTCJ4812(15)-I(c6b)	φ12@200	φ12@200	φ12@200	φ12@200	φ14@200	φ14@200	φ16@200

QTCJ-I(c6b)窗井墙③④⑤筋配筋表

窗井型号 \ H(m)	3.0	3.5	4.0	4.5	5.0	5.5	6.0
QTCJ2412(15)-I(c6b)	—	—	—	—	—	—	−[φ10@200]
QTCJ2712(15)-I(c6b)	—	—	—	—	−[φ10@200]	φ10@200	φ10@200
QTCJ3012(15)-I(c6b)	—	—	—	φ10@200	φ10@200	φ10@200	φ10@200
QTCJ3312(15)-I(c6b)	—	—	φ10@200	φ10@200	φ10@200	φ10@200	φ12@200
QTCJ3612(15)-I(c6b)	—	—	φ10@200	φ10@200	φ10@200	φ12@200	φ14@200
QTCJ3912(15)-I(c6b)	—	φ10@200	φ10@200	φ10@200	φ12@200	φ14@200	φ14[16]@200
QTCJ4212(15)-I(c6b)	−[φ10@200]	φ10@200	φ10@200	φ10@200	φ12@200	φ12[14]@200	φ14[16]@200	φ16@200
QTCJ4512(15)-I(c6b)	−[φ10@200]	φ10@200	φ10@200	φ10@200	φ12@200	φ14@200	φ14[16]@200	φ16[18]@200
QTCJ4812(15)-I(c6b)	−[φ10@200]	φ10@200	φ10@200	φ10[12]@200	φ12[14]@200	φ14[16]@200	φ16[18]@200	φ18[20]@200

说明：
1. 本图适用于窗井底板位于地下水位以下。
2. QTCJXX12(15)表示对窗井进深为1.2m和1.5m都适用。
3. ①②筋相同，③④筋相同。
4. 当③④筋与⑤筋不同时，方括号外表示③④筋，方括号内表示⑤筋。

QTCJ-I(c6)窗井墙配筋表

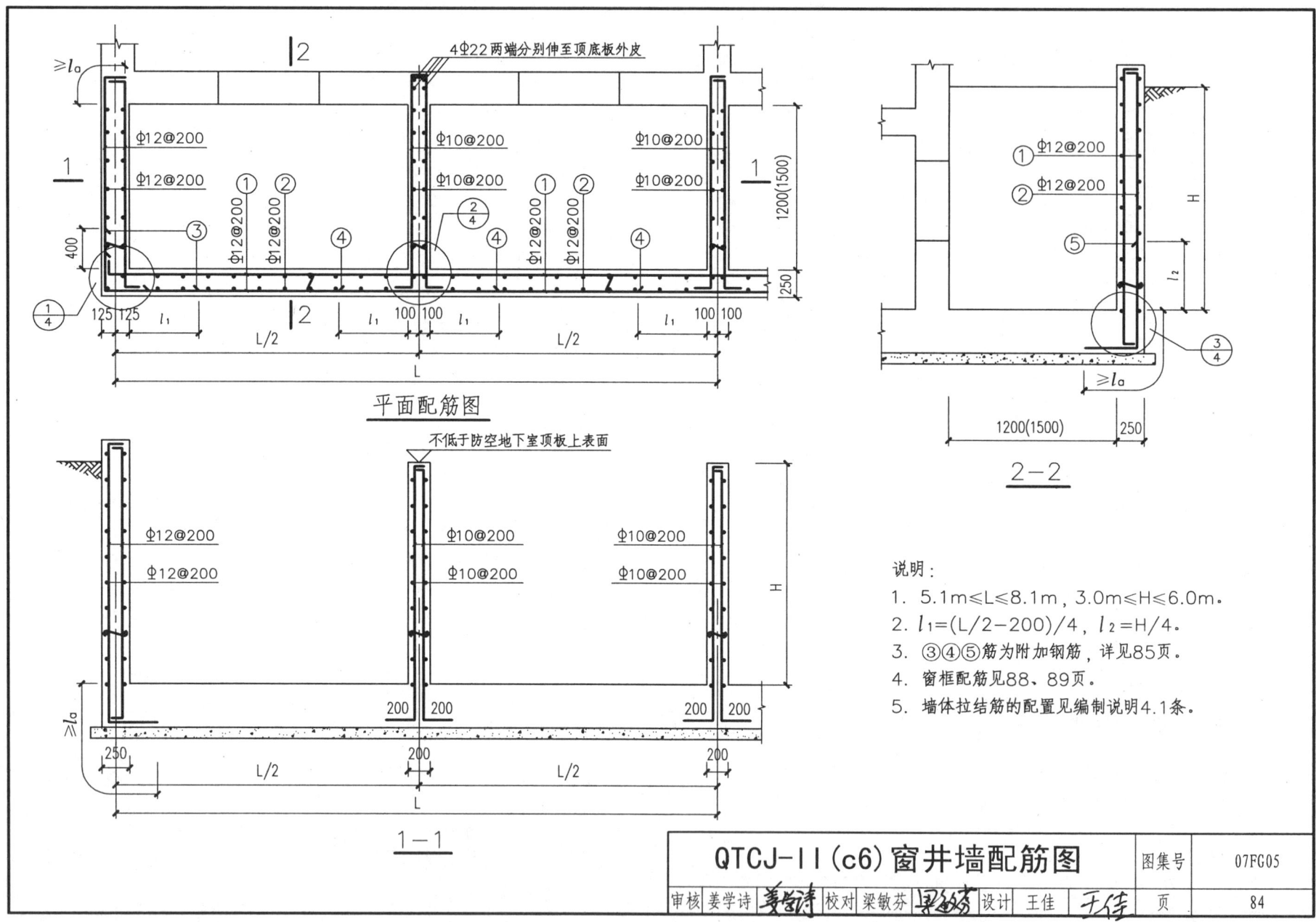

QTCJ-II(c6a)窗井墙③④⑤筋配筋表（窗井底板位于地下水位以上）

窗井型号 \ H(m)	3.0	3.5	4.0	4.5	5.0	5.5	6.0
QTCJ5112(15)-II(c6a)	—	—	—	—	—	—	—
QTCJ5412(15)-II(c6a)	—	—	—	—	—	—	—
QTCJ5712(15)-II(c6a)	—	—	—	—	—	—	—
QTCJ6012(15)-II(c6a)	—	—	—	—	—	—	—
QTCJ6312(15)-II(c6a)	—	—	—	—	—	—	⏀10@200
QTCJ6612(15)-II(c6a)	—	—	—	—	—	⏀10@200	⏀10@200
QTCJ6912(15)-II(c6a)	—	—	—	—	⏀10@200	⏀10@200	⏀10@200
QTCJ7212(15)-II(c6a)	—	—	—	—	⏀10@200	⏀10@200	⏀10@200
QTCJ7512(15)-II(c6a)	—	—	—	⏀10@200	⏀10@200	⏀10@200	⏀10@200
QTCJ7812(15)-II(c6a)	—	—	—	⏀10@200	⏀10@200	⏀10@200	⏀10@200
QTCJ8112(15)-II(c6a)	—	—	—	⏀10@200	⏀10@200	⏀10@200	⏀10@200

QTCJ-II(c6b)窗井墙③④⑤筋配筋表（窗井底板位于地下水位以下）

窗井型号 \ H(m)	3.0	3.5	4.0	4.5	5.0	5.5	6.0
QTCJ5112(15)-II(c6b)	—	—	—	—	—	⏀10@200	⏀10@200
QTCJ5412(15)-II(c6b)	—	—	—	—	—[⏀10@200]	⏀10@200	⏀10@200
QTCJ5712(15)-II(c6b)	—	—	—	—	⏀10@200	⏀10@200	⏀10@200
QTCJ6012(15)-II(c6b)	—	—	—	⏀10@200	⏀10@200	⏀10@200	⏀10@200
QTCJ6312(15)-II(c6b)	—	—	—	⏀10@200	⏀10@200	⏀10@200	⏀10@200
QTCJ6612(15)-II(c6b)	—	—	⏀10@200	⏀10@200	⏀10@200	⏀10@200	⏀12@200
QTCJ6912(15)-II(c6b)	—	—	⏀10@200	⏀10@200	⏀10@200	⏀12@200	⏀14@200
QTCJ7212(15)-II(c6b)	—	—	⏀10@200	⏀10@200	⏀10@200	⏀12@200	⏀14@200
QTCJ7512(15)-II(c6b)	—	⏀10@200	⏀10@200	⏀10@200	⏀12@200	⏀14@200	⏀14[16]@200
QTCJ7812(15)-II(c6b)	—	⏀10@200	⏀10@200	⏀10@200	⏀12@200	⏀14@200	⏀14[16]@200
QTCJ8112(15)-II(c6b)	—[⏀10@200]	⏀10@200	⏀10@200	⏀12@200	⏀12[14]@200	⏀14[16]@200	⏀16@200

说明：
1. QTCJXX12(15)表示对窗井进深为1.2m和1.5m都适用。
2. ③④筋相同。
3. 当③④筋与⑤筋不同时，方括号外表示③④筋，方括号内表示⑤筋。

QTCJ-II(c6)窗井墙配筋表

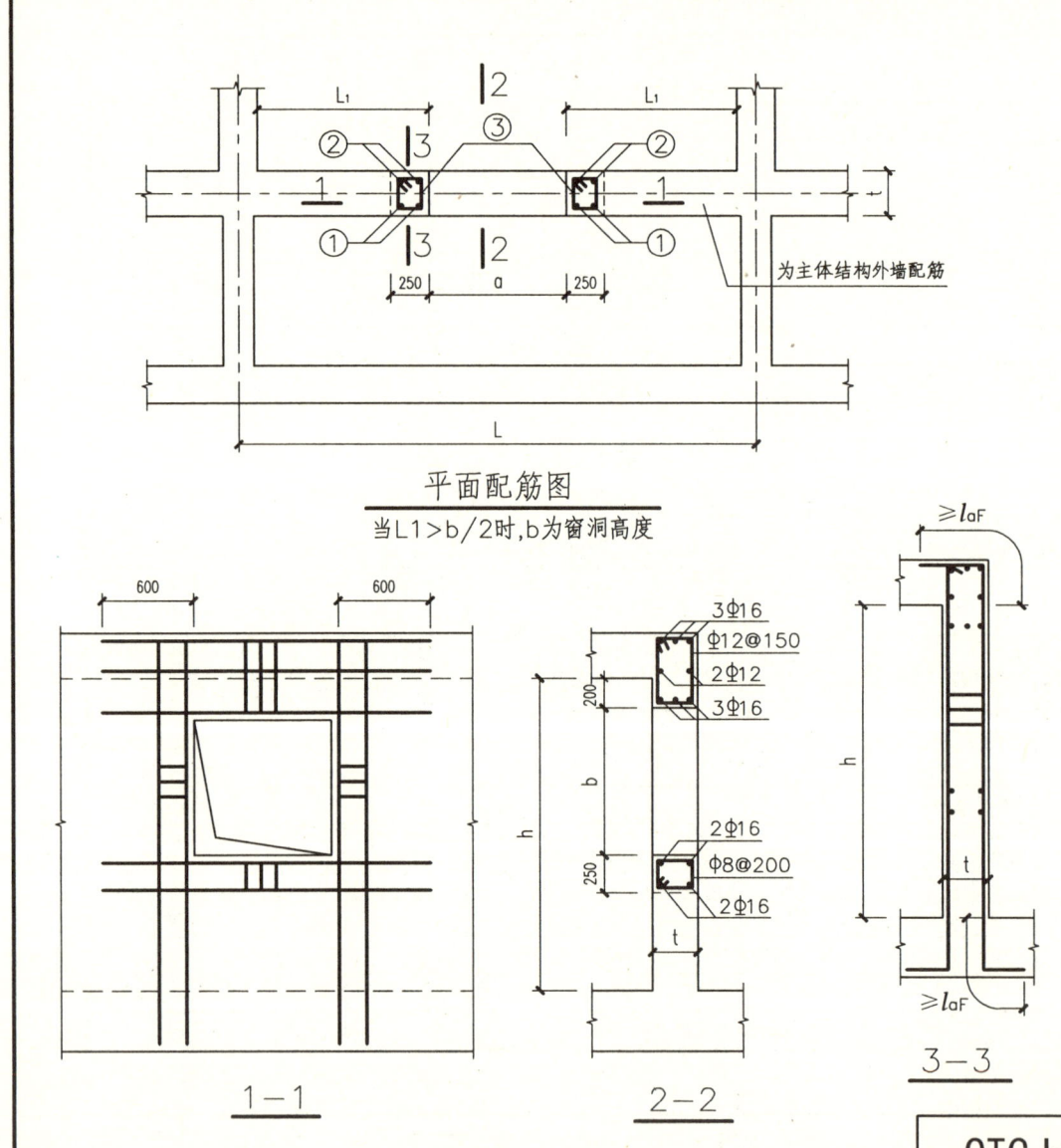

说明:
1. 本图配合第81页使用,适用于QTCJ-I(c6a)、QTCJ-I(c6b)。
2. t为防空地下室外墙厚。
3. 2.4m≤L≤4.8m, 2.4m≤h≤4.2m。
4. 窗洞口四角斜向钢筋按编制说明4.2配置。
5. 窗框预埋件、挡窗板以及零件图见98～105页。

QTCJ-I(c6)窗框配筋图 (L1>b/2)

图集号 07FG05 页 86

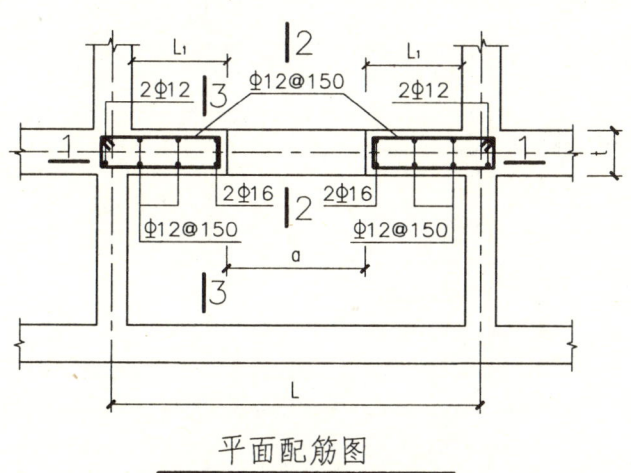

平面配筋图

当L1≤b/2时,b为窗洞高度

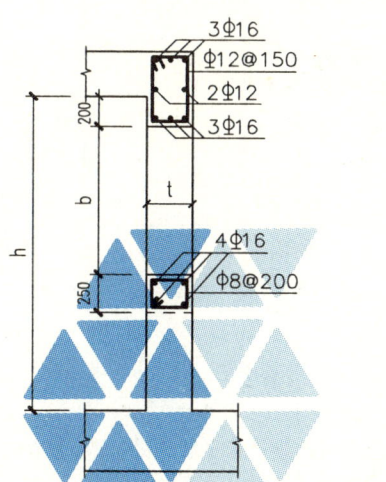

2-2

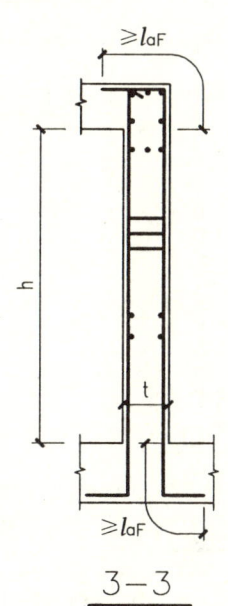

3-3

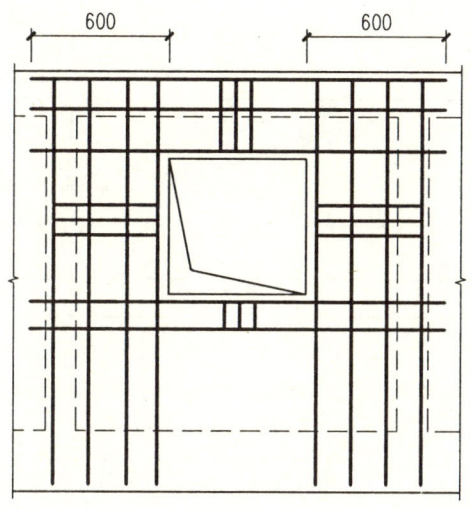

1-1

说明：
1. 本图配合第81页使用，适用于QTCJ-I(c6a)，QTCJ-I(c6b)。
2. t为防空地下室外墙厚，取t=250mm或t=300mm。
3. 2.4m≤L≤4.8m，2.4m≤h≤4.2m。
4. 窗洞口四角斜向钢筋按编制说明4.2配置。
5. 窗框预埋件、挡窗板以及零件图见98～105页。

QTCJ-I(c6)窗框配筋图 (L1≤b/2)

图集号 07FG05

页 87

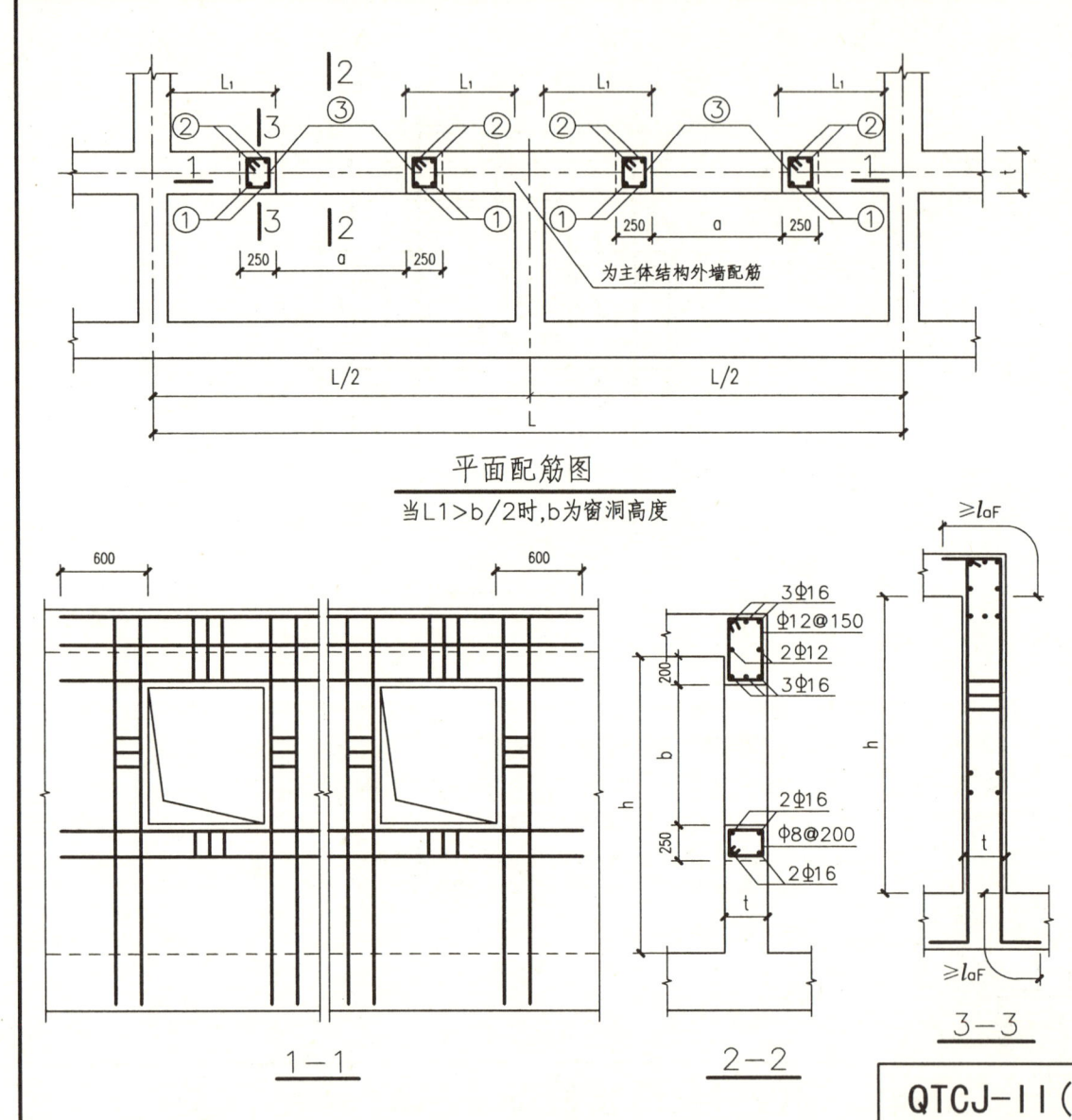

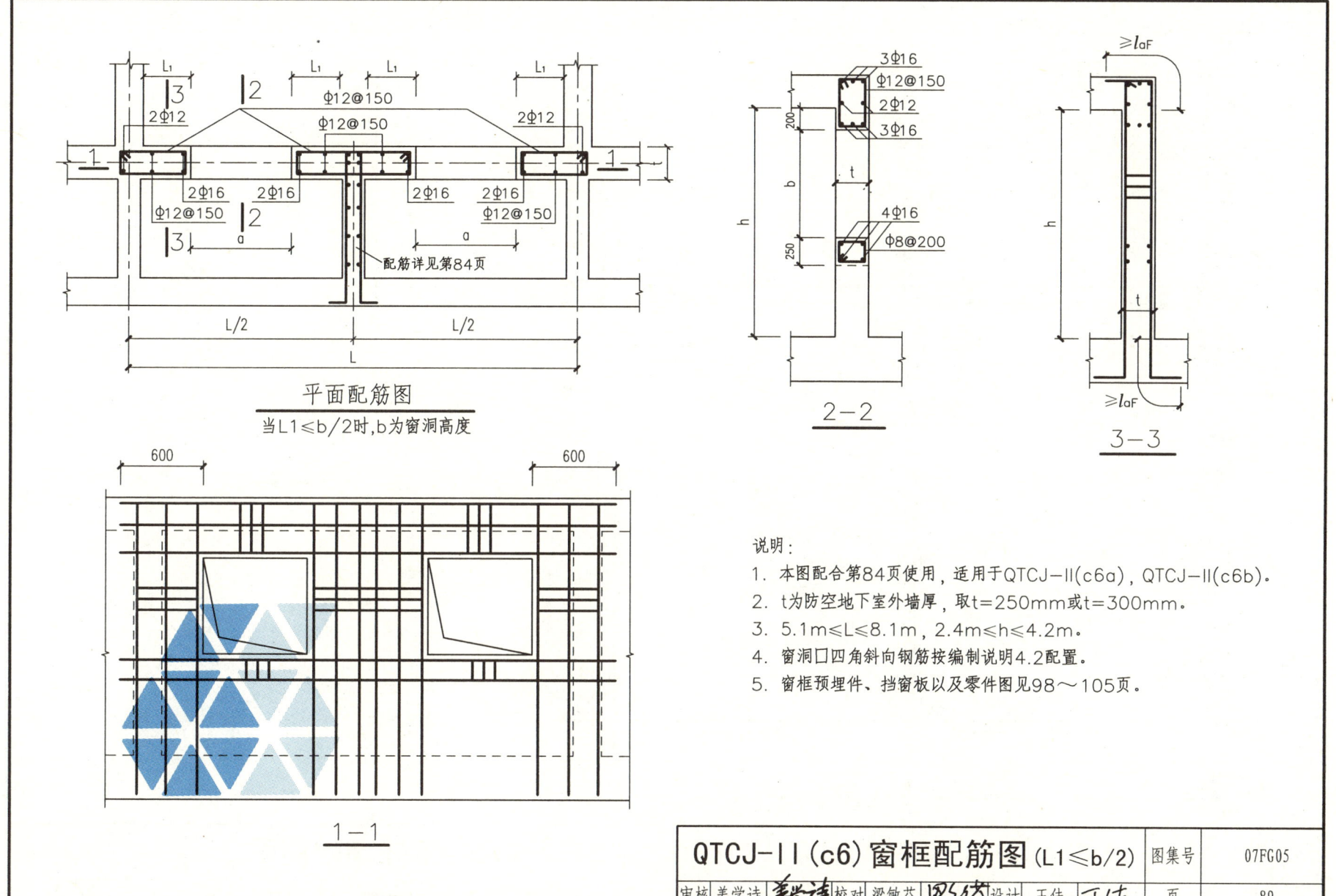

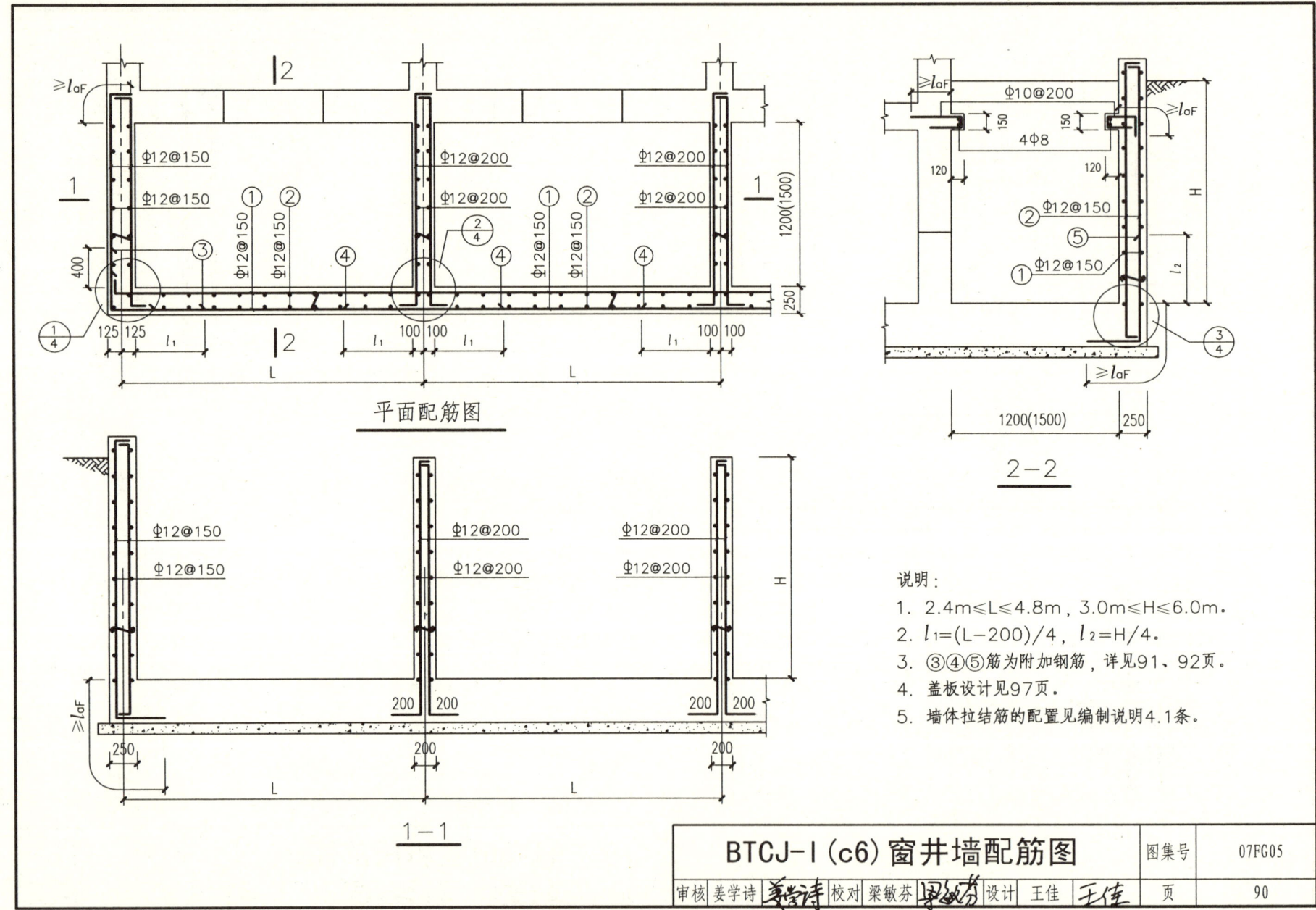

BTCJ-I(c6a)窗井墙③④⑤筋配筋表

窗井型号 \ H(m)	3.0	3.5	4.0	4.5	5.0	5.5	6.0
BTCJ2412(15)-I(c6a)	—	—	—	—	—	—	—
BTCJ2712(15)-I(c6a)	—	—	—	—	—	—	—
BTCJ3012(15)-I(c6a)	—	—	—	—	—	—	—
BTCJ3312(15)-I(c6a)	—	—	—	—	—	—	—
BTCJ3612(15)-I(c6a)	—	—	—	—	—	—	—
BTCJ3912(15)-I(c6a)	—	—	—	—	—	—	—
BTCJ4212(15)-I(c6a)	—	—	—	—	—	—	⏀10@150
BTCJ4512(15)-I(c6a)	—	—	—	—	—	—[⏀10@150]	⏀10@150
BTCJ4812(15)-I(c6a)	—	—	—	—	—[⏀10@150]	⏀10@150	⏀10@150

BTCJ-I(c6b)窗井墙③④⑤筋配筋表

窗井型号 \ H(m)	3.0	3.5	4.0	4.5	5.0	5.5	6.0
BTCJ2412(15)-I(c6b)	—	—	—	—	—	—	—
BTCJ2712(15)-I(c6b)	—	—	—	—	—	—	—
BTCJ3012(15)-I(c6b)	—	—	—	—	—	—	—
BTCJ3312(15)-I(c6b)	—	—	—	—	—	—	—
BTCJ3612(15)-I(c6b)	—	—	—	—	—	—	—
BTCJ3912(15)-I(c6b)	—	—	—	—	—	—	⏀10@150[—]
BTCJ4212(15)-I(c6b)	—	—	—	—	—	⏀10@150	⏀10@150
BTCJ4512(15)-I(c6b)	—	—	—	—	—[⏀10@150]	⏀10@150	⏀10@150
BTCJ4812(15)-I(c6b)	—	—	—	—[⏀10@150]	—[⏀10@150]	⏀10@150	⏀10@150

说明：
1. BTCJXX12(15)表示对窗井进深为1.2m和1.5m都适用。
2. ③④筋相同。
3. 当③④筋与⑤筋不同时，方括号外表示③④筋，方括号内表示⑤筋。

BTCJ-I(c6)窗井墙配筋表　图集号 07FG05

BTCJ-I(c6c)窗井墙③④⑤筋配筋表

窗井型号＼H(m)	3.0	3.5	4.0	4.5	5.0	5.5	6.0
BTCJ2412(15)-I(c6c)	—	—	—	—	—	—	—
BTCJ2712(15)-I(c6c)	—	—	—	—	—	—	—
BTCJ3012(15)-I(c6c)	—	—	—	—	—	—	⏀10@150[—]
BTCJ3312(15)-I(c6c)	—	—	—	—	—	⏀10@150	⏀10@150
BTCJ3612(15)-I(c6c)	—	—	—	−[⏀10@150]	⏀10@150	⏀10@150	⏀10@150
BTCJ3912(15)-I(c6c)	—	—	−[⏀10@150]	⏀10@150	⏀10@150	⏀10@150	⏀10@150
BTCJ4212(15)-I(c6c)	—	−[⏀10@150]	−[⏀10@150]	⏀10@150	⏀10@150	⏀10@150	⏀12@150
BTCJ4512(15)-I(c6c)	—	−[⏀10@150]	−[⏀10@150]	⏀10@150	⏀10@150	⏀12@150	⏀14@150
BTCJ4812(15)-I(c6c)	—	−[⏀10@150]	−[⏀10@150]	⏀10@150	⏀10[12]@150	⏀12[14]@150	⏀14@150

BTCJ-I(c6d)窗井墙③④⑤筋配筋表

窗井型号＼H(m)	3.0	3.5	4.0	4.5	5.0	5.5	6.0
BTCJ2412(15)-I(c6d)	—	—	—	—	—	—	—
BTCJ2712(15)-I(c6d)	—	—	—	—	—	—	⏀10@150[—]
BTCJ3012(15)-I(c6d)	—	—	—	—	⏀10@150[—]	⏀10@150[—]	⏀10@150[—]
BTCJ3312(15)-I(c6d)	—	—	—	⏀10@150[—]	⏀10@150	⏀10@150	⏀10@150
BTCJ3612(15)-I(c6d)	—	—	−[⏀10@150]	⏀10@150	⏀10@150	⏀10@150	⏀12[10]@150
BTCJ3912(15)-I(c6d)	—	−[⏀10@150]	−[⏀10@150]	⏀10@150	⏀10@150	⏀10@150	⏀12[10]@150
BTCJ4212(15)-I(c6d)	−[⏀10@150]	−[⏀10@150]	⏀10@150	⏀10@150	⏀10@150	⏀12@150	⏀14[12]@150
BTCJ4512(15)-I(c6d)	−[⏀10@150]	−[⏀10@150]	⏀10@150	⏀10[12]@150	⏀10[12]@150	⏀14@150	⏀14@150
BTCJ4812(15)-I(c6d)	−[⏀10@150]	−[⏀10@150]	⏀10[12]@150	⏀10[12]@150	⏀12[14]@150	⏀14@150	⏀14[16]@150

说明：

1. BTCJXX12(15)表示对窗井进深为1.2m和1.5m都适用。
2. ③④筋相同。
3. 当③④筋与⑤筋不同时，方括号外表示③④筋，方括号内表示⑤筋。

BTCJ-I(c6)窗井墙配筋表

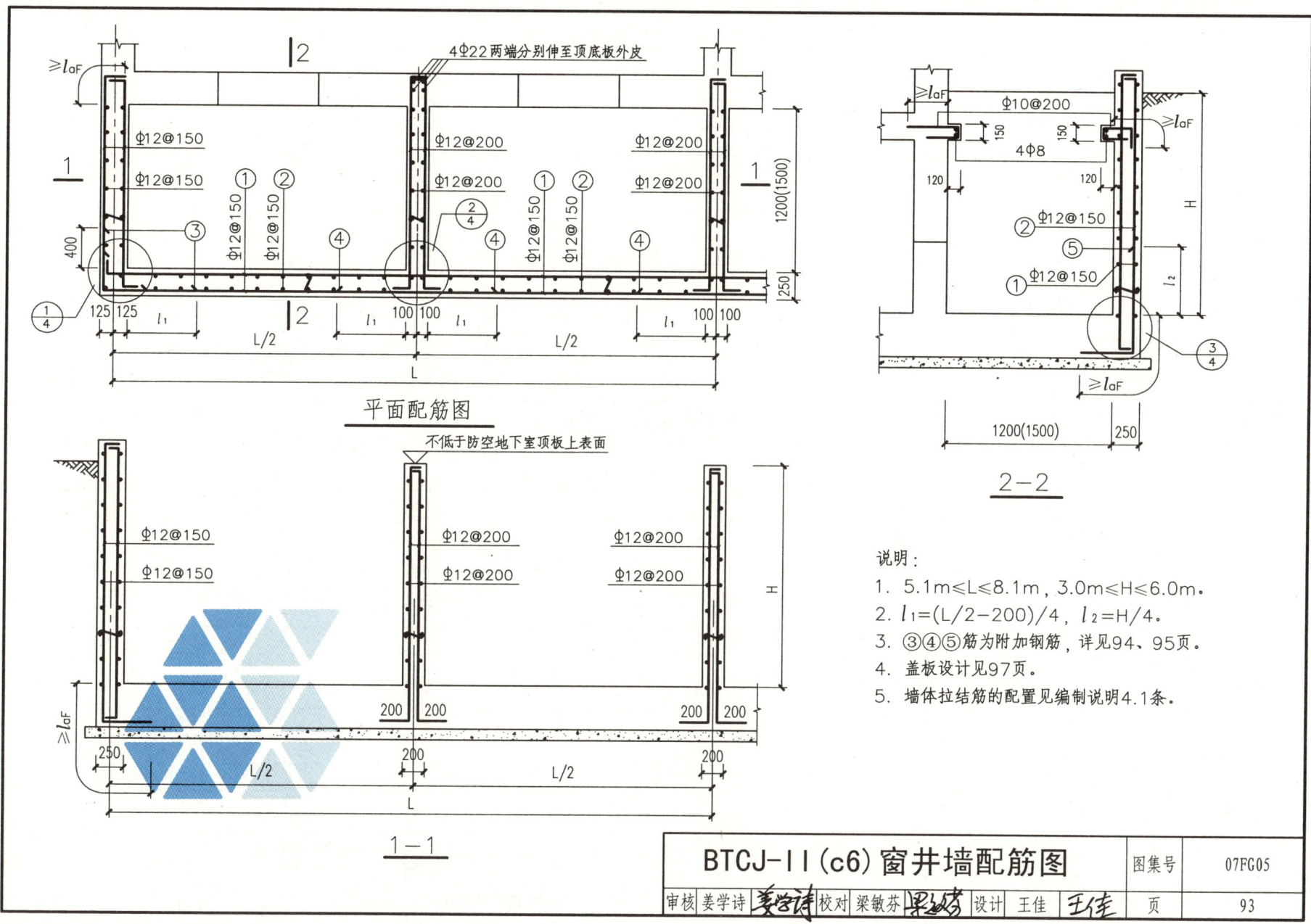

BTCJ-II(c6a)窗井墙③④⑤筋配筋表

窗井型号 \ H(m)	3.0	3.5	4.0	4.5	5.0	5.5	6.0
BTCJ5112(15)-II(c6a)	—	—	—	—	—	—	—
BTCJ5412(15)-II(c6a)	—	—	—	—	—	—	—
BTCJ5712(15)-II(c6a)	—	—	—	—	—	—	—
BTCJ6012(15)-II(c6a)	—	—	—	—	—	—	—
BTCJ6312(15)-II(c6a)	—	—	—	—	—	—	—
BTCJ6612(15)-II(c6a)	—	—	—	—	—	—	—
BTCJ6912(15)-II(c6a)	—	—	—	—	—	—	—
BTCJ7212(15)-II(c6a)	—	—	—	—	—	—	—
BTCJ7512(15)-II(c6a)	—	—	—	—	—	—	—
BTCJ7812(15)-II(c6a)	—	—	—	—	—	—	—
BTCJ8112(15)-II(c6a)	—	—	—	—	—	—	⌀10@150

BTCJ-II(c6b)窗井墙③④⑤筋配筋表

窗井型号 \ H(m)	3.0	3.5	4.0	4.5	5.0	5.5	6.0
BTCJ5112(15)-II(c6b)	—	—	—	—	—	—	—
BTCJ5412(15)-II(c6b)	—	—	—	—	—	—	—
BTCJ5712(15)-II(c6b)	—	—	—	—	—	—	—
BTCJ6012(15)-II(c6b)	—	—	—	—	—	—	—
BTCJ6312(15)-II(c6b)	—	—	—	—	—	—	—
BTCJ6612(15)-II(c6b)	—	—	—	—	—	—	—
BTCJ6912(15)-II(c6b)	—	—	—	—	—	—	—
BTCJ7212(15)-II(c6b)	—	—	—	—	—	—	—
BTCJ7512(15)-II(c6b)	—	—	—	—	—	—	⌀10@150[—]
BTCJ7812(15)-II(c6b)	—	—	—	—	—	—	⌀10@150[—]
BTCJ8112(15)-II(c6b)	—	—	—	—	—	⌀10@150	⌀10@150

说明：
1. BTCJXX12(15)表示对窗井进深为1.2m和1.5m都适用。
2. ③④筋相同。
3. 当③④筋与⑤筋不同时，方括号外表示③④筋，方括号内表示⑤筋。

BTCJ-II(c6)窗井墙配筋表

图集号 07FG05
页 94

BTCJ-II(c6c)窗井墙③④⑤筋配筋表

窗井型号 \ H(m)	3.0	3.5	4.0	4.5	5.0	5.5	6.0
BTCJ5112(15)-II(c6c)	—	—	—	—	—	—	—
BTCJ5412(15)-II(c6c)	—	—	—	—	—	—	—
BTCJ5712(15)-II(c6c)	—	—	—	—	—	—	ϕ10@150[−]
BTCJ6012(15)-II(c6c)	—	—	—	—	—	—	ϕ10@150[−]
BTCJ6312(15)-II(c6c)	—	—	—	—	—	ϕ10@150	ϕ10@150
BTCJ6612(15)-II(c6c)	—	—	—	—	—	ϕ10@150	ϕ10@150
BTCJ6912(15)-II(c6c)	—	—	—	−[ϕ10@150]	ϕ10@150	ϕ10@150	ϕ10@150
BTCJ7212(15)-II(c6c)	—	—	—	−[ϕ10@150]	ϕ10@150	ϕ10@150	ϕ10@150
BTCJ7512(15)-II(c6c)	—	—	−[ϕ10@150]	ϕ10@150	ϕ10@150	ϕ10@150	ϕ10@150
BTCJ7812(15)-II(c6c)	—	—	−[ϕ10@150]	ϕ10@150	ϕ10@150	ϕ10@150	ϕ10@150
BTCJ8112(15)-II(c6c)	—	−[ϕ10@150]	−[ϕ10@150]	ϕ10@150	ϕ10@150	ϕ10@150	ϕ12@150

BTCJ-II(c6d)窗井墙③④⑤筋配筋表

窗井型号 \ H(m)	3.0	3.5	4.0	4.5	5.0	5.5	6.0
BTCJ5112(15)-II(c6d)	—	—	—	—	—	—	—
BTCJ5412(15)-II(c6d)	—	—	—	—	—	—	ϕ10@150[−]
BTCJ5712(15)-II(c6d)	—	—	—	—	ϕ10@150[−]	ϕ10@150[−]	ϕ10@150[−]
BTCJ6012(15)-II(c6d)	—	—	—	—	ϕ10@150[−]	ϕ10@150[−]	ϕ10@150[−]
BTCJ6312(15)-II(c6d)	—	—	—	ϕ10@150[−]	ϕ10@150	ϕ10@150	ϕ10@150
BTCJ6612(15)-II(c6d)	—	—	—	ϕ10@150[−]	ϕ10@150	ϕ10@150	ϕ10@150
BTCJ6912(15)-II(c6d)	—	—	−[ϕ10@150]	ϕ10@150	ϕ10@150	ϕ10@150	ϕ12[10]@150
BTCJ7212(15)-II(c6d)	—	—	−[ϕ10@150]	ϕ10@150	ϕ10@150	ϕ10@150	ϕ12[10]@150
BTCJ7512(15)-II(c6d)	—	−[ϕ10@150]	−[ϕ10@150]	ϕ10@150	ϕ10@150	ϕ10@150	ϕ12[10]@150
BTCJ7812(15)-II(c6d)	—	−[ϕ10@150]	−[ϕ10@150]	ϕ10@150	ϕ10@150	ϕ10@150	ϕ12[10]@150
BTCJ8112(15)-II(c6d)	−[ϕ10@150]	−[ϕ10@150]	ϕ10@150	ϕ10@150	ϕ10@150	ϕ12@150	ϕ14[12]@150

说明:
1. BTCJXX12(15)表示对窗井进深为1.2m和1.5m都适用。
2. ③④筋相同。
3. 当③④筋与⑤筋不同时,方括号外表示③④筋,方括号内表示⑤筋。

BTCJ-II(c6)窗井墙配筋表

图集号 07FG05
页 95

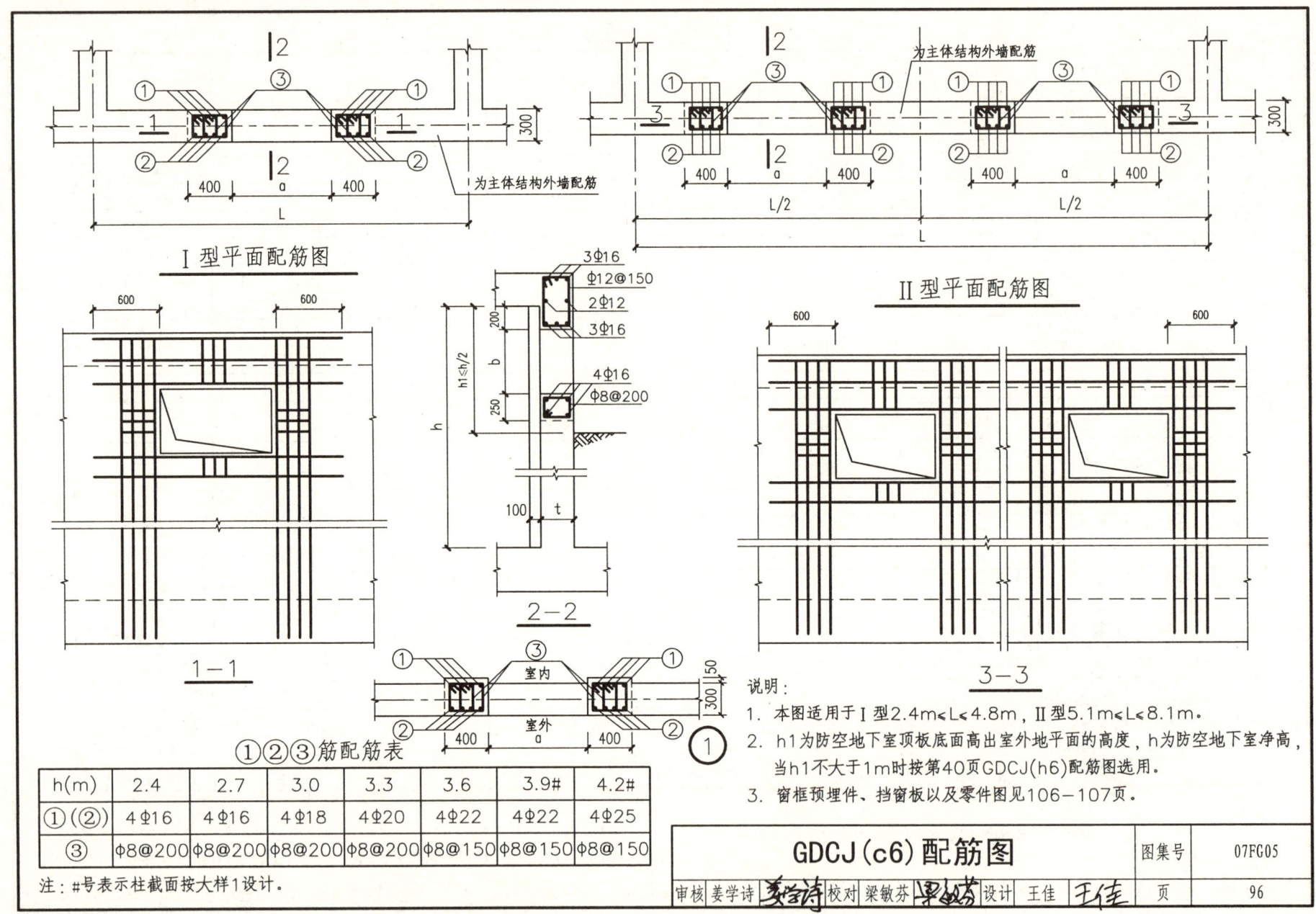

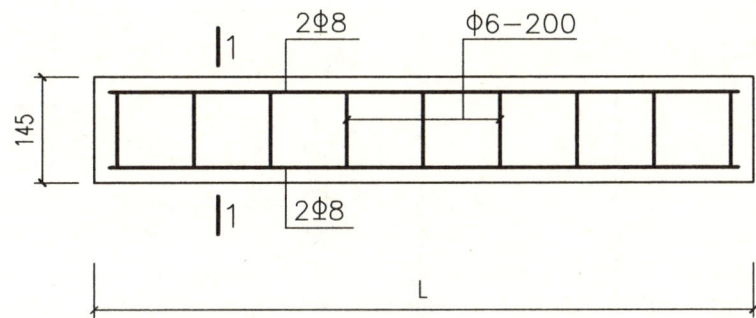

盖板配筋图

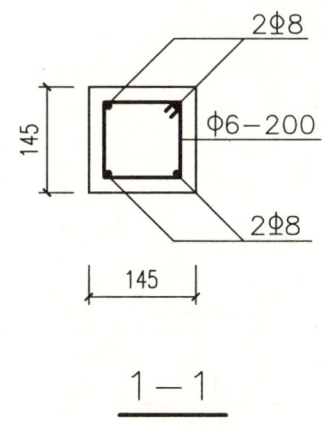

1—1

盖板选型表

窗井进深(mm)	盖板型号	L(mm)	单个构件重(N)
1200	GB-1	1160	610
1500	GB-2	1460	767

说明:
1. 本图适用于各种抗力级别、各种类型BTCJ。
2. 盖板型号由窗井进深确定,盖板数量由窗井开间尺寸确定。
3. 盖板布置图见建筑图集07FJ02第71页。
4. 盖板应在施工时一次制作好,存放在窗井内或其他不宜被挪用之处。

BTCJ盖板配筋图

图集号 07FG05

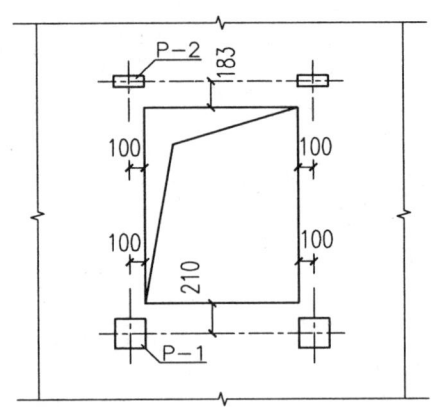

平开挡窗板预埋件位置

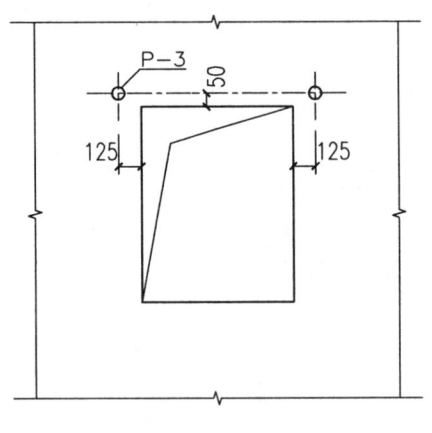

竖放挡窗板预埋件位置 横放挡窗板预埋件位置

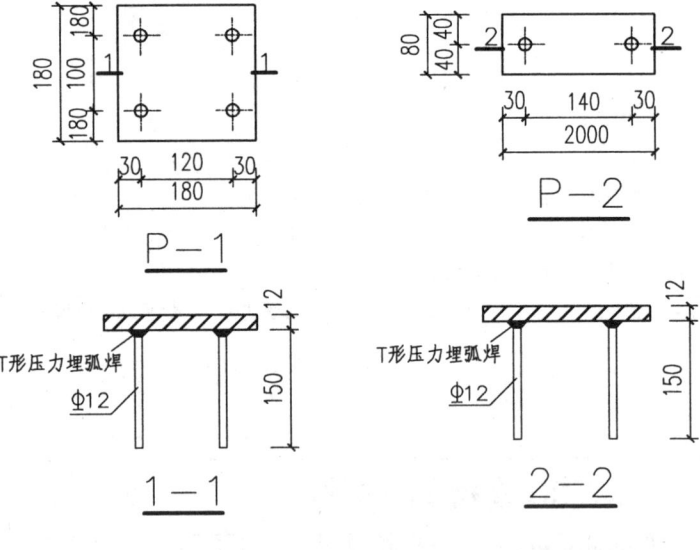

说明：
1. 本图为采用QTCJ型窗井的窗洞口四角预埋件图。
2. 预埋件P-3为φ50钢管，长度为150mm，一端封口。
3. 当选用单扇平开挡窗板时，仅在铰页侧预埋P-1和P-2。

QTCJ洞口四角预埋件大样图

图集号 07FG05

页 98

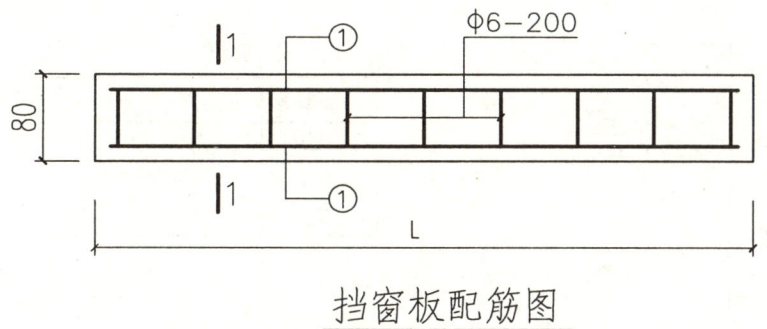

挡窗板配筋图

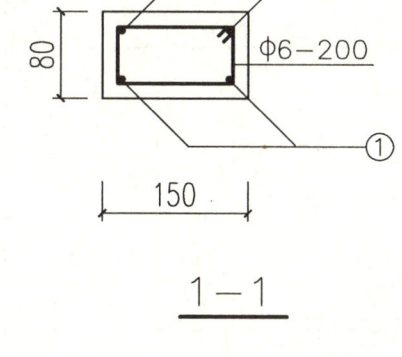

1-1

竖放挡窗板选型表

窗井高度(mm)	挡板型号	挡板数量（块）
900	DB-1	7（窗洞宽度为900mm）
1200	DB-2	9（窗洞宽度为1200mm）
1500	DB-3	11（窗洞宽度为1500mm）

横放挡窗板选型表

窗井高度(mm)	挡板型号	挡板数量（块）
900	DB-1	7（窗洞高度为900mm）
1200	DB-2	9（窗洞高度为1200mm）
1500	DB-3	11（窗洞高度为1500mm）

挡窗板配筋表

挡板型号	①	L(mm)	单个构件重（N）
DB-1	2Φ8	1100	330
DB-2	2Φ10	1400	420
DB-3	2Φ12	1700	510

说明：
1. 适用于各种抗力级别、各种类型QTCJ。
2. 挡窗板布置图见建筑图集07FJ02第70页。
3. 挡窗板应按所需数量在施工时一次制作好，存放在窗井内或其他不宜被挪用之处。

QTCJ挡板配筋图

图集号 07FG05
页 99

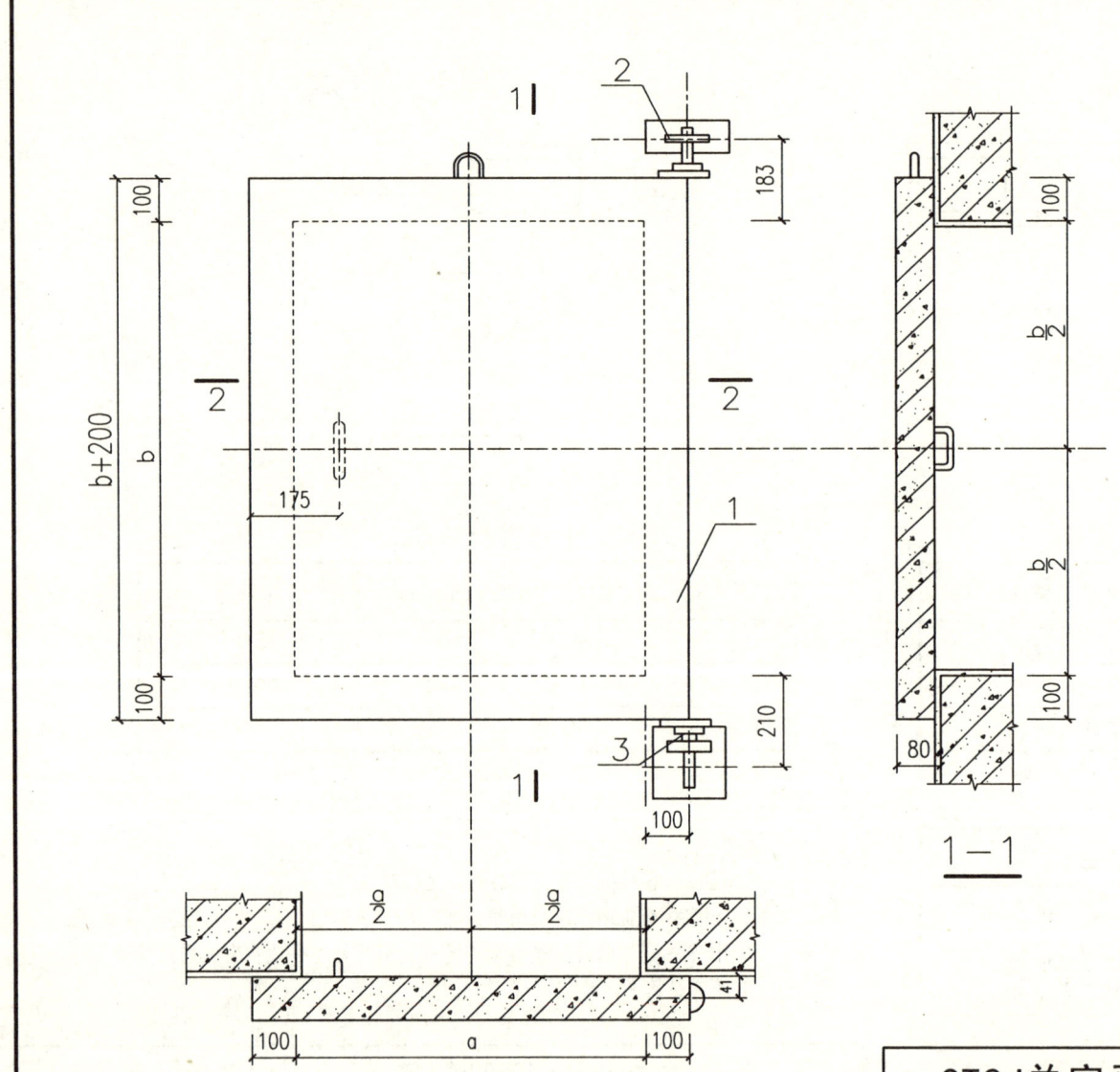

单扇平开挡窗板选用表

挡板型号	窗洞尺寸a×b(mm)
DC0909	900×900
DC0912	900×1200
DC0915	900×1500

明细表

序号	名称	数量	材料	页次
1	窗扇	1	钢筋混凝土	101
2	上铰页	1	Q235	105
3	下铰页	1	Q235	105

说明：

1. 制作挡板时，底模和侧模必须光滑平直，上表面随打随抹光。
2. 挡板与窗框应保证平行紧密贴合，上下轴与窗扇应保证同心。
3. 上下轴与垫板、垫板与窗扇预埋件之间应按焊接要求焊牢，焊接时应注意控制变形。
4. 外露金属表面涂防锈漆一道，灰色调和漆两道。

QTCJ单扇平开挡窗板组装图

图集号 07FG05 页 100

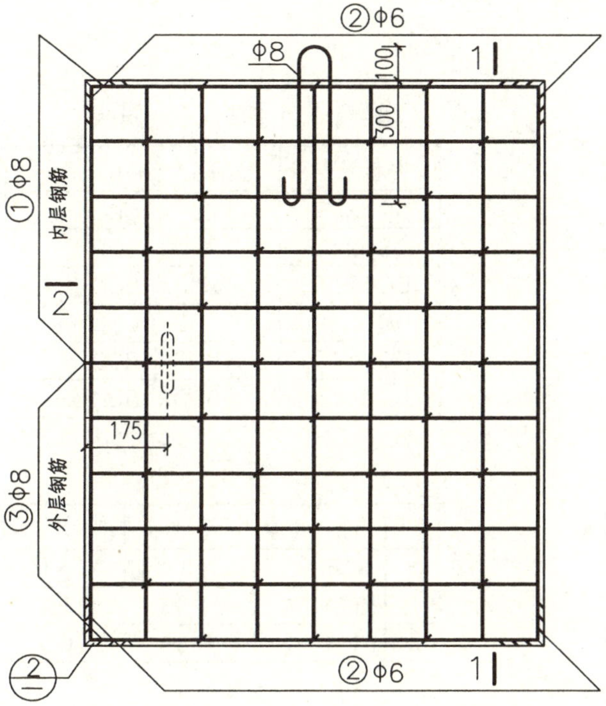

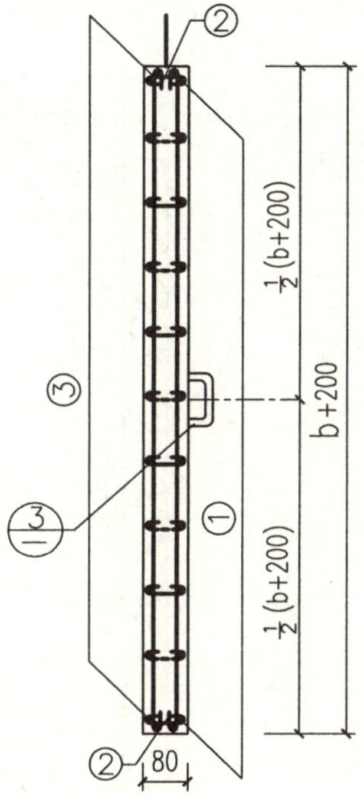

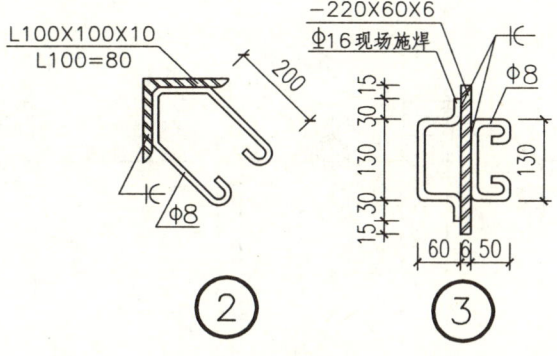

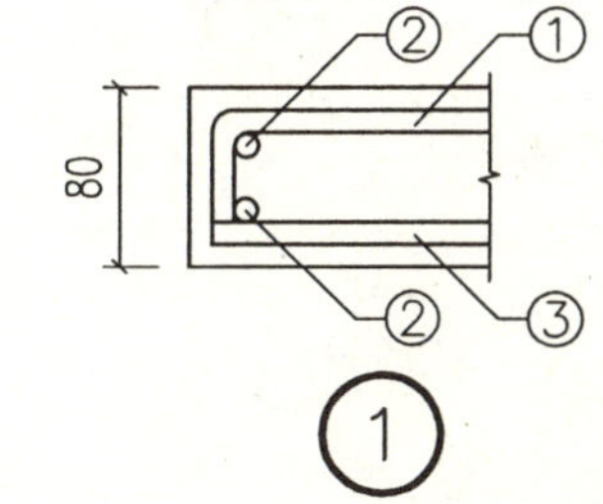

配筋表

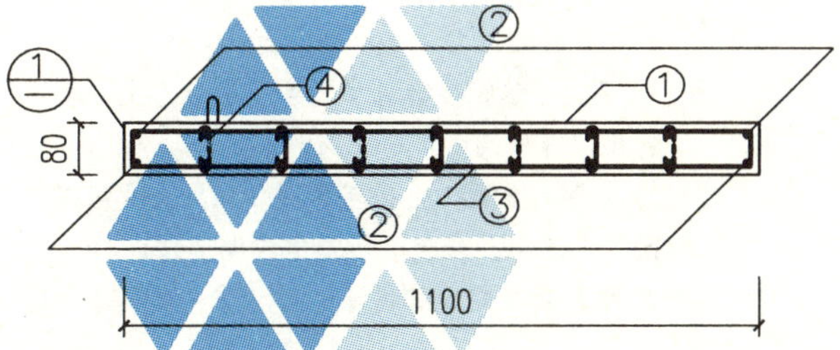

编号	挡板型号	形状	直径	弯头	长(mm)	根数	b(mm)
①	DC0909	⌐⌐	φ8	120	1200	8	900
	DC0912					10	1200
	DC0915					12	1500
②	DC0909	⌐─	φ6	100	1180	18	900
	DC0912				1480		1200
	DC0915				1780		1500
③	DC0909	─	φ8		1080	8	900
	DC0912					10	1200
	DC0915					12	1500
④	DC0909	⊔	φ6	90	150	72	900
	DC0912					90	1200
	DC0915					108	1500

说明：
1. 窗扇采用混凝土，HPB235级钢筋。
2. 钢筋保护层厚度内、外均为10mm。
3. 四周角钢预埋件应和钢筋焊牢。
4. 混凝土应振捣密实，不得有蜂窝、麻面、露筋等缺陷。
5. ▱ 预埋件应与①或③号钢筋点焊。

QTCJ单扇平开挡窗板配筋图

图集号 07FG05

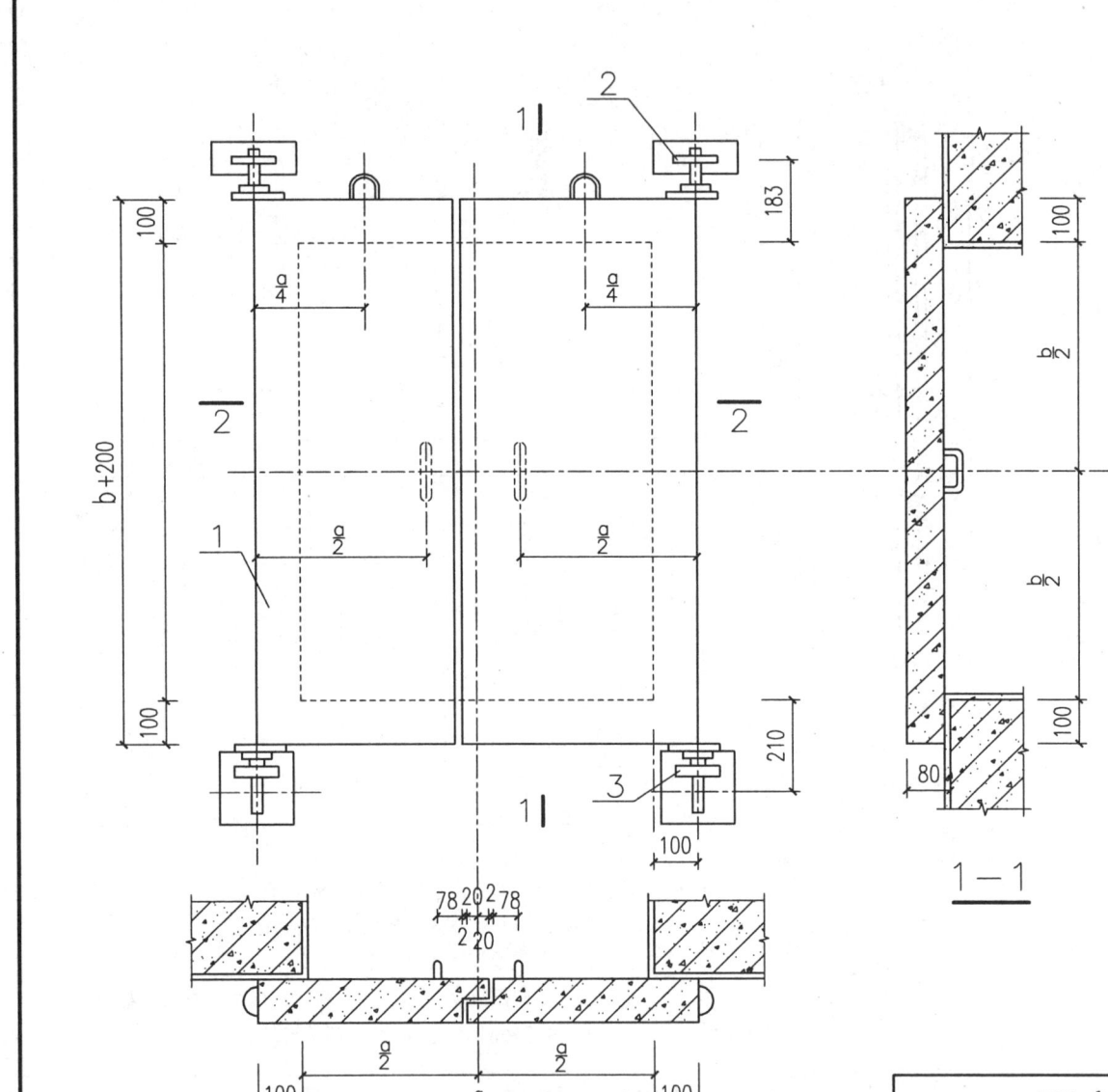

单扇平开挡窗板选用表

挡板型号	窗洞尺寸(a×b)mm
DC1209	1200×900
DC1212	1200×1200
DC1215	1200×1500
DC1509	1500×900
DC1512	1500×1200
DC1515	1500×1500

明细表

序号	名称	数量	材料	页次
1	窗扇	1	钢筋混凝土	103-104
2	上铰页	2	Q235	105
3	下铰页	2	Q235	105

说明：

1. 制作挡窗板时，底模和侧模必须光滑平直，上表面随打随抹光。
2. 挡窗板与窗框应保证平行紧密贴合，上下轴与窗扇应保证同心。
3. 上下轴与垫板、垫板与窗扇预埋件之间应按焊接要求焊牢，焊接时应注意控制变形。
4. 外露金属表面涂防锈漆一道，灰色调和漆两道。

QTCJ双扇平开挡窗板组装图

图集号 07FG05

页 102

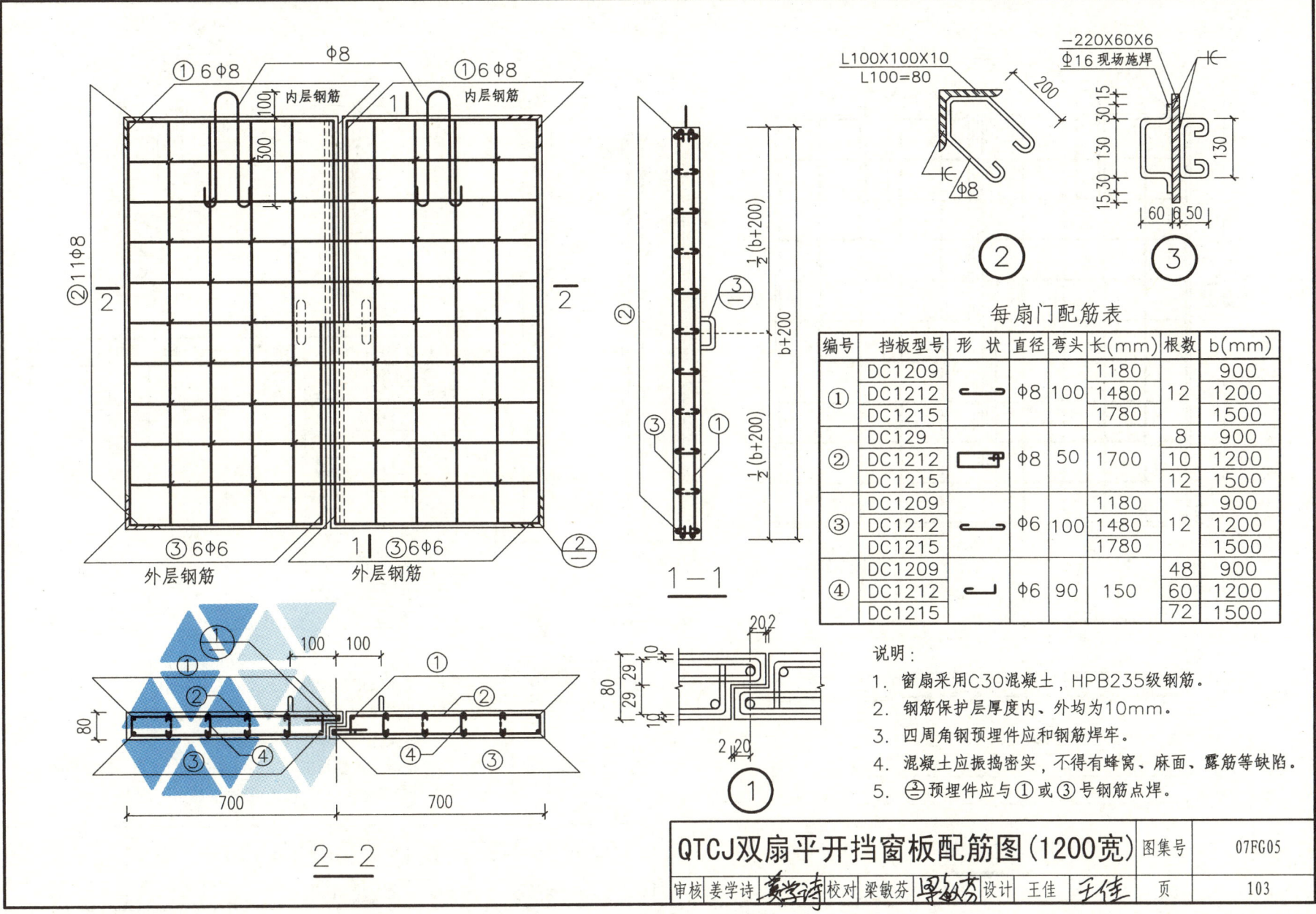

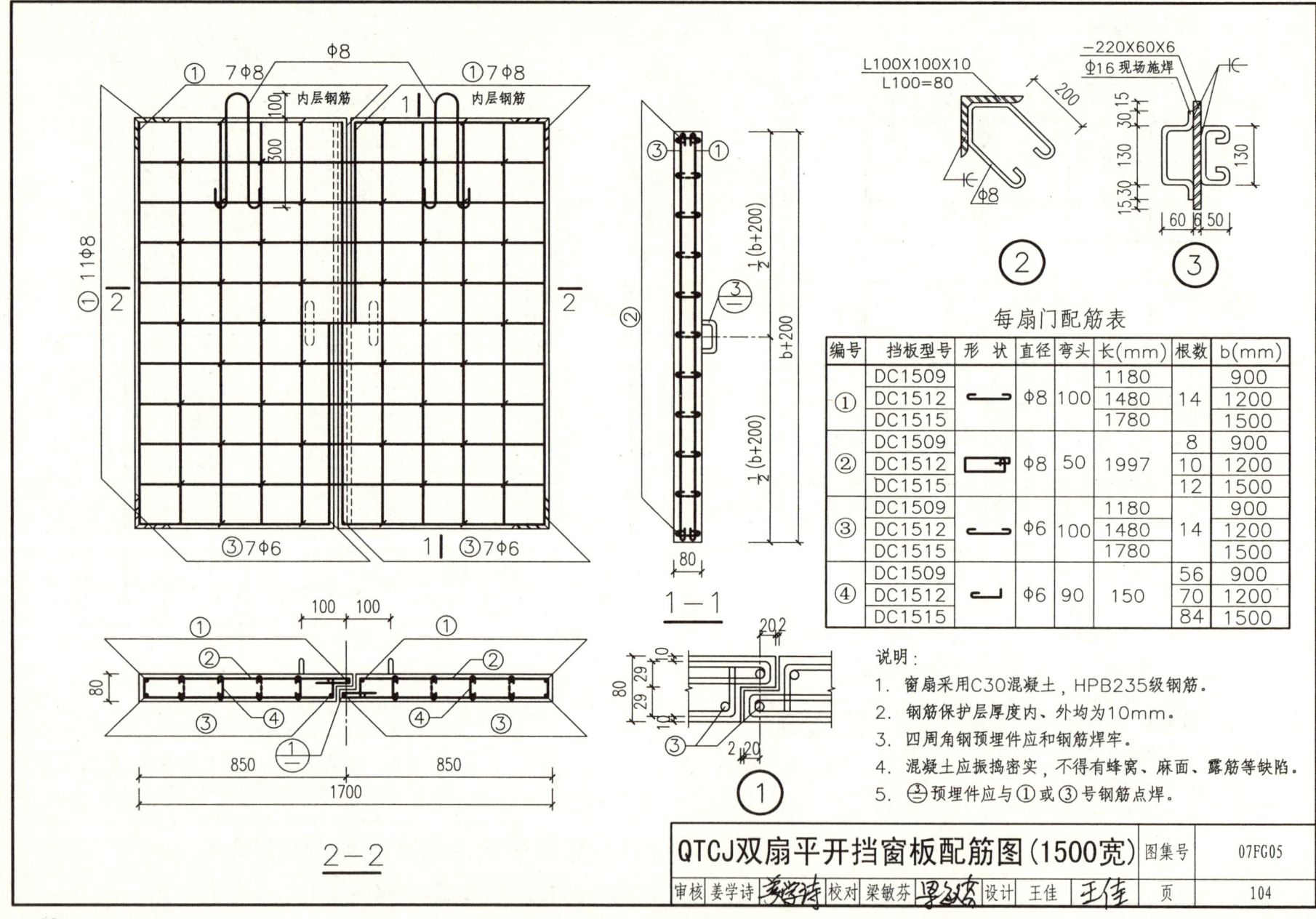

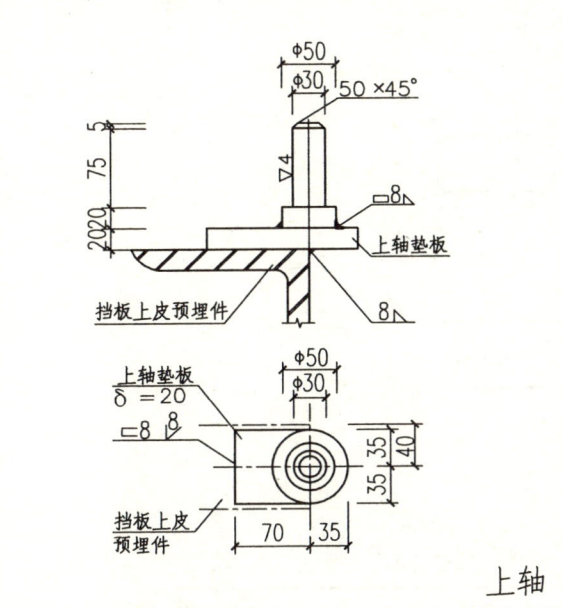

上轴

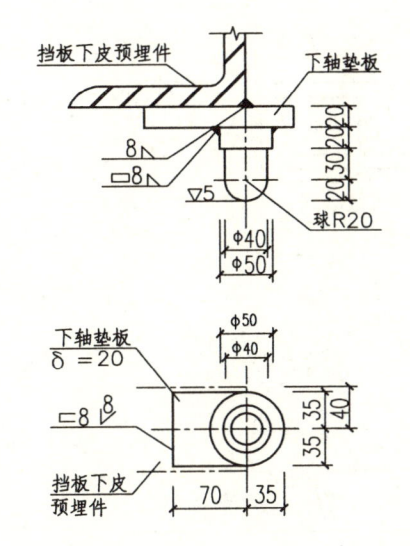

下轴

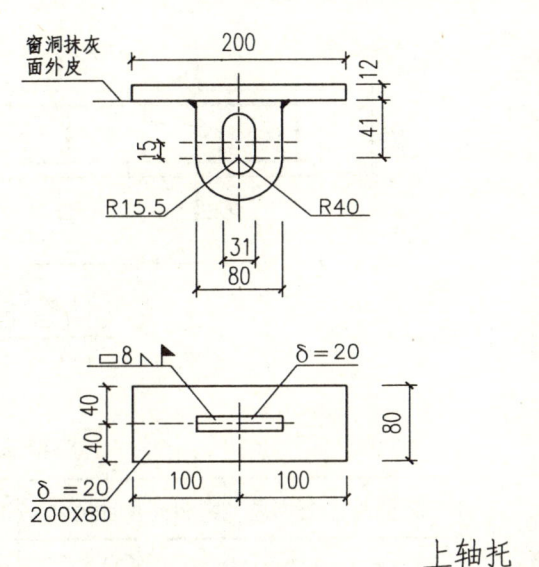

上轴托

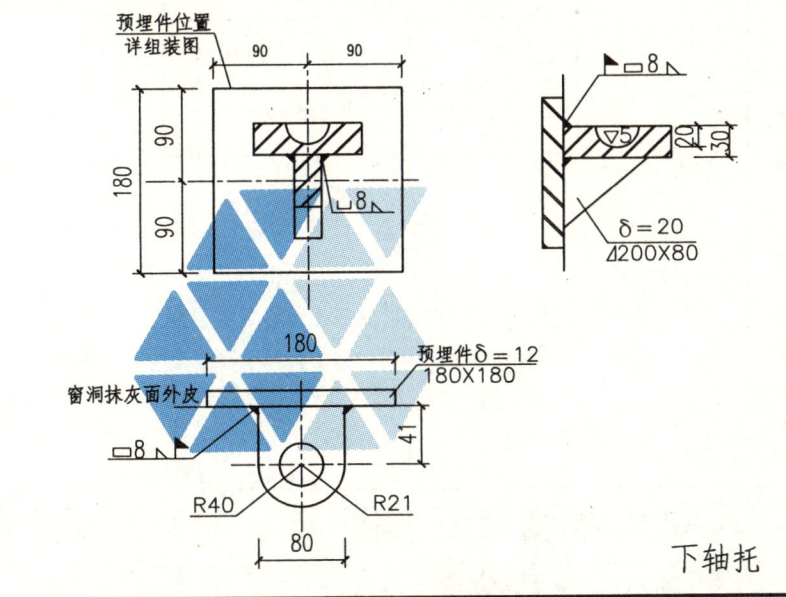

下轴托

说明：
1. 本图为QTCJ平开挡窗板零件图。
2. 上下轴与窗扇焊接时应同心。
3. 零件材料均为Q235，采用E43型焊条。
4. 上轴托和下轴托均为现场安装，定位后焊接。
5. 明露金属面均刷防锈漆一道，灰色调和漆两道。
6. 上下轴托预埋件的外表面要与抹灰后的窗框面平齐。

QTCJ平开挡窗板零件大样图

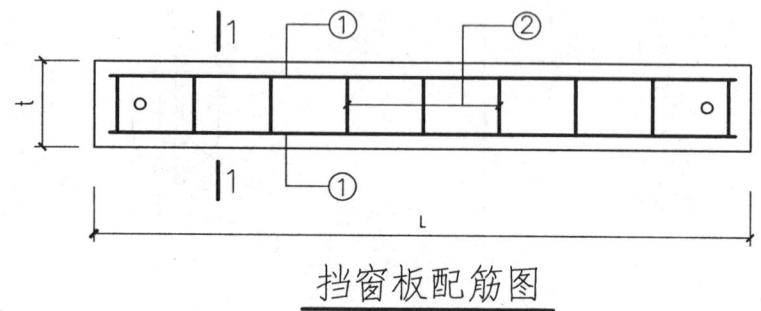

挡窗板配筋图

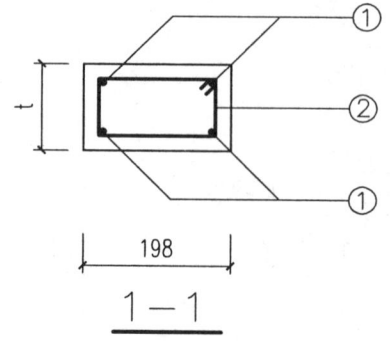

1—1

挡窗板选型表

防空地下室类型	窗洞高度b(mm)	t(mm)	①	②	L(mm)
核6级常6级甲类防空地下室	300	80	2Φ8	Φ6@150	600
	400		2Φ8		700
核6B级常6级甲类防空地下室	500		2Φ10		800
	600		2Φ10		900
常6级乙类防空地下室	900	100	2Φ12		1200
常5级乙类防空地下室	300	100	2Φ8	Φ6@150	600
	400		2Φ10		700
	500		2Φ12		800
	600	120	2Φ12		900
	900		2Φ16	Φ8@150	1200

挡窗板选型表

窗洞宽度(mm)	挡板数量(块)
900	5
1200	7
1500	8

说明：

1. 窗框预埋件、挡窗板布置以及留孔做法见107页。
2. 挡板应按所需数量在施工时一次制作好，存放在不宜被挪用之处。

GDCJ挡窗板配筋图

图集号 07FG05

页 106

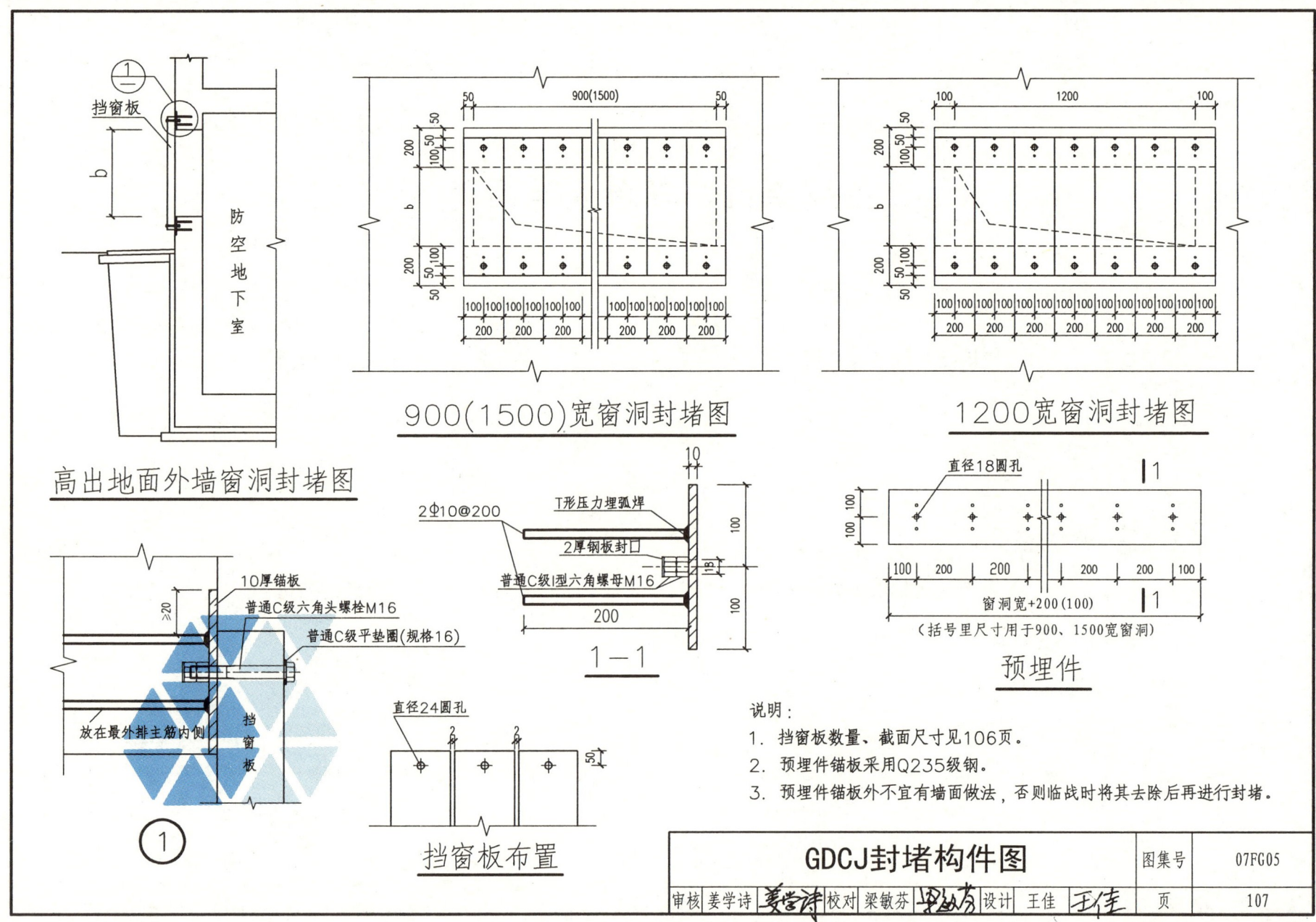

主编单位、联系人电话

主编单位　　　中国建筑标准设计研究院　　　　　　　张瑞龙　　　010-88361155-800

主管单位、联系人及电话

　　　　　　　中国建筑标准设计研究院　　　　　　　王佳　　　　010-88361155-800